2nd EDITION

Sentieri

ATTRAVERSO L'ITALIA CONTEMPORANEA

Julia M. Cozzarelli

Ithaca College

VISTA®
HIGHER LEARNING

Boston, Massachusetts

Publisher: José A. Blanco

Editorial Development: Deborah Coffey, Aliza B. Krefetz

Project Management: Hillary Gospodarek, Sharon Inglis

Rights Management: Maria Rosa Alcaraz Pinsach, Annie Pickert Fuller, Caitlin O'Brien

Technology Production: Egle Gutiérrez, Sonja Porras, Paola Ríos Schaaf

Design: Mark James, Erik Restrepo, Andrés Vanegas

Production: Manuela Arango, Oscar Díez, Jennifer López

Student Text (Casebound) ISBN: 978-1-62680-760-0
Student Text (Casebound-SIMRA) ISBN: 978-1-62680-761-7
Instructor's Annotated Edition ISBN: 978-1-62680-763-1

Library of Congress Control Number: 2014948564

1 2 3 4 5 6 7 8 9 WC 19 18 17 16 15 14

TO THE STUDENT

Welcome to the Second Edition of **SENTIERI**, an introductory Italian program from Vista Higher Learning. In Italian the word **sentieri** means *paths*. The major sections in **SENTIERI** are paths designed to help you learn Italian and explore Italian culture in the most user-friendly way possible. In light of this goal, here are some of the features you will encounter in **SENTIERI**:

- A unique, easy-to-navigate design built around color-coded sections that appear completely on either one page or on two facing pages

- Abundant illustrations, photos, charts, graphs, diagrams, and other graphic elements, all created or chosen to help you learn

- Integration in each lesson of a video program entirely shot in Rome and specifically created for **SENTIERI**

- Clear, concise grammar explanations in an innovative format that allows you to see the full explanation as you work through the practice activities

- Practical, high-frequency vocabulary for use in real-life situations

- Abundant guided vocabulary and grammar activities to give you a solid foundation for communicating in Italian

- An emphasis on communicative interactions with a classmate, small groups, the whole class, and your instructor

- Systematic development of reading and writing skills, incorporating learning strategies and a process approach

- A rich, contemporary cultural presentation of the everyday life of Italian speakers

- Exciting integration of culture and multimedia through TV commercials and short films

- A full set of completely integrated print and technology ancillaries to make learning Italian easier

- Built-in correlation of all ancillaries, right down to the page numbers

SENTIERI is divided into twelve units. Each unit has two lessons followed by an end-of-unit **Avanti** section that includes a cultural presentation, skill-building components, and a list of active vocabulary. To familiarize yourself with the textbook's organization, features, and ancillary package, turn to page xvi and take the **SENTIERI** At-A-Glance tour.

TABLE OF CONTENTS

	contesti	fotoromanzo	cultura

strutture	sintesi	avanti

		contesti	**fotoromanzo**	**cultura**

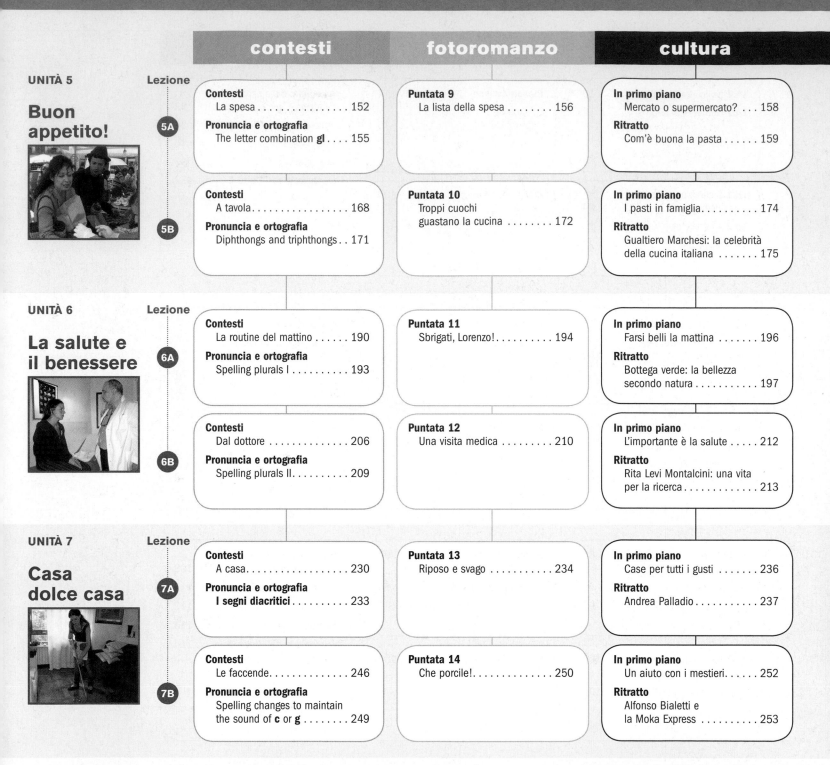

strutture	sintesi	avanti

	contesti	fotoromanzo	cultura

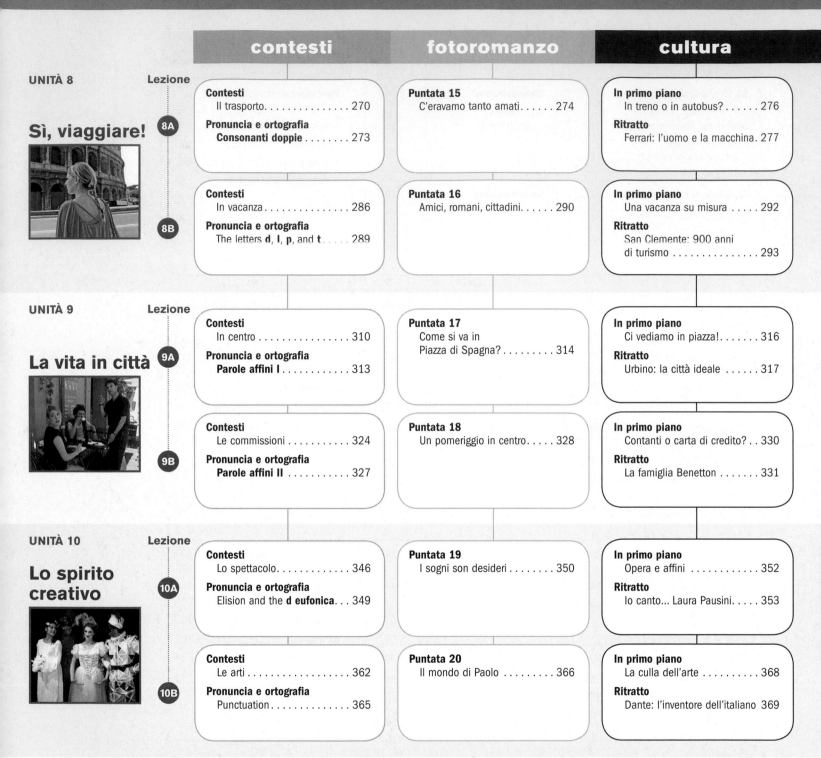

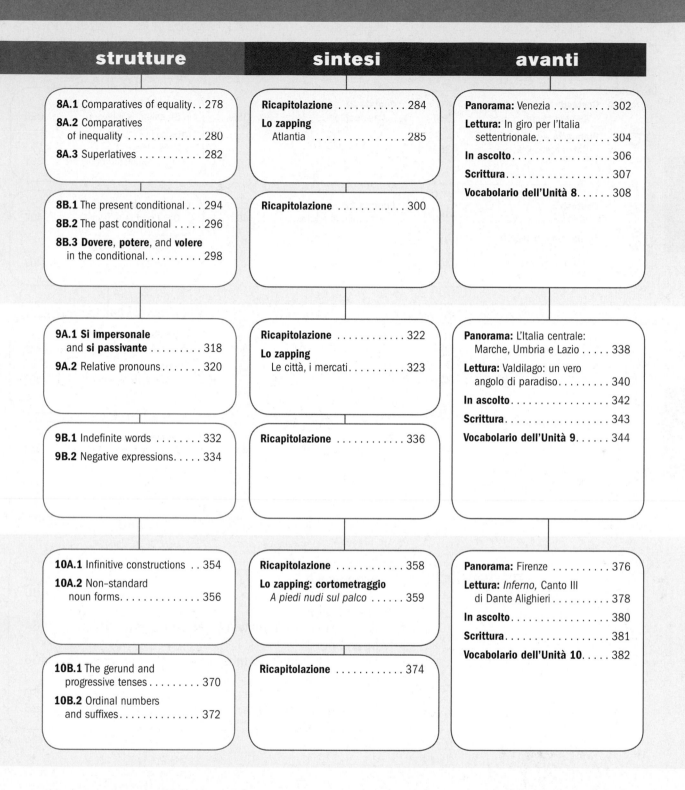

		contesti	fotoromanzo	cultura

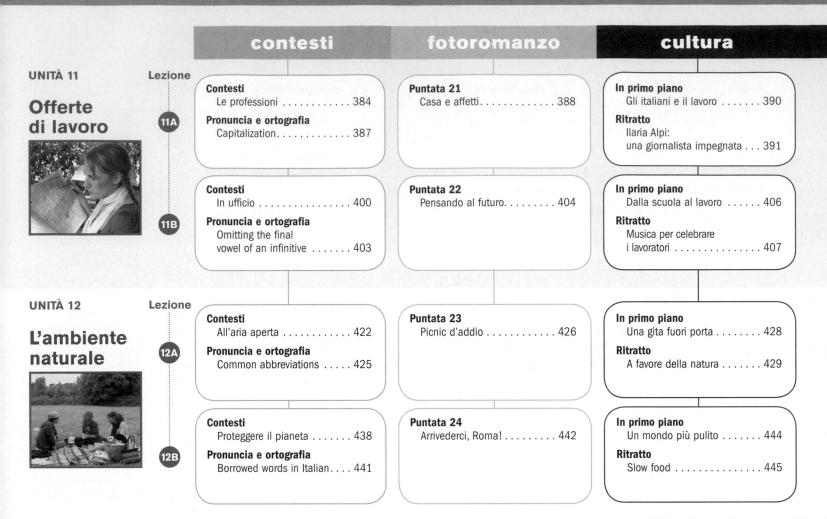

strutture	sintesi	avanti

Each section of your textbook comes with activities on the **SENTIERI** Supersite, many of which are auto-graded for immediate feedback. Plus, the Supersite is iPad®-friendly*, so it can be accessed on the go! Visit **vhlcentral.com** to explore this wealth of exciting resources.

CONTESTI
- Audio recordings of all vocabulary items
- Audio for **Contesti** listening activity
- Image-based vocabulary activity
- Textbook activities
- Additional online-only practice activities
- Audio recording of **Pronuncia e ortografia** presentation
- Record-compare audio activities

FOTOROMANZO
- Streaming video of **Fotoromanzo** episodes, with instructor-managed options for subtitles and transcripts in Italian and English
- Textbook activities
- Additional online-only practice activities

CULTURA
- **Cultura** reading
- Keywords and support for **Su Internet**
- Textbook activities
- Additional online-only practice activities

STRUTTURE
- Grammar presentations
- Textbook and extra practice activities
- Chat activities for conversational skill-building and oral practice

SINTESI
- Chat activities for conversational skill-building and oral practice
- Streaming video of **Lo zapping** TV clips and short films
- Textbook activities
- Additional online-only practice activities

AVANTI
- **Panorama** readings
- **Su Internet** research activity
- Textbook activities
- Additional online-only practice activities
- Audio-sync **Lettura** readings
- Audio for **In ascolto**
- Composition engine writing activity for **Scrittura**

VOCABOLARIO
- Vocabulary list with audio
- Customizable study lists

Plus! Also found on the Supersite:

- All textbook and lab audio MP3 files
- Communication center for instructor notifications and feedback
- Live Chat tool for video chat, audio chat, and instant messaging without leaving your browser
- A single gradebook for all Supersite activities
- WebSAM online Student Activities Manual
- **v̂Text** online, interactive student edition with access to Supersite activities, audio, and video

Supersite features vary by access level. Visit **vistahigherlearning.com** to explore which Supersite level is right for you.

*Students must use a computer for audio recording and select presentations and tools that require Flash or Shockwave.

STUDENT RESOURCES

- **Student Edition (SE)**
  The SE is available in hardcover, loose-leaf, and digital format (online vText).

- **Student Activities Manual**
  The Student Activities Manual is divided into three sections: the Workbook, the Video Manual, and the Lab Manual. The activities in the Workbook section provide additional practice of the vocabulary and grammar in each textbook lesson and the cultural information in each unit's **Avanti** section. The Video Manual section includes pre-viewing, while-viewing, and post-viewing activities for the **SENTIERI Fotoromanzo**, and the Lab Manual section contains activities for each textbook lesson that build listening comprehension, speaking, and pronunciation skills in Italian.

- **Lab Program MP3s**
  The Lab Program MP3s contain the recordings needed to complete the activities in the Lab Manual.

- **Textbook MP3s**
  The Textbook MP3s contain the recordings needed to complete the listening activities in **Contesti**, **Pronuncia e ortografia**, **In Ascolto**, and **Vocabolario** sections.

- **Online Student Activities Manual**
  Incorporating the **SENTIERI** Video, as well as the complete Lab Program, this component delivers the Workbook, Video Manual, and Lab Manual online with automatic scoring. Instructors have access to powerful classroom management and gradebook tools that allow in-depth tracking of students' scores.

- **SENTIERI, Second Edition, Supersite**
  Your passcode to the Supersite (vhlcentral.com) gives you access to a wide variety of interactive activities for each section of every lesson of the student text; auto-graded activities for extra practice with vocabulary, grammar, video, and cultural content; reference tools; grammar practice with diagnostics; the **Lo zapping** TV commercials and short films; the **Fotoromanzo**; the Textbook MP3s, and the Lab Program MP3s.

- **vText Online Interactive Text**
  Provides the entire student edition textbook with notetaking and highlighting capabilities. It is fully integrated with Supersite and other online resources.

ICONS & *RISORSE* BOXES

ICONS

These icons in the Second Edition of **SENTIERI** alert you to the type of activity or section involved.

Icons legend			
🎧	Listening activity/section	⑤	Additional content found on the Supersite: audio, video, and presentations
🖱️S	Activity also on the Supersite	♻️	Recycling activity
👥	Pair activity	▯	Information Gap activity
👥👥	Group activity	▦	*Fogli d'attività*

· The Information Gap activities and those involving **Fogli d'attività** (*activity sheets*) require handouts that your instructor will give you.

· The listening icon appears in **Contesti**, **Pronuncia e ortografia**, **In ascolto**, and **Vocabolario** sections.

· The Supersite icon appears on pages for which there is additional online content, like audio, video, or presentations.

· The recycling icon tells you that to finish a specific activity you will need to use vocabulary and/or grammar learned in previous lessons.

RISORSE BOXES

Risorse boxes let you know exactly which print and technology ancillaries you can use to reinforce and expand on every section of every lesson in your textbook. They include page numbers when applicable.

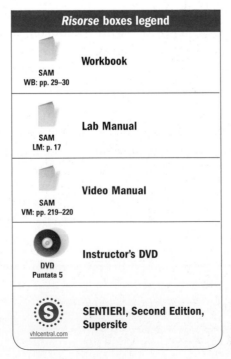

Risorse boxes legend
📄 **Workbook**   SAM   WB: pp. 29–30
📄 **Lab Manual**   SAM   LM: p. 17
📄 **Video Manual**   SAM   VM: pp. 219–220
💿 **Instructor's DVD**   DVD   Puntata 5
⑤ **SENTIERI, Second Edition, Supersite**   vhlcentral.com

vText | virtual interactive text

vText provides an online, interactive version of the Student Edition that links directly with Supersite practice activities, audio, and video. Plus, all online resources are located on one platform so you can complete assignments and access resources quickly and conveniently.

- Links on the vText page to all mouse-icon textbook activities, audio, and video
- Note-taking capabilities for students
- Easy navigation with searchable table of contents and page number browsing
- Access to all Supersite resources
- Now iPad®-friendly* for on-the-go access!

* Students must use a computer for audio recording and select presentations and tools that require Flash or Shockwave.

UNIT OPENERS
outline the content and features of each unit.

UNITÀ 2

Il tempo libero

Lezione 2A

CONTESTI
pagine 40–43
- Sports and pastimes
- Letter combinations **gli**, **gn**, and **sc**

FOTOROMANZO
pagine 44–45
- Che cosa vuoi fare?

CULTURA
pagine 46–47
- Giochiamo a pallone!

STRUTTURE
pagine 48–51
- Regular **-are** verbs
- **Andare, dare, fare,** and **stare**

SINTESI
pagine 52–53
- Ricapitolazione
- Lo zapping

Lezione 2B

CONTESTI
pagine 54–57
- Weather and seasons
- Italian vowels

FOTOROMANZO
pagine 58–59
- Che tempo fa?

CULTURA
pagine 60–61
- In montagna o al mare?

STRUTTURE
pagine 62–67
- The verb **avere**
- Regular **-ere** verbs and **piacere**
- Numbers 101 and higher

SINTESI
pagine 68–69
- Ricapitolazione

Per cominciare
- Where is Riccardo sitting?
  a. allo stadio   b. in biblioteca   c. in piazza
- Which word describes what Riccardo is doing?
  a. ascoltare la musica   b. andare in bicicletta
  c. guardare la TV
- What month is it?
  a. dicembre   b. agosto   c. febbraio

AVANTI
pagine 70–76
Panorama: Roma
Lettura: Read a brochure for a national park.
In ascolto: Listen to a conversation about weekend activities.
Scrittura: Write a description of yourself.
Vocabolario dell'Unità 2

Per cominciare activities jump-start the units, allowing you to use the Italian you know to talk about the photos.

Content thumbnails break down each unit into its two lessons (A and B) and one **Avanti** section, giving you an at-a-glance summary of the vocabulary, grammar, cultural topics, and language skills covered in the unit.

Ⓢupersite

Supersite resources are available for every section of the unit at **vhlcentral.com.** Icons show you which textbook activities are also available online, and where additional practice activities are available. The description next to the Ⓢ icon indicates what additional resources are available for each section: videos, audio recordings, readings, presentations, and more!

Supersite features vary by access level. Visit **vistahigherlearning.com** to explore which Supersite level is right for you.

CONTESTI
presents and practices vocabulary in meaningful contexts.

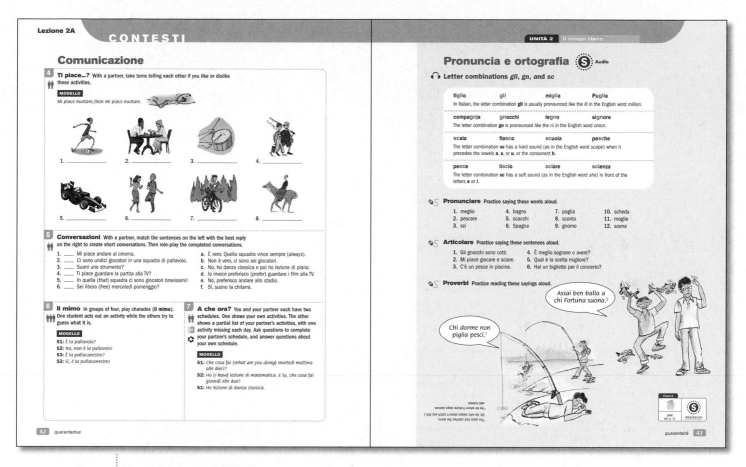

Communicative goals highlight the real-life tasks you will be able to carry out in Italian by the end of each lesson.

Risorse boxes let you know exactly what print and technology ancillaries you can use to reinforce and expand on every strand of every lesson in your textbook.

Illustrations High-frequency vocabulary is introduced through expansive, full-color illustrations.

Vocabulario boxes call out other important theme-related vocabulary in easy-to-reference Italian-English lists. To teach proper pronunciation of new words, vocabulary lists identify the stressed syllable of a word with a dot if it does not follow the normal pronunciation pattern.

Contesti always includes a listening activity, as well as other activities that practice the new vocabulary in meaningful contexts.

Comunicazione follows the recognition and production pedagogical sequence. The activities in this section allow you to use the vocabulary creatively in interactions with a partner, a small group, or the entire class.

Icons provide on-the-spot visual cues for various types of activities: pair, small group, recyclng, listening-based, video-related, handout-based, information gap, and internet activities.

Supersite

- Audio recordings of all vocabulary items
- Audio for **Contesti** listening activity
- Textbook activities
- Additional online-only practice activities

Supersite features vary by access level. Visit **vistahigherlearning.com** to explore which Supersite level is right for you.

PRONUNCIA E ORTOGRAFIA

presents the rules of Italian pronunciation and spelling.

UNITÀ 2 Il tempo libero

Pronuncia e ortografia (S) Audio

🎧 **Italian vowels**

a	e	i	o	u

Italian vowels are never silent. They are always pronounced and are shorter and crisper than English vowels. The letters **e** and **o** have open and closed sounds that often vary regionally.

Alpi	anche	animale	arte

In Italian, **a** has a sound between the *a* in the English word *father* and the *u* of *up*. The sound has no lingering glide and is raised.

buonasera	che	e	regina

The closed **e** sounds like the *e* in *they*, but shorter.

bello	biblioteca	è	festa

The open **e** sound is like the *e* in *get*. Before double consonants, the **e** is usually open.

fine	idea	lingua	vino

The letter **i** is pronounced like the *i* in *machine*, only shorter.

dolce	non	ora	sole

The closed **o** sounds like the *o* in *toe*, but shorter.

foto	porta	rosa	storia

The open **o** sound is like the *o* in *got*. Before double consonants, the **o** is usually open.

lungo	scusa	tu	uno

The letter **u** is pronounced like the *oo* in *soon*.

Pronunciare Practice saying these words aloud.

1. ciao
2. zaino
3. università
4. arte
5. esame
6. io
7. lavagna
8. liceo
9. penna
10. compiti
11. sedia
12. voto

Nebbia bassa buon tempo lascia.[2]

Articolare Practice saying these sentences aloud.

1. Il libro è sulla sedia.
2. A giugno fa bel tempo.
3. È un'opera d'arte.
4. L'orologio è bello.
5. Oggi è il primo giorno del mese.
6. Sento il tuono.

Proverbi Practice reading these sayings aloud.

L'aprile piovoso fa il maggio grazioso.[1]

[1] April showers bring May flowers. (lit. Rainy April makes May graceful.) [2] Low fog leaves good weather.

risorse

SAM
LM: p. 15

(S) vhlcentral.com

cinquantasette 57

The headset icon at the top of the page indicates when an explanation and activities are recorded for convenient use in or outside of class.

Explanation The rules of Italian pronunciation and spelling are presented clearly with abundant model words and phrases. The orange highlighting feature focuses your attention on the target structure.

Practice Pronunciation and spelling practice is provided at the word and sentence levels. The final activity features illustrated sayings and proverbs so you can practice the pronunciation or spelling point in an entertaining cultural context.

(S)upersite

- Audio recording of **Pronuncia e ortografia** presentation
- Record-and-compare textbook audio activities

Supersite features vary by access level. Visit **vistahigherlearning.com** to explore which Supersite level is right for you.

FOTOROMANZO
tells the story of a group of students living in Rome, Italy.

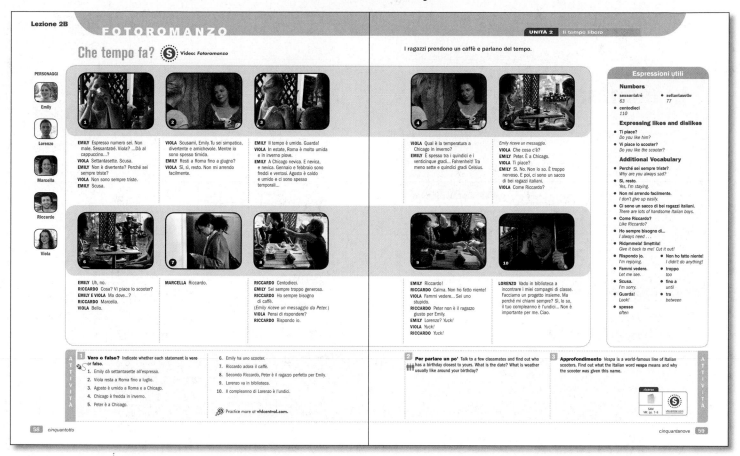

Personaggi The photo-based conversations take place among a cast of recurring characters—four college students, their landlady (who owns the boarding house), and her teenage son.

Fotoromanzo video episodes The **Fotoromanzo** is a versatile component that can be assigned as homework, presented in class, or used as review.

Conversations The conversations reinforce vocabulary from **Contesti**. They also preview structures from the upcoming **Strutture** section in context and in a comprehensible way.

Espressioni utili organizes new, active words and expressions by language function so you can focus on using them for real-life, practical purposes.

Supersite

- Streaming video of the **Fotoromanzo**
- End-of-video **Riepilogo** section where key vocabulary and grammar from the episode are called out
- Textbook activities
- Additional online-only practice activities

Supersite features vary by access level. Visit **vistahigherlearning.com** to explore which Supersite level is right for you.

CULTURA
explores cultural themes introduced in CONTESTI and FOTOROMANZO.

In primo piano presents a main, in-depth reading about the lesson's cultural theme. Full-color photos bring to life important aspects of the topic, while charts with statistics and/or intriguing facts support and extend the information.

L'italiano quotidiano exposes you to current, contemporary language by presenting familiar words and phrases related to the lesson's theme that are used in everyday spoken Italian.

Usi e costumi puts the spotlight on the people, places, and traditions of regions where Italian is spoken.

Ritratto showcases places, events, and products explaining their significance in the Italian culture, or it highlights the accomplishments of Italian people and how they contribute to their culture and the global community.

Supersite

- Main cultural reading
- **Su Internet** research activity
- Textbook activities
- Additional online-only practice activities

Supersite features vary by access level. Visit **vistahigherlearning.com** to explore which Supersite level is right for you.

STRUTTURE
uses an innovative design to support the learning of Italian grammar.

Lezione 2B

STRUTTURE

UNITÀ 2 Il tempo libero

2B.1 The verb avere

Punto di partenza Avere (*To have*) is an important and frequently used verb. Because it is irregular, you will need to memorize its present tense forms. Remember that the letter **h** is not pronounced in Italian.

avere (to have)

io ho	I have	noi abbiamo	we have
tu hai	you have	voi avete	you have
Lei/lui/lei ha	you have; he/she/it has	loro hanno	they have

Lorenzo ha l'ombrello in mano.

Riccardo ha lo scooter di Marcella.

• **Avere** is used in numerous idiomatic expressions. These espressions do not translate literally to English.

Expressions with avere

avere... anni	to be... years old	avere paura (di)	to be afraid (of)
avere bisogno di	to need	avere ragione (f.)	to be right
avere caldo	to feel hot	avere sete (f.)	to be thirsty
avere fame (f.)	to be hungry	avere sonno	to be sleepy
avere freddo	to feel cold	avere torto	to be wrong
avere fretta	to be in a hurry	avere voglia di	to feel like

Ha sonno?
Is she sleepy?

Hanno freddo.
They are cold.

• Use **avere caldo/freddo** to say that people feel hot/cold, and **essere caldo/freddo** to describe things that are hot/cold. To refer to the weather, use the expression **fare caldo/freddo**.

Io **ho caldo**.
I'm hot.

Questo caffè **è freddo**.
This coffee is cold.

Oggi **non fa caldo**.
It isn't hot today.

PRATICA

1 **Creare** Use the information from the chart to say what each person has or doesn't have.

MODELLO Io non ho una penna.

	una penna	uno zaino	un testo
io			
tu		✓	
Luisa	✓		✓
io e Gianna	✓		✓
voi		✓	
Lisa e Ugo	✓		✓

2 **Descrivere** Look at these images. Use expressions with avere to say how the people feel.

1. la signora Porretti 2. Graziana e Dario 3. io

4. noi 5. tu 6. Giuseppe

3 **Combinare** Use elements from each column to create complete sentences using avere and expressions with avere.

A	B
io	il calcio il sabato
l'università	le carte in classe
i professori	una chitarra
tu e gli amici	il club di scacchi
noi	freddo
tu	la partita di tennis
	un ombrello grande
	gli studenti bravi

Practice more at **vhlcentral.com**.

COMUNICAZIONE

4 **È vero?** Transform each of these statements into a question. Then, with a partner, take turns asking and answering the questions.

MODELLO
S1: Hai due computer?
S2: No, non ho due computer. Ho un computer.

1. Ho paura degli esami.
2. Ho ventun anni.
3. Ho voglia di visitare Roma.
4. Ho una classe di biologia.
5. Ho sempre sonno la mattina.
6. Ho due amici pigri.

5 **Avere voglia** Work in groups of three. Take turns asking and answering questions about whether you feel like doing each activity on the list.

MODELLO
S1: Hai voglia di guardare la TV?
S2: No, non ho voglia di guardare la TV.
S3: Sì, ho voglia di guardare la TV.

Attività
1. guardare la TV
2. studiare il venerdì sera
3. dare un esame oggi
4. andare in biblioteca
5. studiare italiano e spagnolo
6. avere un lavoro (job)
7. telefonare alla mamma la domenica
8. parlare con il professore

6 **Indagine** Create a survey (indagine) with five questions using avere and mal. Ask each question to five classmates. Then compile the results and summarize your findings in a short paragraph.

MODELLO
Tre studenti non hanno mai fame in classe. Cinque studenti non hanno mai voglia di dormire il lunedì mattina. Uno studente non ha mai torto...

• Use **di** before a noun or a verb with the expressions **avere bisogno, avere paura,** and **avere voglia**. The verb that follows must be in the infinitive form.

Paolo **ha paura del** tuono.
Paolo is afraid of thunder.

Hai **voglia di** giocare a carte?
Do you feel like playing cards?

• In **Lezione 1B**, you learned to use intonation to form questions. You can also move the subject to the end of the sentence.

Mario **ha** un esame? /
Ha un esame Mario?
Does Mario have an exam?

Gli studenti **hanno** molti libri? /
Hanno molti libri gli studenti?
Do the students have a lot of books?

• To use the adverbs **sempre** (*always*) and **spesso** (*often*), place them directly after the verb.

Avete **sempre** fame?
Are you always hungry?

Abbiamo **spesso** fretta.
We're often in a hurry.

• Use **mai** (*ever*) in questions and **non... mai** (*never*) in questions or statements. In both cases, **mai** usually follows the verb.

Hai **mai** sonno a lezione?
Are you ever sleepy in class?

La professoressa **non** ha **mai** torto.
The professor is never wrong.

Provalo! Complete each sentence with the correct form of **avere**.

1. Voi non avete ragione. Voi *avete* torto.
2. Per l'esame d'italiano tu _____ bisogno di un dizionario.
3. La bambina piccola _____ tre anni.
4. C'è acqua? Noi _____ sete.
5. Ahh! Un ragno (spider)! Io _____ paura dei ragni!
6. Il martedì non fate colazione e poi alle undici voi _____ fame.
7. Sono le due di mattina e lui _____ molto sonno.
8. In estate loro _____ sempre voglia di un gelato.
9. La mattina tu _____ fretta.
10. Ci sono trentotto gradi oggi e io _____ caldo!

62 sessantadue

sessantatré 63

Text format Each lesson contains two or three grammar points. For each grammar point, the explanation and practice activities appear on two facing pages. Grammar explanations on the outside panels offer handy, on-page support for the activities in the central panels, giving you immediate access to essential information.

Graphics-intensive design Photos from the **SENTIERI**, Second Edition, Video Program consistently integrate the lesson's **Fotoromanzo** episode with the grammar explanations. Additional photos, drawings, and graphic devices liven up activities and heighten visual interest.

Attrezzi boxes call out information you already learned or cross-references related topics you will see in future units.

Provalo! offers you your first practice of each new grammar point. It gets you working with the grammar point right away in simple, easy-to-understand formats.

Pratica provides a wide range of guided activities that combine the lesson vocabulary and previously learned material with grammar practice.

Communication activities offer opportunities for creative expression using the lesson's grammar and vocabulary. You do these activities with a partner, in small groups, or with the whole class.

Supersite

- Grammar presentation
- Textbook activities
- Additional online-only practice activities
- Chat activities for conversational skill-building and oral practice

Supersite features vary by access level. Visit **vistahigherlearning.com** to explore which Supersite level is right for you.

SINTESI

pulls the lesson together with **Ricapitolazione** and **Lo zapping**.

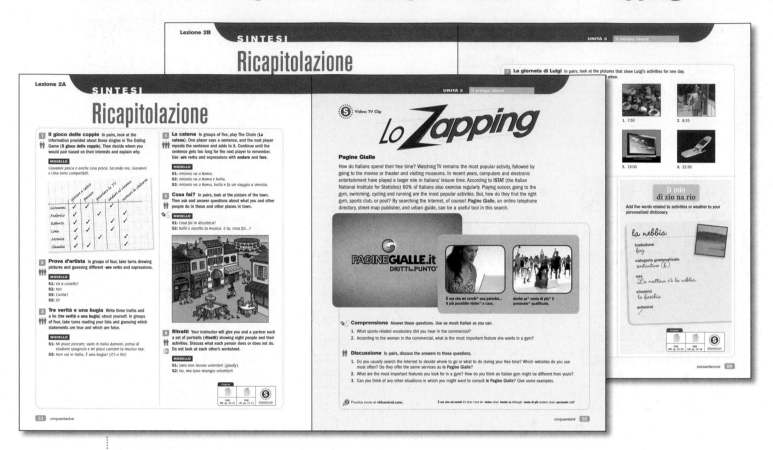

Ricapitolazione activities integrate the lesson's grammar points with previously learned vocabulary and structures, providing consistent, built-in review as you progress through the text. In all B lessons, this feature is two pages long to provide better coverage.

Pair and group icons call out the communicative nature of the activities. Situations, role-plays, games, personal questions, interviews, and surveys are just some of the types of activities that you will engage in.

Information gap activities, identified by the interlocking puzzle pieces, engage you and a partner in problem-solving situations. You and your partner each have only half of the information you need, so you must work together to accomplish the task at hand.

Lo zapping features television clips in Italian, supported by background information, images, and activities to help you understand and check your comprehension.

Re-entering icons call out the activities in which you will practice the lesson's grammar and vocabulary along with previously learned material.

Il mio dizionario appears in the **Ricapitolazione** section of the B lesson in each unit. It offers the opportunity to increase your vocabulary and to personalize it at the same time.

Ⓢupersite

- Chat activities for conversational skill-building and oral practice
- Streaming video of **Lo zapping** TV clips
- Textbook activities
- Additional online-only practice activities

Supersite features vary by access level. Visit **vistahigherlearning.com** to explore which Supersite level is right for you.

SINTESI
Lo zapping cortometraggio
Units 10 through 12 feature short-subject dramatic films by contemporary Italian filmmakers.

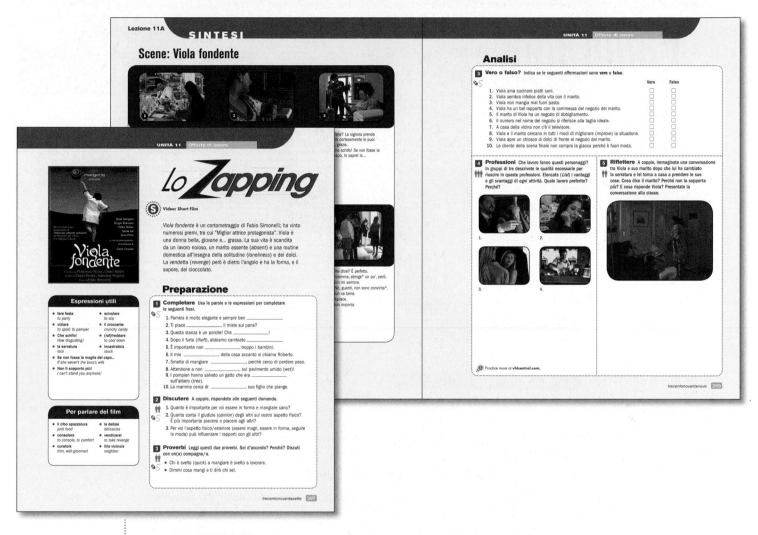

Espressioni utili highlight phrases and expressions useful in understanding the film.

Per parlare del film features the words that you will encounter and use in activities in the short film section.

Preparazione Pre-viewing exercises set the stage for the short-subject film and provide key background information, facilitating comprehension.

Scene A synopsis of the film's plot with captioned video stills prepares you visually for the film.

Analisi Post-viewing activities go beyond checking comprehension, allowing you to discover broader themes.

Supersite

- Streaming video of **Lo zapping** short films
- Textbook activities
- Additional online-only practice activities

Supersite features vary by access level. Visit **vistahigherlearning.com** to explore which Supersite level is right for you.

AVANTI

Panorama presents cultural information about Italy and other areas where Italian is spoken.

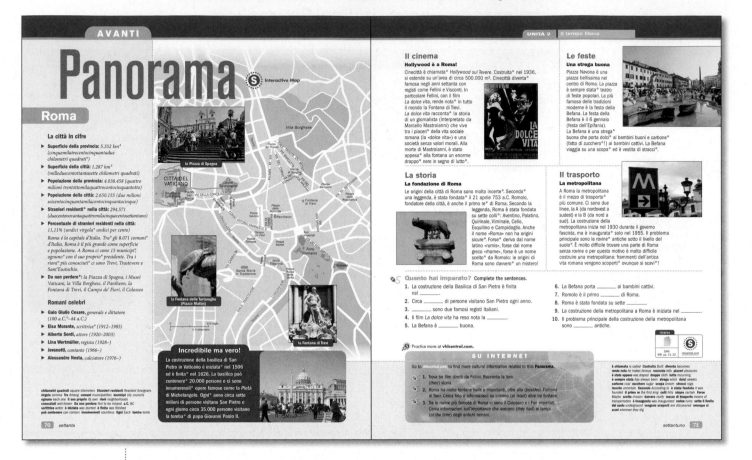

La popolazione/La città/La regione in cifre provides interesting key facts about the featured city, or region.

Incredibile ma vero! highlights an intriguing fact about the featured place or its people.

Maps point out major cities, rivers, and other geographical features and situate the featured place in the context of its immediate surroundings.

Quanto hai imparato? exercises check your understanding of key ideas, and **risorse** boxes reference the two pages of additional activities in the **SENTIERI** Student Activities Manual.

Readings A series of brief paragraphs explores different facets of the featured location's culture such as history, landmarks, fine art, literature, and aspects of everyday life.

⑤upersite

- **Su Internet** research activity
- Textbook activities
- Additional online-only practice activities

Supersite features vary by access level. Visit **vistahigherlearning.com** to explore which Supersite level is right for you.

AVANTI

Lettura develops reading skills in the context of the unit's theme.

Readings are directly tied to the unit theme and recycle vocabulary and grammar you have learned. The selections in Units 1–9 are cultural texts, while those in Units 10–12 are literary pieces.

Prima di leggere presents valuable reading strategies and pre-reading activities that strengthen your reading abilities in Italian and English.

Dopo la lettura includes post-reading activities that check your comprehension of the reading.

Supersite

- Textbook activities
- Additional online-only practice activities
- Audio-sync technology for all readings

Supersite features vary by access level. Visit **vistahigherlearning.com** to explore which Supersite level is right for you.

AVANTI

In ascolto and Scrittura develop listening and writing skills in the context of the unit's theme.

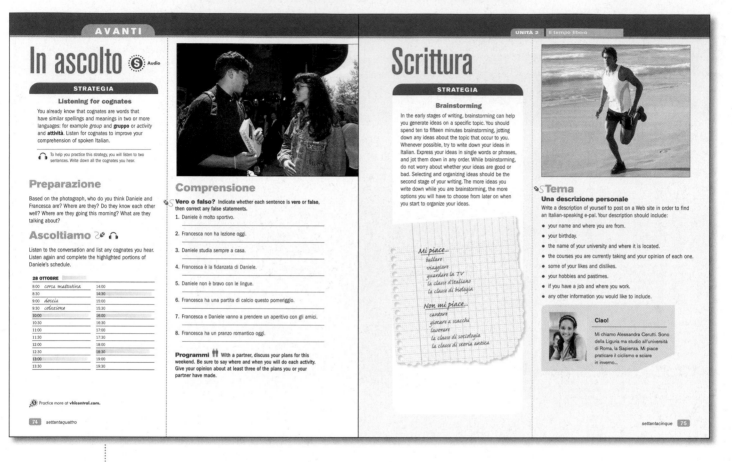

In ascolto uses a recorded conversation or narration to develop your listening skills in Italian. **Strategia** and **Preparazione** prepare you for listening to the recorded passage.

Ascoltiamo guides you through the recorded passage, and **Comprensione** checks your understanding of what you heard.

Strategia in **Scrittura** provides useful strategies that prepare you for the writing task presented in **Tema**.

Tema describes the writing topic and includes suggestions for approaching it. It also provides useful terms and/or phrases related to the writing task that may be useful in developing the topic.

Supersite

- Textbook activities
- Additional online-only practice activities
- Composition engine writing activity for **Scrittura**

Supersite features vary by access level. Visit **vistahigherlearning.com** to explore which Supersite level is right for you.

VOCABOLARIO
summarizes all the active vocabulary of the unit.

VOCABOLARIO

Ⓢ Vocabulary Tools

UNITÀ 2

Previsioni meteo

Che tempo fa?	What is the weather like?
C'è il sole.	It's sunny.
C'è il temporale.	It's stormy.
C'è vento.	It's windy.
È bello.	It's nice out.
Fa bel/brutto tempo.	The weather is nice/bad.
Fa caldo.	It's hot.
Fa freddo.	It's cold.
Fa fresco.	It's cool.
Il tempo è pessimo.	The weather is dreadful.
Quanti gradi ci sono?	What is the temperature?
Ci sono 18 gradi.	It's 18 degrees out.

Eventi climatici

la foschia	mist
il fulmine	lightning
la grandine	hail
l'impermeabile (m.)	raincoat
il lampo	flash of lightning
l'ombrello	umbrella
la neve	snow
la nuvola	cloud
la pioggia	rain
il tuono	thunder
l'umidità	humidity
nevicare	to snow
piovere	to rain

Le attività

Ti piace...?	Do you like . . . ?
(Non) mi piace...	I (don't) like . . .
aiutare	to help
andare a cavallo	to go horseback riding
andare al cinema	to go to the movies
andare in bicicletta	to ride a bicycle
ascoltare la musica	to listen to music
ballare	to dance
camminare	to walk
cantare	to sing
giocare	to play
guardare la tivù/TV	to watch TV
nuotare	to swim
perdere	to lose
pescare	to go fishing
suonare (la batteria, la chitarra, il piano)	to play (drums, guitar, piano)
vincere	to win

La data

Che giorno è oggi?	What's the date?
È il 15 agosto.	It's August 15th.
Quando è il tuo compleanno?	When is your birthday?
È il 23 marzo.	It's March 23rd.
l'anno	year
l'autunno	fall
il compleanno	birthday
l'estate (f.)	summer
il mese	month
l'inverno	winter
la primavera	spring
il primo	first
la stagione	season
domani	tomorrow

Per descrivere il tempo

coperto/a	overcast
nuvoloso/a	cloudy
piovoso/a	rainy
secco/a	dry
soleggiato/a	sunny
umido/a	humid
ventoso/a	windy

Lo sport

l'atletica	track and field
l'automobilismo	car racing
la bicicletta	bicycle
il calcio	soccer
il campeggio	camping
il campo	field; court
le carte	playing cards
il ciclismo	cycling
la danza classica	classical dance
il football americano	football
le freccette	darts
il giocatore/ la giocatrice	player
il nuoto	swimming
la palestra	gymnasium
la pallacanestro	basketball
la pallavolo	volleyball
il pallone	ball
la partita	game, match
gli scacchi	chess
lo sci	skiing
la squadra	team
lo stadio	stadium
il tennis	tennis

I mesi

gennaio	January
febbraio	February
marzo	March
aprile	April
maggio	May
giugno	June
luglio	July
agosto	August
settembre	September
ottobre	October
novembre	November
dicembre	December

Espressioni utili	See pp. 45 and 59.
Regular *-are* verbs	See p. 48.
andare, dare, fare, and *stare*	See pp. 50–51.
Expressions with *avere*	See p. 62.
Regular *-ere* verbs and *piacere*	See pp. 64–65.
Numbers 101 and higher	See p. 66.

risorse

Ⓢ

vhlcentral.com

76 settantasei

Vocabulary All the lesson's active vocabulary is brought together, grouped in easy-to-study thematic lists.

Ⓢupersite

- Audio recordings of all vocabulary items
- Customizable study lists

Supersite features vary by access level. Visit **vistahigherlearning.com** to explore which Supersite level is right for you.

Student Activities Manual

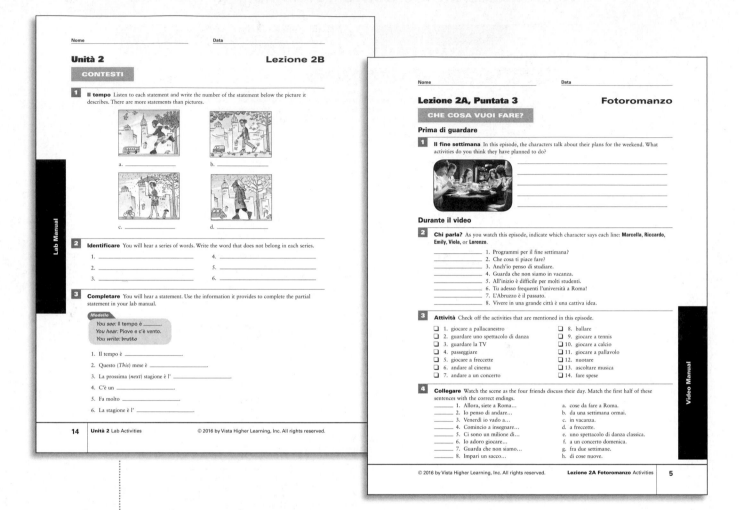

Workbook The Workbook provides additional practice for the **Contesti**, **Strutture**, and **Panorama** sections in your textbook.

Lab Manual The Lab Manual section further practices listening and speaking skills related to the **Contesti**, **Pronuncia e ortografia**, and **Strutture** sections.

Video Manual The Video Manual provides activities to be completed before, during, and after viewing each lesson's **Fotoromanzo**.

Supersite

- Audio for Lab Manual activities
- Streaming video of **Fotonovela**
- WebSAM online Student Activities Manual

Supersite features vary by access level. Visit **vistahigherlearning.com** to explore which Supersite level is right for you.

THE *FOTOROMANZO* EPISODES

Fully integrated with your textbook, the **SENTIERI Fotoromanzo** contains twenty-four dramatic episodes, one for each lesson of the text. The episodes relate the adventures of four college students who are studying in Rome. They live at the **Pensione Marcella**, a boarding house. The video tells their story and the story of Marcella and her teenage son, Paolo.

The **Fotoromanzo** dialogues in each printed textbook lesson are actually an abbreviated version of the dramatic episode featured in the video. Therefore, each **Fotoromanzo** section can be used as preparation before you see the corresponding video episode, after it as review, or as a stand-alone section.

As you watch the video, you will first see the characters interact using the vocabulary and grammar you are studying. Their dialogues carefully incorporate new vocabulary and grammar with previously taught language. After the episode there is a **Riepilogo** segment that summarizes the key language functions and grammar points used in the dramatic episode.

THE CAST
Here are the main characters you will meet when you watch the **SENTIERI** Video:

 From Chicago
Emily

From Abruzzo
Viola

 From Bari
Riccardo

From Milan
Lorenzo

 From Rome
Marcella

From Rome
Paolo

ACKNOWLEDGEMENTS

On behalf of its author and editors, Vista Higher Learning expresses its sincere appreciation to the instructors nationwide who reviewed materials from **SENTIERI**. Their input and suggestions were vitally helpful in forming and shaping the Second Edition into its final, published form.

Reviewers

Maria Rita Barbarino
Syracuse University, NY

Brian Barone
University of Central Florida, FL

Viktor Berberi
University of Minnesota, Morris, MN

Kelly Blank
Xavier University, OH

Emma O. Brombin
Daytona State College, FL

Danila Cannamela
University of North Carolina at Chapel Hill, NC

Cynthia Capone
George Washington University, DC

Mark Cerosaletti
SUNY Cortland, NY

Giuliana Chapman
Roanoke College, VA

Amy Chambless
University of North Carolina at Chapel Hill, NC

Rachel Cullenen
Ithaca College, NY

Linda De Caterina
San Diego City College, CA

Sydney Conrad
University of North Carolina-Chapel Hill, NC

Antonella Dell'Anna
Arizona State University, AZ

Carmen De Lorenzo
Michigan State University, MI

Vito Di Giulio
Napa Valley College, CA

Antonietta Di Pietro
Florida International University, FL

Lisa DiSanti Rosenthal
Illinois State University, IL

Kate Greenburg
University of North Carolina at Chapel Hill, NC

Marinella M. Griffith
College of Charleston, SC

Tessa Gurney
University of North Carolina, NC

David Hamilton
Concordia College, MN

Eileen Juskie
College of Dupage, IL

Erich Lichtscheidl
Montgomery County Community College, PA

Loredana Lo Bianco
California State University of Fresno, CA

Antonella Longoni
George Washington University, VA

Martin Marafioti
Pace University, NY

Lorenza Marcin
University of Richmond, VA

Judith Mazziotti
Daemen College, NY

Barbara Michael
Monterey Peninsula College, CA

J. Vincent H. Morrissette
Fairfield University, CT

Annalisa Mosca
Purdue University, IN

Rosa Motta Christopher
Newport University, VA

Giuseppe Natale
University of Nevada, Las Vegas, NV

Elaine Navia
Andrews University, MI

Mirta Pagnucci
Northern Illinois University, IL

Gloria Pastorino
Fairleigh Dickinson University, NJ

Lorella Paltrinieri
Colorado State University, CO

Maria Roglieri
St. Thomas Aquinas College, NY

Steven J. Sacco
San Diego State University, CA

Simona Sansovini
Metropolitan State University, CO

Francesca Santoro
George Washington University, VA

Elizabeth Scheiber
Rider University, NJ

Maria Grazia Spina
University of Central Florida, FL

Gabriele Steiner
Modesto Junior College, CA

Giuseppe Tassone
University of Washington, WA

Rachel Toncelli
Rhode Island College, RI

Maria Traub
Neumann University, PA

Massimiliano Verita
Fox Valley Technical College, WI

Molly M. Zaldivar
University of Texas at San Antonio, TX

Ciao, come va?

Per cominciare
- What are these people saying?
  a. Scusa.   b. Buongiorno!   c. Grazie.
- How many women are there in the photo?
  a. una   b. due   c. tre
- What do you think is an appropriate title for this woman?
  a. signori   b. professore   c. signorina

Lezione

1A

Communicative Goals

You will learn how to:
- use greetings and make introductions
- use expressions of courtesy

CONTESTI

Vocabulary Tools

Come va?

MICHELE Salve, signor Ciampi, come va?
SIG. CIAMPI Ciao, Michele! Abbastanza bene. E tu, come stai?
MICHELE Sto molto bene, grazie.

PAOLO Grazie mille!
GIOVANNI Prego!

MARIA A più tardi, Luca!
LUCA Ciao, Maria. A dopo!

GIUSEPPE Buongiorno, signor Carrano. Le presento Teresa Luchini.
SIG. CARRANO Buongiorno, signorina!
TERESA Piacere di conoscerLa.

Vocabolario

saluti e addii	*hellos and good-byes*
Buonasera.	*Good evening.*
Buonanotte.	*Good night.*
A domani.	*See you tomorrow.*
A presto.	*See you soon.*
ArrivederLa/ci. *(form./fam.)*	*Good-bye.*
Buona giornata!	*Have a nice day!*
Come sta? *(form.)*	*How are you?*
Come stai? *(fam.)*	*How are you?*
Anch'io.	*Me, too.*
Così così.	*So-so.*
Non c'è male.	*Not bad.*
Sto male.	*I am not well.*
presentazioni	*introductions*
Come si chiama? *(form.)*	*What is your name?*
Come ti chiami? *(fam.)*	*What is your name?*
E Lei/tu? *(form./fam.)*	*And you?*
Le/Ti presento… *(form./fam.)*	*This is [name].*
Piacere.	*Delighted.*
Piacere di conoscerLa/ti. *(form./fam.)*	*Pleased to meet you.*
Piacere mio.	*My pleasure.*
forme di cortesia	*polite expressions*
Grazie.	*Thank you.*
Di niente.	*You're welcome.*
per favore	*please*
Scusi/a. *(form./fam.)*	*Excuse me.*
persone	*people*
la donna	*woman*
il/la ragazzo/a	*boy/girl*
signor(a)…	*Mr./Mrs. . . .*
l'uomo *(pl. uomini)*	*man (men)*
Dov'è?	*Where is it?*
là/lì	*there*
qua/qui	*here*

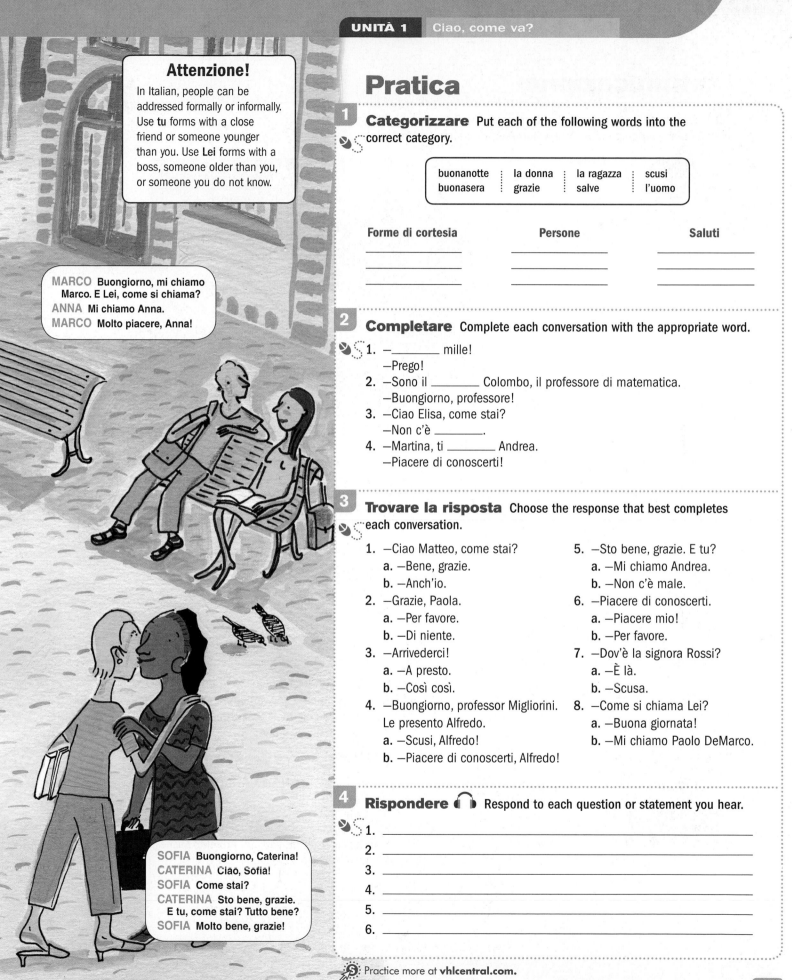

MARCO Buongiorno, mi chiamo Marco. E Lei, come si chiama?
ANNA Mi chiamo Anna.
MARCO Molto piacere, Anna!

SOFIA Buongiorno, Caterina!
CATERINA Ciao, Sofia!
SOFIA Come stai?
CATERINA Sto bene, grazie. E tu, come stai? Tutto bene?
SOFIA Molto bene, grazie!

Pratica

1 Categorizzare Put each of the following words into the correct category.

| buonanotte | la donna | la ragazza | scusi |
| buonasera | grazie | salve | l'uomo |

Forme di cortesia   **Persone**   **Saluti**

_____   _____   _____

_____   _____   _____

_____   _____   _____

2 Completare Complete each conversation with the appropriate word.

1. —_____ mille!
   —Prego!
2. —Sono il _____ Colombo, il professore di matematica.
   —Buongiorno, professore!
3. —Ciao Elisa, come stai?
   —Non c'è _____.
4. —Martina, ti _____ Andrea.
   —Piacere di conoscerti!

3 Trovare la risposta Choose the response that best completes each conversation.

1. —Ciao Matteo, come stai?
   a. —Bene, grazie.
   b. —Anch'io.
2. —Grazie, Paola.
   a. —Per favore.
   b. —Di niente.
3. —Arrivederci!
   a. —A presto.
   b. —Così così.
4. —Buongiorno, professor Migliorini. Le presento Alfredo.
   a. —Scusi, Alfredo!
   b. —Piacere di conoscerti, Alfredo!

5. —Sto bene, grazie. E tu?
   a. —Mi chiamo Andrea.
   b. —Non c'è male.
6. —Piacere di conoscerti.
   a. —Piacere mio!
   b. —Per favore.
7. —Dov'è la signora Rossi?
   a. —È là.
   b. —Scusa.
8. —Come si chiama Lei?
   a. —Buona giornata!
   b. —Mi chiamo Paolo DeMarco.

4 Rispondere 🎧 Respond to each question or statement you hear.

1. _____
2. _____
3. _____
4. _____
5. _____
6. _____

Practice more at **vhlcentral.com**.

CONTESTI

Comunicazione

5 **Ascoltiamo!** 🎧 Listen to the conversations. Then decide with a partner whether each conversation is formal (**formale**) or informal (**informale**).

	formale	informale
1.	☐	☐
2.	☐	☐
3.	☐	☐
4.	☐	☐
5.	☐	☐
6.	☐	☐

6 **Tocca a te!** In pairs, look at each illustration. Discuss how you would greet the people, ask them for their names, and ask how they are doing. For each situation, write a short dialogue and then act it out. Pay attention to the use of **tu** and **Lei**.

1. Signora Bindi

2. Rosa

3. Signor Monti

4. Gemma

7 **Mi chiamo...** Your instructor will give you and a partner two different worksheets with descriptions of five different people. Use the information from your worksheet to introduce yourselves and talk about how you are feeling. Role-play each of the five identities on your worksheet.

MODELLO

S1: Buongiorno, mi chiamo Vittorio. Come ti chiami?
S2: Ciao! Mi chiamo Silvia. Come stai?
S1: Sto molto bene, grazie. E tu?

8 **Presentazioni** In groups of three, introduce yourselves and ask your group members how they are doing. Then join another group and introduce one another to the new group.

MODELLO

S1: Ciao, mi chiamo Laura. E tu?
S2: Mi chiamo Fabio.
S1: Come stai?
S2: Bene, grazie. E tu?
S1: Anch'io sto bene. Fabio, ti presento Michele.
S3: Ciao, Fabio. Molto piacere!

Pronuncia e ortografia 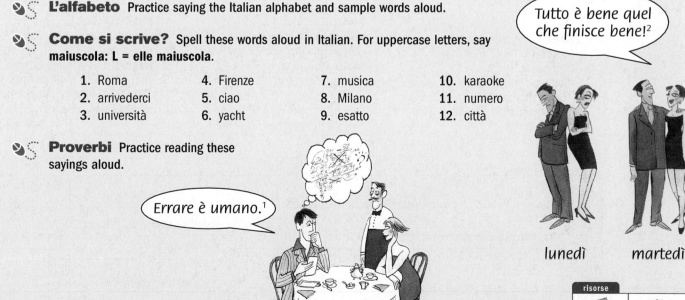 **S** Audio

🎧 **The Italian alphabet**

lettera	esempio	lettera	esempio	lettera	esempio
a (a)	**a**bilità	h (acca)	**h**ai	q (cu)	**q**uattro
b (bi)	**b**anana	i (i)	**i**dea	r (erre)	**r**adio
c (ci)	**c**ittà	l (elle)	**l**ungo	s (esse)	**s**peciale
d (di)	**d**elizioso	m (emme)	**m**amma	t (ti)	**t**erribile
e (e)	**e**legante	n (enne)	**n**atura	u (u)	**u**niversità
f (effe)	**f**amoso	o (o)	**o**pera	v (vu)	**v**ideo
g (gi)	**g**eneroso	p (pi)	**p**izza	z (zeta)	**z**oo

The Italian alphabet is made up of 21 letters. Although these letters are all found in the English alphabet, some are pronounced differently. The letter **h** is not pronounced in Italian.

....

jeans	**kiwi**	**weekend**	**taxi**	**yogurt**

j (**i lunga**), **k** (**cappa**), **w** (**doppia vu**), **x** (**ics**), and **y** (**ipsilon**) are used primarily in foreign terms.

....

sete	**sette**	**sono**	**sonno**
thirst	*seven*	*I am*	*sleep*

A double consonant often distinguishes between two similarly spelled words. The sound of the doubled consonant should be emphasized and held for an extra beat. When spelling double consonants aloud, say **due** (*two*) or **doppia** (*double*).

....

é = e accento acuto   **à = a accento grave**

When spelling aloud, indicate accented letters by saying **accento acuto** (´) or **accento grave** (`).

L'alfabeto Practice saying the Italian alphabet and sample words aloud.

Come si scrive? Spell these words aloud in Italian. For uppercase letters, say **maiuscola: L = elle maiuscola.**

1. Roma	4. Firenze	7. musica	10. karaoke
2. arrivederci	5. ciao	8. Milano	11. numero
3. università	6. yacht	9. esatto	12. città

Proverbi Practice reading these sayings aloud.

Tutto è bene quel che finisce bene![2]

Errare è umano.[1]

lunedì   *martedì*

[2] All's well that ends well!

[1] To err is human.

risorse

SAM
LM: p. 2

S vhlcentral.com

FOTOROMANZO

Ciao, io sono... Video: *Fotoromanzo*

PERSONAGGI

Emily

Lorenzo

Marcella

Paolo

Riccardo

Viola

MARCELLA Sì? Chi è?
RICCARDO Scusi, è Lei la signora Marcella? Io sono Riccardo. Piacere di conoscerLa.
MARCELLA Piacere mio. Benvenuto.
RICCARDO Grazie. È bello qui.
MARCELLA Grazie.

MARCELLA Ecco la stanza per i ragazzi e lì (*indicando*) c'è un'altra stanza per due ragazze.
RICCARDO Quattro studenti?
MARCELLA Molto bene.
RICCARDO Grazie.

MARCELLA Arrivo subito. Scusa.
EMILY Salve... C'è qualcuno? Marcella? Sono Emily. Emily Rufo Eriksson da Chicago. C'è qualcuno?
MARCELLA Benvenuta, Emily. Io sono Marcella. Quante valigie hai?
EMILY Una. E lo zaino.
MARCELLA Ecco la stanza delle ragazze.

Alla pensione...
EMILY Il computer è pronto.
MARCELLA *I'm Marcella. This is my house...*
RICCARDO *I'm Riccardo. I'm Italian.* Ciao, America! Prima lezione d'italiano: sedia... matita... libro... amica.

PAOLO Ciao, mamma.
MARCELLA Ciao, Paolo. Vieni, ti presento Riccardo ed Emily.
PAOLO Ciao, io sono... Paolo.

MARCELLA Ciao.
LORENZO Sono Lorenzo. Dov'è la stanza?
MARCELLA Benvenuto, Lorenzo. Io sono Marcella e questi sono Paolo, Riccardo ed Emily... Da questa parte. Scusa.

---

1 Vero o falso? Indicate whether each statement is **vero** or **falso**.

1. Marcella e Riccardo sono vecchi amici (*old friends*).
2. Alla pensione c'è una stanza per i ragazzi e una per le ragazze.
3. Emily è una ragazza italiana.
4. Emily non ha (*doesn't have*) valigie.
5. Lorenzo è a Roma.
6. Emily ha (*has*) un computer.
7. Marcella è la mamma di Paolo.
8. Viola sta molto bene.
9. Vicino alla pensione c'è un supermercato.
10. Ci sono quattro studenti nella pensione.

 Practice more at **vhlcentral.com.**

I ragazzi arrivano alla pensione.

Al cellullare...

LORENZO Pronto... A Roma... Non lo so. Ma dai... No... Lasciami in pace, per favore!

LORENZO Ma vuoi stare attenta!
VIOLA Scusa! ...Grazie.

VIOLA Grazie, grazie mille. Siete molto gentili. Sono Viola.
RICCARDO Io sono Riccardo.
EMILY Emily.
PAOLO Paolo.
RICCARDO Benvenuta a Roma.
VIOLA Grazie.
RICCARDO Come va?
VIOLA Non c'è male.

MARCELLA Benvenuti nella mia pensione. Allora, ci sono ristoranti, bar e una biblioteca qui vicino. Ci sono anche diversi autobus che vanno in centro... Quanti studenti?
RICCARDO Uno... due... tre. Tre. Quattro. Quattro studenti.
MARCELLA Alla città di Roma! Cin, cin!
TUTTI A Roma. Cin, cin!

Espressioni utili

Introductions

- **Chi è?**
  Who is it?
- **C'è qualcuno?**
  Is anybody there?
- **Scusi, è Lei la signora Marcella? Io sono Riccardo. Piacere di conoscerLa.**
  Excuse me, are you Marcella? I'm Riccardo. Pleased to meet you.
- **Benvenuto!**
  Welcome!
- **È bello qui.**
  It's nice here.
- **Io sono Marcella e questi sono Paolo, Riccardo ed Emily.**
  I'm Marcella, and these are Paolo, Riccardo, and Emily.

Additional vocabulary

- **Ecco la stanza per i ragazzi e lì c'è un'altra stanza per due ragazze.**
  Here's the room for the boys, and there is another room for two girls there.
- **Quante valigie hai?**
  How many suitcases do you have?
- **Una. E lo zaino.**
  One. And the backpack.
- **Lasciami in pace, per favore!**
  Leave me alone, please!
- **Il computer è pronto.**
  The computer is ready.
- **sedia, matita, libro, amica...**
  chair, pencil, book, friend . . .
- **Ci sono ristoranti, bar e una biblioteca.**
  There are restaurants, cafés, and a library.
- **Vuoi stare attenta!**
  Pay attention!
- **Pronto.**
  Hello (on the phone).
- **Arrivo subito.**
  I'll be right there.
- **Ma dai.**
  Oh, come on.
- **Non lo so.**
  I don't know.
- **Vieni.**
  Come.
- **Da questa parte.**
  This way.
- **prima**
  first
- **Siete molto gentili.**
  You (pl.) are very nice.
- **Cin, cin!**
  Cheers!

2 **Per parlare un po'** In groups of three, imagine that you are exchange students meeting for the first time. Introduce yourselves to one another. Include information such as your name and where you are from. Be prepared to present your conversation to the class.

3 **Approfondimento** Did you know that there are seven hills (**colli**) in Rome? And a river (**fiume**) with an island (**isola**)? Use the Internet to find their names in Italian.

risorse

SAM
VM: pp. 1–2

vhlcentral.com

A T T I V I T À

IN PRIMO PIANO

Baci dall'Italia!

Friends and family in Italy traditionally give each other a kiss (un bacio) on each cheek when they say hello and good-bye. The first **bacio** always goes on the left cheek, followed by the right, so you should lean to your right when you greet someone in this way.

To give an Italian-style kiss, press your cheek against the other person's and make a kissing sound. There may or may not be contact between your lips and the person's cheek. These kisses are often accompanied by a hand on the other person's shoulder or shoulders; a greater amount of contact indicates a closer personal connection with the person you are greeting. Young adults often give two or three kisses to their close friends, accompanied by a hug.

Greeting friends with a kiss is common among women, while men customarily greet each other with a handshake (**una stretta di mano**). Men who are related or are very close friends may exchange kisses if they haven't seen each other in a long time, or on a special occasion. In a business setting, colleagues (both men and women) shake hands. The Italian handshake is firm, with one or two quick shakes up and down.

Un piccolo aiuto

When greeting someone considerably older than you or someone in a position of authority, you should always address him/her with the formal **Lei**. Wait for that person to suggest that the informal **tu** be used. (**Diamoci del tu?**)

There are slight variations on these traditions from person to person and region to region. For example, kissing is more prevalent in the southern part of Italy, where men are also more likely to greet one another with a kiss. When in doubt, simply follow the lead of the person you are greeting!

---

1 **Vero o falso?** Indicate whether each statement is **vero** or **falso**. Correct any false statements.

1. Men in the south of Italy never greet each other with a kiss.

2. In Italy, work colleagues usually shake hands.

3. Two women who are friends may greet each other with a kiss.

4. Placing a hand on someone's shoulder is considered disrespectful.

5. Most young Italians kiss four times.

6. The Italian handshake is firm and quick.

7. Men always shake hands when they greet each other.

8. Italians give the first kiss on the right cheek.

9. Italians kiss both when saying hello and good-bye.

10. Kisses are usually accompanied by a kissing sound.

Practice more at **vhlcentral.com.**

L'ITALIANO QUOTIDIANO

I saluti

Alla prọssima!	*Until next time!*
Buon fine settimana!	*Have a nice weekend!*
Che c'è di nuovo?	*What's new?*
Ci sentiamo!	*Talk to you soon!*
Ci vediamo!	*See you soon!*
Come te la passi?	*How are you getting along?*
Ehilà!	*Hey there!*
Il solito.	*The usual.*
Niente di nuovo.	*Nothing new.*

USI E COSTUMI

Buongiorno, professoressa!

Italians tend to be very formal in their greetings, usually addressing each other with their social titles (**signore**, **signora**, **signorina**) or professional titles (**professore**, **professoressa**, **dottore**, **dottoressa**, **ingegnere°**, **avvocato°**).

Greetings vary according to the time of day and whether you are saying hello or good-bye. For example, **buongiorno** is used to say hello during the early part of the day, but if you say **buona giornata**, you are wishing someone a good day as you say good-bye. Later in the afternoon (how late in the afternoon varies considerably from region to region), Italians use **buonasera** to say hello. **Buonanotte** is used only to say good-bye at nighttime; otherwise you should use **arrivederci** or **arrivederLa**. In an informal situation, **ciao** is all you need for hello and good-bye!

ingegnere *engineer* avvocato *lawyer*

RITRATTO

I personaggi della commedia dell'arte

La commedia dell'arte is a form of improvisational theater based on common themes of life, such as love, jealousy, and poverty. Originating in the 16th century in northern Italy, this form of theater was performed in the streets by troupes of actors who portrayed a cast of standard characters representing typical human traits, each with its own unique costume. The long list of characters represents different regions and cities in Italy. Many of them inspired the traditional masks of **Carnevale** in **Venezia**. Among the most popular characters are **Arlecchino** (Harlequin), a servant whose clown-like costume has a colorful diamond pattern; **Colombina**, **Arlecchino**'s love interest who doesn't reciprocate

but pokes fun at him; **Pantalone**, a wealthy miser who speaks in Venetian dialect and wears a red vest, a black cloak, and a mask with a hooked nose; and **il Dottore**, the wine-loving doctor from **Bologna** who wears long black academic robes and a short black mask.

SU INTERNET

What are the personalities and outfits of some characters in the commedia dell'arte?

Go to **vhlcentral.com** to find more information related to this **CULTURA**.

---

2 **Hai capito?** Answer these questions.

1. At what time of day would you say **buonanotte**?
2. What title would you use to address your female doctor?
3. How would you tell someone to have a nice day?
4. Which **commedia dell'arte** character speaks in Venetian dialect?
5. Who is in love with **Colombina**?

3 **A voi** With a partner, practice meeting and greeting people in the following situations.

1. You arrive at your professor's office at five o'clock in the afternoon.
2. You meet a group of friends outside the library.
3. Your Italian roommate introduces you to a good friend.

risorse

vhlcentral.com

A T T I V I T À

STRUTTURE

1A.1 Nouns and articles

Punto di partenza A noun is a word that identifies a person, animal, place, thing, or idea. As in English, Italian nouns are singular or plural. All Italian nouns also have gender, even those that refer to objects; they are either masculine or feminine.

- Nouns that refer to males are usually masculine, and those that refer to females are usually feminine. One exception is **persona** (*person*), a feminine noun that can refer to a man or a woman.

masculine		feminine	
amico	(male) friend	amica	(female) friend
attore	actor	attrice	actress
studente	(male) student	studentessa	(female) student

- Usually, nouns that end in **-o** are masculine, and nouns that end in **-a** are feminine.

masculine		feminine	
libro	book	casa	house
tavolo	table	domanda	question
ufficio	office	idea	idea

- Nouns that end in **-e** may be either masculine or feminine. Memorize the gender of these nouns as you learn them.

masculine		feminine	
esame	exam	automobile	car
ristorante	restaurant	notte	night

- Nouns ending in a consonant or **-ore** are masculine, and nouns ending in **-ione** are feminine.

masculine		feminine	
autobus	bus	lezione	lesson
computer	computer	stazione	station
dottore	(male) doctor	televisione	television

- To form the plural of most Italian nouns, you need to change the final vowel. The masculine ending **-o** becomes **-i**, and the feminine ending **-a** becomes **-e**. Regardless of gender, singular nouns ending in **-e** change the vowel to **-i** to form the plural.

	singular		plural	
masculine	ragazzo	boy	ragazzi	boys
	ristorante	restaurant	ristoranti	restaurants
feminine	donna	woman	donne	women
	notte	night	notti	nights

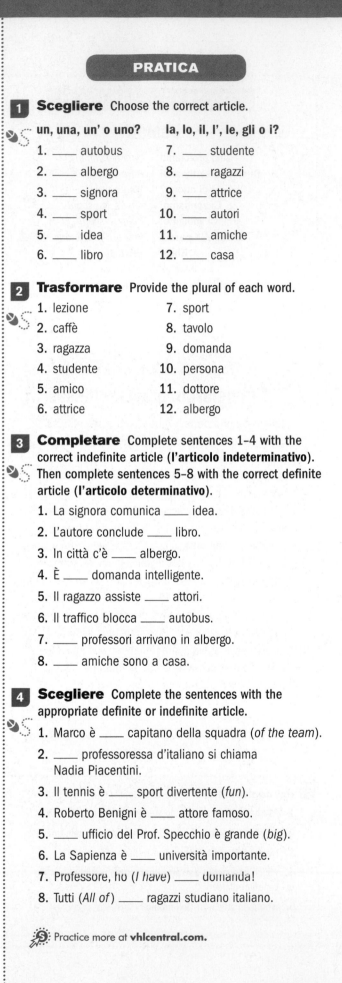

PRATICA

1 Scegliere Choose the correct article.

un, una, un' o uno?   la, lo, il, l', le, gli o i?

1. ____ autobus
2. ____ albergo
3. ____ signora
4. ____ sport
5. ____ idea
6. ____ libro
7. ____ studente
8. ____ ragazzi
9. ____ attrice
10. ____ autori
11. ____ amiche
12. ____ casa

2 Trasformare Provide the plural of each word.

1. lezione
2. caffè
3. ragazza
4. studente
5. amico
6. attrice
7. sport
8. tavolo
9. domanda
10. persona
11. dottore
12. albergo

3 Completare Complete sentences 1–4 with the correct indefinite article (**l'articolo indeterminativo**). Then complete sentences 5–8 with the correct definite article (**l'articolo determinativo**).

1. La signora comunica ____ idea.
2. L'autore conclude ____ libro.
3. In città c'è ____ albergo.
4. È ____ domanda intelligente.
5. Il ragazzo assiste ____ attori.
6. Il traffico blocca ____ autobus.
7. ____ professori arrivano in albergo.
8. ____ amiche sono a casa.

4 Scegliere Complete the sentences with the appropriate definite or indefinite article.

1. Marco è ____ capitano della squadra (*of the team*).
2. ____ professoressa d'italiano si chiama Nadia Piacentini.
3. Il tennis è ____ sport divertente (*fun*).
4. Roberto Benigni è ____ attore famoso.
5. ____ ufficio del Prof. Specchio è grande (*big*).
6. La Sapienza è ____ università importante.
7. Professore, ho (*I have*) ____ domanda!
8. Tutti (*All of*) ____ ragazzi studiano italiano.

Practice more at **vhlcentral.com.**

COMUNICAZIONE

5 **Categorie** In pairs, indicate a category for each group of items. Be sure to include the definite article.

MODELLO Dante Alighieri, Italo Calvino, Umberto Eco
gli autori

1. Lamborghini, Ferrari, Alfa Romeo
2. *Harry Potter, Sentieri,* dizionario
3. Macintosh, Dell, Toshiba
4. Olive Garden, Ruby Tuesday, IHOP
5. Hilton, Marriott, Holiday Inn
6. Jennifer Lawrence, Kerry Washington, Scarlett Johansson

6 **Che cos'è?** In pairs, take turns identifying each photo.

MODELLO

S1: Che cos'è (*What is it*)?
S2: È (*It is*) una televisione.

1. _____ 2. _____ 3. _____

4. _____ 5. _____ 6. _____

7 **Prova d'artista** In small groups, take turns drawing people or objects you've learned for the others to guess. The person who guesses correctly is the next to draw.

- When referring to an all-male group or a mixed group of males and females, use the masculine plural form.

gli amici
the (male and female) friends

gli studenti
the (male and female) students

- To form the plural of most nouns ending in **-co**, **-ca**, **-go**, and **-ga**, add an **h** in order to maintain the hard **c** or **g** sound. One exception is **amico**, which becomes **amici**.

singular		plural	
albergo	*hotel*	alberghi	*hotels*
amica	*friend*	amiche	*friends*

- Shortened nouns and nouns that end in a consonant or accented vowel do not change from the singular to the plural.

singular		plural	
una **foto**	*a photo*	due **foto**	*two photos*
un **autobus**	*a bus*	due **autobus**	*two buses*
un **caffè**	*coffee*	due **caffè**	*two coffees*

Articles

- The indefinite article refers to an unspecified person or thing and corresponds to the English *a/an*.

	before . . .			
masculine	z or s + consonant	**uno** studente	*a student*
	a vowel or other consonants	**un** uomo	*a man*
feminine	a vowel	**un'**idea	*an idea*
	a consonant	**una** città	*a city*

- The definite article (*the*) indicates a specific person or thing.

	before . . .	singular		plural	
masculine	a vowel	l'autore	*the author*	gli autori	*the authors*
	z or s + consonant	lo sport	*the sport*	gli sport	*the sports*
	other consonants	il libro	*the book*	i libri	*the books*
feminine	a vowel	l'amica	*the friend*	le amiche	*the friends*
	a consonant	la casa	*the house*	le case	*the houses*

Provalo! *Maschile* (masculine) or *femminile* (feminine)?

1. ragazzo ___maschile___
2. ufficio _____
3. attrice _____
4. caffè _____
5. dottore _____

6. notte _____
7. computer _____
8. stazione _____
9. idea _____
10. studente _____

STRUTTURE

1A.2 Numbers 0–100

Punto di partenza As in English, numbers in Italian follow patterns. Memorizing the numbers **0–30** will help you learn **31–100**.

Numbers 0–30

0–10	11–20	21–30
0 zero		
1 uno	11 undici	21 ventuno
2 due	12 dodici	22 ventidue
3 tre	13 tredici	23 ventitré
4 quattro	14 quattordici	24 ventiquattro
5 cinque	15 quindici	25 venticinque
6 sei	16 sedici	26 ventisei
7 sette	17 diciassette	27 ventisette
8 otto	18 diciotto	28 ventotto
9 nove	19 diciannove	29 ventinove
10 dieci	20 venti	30 trenta

- In Italian, the number **uno** changes to agree with the noun it precedes. The forms of the number **uno** and the indefinite article are the same (see **Strutture 1A.1**).

una matita	**un'**amica	**un** quaderno	**uno** zaino
a/one pencil	*a/one* friend	*a/one* notebook	*a/one* backpack

- Note that **venti** drops its final vowel when combined with **-uno** and **-otto**, and that the addition of **-tre** requires an accent. These patterns repeat in numbers **31–100**.

Numbers 31–100

31–35	36–40	50–100
31 trentuno	36 trentasei	50 cinquanta
32 trentadue	37 trentasette	60 sessanta
33 trentatré	38 trentotto	70 settanta
34 trentaquattro	39 trentanove	80 ottanta
35 trentacinque	40 quaranta	90 novanta
		100 cento

- Numbers that end in **-uno** may drop the **-o** before plural nouns.

cinquantuno anni	**ottantun** amiche
fifty-one years	*eighty-one* friends

PRATICA

1 **Completare** Complete each series with the missing number. Then write the number in Italian.

MODELLO 2, 4, ___6___, 8, 10; ___sei___

1. 0, 10, 20, 30, _____; _____
2. 4, _____, 12, 16, 20; _____
3. 94, _____, 92, 91, 90; _____
4. 55, 66, 77, _____, 99; _____
5. 4, _____, 24, 34, 44; _____
6. _____, 70, 75, 80, 85; _____

2 **Descrivere** Write how many of each item there are.

MODELLO la televisione (3)
Ci sono tre televisioni.

1. (25) lo zaino   2. (89) lo studente   3. (63) l'amico
_____   _____   _____

4. (74) il dizionario   5. (11) la biblioteca   6. (96) l'albergo
_____   _____   _____

3 **Leggere ad alta voce** In pairs, take turns reading the numbers aloud and writing them down. (Note that Italian phone numbers are read in double digits.)

MODELLO

La mamma: zero settantuno, settantacinque, novantadue, cinquantaquattro

1. la mamma: 071-75.92.54
2. il taxi: 0583-71.01.30
3. la polizia: 081-25.99.61.11
4. il dottore: 06-85.73.64.92
5. l'ufficio: 08-16.50.41.80

Practice more at **vhlcentral.com**.

COMUNICAZIONE

4 L'impiccato In pairs, play Hangman (**L'impiccato**). Try to guess what number your partner is spelling.

> **MODELLO**
>
> D I __ I __ __ __ __ (diciotto)
> **S1:** C'è una O?
> **S2:** Sì! Ci sono due O!

5 In classe In pairs, take turns saying whether each item is in your classroom, and how many there are.

> **MODELLO**
>
> **S1:** C'è un professore?
> **S2:** Sì, c'è un professore./
>   No, non c'è un professore.

1.   2.   3.

4.   5.   6.

6 A casa mia In groups of three, create a list of ten people or items. Then ask each other how many of each there are at your house (**a casa tua**).

> **MODELLO**
>
> **S1:** Quanti libri ci sono a casa tua?
> **S2:** A casa mia (*At my house*), ci sono sessantadue libri.
> **S3:** Ci sono novantuno libri a casa mia.

> libri
> cani
> telefoni
> computer
> televisioni
> tavoli
> zaini

C'è and *ci sono*

- In Italian, use **c'è** (*there is . . . /is there . . . ?*) and **ci sono** (*there are . . . /are there . . . ?*) to talk about the existence of people or things. Use **c'è** with singular nouns and **ci sono** with plural nouns.

C'è una sedia?	**Ci sono** tre sedie.
Is there a chair?	*There are three chairs.*
Ci sono computer in biblioteca.	**C'è** una televisione?
There are computers in the library.	*Is there a television?*

- To ask *how many?* use **quanti** with masculine plural nouns and **quante** with feminine plural nouns and place **ci sono** at the end of the question. Remember, because **quanti** and **quante** are plural forms, use **ci sono**.

Quanti studenti ci sono?	**Quante** matite ci sono?
How many students are there?	*How many pencils are there?*

- Use **molti** with masculine plural nouns and **molte** with feminine plural nouns to mean *many* or *a lot*.

Ci sono **molti** studenti.	Ci sono **molte** matite.
*There are **a lot of** students.*	*There are **a lot of** pencils.*

- Add **non** (*not*) to make **c'è** and **ci sono** negative.

Non c'è lezione.	**Non ci sono** molti esami.
There is no class.	*There aren't many exams.*

Ecco

- Unlike **c'è** and **ci sono**, which simply state the existence of something or someone, **ecco** draws attention to the presence of an object or person. **Ecco** is invariable.

Ci sono sei professori d'italiano.	**Ecco** i professori!
There are six Italian professors.	*Here/There are the professors!*
C'è un dizionario in biblioteca?	**Ecco** il dizionario.
Is there a dictionary in the library?	*Here/There is the dictionary.*

Provalo!   Write the Italian word for each number.

1. 2 _due_	6. 7 _____	11. 11 _____
2. 67 _____	7. 45 _____	12. 59 _____
3. 16 _____	8. 100 _____	13. 81 _____
4. 28 _____	9. 36 _____	14. 15 _____
5. 91 _____	10. 77 _____	15. 43 _____

SINTESI

Ricapitolazione

1 **Trova la coppia** In pairs, create twelve game cards. On six of the cards, draw pictures of nouns you learned in this lesson. On the other six cards, write the name of each item, including the definite article. Then shuffle the cards, place them face down, and take turns matching them.

2 **Caccia al tesoro** Work in groups of four. Each pair creates a list of four types of words or expressions the other pair must find in their textbooks. Exchange lists and look through your textbooks for each item on the list. Write down the word and the page number.

> 1. un nome femminile plurale
> 2. un numero fra il 3 e il 23
> 3. un saluto informale
> . . .

3 **In centro** In pairs, take turns asking if each person or item indicated is in the picture. If it is, ask where it is. Your partner responds by pointing to the item.

MODELLO

S1: C'è un ristorante?
S2: Sì.
S1: Dov'è?
S2: Ecco il ristorante, qui (here)!

autobus	casa	ristorante	università
automobile	donna	stazione	uomo

4 **Presentazioni** With a partner, go to meet another pair. One person per pair should introduce him-/herself and his/her partner. Use items from the list to role-play formal and informal situations. Switch roles until you have met every pair in the class.

amico/a	professore(ssa)
dottore(ssa)	studente(ssa)

5 **Alla facoltà** You are new on campus and ask another student for help finding these places and classes. He/She tells you the building (**l'edificio**) and the room (**l'aula**) and you thank him/her. Switch roles and repeat with another item from the list.

MODELLO

S1: Scusa, dov'è l'esame d'italiano?
S2: Italiano… Edificio Z, aula novantanove.
S1: Grazie!
S2: Prego!

Ufficio del Prof. Ferra .... Edificio C Aula 20
Ufficio della Prof.ssa Nardi ...... Edificio F Aula 15
Letteratura italiana .... Edificio M Aula 56
Matematica................................ Edificio A Aula 31
L'esame di biologia................... Edificio T Aula 77
L'esame di arte .... Edificio H Aula 11
Sala professori........................... Edificio P Aula 98
Sala computer .... Edificio B Aula 42

6 **Parole intrecciate** You and your partner each have half the words of a word search (**le parole intrecciate**). Pick a number and a letter and say them to your partner, who will tell you if he/she has a letter in the corresponding space. Do not look at each other's worksheets.

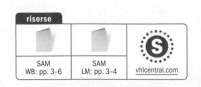

risorse		
SAM WB: pp. 3–6	SAM LM: pp. 3–4	vhlcentral.com

S Video: TV Clip

lo Zapping

Zanichelli

Zanichelli is an Italian publishing company, founded in 1859 in Modena and currently based in Bologna. Specializing in textbooks and reference materials for students, teachers, and medical and legal professionals, Zanichelli offers a catalogue of over 1000 different publications. Dictionaries (**dizionari**) play a major role in this catalogue. Since 1941, Zanichelli has published the famous *Vocabolario della Lingua Italiana* (*Italian Language Dictionary*) by Nicola Zingarelli. In addition to their popular line of bilingual dictionaries in a variety of languages (**lingue**), Zanichelli also publishes reference books on subjects ranging from psychology to cinema.

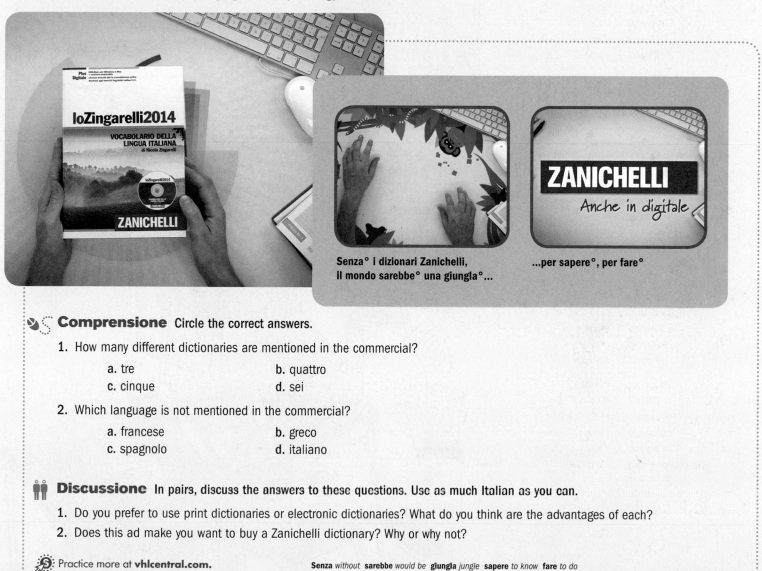

Senza° i dizionari Zanichelli,
il mondo sarebbe° una giungla°...

...per sapere°, per fare°

🖱S **Comprensione** Circle the correct answers.

1. How many different dictionaries are mentioned in the commercial?

     a. tre   **b.** quattro

     c. cinque   **d.** sei

2. Which language is not mentioned in the commercial?

     a. francese   **b.** greco

     c. spagnolo   **d.** italiano

👥 **Discussione** In pairs, discuss the answers to these questions. Use as much Italian as you can.

1. Do you prefer to use print dictionaries or electronic dictionaries? What do you think are the advantages of each?

2. Does this ad make you want to buy a Zanichelli dictionary? Why or why not?

S Practice more at **vhlcentral.com.**   **Senza** *without* **sarebbe** *would be* **giungla** *jungle* **sapere** *to know* **fare** *to do*

Lezione
1B
Communicative Goals

You will learn how to:
- talk about classes
- talk about schedules

CONTESTI

Alla facoltà

Ⓢ **Vocabulary Tools**

l'orologio

la matita

lo zaino

Vocabolario	
a lezione	*in class*
(Che) cos'è?	*What is it?*
l'agenda	*planner*
gli appunti	*notes*
i compiti	*homework*
l'esame (*m.*)	*exam*
la porta	*door*
il testo	*textbook*
il voto	*grade*
i luoghi	*places*
l'aula	*lecture hall, classroom*
la biblioteca	*library*
la facoltà	*department*
il liceo	*high school*
la mensa	*cafeteria*
l'università	*university*
le materie	*subjects*
l'arte (*f.*)	*art*
l'economia	*economics*
la giurisprudenza	*law*
l'informatica	*computer science*
le lettere	*arts; humanities*
le lingue	*languages*
la medicina	*medicine*
le scienze	*science*
la storia	*history*
gli studi	*studies*
la gente	*people*
Chi è?	*Who is it?*
l'alunno/a	*(K-12) student*
l'amico/a	*friend*
la classe	*class*
il/la compagno/a di classe	*classmate*
l'insegnante	*instructor*

lo studente

la finestra

il libro

la studentessa

il quaderno

il dizionario

la penna

il cestino

il foglio di carta

risorse

SAM
WB: pp. 7–8

SAM
LM: p. 5

Ⓢ
vhlcentral.com

la lavagna

Attenzione!

When you answer the question **Che cos'è?**, use **È...** to talk about a single item and **Sono...** to talk about more than one item.

la cartina

il professore (la professoressa f.)

il banco

la sedia

Pratica

1 **Trova l'intruso** Choose the word that does not belong.

1. a. la finestra
   b. la porta
   c. la storia
   d. la sedia
2. a. l'università
   b. l'orologio
   c. la biblioteca
   d. l'aula
3. a. il libro
   b. il dizionario
   c. il testo
   d. la cartina

4. a. lo studente
   b. la professoressa
   c. il voto
   d. l'amico
5. a. il quaderno
   b. la giurisprudenza
   c. le scienze
   d. l'economia
6. a. gli appunti
   b. la matita
   c. la penna
   d. il compagno di classe

2 **Mettere etichette** Label each item with a word from the lesson vocabulary.

MODELLO *la matita*

1. _____
2. _____
3. _____
4. _____
5. _____
6. _____

3 **Completare** Choose the best response or completion for each question or statement.

1. Aldo studia...
   a. la sedia.
   b. il banco.
   c. le scienze.
2. Chi è? È...
   a. la penna.
   b. il professore.
   c. la storia.
3. Nello (*In the*) zaino c'è...
   a. il libro.
   b. il compagno di classe.
   c. la facoltà.
4. Ci sono molti libri in...
   a. biblioteca.
   b. il voto.
   c. l'informatica.

5. La medicina, le lettere e la storia sono...
   a. luoghi.
   b. materie.
   c. persone.
6. Che cosa c'è in aula?
   a. la lavagna
   b. gli studi
   c. la mensa
7. La professoressa De Luca è...
   a. gli appunti.
   b. la matita.
   c. l'insegnante.
8. L'italiano, l'inglese e il francese sono...
   a. compiti.
   b. agende.
   c. lingue.

Practice more at **vhlcentral.com.**

CONTESTI

Comunicazione

4 **Descrivere** With a partner, use the word bank to ask and answer questions about the illustration.

MODELLO

S1: *Ci sono studenti nell'aula?*
S2: *Sì, ci sono otto studenti.*

cartina	lavagna	porta
dizionario	orologio	sedia
finestra	persona	studente

5 **Dov'è?** 🎧 Listen to each conversation. Then indicate which conversation takes place in each of these locations.

1. l'aula   conversazione ____
2. la biblioteca   conversazione ____
3. la mensa   conversazione ____
4. l'autobus   conversazione ____

6 **Cosa c'è nello zaino?** List six different items you have in your backpack. Then, in pairs, compare your lists.

Nel mio (*my*) zaino c'è/ci sono...

1. _____
2. _____
3. _____
4. _____
5. _____
6. _____

Nello zaino di *nome* c'è/ci sono...

1. _____
2. _____
3. _____
4. _____
5. _____
6. _____

7 **L'inventario** You and another student are taking inventory in the university supplies office. Introduce yourselves, then ask and answer questions about how many of each item there are.

MODELLO (7)

S1: *Scusa, quanti cestini ci sono?*
S2: *Ci sono sette cestini.*

1. (26) _____   2. (58) _____   3. (1) _____

4. (10) _____   5. (81) _____   6. (67) _____

Pronuncia e ortografia (S) Audio

The letters c and g

caldo	**c**oppa	**c**urva	**c**hiaro

c has a hard sound (as in the English word *cat*) when followed by the vowels **a**, **o**, or **u**, or when followed by the letter **h**.

cena	**c**ento	**c**iao	**c**ibo

c has a soft sound (as in the English word *chat*) when followed by the vowels **e** or **i**.

gatto	**g**ondola	**g**usto	spa**g**hetti

Similarly, **g** has a hard sound (as in the English word *gap*) when followed by the vowels **a**, **o**, or **u**, or by the letter **h**.

gelato	**g**ente	pa**g**ina	fa**g**ioli

g has a soft sound (as in the English word *gem*) when followed by the vowels **e** or **i**.

Pronunciare Practice saying these words aloud.

1. ciao
2. gala
3. logico
4. cono
5. lago
6. vicino
7. parco
8. liceo
9. giallo
10. compiti
11. felice
12. Cina

Articolare Practice saying these sentences aloud.

1. La bicicletta costa cento dollari.
2. L'università è grande.
3. Oggi fa caldo.
4. L'orologio è bello.
5. Il ragazzo mangia alla mensa.
6. Il principe è coraggioso.

Proverbi Practice reading these sayings aloud.

Ogni volta che apri un libro, qualcosa impari.[1]

Pensa oggi e parla domani.[2]

[2] Think before you speak. (lit. *Think today and speak tomorrow.*)

[1] Every time you open a book, you learn something.

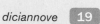

Il primo giorno di scuola

 **Video:** *Fotoromanzo*

PERSONAGGI

Emily

Lorenzo

Marcella

Riccardo

Viola

LORENZO Riccardo!
RICCARDO Ciao Lorenzo. Come stai? Cosa studi?
LORENZO Economia. E tu?
RICCARDO Il lunedì e il mercoledì, scienze politiche e diritto romano. Il martedì e il giovedì, diritto costituzionale.

LORENZO E il venerdì?
RICCARDO Il venerdì sono pigro. Sono bravo in questo.
LORENZO Sei un tipo strano.
RICCARDO Un libro. Un quaderno. Tu sei un tipo serio.

LORENZO Senti, di dove sei?
RICCARDO Di Bari. Sono per metà greco e per metà italiano. E tu?
LORENZO Io sono di Milano.
RICCARDO È una città molto bella e interessante.
LORENZO Grazie.

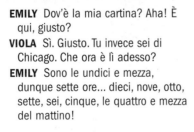

EMILY Dov'è la mia cartina? Aha! È qui, giusto?
VIOLA Sì. Giusto. Tu invece sei di Chicago. Che ora è lì adesso?
EMILY Sono le undici e mezza, dunque sette ore... dieci, nove, otto, sette, sei, cinque, le quattro e mezza del mattino!

EMILY Che cosa c'è?
VIOLA Dov'è la mia agenda? Aha! È nella stanza.
(Entra Marcella.)
VIOLA Buongiorno, Marcella.
MARCELLA Buongiorno, Viola. Buongiorno, Emily. Come stai?
EMILY Molto bene, grazie. Ho lezione di italiano fra un'ora.

MARCELLA Caffè?
EMILY Sì, grazie.
MARCELLA In Italia, il caffè è importante. Fare un buon caffè non è facile. Questa è la tua prima lezione.
EMILY Dove sono la penna e il quaderno? Ah.
(Prova il caffè.)
EMILY Ottimo! Delizioso!
MARCELLA Grazie, grazie.

1 **Chi è?** To which character does each statement refer?

1. Studia economia.
2. È pigro.
3. È greco e italiano.
4. Per Lorenzo, è antipatica!
5. Nella sua città sono le quattro e mezza.

6. Ha un'agenda.
7. Ha lezione di italiano fra un'ora.
8. Per lei, il caffè è importante.
9. È nervosa.
10. È una ragazza studiosa.

Practice more at **vhlcentral.com**.

A T T I V I T À

I ragazzi parlano della (*talk about*) scuola e della personalità.

LORENZO E Viola, di dov'è?
RICCARDO È abruzzese, credo.
   Di Capistrello... Emily è degli Stati
   Uniti. Chicago, *The Windy City*.
   (*Continua.*)
RICCARDO Emily è divertente,
   socievole e indipendente. Viola
   invece è studiosa e timida.
LORENZO Viola è antipatica.

Alla pensione...
EMILY Di dove sei, Viola?
VIOLA Sono abruzzese.
EMILY Che città?
VIOLA Capistrello.

MARCELLA Che cosa c'è?
VIOLA Sono nervosa.
MARCELLA Su, non ti preoccupare.
VIOLA Sì, ma...
MARCELLA Viola. Sei una ragazza
   intelligente e studiosa. La scuola
   è facile.
VIOLA È facile a Capistrello.
MARCELLA E anche a Roma.

MARCELLA In bocca al lupo.
VIOLA Crepi. Grazie.
MARCELLA Mi raccomando.

Espressioni ụtili

Describing people

- Il venerdì sono pigro. Sono bravo in questo.
  On Fridays I'm lazy. I'm good at that.
- Sei un tipo strano. • Di dove sei?
  You're a weird guy.   Where are you from?
- Sono per metà greco e per metà italiano.
  I'm half Greek and half Italian.
- È abruzzese, credo.
  She's from Abruzzo, I believe.
- Emily è divertente, socievole e indipendente.
  Viola, invece, è studiosa e timida.
  *Emily is fun, sociable, and independent. Viola,
  on the other hand, is studious and shy.*

Talking about classes

- Cosa studi?
  What do you study?
- Il lunedì e il mercoledì, scienze polịtiche e
  diritto romano.
  *On Mondays and Wednesdays, Political
  Science and Roman Law.*
- Ho lezione di italiano fra un'ora.
  I have an Italian class in an hour.
- Questa è la tụa prima lezione.
  This is your first lesson.

Additional vocabulary

- È qui, giusto? • Che cosa c'è?
  It's here, right?   What's wrong?
- Che ora è lì adesso?
  What time is it there now?
- Sono le ụndici e mezza.
  It's 11:30.
- Fare un buon caffè non è fạcile.
  Making a good coffee is not easy.
- Su, non ti preoccupare.
  Come on, don't worry.
- In bocca al lupo. • Crepi.
  Good luck.   Thanks.
- Mi raccomando. • antipạtica
  Take care of yourself.   unpleasant

2 **Per parlare un po'** In pairs, choose the words from this list that you would use to describe yourselves. What personality traits do you have in common? Be prepared to share your answers with the class.

divertente	pigro	strano
indipendente	serio	studioso
nervoso	socievole	timido

3 **Approfondimento** There are twenty regions (**regioni**) in Italy, each with its own capital (**capoluogo**). Find the Italian names of five regions and their capitals.

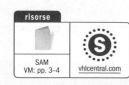
A
T
T
I
V
I
T
À

CULTURA

All'università!

Italy is home to some of the oldest universities in Europe; the cities of Bologna, Padova, Napoli, and Siena have universities dating back to the 13ᵗʰ century or earlier. Almost every major town in Italy has a public university. Most Italian students attend their hometown university and many students continue to live with their parents.

Universities in Italy don't have campuses, but are comprised of numerous buildings, usually in the city center.

Most universities are public and the cost of tuition (**le tasse universitarie**) is less than in-state tuition at public universities in the United States.

There are a few private universities, including the **Università Bocconi** in **Milano** for business and economics and the **LUISS (Libera Università Internazionale degli Studi Sociali)** in **Roma** for economics, law, and political science. One of the most prestigious public universities in Italy is **La Scuola Normale Superiore di Pisa.**

After passing the national exam (**l'esame di stato**) to complete high school, students can enroll in any university by applying directly to their chosen department (**la facoltà**). Students can complete a three-year degree (**la laurea**), which corresponds to a bachelor's degree, or continue for another two years to receive the equivalent of a master's degree (**la laurea magistrale**). Before a reform of the university system in 1999, students were required to complete four or five years of study to receive their **laurea**, now called the **laurea del vecchio ordinamento.** The most popular degrees are in **economia**, **scienze politiche**, and **giurisprudenza**, followed by **medicina** and **ingegneria°**. Whatever the field, most classes follow a lecture format and have oral exams, though some, such as the sciences (**le scienze**) and math (**la matematica**), also include a written component.

ingegneria *engineering* **Percentuale** *Percentage* **Insegnamento** *Education*

Italian matriculations by discipline		
AREE DISCIPLINARI	NUMERO TOTALE	PERCENTUALE°
Economia/Statistica	45.884	14,2%
Scienze politiche/sociali	40.970	12,6%
Giurisprudenza	36.949	11,4%
Medicina	31.476	9,7%
Ingegneria	31.396	9,7%
Lettere	26.603	8,2%
Linguistica	17.769	5,5%
Geografia/Biologia	17.675	5,5%
Architettura	15.605	4,8%
Insegnamento°	15.070	4,6%

FONTE: MIUR Ufficio di statistica

ATTIVITÀ

1 Vero o falso? Indicate whether each statement is **vero** or **falso**. Correct any false statements.

1. Most Italian students leave their hometown to attend university.

2. The most popular degrees are in economics and political science.

3. To receive **la laurea magistrale**, students study for five years.

4. Italian universities are more expensive than those in the United States.

5. Italian universities typically don't have a central campus.

6. Most exams in Italy are written.

7. Students must pass a national exam at the end of high school before attending college.

8. Many university students live with their parents.

9. The **Università Bocconi** specializes in law.

10. Students who want a less specialized degree can receive **la laurea** in three years.

Practice more at **vhlcentral.com.**

In facoltà

Che noia!	*How boring!*
la bacheca	*bulletin board*
il/la prof	*professor*
essere bocciato	*to fail (exam)*
essere forte in...	*to be strong in (subject)*
essere negato/a per...	*to be no good at (subject)*
frequentare la lezione	*to attend class*
passare	*to pass (exam)*
saltare la lezione	*to skip class*
superare	*to pass (exam)*

I voti italiani

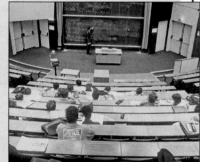

Grades in the Italian university system are on a 30-point scale, with 18 as the minimum passing grade. The grade for each course is usually based on a single exam. Once they have completed all their courses, students must write a thesis or another similar research project. The final grade for the degree, comprised of the average received in the courses and additional points for the thesis, is given on a 110-point scale. It is possible to receive bonus points (**lode**) on both exams and the thesis, so an excellent student could graduate with **110 e lode°**.

110 e lode *with honors*

Un'università storica

Founded in 1088, the **Università di Bologna**, known to its students as **Unibo**, is the oldest university in Europe. The first lessons offered in the 11th century were in rhetoric, grammar, and logic. By the 14th century, the curriculum had expanded to include medicine, philosophy, arithmetic, astronomy, and theology. The 15th century brought Greek and Hebrew as well. Medicine and experimental sciences would continue throughout the 16th and 17th centuries, and in 1637 the famous anatomical theater for human dissections was constructed. Among the many renowned scholars who have studied at the university over the years are **Dante Alighieri**, **Francesco Petrarca**, and **Niccolò Copernico**. Situated in the center of **Bologna** with its famous **portici°**, the **Unibo** is both the physical and intellectual heart of the city. Today almost 80,000 students enrolled in twenty-three **facoltà** can choose from numerous **corsi di laurea°**, from **antropologia** to **studi internazionali**.

portici *arcades* **corsi di laurea** *academic programs*

Research programs at the Unibo. Find five courses you'd like to take.

Go to **vhlcentral.com** to find more information related to this **CULTURA**.

---

2 **Completare** Complete these sentences.

1. The **Università di Bologna** is the _____ university in Europe.

2. The first lessons offered were in rhetoric, _____, and logic.

3. The **Università di Bologna** is commonly called _____.

4. If you graduate with honors in Italy, the grade you receive is _____.

5. The minimum passing grade for an exam is _____ points.

3 **A voi** What are the main differences between Italian universities and those in the United States? With a partner, brainstorm a list of these differences. Which system do you prefer, and why?

risorse

Ⓢ

vhlcentral.com

A T T I V I T À

1B.1 Subject pronouns and the verb *essere*

Punto di partenza In Italian, as in English, a verb is a word denoting an action or a state of being. The subject of a verb is the person or thing that carries out the action.

SUBJECT	VERB
La professoressa	parla italiano.
The teacher	*speaks Italian.*

- Subject pronouns replace a noun that is the subject of a verb.

SUBJECT PRONOUN	VERB
Lei	parla italiano.
She	*speaks Italian.*

- As in English, Italian subject pronouns are divided into three groups of singular and plural forms: first person, second person, and third person.

Subject pronouns

	singular		plural	
first person	io	*I*	noi	*we*
second person	tu	*you* (fam.)	voi	*you*
	Lei	*you* (form.)	Loro	*you* (form.)
third person	lui	*he*	loro	*they*
	lei	*she*		

- Unlike *I* in English, **io** is not capitalized unless it begins a sentence. Also note that in Italian, *it* and *they* are seldom expressed when referring to animals or objects.

Studio l'italiano anch'**io**.	È un cane.	Sono libri d'italiano.
I study Italian, too.	*It's a dog.*	***They** are Italian books.*

- The English *you* has multiple equivalents in Italian. When addressing one person, use either **tu** or **Lei**, depending on the degree of formality necessary.

Paolo, **tu** parli bene.	Signor Bruni, **Lei** parla molto bene.
*Paolo, **you** speak well.*	*Mr. Bruni, **you** speak very well.*

- Write **Lei** (*you*, form.) with a capital **L** to distinguish it from **lei** (*she*). In formal situations, use **Lei** whether you are speaking to a man or a woman.

Che cosa studia **lei**?	Professor Balli, **Lei** cosa insegna?
*What does **she** study?*	*Professor Balli, what do **you** teach?*

PRATICA

1 **Riempire** Fill in the blanks with the correct form of the verb **essere**.

1. Io _____ italiana.
2. Voi _____ intelligenti.
3. Lui _____ un attore famoso.
4. Francesca e Mario _____ studenti.
5. Io e Anna _____ all'università.
6. La signora Casetti _____ una professoressa.
7. Tu _____ a New York.
8. Antonio _____ in classe.

2 **Completare** Complete each sentence with the subject pronoun and the correct form of **essere**.

MODELLO *Lei è un'attrice.*

1. _____ un'insegnante.
2. _____ studenti d'italiano.
3. _____ il signor Paoli.
4. _____ in classe.
5. _____ una studentessa.
6. _____ in biblioteca.

3 **Creare** Use the cues to write complete sentences using **essere**.

MODELLO lui / amico
Lui è un amico.

1. noi / i ragazzi
2. tu / un alunno
3. io / uno studente di lingue
4. lei / un'insegnante di storia
5. voi / amici di Luisa
6. loro / compagni di classe
7. lui / un professore bravissimo
8. loro / studentesse di storia

Practice more at **vhlcentral.com**.

COMUNICAZIONE

4   **Descrizioni** In pairs, look at each picture and use the prompt to take turns asking and answering questions about the illustrations.

MODELLO

S1: È una televisione?
S2: No, non è una televisione.
     È un cane.

una televisione?

1. un telefono?   2. un ristorante?   3. una cartina?

4. un professore?   5. un aeroporto?   6. una motocicletta?

5   **Domande** In pairs, ask and answer the following questions.

MODELLO

S1: Sei un professore?
S2: No, non sono un professore. Sono uno studente.

1. Sei la signora Rossi?
2. Tu e io siamo studenti di matematica?
3. Tu e i compagni di classe siete americani?
4. La classe d'italiano è difficile?
5. Il dizionario inglese-italiano è importante?
6. La mensa dell'università è buona?

6   **Piacere di conoscerti** In groups of three, role-play the following situation: You and your roommate meet your friend on campus. Introduce yourselves and ask how each person is doing. Then each person should say something about him-/herself using a form of **essere**.

• Use **voi** to address a group of people in both formal and informal settings. The formal second-person plural form **Loro** is seldom used, and is presented here for recognition only.

> **Voi** siete bravi studenti.
> *You are good students.*

> Signore, **voi** parlate inglese?
> *Ladies, do you speak English?*

The verb *essere*

• **Essere** (*To be*) is an irregular verb because its conjugation (the set of forms for the different subjects) does not follow a pattern. The basic form **essere** is an *infinitive*, meaning it does not correspond to any particular subject.

essere (to be)			
singular forms		**plural forms**	
io **sono** — *I am*		noi **siamo** — *we are*	
tu **sei** — *you are*		voi **siete** — *you are*	
Lei **è** — *you are* (form.)		Loro **sono** — *you are* (form.)	
lui/lei **è** — *he/she is*		loro **sono** — *they are*	

• Unlike English, Italian does not require subject pronouns and, in fact, they are usually omitted. In the case of **è** and **sono**, use the context of the sentence to identify the subject.

> **Sono** studente.
> *I am a student.*

> **Sono** brave studentesse?
> *Are they good students?*

• Rising intonation at the end of a sentence transforms a statement into a yes-or-no question. To reply in the negative, place **non** (*not*) directly before the verb. Use **no** only as a negative response, equivalent to *no* in English.

> È un dizionario?
> *Is it a dictionary?*

> No, **non** è un dizionario.
> *No, it's **not** a dictionary.*

• Note the differences in meaning in these statements.

> **È** un esame.
> *It is an exam.*

> **C'è** un esame.
> *There is an exam.*

> **Ecco** un esame!
> *Here is an exam!*

Provalo!   Choose the correct subject pronoun in each sentence.

1. (Tu/Voi) siete americani.
2. (Lui/Loro) è in biblioteca.
3. (Io/Noi) sono generoso.
4. (Io/Tu) sei in Italia.
5. (Io/Voi) sono alla mensa alle due.
6. (Noi/Tu) sei un attore.
7. (Loro/Lei) sono a casa.
8. (Voi/Tu) siete dottori.
9. (Lui/Noi) siamo timide.
10. (Tu/Lei) è una ragazza simpatica.

STRUTTURE

1B.2 Adjective agreement

Punto di partenza Adjectives are words that describe people, places, and things. In Italian, adjectives are often used with the verb **essere** to point out the qualities of the subject.

> *Emily è divertente, socievole e indipendente.*

> *Fare un buon caffè non è facile.*

- Many adjectives in Italian are cognates. Their spellings and meanings are similar in both Italian and English.

Cognate adjectives

contento/a	content, happy	lungo/a	long
difficile	difficult	nervoso/a	nervous
(dis)onesto/a	(dis)honest	serio/a	serious
generoso/a	generous	sincero/a	sincere
importante	important	socievole	sociable
indipendente	independent	studioso/a	studious
intelligente	intelligent	timido/a	timid, shy
interessante	interesting	tranquillo/a	tranquil, calm

Other common adjectives

antipatico/a	unpleasant	facile	easy
bello/a	beautiful, handsome	felice	happy
bravo/a	good, skilled	noioso/a	boring
buono/a	good	pigro/a	lazy
cattivo/a	bad, naughty	simpatico/a	nice, likeable
divertente	fun	triste	sad

- Although both **buono** and **bravo** mean *good*, use **bravo** to describe someone who is skilled or talented.

  La pizza è **buona**.   L'insegnante d'italiano è **brava**.
  The pizza is good.   *The Italian teacher is good.*

- Unlike in English, most adjectives in Italian follow the noun.

  È un libro **noioso**.   Sono ragazzi **studiosi**.
  It's a boring book.   *They are studious boys.*

PRATICA

1 Completare Use adjectives from the word bank to complete each sentence.

antipatico	generoso	pigro	timido
calmo	nervoso	studioso	triste

MODELLO La ragazza è *antipatica*.

1. Gabriele e Leo sono _____.
2. Antonella e Patrizia sono _____.
3. Giulia è _____.
4. Chiara è _____.
5. Marcello è _____.
6. Stefano e Fiorenza sono _____.

2 Creare Use the cues to write complete sentences.

MODELLO io / nervoso
Io sono nervoso/a.

1. noi / onesto
2. Franca / timido
3. io e Gianni / intelligente
4. tu / generoso
5. Anna e Caterina / pigro
6. voi / sincero

3 Descrivere Identify the nationality of each person or group of people.

MODELLO Dimitri è della Grecia. Lui è *greco*.

1. Paul e Jon sono di Boston. Sono _____.
2. Tu e Julie siete del Canada. Siete _____.
3. Chyou è della Cina. Lei è _____.
4. Alessandra è dell'Italia. Lei è _____.
5. Tu e io siamo del Messico. Siamo _____.
6. Tu sei della Francia. Tu sei _____.

Practice more at **vhlcentral.com.**

COMUNICAZIONE

4 **Come sono?** In pairs, take turns describing each person or thing indicated. Agree (**È vero!**) or disagree (**Non è vero!**) with each description you hear. If you disagree, give your own opinion.

MODELLO Johnny Depp

S1: È un attore terribile.
S2: È vero, è un attore terribile. /
Non è vero! È un attore bravo.

1. Will Smith e Will Ferrell (**attori**)
2. Angelina Jolie e Scarlett Johansson (**attrici**)
3. Sophia Loren (**attrice**)
4. Leonardo DiCaprio (**attore**)
5. Giorgio Armani e Gianni Versace (**stilisti**)
6. Leonardo da Vinci (**artista**)
7. Dante Alighieri (**scrittore**)
8. Luciano Pavarotti e Andrea Bocelli (**cantanti**)

5 **Personaggi** In pairs, imagine you are writing a script for a soap opera that includes the following characters. For each person, write a short description that includes the person's name, nationality, and a few adjectives that describe him/her.

MODELLO

Si chiama Anastasia Regina.
È svizzera. È difficile, antipatica,
intelligente e disonesta.

1.

2.

3.

4.

5.

6.

6 **Il mio capo** Role-play the following situation: You and a friend both have part-time jobs and each of you is convinced that your boss (**il mio capo**) is the worst boss ever. Describe your bosses to each other. Be creative!

Agreement

Italian adjectives agree in gender and number with the nouns they modify. In **Strutture 1A.1** you learned how to make nouns plural; adjectives change their final vowel in a similar way.

- Adjectives whose masculine singular form ends in **-o** have four possible endings: **-o** (*masc.*) and **-a** (*fem.*) in the singular, and **-i** (*masc.*) and **-e** (*fem.*) in the plural. To refer to groups of mixed gender, use the masculine plural ending **-i**.

  Giorgio è **contento**.
  Giorgio is happy.

  Giorgio e Laura sono **contenti**.
  Giorgio and Laura are happy.

  Silvia è **contenta**.
  Silvia is happy.

  Silvia e Laura sono **contente**.
  Silvia and Laura are happy.

- Adjectives that end in **-e** in the singular change to **-i** in the plural.

  Lucia è **intelligente**.
  Lucia is intelligent.

  Lucia e Roberto sono **intelligenti**.
  Lucia and Roberto are intelligent.

- Most adjectives ending in **-co**, **-ca**, **-go**, and **-ga** require an **h** in the plural to maintain the hard sound of the **c** or **g**. Exceptions include the masculine plural adjectives **simpatici** and **antipatici**.

  È **simpatica**.
  She is nice.

  Le ragazze sono **simpatiche**.
  The girls are nice.

  È un **amico tedesco**.
  He is a German friend.

  Gli **amici** sono **tedeschi**.
  The friends are German.

- Adjectives of nationality also follow the rules of agreement described above. Unlike in English, they are not capitalized.

Adjectives of nationality

americano/a	*American*	italiano/a	*Italian*
canadese	*Canadian*	marocchino/a	*Moroccan*
cinese	*Chinese*	messicano/a	*Mexican*
francese	*French*	spagnolo/a	*Spanish*
giapponese	*Japanese*	svedese	*Swedish*
greco/a	*Greek*	svizzero/a	*Swiss*
inglese	*English*	tedesco/a	*German*

- Use **Di dove** + **essere** to ask about someone's nationality or origin. To name a city in the reply, use **di**.

  Di dove sei?
  Where are you from?

  Sono **italiana**. Sono **di Roma**.
  I am Italian. I am from Rome.

Provalo!   Write the correct forms of the adjectives.

1. Loro sono _generosi/e_ . (generoso)
2. Lisa è _____. (simpatico)
3. Hiroshi è _____. (giapponese)
4. Io non sono _____. (pigro)
5. Gli esami sono _____. (facile)
6. Silvia è _____. (tedesco)

STRUTTURE

1B.3 Telling time

Punto di partenza Use the verb **essere** with numbers to tell time.

• To ask for the time in Italian, use **ora** (*hour*) in either the singular or plural form.

Che **ora** è?/ Che **ore** sono? ▶ *What time is it?*

• Express time with either **sono** or **è**, depending on the hour. Use **è** with **mezzogiorno** (*noon*), **mezzanotte** (*midnight*), and 1:00. Note the use of the definite article with **una**.

È **mezzogiorno/mezzanotte**.   È **l'una**.

• Express all other hours with **sono le** + [*number*].

Sono le sei.   **Sono le** dieci.

• To express minutes from the hour to the half hour, use **e** (*and*). To express minutes from the half hour to the next hour, subtract the minutes from that hour using **meno** (*minus*).

Sono le quattro **e cinque**.   Sono le tre **meno dieci**.

• You can use **un quarto** or **quindici** for *a quarter past*, **meno un quarto** for *a quarter to*, and **mezzo/mezza** or **trenta** for the half hour.

È l'una e **un quarto**.   Sono le sette e **mezzo**.

---

1 **Dire l'ora** Give the time shown on each clock.

MODELLO *Sono le dodici meno venti.*

1. _____ 2. _____ 3. _____ 4. _____

5. _____ 6. _____ 7. _____ 8. _____

2 **Sostituire** Change the time in each sentence from the 24-hour clock to standard time.

MODELLO Sono le quindici e quaranta.

Sono le quattro meno venti del pomeriggio.

1. Sono le ventuno e trenta.
2. Sono le sedici.
3. Sono le diciannove e tre.
4. Sono le quattordici e quindici.
5. Sono le venti.
6. Sono le ventidue e quarantacinque.

3 **Che ore sono?** In pairs, look at Giulia's schedule. Then take turns asking and answering questions about her activities.

MODELLO

S1: Dov'è Giulia alle nove e dieci lunedì mattina?
S2: Giulia è in biblioteca.

	lunedì	martedì	mercoledì
9:10	biblioteca	ufficio del Prof. Rossi	letteratura inglese
11:00		italiano	ingegneria
13:30	letteratura	mensa	
15:15	latino		geometria
17:45	giornalismo		informatica

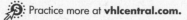 Practice more at **vhlcentral.com**.

COMUNICAZIONE

4 Rispondere In pairs, take turns asking and answering these questions.

MODELLO

S1: Quando vai (*When do you go*) alla mensa?
S2: Il lunedì e il mercoledì. E tu?

1. Quando vai in biblioteca?
2. Quando vai alla lezione d'italiano?
3. Che giorno è oggi?
4. Che giorno è domani?
5. Che ore sono adesso (*now*)?
6. A che ora vai a casa oggi?

5 Televisione In pairs, use these television listings to ask and answer questions about when programs begin.

MODELLO

S1: A che ora è la televendita?
S2: È alle nove e quindici di mattina.

i cartoni animati	*cartoons*
il film giallo	*mystery*
il gioco televisivo	*game show*
l'oroscopo	*horoscope*
la telenovela	*soap opera*
il telegiornale	*news*
la televendita	*infomercial*

GIOVEDÌ		
Rai Uno	**Canale 5**	**Teleregione**
8:00 Telegiornale	**7:30** TG 5 (telegiornale)	**9:15** Televendita
12:50 Il commissario Rex (telefilm)	**11:00** Oroscopo	**13:00** Formula 1 (sport)
16:00 Heidi (cartoni animati)	**15:35** La ruota della fortuna (gioco televisivo)	**18:30** Anche i ricchi piangono (telenovela)
21:00 La Piovra (film giallo)	**23:00** Il Maurizio Costanzo Show (talk show)	**21:50** Un pesce di nome Wanda (commedia)

6 Tocca a voi Create your own class schedule. In groups of three, ask and answer questions about each other's schedule.

MODELLO

S1: Che cosa hai (*What do you have*) il lunedì mattina?
S2: Ho (*I have*) lezione di storia. E tu?
S1: Io ho lezione di economia.

• To distinguish between a.m. and p.m., use the expressions **di mattina/del mattino** (*in the morning*), **del pomeriggio** (*in the afternoon*), **di sera** (*in the evening*), and **di notte** (*at night*).

Sono le tre **del pomeriggio**.	Sono le undici **di mattina**.
It's three p.m.	*It's eleven a.m.*

• To ask what time something takes place, use **A che ora?** Express the reply with **a mezzogiorno/mezzanotte**, **all'una**, or **alle** + [*all other hours*].

A che ora è la lezione d'italiano?	La lezione è **alle dieci meno un quarto**.
What time is Italian class?	*The class is at 9:45.*

• The 24-hour clock is often used to express official time, especially in schedules and store or museum hours.

Il museo chiude alle **sedici e trenta**.	Il treno arriva alle **venti e sette**.
The museum closes at 4:30 p.m.	*The train arrives at 8:07 p.m.*

Days of the week

• In Italian, the days of the week (**i giorni della settimana**) are not capitalized. They are all masculine except **domenica**.

I giorni della settimana						
lunedì	martedì	mercoledì	giovedì	venerdì	sabato	domenica
Monday	*Tuesday*	*Wednesday*	*Thursday*	*Friday*	*Saturday*	*Sunday*

Che giorno è?	Oggi è **venerdì**.	Domani è **sabato**.
What day is it?	*Today is Friday.*	*Tomorrow is Saturday.*

• To express a recurring event, use the singular definite article before the day. Refer to a specific day without the article.

Ho lezione d'italiano **il lunedì**.	Vado in biblioteca **lunedì**.
I have Italian class on Mondays.	*I'm going to the library on Monday.*

Provalo!　Complete each sentence with the correct time.

1. 1:00 p.m.: È __l'una__ del pomeriggio.
2. 6:20 a.m.: Sono _____ di mattina.
3. 7:25 p.m.: Sono _____ di sera.
4. 12:00 p.m.: È _____.
5. 5:55 a.m.: Sono _____ di mattina.
6. 4:00 a.m.: Sono _____ di notte.
7. 3:30 p.m.: Sono _____ del pomeriggio.
8. 12:00 a.m.: È _____.

SINTESI

Ricapitolazione

1 Personaggi celebri In groups of four, each person writes a description of an international celebrity. Take turns reading the descriptions aloud while the other group members guess who it is.

MODELLO

S1: È alta, bella, intelligente e ha (*she has*) molti bambini (*kids*) con Brad Pitt. Chi è?

S2: Angelina Jolie!

2 Come sei? Your instructor will give you a worksheet. Survey as many classmates as possible to ask if they would use the adjectives listed to describe themselves. Then decide which two students in the class are most similar.

MODELLO

S1: Sei timido?

S2: Sì, sono timido. / No, sono socievole.

Aggettivi	Nomi
1. timido/a	Giulia, Anna, Lele
2. generoso/a	
3. sincero/a	
4. intelligente	
5. studioso/a	
6. nervoso/a	
7. pigro/a	
8. indipendente	

3 Compagni di classe Write a paragraph describing the students in your Italian class. What are some of their names? What are their personalities? What is their heritage? Use all the Italian you have learned so far. Share your observations with a partner. Do you agree?

4 Sette differenze Your instructor will give you and your partner two different drawings of a classroom. Do not look at each other's drawings. Ask and answer questions to identify seven differences between the two drawings.

MODELLO

S1: C'è una finestra nella tua (*your*) aula?

S2: Sì, c'è una finestra nella mia (*my*) aula. / No, non c'è una finestra nella mia aula.

5 L'orario perfetto In pairs, each person creates his/her ideal class schedule. Once you have created the schedules, take turns asking and answering questions about your classes and what time they take place.

MODELLO

S1: Ho (*I have*) lezione di arte il martedì.

S2: A che ora è la lezione?

S1: È alle 11:00 di mattina.

	lunedì	martedì	mercoledì	giovedì	venerdì
9:00					
10:00	italiano		italiano		italiano
11:00		informatica			informatica
14:00	arte		economia	arte	
15:30		matematica			matematica

6 L'impiccato In pairs, play Hangman using the vocabulary you learned in **Lezione 1A** and **Lezione 1B**. Before you begin each word, give a hint about what it is.

MODELLO

S1: Che cos'è?

S2: È un luogo. / È una materia. / È una persona.

S1: C'è una b?

7 **Alla stazione** In pairs, take turns asking and answering when each train (**treno**) leaves (**parte**) or arrives (**arriva**).

MODELLO

S1: *A che ora arriva il treno da (from) Firenze?*
S2: *Alle dieci e tre di mattina. A che ora parte il treno per (to) Trieste?*
S1: *Alle undici meno dieci di sera.*

Arrivi	Ora	Partenze	Ora
Firenze	10:03	Perugia	6:30
Bologna	11:30	Terni	8:45
Milano	12:15	Torino	13:00
Napoli	16:37	Genova	17:46
Assisi	18:22	Palermo	19:58
Venezia	21:45	Trieste	22:50
Reggio Calabria	23:10	Aosta	23:58

8 **La telenovela** In groups of four, create descriptions of the following four characters who will appear in a soap opera about university life in Italy. For each character, say what he/she is like and what classes he/she is taking. Make your descriptions as complete as possible.

MODELLO

Fabio Neri è italiano. È pigro e noioso. Studia lettere a Roma.

Francesca Balli

Anne Dupont

Sergio Franchi

Fabio Neri

Il mio di·zio·na·rio

Add five words related to classes and personal descriptions to your personal dictionary.

il gesso   *ciao!*

traduzione
chalk

categoria grammaticale
sostantivo (m.)

uso
Scrivo sulla lavagna con il gesso.

sinonimi
—

antonimi
—

Panorama

Interactive Map

Dove si parla italiano?

La popolazione in cifre°

▶ Numero di paesi° dove l'italiano è una lingua ufficiale°: *4*

▶ Numero di paesi dove si parla italiano°: *più di° 15*

▶ Numero di italofoni° nel mondo°: *più di 65.000.000*

Popolazioni (paesi)

▶ **Italia:** *61.482.297*

▶ **Svizzera (Ticino):** *8.036.917 (341.652)*

▶ **San Marino:** *32.538*

▶ **Città del Vaticano:** *836*

Popolazioni (città principali)

▶ **Roma:** *2.650.155*

▶ **Milano:** *1.316.497*

▶ **Napoli:** *958.126*

▶ **Torino:** *895.034*

▶ **Palermo:** *654.080*

▶ **Genova:** *596.908*

Italiani celebri°

▶ **Cristoforo Colombo,** *Liguria, esploratore (1451–1506)*

▶ **Leonardo da Vinci,** *Toscana, artista e scienziato (1452–1519)*

▶ **Sophia Loren,** *Campania, attrice (1934–)*

▶ **Mario Andretti,** *Istria, pilota automobilistico° (1940–)*

▶ **Giuseppe Tornatore,** *Sicilia, regista° e sceneggiatore° (1956–)*

▶ **Carmen Consoli,** *Sicilia, cantante° (1974–)*

le Alpi

il Colosseo a Roma

la costiera amalfitana

Incredibile ma vero!

La lingua ufficiale in Italia è l'italiano, ma non si parla solo italiano! In Italia ci sono anche dozzine di° dialetti° diversi e due idiomi° (ladino e sardo). In alcune° regioni la gente parla l'italiano, il dialetto e anche una delle seguenti° lingue: provenzale, francoprovenzale, tedesco, sloveno, serbo-croato, albanese, greco o catalano.

italiano

buongiorno

siciliano

bongiornu

La storia
Dal latino all'italiano

Molti dialetti italiani derivano dal°
latino. L'italiano moderno—quello che
studi° a lezione—deriva dal dialetto
toscano, originario della regione
Toscana. Negli anni 1200 e 1300 la
Toscana è economicamente molto
forte e il toscano è usato° per gli
affari° in molti luoghi. Allo stesso
tempo° ci sono importanti poeti
toscani—come Dante (1265-1321),
Petrarca (1304-1374) e Boccaccio
(1313-1375)—che usano° il toscano nella letteratura. Oggi
l'italiano è la lingua ufficiale in Italia, nella° Repubblica di
San Marino, nella Città del Vaticano, nella Svizzera italiana e in
alcune aree di Slovenia e Croazia.

Le tradizioni
I colori della bandiera italiana

La bandiera° italiana nasce il 7
gennaio 1797 nella città di Reggio
Emilia. È verde, bianca e rossa°.
Perché questi colori? Il verde
rappresenta il colore delle uniformi
militari; il rosso e il bianco sono
i colori dello stemma° di Milano.
La bandiera italiana più lunga del
mondo misura° 1.570 metri ed è
stata portata° a New York dall'Italia
l'11 ottobre 1999 per il Columbus
Day. Gli ingredienti della pizza Margherita (basilico°, mozzarella e
pomodoro°) sono ispirati° ai colori della bandiera.

La geografia
La Città del Vaticano e la Repubblica di San Marino

In Italia ci sono due stati indipendenti, la Città del Vaticano e San
Marino. La Città del Vaticano
nasce l'11 febbraio 1929. Con
0,44 km² è il più piccolo° stato
del mondo. Ci sono circa 900
abitanti°. È una monarchia
assoluta con due principali
gruppi nazionali (italiani e
svizzeri) e le lingue ufficiali sono
l'italiano e il latino. San Marino
è una repubblica parlamentare°
con circa 32.000 abitanti. La
lingua ufficiale è l'italiano.

Lo sport
Forza Azzurri!

Il calcio° è lo sport italiano più
popolare. Ci sono un totale di
111 squadre° divise in Serie A,
Serie B, Serie C1 e Serie C2.
I giocatori° della squadra
nazionale italiana si chiamano
«gli Azzurri» per il colore della
maglia°. Il colore azzurro° è il
colore della bandiera dei Savoia, antichi sovrani° d'Italia. Le squadre
più conosciute° della Serie A sono il Milan, la Juventus, la Roma, l'Inter
e la Lazio. La nazionale italiana ha vinto° quattro campionati° del
mondo: nel 1934, 1938, 1982 e 2006.

Quanto hai imparato? Complete the sentences.

1. Il ladino e il sardo sono _____.
2. L'italiano moderno deriva dal dialetto _____.
3. In Italia molti _____ derivano dal latino.
4. I poeti toscani che usano il dialetto toscano nella letteratura sono _____.
5. La bandiera italiana nasce il _____.

6. I colori della bandiera italiana sono _____.
7. La Città del Vaticano e la Repubblica di San Marino sono due _____.
8. San Marino è una repubblica _____.
9. In Italia ci sono 132 _____ di calcio.
10. Il colore azzurro della maglia è il colore della _____ dei Savoia.

Practice more at **vhlcentral.com**.

SU INTERNET

Go to vhlcentral.com to find more cultural information related to this **Panorama**.

1. Cerca (Look for) informazioni su un(a) cantante italiano/a famoso/a. Cita (Name) i titoli di tre canzoni (songs).

2. L'italiano si parla anche in Istria, una penisola nel mare Adriatico. Dov'è l'Istria? A quale nazione appartiene (belongs) la maggior parte (most) del territorio dell'Istria? Quali (Which) sono i comuni (municipalities) italiani dell'Istria?

derivano dal *are derived from* **quello che studi** *what you study*
usato *used* **affari** *business* **Allo stesso tempo** *At the same time*
usano *use* **nella** *In the* **bandiera** *flag* **verde, bianca e rossa** *green,*
white, and red **stemma** *coat of arms* **misura** *measures*
è stata portata *was taken* **basilico** *basil* **pomodoro** *tomato*
ispirati *inspired* **più piccolo** *smallest* **abitanti** *citizens*
repubblica parlamentare *parliamentary republic* **calcio** *soccer*
squadre *teams* **giocatori** *players* **maglia** *jersey* **azzurro** *blue*
antichi sovrani *former rulers* **conosciute** *known* **ha vinto** *has won*
campionati *championships*

Lettura Audio: Reading

Prima di leggere

L'agenda

STRATEGIA

Recognizing cognates

Cognates are words that share similar meanings and spellings in two or more languages. When reading in Italian, it's helpful to look for cognates and use them to guess the meaning of what you're reading. However, watch out for false cognates. For example, **libreria** means *bookstore*, not *library*, and **lettura** means *reading*, not *lecture*. Look at this list of Italian words. Can you guess the meaning of each word?

cultura	persona
famoso	ristorante
informazione	speciale
interessante	studiare
lezione	televisione
minuto	turista
monumento	università

Esamina il testo

Briefly look at the document. What kind of information is listed? In what order is it listed? Where do you usually find such information? Can you guess what this document is?

Parole affini

Read the list of cognates in the **Strategia** box again. How many can you find in the reading selection? Are there additional cognates in the reading? Which ones? Can you guess their English equivalents?

Indovinare

In addition to using cognates and words you already know, you can also use context to guess the meaning of words you do not know. Find the following words in the reading selection and try to guess what they mean. Compare your answers with those of a classmate.

con	domani	partita	pranzo	tutto

Lunedì

10:00	ufficio postale per spedire° le lettere
12:30	pranzo con Martina in pizzeria
14:00–17:00	lezione di arte all'università

Martedì

9:00–11:00	lezione d'italiano all'università
11:00	incontrare il Prof. Fortunato all'università
13:00	pranzo alla mensa con Enrico

Mercoledì

Tutto il giorno: studiare per l'esame di domani!

---

di Giovanni

Giovedì

9:00–12:00   esame d'italiano!

13:00–15:30   lezione di matematica all'università

16:00   gelato con gli amici alla Gelateria Pascoli

Venerdì

10:30   appuntamento dal dentista

14:00–15:00   lezione di tennis

20:00   cena° al Ristorante Toscana con i compagni di classe

Sabato

21:15   cinema con Sara

Domenica

Mattina: dormire°!

Pomeriggio: partita di calcio allo stadio.

spedire to mail **cena** dinner **dormire** sleep

Dopo la lettura

Quando si fanno queste cose? Give the day and time when Giovanni is scheduled to do each activity.

MODELLO   Giovanni is meeting Enrico.

martedì all'una del pomeriggio

1. Giovanni mails letters.
   _____

2. Giovanni plays tennis.
   _____

3. Giovanni has an Italian test.
   _____

4. Giovanni is meeting his friends for ice cream at Gelateria Pascoli.
   _____

5. Giovanni goes to the stadium.
   _____

6. Giovanni has a dentist's appointment.
   _____

7. Sara and Giovanni are going to the movies.
   _____

8. Giovanni has pizza for lunch.
   _____

9. Giovanni studies for the Italian test.
   _____

10. Professor Fortunato and Giovanni are meeting at the university.
    _____

La mia agenda With a partner, use Giovanni's schedule as a model to create your weekly schedules. Use your schedules to plan a time to meet next week.

MODELLO

S1: *Martedì alle tre del pomeriggio?*
S2: *No, c'è lezione d'italiano.*
S1: *Allora (Then), martedì alle quattro?*
S2: *Va bene (OK)!*

Practice more at **vhlcentral.com.**

In ascolto  (S) Audio

Listening for words you know

You can get the gist of a conversation by listening for words and phrases you already know.

To help you practice this strategy, listen to these sentences and make a list of the words you have already learned.

_____   _____

_____   _____

Preparazione

Look at the photograph. Where are these people? What are they doing? In your opinion, do they know one another? Why or why not? What do you think they're talking about?

Ascoltiamo 🎧

As you listen, circle the items you associate with Paola and those you associate with Davide.

PAOLA	DAVIDE
i libri	economia
l'esame	il dizionario
l'orologio	il voto
la biblioteca	l'esame
la mensa	la finestra
Sta bene.	Sta male.
un amico	un amico

Comprensione

Vero o falso? Based on the conversation you heard, indicate whether each statement is **vero** or **falso**.

	Vero	Falso
1. Paola studia italiano.	☐	☐
2. Paola è una professoressa.	☐	☐
3. Paola sta male.	☐	☐
4. La professoressa di Paola si chiama Tina.	☐	☐
5. Davide studia con un'amica.	☐	☐
6. Davide ha un esame domani.	☐	☐
7. Davide studia economia.	☐	☐
8. Davide è a casa.	☐	☐

Presentazioni 👥 It's your turn to get to know your classmates. Using the conversation you heard as a model, select a partner you do not know, and introduce yourself to him/her in Italian. Follow the steps below.

- Greet your partner.
- Ask how he/she is doing.
- Ask about his/her class schedule.
- Ask about his/her teachers.
- Introduce your partner to another student.
- Say good-bye.

Scrittura

STRATEGIA

Writing in Italian

Why do we write? All writing has a purpose. For example, we may write a poem to reveal our innermost feelings, a letter to share information, or an essay to persuade others to accept a point of view. Writing requires time, thought, effort, and a lot of practice. Here are some tips to help you write more effectively in Italian.

DO

▶ Try to write your ideas in Italian.

▶ Try to make an outline of your ideas.

▶ Decide what the purpose of your writing will be.

▶ Use the grammar and vocabulary that you know.

▶ Use your textbook for examples of style, format, and expressions in Italian.

▶ Use your imagination and creativity to make your writing more interesting.

▶ Put yourself in your reader's place to determine if your writing is interesting.

DON'T

▶ Translate your ideas from English to Italian.

▶ Simply repeat what is in the textbook or on a web page.

▶ Use a bilingual dictionary until you have learned how to use one effectively.

Tema

Fai una lista!

Imagine that several Italian-speaking students will be spending a year at your school. You've been asked to put together a list of people and places that might be useful and of interest to them. Your list should include:

● Your name, address, phone number(s) (home and/or cell), and e-mail address

● The names of two or three other students in your Italian class, their addresses, phone numbers, and e-mail addresses

● Your Italian teacher's name, office and/or cell phone number(s), e-mail address, as well as his/her office hours

● Your school library's phone number and hours

● The names, addresses, and phone numbers of three places near your school where students like to go (a bookstore, a coffee shop or restaurant, a theater, a skate park, etc.)

NOME: *Prof. Caspani (professore d'italiano)*

INDIRIZZO: *McNeil University*

NUMERO DI TELEFONO: *654-3458 (ufficio)*

NUMERO DI CELLULARE: *919-0040*

INDIRIZZO E-MAIL: *profcaspani@mcneilU.edu*

APPUNTI: *orario ufficio: 9–12*

NOME: *Al Buon Gelato*

INDIRIZZO: *8970 McNeil Road*

NUMERO DI TELEFONO: *658-0349*

NUMERO DI CELLULARE: -

INDIRIZZO E-MAIL: *info@buongelato.com*

APPUNTI: *aperto ogni giorno 10.00–22.00*

Saluti e addii

Ciao.	Hi.; Good-bye.
Salve.	Hello.
Buongiorno.	Hello.; Good morning.
Buonasera.	Good evening.
Buonanotte.	Good night.
A domani.	See you tomorrow.
A dopo.	See you later.
A più tardi.	See you later.
A presto.	See you soon.
ArrivederLa/ci. (form./fam.)	Good-bye.
Buona giornata!	Have a nice day!
Come sta/stai? (form./fam.)	How are you?
Come va?	How are things?
Tutto bene?	Everything OK?
Abbastanza bene.	Pretty well.
Anch'io.	Me, too.
Così così.	So-so.
Non c'è male.	Not bad.
Sto (molto) bene.	I am (very) well.
Sto male.	I am not well.
per favore	please
Grazie.	Thank you.
Grazie mille.	Thanks a lot.
Di niente.	You're welcome.
Prego.	You're welcome.
Scusi/a. (form./fam.)	Excuse me.

Le presentazioni

Come si/ti chiama/i? (form./fam.)	What is your name?
E Lei/tu? (form./fam.)	And you?
Le/Ti presento… (form./fam.)	This is [name].
Mi chiamo…	My name is…
Molto piacere.	A real pleasure.
Piacere.	Delighted.
Piacere di conoscerLa/ti. (form./fam.)	Pleased to meet you.
Piacere mio.	My pleasure.

Alla facoltà

l'agenda	planner
gli appunti	notes
l'autobus	bus
l'automobile (f.)	car
il banco	desk
il caffè	coffee
la cartina	map
il cestino	wastebasket
la classe	class
i compiti	homework
il computer	computer
la domanda	question
il dizionario	dictionary
l'esame (m.)	exam
la foto(grafia)	photo(graph)
la finestra	window
il foglio di carta	sheet of paper
la gomma	eraser
l'idea	idea
la lavagna	blackboard
la lezione	lesson
il libro	book
la matita	pencil
l'orologio	clock; watch
la penna	pen
la porta	door
il quaderno	notebook
la sedia	chair
lo sport	sport
il tavolo	table
la televisione	television
il testo	textbook
il voto	grade
lo zaino	backpack

I luoghi

l'albergo	hotel
l'aula	lecture hall, classroom
la biblioteca	library
la casa	house
la città	city
la facoltà	department
il liceo	high school
la mensa	cafeteria
il ristorante	restaurant
la stazione	station
l'ufficio	office
l'università	university

Le persone

l'alunno/a	(K-12) student
l'amico/a	friend
l'attore/l'attrice	actor/actress
l'autore (m./f.)	author
il/la compagno/a di classe	classmate
la donna	woman
il/la dottore(ssa)	doctor
la gente	people
l'insegnante	instructor
il/la professore(ssa)	professor; teacher
il/la ragazzo/a	boy/girl
signor(a)…	Mr./Mrs. . . .
signorina…	Miss . . .
lo/la studente(ssa)	student
l'uomo (pl. uomini)	man (men)

Le materie

l'arte (f.)	art
l'economia	economics
la giurisprudenza	law
l'informatica	computer science
le lettere	arts; humanities
le lingue	languages
la medicina	medicine
le scienze	science
la storia	history
gli studi	studies

Identificare

c'è/ci sono	there is/there are
(Che) cos'è?	What is it?
Chi è?	Who is it?
ecco	here
là/lì	there
molti/e	many
qua/qui	here
Quanti/e…?	How many . . . ?

Espressioni utili	See pp. 7 and 21.
Numbers 0–100	See p. 12.
Subject pronouns	See p. 24.
essere	See p. 25.
Adjectives	See pp. 26–27.
Telling time	See pp. 28–29.
Days of the week	See p. 29.

Il tempo libero

Per cominciare

- Where is Riccardo sitting?
  a. allo stadio   b. in biblioteca   c. in piazza
- Which word describes what Riccardo is doing?
  a. ascoltare la musica   b. andare in bicicletta
  c. guardare la TV
- What month is it?
  a. dicembre   b. agosto   c. febbraio

Lezione 2A

Communicative Goals

You will learn how to:
- talk about sports
- talk about activities and pastimes

I passatempi

S Vocabulary Tools

Vocabolario

espressioni	*expressions*
Ti piace...?	*Do you like . . . ?*
(Non) mi piace...	*I (don't) like . . .*
le attività	*activities*
andare a cavallo	*to go horseback riding*
andare al cinema	*to go to the movies*
andare in bicicletta	*to ride a bicycle*
ascoltare la musica	*to listen to music*
ballare	*to dance*
cantare	*to sing*
guardare la tivù/TV	*to watch TV*
nuotare	*to swim*
pescare	*to go fishing*
suonare (la batteria, la chitarra, il piano)	*to play (drums, guitar, piano)*
lo sport	*sports*
l'atletica	*track and field*
l'automobilismo	*car racing*
il campeggio	*camping*
il campo	*field; court*
il ciclismo	*cycling*
la danza classica	*classical dance*
il football americano	*football*
le freccette	*darts*
il nuoto	*swimming*
la palestra	*gymnasium*
la pallavolo	*volleyball*
lo sci	*skiing*
lo stadio	*stadium*

risorse

SAM WB: pp. 17–18

SAM LM: p. 10

S vhlcentral.com

Attenzione!

Use **giocare a** with games and sports.
Giocano a scacchi/pallavolo.
They play chess/volleyball.
Use **suonare** with musical instruments.
Suono il piano/la chitarra.
I play piano/guitar.

la pallacanestro

Aiuta l'amico.
(aiutare)

gli scacchi

Pratica

1 **Trova l'intruso** Circle the word that doesn't belong.

MODELLO la chitarra, (il calcio), la batteria, il piano

1. il tennis, andare in bicicletta, cantare, il football americano
2. le freccette, il campeggio, gli scacchi, le carte
3. il campo, lo stadio, nuotare, la palestra
4. cantare, suonare la batteria, le freccette, ascoltare la musica
5. lo stadio, la squadra, il calcio, la danza classica
6. andare al cinema, la pallavolo, andare a cavallo, lo sci

2 **Categorizzare** 🎧 Write each word you hear in the correct category.

Luoghi	Passatempi
1. _____	1. _____
2. _____	2. _____
3. _____	3. _____
4. _____	4. _____
5. _____	5. _____
6. _____	6. _____

3 **Le coppie** Match each activity to a picture.

andare a cavallo	camminare nel parco	giocare a tennis
andare al cinema	giocare a calcio	guardare la TV
ascoltare la musica	giocare a carte	suonare la chitarra

1. _____ 2. _____ 3. _____

4. _____ 5. _____ 6. _____

7. _____ 8. _____ 9. _____

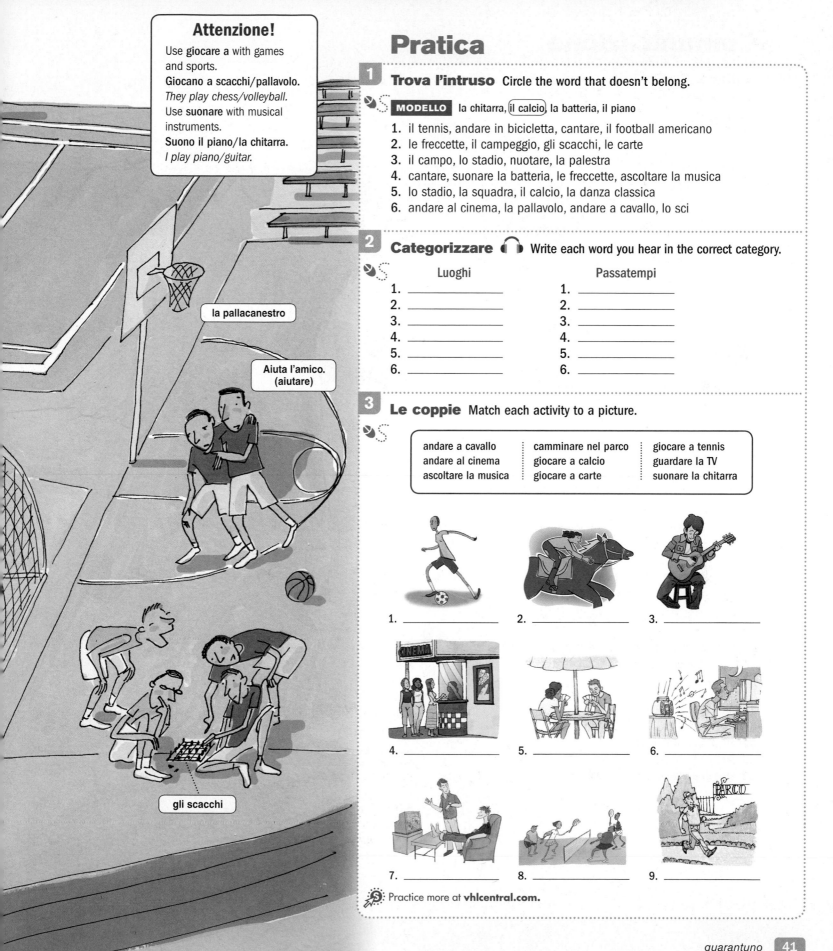

Ⓢ Practice more at **vhlcentral.com.**

CONTESTI

Comunicazione

4 **Ti piace...?** With a partner, take turns telling each other if you like or dislike these activities.

MODELLO

Mi piace nuotare./Non mi piace nuotare.

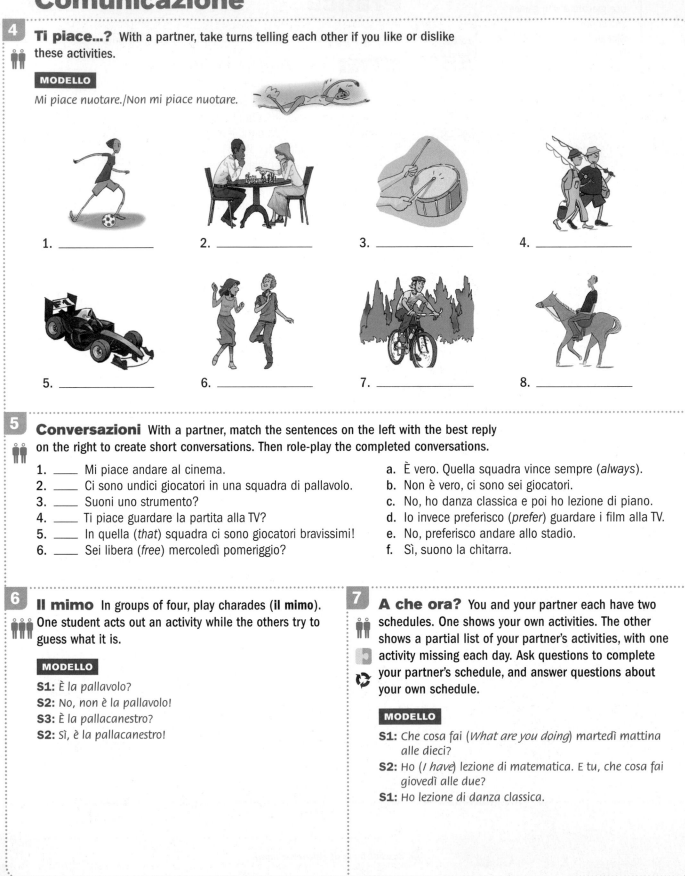

1. _____

2. _____

3. _____

4. _____

5. _____

6. _____

7. _____

8. _____

5 **Conversazioni** With a partner, match the sentences on the left with the best reply on the right to create short conversations. Then role-play the completed conversations.

1. ____ Mi piace andare al cinema.
2. ____ Ci sono undici giocatori in una squadra di pallavolo.
3. ____ Suoni uno strumento?
4. ____ Ti piace guardare la partita alla TV?
5. ____ In quella (*that*) squadra ci sono giocatori bravissimi!
6. ____ Sei libera (*free*) mercoledì pomeriggio?

a. È vero. Quella squadra vince sempre (*always*).
b. Non è vero, ci sono sei giocatori.
c. No, ho danza classica e poi ho lezione di piano.
d. Io invece preferisco (*prefer*) guardare i film alla TV.
e. No, preferisco andare allo stadio.
f. Sì, suono la chitarra.

6 **Il mimo** In groups of four, play charades (**il mimo**). One student acts out an activity while the others try to guess what it is.

MODELLO

S1: *È la pallavolo?*
S2: *No, non è la pallavolo!*
S3: *È la pallacanestro?*
S2: *Sì, è la pallacanestro!*

7 **A che ora?** You and your partner each have two schedules. One shows your own activities. The other shows a partial list of your partner's activities, with one activity missing each day. Ask questions to complete your partner's schedule, and answer questions about your own schedule.

MODELLO

S1: *Che cosa fai (What are you doing) martedì mattina alle dieci?*
S2: *Ho (I have) lezione di matematica. E tu, che cosa fai giovedì alle due?*
S1: *Ho lezione di danza classica.*

Pronuncia e ortografia (S) Audio

🎧 Letter combinations *gli*, *gn*, and *sc*

figlio	gli	miglia	Puglia

In Italian, the letter combination **gli** is usually pronounced like the *lli* in the English word *million*.

compagnia	gnocchi	legno	signore

The letter combination **gn** is pronounced like the *ni* in the English word *onion*.

scala	fiasco	scuola	pesche

The letter combination **sc** has a hard sound (as in the English word *scope*) when it precedes the vowels **a**, **o**, or **u**, or the consonant **h**.

pesce	liscio	sciare	scienza

The letter combination **sc** has a soft sound (as in the English word *she*) in front of the letters **e** or **i**.

Pronunciare Practice saying these words aloud.

1. meglio
2. pescare
3. sci
4. bagno
5. scacchi
6. Spagna
7. paglia
8. sconto
9. gnomo
10. scheda
11. moglie
12. scena

Articolare Practice saying these sentences aloud.

1. Gli gnocchi sono cotti.
2. Mi piace giocare e sciare.
3. C'è un pesce in piscina.
4. È meglio sognare o avere?
5. Qual è la scelta migliore?
6. Hai un biglietto per il concerto?

Proverbi Practice reading these sayings aloud.

Assai ben balla a chi Fortuna suona.[2]

Chi dorme non piglia pesci.[1]

[1] The early bird catches the worm. (lit. He who sleeps doesn't catch any fish.)
[2] He for whom Fortune plays dances well indeed.

risorse

SAM
LM: p. 11

(S) vhlcentral.com

FOTOROMANZO

Che cosa vuoi fare? Ⓢ Video: *Fotoromanzo*

PERSONAGGI

Emily

Lorenzo

Marcella

Paolo

Riccardo

Viola

MARCELLA Buon appetito!
EMILY Ma è delizioso!
RICCARDO Mmh.
VIOLA Squisito!
LORENZO Molto buono.

MARCELLA Allora, siete a Roma da una settimana ormai. Come va? ...Programmi per il fine settimana?
RICCARDO Io penso di andare a un concerto domenica.
LORENZO La squadra italiana di ciclismo dà un seminario all'università sabato.
EMILY Venerdì io vado a uno spettacolo di danza classica.

VIOLA Io? Studio... Comincio a insegnare fra due settimane.
MARCELLA Studiare è importante. Ma anche il tempo libero. Che cosa ti piace fare?
EMILY A me piace giocare a pallacanestro e a pallavolo!

LORENZO Freccette?
RICCARDO Giocare a freccette è bello.
PAOLO Io adoro giocare a freccette.

LORENZO Anche studiare va bene. Anch'io penso di studiare.
EMILY Studiare? Per soltanto un corso?
RICCARDO Allora, voi due state a casa e studiate insieme, mentre io ascolto musica, vado al cinema e gioco a freccette.
LORENZO Guarda che non siamo in vacanza. Siamo qui per imparare.

MARCELLA All'inizio è difficile per molti studenti.
EMILY E poi tu adesso frequenti l'università a Roma! Impari un sacco di cose nuove. Visiti posti nuovi. Tu, tu... mangi!

A T T I V I T À

1 Vero o falso? Indicate whether each statement is **vero** or **falso**.

1. I ragazzi apprezzano il cibo (*appreciate the food*).
2. Riccardo pensa di andare a un concerto sabato.
3. Emily, Riccardo e Paolo adorano la pallavolo.
4. Ci sono tante cose da fare a Roma.
5. Lorenzo pensa di giocare a freccette.

6. Riccardo vuole (*wants to*) andare al cinema.
7. Lorenzo è in vacanza.
8. Marcella dice (*says*) che all'inizio è facile.
9. Viola frequenta l'università a Roma.
10. Viola adora vivere in una grande città.

Ⓢ Practice more at **vhlcentral.com**.

I ragazzi parlano dei programmi (*plans*) per il fine settimana.

LORENZO Pallavolo?
EMILY Sì.
RICCARDO Beh, la pallavolo
è divertente.
PAOLO Io adoro la pallavolo.

EMILY Ci sono un milione di cose da
fare a Roma, Viola... Un po' d'aiuto?
RICCARDO Fare spese... Passeggiare...
EMILY Giocare a tennis, a calcio o
a freccette.

RICCARDO L'Abruzzo è il passato.
EMILY Non ascoltare Riccardo.
RICCARDO Già, non ascoltare
Riccardo.

MARCELLA Stai tranquilla, Viola.
VIOLA No. Vivere in una grande città
è una cattiva idea.

Espressioni utili

Plans for the weekend

- **Che cosa ti piace fare?**
  What do you like to do?

- **penso di...**   ● **Studio.**
  I'm thinking of . . .   *I'm studying.*

- **Io vado a uno spettacolo.**
  I'm going to a show.

- **A me piace giocare a...**
  I like to play . . .

- **Io adoro...**
  I love . . .

- **Ci sono un milione di cose da fare a Roma.**
  There are a million things to do in Rome.

- **fare spese**   ● **passeggiare**
  going shopping   *taking a walk*

Time expressions

- **ormai**   ● **fra due settimane**
  by now; already   *in two weeks*

- **mentre**   ● **all'inizio**
  while   *at first*

Additional vocabulary

- **Comincio a insegnare.**
  I begin teaching.

- **Guarda che non siamo in vacanza.**
  Look, we are not on vacation.

- **Frequenti l'università a Roma.**
  You're studying at the university in Rome.

- **Impari un sacco di cose nuove.**
  You're learning a ton of new things.

- **Già, non ascoltare Riccardo.**
  Yeah, don't listen to Riccardo.

- **Vivere in una grande città è una cattiva idea.**
  Living in a big city is a bad idea.

- **squisito**   ● **allora**
  exquisite   *so; then*

- **soltanto un corso**   ● **insieme**
  only one class   *together*

- **beh**   ● **adesso**
  well   *now*

2 **Per parlare un po'** In this episode, the characters talk about their plans for the weekend. Discuss these plans with a partner. Do any of the characters' interests remind you of your own? With whom would you like to spend the weekend?

3 **Approfondimento** Lorenzo mentions a presentation by the national cycling team. *Il Giro d'Italia* (Tour of Italy) is a bicycle race that takes place in Italy every year. Find out when it usually takes place and how long it lasts. Who was the winner last year? What color is the jersey worn by the leaders?

risorse

SAM
VM: pp. 5–6   vhlcentral.com

A T T I V I T À

CULTURA

Giochiamo a pallone!

No sport in Italy is more popular than soccer (il calcio).
It is estimated that there are 26 million soccer fans (**tifosi**)
in Italy, almost 50% of the population. Evidence of soccer's
popularity can be seen everywhere, from children playing
in their neighborhood **piazza** to impromptu parades
of cars filled with fans honking and waving team flags
after a victory.

Every major town has a team, if only in a minor league.
The best teams from each season play in **Serie A**, but since
these positions can change from year to year, the competition
between teams is fierce.

The biggest rivalries are usually between teams from
the same region or city, such as **A.C. Milan** and **F.C.
Internazionale Milano** or **AS Roma** and **S.S. Lazio** (usually called **Milan**, **Inter**, **Roma**, and **Lazio**,
respectively). The matches between rival teams from the same town are known as **i derby**, and can
drive fans as crazy as any championship match.

In the biggest national championship game, the top teams from **Serie A** play for **lo scudetto**.
More Italian **Serie A** teams have gone on to
win the European Cup than teams from any
other country. On the international stage, the
Italian national team, called **gli Azzurri** for
the blue color of their jerseys, is one of the
most successful teams in the history of the
World Cup championship.

bianconeri *white and black* nerazzurri *black and blue* biscione *big snake*
rossoneri *red and black* diavolo *devil* asinello *donkey* giallorossi *yellow
and red* lupa capitolina *she-wolf (symbol of Rome)* viola *violet* giglio *lily*
biancazzurri *white and blue* aquila *eagle*

Le squadre italiane più popolari

SQUADRA	NUMERO DI TIFOSI	SOPRANNOME	SIMBOLO
Juventus	12.400.000	i bianconeri°	la zebra
Inter	8.989.000	i nerazzurri°	il biscione°
Milan	7.452.000	i rossoneri°	il diavolo°
Napoli	3.123.000	gli azzurri	l'asinello°
Roma	2.879.000	i giallorossi°	la lupa capitolina°
Fiorentina	1.374.000	i viola°	il giglio° di Firenze
Lazio	1.103.000	i biancazzurri°	l'aquila°

FONTE: tuttosport.com

A T T I V I T À

1 **Vero o falso?** Indicate whether each statement is **vero** or **falso**.
Correct any false statements.

1. Twenty-six percent of Italians are soccer fans.

2. Soccer players are called **i tifosi**.

3. The biggest rivalries are between teams from the same area.

4. Only the largest cities have soccer teams.

5. Teams from the same region or city often have the biggest rivalries.

6. When two teams from the same town play each other,
it is called a **derby**.

7. The top prize for **Serie A** teams is called **lo scudetto**.

8. Italian teams don't do well in the European Cup.

9. Italy has never made it to the World Cup championship.

10. **Roma** has more than twice as many fans as **Lazio**.

Practice more at **vhlcentral.com**.

L'ITALIANO QUOTIDIANO

Tutto sport

l'arbitro	referee
l'arrampicata	climbing
il basket	basketball
il calciatore	soccer player
il pallone	soccer
il parapendio	paragliding
il premio	prize
gli sport estremi	extreme sports
il windsurf	windsurfing
tifare	to root for a team

USI E COSTUMI

I passatempi italiani

Ecco alcuni° passatempi amati°dagli italiani:
Andare al cinema a vedere° un film europeo, oppure° un blockbuster americano.
Andare al mare, sicuramente° il tipo di vacanza più popolare.
Andare in montagna a sciare o a fare snowboard°. In inverno° molti italiani vanno in settimana bianca°.

Fare una passeggiata in campagna. In autunno molti italiani **raccolgono funghi**°.
Fare un giro in centro. Nei fine settimana è l'attività preferita.
Giocare a bocce è molto popolare tra i pensionati°, ma è divertente per tutta la famiglia. È un gioco tradizionale.

alcuni some **amati** favorite **a vedere** to watch **oppure** or
sicuramente surely **fare snowboard** go snowboarding
In inverno In the winter **vanno in settimana bianca** go on a ski vacation
raccolgono funghi gather mushrooms **i pensionati** retired people

RITRATTO

Una vera campionessa italiana

Valentina Vezzali nasce° a Jesi, in provincia di Ancona, il 14 febbraio del 1974. Inizia a praticare la scherma° nel 1980 e vince il primo premio nel 1983. È stata la prima schermitrice a vincere tre medaglie d'oro° individuali nel fioretto° in tre Giochi Olimpici consecutivi. Ai

Giochi di Atlanta, nel 1996, la Vezzali vince la medaglia d'argento° individuale e la medaglia d'oro nella prova di squadra. Alle Olimpiadi di Sydney, nel 2000, vince due medaglie d'oro, nella prova individuale e di squadra. Ad Atene°, nel 2004, riceve° un'altra medaglia d'oro nell'individuale. Quando°, nel 2008, vince la medaglia d'oro nell'individuale a Pechino°, la Vezzali diventa° l'atleta italiana più vincente° della storia.

nasce is born **Inizia a praticare la scherma** She begins to practice fencing **medaglie d'oro** gold medals **fioretto** foil **d'argento** silver **Atene** Athens **riceve** she receives **Quando** When **Pechino** Beijing **diventa** becomes **più vincente** winningest

SU INTERNET

Cerca (*Look for*) i nomi di altri campioni olimpici italiani.

Go to **vhlcentral.com** to find more information related to this **CULTURA**.

---

2 **Hai capito?** Complete the sentences.

1. Valentina Vezzali ha vinto tre medaglie d'oro individuali nel _____.
2. Nel 2008, Valentina partecipa alle Olimpiadi di _____.
3. La Vezzali è _____ italiana più vincente della storia.
4. Raccogliere _____ in campagna è un passatempo popolare.
5. Il tipo di vacanza più popolare è sicuramente _____.
6. Le _____ sono un gioco tradizionale.

3 **A voi** Using the cues below, discuss with your partner whether you both like to do these activities.

1. andare al cinema
2. fare gli sport estremi
3. tifare per una squadra

risorse

vhlcentral.com

A T T I V I T À

2A.1 Regular *-are* verbs

Punto di partenza As you learned in **Lezione 1B**, the infinitive is the basic form of a verb. In English, it is preceded by the word *to*: *to be, to play, to eat,* and so on. The infinitive in Italian is a single word, consisting of a stem and one of three characteristic endings: **-are, -ere,** or **-ire.**

parl**are**	leggere	part**ire**
to speak	*to read*	*to leave*

- To form the present tense of a regular **-are** verb, drop the **-are** and add the ending that corresponds to the subject performing the action.

parlare (to speak)

io parlo	*I speak*	noi parl**iamo**	*we speak*
tu parli	*you speak*	voi parl**ate**	*you speak*
Lei/lui/lei parla	*you speak; he/she/it speaks*	loro parlano	*they speak*

- Use the same endings to conjugate other regular **-are** verbs in the present tense.

Regular *-are* verbs

abitare	*to live (in)*	lavorare	*to work*
arrivare	*to arrive*	mandare	*to send*
aspettare	*to wait (for)*	mangiare	*to eat*
cambiare	*to change*	pagare	*to pay*
cenare	*to have dinner*	pensare (a/di)	*to think (about/of)*
cercare	*to look for*		
chiamare	*to call*	portare	*to bring; to wear*
(in)cominciare (a)	*to begin (to)*	praticare	*to practice*
comprare	*to buy*	ricordare	*to remember*
desiderare	*to desire, to want*	(ri)tornare	*to return*
dimenticare	*to forget*	spiegare	*to explain*
frequentare	*to attend*	studiare	*to study*
guidare	*to drive*	telefonare (a)	*to telephone*
incontrare	*to meet with*	trovare	*to find*
imparare (a)	*to learn (to)*	usare	*to use*
insegnare	*to teach*	viaggiare	*to travel*

- The English equivalent of the Italian present tense varies depending on the context of the sentence.

Carlo **balla.**	**Suoni** la chitarra?
Carlo dances.	*Do you play the guitar?*
Carlo is dancing.	*Are you playing the guitar?*
Carlo does dance.	*Will you play the guitar?*

1 Completare Complete the conversation with the correct form of each verb.

PAOLO Ti piace lo sport?

GIANNI Sì! Io e Antonio siamo allenatori di una squadra di pallavolo. Antonio (1) _____ (aiutare) la squadra il lunedì e il mercoledì; io (2) _____ (lavorare) il martedì e il venerdì. E tu?

PAOLO Io sono pigro e non (3) _____ (praticare) sport. Ma la mia amica Antonella (4) _____ (giocare) a pallavolo. Il sabato noi (5) _____ (guardare) la TV perché c'è il football americano e mi piace molto.

GIANNI Ho (*I have*) un'idea! Sabato andiamo al parco e tu ed io (6) _____ (camminare) insieme. Che ne pensi?

PAOLO Va bene, è una buon'idea!

2 Creare Create complete sentences using the words provided.

1. io / ascoltare la musica classica
2. i professori / insegnare la lezione
3. Clara / aiutare l'amica
4. tu e Francesco / frequentare il club di scacchi
5. noi / giocare a carte la domenica pomeriggio
6. la signora Zotti / telefonare al dottore
7. io / abitare in Italia
8. Andrea e Giovanna / suonare la chitarra

3 Descrivere Say what each person or group of people is doing.

1. Noi _____ la pizza.

2. Tu _____ il piano al club.

3. Valeria ed Elena _____.

4. Lucia e Matteo _____.

5. Io _____ un'aria.

6. Il signor Ughetti _____ la TV.

🔊 Practice more at **vhlcentral.com.**

COMUNICAZIONE

4   **Le nostre attività** In pairs, ask about your partner's habits and activities. Once you have both asked and answered the questions, present your findings to the class.

MODELLO

Cristina abita a New York e lavora dopo le lezioni...

1. Giochi a freccette?
2. Balli in discoteca il venerdì sera?
3. Mangi i broccoli e gli zucchini?
4. Chiami spesso la tua (*your*) famiglia?
5. Abiti a New York?
6. Guardi la danza classica alla TV?
7. Lavori dopo (*after*) le lezioni?
8. Pensi di studiare sabato sera?

5   **Al parco** In pairs, look at the picture of the people in the park. Together, create names for the people shown and write a paragraph that describes what they are doing.

6   **Caccia al tesoro** As a class, create a list of eight activities and go on a scavenger hunt (**caccia al tesoro**). Ask your classmates whether they like the activities on the list. When you find someone who likes an activity, write his or her name on your list. The first person to collect eight names wins.

- Verbs whose stems end in **-c** or **-g** require a spelling change in the **tu** and **noi** forms. Add an **h** to the stem in order to maintain the hard sound of the **c** or **g**.

Giochiamo a pallacanestro.	**Spieghi** le regole del gioco.
We're playing basketball.	*You explain the rules of the game.*

- To create the **tu** and **noi** forms of most verbs with stems ending in **-i**, such as **mangiare** and **studiare**, drop the **i** before adding the ending.

Mangi il pesce?	**Studi** bene.
Do you eat fish?	*You study well.*
Mangiamo allo stadio.	**Studiamo** fra un'ora.
We're eating at the stadium.	*We'll study in an hour.*

- Some common verbs that are followed by a preposition in English do not take a preposition in Italian.

Ascoltano la musica rap.	**Aspetta** la sua amica.
They listen to rap music.	*She's waiting for her friend.*
Cerco una bicicletta.	**Guardi** i giocatori?
I'm looking for a bicycle.	*Are you looking at the players?*

- Other verbs may require the use of a preposition in Italian, especially when followed by an infinitive.

Telefonano a Luigi.	**Imparate a** nuotare?
They're calling Luigi.	*Are you learning to swim?*
Giochiamo a calcio.	Il bambino **comincia a** parlare.
We're playing soccer.	*The baby's starting to talk.*
Penso a loro.	**Penso di** studiare l'arabo.
I'm thinking about them.	*I'm thinking of studying Arabic.*

> **ATTREZZI**
> To express yourself with greater accuracy, use these adverbs: **oggi** (*today*), **domani** (*tomorrow*), **spesso** (*often*), **sempre** (*always*), **tutti i giorni** (*every day*), **a volte** (*sometimes*), **abbastanza** (*enough*).

Provalo!   Complete the sentences with the correct present tense form of each verb in parentheses.

1. Io ___parlo___ (parlare) italiano.
2. Giulia e Anna non _____ (studiare) lo spagnolo.
3. Lei _____ (cercare) una palestra vicino a casa.
4. Noi _____ (mangiare) il pesce il venerdì.
5. Tu _____ (giocare) a calcio.
6. Franca _____ (viaggiare) spesso in Europa.
7. Io e Marcello _____ (pensare) di andare alla partita.
8. Tu e Annabella _____ (incontrare) Jacopo oggi?

STRUTTURE

2A.2 Andare, dare, fare, and stare

Punto di partenza The verbs **andare** (*to go*), **dare** (*to give*), **fare** (*to do; to make*), and **stare** (*to be; to stay*) are common irregular **-are** verbs. You will have to memorize their present-tense forms.

andare (to go)

io vado	*I go*	noi andiamo	*we go*
tu vai	*you go*	voi andate	*you go*
Lei/lui/lei va	*you go; he/she/ it goes*	loro vanno	*they go*

- Use **andare** + **a** + [*infinitive*] to talk about what people are going to do. Note that this construction indicates movement only and, unlike in English, is not equivalent to the future tense.

  Vai a pescare al lago?
  Are you going fishing at the lake?

  Le ragazze **non vanno a** ballare.
  The girls aren't going dancing.

- In general, use the preposition **a** before the names of cities and small islands, and **in** before the names of countries or regions.

  Non andiamo a Roma.
  We're not going to Rome.

  Vado in Italia.
  I am going to Italy.

dare (to give)

io do	*I give*	noi diamo	*we give*
tu dai	*you give*	voi date	*you give*
Lei/lui/lei dà	*you give; he/she/ it gives*	loro danno	*they give*

- Note the use of the preposition **a** (*to*) in these examples.

  Maria **dà** le carte **a** Giuseppe.
  Maria gives the cards to Giuseppe.

  Do la bici **a** Clara.
  I'm giving the bike to Clara.

- **Dare** is used in these common expressions.

Expressions with dare

dare del tu	*to address informally*	dare del Lei	*to address formally*
dare un esame	*to take an exam*	dare una mano	*to lend a hand*

Pina **dà del Lei** al professore.
Pina addresses the professor formally.

Diamo una mano a Leo.
We're helping Leo.

PRATICA

1 Completare Circle the correct verb form to complete each sentence.

1. Maria (dà, dai) il libro a Claudio.
2. Antonio e Giancarlo (state, stanno) zitti.
3. Io non (faccio, fanno) colazione oggi.
4. Tu (dai, date) del tu o del Lei alla signora Rossi?
5. Noi (facciamo, fanno) una gita a Roma domenica.
6. Il signor Perrioli (va, vado) all'università il lunedì.
7. Tu e Gioia (stai, state) attente alla lezione.
8. Io e Maurizio (diamo, danno) una mano agli amici.

2 Creare Create complete sentences using the words provided.

MODELLO io / dare un esame

Io do un esame.

1. noi / stare a casa
2. tu / fare colazione / alle sette di mattina
3. Lei / dare il libro / a Chiara
4. loro / andare a Milano / nel 2012
5. io / fare una domanda / a lezione
6. voi / dare una mano / al professore

3 Descrivere Use andare, dare, fare, or stare to say what each person or group of people is doing or feeling.

MODELLO Enrico

Enrico dà un esame.

1. Giovanna

2. gli studenti

3. Andrea e Giuliana

4. Patrizia

 Practice more at **vhlcentral.com**.

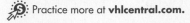

COMUNICAZIONE

4 **Chi...?** In groups of four, ask and answer these questions about the group.

1. Chi sta bene?
2. Chi sta male?
3. Chi va a una partita di calcio domani?
4. Chi sta a casa venerdì sera?
5. Chi fa la spesa al supermercato?
6. Chi fa i compiti in biblioteca?
7. Chi va spesso in palestra?
8. Chi sta attento/a a lezione?

5 **A che ora?** Create a schedule for your week. In pairs, ask and answer questions about what you do and when. Summarize your findings.

MODELLO

Il giovedì Annabella fa colazione alle sette. Io faccio colazione alle otto...

	giovedì	venerdì	sabato	domenica
7:00	colazione	colazione		
9:00	lezione	lezione	colazione	colazione
11:00		lezione		
16:00	dentista			
18:00	biblioteca		cinema	
22:00		discoteca		

6 **Il gioco del dare** In small groups, play the giving game (**il gioco del dare**). Take turns passing items such as a book, a backpack, or a pencil among the group. One player describes the action as it occurs and calls **Alt!** (*Stop!*) after 90 seconds. Play until everyone has had a chance to be the narrator.

MODELLO

Stefano dà lo zaino a Piero. Piero dà lo zaino a Olivia e Serena. Loro danno lo zaino a Simone...

---

fare (to do; to make)

io faccio	I do/make	noi facciamo	we do/make
tu fai	you do/make	voi fate	you do/make
Lei/lui/lei fa	you do/make; he/she/it does/makes	loro fanno	they do/make

● The verb **fare** is also used in many common expressions.

Expressions with fare

fare attenzione	to pay attention	fare una foto	to take a picture
fare il bagno/la doccia	to take a bath/a shower	fare una gita	to take a field trip
fare colazione	to have breakfast	fare una passeggiata	to take a walk
fare due passi	to take a short walk	fare la spesa/le spese	to buy groceries/to shop
fare una domanda	to ask a question	fare un viaggio	to take a trip

Massimo **fa colazione** al bar.
*Massimo **has breakfast** at the café.*

Facciamo le spese?
Are we going shopping?

stare (to stay; to be)

io sto	I stay/am	noi stiamo	we stay/are
tu stai	you stay/are	voi state	you stay/are
Lei/lui/lei sta	you stay/are; he/she/it stays/is	loro stanno	they stay/are

● In **Lezione 1A**, you learned to use **stare** to inquire about someone's health. It is also used in the expressions **stare zitto/a** (*to be/stay quiet*) and **stare attento/a** (*to pay attention*).

Noi **stiamo zitte**.
We're keeping quiet.

Gli studenti **stanno attenti**.
The students are paying attention.

Provalo!   Complete the table with the missing verb forms.

	andare	dare	fare	stare
1. io	vado	_____	faccio	_____
2. tu	vai	dai	_____	stai
3. Lei/lui/lei	_____	_____	fa	sta
4. noi	andiamo	diamo	_____	_____
5. voi	andate	_____	fate	_____
6. loro	_____	danno	_____	stanno

SINTESI

Ricapitolazione

1 **Il gioco delle coppie** In pairs, look at the information provided about these singles in The Dating Game (**Il gioco delle coppie**). Then decide whom you would pair based on their interests and explain why.

MODELLO

Giovanni pesca e anche Lina pesca. Secondo me, Giovanni e Lina sono compatibili.

	giocare a calcio	pescare	guardare la TV	andare al cinema	suonare la chitarra
Giovanni	✓	✓		✓	
Federico	✓		✓		✓
Roberto	✓	✓		✓	✓
Lina	✓	✓			✓
Monica	✓		✓		✓
Claudia	✓	✓			✓

2 **Prova d'artista** In groups of four, take turns drawing pictures and guessing different **-are** verbs and expressions.

MODELLO

S1: *Va a cavallo?*
S2: *No!*
S3: *Canta?*
S2: *Sì!*

3 **Tre verità e una bugia** Write three truths and a lie (**tre verità e una bugia**) about yourself. In groups of four, take turns reading your lists and guessing which statements are true and which are false.

MODELLO

S1: *Mi piace pescare, vado in Italia domani, penso di studiare spagnolo e mi piace cantare la musica rap.*
S2: *Non vai in Italia. È una bugia!* (*It's a lie!*)

4 **La catena** In groups of five, play The Chain (**La catena**). One player says a sentence, and the next player repeats the sentence and adds to it. Continue until the sentence gets too long for the next player to remember. Use **-are** verbs and expressions with **andare** and **fare**.

MODELLO

S1: *Antonio va a Roma.*
S2: *Antonio va a Roma e balla.*
S3: *Antonio va a Roma, balla e fa un viaggio a Venezia.*

5 **Cosa fai?** In pairs, look at the picture of the town. Then ask and answer questions about what you and other people do in these and other places in town.

MODELLO

S1: *Cosa fai in discoteca?*
S2: *Ballo e ascolto la musica. E tu, cosa fai...?*

6 **Ritratti** Your instructor will give you and a partner each a set of portraits (**ritratti**) showing eight people and their activities. Discuss what each person does or does not do. Do not look at each other's worksheet.

MODELLO

S1: *Sara non lavora volentieri* (*gladly*).
S2: *No, ma Sara mangia volentieri!*

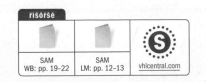

risorse

SAM
WB: pp. 19–22

SAM
LM: pp. 12–13

S
vhlcentral.com

S Video: TV Clip

Pagine Gialle

How do Italians spend their free time? Watching TV remains the most popular activity, followed by going to the movies or theater and visiting museums. In recent years, computers and electronic entertainment have played a larger role in Italians' leisure time. According to **ISTAT** (the Italian National Institute for Statistics) 60% of Italians also exercise regularly. Playing soccer, going to the gym, swimming, cycling and running are the most popular activites. But, how do they find the right gym, sports club, or pool? By searching the Internet, of course! **Pagine Gialle**, an online telephone directory, street-map publisher, and urban guide, can be a useful tool in this search.

È ora che mi cerchi° una palestra... il più possibile vicino° a casa.

Anche se° conta di più° il personale° qualificato.

⚲ Comprensione Answer these questions. Use as much Italian as you can.

1. What sports-related vocabulary did you hear in the commercial?
2. According to the woman in the commercial, what is the most important feature she wants in a gym?

Discussione In pairs, discuss the answers to these questions.

1. Do you usually search the Internet to decide where to go or what to do during your free time? Which websites do you use most often? Do they offer the same services as **le Pagine Gialle**?
2. What are the most important features you look for in a gym? How do you think an Italian gym might be different from yours?
3. Can you think of any other situations in which you might want to consult **le Pagine Gialle**? Give some examples.

Practice more at **vhlcentral.com.**   È ora che mi cerchi *It's time I look for* **vicino** *close* **Anche se** *Although* **conta di più** *matters more* **personale** *staff*

Lezione

2B

Communicative Goals

You will learn how to:
- discuss the weather and seasons
- talk about the months of the year

CONTESTI

Ⓢ **Vocabulary Tools**

Che tempo fa oggi?

Vocabolario

previsioni meteo	*weather forecast*
Che tempo fa?	*What is the weather like?*
C'è il temporale.	*It is stormy.*
È bello.	*It is nice out.*
Fa bel/brutto tempo.	*The weather is nice/bad.*
Il tempo è pessimo.	*The weather is dreadful.*
Quanti gradi ci sono?	*What is the temperature?*
Ci sono 18 gradi.	*It is 18 degrees out.*
eventi climatici	*weather events*
la foschia	*mist*
il fulmine	*lightning*
la grandine	*hail*
il lampo	*flash of lightning*
la neve	*snow*
la nuvola	*cloud*
la pioggia	*rain*
il tuono	*thunder*
l'umidità	*humidity*
per descrivere il tempo	*to describe the weather*
coperto/a	*overcast*
piovoso/a	*rainy*
secco/a	*dry*
soleggiato/a	*sunny*
umido/a	*humid*
ventoso/a	*windy*
la data	*the date*
Quando è il tuo compleanno?	*When is your birthday?*
È il 23 marzo.	*It's March 23rd.*
domani	*tomorrow*
l'anno	*year*
il compleanno	*birthday*
il mese	*month*
la stagione	*season*

risorse

SAM
WB: pp. 23–24

SAM
LM: p. 14

Ⓢ vhlcentral.com

Nevica. (nevicare)

Fa freddo.

l'inverno: dicembre, gennaio, febbraio

C'è il sole.

Fa caldo.

— Che giorno è oggi?
— È il 15 agosto.

l'estate (*f.*): giugno, luglio, agosto

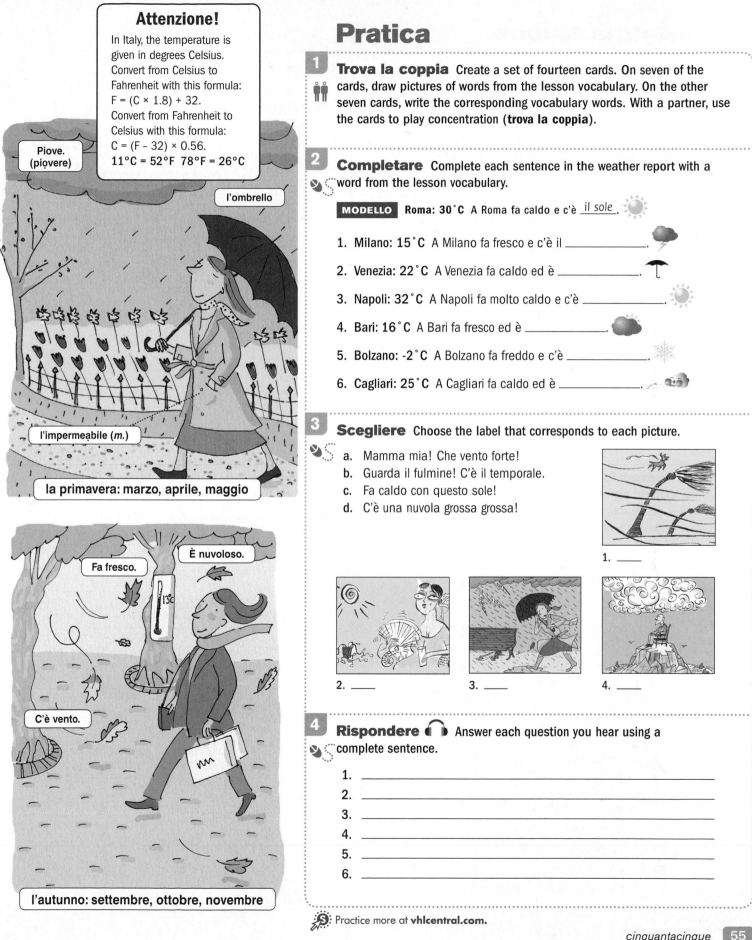

Attenzione!

In Italy, the temperature is given in degrees Celsius. Convert from Celsius to Fahrenheit with this formula:
$F = (C \times 1.8) + 32$.
Convert from Fahrenheit to Celsius with this formula:
$C = (F - 32) \times 0.56$.
11°C = 52°F   78°F = 26°C

Piove.
(piovere)

l'ombrello

l'impermeabile (m.)

la primavera: marzo, aprile, maggio

Fa fresco.

È nuvoloso.

C'è vento.

l'autunno: settembre, ottobre, novembre

Pratica

1 Trova la coppia Create a set of fourteen cards. On seven of the cards, draw pictures of words from the lesson vocabulary. On the other seven cards, write the corresponding vocabulary words. With a partner, use the cards to play concentration (**trova la coppia**).

2 Completare Complete each sentence in the weather report with a word from the lesson vocabulary.

> **MODELLO** Roma: 30°C A Roma fa caldo e c'è _il sole_.

1. **Milano: 15°C** A Milano fa fresco e c'è il _____.
2. **Venezia: 22°C** A Venezia fa caldo ed è _____.
3. **Napoli: 32°C** A Napoli fa molto caldo e c'è _____.
4. **Bari: 16°C** A Bari fa fresco ed è _____.
5. **Bolzano: -2°C** A Bolzano fa freddo e c'è _____.
6. **Cagliari: 25°C** A Cagliari fa caldo ed è _____.

3 Scegliere Choose the label that corresponds to each picture.

a. Mamma mia! Che vento forte!
b. Guarda il fulmine! C'è il temporale.
c. Fa caldo con questo sole!
d. C'è una nuvola grossa grossa!

1. _____

2. _____   3. _____   4. _____

4 Rispondere Answer each question you hear using a complete sentence.

1. _____
2. _____
3. _____
4. _____
5. _____
6. _____

Practice more at **vhlcentral.com**.

CONTESTI

Comunicazione

5 **Parlare del tempo** Work with a partner to put these conversations in the correct order by numbering each sentence or response.

1. ____ Non mi piace il vento! Qui in Sicilia c'è il sole e fa caldo.

____ Fa brutto tempo. È nuvoloso e c'è vento.

____ Che bello! In estate mi piace il bel tempo.

____ Gabriella, che tempo fa a Milano oggi?

2. ____ Perché fa freddo e nevica spesso; la neve mi piace tanto!

____ Sicuramente l'inverno.

____ Qual è la tua (*your*) stagione preferita, Alfredo?

____ Davvero? (*Really?*) Perché ti piace l'inverno?

6 **Dare consigli** You are writing to a student in Italy who will be studying in your town this fall. Write an e-mail telling her what the weather is like in your town during six different months of the year. Share your e-mail with a partner.

MODELLO

Fa bello e fa brutto!

A: sara0412@scrivilaposta.it
Da: iloveskiing92@mail098.com
Data: 29 gennaio
Oggetto: Fa bello e fa brutto!

Cara Sara,
Come stai? Spero benissimo!
Mi hai chiesto (*You asked me*) com'è il tempo qui a Hanover. Ti spiego: a gennaio e febbraio fa molto freddo e nevica tanto. Ti piace la neve? Io adoro l'inverno perché vado a sciare...

7 **Che tempo fa in Italia?** You and your partner have different worksheets showing the weather in several Italian cities. Work together to complete the information on both sheets.

MODELLO

S1: *Che tempo fa a Milano?*
S2: *A Milano fa bel tempo: c'è il sole e ci sono diciotto gradi.*

8 **Il bollettino meteo** Work with a partner to prepare a weather report (**bollettino meteo**):

- Mention the day, date, and season.
- Present the weather forecast for the next seven days.
- Prepare a poster to illustrate your presentation.
- Say what activity is best for each day.

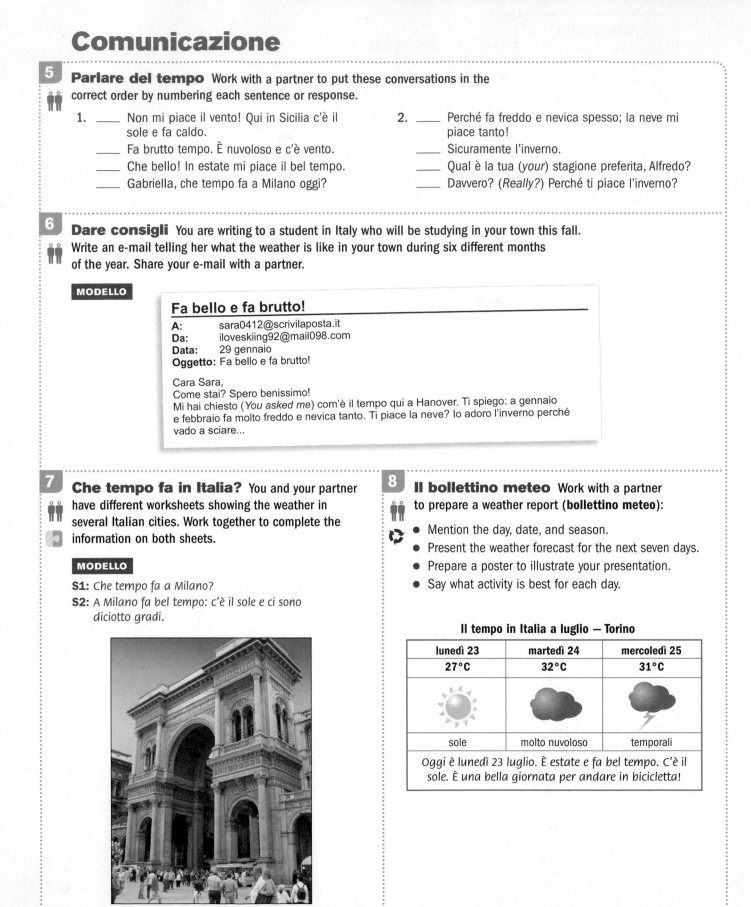

Il tempo in Italia a luglio — Torino

lunedì 23	martedì 24	mercoledì 25
27°C	32°C	31°C
sole	molto nuvoloso	temporali

Oggi è lunedì 23 luglio. È estate e fa bel tempo. C'è il sole. È una bella giornata per andare in bicicletta!

Pronuncia e ortografia 🆂 Audio

🎧 Italian vowels

a	e	i	o	u

Italian vowels are never silent. They are always pronounced and are shorter and crisper than English vowels. The letters **e** and **o** have open and closed sounds that often vary regionally.

Alpi	**anche**	**animale**	**arte**

In Italian, **a** has a sound between the *a* in the English word *father* and the *u* of *up*. The sound has no lingering glide and is raised.

buonasera	**che**	**e**	**regina**

The closed **e** sounds like the *e* in *they*, but shorter.

bello	**biblioteca**	**è**	**festa**

The open **e** sound is like the *e* in *get*. Before double consonants, the **e** is usually open.

fine	**idea**	**lingua**	**vino**

The letter **i** is pronounced like the *i* in *machine*, only shorter.

dolce	**non**	**ora**	**sole**

The closed **o** sounds like the *o* in *toe*, but shorter.

foto	**porta**	**rosa**	**storia**

The open **o** sound is like the *o* in *got*. Before double consonants, the **o** is usually open.

lungo	**scusa**	**tu**	**uno**

The letter **u** is pronounced like the *oo* in *soon*.

Pronunciare Practice saying these words aloud.

1. ciao
2. zaino
3. università
4. arte
5. esame
6. lo
7. lavagna
8. liceo
9. penna
10. compiti
11. sedia
12. voto

Articolare Practice saying these sentences aloud.

1. Il libro è sulla sedia.
2. A giugno fa bel tempo.
3. È un'opera d'arte.
4. L'orologio è bello.
5. Oggi è il primo giorno del mese.
6. Sento il tuono.

Proverbi Practice reading these sayings aloud.

L'aprile piovoso fa il maggio grazioso.[1]

Nebbia bassa buon tempo lascia.[2]

[2] Low fog leaves good weather.
[1] April showers bring May flowers.
(lit. Rainy April makes May graceful.)

risorse

SAM
LM: p. 15

 vhlcentral.com

FOTOROMANZO

Che tempo fa? Video: *Fotoromanzo*

Emily

Lorenzo

Marcella

Riccardo

Viola

EMILY Espresso numero sei. Non male. Sessantatré. Viola? ...Dà al cappuccino...?
VIOLA Settantasette. Scusa.
EMILY Non è divertente? Perché sei sempre triste?
VIOLA Non sono sempre triste.
EMILY Scusa.

VIOLA Scusami, Emily. Tu sei simpatica, divertente e amichevole. Mentre io sono spesso timida.
EMILY Resti a Roma fino a giugno?
VIOLA Sì, sì, resto. Non mi arrendo facilmente.

EMILY Il tempo è umido. Guarda!
VIOLA In estate, Roma è molto umida e in inverno piove.
EMILY A Chicago nevica. E nevica, e nevica. Gennaio e febbraio sono freddi e ventosi. Agosto è caldo e umido e ci sono spesso temporali...

EMILY Uh, no.
RICCARDO Cosa? Vi piace lo scooter?
EMILY E VIOLA Ma dove...?
RICCARDO Marcella.
VIOLA Bello.

MARCELLA Riccardo.

RICCARDO Centodieci.
EMILY Sei sempre troppo generoso.
RICCARDO Ho sempre bisogno di caffè.
(*Emily riceve un messaggio da Peter.*)
VIOLA Pensi di rispondere?
RICCARDO Rispondo io.

1 Vero o falso? Indicate whether each statement is **vero** or **falso**.

1. Emily dà settantasette all'espresso.
2. Viola resta a Roma fino a luglio.
3. Agosto è umido a Roma e a Chicago.
4. Chicago è fredda in inverno.
5. Peter è a Chicago.

6. Emily ha uno scooter.
7. Riccardo adora il caffè.
8. Secondo Riccardo, Peter è il ragazzo perfetto per Emily.
9. Lorenzo va in biblioteca.
10. Il compleanno di Lorenzo è l'undici.

 Practice more at **vhlcentral.com**.

A T T I V I T À

I ragazzi prendono un caffè e parlano del tempo.

VIOLA Qual è la temperatura a Chicago in inverno?

EMILY È spesso tra i quindici e i venticinque gradi... Fahrenheit! Tra meno sette e quindici gradi Celsius.

Emily riceve un messaggio.

VIOLA Che cosa c'è?

EMILY Peter. È a Chicago.

VIOLA Ti piace?

EMILY Sì. No. Non lo so. È troppo nervoso. E poi, ci sono un sacco di bei ragazzi italiani.

VIOLA Come Riccardo?

EMILY Riccardo!

RICCARDO Calma. Non ho fatto niente!

VIOLA Fammi vedere... Sei uno stupido.

RICCARDO Peter non è il ragazzo giusto per Emily.

EMILY Lorenzo? *Yuck!*

VIOLA *Yuck!*

RICCARDO *Yuck!*

LORENZO Vado in biblioteca a incontrare i miei compagni di classe. Facciamo un progetto insieme. Ma perché mi chiami sempre? Sì, lo so, il tuo compleanno è l'undici... Non è importante per me. Ciao.

Espressioni utili

Numbers

- **sessantatré**
  63
- **settantasette**
  77
- **centodieci**
  110

Expressing likes and dislikes

- **Ti piace?**
  Do you like him?
- **Vi piace lo scooter?**
  Do you like the scooter?

Additional Vocabulary

- **Perché sei sempre triste?**
  Why are you always sad?
- **Sì, resto.**
  Yes, I'm staying.
- **Non mi arrendo facilmente.**
  I don't give up easily.
- **Ci sono un sacco di bei ragazzi italiani.**
  There are lots of handsome Italian boys.
- **Come Riccardo?**
  Like Riccardo?
- **Ho sempre bisogno di...**
  I always need . . .
- **Ridammela! Smettila!**
  Give it back to me! Cut it out!
- **Rispondo io.**   **Non ho fatto niente!**
  I'm replying.   *I didn't do anything!*
- **Fammi vedere.**   **troppo**
  Let me see.   *too*
- **Scusa.**   **fino a**
  I'm sorry.   *until*
- **Guarda!**   **tra**
  Look!   *between*
- **spesso**
  often

2 **Per parlare un po'** Talk to a few classmates and find out who has a birthday closest to yours. What is the date? What is weather usually like around your birthday?

3 **Approfondimento** *Vespa* is a world-famous line of Italian scooters. Find out what the Italian word **vespa** means and why the scooter was given this name.

risorse

SAM
VM: pp. 7–8

vhlcentral.com

A T T I V I T À

CULTURA

In montagna o al mare?

The geographical variety of the Italian peninsula offers a wide range of outdoor activities, from skiing in the northern mountains to snorkeling off the southern coasts. Italy's northern boundary is formed by a great mountain range: the **Alpi**. The eastern section of the **Alpi**, from the **Adige** River to the **Piave** Valley, is known as the **Dolomiti**. These peaks offer some of the most scenic and popular skiing locations in Europe. They are equally popular in summer, when visitors can engage in activities ranging from hiking, mountain biking, and climbing, to extreme sports such as hang gliding and paragliding. Another mountain range, the Appennini, runs almost the entire length of Italy, from **Liguria** in the north to **Calabria** in the south. Though not as tall as the northern mountains, the **Appennini** are also a popular destination for skiing and hiking and feature one of Italy's largest national parks, **Parco Nazionale del Gran Sasso. Gran Sasso** mountain dominates the surrounding terrain, which contains a large variety of plant life, thanks to the area's blend of Mediterranean and alpine climates. **Gran Sasso** and over twenty other national parks cover approximately 5% of the country, including the areas surrounding Italy's two most famous volcanoes: **Vesuvio** in **Campania** and **Etna** in **Sicilia.**

In addition to its spectacular mountains, Italy boasts more than 4,634 miles (7,458 kilometers) of coastline. Although much of the coastline is rocky, there are splendid sandy beaches dotted with private facilities. These **stabilimenti balneari** rent lounge chairs (**sedie a sdraio**) and umbrellas (**ombrelloni**) for a daily or weekly fee. Italians flock to these beaches during the summer months, especially August when most of the country is on vacation.

Fare snorkeling in Italia

Se° ti piace fare snorkeling, ecco alcune possibilità per la tua prossima° vacanza, dal nord al sud:	
Nelle Marche	Parco regionale del Conero
In Sardegna	Costa Smeralda°
In Lazio	Gaeta
In Campania	Parco Nazionale del Cilento
In Sicilia	Isole Eolie (prendi il traghetto° da Milazzo o l'aliscafo° da Napoli)

Se *If* **la tua prossima** *your next* **Smeralda** *Emerald* **traghetto** *ferry* **aliscafo** *hydrofoil*

1 Vero o falso? Indicate whether each statement is **vero** or **falso**. Correct any false statements.

1. The **Dolomiti** run along the Italian peninsula from north to south.
2. If you want to go skiing in Italy, you must go to the **Alpi**.
3. Hiking, mountain biking, and paragliding are popular vacation activities in Italy.
4. National parks make up about 5% of Italy's land.
5. The **Parco Nazionale del Gran Sasso** is named for a lake.
6. Italy has more than 4,000 miles of coastline.
7. Most Italians go on vacation in June.
8. **Etna** and **Vesuvio** are famous rivers.
9. To get to the **Isole Eolie**, you must take a plane.
10. Some of Italy's national parks include coastal areas.

🔊 Practice more at **vhlcentral.com.**

L'ITALIANO QUOTIDIANO

Che vacanza disastrosa!

l'alluvione (f.)	flood
il ciclone	cyclone
il diluvio	torrential downpour
l'eruzione (f.) vulcạnica	volcanic eruption
l'onda di marea	tidal wave
l'ondata di caldo	heat wave
la siccità	drought
il terremoto	earthquake
la tormenta	blizzard
il tornado	tornado

USI E COSTUMI

Tanti auguri!

Per festeggiare° il compleanno dei bambini gli italiani organizzano una festa con dolci e giochi, e cantano «Tanti auguri° a te!» con la stessa melodia della canzone *Happy Birthday*.

Per gli adulti la tradizione è un po' diversa. Il festeggiato° invita gli amici a mangiare, spesso al bar o in pizzeria. Gli invitati° portano dei regali° e fanno gli auguri.

Il compleanno non è l'unica festa personale in Italia; c'è anche **l'onomastico**, il giorno del santo patrono°. Tutti i giorni del calendario hanno un santo cristiano. Il giorno del santo con il tuo nome è il tuo onomastico. Per esempio°, se ti chiami Valentina il 14 febbraio ricevi gli auguri e a volte° un piccolo regalo dalla famiglia e dagli amici.

festeggiare *celebrate* **auguri** *best wishes* **festeggiato** *person of honor* **invitati** *guests* **regali** *gifts* **santo patrono** *patron saint* **Per esempio** *For example* **a volte** *sometimes*

RITRATTO

In cima al mondo

Reinhold Messner nasce nel 1944 a Bressanone, in Alto Adige. L'alpinista° fa le prime scalate° con il padre, nelle Dolomiti, a soli cinque anni. In seguito continua a fare scalate con il fratello° Günther e presto scopre° la passione per l'alpinismo. Questa passione lo porta a° scalare il Monte Bianco e delle montagne nelle Ande. Nel 1970 Reinhold e Günther partecipano a una spedizione° sulle montagne dell'Himalaya, sul Nanga Parbat. Alto più di 8.000 metri, la montagna è famosa per la lunga lista

di alpinisti morti durante l'ascesa°. I due fratelli sono i primi a scalare la parete meridionale°—quella più difficile— senza ossigeno° e senza portatori°. Tragicamente, durante la discesa° della montagna, Günther muore° travolto da una valanga°. Nonostante° questa tragedia Reinhold continua a scalare° le montagne più alte del mondo e diventa un alpinista di fama internazionale.

alpinista *mountain climber* **scalate** *climbs* **fratello** *brother* **scopre** *discovers* **lo porta a** *takes him to* **spedizione** *expedition* **morti durante l'ascesa** *who died in the ascent* **la parete meridionale** *southern face* **ossigeno** *oxygen* **portatori** *carriers* **discesa** *descent* **muore** *dies* **valanga** *avalanche* **Nonostante** *Despite* **scalare** *to climb*

SU INTERNET

Cerca un calendario degli onomastici. Vedi il tuo (*your*) nome?

Go to **vhlcentral.com** to find more information related to this **CULTURA**.

---

2 Hai capito? Complete the sentences.

1. Reinhold Messner è un _____ molto famoso.

2. Il fratello di Messner è morto tragicamente a causa di una _____.

3. Il Nanga Parbat è alto più di _____.

4. La canzone tradizionale del compleanno in Italia è _____.

5. In Italia il _____ generalmente offre da mangiare agli amici.

6. Un'altra festa personale è _____.

3 A voi With a partner, discuss what the weather would be like in these locations and what activities you would do there during the given times.

1. sulle Dolomiti a gennaio

2. nelle Isole Eolie ad agosto

3. nel Parco Nazionale del Gran Sasso a giugno

risorse

vhlcentral.com

ATTIVITÀ

STRUTTURE

2B.1 The verb *avere*

Punto di partenza **Avere** (*To have*) is an important and frequently used verb. Because it is irregular, you will need to memorize its present tense forms. Remember that the letter **h** is not pronounced in Italian.

avere (to have)			
io ho	*I have*	**noi abbiamo**	*we have*
tu hai	*you have*	**voi avete**	*you have*
Lei/lui/lei ha	*you have; he/she/it has*	**loro hanno**	*they have*

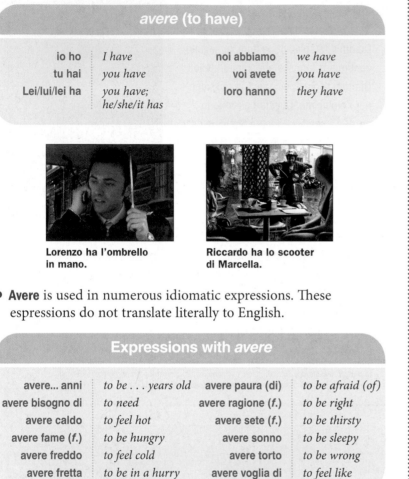

Lorenzo ha l'ombrello in mano.

Riccardo ha lo scooter di Marcella.

- **Avere** is used in numerous idiomatic expressions. These espressions do not translate literally to English.

Expressions with *avere*			
avere... anni	*to be . . . years old*	**avere paura (di)**	*to be afraid (of)*
avere bisogno di	*to need*	**avere ragione (f.)**	*to be right*
avere caldo	*to feel hot*	**avere sete (f.)**	*to be thirsty*
avere fame (f.)	*to be hungry*	**avere sonno**	*to be sleepy*
avere freddo	*to feel cold*	**avere torto**	*to be wrong*
avere fretta	*to be in a hurry*	**avere voglia di**	*to feel like*

Ha sonno?
Is she sleepy?

Hanno freddo.
They are cold.

- Use **avere caldo/freddo** to say that people feel hot/cold, and **essere caldo/freddo** to describe things that are hot/cold. To refer to the weather, use the expression **fare caldo/freddo**.

Io **ho caldo**.
I'm hot.

Questo caffè **è freddo**.
This coffee is cold.

Oggi **non fa caldo**.
It isn't hot today.

1 **Creare** Use the information from the chart to say what each person has or doesn't have.

MODELLO *Io non ho una penna.*

2 **Descrivere** Look at these images. Use expressions with **avere** to say how the people feel.

1. la signora Porretti **2.** Graziana e Dario **3.** io

4. noi **5.** tu **6.** Giuseppe

3 **Combinare** Use elements from each column to create complete sentences using **avere** and expressions with **avere**.

A	B
io	il calcio il sabato
l'università	le carte in classe
i professori	una chitarra
tu e gli amici	il club di scacchi
noi	freddo
tu	la partita di tennis
	un ombrello grande
	gli studenti bravi

 Practice more at **vhlcentral.com.**

COMUNICAZIONE

4 **È vero?** Transform each of these statements into a question. Then, with a partner, take turns asking and answering the questions.

MODELLO Ho due computer.

S1: Hai due computer?
S2: No, non ho due computer. Ho un computer.

1. Ho paura degli esami.
2. Ho ventun anni.
3. Ho voglia di visitare Roma.
4. Ho una classe di biologia.
5. Ho sempre sonno la mattina.
6. Ho due amici pigri.

5 **Avere voglia** Work in groups of three. Take turns asking and answering questions about whether you feel like doing each activity on the list.

MODELLO

S1: Hai voglia di guardare la TV?
S2: No, non ho voglia di guardare la TV.
S3: Sì, ho voglia di guardare la TV.

Attività

1. *guardare la TV*
2. *studiare il venerdì sera*
3. *dare un esame oggi*
4. *andare in biblioteca*
5. *studiare italiano e spagnolo*
6. *avere un lavoro (job)*
7. *telefonare alla mamma la domenica*
8. *parlare con il professore*

6 **Indagine** Create a survey (**indagine**) with five questions using **avere** and **mai**. Ask each question to five classmates. Then compile the results and summarize your findings in a short paragraph.

MODELLO

Tre studenti non hanno mai fame in classe. Cinque studenti non hanno mai voglia di dormire il lunedì mattina. Uno studente non ha mai torto...

- Use **di** before a noun or a verb with the expressions **avere bisogno**, **avere paura**, and **avere voglia**. The verb that follows must be in the infinitive form.

Paolo **ha paura del** tuono.
*Paolo **is afraid of** thunder.*

Hai voglia di giocare a carte?
***Do you feel like** playing cards?*

- In **Lezione 1B**, you learned to use intonation to form questions. You can also move the subject to the end of the sentence.

Mario **ha** un esame? /
Ha un esame Mario?
***Does** Mario **have** an exam?*

Gli studenti **hanno** molti libri? /
Hanno molti libri gli studenti?
***Do** the students **have** a lot of books?*

- To use the adverbs **sempre** (*always*) and **spesso** (*often*), place them directly after the verb.

Avete **sempre** fame?
*Are you **always** hungry?*

Abbiamo **spesso** fretta.
*We're **often** in a hurry.*

- Use **mai** (*ever*) in questions and **non... mai** (*never*) in questions or statements. In both cases, **mai** usually follows the verb.

Hai **mai** sonno a lezione?
*Are you **ever** sleepy in class?*

La professoressa **non** ha **mai** torto.
*The professor is **never** wrong.*

Provalo! Complete each sentence with the correct form of **avere.**

1. Voi non avete ragione. Voi ___avete___ torto.
2. Per l'esame d'italiano tu _____ bisogno di un dizionario.
3. La bambina piccola _____ tre anni.
4. C'è acqua? Noi _____ sete.
5. Ahhh! Un ragno (*spider*)! Io _____ paura dei ragni!
6. Il martedì non fate colazione e poi alle undici voi _____ fame.
7. Sono le due di mattina e lui _____ molto sonno.
8. In estate loro _____ sempre voglia di un gelato.
9. La mattina tu _____ fretta.
10. Ci sono trentotto gradi oggi e io _____ caldo!

2B.2 Regular -ere verbs and piacere

Punto di partenza In **Lezione 2A**, you learned how to form the present tense of **-are** verbs by attaching different endings to the stem. Conjugate regular **-ere** verbs in the same way, using the endings shown in the chart below.

leggere (to read)			
io **leggo**	*I read*	noi **leggiamo**	*we read*
tu **leggi**	*you read*	voi **leggete**	*you read*
Lei/lui/lei **legge**	*you read; he/she/it reads*	loro **leggono**	*they read*

- Use the same endings to conjugate other regular **-ere** verbs. Unlike **-are** verbs, **-ere** verbs require no spelling changes when the stem ends in **-c** or **-g**. As a result, the conjugation may include both the soft and hard sounds of these letters.

Common regular -ere verbs			
chiedere	*to ask (for)*	ripetere	*to repeat*
chiudere	*to close*	rispondere (a)	*to reply (to)*
correre	*to run*	scrivere	*to write*
dipingere	*to paint*	spendere	*to spend (money)*
mettere	*to put*	vedere	*to see*
prendere	*to take*	vendere	*to sell*
ricevere	*to receive*	vivere	*to live*

- The infinitives of most **-ere** verbs are stressed on the third-to-last syllable.

- The verb **prendere** is used in the idiomatic expression **prendere una decisione** (*to make a decision*). It can also mean *to have* when referring to food or drink.

Prendo una decisione a luglio.	Laura **prende** un caffè.
I'll make a decision in July.	*Laura is having a coffee.*

- Use **chiedere** to ask for things. **Domandare** can be used to request information, although the use of **chiedere** is becoming more widespread in such instances. Use the expression **fare una domanda** for *to ask a question*.

Chiedi una penna a Marta?	Lui **domanda/chiede** che tempo fa.	**Faccio una domanda** al professore.
*Are you going to ask Marta **for** a pen?*	*He's asking how the weather is.*	*I'm asking the professor **a question**.*

1 Creare Use the cues to create complete sentences.

> MODELLO io / rispondere / al telefono
> *Io rispondo al telefono.*

1. tu / spendere / dieci dollari per la penna
2. i direttori / prendere / le decisioni importanti
3. noi / vendere / il caffè
4. gli studenti / correre / la maratona
5. la mamma / leggere / la storia al bambino
6. tu e io / chiedere / le indicazioni
7. voi / vincere / la partita di pallavolo
8. io / ricevere / un bel voto

2 Completare Write the correct expression with **piacere** to complete each sentence.

tu
1. _____ cantare nella doccia.

noi
2. _____ sciare in inverno.

io
3. _____ i cavalli marroni.

Patrizio
4. _____ la primavera.

voi
5. Non _____ la pioggia.

io e Nicola
6. _____ le carte e i giochi.

3 Rispondere In groups, take turns asking and answering the questions using complete sentences.

> MODELLO
> S1: *Scrivi al computer?*
> S2: *Sì, scrivo al computer.*
> S3: *No, non scrivo al computer.*

1. Vedi molti film in italiano?
2. Prendi spesso la pasta al ristorante?
3. Ti piace l'estate?
4. Leggi molti libri romantici?
5. Corri spesso?
6. Chiedi molti soldi (*money*) alla famiglia?

 Practice more at **vhlcentral.com.**

COMUNICAZIONE

4 **Frasi mescolate** In pairs, create eight sentences using items from each column. Be creative!

MODELLO

Gli studenti d'italiano prendono buoni voti all'esame.

A	B
io	aiutare
Silvio	chiedere
le amiche	giocare
io e Gina	perdere
tu e Silvana	prendere
tu	ricevere
la squadra di football americano	scrivere
gli studenti d'italiano	vedere

5 **Ti piace o non ti piace?** In pairs, ask and answer the questions in this survey. Then compare your likes and dislikes with those of another pair of classmates.

MODELLO

Mi piace pescare. A Laura piacciono i broccoli.
Non ci piace il caffè.

Ti piace/piacciono...	Sì	No		Sì	No
i broccoli?	☐	☐	dipingere?	☐	☐
pescare?	☐	☐	il caffè?	☐	☐
i temporali?	☐	☐	il campeggio?	☐	☐
la neve?	☐	☐	l'inverno?	☐	☐
la danza classica?	☐	☐	ballare?	☐	☐

6 **Personaggi** In pairs, create descriptions of four characters (**personaggi**) for a new television program based on the photos below. Give the characters names and ages and talk about their activities, likes, and dislikes.

1.

2.

3.

4.

The verb *piacere*

To express likes and dislikes, use the verb **piacere** (*to please*). **Piacere** is most often used in the third person singular or plural.

piacere

+ singular noun or infinitive

io	Mi piace l'estate. / Mi piace dipingere.	*I like summer.* / *I like to paint.*
tu	Ti piace il calcio. / Ti piace correre.	*You like soccer.* / *You like to run.*
Lei	Le piace il ciclismo. / Le piace scrivere.	*You like cycling.* / *You like to write.*
lui	Gli piace la pioggia. / Gli piace cantare.	*He likes the rain.* / *He likes to sing.*
lei	Le piace il nuoto. / Le piace ballare.	*She likes swimming.* / *She likes to dance.*
noi	Ci piace la pallavolo. / Ci piace pescare.	*We like volleyball.* / *We like to go fishing.*
voi	Vi piace lo sci. / Vi piace camminare.	*You like skiing.* / *You like to walk.*
loro	Gli piace il tennis. / Gli piace avere ragione.	*They like tennis.* / *They like to be right.*

+ plural noun

io	Mi piacciono i temporali.	*I like storms.*
tu	Ti piacciono i compleanni.	*You like birthdays.*
Lei	Le piacciono le stagioni.	*You like the seasons.*
lui	Gli piacciono gli scacchi.	*He likes chess.*
lei	Le piacciono i libri.	*She likes books.*
noi	Ci piacciono le automobili.	*We like cars.*
voi	Vi piacciono i computer.	*You like computers.*
loro	Gli piacciono i compiti.	*They like homework.*

- Use **a** + [*name/noun*] instead of a pronoun (**mi, ti, gli**, etc.) to specify to whom you are referring. Be sure to use the definite article with nouns in this structure.

A Stefano non piacciono gli esami.
Stefano doesn't like exams.

Agli studenti piace la neve.
The students like snow.

Provalo!

Complete each sentence with the correct form of the verb indicated.

1. Aldo e Franco _leggono_ (leggere) il libro.
2. Rosa _____ (ripetere) la domanda.
3. Io _____ (scrivere) una lettera.
4. Voi _____ (perdere) il numero di telefono.
5. Io e Teresa _____ (ricevere) le lettere.
6. Tu _____ (mettere) il libro nello zaino.

STRUTTURE

2B.3 Numbers 101 and higher

Punto di partenza In **Lezione 1A** you learned the numbers 0–100. The chart below shows numbers above one hundred.

Numbers 101 and higher			
101	centouno	800	ottocento
183	centottantatré	900	novecento
198	centonovantotto	1.000	mille
200	duecento	1.100	millecento
208	duecentootto	2.000	duemila
300	trecento	5.000	cinquemila
400	quattrocento	100.000	centomila
500	cinquecento	550.000	cinquecentocinquantamila
600	seicento	1.000.000	un milione
700	settecento	8.000.000	otto milioni

- Italian uses a period, rather than a comma, to indicate thousands and millions. A comma is the equivalent of the English decimal point.

English *€2,320.50*   **€2.320,50** Italian

- Use these words to talk about math in Italian. When reading or writing out equations, **fa** is often used to mean *equals*.

Simboli matematici					
+	più	*plus*	–	meno	*minus*
×	per	*times*	:	diviso	*divided by*
=	uguale	*equals*	%	percento	*percent*

100 : 20 = 5
Cento diviso venti uguale cinque.

60 × 3 = 180
Sessanta per tre fa centottanta.

- Say **un milione** to express *one million*, but do not use **un** with **cento** or **mille** to mean *one hundred* or *one thousand*.

Ecco **un milione di** dollari!
*Here's **a million** dollars!*

Ha **cento** anni Luigi?
*Is Luigi **one hundred** years old?*

- The plural of **mille** is **-mila** and the plural of **milione** is **milioni**. **Cento** is invariable and does not change form. Drop the **o** from **cento** when it is followed by **-ottanta** (**centottanta**).

ventimila spettatori
***twenty thousand** spectators*

trecentonovanta studenti
***three hundred ninety** students*

PRATICA

1 Completare Calculate the answer to each equation. Then write out the entire equation in words.

MODELLO 200 + 300 =
Duecento più trecento fa cinquecento.

1. 5.000 – 3.000 =
2. 6 × 400 =
3. 2.000.000 : 2 =
4. 4.800 : 1.200 =
5. 155 + 310 =
6. 9.000 – 7.000 =
7. 1.000.000 + 1.200.000 =
8. 50 × 70 =

2 Descrivere Say when these people were born.

MODELLO Lisa / 1993
Lisa è nata nel millenovecentonovantatré.

1. Franco / 1990
2. Antonio / 1948
3. Maria / 1930
4. Alberta / 2007
5. Michele e Mario / 1929
6. Elena / 1963
7. Giovanni e Giovanna / 1999
8. la signora Parati / 1958

3 Rispondere With a partner, take turns asking and saying how many people live in each province.

MODELLO Bari: 1.594.109
S1: *Quanti abitanti ci sono nella provincia di Bari?*
S2: *Ci sono un milione cinquecentonovantaquattromilacentonove abitanti.*

1. Firenze: 970.414
2. Milano: 3.884.481
3. Roma: 4.013.057
4. Napoli: 3.082.756
5. Gorizia: 141.229
6. Torino: 2.248.955

Practice more at **vhlcentral.com**.

COMUNICAZIONE

4 **Date famose** In pairs, look at the timeline and say when each event took place.

753 a.C. 1304 1508 1861 1914–1918 1945 2002

fondazione di Roma — Divina Commedia — Cappella Sistina — Regno d'Italia — Prima Guerra Mondiale — muore Mussolini — l'Italia adotta l'euro

MODELLO La fondazione di Roma è nel (*in*)...

La fondazione di Roma è nel settecentocinquantatré a.C. (avanti Cristo).

1. Dante inizia (*begins*) la *Divina Commedia*...
2. Michelangelo inizia la *Cappella Sistina*...
3. Il Regno d'Italia nasce (*is born*)...
4. La Prima Guerra Mondiale inizia...
5. Mussolini muore (*dies*)...
6. L'Italia adotta (*adopts*) l'euro...

5 **Quanto spendi?** In pairs, take turns asking and saying how much you spend on each item. What do you think each item is worth?

MODELLO

S1: *Quanto spendi per il computer?*
S2: *Per il computer spendo milleottocento euro.*

€1.800

1.

2.

3.

4.

6 **Spendere soldi** On separate index cards, write down six luxury items and their prices between zero and 70,000 euros. Be creative! Then combine your cards with those of two classmates and discuss how each of you would spend 100,000 euros.

MODELLO

S1: *Mi piacciono le automobili eleganti. Spendo 65.000 euro per l'automobile.*
S2: *Ma ora (now) non hai soldi per il viaggio in Egitto!*

• Before a noun, use **di** after **milione/i** unless it is followed by other numbers. **Di** can also be written as **d'** before a vowel.

tre milioni duecento euro	**tre milioni di/d'**italiani
three million two hundred euros	*three million Italians*

La data

• Use **il** before a number representing a year.

il duemilaundici	**il milleottocentosettantacinque**
the year two thousand eleven	*the year eighteen seventy-five*

• Use **essere** + **nato/a** + **nel** + [*year*] to express the year someone was born. **Nato** agrees in gender and number with the person.

Erminia **è nata nel** duemila.	**Sono nati nel** millenovecentodieci.
Erminia was born in 2000.	*They were born in 1910.*

• To express a span of years, use **dal** (*from*) and **al** (*to*).

Penso di frequentare l'università **dal** 2016 **al** 2020.
I am thinking of attending the university from 2016 to 2020.

• To refer to a specific date, use **il** + [*number of day*] + [*name of month*] + [*year*]. **Di** is optional before the month. Use **il primo** for the first of the month, and cardinal numbers for all other days.

il 24 (di) ottobre 2009	**il primo (di) luglio 1965**
October 24th, 2009	*July 1st, 1965*

> **ATTREZZI**
> In **CONTESTI**, you learned to say the months of the year. Remember that months are not capitalized in Italian!

• In Italian, when dates are written in abbreviated form, the day precedes the month.

English **3/21/95**	**21-03-1995** *Italian*

• To ask how long something has been going on, use the expressions **Da quando...?** and **Da quanto tempo...?** Note the use of **da** (*since/for*) in the replies.

Da quando studi l'italiano?	Studio l'italiano **da marzo/dal 2010**.
How long (Since when) have you been studying Italian?	*I've been studying Italian since March/since 2010.*
Da quanto tempo suoni il piano?	Suono il piano **da tre mesi**.
How long have you been playing the piano?	*I've been playing the piano for three months.*

> **Provalo!** Write out the equivalents in Italian.
>
> 1. 10.000 ___diecimila___
> 2. 620 _____
> 3. 365 _____
> 4. 42.000 _____
> 5. 10.450.000 _____
> 6. 1.128 _____

SINTESI

Ricapitolazione

1 Di quali classi ho bisogno? To complete your schedules, you and your partner each need two humanities classes, two math or science classes, and an elective. Decide what classes you want to take, and discuss the schedule with your partner.

MODELLO

S1: Ho bisogno di una classe di matematica, forse (*maybe*) matematica I.

S2: Matematica I è il martedì e il giovedì alle 10:00.

Classi	Giorni e ora
Storia dell'arte	venerdì; 15:00–17:00
Economia I	martedì, venerdì; 8:00–9:00
Storia delle religioni	mercoledì; 9:00–11:00
Informatica	lunedì, giovedì; 12:00–13:30
Spagnolo	martedì, giovedì; 10:00–11:00
Letteratura inglese	lunedì; 8:00–10:30
Matematica I	martedì, giovedì; 10:00–11:00
Giurisprudenza	lunedì, mercoledì, giovedì, venerdì; 8:00–10:30
Scienze politiche	lunedì, venerdì; 11:00–12:00
Tedesco	lunedì, mercoledì, venerdì; 12:00–13:00
Biologia	martedì, venerdì; 14:30–15:30
Statistica II	lunedì, mercoledì; 14:00–15:00

2 Venti domande Write down three things you will do today. Take turns asking each other yes-or-no questions to guess what your classmates are doing.

MODELLO

S1: Spendi soldi?

S2: Sì, spendo soldi.

S3: Fai la spesa?

S1: No, non faccio la spesa....

3 Ti piace...? With a partner, make a list of eight activities. Then, walk around the room and find one classmate who likes doing each of these activities. When a classmate answers yes, record his/her name.

MODELLO

S1: Ti piace giocare a calcio?

S2: Sì, mi piace giocare a calcio.

S1: Ti piace giocare a scacchi?

S3: No, non mi piace giocare a scacchi.

4 Date famose In pairs, say what important events happened on these famous dates.

MODELLO 4-7-1776 / giorno dell'Indipendenza degli Stati Uniti

Il giorno dell'Indipendenza degli Stati Uniti è il quattro luglio millesettecentosettantasei.

1. 12-10-1492 / la scoperta dell'America
2. 15-2-1564 / la nascita (*birth*) di Galileo Galilei
3. 11-11-1918 / giorno dell'armistizio
4. 2-6-1946 / la nascita della Repubblica italiana
5. 20-7-1969 / il primo atterraggio lunare (*lunar landing*)
6. 10-2-2006 / l'inizio dei giochi olimpici a Torino

5 Battaglia navale Your instructor will give you a worksheet. Choose four spaces on your chart and mark them with a battleship. In pairs, take turns asking questions, using the subjects in the first column and the verbs in the first row, to find each other's battleships.

	scrivere	lavorare
Maria		
Luca e Sabrina		🚢

6 Eventi sportivi Your instructor will give you and your partner a schedule for different events at a sports complex. For each event, one of you will have information about how many spectators are expected to attend. Take turns asking and answering questions to find out the expected attendance for each event.

MODELLO

S1: Quante persone vanno a vedere la partita di calcio?

S2: Settantaduemilacinquecento persone vanno a vedere la partita di calcio.

7 **La giornata di Luigi** In pairs, look at the pictures that show Luigi's activities for one day. Create a paragraph that describes what he does and when.

MODELLO

Alle 7:30 Luigi fa la doccia. Poi...

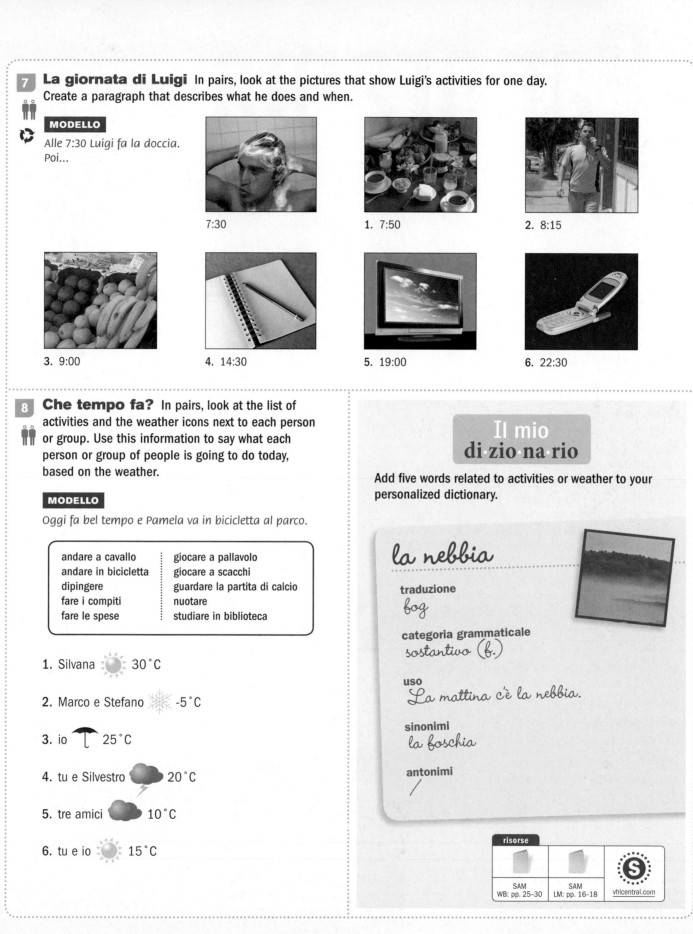

7:30

1. 7:50

2. 8:15

3. 9:00

4. 14:30

5. 19:00

6. 22:30

8 **Che tempo fa?** In pairs, look at the list of activities and the weather icons next to each person or group. Use this information to say what each person or group of people is going to do today, based on the weather.

MODELLO

Oggi fa bel tempo e Pamela va in bicicletta al parco.

andare a cavallo	giocare a pallavolo
andare in bicicletta	giocare a scacchi
dipingere	guardare la partita di calcio
fare i compiti	nuotare
fare le spese	studiare in biblioteca

1. Silvana ☀ 30°C

2. Marco e Stefano ❄ -5°C

3. io ☂ 25°C

4. tu e Silvestro ⛈ 20°C

5. tre amici ☁ 10°C

6. tu e io ☀ 15°C

Il mio dizionario

Add five words related to activities or weather to your personalized dictionary.

la nebbia

traduzione
fog

categoria grammaticale
sostantivo (f.)

uso
La mattina c'è la nebbia.

sinonimi
la foschia

antonimi
/

risorse

SAM
WB: pp. 25–30

SAM
LM: pp. 16–18

vhlcentral.com

Panorama

S Interactive Map

Roma

La città in cifre

▶ **Superficie della provincia:** *5.352 km²*
(cinquemilatrecentocinquantadue
chilometri quadrati°)

▶ **Superficie della città:** *1.287 km²*
(milleduecentottantasette chilometri quadrati)

▶ **Popolazione della provincia:** *4.038.458 (quattro
milioni trentottomilaquattrocentocinquantotto)*

▶ **Popolazione della città:** *2.650.155 (due milioni
seicentocinquantamilacentocinquantacinque)*

▶ **Stranieri residenti° nella città:** *294.571
(duecentonovantaquattromilacinquecentosettantuno)*

▶ **Percentuale di stranieri residenti nella città:**
11,11% (undici virgola° undici per cento)

Roma è la capitale d'Italia. Tra° gli 8.071 comuni°
d'Italia, Roma è il più grande come superficie
e popolazione. A Roma ci sono 15 municipi°,
ognuno° con il suo proprio° presidente. Tra i
rioni° più conosciuti° ci sono Trevi, Trastevere e
Sant'Eustachio.

▶ **Da non perdere°:** *la Piazza di Spagna, i Musei
Vaticani, la Villa Borghese, il Pantheon, la
Fontana di Trevi, il Campo de' Fiori, il Colosseo*

Romani celebri

▶ **Gaio Giulio Cesare,** *generale e dittatore
(100 a.C.°–44 a.C.)*

▶ **Elsa Morante,** *scrittrice° (1912–1985)*

▶ **Alberto Sordi,** *attore (1920–2003)*

▶ **Lina Wertmüller,** *regista (1928–)*

▶ **Jovanotti,** *cantante (1966–)*

▶ **Alessandro Nesta,** *calciatore (1976–)*

la Piazza di Spagna

la Fontana delle Tartarughe
(Piazza Mattei)

la Fontana di Trevi

Incredibile ma vero!

La costruzione della basilica di San
Pietro in Vaticano è iniziata° nel 1506
ed è finita° nel 1626. La basilica può
contenere° 20.000 persone e ci sono
innumerevoli° opere famose come la *Pietà*
di Michelangelo. Ogni° anno circa sette
milioni di persone visitano San Pietro e
ogni giorno circa 35.000 persone visitano
la tomba° di papa Giovanni Paolo II.

chilometri quadrati *square kilometers* **Stranieri residenti** *Resident foreigners*
virgola *comma* **Tra** *Among* **comuni** *municipalities* **municipi** *city councils*
ognuno *each one* **il suo proprio** *its own* **rioni** *neighborhoods*
conosciuti *well-known* **Da non perdere** *Not to be missed* **a.C.** *BC*
scrittrice *writer* **è iniziata** *was started* **è finita** *was finished*
può contenere *can contain* **innumerevoli** *countless* **Ogni** *Each* **tomba** *tomb*

Il cinema

Hollywood è a Roma!

Cinecittà è chiamata° *Hollywood sul Tevere*. Costruita° nel 1936, si estende su un'area di circa 500.000 m². Cinecittà diventa° famosa negli anni settanta con registi come Fellini e Visconti. In particolare Fellini, con il film *La dolce vita*, rende nota° in tutto il mondo la Fontana di Trevi. *La dolce vita* racconta° la storia di un giornalista (interpretato da Marcello Mastroianni) che vive tra i piaceri° della vita sociale romana (la «dolce vita») e una società senza valori morali. Alla morte di Mastroianni, è stato appeso° alla fontana un enorme drappo° nero in segno di lutto°.

Le feste

Una strega buona

Piazza Navona è una piazza bellissima nel centro di Roma. La piazza è sempre stata° teatro di feste popolari. La più famosa delle tradizioni moderne è la festa della Befana. La festa della Befana è il 6 gennaio (festa dell'Epifania). La Befana è una strega° buona che porta dolci° ai bambini buoni e carbone° (fatto di zucchero°!) ai bambini cattivi. La Befana viaggia su una scopa° ed è vestita di stracci°.

La storia

La fondazione di Roma

Le origini della città di Roma sono molto incerte°. Secondo° una leggenda, è stata fondata° il 21 aprile 753 a.C. Romolo, fondatore della città, è anche il primo re° di Roma. Secondo la leggenda, Roma è stata fondata su sette colli°: Aventino, Palatino, Quirinale, Viminale, Celio, Esquilino e Campidoglio. Anche il nome «Roma» non ha origini sicure°. Forse° deriva dal nome latino «rumis», forse dal nome greco «rhome», forse è un nome scelto° da Romolo: le origini di Roma sono davvero° un mistero!

Il trasporto

La metropolitana

A Roma la metropolitana è il mezzo di trasporto° più comune. Ci sono due linee, la A (da nordovest a sudest) e la B (da nord a sud). La costruzione della metropolitana inizia nel 1930 durante il governo fascista, ma è inaugurata° solo nel 1955. Il problema principale sono le rovine° antiche sotto il livello del suolo°. È molto difficile trovare una parte di Roma senza rovine e per questo motivo è molto difficile costruire una metropolitana: frammenti dell'antica vita romana vengono scoperti° ovunque si scavi°!

Quanto hai imparato? Complete the sentences.

1. La costruzione della Basilica di San Pietro è finita nel ___1626___.

2. Circa ___20 000___ di persone visitano San Pietro ogni anno.

3. ___Fellini e Visconti___ sono due famosi registi italiani.

4. Il film *La dolce vita* ha reso nota la ___Fontana di Trevi___

5. La Befana è ___una strega___ buona.

6. La Befana porta ___carbone (fatto di zucchero)___ ai bambini cattivi.

7. Romolo è il primo ___re___ di Roma.

8. Roma è stata fondata su sette ___colli___.

9. La costruzione della metropolitana a Roma è iniziata nel ___1930___.

10. Il problema principale della costruzione della metropolitana sono ___le rovine___ antiche.

Practice more at **vhlcentral.com.**

risorse

SAM
WB: pp. 31-32

vhlcentral.com

SU INTERNET

Go to **vhlcentral.com** to find more cultural information related to this **Panorama**.

1. Trova tre film diretti da Fellini. Racconta la loro (*their*) storia.

2. Roma ha molte fontane belle e importanti, oltre alla (*besides*) Fontana di Trevi. Cerca foto e informazioni su almeno (*at least*) altre tre fontane.

3. Tra le rovine più famose di Roma ci sono il Colosseo e i Fori imperiali. Cerca informazioni sull'importanza che avevano (*they had*) ai tempi (*at the time*) degli antichi romani.

è chiamata *is called* **Costruita** *Built* **diventa** *becomes* **rende nota** *he makes famous* **racconta** *tells* **piaceri** *pleasures* **è stato appeso** *was draped* **drappo** *cloth* **lutto** *mourning* **è sempre stata** *has always been* **strega** *witch* **dolci** *sweets* **carbone** *coal* **zucchero** *sugar* **scopa** *broom* **stracci** *rags* **incerte** *uncertain* **Secondo** *According to* **è stata fondata** *it was founded* **il primo re** *the first king* **colli** *hills* **sicure** *certain* **Forse** *Maybe* **scelto** *chosen* **davvero** *really* **mezzo di trasporto** *means of transportation* **è inaugurata** *was inaugurated* **rovine** *ruins* **sotto il livello del suolo** *underground* **vengono scoperti** *are discovered* **ovunque si scavi** *wherever they dig*

Lettura

S **Audio: Reading**

Prima di leggere

Predicting content through formats

Recognizing the format of a document can help you to predict its content. For instance, invitations, greeting cards, and classified ads follow easily identifiable formats, which usually give you a general idea of the information they contain. Look at the text below and try to identify it based on its format.

LE TEMPERATURE OGGI IN ITALIA

	min	max			min	max	
Ancona	+12	+17	C	Milano	+10	+14	P/B
Aosta	+5	+11	T	Napoli	+14	+16	P
Bari	+17	+19	S	Palermo	+16	+21	C
Bologna	+13	+17	P/B	Pescara	+13	+17	C
Cagliari	+14	+21	S	Reggio C.	+21	+26	S
Catania	+19	+23	N	Roma	+14	+16	P
Firenze	+11	+14	P	Torino	+10	+12	P
Genova	+12	+19	T	Venezia	+13	+16	C

C=Coperto B=Nebbia° N=Nuvoloso P=Pioggia S=Sereno° T=Temporale

Nebbia *Fog* **Sereno** *Clear*

If you guessed that this is a newspaper weather forecast, you are correct. You can infer that the document contains information about the weather in Italy, including high and low temperatures and the weather forecast for different cities.

Esamina il testo

Briefly look at the document. What is its format? What kind of information is given? How is it organized? Are there any visuals? What kind? What types of documents usually contain these elements?

Parole affini

As you have already learned, in addition to format, you can use cognates to help you predict the content of a document. With a classmate, make a list of all the cognates you find in the reading selection. Based on these cognates and the format of the document, can you guess what this document is and what it's for?

Parco Nazionale

Il Parco Nazionale del Gran Sasso comprende°:

3 Regioni	40 lupi°
5 Province	15 coppie di falco° pellegrino
44 Comuni	150 cervi°
2600 specie vegetali	8 coppie di aquile° reali
350 camosci°	40 specie di piante a rischio di estinzione°

Il Parco Nazionale del Gran Sasso offre atmosfere e paesaggi magici°. Durante tutto l'anno ci sono numerose attività ed escursioni.

- Ci sono 130 km di piste da sci° adatte anche allo sciatore più esigente°, con impianti di risalita° moderni ed efficienti.

- Per gli appassionati degli sport estremi ci sono scalate° e l'alpinismo° ad altezze che raggiungono° i 2.912 metri.

- In estate le attività più diffuse sono l'equitazione° e l'escursionismo°.

- Le strutture sportive di Roccaraso offrono al turista diverse alternative: dal pattinaggio° al nuoto, dal bowling al tennis.

- In estate ci sono percorsi vita° a diverso grado di difficoltà e sentieri° per passeggiare e apprezzare° meravigliosi panorami.

- E per gli amanti degli animali, il Parco Nazionale permette di osservare numerose specie animali° che vivono in completa libertà.

del Gran Sasso

Parco Nazionale del Gran Sasso
Telefono: 011 167 80 64   Indirizzo e-mail:
Fax: 011 167 80 60   info@gransassolaga.it
Web: www.gr.laga.it   Indirizzo:
                           Via Sassomorone, 67 Roccaraso (AQ)

comprende *comprises* **camosci** *chamois* **lupi** *wolves* **falco** *falcon* **cervi** *deer* **aquile** *eagles*
a rischio di estinzione *endangered* **paesaggi magici** *magical landscapes* **piste da sci** *ski slopes*
impianti di risalita *ski lifts* **esigente** *demanding* **scalate** *climbing* **alpinismo** *mountaineering*
raggiungono *reach* **equitazione** *horseback riding* **escursionismo** *hiking* **pattinaggio** *skating*
percorsi vita *nature walks* **sentieri** *paths* **apprezzare** *appreciate* **specie animali** *animal species*

Dopo la lettura

Rispondere Select the correct response or completion to each question or statement, based on the reading.

1. Questo è un opuscolo (*brochure*) di...
   a. un'agenzia di viaggio.
   b. un parco nazionale.
   c. un negozio di articoli sportivi.

2. Il Parco Nazionale del Gran Sasso...
   a. ospita (*is home to*) 150 cervi.
   b. è la montagna più alta d'Europa.
   c. non ha piste da sci.

3. Le montagne del parco offrono...
   a. un bosco di sequoie.
   b. paesaggi magici.
   c. vedute sul mare.

4. A Roccaraso ci sono...
   a. trecento aquile.
   b. diversi alberghi a cinque stelle (*five-star*).
   c. piste da pattinaggio.

5. Lo sport più popolare in inverno è...
   a. lo sci.
   b. il pattinaggio.
   c. l'equitazione.

6. In estate i turisti...
   a. sciano.
   b. fanno escursioni.
   c. fanno il bagno al mare.

7. Per chi (*those who*) ama gli animali ci sono...
   a. numerosi ristoranti per vegetariani.
   b. due zoo.
   c. possibilità di osservare gli animali in completa libertà.

8. Ci sono diverse attività...
   a. soltanto (*only*) in estate.
   b. in inverno e in primavera.
   c. durante tutto l'anno.

Completare Complete the sentences.

1. Il numero di telefono è _____.
2. Il numero di fax è _____.
3. Il sito Internet del parco è _____.
4. L'indirizzo di posta elettronica è _____.
5. L'indirizzo stradale (*mailing*) è

Practice more at **vhlcentral.com**.

In ascolto  Ⓢ Audio

STRATEGIA

Listening for cognates

You already know that cognates are words that have similar spellings and meanings in two or more languages: for example *group* and **gruppo** or *activity* and **attività**. Listen for cognates to improve your comprehension of spoken Italian.

🎧 To help you practice this strategy, you will listen to two sentences. Write down all the cognates you hear.

Preparazione

Based on the photograph, who do you think Daniele and Francesca are? Where are they? Do they know each other well? Where are they going this morning? What are they talking about?

Ascoltiamo 🎧

Listen to the conversation and list any cognates you hear. Listen again and complete the highlighted portions of Daniele's schedule.

28 OTTOBRE

8:00	*corsa mattutina*	14:00	
8:30		14:30	
9:00	*doccia*	15:00	
9:30	*colazione*	15:30	
10:00		16:00	
10:30		16:30	
11:00		17:00	
11:30		17:30	
12:00		18:00	
12:30		18:30	
13:00		19:00	
13:30		19:30	

Comprensione

Vero o falso? Indicate whether each sentence is **vero** or **falso**, then correct any false statements.

1. Daniele è molto sportivo.
   _____

2. Francesca non ha lezione oggi.
   _____

3. Daniele studia sempre a casa.
   _____

4. Francesca è la fidanzata di Daniele.
   _____

5. Daniele non è bravo con le lingue.
   _____

6. Francesca ha una partita di calcio questo pomeriggio.
   _____

7. Francesca e Daniele vanno a prendere un aperitivo con gli amici.
   _____

8. Francesca ha un pranzo romantico oggi.
   _____

Programmi 👥 With a partner, discuss your plans for this weekend. Be sure to say where and when you will do each activity. Give your opinion about at least three of the plans you or your partner have made.

Scrittura

STRATEGIA

Brainstorming

In the early stages of writing, brainstorming can help you generate ideas on a specific topic. You should spend ten to fifteen minutes brainstorming, jotting down any ideas about the topic that occur to you. Whenever possible, try to write down your ideas in Italian. Express your ideas in single words or phrases, and jot them down in any order. While brainstorming, do not worry about whether your ideas are good or bad. Selecting and organizing ideas should be the second stage of your writing. The more ideas you write down while you are brainstorming, the more options you will have to choose from later on when you start to organize your ideas.

Tema

Una descrizione personale

Write a description of yourself to post on a Web site in order to find an Italian-speaking e-pal. Your description should include:

- your name and where you are from.
- your birthday.
- the name of your university and where it is located.
- the courses you are currently taking and your opinion of each one.
- some of your likes and dislikes.
- your hobbies and pastimes.
- if you have a job and where you work.
- any other information you would like to include.

Mi piace...
ballare
viaggiare
guardare la TV
la classe d'italiano
la classe di biologia

Non mi piace...
cantare
giocare a scacchi
lavorare
la classe di sociologia
la classe di storia antica

Ciao!

Mi chiamo Alessandra Cerutti. Sono della Liguria ma studio all'università di Roma, la Sapienza. Mi piace praticare il ciclismo e sciare in inverno...

Previsioni meteo

Che tempo fa?	What is the weather like?
C'è il sole.	It's sunny.
C'è il temporale.	It's stormy.
C'è vento.	It's windy.
È bello.	It's nice out.
Fa bel/brutto tempo.	The weather is nice/bad.
Fa caldo.	It's hot.
Fa freddo.	It's cold.
Fa fresco.	It's cool.
Il tempo è pessimo.	The weather is dreadful.
Quanti gradi ci sono?	What is the temperature?
Ci sono 18 gradi.	It's 18 degrees out.

Eventi climatici

la foschia	mist
il fulmine	lightning
la grandine	hail
l'impermeabile (m.)	raincoat
il lampo	flash of lightning
l'ombrello	umbrella
la neve	snow
la nuvola	cloud
la pioggia	rain
il tuono	thunder
l'umidità	humidity
nevicare	to snow
piovere	to rain

Le attività

Ti piace...?	Do you like . . . ?
(Non) mi piace...	I (don't) like . . .
aiutare	to help
andare a cavallo	to go horseback riding
andare al cinema	to go to the movies
andare in bicicletta	to ride a bicycle
ascoltare la musica	to listen to music
ballare	to dance
camminare	to walk
cantare	to sing
giocare	to play
guardare la tivù/TV	to watch TV
nuotare	to swim
perdere	to lose
pescare	to go fishing
suonare (la batteria, la chitarra, il piano)	to play (drums, guitar, piano)
vincere	to win

La data

Che giorno è oggi?	What's the date?
È il 15 agosto.	It's August 15th.
Quando è il tuo compleanno?	When is your birthday?
È il 23 marzo.	It's March 23rd.
l'anno	year
l'autunno	fall
il compleanno	birthday
l'estate (f.)	summer
il mese	month
l'inverno	winter
la primavera	spring
il primo	first
la stagione	season
domani	tomorrow

Per descrivere il tempo

coperto/a	overcast
nuvoloso/a	cloudy
piovoso/a	rainy
secco/a	dry
soleggiato/a	sunny
umido/a	humid
ventoso/a	windy

Lo sport

l'atletica	track and field
l'automobilismo	car racing
la bicicletta	bicycle
il calcio	soccer
il campeggio	camping
il campo	field; court
le carte	playing cards
il ciclismo	cycling
la danza classica	classical dance
il football americano	football
le freccette	darts
il giocatore/ la giocatrice	player
il nuoto	swimming
la palestra	gymnasium
la pallacanestro	basketball
la pallavolo	volleyball
il pallone	ball
la partita	game, match
gli scacchi	chess
lo sci	skiing
la squadra	team
lo stadio	stadium
il tennis	tennis

I mesi

gennaio	January
febbraio	February
marzo	March
aprile	April
maggio	May
giugno	June
luglio	July
agosto	August
settembre	September
ottobre	October
novembre	November
dicembre	December

Espressioni utili	See pp. 45 and 59.
Regular *-are* verbs	See p. 48.
andare, dare, fare, and *stare*	See pp. 50–51.
Expressions with *avere*	See p. 62.
Regular *-ere* verbs and *piacere*	See pp. 64–65.
Numbers 101 and higher	See p. 66.

Per cominciare
- Quanti anni hanno?
- Dove sono?
- Che cosa prendono?
- Che cosa mostra Emily a Riccardo?

Lezione

3A

Communicative Goals

You will learn how to:
- talk about families
- express ownership

La famiglia di Alessia Bianchi

Vocabolario

lo stato civile	*marital status*
cęlibe	*single (male)*
divorziato/a	*divorced*
fidanzato/a	*engaged*
nųbile	*single (female)*
separato/a	*separated*
sposato/a	*married*
vędovo/a	*widowed*
la famiglia	*family*
il/la bambino/a	*child; baby*
il cognome	*last name*
la coppia	*couple*
il/la figliastro/a	*stepson/stepdaughter*
il fratellastro	*stepbrother; half brother*
il fratellino	*little/younger brother*
i/le gemelli/e	*twins*
la matrigna	*stepmother*
il/la nipote	*nephew/niece; grandson/granddaughter*
i parenti	*relatives*
il patrigno	*stepfather*
il/la ragazzo/a	*boy/girl; boyfriend/girlfriend*
la sorellastra	*stepsister; half sister*
la sorellina	*little/younger sister*
maggiore	*elder*
minore	*younger*
i parenti acquisiti	*in-laws*
il/la cognato/a	*brother-/sister-in-law*
il gęnero	*son-in-law*
la nuora	*daughter-in-law*
il/la suọcero/a	*father-/mother-in-law*
gli animali domęstici	*pets*
il canarino	*canary*
il gatto	*cat*
il pesce	*fish*

Luca Conti

mịo nonno (*my grandfather*)

Roberto Bianchi

Mariella Conti

mịo padre (*father*), marito (*husband*) di Mariella

mịa madre (*mother*), figlia (*daughter*) di Luca e di Fiorella

Vittoria Sala

Elio Bianchi

Alessia Bianchi

mịa cognata (*sister-in-law*)

mịo fratello (*brother*)

io, figlia di Mariella e di Roberto

Matteo Bianchi

Emiliana Bianchi

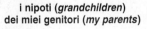

mịo nipote (*nephew*)

mịa nipote (*niece*)

i nipoti (*grandchildren*) dei miei genitori (*my parents*)

Attenzione!

Many Italian speakers avoid using terms such as **figliastro** and **sorellastra** because they consider the -astro/a suffix to be pejorative. Instead, they favor expressions like **figlio di mio marito** or **sorella di madre**.

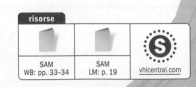

risorse

SAM
WB: pp. 33–34

SAM
LM: p. 19

S vhlcentral.com

Pratica

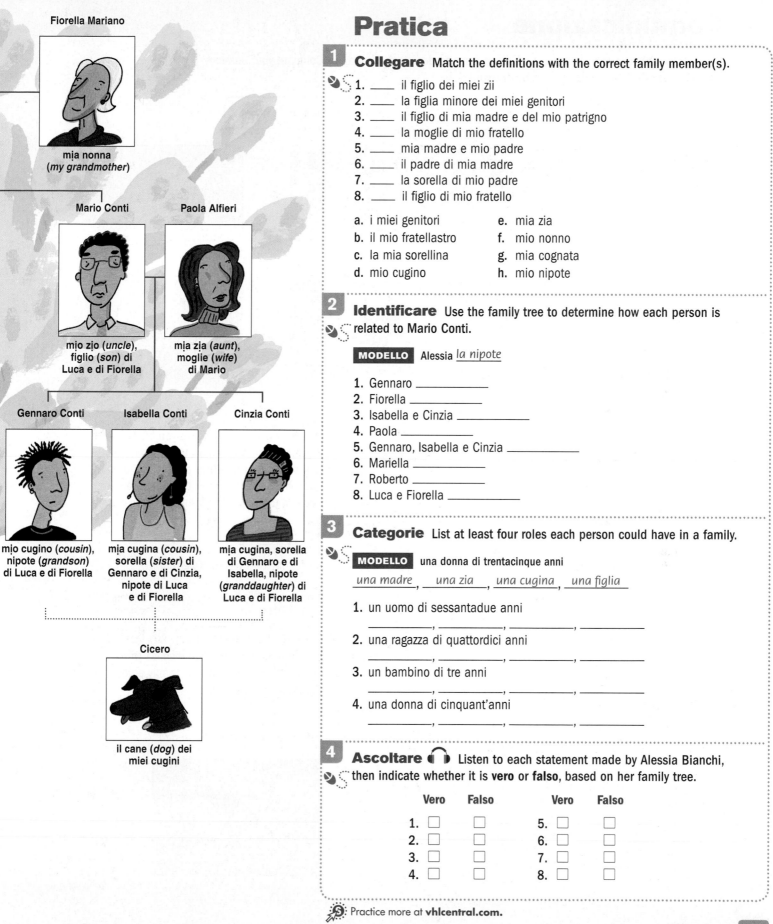

Fiorella Mariano

mia nonna
(*my grandmother*)

Mario Conti

Paola Alfieri

mio zio (*uncle*),
figlio (*son*) di
Luca e di Fiorella

mia zia (*aunt*),
moglie (*wife*)
di Mario

Gennaro Conti

Isabella Conti

Cinzia Conti

mio cugino (*cousin*),
nipote (*grandson*)
di Luca e di Fiorella

mia cugina (*cousin*),
sorella (*sister*) di
Gennaro e di Cinzia,
nipote di Luca
e di Fiorella

mia cugina, sorella
di Gennaro e di
Isabella, nipote
(*granddaughter*) di
Luca e di Fiorella

Cicero

il cane (*dog*) dei
miei cugini

1 **Collegare** Match the definitions with the correct family member(s).

1. _____ il figlio dei miei zii
2. _____ la figlia minore dei miei genitori
3. _____ il figlio di mia madre e del mio patrigno
4. _____ la moglie di mio fratello
5. _____ mia madre e mio padre
6. _____ il padre di mia madre
7. _____ la sorella di mio padre
8. _____ il figlio di mio fratello

a. i miei genitori   e. mia zia
b. il mio fratellastro   f. mio nonno
c. la mia sorellina   g. mia cognata
d. mio cugino   h. mio nipote

2 **Identificare** Use the family tree to determine how each person is related to Mario Conti.

MODELLO Alessia *la nipote*

1. Gennaro _____
2. Fiorella _____
3. Isabella e Cinzia _____
4. Paola _____
5. Gennaro, Isabella e Cinzia _____
6. Mariella _____
7. Roberto _____
8. Luca e Fiorella _____

3 **Categorie** List at least four roles each person could have in a family.

MODELLO una donna di trentacinque anni
una madre, *una zia*, *una cugina*, *una figlia*

1. un uomo di sessantadue anni
_____, _____, _____, _____

2. una ragazza di quattordici anni
_____, _____, _____, _____

3. un bambino di tre anni
_____, _____, _____, _____

4. una donna di cinquant'anni
_____, _____, _____, _____

4 **Ascoltare** 🎧 Listen to each statement made by Alessia Bianchi, then indicate whether it is **vero** or **falso**, based on her family tree.

	Vero	Falso		Vero	Falso
1.	☐	☐	5.	☐	☐
2.	☐	☐	6.	☐	☐
3.	☐	☐	7.	☐	☐
4.	☐	☐	8.	☐	☐

Practice more at **vhlcentral.com**.

CONTESTI

Comunicazione

5 **Descrizioni** Use the words from the word bank to describe the images. Compare your answers with a classmate's, and correct each other's work.

| figlio | gemelli | genitori | minore | nipoti | ragazzo | sposati |

MODELLO

La ragazza dà un bacio al ragazzo.

1. _____

2. _____

3. _____   4. _____   5. _____   6. _____

6 **Amici di penna** In pairs, read Lucia's letter and take turns answering the questions.

Caro Fabio,

Mi domandi com'è la mia famiglia? Numerosa! In totale siamo cinque figli. Ho una sorella maggiore, una sorellina e due fratelli gemelli. A casa abbiamo anche due cani e un canarino.

Abitiamo ancora tutti con i nostri genitori e nostra nonna. Lei è vedova.

Insomma, c'è sempre molta gente a casa! Com'è la tua famiglia?

*Un abbraccio,
Lucia*

1. Con quante persone abita Lucia?
2. Ha animali domestici?
3. Perché vive con sua nonna?
4. Lucia vive ancora con i suoi genitori?
5. Lucia abita in una casa molto tranquilla?
6. La famiglia di Lucia è simile alla (*similar to*) tua famiglia?

7 **Chi sono?** Your instructor will give you a worksheet. Use it to ask your classmates about their families. When a classmate gives one of the answers on the worksheet, write his or her name in the corresponding space. Be prepared to discuss the results with the class.

MODELLO Ho due sorelle.

S1: Hai due sorelle?
S2: Sì, ho due sorelle. (*You write his/her name.*)
  OR
S2: No, non ho due sorelle. (*You ask another classmate.*)

8 **Fa bello oggi!** It's a beautiful day out! Use the vocabulary you learned in **Unità 2** to discuss with a classmate what each member of your family enjoys doing in different types of weather.

MODELLO

Quando fa bel tempo io e mio padre andiamo al parco…

Pronuncia e ortografia (S) Audio

L'accento tonico

---

fratello   **cugine**   **marito**   **genitori**

The distinctive cadence of spoken Italian depends on a pattern of stressed and unstressed syllables. In most Italian words, the stress falls on the next-to-last syllable.

---

nubile   **celibe**   **vedovi**   **suocera**

Some words are stressed on the third-to-last syllable, resulting in a "sliding" pronunciation. This text presents these words with a dot under the stressed syllable.

Gli studenti **parlano** solo italiano.   Gli italiani **mettono** zucchero nel caffè.

The same "sliding" stress pattern occurs in the third-person plural form (**loro**) of regular verbs in the present tense.

È necessario **essere** felici per **vivere**?   Desideri **prendere** un caffè con me?

Many infinitives ending in **-ere** are stressed on the third-to-last syllable.

Abitiamo in una **città** molto bella.   L'**università** ha **più** di 15.000 studenti.

Written accents are used to show when the spoken stress falls on the last syllable.

Pronunciare Practice saying these words aloud.

1. città
2. figlia
3. nipoti
4. dipendere
5. mangiano
6. genero
7. nonno
8. suocero
9. cane
10. marito
11. felicità
12. divorziati

Articolare Practice saying these sentences aloud.

1. Chi ha voglia di andare al cinema?
2. La mia cugina nubile è molto bella.
3. I nostri zii giocano sempre a calcio.
4. Dove desiderate andare a prendere un gelato?
5. Il mio nuovo genero è del Perù.
6. I miei fratelli non studiano mai.

Proverbi Practice reading these sayings aloud.

> Tale padre, tale figlio.[2]

> Vale più un amico che cento parenti.[1]

[1] One friend is worth a hundred relatives.
[2] Like father, like son.

risorse

SAM
LM: p. 20

vhlcentral.com

FOTOROMANZO

Tutti in famiglia Video: *Fotoromanzo*

PERSONAGGI

Angela

Emily

Lorenzo

Riccardo

Sofia

Viola

RICCARDO In genere, noi facciamo così. Questo significa che un giorno tornerò a Roma.

EMILY Figo. Tocca a me... Aspetta! Ho un'idea. Per il sito. (*Alla videocamera*) Benvenuti alla bellissima Fontana di Trevi a Roma.

RICCARDO Ciao, amici e famiglia di Emily. Io sono Riccardo, e questa è la Fontana di Trevi. Ritornare a Roma è facile: Uno. Fate questo. Due. Fate questo! Voilà! Bene, Emily, sei pronta?

VIOLA Ciao mamma. Ciao Angela.

SOFIA La mia bambina. Fatti vedere. Stai bene? Mangi abbastanza? Sei felice?

VIOLA Sto bene, mamma. Come stanno gli altri? (*Ad Angela*) Ma sei fidanzata?

ANGELA Il matrimonio è in ottobre.

VIOLA Meraviglioso.

RICCARDO I miei genitori sono divorziati. Mio padre ha due figli e una figlia dalla sua seconda moglie. Mia madre vive con mia zia. Ha due figlie dal suo secondo matrimonio.

EMILY Una grande famiglia.

RICCARDO Mah, ho molti parenti.

SOFIA Di dove sei?

LORENZO Di Milano.

SOFIA Cosa studi?

LORENZO Economia. Frequento un corso e sono stagista in una banca.

SOFIA E i tuoi genitori?

LORENZO Divorziati. La mia matrigna è svizzera. Lei e mio padre hanno un altro figlio insieme.

LORENZO Mia madre vive a Firenze. Ho due sorelle più grandi a Milano. Sono sposate. Ho quattro nipoti: due maschi e due femmine.

SOFIA Tu sei di Milano, ma noi siamo gente di campagna.

ANGELA Senti, ma cosa ci trovi in mia sorella?

LORENZO Perché?

1 Completare Choose the words that best complete the following sentences.

1. Emily ha un'idea per (il sito / la fontana).
2. Per Riccardo, ritornare a Roma è (facile / difficile).
3. Il matrimonio di Angela è in (ottobre / novembre).
4. Lorenzo è (l'amico / il ragazzo) di Viola.
5. Il fratello di Emily ha (cinque / quindici) anni.

6. Riccardo ha molti (parenti / amici).
7. Lorenzo è stagista in (una banca / un supermercato).
8. Lorenzo ha quattro (sorelle / nipoti).
9. Sofia e la sua famiglia sono gente di (montagna / campagna).
10. Per Lorenzo, Viola è (interessante e carina / divertente e stupida).

Practice more at **vhlcentral.com.**

La madre e la sorella di Viola fanno visita.

SOFIA E tu? Ce l'hai il ragazzo?
ANGELA Mamma, Viola preferisce la scuola ai ragazzi.
VIOLA Lorenzo!
LORENZO Cosa?
VIOLA Ti presento mia madre e mia sorella. Questo è Lorenzo... il mio ragazzo.

EMILY Mio fratello Charlie ha quindici anni. È al primo anno del liceo.
RICCARDO Come Paolo?
EMILY Sì. Questo è Charlie con il nostro cane Max. Ecco mia madre e mio padre. I miei genitori e i miei nonni sono tutti di Chicago. I nonni di mio padre sono svedesi. Una famiglia normale. Com'è la tua famiglia?

LORENZO Beh, Viola è intelligente, interessante e divertente!
ANGELA Divertente? Viola? La nostra Viola?
LORENZO Sì, Viola. Ed è anche carina. Molto carina. (*Lorenzo si alza.*) È stato un piacere. Ci vediamo stasera.

ANGELA Non è il tuo ragazzo.
VIOLA No.
SOFIA Ma tu gli piaci.
ANGELA Dai, andiamo in città a fare spese!
VIOLA Io non gli piaccio. O forse sì?

Espressioni utili

Expressing interest and appreciation

- **Figo.** *(slang)*
  Cool.
- **preferisce...**
  she prefers . . .
- **Senti, ma cosa ci trovi in mia sorella?**
  Listen, what do you see in my sister?
- **È stato un piacere.**
  It was nice meeting you.
- **Ma tu gli piaci.**
  But he likes you.
- **Io non gli piaccio.**
  He doesn't like me.

Talking about family

- **Ho molti parenti.**
  I have many relatives.
- **Ho quattro nipoti: due maschi e due femmine.**
  I have two nephews and two nieces.
- **Noi siamo gente di campagna.**
  We're from the country.

Additional vocabulary

- **In genere, noi facciamo così.**
  Generally, we do it like this.
- **Questo significa che un giorno tornerò a Roma.**
  That means that one day I'll return to Rome.
- **La mia bambina. Fatti vedere.**
  My baby. Let me see you.
- **Ce l'hai il ragazzo?**
  Do you have a boyfriend?
- **Dai, andiamo in città a fare spese!**
  Come on, let's go into town and shop!
- **Tocca a me.**
  My turn.
- **O forse sì?**
  Or maybe he does?
- **con il nostro cane**
  with our dog
- **Aspetta!**
  Wait!
- **stasera**
  tonight
- **stagista**
  intern

2 **Per parlare un po'** Draw your family tree. Include your parents, siblings, aunts, uncles, and grandparents. Then "introduce" your family to a classmate in Italian.

3 **Approfondimento** La Fontana di Trevi is a famous fountain in Rome. According to legend, if you throw a coin over your shoulder into the fountain, one day you will return to Rome. Find out what the legend says about throwing two or three coins. What will happen?

A T T I V I T À

CULTURA

La famiglia italiana

Com'è la famiglia italiana? La tipica famiglia italiana che vediamo nei film degli anni '40 e '50° è di solito° numerosa: un padre, una madre, molti bambini e persino° un nonno. Oggi la famiglia italiana è ancora così°? Non esattamente. Negli ultimi anni° in Italia ci sono state° molte trasformazioni sociali. Il matrimonio non è più° un evento fondamentale per tutti gli italiani; ci sono coppie sposate e coppie non sposate. Le coppie con figli hanno generalmente un solo figlio, e ci sono sempre più° coppie senza bambini. Il divorzio e la separazione sono anche molto comuni e perciò° ci sono sempre più famiglie composte da un solo genitore con figli.

La tipica famiglia italiana è differente da quella americana. Per esempio, in Italia i figli vivono spesso con i genitori fino a quando° decidono di avere una famiglia propria°. Questo succede° in parte perché i giovani non hanno bisogno di cambiare casa per frequentare l'università e in parte perché spesso è difficile trovare un lavoro immediatamente dopo l'università e i giovani laureati non riescono a mantenersi°. Tutti questi fattori hanno trasformato° il volto della famiglia italiana contemporanea.

I nuclei familiari° italiani
(per posizione geografica)

POSIZIONE GEOGRAFICA	COPPIE SENZA FIGLI	COPPIE CON FIGLI	GENITORI SINGLE	GIOVANI (18-34 ANNI) CHE VIVONO CON UN GENITORE
Nord-ovest	33,8%	53,3%	12,8%	57,0%
Nord-est	33,4%	54,2%	12,5%	58,5%
Centro	32,1%	55,1%	12,8%	60,4%
Sud	24,1%	63,8%	12,1%	62,9%
Isole	24,9%	62,2%	13,0%	61,8%

FONTE: ISTAT

Un piccolo aiuto

Read decimal places in Italian using the word **virgola** (*comma*) where you would normally say *point* in English. To say *percent*, use **percento**.

58,5% cinquantotto virgola cinque percento

58.5% fifty-eight point five percent

anni '40 e '50 *1940s and 1950s* di solito *usually* persino *even* è ancora così *is still like this* Negli ultimi anni *In recent years* ci sono state *there have been* non è più *is no longer* sempre più *more and more* perciò *therefore* fino a quando *until* propria *their own* succede *happens* non riescono a mantenersi *cannot earn a living* hanno trasformato *have transformed* nuclei familiari *households*

A T T I V I T À

1 Completare Complete each statement with the appropriate word or phrase.

1. La tipica famiglia italiana che vediamo nei film degli _____ è numerosa.

2. Ha un papà, una mamma, molti bambini e persino un _____.

3. In Italia ci sono state molte _____ sociali.

4. Il _____ non è più un evento fondamentale per tutti gli italiani.

5. Ci sono sempre più coppie senza _____.

6. Il _____ e la separazione sono fenomeni molto comuni oggi.

7. Ci sono sempre più famiglie _____ da un solo genitore con figli.

8. Spesso i figli vivono con i _____ fino a quando decidono di avere una propria famiglia.

9. È difficile trovare un _____ immediatamente dopo l'università.

10. Il 63,8% delle famiglie nel Sud Italia sono coppie _____ figli.

 Practice more at **vhlcentral.com**.

La famiglia

il/la bisnonno/a	great grandfather/ great grandmother
il/la fidanzato/a	fiancé(e); boy/girlfriend
il/la figlio/a ụnico/a	only child
la mamma/il papà	mom/dad
il matrimonio	wedding; marriage
i miei/tuoi	my/your parents
il primo/secondo marito	first/second husband
il/la primogẹnito/a	first-born
adottare	to adopt

Le feste dei genitori

La festa° della mamma e la festa del papà si festeggiano° in Italia come negli Stati Uniti, ma le tradizioni non sono sempre identiche.

La festa della mamma

In Italia si festeggia la mamma la seconda domenica di maggio. All'inizio°, la festa si festeggiava° l'otto maggio, poi la data è stata cambiata°. Gli italiani mostrano il loro affetto per la mamma regalando° fiori, cioccolatini, profumi oppure oggetti° utili per la casa.

La festa del papà

La festa del papà è il 19 marzo, in corrispondenza con la Festa di San Giuseppe, il padre di Gesù°. In questo giorno, molti alunni mettono in scena uno spettacolo° dedicato alla famiglia e in alcune regioni si mangia un dolce tradizionale, la **zeppola di San Giuseppe**.

festa holiday **si festeggiano** are celebrated **All'inizio** Initially **si festeggiava** was celebrated **è stata cambiata** was changed **regalando** by giving **oggetti** objects **Gesù** Jesus **spettacolo** show

Isabella Rossellini

Isabella Rossellini è un'attrice e modella conosciuta° in tutto il mondo. Senza dubbio° il suo talento proviene dai° suoi genitori. Isabella e la sua sorella gemella, Isotta, sono infatti figlie di due leggende° del cinema internazionale: Roberto Rossellini e Ingrid Bergman. Anche nella vita sentimentale Isabella è sempre stata circondata da° importanti personaggi del mondo del cinema. Il suo primo matrimonio è con il regista° Martin Scorsese e il secondo con Jon Wiedemann. Nel 1983 Wiedemann e Isabella hanno una figlia, Elettra. Anni dopo, insieme a° Gary Oldman, Isabella adotta un bambino e lo chiama° Roberto Rossellini Jr. in onore° di suo padre, il grande regista.

conosciuta known **Senza dubbio** Without a doubt **proviene dai** comes from **leggende** legends **circondata da** surrounded by **regista** director **insieme a** together with **lo chiama** names him **in onore** in honor

Il divorzio è un fenomeno epidemico in Italia?

Go to **vhlcentral.com** to find more information related to this **CULTURA**.

2 Vero o falso? Indicate whether each statement is **vero** or **falso**. Correct the false statements.

1. Isabella Rossellini ha quattro figli.
2. Martin Scorsese è il primo marito di Isabella.
3. Ingrid Bergman è la mamma di Roberto Rossellini.
4. Isabella è la mamma di Elettra e di Roberto Jr.
5. La festa della mamma si festeggia l'otto marzo.
6. In alcune regioni si mangiano le zeppole di San Giuseppe.

3 A voi... With a partner, write six sentences describing a famous American family. Use the vocabulary in **L'italiano quotidiano**. Be prepared to share your description with your classmates.

risorse

S

vhlcentral.com

ATTIVITÀ

STRUTTURE

3A.1 Possessives

Punto di partenza In both English and Italian, possessives express ownership or possession.

Questo è Charlie con il nostro cane Max.

Non è il tuo ragazzo.

ATTREZZI

In **Contesti**, you learned a few possessive adjectives with family vocabulary: **mio nonno**, **mia sorella**, **i miei cugini**.

Possessive adjectives

masculine singular	feminine singular	masculine plural	feminine plural	
il mio	la mia	i miei	le mie	*my*
il tuo	la tua	i tuoi	le tue	*your*
il Suo	la Sua	i Suoi	le Sue	*your* (form.)
il suo	la sua	i suoi	le sue	*his, her, its*
il nostro	la nostra	i nostri	le nostre	*our*
il vostro	la vostra	i vostri	le vostre	*your* (pl.)
il loro	la loro	i loro	le loro	*their*

- In most cases, possessive adjectives precede the nouns they modify. Note that a definite article usually accompanies the possessive adjective.

  la nostra famiglia **i tuoi** cugini **il mio** cane
  our family *your cousins* *my dog*

- Like other adjectives in Italian, possessive adjectives agree in gender and number with the nouns they modify.

  il mio pesce **la mia** sorellastra **i miei** parenti
  my fish *my stepsister* *my relatives*

- **Il suo**, **la sua**, **i suoi**, and **le sue** can mean *his* or *her*, depending on the context. Remember that the gender and number of both the adjective and the article match the gender and number of the object *possessed*, not the *possessor*.

  le sue zie **i suoi** figli **il suo** gatto
  his/her aunts *his/her children* *his/her cat*

PRATICA

1 Identificare Identify the owner of each object.

MODELLO *Ecco i quaderni di Sofia.*

Sofia

Giorgio
1. _____

Paola
2. _____

Cristina
3. _____

mio fratello
4. _____

Francesco
5. _____

mio cugino
6. _____

2 Completare Complete each sentence with the correct possessive adjective. Use the definite article where appropriate.

1. _____ (*Our*) sorella è molto seria.
2. _____ (*His*) figli vivono a Napoli.
3. _____ (*Her*) padre lavora all'università.
4. _____ (*Our*) amiche ascoltano la musica.
5. _____ (*My*) cugini studiano negli Stati Uniti.
6. _____ (*Their*) lezione comincia a mezzogiorno.
7. Qual è _____ (*your, pl.*) sport preferito?
8. Un _____ amico (*of mine*) suona la chitarra.

3 Rispondere Answer the following questions using possessives.

1. Qual è il tuo indirizzo?
2. Quando è il tuo compleanno?
3. Come si chiama tua madre?
4. Dov'è il tuo ristorante preferito?
5. A che ora comincia la tua prima lezione?
6. Chi è il tuo migliore (*best*) amico?
7. Qual è la tua stagione preferita?
8. Qual è il tuo sport preferito?

Practice more at **vhlcentral.com**.

COMUNICAZIONE

4 **La mia famiglia** Use these cues to form questions. Then interview your classmates about their family members. Tell the class what you find out.

> **MODELLO** madre / parlare / italiano
>
> **S1:** *Tua madre parla italiano?*
> **S2:** *Sì, mia madre parla italiano.*
> **S3:** *No, mia madre non parla italiano.*

1. fratello / studiare / matematica

   _____

2. padre / lavorare / in banca

   _____

3. genitori / vedere / molti film

   _____

4. sorella / usare / il telefono

   _____

5. zii / leggere / il giornale (*newspaper*)

   _____

6. nonna / preparare / la pasta

   _____

7. cugine / scrivere / lettere

   _____

8. amici / giocare / a scacchi

   _____

5 **In cla La famiglia e gli amici** Complete these sentences about your family and friends. Share your answers with a classmate.

1. I miei genitori a volte...
2. Il/La mio/a migliore amico/a studia...
3. La mia famiglia è...
4. I miei nonni sono...
5. Il sabato io e i miei amici...
6. Quando sono triste parlo con...

6 **Ritratto di famiglia** In groups of three, take turns describing your family. After everyone has spoken, two of you describe your classmate's family to the rest of the class.

> **MODELLO**
>
> **S1:** *La madre di Rachele è alta, bionda e socievole.*
> **S2:** *Sì, è anche sportiva e molto intelligente.*

- Do not use the definite article with singular, unmodified nouns denoting family members.

mio padre	**vostra** nonna	**nostra** figlia
my father	*your grandmother*	*our daughter*

- However, use the definite article if a noun referring to a family member is plural or modified by an adjective or a suffix, such as **-astro/a**, **-igno/a**, or **-ino/a**. Use the definite article with affectionate terms such as **mamma** and **papà** as well.

il mio bel fratello	**la tua** sorellina	**la vostra** mamma
my handsome brother	*your little sister*	*your mom*

- **Loro** is a special case. It is always accompanied by the definite article, and it never changes form, regardless of the gender and number of the noun it modifies.

i loro cugini	**la loro** zia	**le loro** sorelle
their cousins	*their aunt*	*their sisters*

- Use an indefinite article before the possessive adjective to express *of mine, of yours, of his/hers, of ours,* and *of theirs*.

un mio gatto	**una sua** zia	**una nostra** cugina
a cat of mine	*an aunt of hers/his*	*a cousin of ours*

Possession with *di*

- English uses *-'s* after a noun or name to express relationships or ownership. Italian uses **di** + [*noun or proper name*].

Di chi è il cane?	È **di mia madre.**	È **di Stefano.**
Whose dog is it?	*It's my mother's.*	*It's Stefano's.*

Provalo! Provide the appropriate singular or plural form of each possessive.

il mio/la mia

1. ___il mio___ libro
2. _____ compagne di classe
3. _____ quaderni

il tuo/la tua

4. _____ cugini
5. _____ sorella
6. _____ pallone

il suo/la sua

7. _____ lettera
8. _____ sorelle
9. _____ cugini

il nostro/la nostra

10. _____ professoressa
11. _____ cugino
12. _____ zie

il vostro/la vostra

13. _____ cane
14. _____ zii
15. _____ madre

il/la loro

16. _____ gatti
17. _____ fratello
18. _____ mogli

STRUTTURE

3A.2 Preposizioni semplici e articolate

Punto di partenza You have already learned some prepositions and prepositional contractions in Italian, such as **di** to show possession and **alle** when referring to time. Prepositions show the relationship between two words in a sentence.

Simple prepositions

a	to, at, in	**in**	in, to, at
con	with	**per**	for, through, in order to
da	from, since, by, at	**fra/tra**	among, between, in
di (d')	of, from	**su**	on, in

Camminiamo **per** la città.
*We're walking **through** the city.*

Il regalo è **per** il papà.
*The present is **for** Dad.*

Il tre sta **fra** il due e il quattro.
*Three is **between** two and four.*

Arriva **fra** tre mesi.
*She will arrive **in** three months.*

- Prepositional contractions, or **preposizioni articolate**, are formed when certain prepositions contract with a definite article.

a + il ▶ **al**	**in + la** ▶ **nella**
to the *to the*	*in the* *in the*

Preposizioni articolate

	a	**da**	**di**	**in**	**su**
il	al	dal	del	nel	sul
lo	allo	dallo	dello	nello	sullo
l'	all'	dall'	dell'	nell'	sull'
la	alla	dalla	della	nella	sulla
i	ai	dai	dei	nei	sui
gli	agli	dagli	degli	negli	sugli
le	alle	dalle	delle	nelle	sulle

- As you have seen, **di** is used to express possession. **Di** can also be used to describe a person or item, while **da** reflects an item's purpose.

il professore **di** spagnolo
the Spanish teacher

la partita **di** calcio
the soccer game

il costume **da** bagno
the bathing suit
(the suit for bathing)

la racchetta **da** tennis
the tennis racket
(the racket for tennis)

PRATICA

1 **Scegliere** Choose the appropriate prepositions to complete these questions.

1. Andiamo (in / al) cinema?
2. Stiamo (a / per) casa?
3. Facciamo gli esercizi (di / con) francese?
4. Ascoltiamo un CD (fra / di) Andrea Bocelli?
5. Mettiamo i libri (sullo / dallo) scaffale (*shelf*)?
6. Compriamo un regalo (di / per) Milena?
7. Vediamo un film (da / a) mio cugino Giancarlo?
8. Leggiamo il giornale (alla / in) biblioteca?

2 **Completare** Complete these sentences using appropriate simple or prepositional contractions.

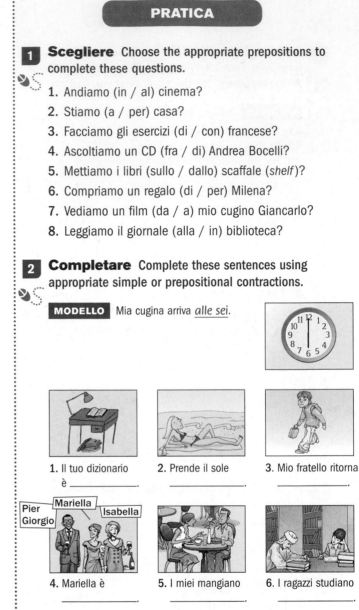

MODELLO Mia cugina arriva *alle sei*.

1. Il tuo dizionario è _____
2. Prende il sole _____
3. Mio fratello ritorna _____

Pier Giorgio / Mariella / Isabella

4. Mariella è _____
5. I miei mangiano _____
6. I ragazzi studiano _____

3 **Riempire** Complete the paragraph using the appropriate simple and prepositional contractions.

Oggi è il compleanno (1) _____ mio fratello Davide. (2) _____ tre del pomeriggio andiamo tutti (3) _____ miei genitori (4) _____ festeggiare. Io e mia sorella andiamo (5) _____ macchina, perché la casa dei genitori è (6) _____ montagna. Nostro fratello va sempre (7) _____ autobus. Abbiamo bisogno di arrivare (8) _____ tre meno un quarto, perché la festa è una sorpresa!

 Practice more at **vhlcentral.com.**

COMUNICAZIONE

4 **Mescolare** With a partner, use items from each column to create six logical sentences. You may use some items more than once.

> **MODELLO** *Mia sorella va in centro a piedi.*

A	B	C
mia sorella	andare	nel quaderno
i tuoi nonni	giocare	a piedi
tu e tuo cugino	lavorare	a Roma
le mie zie	scrivere	negli Stati Uniti
nostro nonno	viaggiare	allo stadio
papà	vivere	in treno

5 **Intervista** In pairs, take turns asking each other these questions. Use the lesson vocabulary in your answers when possible.

> **MODELLO**
>
> **S1:** *Con chi studi?*
> **S2:** *Studio con mio fratello.*

1. A chi telefoni con frequenza?
2. Dove vai dopo la lezione?
3. Dove abita la tua famiglia?
4. Di dove sono i tuoi nonni?
5. Dove lavorano i tuoi genitori?
6. Con chi vai in vacanza d'estate?
7. Dove mangi la domenica a mezzogiorno?
8. Dove vai il sabato sera?

6 **La festa di compleanno** Write five sentences to describe the illustration. Be sure to use the following prepositions in your description: **a, con, per, su, tra**. Compare your description with a classmate's.

- **Di** and **da** can both describe origin, but **di** is typically used with forms of **essere**, while **da** is used with other verbs.

Sono **di** Roma.	Vengo **da** Firenze.	Arrivano **da** Milano.
*I am **from** Rome.*	*I come **from** Florence.*	*They arrive **from** Milan.*

- Use **da** + [*noun*] to mean *at* [*a person's*] *place* or *home*.

Andiamo **dai miei genitori**.	Studio **da Cinzia** oggi.
*We're going to **my parents' house**.*	*I'm studying **at Cinzia's** today.*

- As you learned in **Lezione 2A**, both **a** and **in** can express destination or location. Use the prepositional contraction when the noun is modified.

nella bella Toscana	**alla** Roma di Pasolini
in beautiful Tuscany	*in Pasolini's Rome*

- In many cases, the use of **a** or **in** is idiomatic. Note that many expressions with **a** or **in** do not use the definite article.

a casa *at home*	**in** autobus *by bus*
al cinema *at/to the movies*	**in** bicicletta *by bicycle*
al mare *at/to the beach/sea*	**in** macchina *by car*
a mezzanotte *at midnight*	**in** treno *by train*
a piedi *on foot*	**in** banca *at/to the bank*
a scuola *at/to school*	**in** biblioteca *at/to the library*
a tavola *at the table*	**in** centro *in town*
a letto *in/to bed*	**in** montagna *in/to the mountains*
a teatro *at/to the theater*	**in** vacanza *on vacation*

- **Su** has idiomatic uses as shown in the following examples.

sul computer	**su** Internet	**sul** giornale
on the computer	*online/on the Internet*	*in the newspaper*

- Use **a** to say that something is on the radio, and **a** or **in** for television.

C'è una bella canzone **alla** radio.	Il film è **alla** (**in**) televisione.
*There is a pretty song **on** the radio.*	*The movie is **on** television.*

Provalo! Circle the correct form of the preposition.

1. Il libro è (sul)/ sulle) tavolo.
2. Andiamo (ai / a) Roma l'anno prossimo.
3. Ci sono venti studenti (nella / negli) classe d'italiano.
4. Studiamo (per / per il) imparare bene.
5. Domani andiamo (da / da') Elena per giocare a calcio.
6. Non c'è la nuova moglie (di / dello) zio.
7. Qual è la professione (dell' / del) suocero di Gianni?
8. Fa sempre bel tempo (in / nei) Australia?

STRUTTURE

3A.3 Regular -ire verbs

Punto di partenza You are already familiar with Italian verbs that end in **-are** and **-ere**. The third class of Italian verbs ends in **-ire**, and can be conjugated in one of two ways. Many **-ire** verbs are conjugated like **partire** (*to leave, to depart*) as presented in this chart.

partire (to leave)

io parto	*I leave*	noi partiamo	*we leave*
tu parti	*you leave*	voi partite	*you leave*
Lei/lui/lei parte	*you leave; he/she/it leaves*	loro partono	*they leave*

● **Partire** is often used with the prepositions **per** and **da**.

Mio padre **parte per** Milano alle due.
*My father **leaves for** Milan at 2:00.*

Noi **partiamo da** Firenze a mezzogiorno.
*We're **leaving** Florence at noon.*

Verbs conjugated like *partire*

aprire	*to open*	seguire	*to follow; to take (a class)*
dormire	*to sleep*	sentire	*to feel; to hear*
offrire	*to offer*	servire	*to serve*

Luca **apre** la finestra.
*Luca **is opening** the window.*

La nonna **offre** i biscotti ai bambini.
*Grandma **offers** cookies to the kids.*

Seguite un corso di storia?
*Are you **taking** a history course?*

Dormiamo bene a casa.
*We **sleep** well at home.*

Sento il tuo telefonino.
*I **hear** your cell phone.*

Il gatto **segue** il topolino.
*The cat **is following** the mouse.*

Viola apre la porta della pensione.

Lorenzo segue un corso di economia.

PRATICA

1 **Completare** Match items from each column to create logical sentences.

1. Capite ____
2. Io spedisco ____
3. Tua zia serve ____
4. Mio fratello dorme ____
5. Parti ____
6. Apriamo ____
7. Le tue sorelle seguono ____
8. Luigi finisce ____

a. tutta la giornata!
b. di leggere il giornale.
c. il francese?
d. la pizza.
e. la porta?
f. tre lettere.
g. un corso d'inglese.
h. per Roma oggi?

2 **Descrizioni** Complete the following sentences with the correct form of one of these verbs.

aprire	finire	sentire
capire	partire	servire

1. Maria / _____ / il caffè

2. i ragazzi / _____ / la corsa

3. papà / _____ / la porta

4. voi / _____ / per la Francia

5. tu / _____ / la filosofia

6. io e i miei compagni / _____ / freddo

 Practice more at **vhlcentral.com**.

COMUNICAZIONE

3 Mescolare With a partner, use items from each column to create sentences telling what each person does.

> **MODELLO** *La mia famiglia preferisce i film italiani.*

A	B	C
la mia famiglia	capire	i film italiani
io e mio cugino	dormire	lo spagnolo
tu e Luigi	partire	la macchina
il mio cane	preferire	sette ore
mia madre	pulire	una lettera
io	spedire	il calcio
i tuoi parenti		in treno
il tuo ragazzo/ la tua ragazza		la musica classica

4 Qual è la domanda? Stefano is speaking to his mother on the phone. You hear his answers, but not his mother's questions. Work with a partner to reconstruct the conversation.

> **MODELLO** *La lezione finisce alle dieci.*
>
> *A che ora finisce la lezione?*

1. Spedisco la cartolina (*postcard*) a un mio amico.
2. Dormo otto ore al giorno.
3. Il sabato pulisco l'appartamento.
4. Preferisco una vacanza in Argentina.
5. Offro un gelato ai miei amici.
6. Parto con la mia ragazza, Serena.
7. Il bar apre alle sette.
8. Seguo un corso d'italiano quest'anno.

5 Cosa preferisce? With a partner, take turns asking each other questions about these people's preferences.

> **MODELLO** i tuoi nonni: l'inverno / l'estate
>
> **S1:** *Cosa preferiscono i tuoi nonni: l'inverno o l'estate?*
> **S2:** *I miei nonni preferiscono l'estate.*

1. i tuoi amici: la pioggia / la neve
2. tuo padre: il calcio / la pallacanestro
3. le tue sorelle: la montagna / il mare
4. i tuoi cugini: il tedesco / l'inglese
5. i tuoi genitori: il cinema / il teatro
6. la tua mamma: i cani / i gatti

• Many **-ire** verbs follow a different pattern of conjugation. Verbs like **capire** (*to understand*) add **-isc-** between the stem and the endings of the singular subject forms and the third person plural form.

capire (to understand)

io cap**isc**o	*I understand*	noi capiamo	*we understand*
tu cap**isc**i	*you understand*	voi capite	*you understand*
Lei/lui/lei cap**isc**e	*you understand; he/she/it understands*	loro cap**isc**ono	*they understand*

Verbs conjugated like capire

finire	*to finish*	pulire	*to clean*
preferire	*to prefer*	spedire	*to send*

Chi **pulisce** la cucina?   **Spediamo** una lettera a Luca.
*Who **cleans** the kitchen?*   *We're sending a letter to Luca.*

• The verb **finire** can be followed by a noun or an infinitive. Before an infinitive, use the preposition **di**. To mean *to end up* doing something, use **finire per** + [*infinitive*].

Mio zio **finisce il caffè**.   **Finisce di studiare** a mezzanotte.
*My uncle **is finishing his coffee**.*   *She **finishes studying** at midnight.*

Non **finisco** mai **di lavorare**!   **Finiscono per leggere** due saggi.
*I am never **done working**!*   *They **end up reading** two essays.*

• Similarly, **preferire** can be used with a noun or an infinitive, but without a preposition.

Preferiamo la casa verde.   Io **preferisco andare** a piedi.
We prefer the green house.   *I prefer to go on foot.*

Provalo! Complete the sentences with the correct forms of the verbs.

1. Mia madre _preferisce_ (preferire) mangiare all'una.
2. I nostri problemi non _____ (finire) mai.
3. I bambini _____ (dormire) tutto il giorno.
4. Il sabato noi _____ (pulire) l'appartamento.
5. Voi _____ (servire) il caffè ai giovani?
6. A che ora _____ (partire) tu per la Germania?
7. Mia sorella _____ (aprire) la porta per tutti.
8. Ragazzi, voi _____ (capire) la formazione dei verbi?
9. Io non _____ (sentire) la sveglia (*alarm clock*)!
10. Loro _____ (seguire) un corso di filosofia.

SINTESI

Ricapitolazione

1 Spiegare In pairs, take turns randomly calling out one person from column A and one from column B. Your partner will explain how they are related.

MODELLO

S1: tua sorella e tua madre
S2: Mia sorella è la figlia di mia madre.

A	B
zio	padre
nonni	madre
cugina	zia
cognato	nipote
sorella	fratello

2 Una famiglia attiva In pairs, take turns asking and answering questions about what Roberto's family is doing based on the illustrations. Use the material you learned in the lesson to add detail and answer creatively.

MODELLO fratello

S1: Cosa fa il fratello di Roberto?
S2: Suo fratello spedisce le e-mail agli amici.

1. sorella   2. fratellino   3. zie

4. padre   5. cugino   6. cugina

7. Roberto   8. zio   9. genitori

3 Le famiglie celebri In groups of four, take turns describing one of these families to your partners, taking the role of one of its members. Be creative!

la famiglia Addams | la famiglia Jackson
la famiglia Brady | la famiglia Kennedy
la famiglia Flintstone | la famiglia Simpson

4 La famiglia perfetta Survey your classmates. Ask them to describe their ideal family situation, and record their answers. Then, in pairs, compare your results.

MODELLO

S1: Com'è la tua famiglia ideale?
S2: La mia famiglia ideale è...

5 I programmi Survey your classmates to find at least one classmate who would like to do each of these activities with you. When somebody says "yes", record his or her name, and agree on a time and date. Make plans with as many classmates as you can.

MODELLO

S1: Hai voglia di studiare in biblioteca con me?
S2: Sì, d'accordo. Va bene sabato alle undici di mattina?
S1: Perfetto!

andare al cinema	giocare a freccette
andare in centro	giocare a tennis
ballare in discoteca	mangiare alla mensa
finire i compiti	scrivere al nostro amico

6 L'albero genealogico Create an illustrated family tree of your family, and share it with a classmate. Tell your partner about each family member; mention his/her name and that person's relation to you. Ask your partner questions about his or her family members' preferences.

MODELLO

S1: Ecco mia cugina. Si chiama Rachel.
S2: Rachel cosa preferisce: sciare o nuotare?

risorse

SAM
WB: pp. 35–40

SAM
LM: pp. 21–23

vhlcentral.com

Ⓢ Video: TV Clip

Lo Zapping

Galletto Vallespluga

Valle Spluga S.p.A.: In the early 1970s, **Valle Spluga** was a small poultry producer in the Alpine province of Sondrio, Lombardy. Sales took off in 1972 when they introduced **Galletto Vallespluga**, their trademark game hen, on the Italian market. The tender, low-fat meat was a quick success, and soon Galletto Vallespluga's **Scudetto Rosso** (Red Shield) symbol became a familiar sight throughout Italy. By specializing in game hens and controlling the entire production process, Valle Spluga has been able to maintain a high quality product and secure its place as the market leader in Italy.

bello, tenero°, mai grasso°   chicchirichì°

Comprensione Answer the following questions in Italian.

1. How is the taste of the game hen described?
2. What does a rooster's crow sound like in Italian?

Discussione In pairs, discuss the answers to these questions.

1. On what occasions would an Italian family gather for dinner? How often do you think this happens? In what ways is this similar to your family's eating patterns?
2. Do you think this commercial is effective? Explain.

Ⓢ Practice more at **vhlcentral.com.**   **tenero** *tender* **mai grasso** *never fatty* **chicchirichì** *cock-a-doodle-doo*

Lezione

3B

Communicative Goals

You will learn how to:
- describe people
- ask questions

CONTESTI

Come sono?

Ⓢ Vocabulary Tools

È forte.

È veloce.

il cameriere
(la cameriera *f.*)

Sono pazienti.
(paziente *sing.*)

il proprietario
(la proprietaria *f.*)

discreta

stanca

geloso

preoccupata

Vocabolario

descrizioni personali	*personal descriptions*
amaro/a	*bitter*
attivo/a	*active*
atletico/a	*athletic*
avaro/a	*greedy*
brillante	*bright*
convinto/a	*earnest*
coraggioso/a	*courageous*
crudele	*cruel*
curioso/a	*curious*
debole	*weak*
disponibile	*helpful*
dolce	*sweet*
duro/a	*hard; tough*
egoista	*selfish*
energico/a	*energetic*
fedele	*faithful*
gentile	*kind*
giovane	*young*
laborioso/a	*hardworking*
lamentoso/a	*whiny*
lento/a	*slow*
modesto/a	*modest*
povero/a	*poor*
preferito/a	*favorite*
pronto/a	*ready*
ricco/a	*rich*
spiritoso/a	*funny; clever*
straniero/a	*foreign*
vecchio/a	*old*

professioni	*professions*
l'architetto	*architect*
l'avvocato	*lawyer*
il/la giornalista	*journalist*
l'ingegnere	*engineer*
l'uomo/la donna d'affari	*businessman/ business woman*

risorse

SAM
WB: pp. 41–42

SAM
LM: p. 24

Ⓢ
vhlcentral.com

Pratica

la parrucchiera
(il parrucchiere m.)

1 Corrispondenze Match these famous people with their professions.

1. _____ Antonio Vivaldi   a. avvocato
2. _____ Vidal Sassoon   b. giornalista
3. _____ Gian Lorenzo Bernini   c. musicista
4. _____ Steve Jobs   d. architetto
5. _____ Johnny Cochran   e. uomo/donna d'affari
6. _____ Katie Couric   f. parrucchiere/a

2 Completare Complete each sentence with the opposite adjective.

1. Mia nonna non è *crudele*; è _____.
2. Mio fratello non è *debole*; è _____.
3. Le mie cugine non sono *egoiste*; sono _____.
4. La mia famiglia e io non siamo *pigri*; siamo _____.
5. Il mio cane Spartaco non è *veloce*; è _____.
6. Mio zio non è *vecchio*; è _____.
7. I miei cognati non sono *poveri*; sono _____.
8. Mia sorella non è *stupida*; è _____.

3 Scegliere Choose the word that best completes each sentence.

amara	brillante	curiosa	disponibile	fedele	stanca
atletica	coraggiosa	discreta	dolce	preferita	straniera

1. Una persona che è sempre pronta ad aiutare (*help*) è _____.
2. Una persona _____ è molto intelligente.
3. Una persona _____ non racconta i segreti (*tell secrets*).
4. Una persona che fa tante domande è _____.
5. Una persona che viene (*comes*) da un altro paese è _____.
6. Una persona che non dorme abbastanza è _____.
7. Una persona sportiva è _____.
8. Una persona _____ è gentile e disponibile.

il musicista
(la musicista f.)

4 Ascoltare You will hear descriptions of three people. Listen carefully and indicate whether each statement is **vero** or **falso**.

	Vero	Falso
1. Il cameriere è nonno.	☐	☐
2. Angela è architetto.	☐	☐
3. Giovanni è atletico.	☐	☐
4. Angela non è timida.	☐	☐
5. Carlo è responsabile e disponibile.	☐	☐
6. Giovanni studia ingegneria.	☐	☐
7. Angela è un'amica fedele.	☐	☐
8. Carlo è pessimista e pigro.	☐	☐

Attenzione!

In Italy, women generally do not change their last names when they marry. The couple's children usually take only their father's last name.

Practice more at **vhlcentral.com.**

Comunicazione

5 **Le professioni** In pairs, say what the true professions of these people are. Alternate reading and answering the questions.

MODELLO

S1: *Carlo è musicista?*
S2: *No, Carlo è cameriere.*

1. Paolo è professore?　　2. Carla è ingegnere?

3. Davide è cameriere?　　4. Vittoria è avvocato?　　5. Maria e Sofia sono giornaliste?　　6. Cinzia e Alessandra sono donne d'affari?

6 **Cercasi fidanzata** Luca has posted the following personal ad on an online dating site. With a partner, read the ad and discuss whether Laura or Patrizia would be a better match for him. Be ready to defend your opinion to the class.

Luca, 35 anni ✉ ▢ ☺ ⊞

Mi chiamo Luca e ho 35 anni. Sono alto, forte, muscoloso e molto carino. Sono un uomo simpatico, disponibile, ottimista e paziente, ma sono anche molto geloso in amore. La mia donna ideale è una ragazza socievole e gentile, spiritosa e brillante. Odio le ragazze pigre ed egoiste, amo quelle fedeli e dolci. Preferisco una donna alta (*tall*) e non troppo magra (*thin*). Se sei tu quella giusta, manda una tua foto al mio indirizzo luca@il_mondo_dei_sogni.it.

Laura　　　　**Patrizia**
spiritosa　　　　fedele
timida　　　　　brillante
alta　　　　　　dolce
paziente　　　　magra
fedele　　　　　ottimista

7 **Tocca a te!** Now it's your turn to write a personal ad. Based on Luca's ad, describe yourself and your ideal girlfriend or boyfriend. Include details such as profession, age, physical characteristics, and personality. Your instructor will post the ads in the classroom. In groups, take turns reading the ads and guessing who wrote them.

Un piccolo aiuto

Use these words to help you complete this activity.

amo *I love*
cerco *I'm looking for*
odio *I hate*
mi piace *I like*

---

8 **La pettegola** Daniele missed a recent family wedding, and is catching up on all the news from his cousin Linda, who is a real **pettegola** (*gossip*)! With a partner, write a conversation between Daniele and Linda in which Linda gives her opinion of everyone at the wedding and shares family news. Be sure to use the vocabulary you learned in **Lezione 3A**.

MODELLO

Daniele: *E com'è il fidanzato di Elena?*
Linda: *Senti: è bellissimo, ma egoista! È proprietario di un ristorante a Torino ed è molto ricco...*

Pronuncia e ortografia (S) Audio

🎧 **Intonation of questions and the *qu* letter combination**

Sono le dieci.
It's ten o'clock.

Andiamo al mare.
Let's go to the beach.

Italian sentences usually have a smooth, rolling tempo, with a drop of intonation at the end.

Sono le dieci?
Is it ten o'clock?

Andiamo al mare?
Are we going to the beach?

In questions, on the other hand, the pitch of the voice rises on the final syllable. This final rise distinguishes between a statement and a question.

Quando mangiate?
When do you eat?

Quanti fratelli hai?
How many brothers do you have?

In standard Italian, questions formed with interrogative words follow the same pattern as yes-or-no questions. They have a rolling tempo with a rise in intonation on the final syllable.

---

quando　　　**quattro**　　　**questo**　　　**quale**

Many Italian words begin with the letter combination **qu**. In Italian, **qu** is pronounced *kw*, as in the English words *quake* and *queen*.

---

quanto　　　**questione**　　　**qui**　　　**Pasqua**

Regardless of the vowel that follows, the pronunciation of the Italian **qu** remains *kw*. Even when found in the middle of a word, **qu** retains the *kw* pronunciation.

Pronunciare Practice saying these words aloud.

1. quindici	3. quaderno	5. quota	7. requisito	9. quasi
2. quello	4. quarto	6. acqua	8. qualità	10. quindi

Articolare Practice saying these questions aloud.

1. Andiamo da Elena stasera?
2. Hai il libro?
3. Mangi a casa oggi?
4. Quando vai a scuola?
5. Dove studiamo?
6. Chi parla?

Chi trova un amico trova un tesoro.[2]

Proverbi Practice reading these sayings aloud.

Quando il gatto non c'è, i topi ballano.[1]

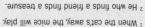

risorse

SAM
LM: p. 25

(S) vhlcentral.com

FOTOROMANZO

Una serata in casa 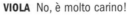 Video: *Fotoromanzo*

Emily

Lorenzo

Riccardo

Viola

VIOLA Ciao, Emily
EMILY Ciao, Viola. Come va con le lezioni?
VIOLA È dura. Ho un esame martedì, ma non ho voglia di studiare.
EMILY Perché no?

EMILY Chi è?
VIOLA Massimo. È nella mia classe di pedagogia.
EMILY E com'è? Grasso, magro, alto, basso, carino, brutto?
VIOLA No, è molto carino!

VIOLA Ha i capelli neri, corti e lisci, e gli occhi verde-scuro.
EMILY Molti uomini italiani hanno i capelli...
VIOLA È vero. Ed è anche dolce e intelligente. Giovedì andiamo a fare una passeggiata e a studiare insieme.

RICCARDO Sei proprio innamorato!
(Squilla il telefonino di Lorenzo.)
LORENZO Pronto. Ciao, Francesca. Ma perché mi chiami di nuovo? Sei una ragazza in gamba. Non hai bisogno di aiuto. Per favore.

RICCARDO (*In falsetto*) Lorenzo, caro, sono stanca.
LORENZO (*Al telefono*) Il mio compagno di stanza, un idiota. Ed è pure brutto.
RICCARDO (*In falsetto*) Lorenzo...
LORENZO Devo andare via. Devo andare via. No.

RICCARDO Chi è Francesca?
LORENZO Una ragazza.

A T T I V I T À

1 **Chi è?** To which character does each statement refer?

1. Non ha voglia di studiare.
2. È carino e studia pedagogia.
3. Ha ventuno anni.
4. Ha ventidue anni.
5. È una ragazza in gamba.

6. Secondo Lorenzo, è un idiota!
7. È allegra.
8. Non parla bene l'inglese.
9. È preoccupata.
10. Pensa di andare a Roma.

Practice more at **vhlcentral.com.**

I ragazzi stanno alla pensione e parlano delle relazioni.

EMILY Che immaturi! Ma quanti anni avete?

RICCARDO Ventuno. Lorenzo?

LORENZO Ventidue. Emily?

EMILY Siete come il mio fratellino.

LORENZO Attenta, Viola. Non siamo in Abruzzo. In città gli uomini sono aggressivi ed egoisti.

RICCARDO E lamentosi... insensibili... scortesi... pazzi... strani... gelosi.

EMILY Fuori, subito!

EMILY Tu e Massimo. Sono ottimista.

VIOLA Perché?

EMILY Perché sei allegra.

VIOLA E Peter?

VIOLA Scusami, non parlo bene l'inglese.

EMILY Sono preoccupata. Pensa di venire a Roma.

Espressioni utili

Describing people

- **Grasso, magro, alto, basso, carino, brutto?**
  Fat, skinny, tall, short, cute, ugly?
- **No, è molto carino!**
  No, he's very cute!
- **Ha i capelli neri, corti e lisci, e gli occhi verde-scuro.**
  He has short, straight, black hair and dark green eyes.
- **egoisti**
  selfish
- **insensibili, scortesi, pazzi, strani**
  insensitive, rude, crazy, weird
- **Sei una ragazza in gamba.**
  You are a smart girl.
- **Ed è pure brutto.**
  He's even ugly.
- **ottimista**
  optimistic

Asking questions

- **Come va con le lezioni?**
  How are classes going?
- **Perché no?**
  Why not?
- **Chi è?**
  Who is he?
- **Com'è?**
  What's he like?

Additional vocabulary

- **Sei proprio innamorato!**
  You're head over heels!
- **Perché mi chiami di nuovo?**
  Why are you calling me again?
- **Pensa di venire.**
  He's planning on coming.
- **Attenta, Viola.**
  Be careful, Viola.
- **Fuori, subito!**
  Out, now!
- **Devo andare via.**
  I've got to go.

2 **Per parlare un po'** In pairs, write a brief description of one of your classmates. Do not mention his/her name. Be prepared to read your description to the class, who will guess the identity of this person.

3 **Approfondimento** Choose a famous Italian and describe his/her physical appearance and personality. Be prepared to share your description with your classmates.

risorse

SAM
VM: pp. 11–12

vhlcentral.com

A T T I V I T À

CULTURA

L'amicizia

**Qual è la differenza tra un amico e un compagno?
È vero che chi trova un amico trova un tesoro?**
I compagni sono quelle persone che incontriamo molto spesso, per esempio, all'università o al lavoro. L'amicizia° tra compagni è spesso temporanea° e superficiale. Di solito, in questi contesti non si parla di cose molto personali.

Gli amici invece° parlano di cose più intime° e importanti: l'amicizia è solitamente più stabile° e duratura°. In genere° gli amici sono molto più pazienti e disponibili. In Italia non è raro vedere amici di lunga data° che passano la maggior parte del tempo libero insieme. Per gli italiani spesso è più facile mantenere gli amici d'infanzia°. Molti ragazzi infatti frequentano l'università della loro città e, in generale, gli italiani - diversamente dagli americani - non si spostano° frequentemente dalla loro città o paese.

I ragazzi italiani amano uscire in comitiva°. La comitiva è un gruppo di amici, in genere abbastanza numeroso. Spesso il luogo d'incontro° è una piazza o un bar, dove è possibile prendere un gelato o qualcosa da bere° prima o dopo cena. Quando non sono insieme, i ragazzi hanno inoltre un ottimo mezzo per comunicare: il cellulare! Ogni scusa è perfetta per chattare° o scambiarsi° messaggi con lo smartphone! Un altro passatempo molto amato° è quello di cenare° tutti insieme. Cenare insieme è considerato° un momento di gioia°, un atto quindi che rafforza° l'amicizia. È proprio vero quindi che chi trova un amico trova un tesoro.

> **Un piccolo aiuto**
>
> **Qual è** is used to ask *"What is . . . ?"* when the answer involves a choice or identification, whereas **Che, Che cosa,** or **Cosa** ask for a definition.
>
> **Qual è il tuo numero di telefono?**
> *What is your telephone number?*
>
> **Che cos'è l'amicizia?**
> *What is friendship?*

L'amicizia *Friendship* **temporanea** *temporary* **invece** *on the other hand* **più intime** *more intimate* **più stabile** *more stable* **duratura** *enduring* **In genere** *In general* **di lunga data** *longtime* **amici d'infanzia** *childhood friends* **si spostano** *move* **uscire in comitiva** *going out as a group* **luogo d'incontro** *meeting place* **qualcosa da bere** *something to drink* **chattare** *to chat online* **scambiarsi** *to exchange* **amato** *beloved* **cenare** *to have dinner* **è considerato** *is considered* **gioia** *joy* **rafforza** *reinforces*

A T T I V I T À

1 Completare Complete the following statements with the appropriate word or phrase.

1. L'amicizia tra compagni è spesso _____ e _____.
2. Gli amici parlano di cose _____.
3. Una delle loro _____ preferite è quella di uscire in _____.
4. Non è raro vedere amici di _____.
5. Spesso il _____ è una piazza o un bar.

6. La comitiva è un gruppo di amici in genere _____.
7. Gli _____ sono un ottimo modo per comunicare.
8. Un altro _____ molto amato è quello di cenare tutti insieme.
9. Cenare insieme è considerato un momento di _____.
10. È vero che chi trova un amico trova un _____.

🔊 Practice more at **vhlcentral.com.**

L'ITALIANO QUOTIDIANO

Le personalità estreme

buffo/a	*funny*
chic (*invar.*)	*chic*
pazzo/a	*crazy*
scemo/a	*dim-witted*
scherzoso/a	*playful*
strano/a	*weird, strange*
sveglio	*smart*
testardo/a	*stubborn*
tonto/a	*thick; dumb*

USI E COSTUMI

Le tradizioni del matrimonio

Le tradizioni più comuni sono il lancio del riso° agli sposi e il lancio del bouquet alle ragazze nubili. In alcune regioni la sposa indossa° una cosa blu, una cosa regalata°, una prestata°, una vecchia e una nuova. Ma ogni regione italiana ha le sue tradizioni matrimoniali.

In **Emilia-Romagna** gli sposi tagliano° un tronco° in molti pezzi.

In **Calabria** gli invitati lanciano° agli sposi il riso, ma anche il sale e il grano°.

In **Puglia** il vestito della sposa è abbottonato° da una ragazza nubile.

In **Liguria** gli invitati lanciano petali° di fiori colorati.

il lancio del riso *throwing rice* **indossa** *wears* **regalata** *given as a gift* **prestata** *borrowed* **tagliano** *cut* **tronco** *log* **lanciano** *throw* **il sale e il grano** *salt and grains* **abbottonato** *buttoned* **petali** *petals*

RITRATTO

Un matrimonio sfarzoso

Francesco Totti è uno dei migliori° calciatori italiani, campione del mondo nel 2006 con la squadra nazionale italiana. A soli sedici anni gioca per la prima volta in Serie A; ora è il capitano della A.S. Roma. Nel 2005 sposa°, nella splendida chiesa dell'Aracoeli a Roma, **Ilary Blasi**, una famosa presentatrice° italiana. Il giorno del matrimonio lei indossa un abito molto scollato° di Armani, e lui un tight° (sempre di Armani) con cilindro e guanti°. È un matrimonio sfarzoso° di due bellissimi giovani molto amati dal pubblico italiano. All'uscita° della chiesa ci sono duemila tifosi che aspettano gli sposi felici e sorridenti°. La cerimonia è ripresa° dalla TV e i proventi° sono donati al canile° di Roma.

uno dei migliori *one of the best* **sposa** *he marries* **presentatrice** *T.V. hostess* **scollato** *low-cut* **tight** *tails (tuxedo)* **cilindro e guanti** *top hat and gloves* **sfarzoso** *sumptuous* **uscita** *exit* **sorridenti** *smiling* **ripresa** *broadcast* **proventi** *proceeds* **donati al canile** *donated to the dog pound*

SU INTERNET

Qual è l'origine del velo da sposa?

Go to **vhlcentral.com** to find more information related to this **CULTURA**.

---

2 **Vero o falso?** Indicate whether each statement is **vero** or **falso**. Correct the false statements.

1. In Italia il matrimonio è uguale (*the same*) in tutte le regioni.
2. Una tradizione comune è il lancio del riso agli sposi.
3. In Emilia-Romagna gli sposi tagliano un tronco.
4. Francesco Totti è il capitano della Nazionale italiana.
5. Ilary Blasi indossa un abito molto scollato di Armani.
6. Il matrimonio di Francesco Totti è semplice e tranquillo.

3 **Come sono?** Look at the photo of the students on the facing page. With a partner, take turns describing each person in detail. How old do you think they are? What do you think their personalities are like? Are they likely **amici** or **compagni di università**?

risorse

S

vhlcentral.com

A T T I V I T À

STRUTTURE

3B.1 Descriptive adjectives

Punto di partenza You already learned some descriptive adjectives in **Lezione 1B**, and in **Lezione 3A** you learned to use possessive adjectives. Descriptive adjectives generally follow the nouns they modify.

NOUN — DESCRIPTIVE ADJECTIVE

Lo studente **pigro** non studia molto.
*The **lazy** student doesn't study a lot.*

- Here are more adjectives that you can use to describe people.

Physical description

alto/a	*tall*
basso/a	*short*
biondo/a	*blond*
bruno/a	*dark-haired*
brutto/a	*ugly*
carino/a	*cute*
grasso/a	*fat*
magro/a	*thin*
muscoloso/a	*muscular*
sportivo/a	*active*

Personality or mood

allegro/a	*cheerful*
arrabbiato/a	*angry*
audace	*audacious, bold*
dinamico/a	*dynamic*
disinvolto/a	*confident*
furbo/a	*shrewd, sly*
ingenuo/a	*naïve*
(in)sensibile	*(in)sensitive*
(ir)responsabile	*(ir)responsible*
(s)cortese	*(dis)courteous*

Roberto è **muscoloso**.
*Roberto is **muscular**.*

Claudia è **arrabbiata**.
*Claudia is **angry**.*

Quei bambini sono **scortesi**.
*Those children are **rude**.*

Le tue figlie sono **carine**.
*Your daughters are **cute**.*

- To describe a person who is neither **alto** nor **basso**, use the phrase **di media statura** (*of average height*).

- You have already learned that adjectives ending in **-o** have four forms, and those ending in **-e** have only two forms. Adjectives ending in **-ista** have three forms: one for all singular nouns, and different forms for masculine plural and feminine plural nouns.

Adjectives ending in *-ista*

masculine and feminine singular	masculine plural	feminine plural
egoista	egoisti	egoiste
femminista	femministi	femministe
ottimista	ottimisti	ottimiste
pessimista	pessimisti	pessimiste

PRATICA

1 **Collegare** Match each adjective with its opposite.

1. ____ grande		a. arrabbiato
2. ____ pessimista		b. grasso
3. ____ calmo		c. bello
4. ____ magro		d. noioso
5. ____ forte		e. piccolo
6. ____ interessante		f. debole
7. ____ giovane		g. vecchio
8. ____ brutto		h. ottimista

2 **Scegliere** Choose the adjective that best completes each sentence and write the correct form.

MODELLO

Marisa non lavora molto. Lei è (socievole, pigro, brutto).
___pigra___

1. Pino è sempre contento perché è una persona (ottimista, duro, povero). _____

2. Renata non è bassa; è (muscoloso, di media statura, stupido). _____

3. Mia madre non dorme bene perché è (preoccupato, liscio, gentile). _____

4. Mi piace leggere i libri (avaro, interessante, castano). _____

5. Luca è molto grasso, ma le sue sorelle sono (arrabbiato, verde, magro). _____

6. Nikolai non è un ragazzo italiano; è (vecchio, straniero, noioso). _____

3 **Trasformare** Replace the underlined word(s) with the correct form of the word(s) in parentheses and make all necessary changes to the sentence.

MODELLO Il <u>bambino</u> cattivo non mangia. (bambine)
Le bambine cattive non mangiano.

1. Il <u>ragazzo</u> atletico gioca bene a calcio. (ragazze)

2. Invitiamo <u>un amico</u> socievole e simpatico alla festa. (tre amiche)

3. I miei genitori hanno una <u>piccola</u> macchina. (brutto)

4. L'uomo <u>basso</u> dai capelli <u>neri</u> si chiama Umberto. (alto / biondo)

5. Gli <u>studenti</u> intelligenti finiscono <u>i compiti</u> difficili. (studentessa / l'attività)

6. Giorgina ha una bella <u>casa</u> a Milano. (ufficio)

🔊 Practice more at **vhlcentral.com.**

4 **La famiglia Petrillo** In pairs, take turns describing the members of the Petrillo family. Comment on their personality as well as their physical appearance.

 **MODELLO** *Luca è vecchio e intelligente...*

Giacomo · Elena · Flavia · Achille · Stefano · Luca

5 **Venti domande** Choose a famous person. In groups of four, take turns asking yes-or-no questions to determine the identity of each other's person.

MODELLO

S2: *È una donna?*
S1: *Sì.*
S3: *Ha gli occhi blu?*
S1: *No.*

6 **Un buon amico** Interview a classmate to learn about one of his/her friends. Use the questions below plus three additional questions. Take notes and be prepared to describe your partner's friend to the class.

- Come si chiama lui/lei?
- Quanti anni ha lui/lei?
- È alto/a, basso/a o di media statura?
- Che tipo di personalità ha?
- È un bravo studente/una brava studentessa?
- Quali sono i suoi passatempi?

- To describe the color of a person's eyes or hair, use **avere** + **gli occhi/i capelli** + [*adjective*].

Hair and eye adjectives			
azzurri	*(sky) blue*	lunghi	*long*
bianchi	*white*	marroni	*brown (eyes)*
blu (*invar.*)	*blue*	mossi	*wavy*
castani	*brown*	neri	*black*
corti	*short*	ricci	*curly*
grigi	*grey*	rossi	*red*
lisci	*straight*	verdi	*green*

Non ho **i capelli mossi**. | I miei figli hanno **gli occhi azzurri.**
*I don't have **wavy hair**.* | *My kids have **blue eyes.***

- The Italian equivalent of the English expression *with (red, blonde, etc.) hair* is **dai capelli (rossi, biondi ecc.).**

Vedi la ragazza **dai capelli castani**?
*Do you see the girl **with brown hair** (the **brown-haired** girl)?*

Position of adjectives

- Certain adjectives, including **bello, brutto, buono, cattivo, nuovo, vecchio, giovane, grande,** and **piccolo,** often precede the noun. In this position, **buono** and **bello** have special forms.

buono		bello	
un film	un **buon** film	il bambino	il **bel** bambino
uno zoo	un **buono** zoo	lo zaino	il **bello** zaino
un amico	un **buon** amico	l'uomo	il **bell'**uomo
i giornali	i **buoni** giornali	i capelli	i **bei** capelli
gli avvocati	i **buoni** avvocati	gli occhi	i **begli** occhi
una donna	una **buona** donna	la casa	la **bella** casa
un'amica	una **buon'**amica	l'amica	la **bell'**amica
le ragazze	le **buone** ragazze	le rose	le **belle** rose

- Note that the pattern of singular endings of **buono** resembles the pattern of the indefinite article, and the pattern of **bello** resembles that of the definite article.

Provalo! **Provide all forms of each adjective.**

1. muscoloso *muscoloso, muscolosa, muscolosi, muscolose*
2. blu _____
3. contento _____
4. intelligente _____
5. piccolo _____
6. triste _____
7. sportivo _____
8. pessimista _____

STRUTTURE

3B.2 Interrogatives and demonstratives

Punto di partenza In **Lezione 1B**, you learned how to form yes-or-no questions and you learned some questions with interrogative words. Here are the most commonly used interrogative words.

Interrogative words

che cosa/che/cosa?	*what?*	perché?	*why?*
chi?	*who/whom?*	quale?	*which/what?*
come?	*how?*	quando?	*when?*
dove?	*where?*	quanto?	*how much?*

- In questions beginning with an interrogative word, the subject is usually placed at the end.

  Cosa comprate voi?   **Dove** abita l'ingegnere?
  ***What** are you buying?*   ***Where** does the engineer live?*

- When an interrogative is used with a preposition, the preposition must precede the interrogative.

  Con chi parla Beppe?   **Da dove** viene Mario?
  With whom** is Beppe talking?*   ***Where** does Mario come **from?

- Although **quando?** and **a che ora?** both express *when?*, **quando?** asks for a general time reference, while **a che ora?** indicates a specific time of day.

  Quando studiano?   **A che ora** parte il treno?
  ***When** (generally) do they study?*   ***(At) what time** does the train leave?*

- The interrogatives **che**, **quale**, and **quanto** can also be used as interrogative adjectives that modify nouns. **Che** is invariable, but **quale** and **quanto/a** must agree with the nouns they modify.

  Quale donna è tua zia?   **Quanti** cugini avete?
  ***Which** woman is your aunt?*   ***How many** cousins do you have?*

- When followed by the verb **è**, the interrogatives **come**, **dove**, and **che cosa** drop the final vowel and add an apostrophe.

  Com'è il tuo fidanzato?   **Dov'è** la proprietaria?
  What is** your boyfriend **like?   ***Where is** the owner?*

- Use **che cos'è** to ask for an explanation or definition and **qual è** to request specific information. Note that **quale** and **qual è** are not interchangeable.

  Che cos'è la paleontologia?   **Qual è** il suo indirizzo?
  ***What is** paleontology?*   ***What is** his address?*

PRATICA

1 Completare Select the word or phrase that best completes each question or statement.

1. ＿＿ donna si chiama Diana.   a. Com'è
2. ＿＿ fai stasera?   b. Dove
3. ＿＿ il suo nome?   c. Che cosa
4. ＿＿ viaggiano? In treno?   d. Questo
5. ＿＿ l'esame? Difficile?   e. Qual è
6. ＿＿ comincia il film?   f. Quella
7. ＿＿ ragazzo non studia mai!   g. Come
8. ＿＿ mettiamo i libri?   h. A che ora

2 Domandare Write a question for each response. Use each interrogative word only once.

> **MODELLO** Milano è nel nord d'Italia. *Dov'è Milano?*

1. Stefano è alto, magro, biondo e molto gentile.
2. I miei fratelli cercano il nostro cane Jupiter.
3. Angela scrive poesie romantiche.
4. Vado al cinema stasera.
5. L'astronomia è lo studio degli astri (*stars*).
6. Preferiamo cenare da noi.
7. Tutte sono veloci, ma compro la bicicletta verde.
8. Paolo spedisce una lettera al suo professore.

3 Rispondere Use the appropriate demonstrative pronoun to answer each question in the negative.

> **MODELLO** Beatrice prende quella bicicletta?
>
> *No, prende questa.*

1. Quegli studenti sono socievoli?
2. Leggiamo questa lezione?
3. Nina lavora in quel negozio?
4. Vincenzo pulisce quelle lavagne dopo la lezione?
5. I Pedretti comprano questa casa?
6. Quel treno parte alle tre?
7. Ascolti spesso questi CD?
8. Elio gioca con quella squadra di calcio?

Practice more at **vhlcentral.com.**

COMUNICAZIONE

4 **Domande e risposte** With a partner, make a set of flashcards for interrogative words. Mix the cards and place them in a stack face down. Then turn one card at a time and ask your partner a question using the word. Your partner will answer the question.

MODELLO

S1: *Quante matite hai tu?*
S2: *Non ho matite. Ho due penne.*

5 **Le preferenze** In small groups, take turns asking each other which item in each pair you prefer. Continue the conversation with follow-up questions.

MODELLO

S1: *Quale scooter preferite comprare?*
S2: *Preferisco quello scooter.*
S3: *Io ho voglia di comprare questo.*
S1: *Perché questo?*
S3: *Perché è rosso... e quello non mi piace.*

1.

2.

3.

4.

5.

Demonstrative adjectives and pronouns

- Demonstratives indicate which of multiple items is being discussed. The adjectives **questo** (*this*) and **quello** (*that*) precede the nouns they modify. **Questo** has four regular endings, but the singular forms can be shortened to **quest'** before a vowel. Note that **quello** follows the same pattern as **bello**.

Demonstrative adjectives

il libro	**questo** libro	**quel** libro
lo zaino	**questo** zaino	**quello** zaino
l'orologio	**quest'**orologio	**quell'**orologio
i capitoli	**questi** capitoli	**quei** capitoli
gli esercizi	**questi** esercizi	**quegli** esercizi
la lezione	**questa** lezione	**quella** lezione
l'attività	**quest'**attività	**quell'**attività
le risposte	**queste** risposte	**quelle** risposte

A che ora parte **questo** treno?
*What time does **this** train leave?*

Chi è **quell'**uomo?
*Who is **that** man?*

- Demonstrative pronouns refer to a person or thing that has already been mentioned or whose identity is clear. They replace the noun to which they refer and agree with it in gender and number. The demonstrative pronouns are **questo/a** (*this one*), **questi/e** (*these*), **quello/a** (*that one*), and **quelli/e** (*those*).

Quale libro preferisci: **questo** o **quello**?
*Which book do you prefer: **this one** or **that one**?*

Leggi questi libri o **quelli**?
*Are you reading these books or **those**?*

- The pronouns **questo** and **quello** can be used to refer to whole ideas or previously mentioned topics.

Quello non è importante in questo momento.
That isn't important right now.

Questo è veramente interessante!
This is really interesting!

Provalo! Complete each question with the appropriate interrogative or demonstrative word.

1. <u>Cosa/Che/Che cosa</u> studia Giulia all'università? Matematica?
2. _____ stai oggi?
3. _____ è lei? Tua sorella Anna?
4. _____ è il tuo numero di telefono?
5. _____ comincia la classe? Alle due?
6. _____ costa il libro?
7. Qual è la tua macchina: questa o _____?
8. Di chi è _____ cane?

SINTESI

Ricapitolazione

1 La tua città Interview a classmate. Ask whether he/she goes to these places in town. If he/she says yes, ask follow-up questions: with whom, when, why, and so on. Be prepared to report your findings to the class.

la biblioteca	la farmacia
il caffè	i negozi
il centro commerciale	il parco
il cinema	il supermercato

2 Gli occhi della madre List five physical or personality traits that you share with other members of your family. Then, in pairs, compare lists. Be ready to present your partner's list to the class.

MODELLO

S1: Io e mio fratello Frankie siamo atletici.
S2: Io sono ottimista, come mia madre.

3 Fare una catena Pick someone in the drawing below and describe him/her. The next person in your group repeats the first person's statement and adds to it. Keep going and see how many details you can add and remember.

MODELLO

S1: Quella donna si chiama Rachele. È magra.
S2: Rachele è magra e anche alta.
S3: È magra, alta e bionda.

Marco · Fatima · Virginia · Tran e Giacomo · Mohammed e Cristina · Vittorio e Rachele · Silvia e Tommaso

4 I cartoni animati Write five questions and answers about these cartoon characters. Use a different interrogative for each question. Then, in groups of three, take turns playing the role of game show host. Ask your questions to the two contestants. When someone answers correctly, switch hosts.

MODELLO

S1: Dove abita la famiglia Simpson?
S2: La famiglia Simpson abita a Springfield.

Bugs Bunny	i Griffin (*Family Guy*)
i bambini di South Park	Scooby-Doo
Cenerentola (*Cinderella*)	Shrek
la famiglia Flintstone	la sirenetta (*the Little Mermaid*)
la famiglia Simpson	Aladino

5 Firma qui! Your instructor will give you a worksheet. First, write yes-or-no questions using descriptive adjectives. Follow the model on the card. Then ask your questions to your classmates: one per person. If the answer is yes, ask for his/her signature. Get eight signatures.

MODELLO

S1: Roberto, hai una sorella alta?
S2: Sì, mia sorella Janet è molto alta.
S1: Benissimo! Firma qui, per favore.

6 Le differenze Your instructor will give you and a partner each a drawing of a family. Ask questions to find the six differences between your picture and your partner's.

MODELLO

S1: La madre è bionda?
S2: No, non è bionda. Ha i capelli castani.

7   **Cercasi attori** You are a casting director trying to find actors for a new comedy about a family. Work with a partner to write a brief description of each member of the family. Use the vocabulary you learned in **Lezioni 2A, 3A e 3B** to describe the characters, their personalities, and their pastimes.

> **MODELLO**
>
> *Il figlio maggiore si chiama Massimo. Ha 22 anni ed è alto, bruno e molto studioso. Gli piace giocare a...*

La famiglia

il figlio   la figlia   il padre   la madre   il cugino

8   **La sceneggiatura** Prepare a scene for your new television show. The characters are making plans for the weekend, and they each have a different opinion about where to go and what to do. In pairs, use the vocabulary you learned in **Unità 2** to prepare a scene in which the characters try to decide on their plans.

> **MODELLO**
>
> **Massimo:** *Fa caldo. Andiamo al mare! Ho voglia di nuotare.*
> **Alessia:** *Ma no! Io preferisco andare al cinema. Ho voglia di vedere un film.*

Il mio di·zio·na·rio

Add five words related to **La famiglia** and **Le descrizioni personali** to your personalized dictionary.

il matrimonio

traduzione
marriage; wedding

categoria grammaticale
sostantivo (m.)

uso
Vado al matrimonio di mia cugina con il suo fidanzato.

sinonimi
nozze

antonimi
divorzio

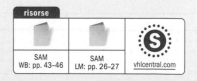

risorse		
SAM WB: pp. 43–46	SAM LM: pp. 26–27	vhlcentral.com

Panorama

Interactive Map

il *North End*, il quartiere italiano di Boston

tifosi di calcio alle cascate del Niagara

Gli italiani nel mondo

La popolazione in cifre

▶ **Cittadini italiani°** residenti **all'estero°:**
più di 4 milioni

▶ **Germania:** *651.852*
▶ **Belgio:** *254.741*
▶ **Argentina:** *691.481*
▶ **Brasile:** *316.699*
▶ **Svizzera:** *558.545*
▶ **Stati Uniti:** *223.429*
▶ **Francia:** *373.145*
▶ **Regno Unito°:** *209.720*

FONTE: AIRE 2012

Stati con più oriundi italiani°:

▶ **Percentuale di statunitensi d'origine italiana:** *6%*
▶ **New York:** *2.833.825*
▶ **Illinois:** *844.254*
▶ **Pennsylvania:** *1.605.853*
▶ **Ohio:** *769.060*
▶ **New Jersey:** *1.577.028*
▶ **Connecticut:** *671.823*
▶ **California:** *1.560.870*
▶ **Michigan:** *500.172*
▶ **Florida:** *1.231.122*
▶ **Texas:** *467.824*
▶ **Massachusetts:** *913.186*
▶ **Louisiana:** *222.243*

FONTE: U.S. Census Bureau 2006 American Community Survey

Italoamericani celebri

▶ **Enrico Fermi,** *fisico° (1901–1954)*
▶ **Joe DiMaggio,** *giocatore di baseball (1914–1999)*
▶ **Frank Sinatra,** *cantante e attore (1915–1998)*
▶ **Nancy Pelosi,** *politica, prima donna presidente della Camera dei rappresentanti° (1940–)*
▶ **Liza Minnelli,** *attrice e cantante (1946–)*
▶ **Sofia Coppola,** *regista, sceneggiatrice° e attrice (1971–)*
▶ **Leonardo DiCaprio,** *attore (1974–)*

Michigan
New York
Massachusetts
California
Connecticut
Ohio
New Jersey
Illinois
Pennsylvania
Texas
Louisiana
Florida

Una pasticciera italoamericana prepara *le colombe*.

Incredibile ma vero!

La Dichiarazione° di indipendenza degli Stati Uniti d'America è firmata° da due italoamericani: William Paca e Caesar Rodney. Circa 1.500 hanno combattuto° per l'indipendenza degli Stati Uniti. Inoltre°, più di 5.000 italiani hanno partecipato° alla guerra civile° americana.

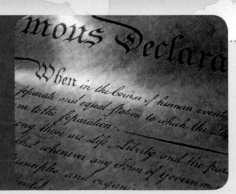

Cittadini italiani *Italian citizens* **all'estero** *abroad* **Regno Unito** *United Kingdom* **oriundi italiani** *people of Italian ancestry* **fisico** *physicist* **Camera dei rappresentanti** *House of Representatives* **sceneggiatrice** *screenwriter* **Dichiarazione** *Declaration* **è firmata** *is signed* **hanno combattuto** *fought* **Inoltre** *Furthermore* **hanno partecipato** *participated* **guerra civile** *Civil War*

La storia

La Piccola Italia in Argentina

Molti italiani emigrano° in Argentina tra il 1870 e il 1970. Dai 15 ai 20 milioni di argentini hanno origine italiana. L'influenza della cultura e della lingua italiana è molto forte in Argentina. I primi italiani che si stabiliscono° a Buenos Aires provengono° dalla Liguria, dalla Lombardia e dal Piemonte. Il quartiere° italiano più famoso di Buenos Aires si chiama *La Boca*. Oggi *La Boca* è un quartiere turistico, famoso per le sue case dipinte° di vari colori, per l'aria europea che si respira nelle strade, per il tango ballato° nei locali sulla strada principale° e per la sua squadra di calcio.

Le feste

La Festa dei Gigli

La Festa dei Gigli° è una festa molto antica° (è nata in Italia nel 409 d.C.°) in onore di San Paolino di Nola. Questa festa è celebrata a luglio in Italia e anche negli Stati Uniti. Dal 1903 la comunità italoamericana di Williamsburg (Brooklyn) celebra ogni anno la ricorrenza° con più di cento uomini che portano *il Giglio*, una struttura alta cento metri, per le strade della città.

Le persone

John Turturro

John Turturro nasce a New York nel 1957. Il padre di John era originario di Giovinazzo, un paese vicino a Bari. Turturro studia recitazione° alla *Yale University School of Drama*. All'inizio della sua carriera lavora a Broadway. Vince molti premi° all'estero, ma gli resta da° vincere un Oscar. È famoso soprattutto° per la sua collaborazione con il regista Spike Lee e con i fratelli Coen.

La gastronomia

La bruschetta

La bruschetta è un piatto° italiano che è diventato° famoso nei ristoranti americani. Originariamente° la bruschetta era° un piatto povero° dei contadini° che mettevano un po' d'olio d'oliva sul pane. La bruschetta classica è preparata anche con aglio°, pomodoro e basilico fresco, ma può essere condita° con infiniti ingredienti. Oggi viene servita° come antipasto.

Quanto hai imparato? Completa le frasi.

1. William Paca ha firmato la ___Dichiarazione___ di indipendenza.
2. L'influenza della cultura e della ___lingua___ italiana è molto forte in Argentina.
3. *La Boca* è il ___quartiere___ italiano di Buenos Aires.
4. La Festa dei Gigli è molto ___antica___.
5. Più di ___cento___ uomini portano il Giglio per la città.

6. Il padre di John Turturro è di ___Giovinazzo___
7. A Turturro resta da ___vincere___ un Oscar.
8. La bruschetta è un piatto ___famoso___ in America.
9. I contadini mettevano ___un po' d'olio d'oliva___ sul pane.
10. La bruschetta è preparata anche con ___aglio___, pomodoro e ___basilico___ fresco.

---

risorse

SAM
WB: pp. 47–48

vhlcentral.com

Practice more at **vhlcentral.com.**

SU INTERNET

Go to **vhlcentral.com** to find more cultural information related to this **Panorama**.

1. C'è un quartiere italiano nella città dove vivi? Ci sono ristoranti italiani vicino a casa tua?
2. Cerca una ricetta per la bruschetta.
3. Cerca informazioni sulla vita di un(a) italoamericano/a celebre.

---

emigrano *emigrate* **si stabiliscono** *settle* **provengono** *they come* **quartiere** *neighborhood* **dipinte** *painted* **ballato** *danced* **principale** *main* **Gigli** *lilies* **antica** *old* **d.C.** *AD* **ricorrenza** *holiday* **recitazione** *acting* **premi** *awards* **gli resta da** *he still hasn't* **soprattutto** *above all* **piatto** *dish* **è diventato** *has become* **Originariamente** *Originally* **era** *was* **povero** *humble* **contadini** *farmers* **aglio** *garlic* **può essere condita** *it can be garnished* **viene servita** *is served*

Lettura  Ⓢ Audio: Reading

Prima di leggere

Predicting content from visuals

When you read in Italian, be sure to look for visual cues that can orient you to the content and purpose of what you are reading. Photos and illustrations, for example, will often give you an idea of the topic of the reading.

You may also encounter helpful visuals that summarize large amounts of data in a way that is easy to comprehend; these visuals include bar graphs, pie charts, flow charts, lists of percentages, and other diagrams.

Animali domestici più diffusi°	
In Italia gli animali domestici sono più di 44 milioni.	
Cani	6.900.000
Gatti	7.400.000
Pesci	15.800.000
Uccelli°	12.100.000
Roditori°	500.000
Altri animali	1.400.000

diffusi *common* **Uccelli** *Birds* **Roditori** *Rodents*

Esamina il testo

Take a quick look at the visual elements of the article and make a list of ideas about its content. Then compare your list with a classmate's. Are your lists the same or different? Discuss any differences, and make a final list combining both of your ideas.

Amici
a quattro zampe

Gli animali domestici sono molto importanti per gli italiani. Quasi° due nuclei familiari su tre° hanno un cane, un gatto, pesci o uccelli. I cani sono particolarmente preferiti dalle famiglie e dai giovani che hanno un giardino.

Un recente sondaggio° mostra che soprattutto le famiglie numerose e i giovani amano vivere con un amico a quattro zampe°. In particolare, il cane è considerato un ottimo compagno di giochi per i bambini e un amico fedele per tutti.

Alcuni degli intervistati° dicono° che un animale domestico aiuta a fare più esercizio fisico, altri dicono che diminuisce° lo stress, ma gli animali sono usati° inoltre come terapia, soprattutto per gli anziani.

In Italia gli animali domestici sono trattati come compagni di vita insostituibili°. I cani e i gatti di razza° sono circa il 20%. Spesso i loro padroni li iscrivono° a gare° di bellezza e di portamento°. Ci sono anche molte scuole di addestramento° e di rieducazione° per aiutare i cani che hanno avuto° un passato difficile.

Perché avere un animale domestico?

Ragioni	Cani	Gatti	Pesci	Uccelli
Per la compagnia	63,4%	61,5%	14%	35%
Per amore degli animali	47,0%	45,0%	22%	17%
Per il benessere° personale	41,1%	39,0%	0%	10%
Per i bambini	48,0%	28,0%	47%	33%
Per tenersi occupati°	41,0%	36,5%	0%	15%

Quasi *Almost* due nuclei familiari su tre *two households out of three* sondaggio *survey* a quattro zampe *four-footed* Alcuni degli intervistati *Some of the interviewees* dicono *say* diminuisce *reduces* sono usati *are used* insostituibili *irreplaceable* di razza *purebred* li iscrivono *register them* gare *competitions* portamento *bearing* addestramento *training* rieducazione *reeducation* hanno avuto *have had* benessere *well-being* tenersi occupati *keep busy*

Dopo la lettura

Vero o falso Indicate whether each statement is **vero** or **falso**, based on the reading.

	Vero	Falso
1. Gli animali domestici sono considerati come compagni di vita.	☑	☐
2. È raro vedere una famiglia con bambini che ha un animale domestico.	☐	☑
3. Il gatto non è un animale apprezzato (*prized*) in Italia.	☐	☑
4. Alcuni degli intervistati dicono che un cane aiuta a fare più esercizio fisico.	☑	☐
5. Alcune persone dicono che un cane aumenta lo stress.	☑	☑
6. In Italia i cani e i gatti di razza non fanno mai gare di portamento.	☐	☑

Scegliere Choose the correct response according to the article.

1. Quanti sono in Italia i cani e i gatti di razza?
   a. 20%–25%
   b. 40%–45%
   c. 55%–60%

2. Perché gli italiani hanno un animale domestico?
   a. per avere più compagnia e più stress
   b. per fare meno esercizio fisico
   c. per avere più compagnia e diminuire lo stress

3. Che cosa pensano le famiglie italiane dei loro cani?
   a. I cani sono meno diffusi nelle famiglie che hanno un giardino.
   b I cani fanno parte della famiglia e sono compagni di vita insostituibili.
   c. Il cane non è usato come terapia per gli anziani.

4. Quali animali domestici sono più numerosi in Italia?
   a. i gatti
   b. i cani
   c. i pesci

5. Ci sono famiglie italiane che hanno altri tipi di animali domestici?
   a. No.
   b. Sì.

Practice more at **vhlcentral.com**.

In ascolto (S) Audio

Asking for repetition/ Replaying the recording

Sometimes it is difficult to understand what people are saying, especially in a noisy environment. During a conversation, you can ask someone to repeat by saying **Come?** or **Scusi?** (*Pardon me?*). In class, you can ask your instructor to repeat by saying, **Ripeta, per favore** (*Repeat, please*). If you don't understand a recorded activity, you can simply replay it.

🎧 To help you practice this strategy, you will listen to a short paragraph. Ask your instructor to repeat it or replay the recording, and then summarize what you heard.

Preparazione

Based on the photograph, where do you think Susanna and Diana are? What do you think they are talking about?

Ascoltiamo 🎧

Now you are going to hear Susanna and Diana's conversation. Use **F** to indicate adjectives that describe Susanna's boyfriend, Fernando. Use **E** for adjectives that describe Diana's boyfriend, Edoardo. Some adjectives will not be used.

_____ castano   _____ ottimista

_____ simpatico   _____ intelligente

_____ grosso   _____ biondo

_____ interessante   _____ bello

_____ gentile   _____ brutto

_____ divertente   _____ paziente

 Practice more at **vhlcentral.com.**

Comprensione

Identificare Who do these statements describe?

1. Ha un problema con un ragazzo.

_____

2. Non parla con Diana.

_____

3. Lei è fortunata.

_____

4. Loro parlano spesso.

_____

5. Lui è simpatico.

_____

6. Lui è un po' timido.

_____

Vero o falso Indicate whether each statement is **vero** or **falso**, then correct the false ones.

1. Edoardo è un ragazzo molto paziente e ottimista.

_____

2. Diana non ha fortuna con i ragazzi.

_____

3. Susanna e il suo ragazzo parlano di tutto.

_____

4. Edoardo parla spesso con Diana.

_____

5. Fernando è un po' timido.

_____

6. Susanna parla di molte cose con Fernando.

_____

Scrittura

Using idea maps

How do you organize ideas for a first draft? Often, the organization of ideas represents the most challenging part of the writing process. Idea maps are useful for organizing pertinent information. Here is an example of an idea map you can use when writing.

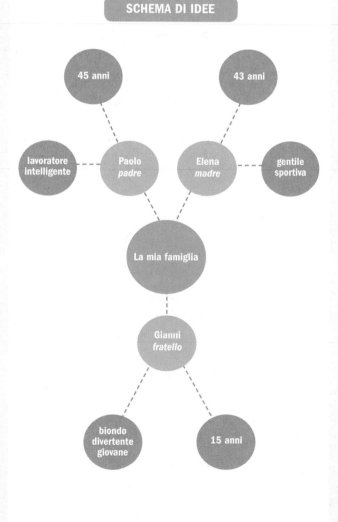

SCHEMA DI IDEE

45 anni

43 anni

lavoratore intelligente

Paolo *padre*

Elena *madre*

gentile sportiva

La mia famiglia

Gianni *fratello*

biondo divertente giovane

15 anni

◗◗Tema

Scrivere una lettera

A friend you met in a chat room for Italian speakers wants to know about your family. Using some of the verbs and adjectives you learned in this lesson, write a brief letter describing your family or an imaginary family, including:

- Names and relationships
- Physical characteristics
- Hobbies and interests

Here are some useful expressions for letter-writing in Italian:

Salutations	
Caro Fabrizio,	*Dear Fabrizio,*
Cara Isidora,	*Dear Isidora,*

Asking for a response	
Spero di sentirti presto.	*I hope to hear from you soon.*
Fammi sapere le tue novità.	*Let me know what's new with you.*

Closings	
Bacioni!	*Big kisses!*
Baci e abbracci,	*Kisses and hugs,*
Baci,	*Kisses,*
Cari saluti,	*Warm regards,*
Ci sentiamo,	*We'll be in touch,*
A presto!	*See you soon!*
Con affetto,	*Fondly,*
Cordiali saluti,	*Kind regards,*

Lo stato civile

cęlibe	single (male)
divorziato/a	divorced
fidanzato/a	engaged
nųbile	single (female)
separato/a	separated
sposato/a	married
vędovo/a	widowed

I parenti acquisiti

il/la cognato/a	brother-/sister-in-law
il gęnero	son-in-law
la nuora	daughter-in-law
il/la suọcero/a	father-/mother-in-law

Professioni

l'architetto	architect
l'avvocato	lawyer
il/la cameriere/a	waiter/waitress
il/la giornalista	journalist
l'ingegnere	engineer
il/la musicista	musician
il/la parrucchiere/a	hairdresser
il/la proprietario/a	owner
l'uomo/la donna d'affari	businessman/ business woman

La famiglia

il/la bambino/a	child; baby
il cognome	last name
la coppia	couple
il/la cugino/a	cousin
il/la figliastro/a	stepson/ stepdaughter
il/la figlio/a	son/daughter
il fratellastro	stepbrother; half brother
il fratellino	little/younger brother
il fratello	brother
i/le gemelli/e	twins
i genitori	parents
la madre	mother
il marito	husband
la matrigna	stepmother
la moglie	wife
il/la nipote	nephew/niece; grandson/ granddaughter
il/la nonno/a	grandfather/ grandmother
il padre	father
i parenti	relatives
il patrigno	stepfather
il/la ragazzo/a	boy/girl; boyfriend/girlfriend
la sorella	sister
la sorellastra	stepsister; half sister
la sorellina	little/younger sister
lo/la zịo/a	uncle/aunt
maggiore	elder
minore	younger

Descrizioni personali

amaro/a	bitter
atlętico/a	athletic
attivo/a	active
avaro/a	greedy
brillante	bright
convinto/a	earnest
coraggioso/a	courageous
crudele	cruel
curioso/a	curious
dębole	weak
discreto/a	discreet
disponịbile	helpful
dolce	sweet
duro/a	hard; tough
egoista	selfish
enęrgico/a	energetic
fedele	faithful
forte	strong
geloso/a	jealous
gentile	kind
giọvane	young
laborioso/a	hardworking
lamentoso/a	whiny
lento/a	slow
modesto/a	modest
paziente	patient
pọvero/a	poor
preferito/a	favorite
preoccupato/a	worried
pronto/a	ready
ricco/a	rich
spiritoso/a	funny; clever
stanco/a	tired
straniero/a	foreign
vecchio/a	old
veloce	fast

Gli animali domęstici

il canarino	canary
il cane	dog
il gatto	cat
il pesce	fish

Verbi in -ire

aprire	to open
capire (-isc-)	to understand
dormire	to sleep
finire (-isc-)	to finish
offrire	to offer
partire	to leave
preferire (-isc-)	to prefer
pulire (-isc-)	to clean
seguire	to follow; to take (a class)
sentire	to feel; to hear
servire	to serve
spedire (-isc-)	to send

Espressioni ụtili	See pp. 83 and 99.
Possessives	See p. 86.
Prepositions	See p. 88.
Descriptive adjectives	See pp. 102–103.
Interrogatives and demonstratives	See pp. 104–105.

Tecnologia e moda

Per cominciare
- Viola e Lorenzo fanno i compiti o fanno lo shopping?
- Hanno voglia di comprare una collana o una macchina fotografica digitale?
- Sono interessati oppure annoiati?
- Viola ha i capelli biondi o marroni?

Lezione 4A

Communicative Goals

You will learn how to:

- talk about electronic communication
- talk about computer technology

La tecnologia

(S) Vocabulary Tools

Vocabolario

usare la tecnologia	*using technology*
accendere	*to turn on*
cancellare	*to erase*
caricare	*to charge; to load*
cominciare	*to start*
comporre*	*to dial (a number)*
essere connesso/a	*to be connected*
essere in linea	*to be online*
funzionare	*to work, to function*
navigare in rete	*to surf the Internet*
registrare	*to record*
salvare	*to save*
scaricare	*to download*
spegnere*	*to turn off*
stampare	*to print*
termini tecnologici	*technology terms*
il canale (televisivo)	*(television) channel*
il carica batteria	*battery charger*
la cartella	*folder*
il (computer) portatile	*laptop (computer)*
il documento	*document*
l'e-mail (f.)	*e-mail message*
l'impianto stereo	*stereo system*
il lettore DVD	*DVD player*
la macchina fotografica (digitale)	*(digital) camera*
il messaggio (di testo); l'SMS	*text message*
il microfono	*microphone*
la password	*password*
il programma	*program*
la rete	*network; Internet*
il sito Internet	*web site*
lo smartphone	*smartphone*
il videogioco	*video game*

il lettore MP3/CD

il cellulare

lo schermo

le cuffie

il disco rigido

la tastiera

il mouse

la stampante

il tablet

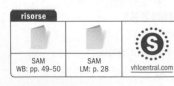

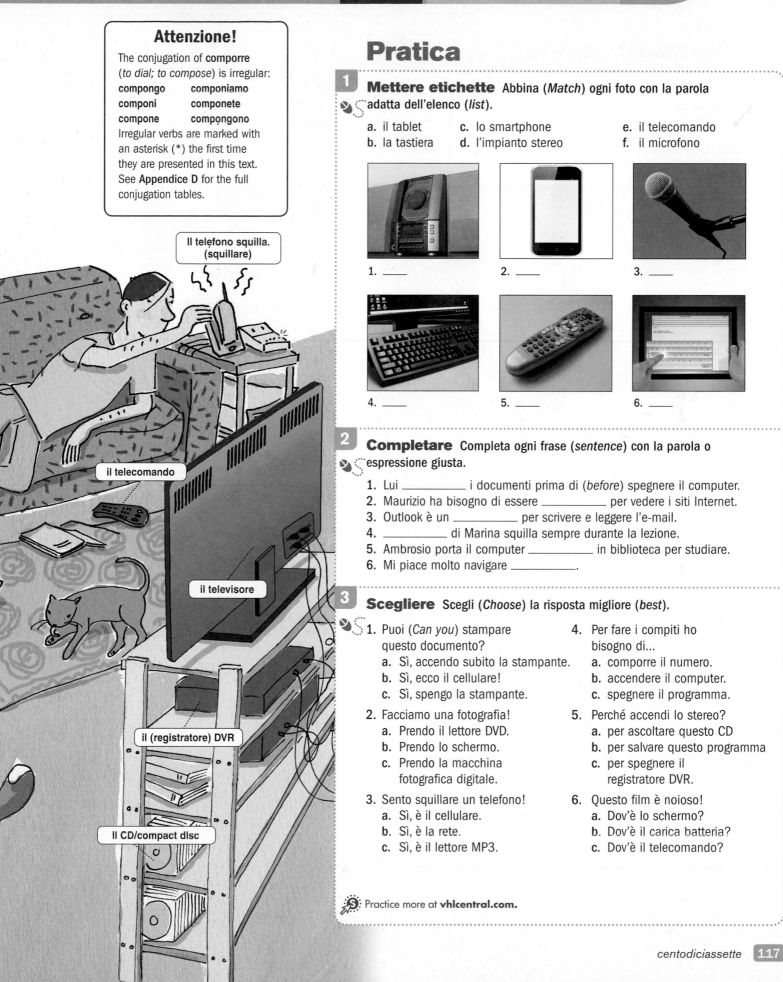

Attenzione!

The conjugation of **comporre** (*to dial; to compose*) is irregular:

compongo	componiamo
componi	componete
compone	compongono

Irregular verbs are marked with an asterisk (*) the first time they are presented in this text. See **Appendice D** for the full conjugation tables.

Il telefono squilla. (squillare)

il telecomando

il televisore

il (registratore) DVR

Il CD/compact disc

Pratica

1 Mettere etichette Abbina (*Match*) ogni foto con la parola adatta dell'elenco (*list*).

a. il tablet   c. lo smartphone   e. il telecomando
b. la tastiera   d. l'impianto stereo   f. il microfono

1. ____   2. ____   3. ____

4. ____   5. ____   6. ____

2 Completare Completa ogni frase (*sentence*) con la parola o espressione giusta.

1. Lui _____ i documenti prima di (*before*) spegnere il computer.
2. Maurizio ha bisogno di essere _____ per vedere i siti Internet.
3. Outlook è un _____ per scrivere e leggere l'e-mail.
4. _____ di Marina squilla sempre durante la lezione.
5. Ambrosio porta il computer _____ in biblioteca per studiare.
6. Mi piace molto navigare _____.

3 Scegliere Scegli (*Choose*) la risposta migliore (*best*).

1. Puoi (*Can you*) stampare questo documento?
   a. Sì, accendo subito la stampante.
   b. Sì, ecco il cellulare!
   c. Sì, spengo la stampante.

2. Facciamo una fotografia!
   a. Prendo il lettore DVD.
   b. Prendo lo schermo.
   c. Prendo la macchina fotografica digitale.

3. Sento squillare un telefono!
   a. Sì, è il cellulare.
   b. Sì, è la rete.
   c. Sì, è il lettore MP3.

4. Per fare i compiti ho bisogno di...
   a. comporre il numero.
   b. accendere il computer.
   c. spegnere il programma.

5. Perché accendi lo stereo?
   a. per ascoltare questo CD
   b. per salvare questo programma
   c. per spegnere il registratore DVR.

6. Questo film è noioso!
   a. Dov'è lo schermo?
   b. Dov'è il carica batteria?
   c. Dov'è il telecomando?

Practice more at **vhlcentral.com**.

CONTESTI

Comunicazione

4 **Cosa c'è nel negozio?** A coppie, fate domande sugli oggetti indicati.

MODELLO

S1: *C'è uno stereo?*
S2: *Sì, c'è uno stereo.*

carica batteria	lettore MP3/CD	telecomando
computer portatile	registratore DVR	televisore
cuffie	stampante	videogioco

5 **Di che cosa hanno bisogno?** A coppie, ascoltate le conversazioni e decidete di che cosa hanno bisogno le persone. Scrivi il numero della conversazione accanto (*next to*) all'oggetto giusto.

1. ____ il lettore CD
2. ____ il cellulare
3. ____ la macchina fotografica
4. ____ il telecomando

6 **La mia famiglia** In gruppi di tre, parlate dei vari dispositivi elettronici (*electronic devices*) che hanno in casa e che amano usare le vostre famiglie.

MODELLO

S1: *Mia sorella adora parlare al telefono! Usa il cellulare tutto il giorno.*
S2: *Mio fratello ha un lettore MP3 molto bello. Gli piace ascoltare la musica...*

7 **Parole crociate** Lavorate a coppie. L'insegnante vi darà (*will give you*) due fogli diversi, ciascuno (*each one*) con uno schema di parole crociate (*crossword puzzle*) incompleto. A turno, fate domande e date definizioni per completare gli schemi.

MODELLO

S1: *Uno orizzontale (across): usi questo oggetto per fare fotografie.*
S2: *La macchina fotografica!*

Pronuncia e ortografia 🅢 Audio

🎧 The letter *r*

faro	**loro**	**prẹndere**	**rịdere**

Unlike in English, the Italian **r** is pronounced at the front of the mouth with the tip of the tongue touching the roof of the mouth near the teeth. This results in a rolled or tapped *r* sound.

arrivare	**farro**	**porre**	**terra**

The double **r** is held for an extra beat and has a trilled sound.

rana	**ricotta**	**risotto**	**Roma**

When **r** appears at the beginning of a word, it is important to flap the tip of the tongue near the upper teeth to ensure proper trilled pronunciation of both the **r** and the vowel that follows.

cạmera	**crẹdere**	**ora**	**prete**

When **r** follows a vowel, correct pronunciation of the preceding vowel will ease the rolling of the **r**. When preceded by a consonant, **r** maintains its rolled sound.

🅢 Pronunciare Ripeti le parole ad alta voce.

1. radio
2. comporre
3. per
4. restare
5. arte
6. cronica
7. caro
8. rosso
9. raro
10. troppo
11. programma
12. registratore

🅢 Articolare Ripeti le frasi ad alta voce.

1. Mario corre al ristorante.
2. Porti una camicia azzurra martedì?
3. Compro una rosa per mia madre.
4. Loro arrivano a Roma.
5. Carlo Rossi scrive un romanzo.
6. Fa fresco d'inverno a Firenze?

🅢 Proverbi Ripeti i proverbi ad alta voce.

Rosso di sera, bel tempo si spera.[2]

Ride bene chi ride ultimo.[1]

.... più tardi...

[1] He who laughs last, laughs best.
[2] Red sky at night, sailor's delight. (lit. Red in the evening, one expects beautiful weather.)

risorse

SAM
LM: p. 29

vhlcentral.com

FOTOROMANZO

Un brindisi per il laptop  Video: *Fotoromanzo*

Emily

Lorenzo

Paolo

Riccardo

Viola

EMILY Peter vuole venire in Italia.
VIOLA E tu che ne pensi?
(Emily scrolla le spalle.)
VIOLA Ma non puoi dirlo, vero?

EMILY Voglio un caffè... Vieni con me?
VIOLA Va bene.
RICCARDO Scusa Emily, posso usare il computer per scaricare una canzone?
EMILY Certo.
RICCARDO Grazie. Ti devo un favore.

RICCARDO Sei connessa? Voglio navigare su Internet. Lo schermo del mio cellulare è difficile da usare. Qual è la password?
(Emily scrive la password.)
RICCARDO Grazie. Deve essere l'ora del caffè. Aspettate.
EMILY Sbrigati.

LORENZO Vuol dire «venire a Roma». Chi viene a Roma?
VIOLA Peter.
LORENZO Chi è Peter?
RICCARDO Il ragazzo di Emily.
PAOLO Tu hai un ragazzo?
EMILY Non è esattamente il mio ragazzo. Usciamo insieme di tanto in tanto da cinque mesi.

EMILY Non voglio vedere Peter a Roma.
LORENZO È un egoista. Non capisce che tu vuoi frequentare l'università e fare nuove amicizie.
EMILY Sì.
RICCARDO Francesca!
VIOLA Chi è Francesca?
LORENZO È la mia ex-ragazza.

PAOLO Il tuo computer funziona adesso.
EMILY Grazie mille, Paolo!
PAOLO Però devi salvare i tuoi documenti!
RICCARDO Ho un'idea, ragazzi: possiamo fare un canale TV.
VIOLA Che vuoi dire?

A T T I V I T À

1 **Vero o falso?** Decidi se le seguenti affermazioni sono vere o false.

1. Peter vuole andare in Italia.
2. Riccardo vuole usare il computer per scaricare un film.
3. Riccardo ha un cellulare.
4. Paolo aggiusta il computer.
5. Paolo cancella il disco rigido.

6. Emily e Peter escono insieme da otto mesi.
7. Francesca è la ragazza di Riccardo.
8. Riccardo vuole fare un blog della pensione.
9. Paolo è un esperto d'informatica.
10. Secondo Lorenzo, Riccardo non è intelligente.

Practice more at **vhlcentral.com**.

I ragazzi decidono di creare un blog della pensione.

EMILY Che succede al mio computer?
RICCARDO Non lo so. Io e Peter...
EMILY Peter?
PAOLO Tutto bene?
EMILY Paolo! Puoi aggiustare il mio computer?
PAOLO Tranquilla, ci penso io.

EMILY Non puoi più usare il mio computer, Riccardo.
PAOLO Posso cancellare il disco rigido?
EMILY No! Sei pazzo?
PAOLO Scusa, Emily. Posso farcela lo stesso. Devo caricare un programma da un CD-ROM.
RICCARDO Cosa vuol dire «coming to Rome»?

RICCARDO Blog della pensione. Con il sito di Emily possiamo dire alle nostre famiglie e ai nostri amici com'è la nostra vita a Roma. E Paolo può essere il nostro «piccolo esperto informatico».
VIOLA Che bello!
PAOLO Come «piccolo»?

LORENZO Sei un genio, Riccardo.
RICCARDO Che ne pensi, Emily?
EMILY Ora posso prendere trenta in Cultura Italiana.

Espressioni utili

Expressing possibility, desire, and obligation

- **Vuole venire in Italia.**
  He wants to come to Italy.
- **Ma non puoi dirlo, vero?**
  But you can't say that, right?
- **Puoi aggiustare...?**
  Can you fix . . . ?
- **Non puoi più usare il mio computer.**
  You can't use my computer anymore.
- **Posso farcela lo stesso.**
  I can do it anyway.
- **Possiamo dire ai nostri amici com'è la nostra vita a Roma.**
  We can tell our friends what our life in Rome is like.
- **Voglio...**
  I want . . .
- **Posso usare...?**
  Can I use . . . ?
- **Ti devo un favore.**
  I owe you one.
- **deve essere**
  it must be

Additional vocabulary

- **Che ne pensi?**
  What do you think (about it)?
- **Vieni con me?**
  Are you coming with me?
- **Che cosa vuol dire...?**
  What does . . . mean?
- **Usciamo insieme di tanto in tanto da cinque mesi.**
  We've been going out on and off for five months.
- **Sbrigati.**
  Hurry up.
- **Ci penso io.**
  I'll take care of this.
- **Come «piccolo»?**
  What do you mean, "little"?
- **Sei un genio.**
  You're a genius.
- **Va bene.**
  OK.

2 **Per parlare un po'** A coppie, descrivete come usate la tecnologia. Avete un computer? Per che cosa usate il computer di solito? Avete un blog? Perché sì o perché no?

3 **Approfondimento** Alcune invenzioni tecnologiche importanti sono di origine italiana. Fai una ricerca e scopri chi e quando ha inventato (*invented*) il telescopio, la pila (*battery*) e la radio. Poi cerca un'immagine di una di queste persone e descrivi le sue caratteristiche fisiche.

risorse

SAM
VM: pp. 13–14

vhlcentral.com

A T T I V I T À

CULTURA

Gli italiani sempre raggiungibili°

Gli studenti italiani vivono immersi° nella tecnologia ogni giorno della loro vita, da quando si svegliano° a quando vanno a dormire. Al mattino la sveglia del cellulare segnala° l'inizio della giornata. È poi il momento di controllare la posta elettronica e scrivere qualche e-mail. Prima di uscire di° casa i giovani prendono sempre il lettore MP3, un accessorio fondamentale, e naturalmente, tengono il cellulare sempre acceso°, ventiquattro ore su ventiquattro°.

Anche le strade italiane, come quelle americane, sono piene° di persone che parlano da sole°, perché usano apparecchi Bluetooth e cuffie. Tuttavia non è ancora possibile comparare l'Italia e gli Stati Uniti per quanto riguarda° l'uso di Internet nei bar°. Le catene° di caffè non sono molto diffuse° in Italia e i numerosi bar sono solamente un luogo di ritrovo° e non un ufficio con tanti computer portatili. Ci sono, però, degli Internet café a pagamento° per navigare in rete o per stampare documenti, soprattutto nelle grandi città.

Un metodo di comunicazione molto popolare tra i giovani sono gli SMS e i messaggi istantanei. È inoltre comune «fare uno squillo» sul cellulare degli amici, cioè fare squillare il telefono per poco, senza aspettare una risposta, con il significato di «ti penso°», «va bene», «sto uscendo° di casa adesso». L'uso della segreteria telefonica° non è diffuso e lasciare° i messaggi vocali non è quasi mai necessario perché gli italiani hanno generalmente il cellulare acceso e sono sempre raggiungibili.

raggiungibili *reachable* **immersi** *immersed* **si svegliano** *they wake up* **segnala** *marks* **Prima di uscire di** *Before leaving* **acceso** *turned on* **ventiquattro ore su ventiquattro** *twenty-four hours a day* **piene** *full* **da sole** *by themselves* **per quanto riguarda** *in terms of* **bar** *cafés* **catene** *chains* **diffuse** *widespread* **luogo di ritrovo** *meeting place* **a pagamento** *for pay* **ti penso** *I'm thinking of you* **sto uscendo** *I'm leaving* **segreteria telefonica** *voicemail* **lasciare** *leaving*

La diffusione di Internet e cellulari in Italia

Dotati di accesso a Internet da casa	75% d'Italiani 11-74 anni
Possessori di cellulare	97% d'Italiani maggiori di 16 anni
Possessori di smartphone	62% d'Italiani maggiori di 16 anni
Possessori di più di un dispositivo mobile	35% d'Italiani maggiori di 16 anni

FONTE: Nielsen (2013)

ATTIVITÀ

1 Vero o falso? Indica se l'affermazione è **vera** o **falsa**. Correggi le affermazioni false.

1. Il cellulare degli italiani è generalmente sempre acceso.

2. Tutti gli studenti usano un orologio sveglia al mattino.

3. Anche in Italia, come negli Stati Uniti, molte persone vanno nei bar con il computer portatile.

4. In Italia sono molto diffusi i lettori MP3.

5. Ci sono molti italiani che camminano e parlano al cellulare.

6. In Italia le catene di caffè non sono molto diffuse.

7. Negli Internet café è possibile usare il computer senza pagare.

8. I giovani scrivono lettere per dire «ti penso».

9. Gli italiani spesso lasciano messaggi vocali in segreteria telefonica.

10. Il bar italiano è un luogo di ritrovo.

Practice more at **vhlcentral.com.**

L'ITALIANO QUOTIDIANO

Gli SMS

Messaggio	Significato italiano
ASP	*Aspetta!*
KE	*Che*
C6 STAS?	*Ci sei stasera?°*
CMQ	*Comunque°*
XCHE	*Perché*
TVB	*Ti voglio bene°.*
TA	*Ti amo°.*

Ci sei stasera? *Are you around tonight?* **Comunque** *However*
Ti voglio bene *I care for you* **Ti amo** *I love you*

USI E COSTUMI

Navigare in Internet in Italia

Il mouse, **l'e-mail** e **il sito web** sono veramente parole italiane? È comune, infatti, usare parole inglesi nel campo delle tecnologie informatiche°. Spesso si parla del **software** e molti giovani passano ore a **chattare** con i programmi di messaggi istantanei. Esistono°, però, parole italiane per sostituire° quelle inglesi. Per esempio la **chiocciola** è il nome del simbolo «@» degli indirizzi e-mail, oppure, per dirlo all'italiana°, la **posta elettronica**. Quindi l'indirizzo **mario_rossi@posta.it** si dice «mario-trattino basso°-rossi-chiocciola-posta-punto-it». Anche i siti web hanno una pronuncia italiana: «vu-vu-vu-punto-rai-punto-it» corrisponde a **www.rai.it**, che permette di connettersi° al sito della Radiotelevisione Italiana, dove è possibile guardare i telegiornali° nazionali e regionali.

tecnologie informatiche *information technology* **Esistono** *There exist*
per sostituire *to substitute* **per dirlo all'italiana** *to say it the Italian way*
trattino basso *underscore* **connettersi** *to connect*
telegiornali *news programs*

RITRATTO

Carlo Rubbia

Il fisico° **Carlo Rubbia** nasce a Gorizia nel 1934. Si interessa alla scienza e al pensiero scientifico fin da bambino, soprattutto all'elettronica e alla meccanica. Nel 1957 si laurea° presso° la Scuola Normale di Pisa, una delle università più prestigiose d'Italia. Poi decide di trasferirsi° negli Stati Uniti per fare ricerca presso la Columbia University. S'innamora degli° Stati Uniti, dove ritorna nel 1971; per circa quindici anni insegna alla Harvard University.

Durante i suoi continui viaggi certamente non perde tempo°; al contrario, con la collaborazione di altri fisici, vince il premio Nobel per la fisica nel 1984 per la scoperta delle particelle° W e Z.

fisico *physicist* **pensiero scientifico** *scientific ideas* **si laurea** *he graduates*
presso *at* **trasferirsi** *to move* **S'innamora degli** *He falls in love with*
certamente non perde tempo *he certainly wastes no time*
scoperta delle particelle *discovery of the particles*

SU INTERNET

Facebook è comune anche in Italia? Chi lo usa?

Go to **vhlcentral.com** to find more information related to this **CULTURA**.

---

2 Completare Completa le frasi.

1. Carlo Rubbia è un _____.
2. Ha fatto molti viaggi negli _____.
3. Ha vinto il premio _____ per una sua scoperta in fisica.
4. Negli indirizzi e-mail il simbolo «@» si chiama _____.
5. Sul sito della Rai è possibile guardare i _____.
6. Per chattare i giovani scrivono messaggi _____.

3 A voi A coppie, discutete le differenze tra gli Stati Uniti e l'Italia per quanto riguarda la tecnologia.

1. Negli Stati Uniti è comune mandare SMS?
2. Le persone adulte usano il cellulare?
3. Gli americani sono maniaci del (*crazy about*) cellulare come gli italiani?

risorse

vhlcentral.com

ATTIVITÀ

STRUTTURE

4A.1 Dovere, potere, and volere

Punto di partenza The verbs **dovere** (*to have to/must; to owe*), **potere** (*to be able to/can*), and **volere** (*to want*) are irregular. All three are commonly used in two-verb constructions with infinitives to express what someone *has to, can,* or *wants to* do.

dovere (to have to)

devo	dobbiamo
devi	dovete
deve	devono

Grazie. Ti devo un favore.

Devi salvare i tuoi documenti!

- **Dovere** is normally used with other verbs to express obligation. Use a conjugated form of **dovere** + [*infinitive*] to express what *has to* or *must* be done.

  Devo scaricare il documento.
  I must download the document.

  Dovete comporre il numero.
  You have to dial the number.

- In addition to obligation, **dovere** + [*infinitive*] can imply probability.

  Non risponde! Il suo cellulare **deve essere** spento.
  *There's no answer! His phone **must be** switched off.*

- **Dovere** also means *to owe*. In this case, **dovere** is used without another verb.

  Devi cento euro alla mamma?
  Do you owe Mom 100 euros?

  Non dobbiamo niente.
  We don't owe anything.

- Like **dovere**, **potere** is normally used with other verbs. The verb that follows **potere** must always be in the infinitive form.

potere (to be able to)

posso	possiamo
puoi	potete
può	possono

Puoi salvare la password?
Are you able to save the password?

Non posso accendere la TV.
I can't turn on the TV.

---

1 Completare Completa ogni frase con la forma corretta di **volere** e **dovere**.

1. Io _____ mangiare bene, quindi _____ preparare i broccoli e gli zucchini.
2. Lino _____ ascoltare la musica, quindi _____ comprare un lettore MP3.
3. Noi _____ prendere un buon voto, quindi _____ studiare.
4. I bambini _____ giocare a calcio, quindi _____ chiamare gli amici.
5. Tu _____ guardare la televisione, quindi _____ fare i compiti.
6. Voi _____ scrivere un libro, quindi _____ fare molta ricerca.

2 Descrivere Crea frasi complete per descrivere che cosa possono fare queste persone al computer.

MODELLO Giovanni / cancellare il documento
Giovanni può cancellare il documento.

1. Marco / navigare in rete
2. Benito e Anna / scaricare il programma
3. tu e Giovanni / stampare i documenti
4. io / salvare l'e-mail
5. io e Patrizio / registrare la password
6. tu / spegnere il computer

3 Identificare Usa i disegni per spiegare che cosa vuole comprare ogni persona.

MODELLO Lorenzo / videogioco
Lorenzo vuole comprare un videogioco.

1. noi / cellulare
2. l'insegnante / computer portatile
3. Sofia e Marco / tastiera
4. voi / televisore
5. io / stampante
6. Susanna / cuffie

Practice more at **vhlcentral.com**.

COMUNICAZIONE

4 Consigli A coppie, guardate che cosa vogliono fare le persone a sinistra (*on the left*) e decidete quale attività a destra (*on the right*) devono fare. Poi create una frase completa.

MODELLO

Giorgio / stampare documenti → comprare una stampante
Giorgio vuole stampare documenti, quindi deve comprare una stampante.

1. io / ascoltare il CD	imparare a nuotare
2. Luigi e Ugo / fare fotografie	comprare la macchina fotografica
3. tu / fare la modella	andare in biblioteca
4. noi / imparare l'italiano	essere in forma
5. gli studenti / studiare molto	cercare le cuffie
6. Mario / fare nuoto	avere un dizionario

5 Cosa possiamo fare? In gruppi di tre, parlate di ogni oggetto e dite che cosa volete o potete fare con quell'oggetto.

MODELLO un cellulare

S1: *Voglio usare il cellulare per chiamare gli amici.*
S2: *Io posso usare il cellulare per mandare SMS.*

1. un computer
2. uno smartphone
3. un impianto stereo
4. una macchina fotografica
5. un registratore DVR
6. un telecomando

6 Inviti In gruppi di quattro, fate a turno a invitare i vostri amici alle varie attività. Se rifiutate un invito (*you turn down an invitation*), dite che cosa dovete o volete fare invece (*instead*).

MODELLO

S1: *Volete giocare a calcio?*
S2: *Voglio, ma non posso. Devo studiare.*

1.   2.   3.

4.   5.   6.

- **Potere** can express either ability (the equivalent of *can* in English) or permission to do something (*may* in English).

  Non posso trovare il telecomando!   **Posso** usare il tuo cellulare?
  I can't find the remote control!   *May I use your cell phone?*

- **Volere** can be used either with nouns or with verbs in the infinitive form.

volere (to want)

voglio	vogliamo
vuoi	volete
vuole	vogliono

Vuoi comprare un computer?   Sì, **voglio** un nuovo computer.
Do you want to buy a computer?   *Yes, I want a new computer.*

- In **Lezione 2B** you learned the expression **avere voglia di**. Use this expression to mean *to feel like having/doing something*; use the verb **volere** to express *to want*.

  Hai voglia di guardare la TV?   **Vogliono** navigare in rete.
  Do you feel like watching TV?   *They want to surf the Internet.*

- **Volere** followed by the infinitive **dire** (*to say; to tell*) expresses *to mean*. Use the expression **Cosa vuol dire...?** to ask what something means. Note that the form **vuole** is commonly shortened to **vuol** in this construction.

  Se squilla, **vuol dire** che funziona.   **Cosa vogliono dire** queste frasi?
  If it rings, it means it's working.   *What do these sentences mean?*

Provalo!   Completa ogni frase con la forma corretta del verbo indicato.

dovere
1. Tu ___devi___ tornare a mezzogiorno?
2. Virginia _____ mangiare alle dodici e trenta.
3. Noi _____ dare alla mamma venti euro.

potere
4. Io non _____ lavare i piatti (*dishes*) stasera.
5. Tu _____ comprare i biglietti per il cinema?
6. Gianna _____ andare all'università in bicicletta.

volere
7. Voi _____ andare al ristorante domenica?
8. Anna, _____ un caffè o un cappuccino?
9. I professori _____ preparare un esame facile.

STRUTTURE

4A.2 Dire, uscire, and venire, and disjunctive pronouns

Punto di partenza The verbs **dire** (*to say; to tell*), **uscire** (*to go out; to leave*), and **venire** (*to come*) are irregular.

dire, uscire, and venire

	dire	uscire	venire
io	dico	esco	vengo
tu	dici	esci	vieni
Lei/lui/lei	dice	esce	viene
noi	diciamo	usciamo	veniamo
voi	dite	uscite	venite
loro	dicono	escono	vengono

- Most forms of **dire** use the stem of the original Latin infinitive *dicere*.

  Diciamo «Ciao» al professore tutte le mattine.
  We say "Hi" to the professor every morning.

  L'insegnante **dice** che devo stampare i compiti.
  The teacher says I have to print out the homework.

- **Dire** means *to say* or *to tell*. Do not confuse it with **parlare** (*to speak*), which you learned in **Lezione 2A**.

  Cosa dici a Stefania?
  What are you telling Stefania?

  Parli a Stefania?
  Are you speaking to Stefania?

- **Uscire** is irregular in all but the **noi** and **voi** forms.

  Usciamo sempre con le amiche.
  We always go out with our girlfriends.

  Da quanto tempo **esce** con Davide?
  How long has she been going out with Davide?

- Use **uscire** for the English *to leave* only in the sense of *to go out of*. To express *to depart*, use **partire**, which you learned in **Lezione 3A**.

  Stasera mio fratello **non esce** di casa.
  My brother is not leaving the house tonight.

  Le mie sorelle **partono** per l'Italia domani.
  My sisters are leaving for Italy tomorrow.

- The verb **riuscire** (*to succeed; to manage*) follows the same pattern of conjugation as **uscire**. Use **riuscire a** + [*infinitive*] in two-verb constructions.

  Riuscite a caricare la foto? Io non posso.
  Can you manage to upload the photo? I can't.

  Voglio mandare un e-mail, ma **non riesco**.
  I want to send an e-mail, but I'm not succeeding.

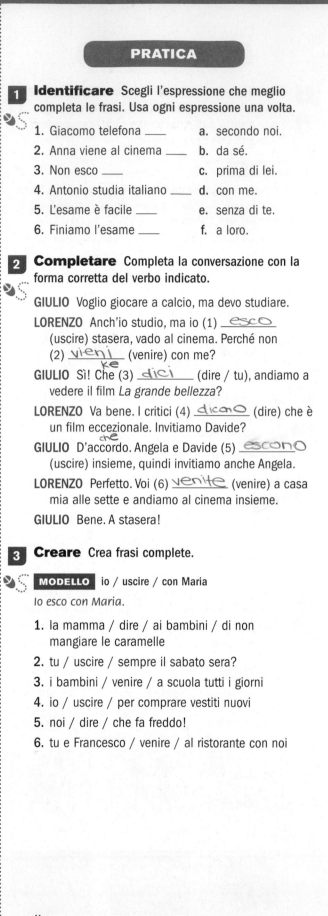

PRATICA

1 **Identificare** Scegli l'espressione che meglio completa le frasi. Usa ogni espressione una volta.

1. Giacomo telefona ____   a. secondo noi.
2. Anna viene al cinema ____   b. da sé.
3. Non esco ____   c. prima di lei.
4. Antonio studia italiano ____   d. con me.
5. L'esame è facile ____   e. senza di te.
6. Finiamo l'esame ____   f. a loro.

2 **Completare** Completa la conversazione con la forma corretta del verbo indicato.

GIULIO Voglio giocare a calcio, ma devo studiare.

LORENZO Anch'io studio, ma io (1) _esco_ (uscire) stasera, vado al cinema. Perché non (2) _vieni_ (venire) con me?

GIULIO Sì! Che (3) _dici_ (dire / tu), andiamo a vedere il film *La grande bellezza*?

LORENZO Va bene. I critici (4) _dicono_ (dire) che è un film eccezionale. Invitiamo Davide?

GIULIO D'accordo. Angela e Davide (5) _escono_ (uscire) insieme, quindi invitiamo anche Angela.

LORENZO Perfetto. Voi (6) _venite_ (venire) a casa mia alle sette e andiamo al cinema insieme.

GIULIO Bene. A stasera!

3 **Creare** Crea frasi complete.

MODELLO io / uscire / con Maria
Io esco con Maria.

1. la mamma / dire / ai bambini / di non mangiare le caramelle
2. tu / uscire / sempre il sabato sera?
3. i bambini / venire / a scuola tutti i giorni
4. io / uscire / per comprare vestiti nuovi
5. noi / dire / che fa freddo!
6. tu e Francesco / venire / al ristorante con noi

Practice more at **vhlcentral.com**.

COMUNICAZIONE

4 Programmi A coppie, leggete che cosa fanno le persone questo pomeriggio. Fate domande per scoprire se stanno a casa o escono.

MODELLO io e tu / giocare a scacchi

S1: Io e tu usciamo oggi pomeriggio?
S2: No, non usciamo. Giochiamo a scacchi.

1. voi / sciare
2. le ragazze / uscire con le amiche
3. Rachele / giocare a carte
4. io / andare al cinema con Stefano
5. tu / nuotare
6. io e Monica / guardare la televisione

5 Chi viene? A coppie, leggete le risposte a un invito per un seminario di computer. Scrivete un riassunto (*summary*) di chi viene e chi non viene. Includete il numero totale di persone che vengono.

MODELLO

S1: Anna viene al seminario.
S2: Fabrizio e Donna non vengono al seminario.
S1: In totale ____ persone vengono al seminario.

Anna	sì
Fabrizio e Donna	no
Antonella	no
Giuditta	sì
Matteo	sì
Doria e Nino	sì
Patrizia	no
Antonello	sì

6 Da solo o in compagnia? In gruppi di tre, fate a turno a dire se fate queste attività da soli o in compagnia.

MODELLO

S1: Io navigo su Internet da solo.
S2: Davvero (*Really*)? A me piace navigare su Internet con gli amici.

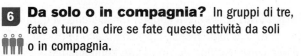

ascoltare la musica	guardare la TV
fare i compiti	navigare su Internet
giocare a pallacanestro	passeggiare nel parco
giocare ai videogiochi	studiare per gli esami

• Like **uscire**, **venire** is regular in only the **noi** and **voi** fo...

Vieni in Sicilia a luglio?   Oggi **non venite** a lezione...
Are you coming to Sicily in July?   *You're not coming* to class today.

Disjunctive pronouns

Disjunctive pronouns (**Pronomi tonici**) are the pronoun forms used after prepositions (see **Lezione 3A**). Note that the third person forms use different words to refer to *one* and *oneself*.

Pronomi tonici			
me	*me, myself*	noi	*us, ourselves*
te	*you, yourself*	voi	*you, yourselves*
Lei	*you* (form.)		
lui/lei	*him/her*	loro	*them*
sé	*yourself* (form.); *himself/herself/itself*	sé	*themselves*

Davide esce **con lei**.   Diciamo «Arrivederci» **a Lei**?
*Davide is going out **with her**.*   *Do we say goodbye **to you**?*

• Some prepositions add **di** before a disjunctive pronoun, including **dopo** (*after*), **prima** (*before*), **senza** (*without*), **su** (*on*), and **sotto** (*under*). **Secondo** (*According to*) is used alone.

Uscite **senza di noi**?   **Secondo lei**, è facile scaricare le foto.
*Are you going out **without us**?*   *According to her*, *it's easy to download the photos.*

• **Da** is often used before a disjunctive pronoun to mean *by oneself*. In this case, use **sé** for the third-person forms. Remember, **da** can also indicate *at* a person's home or workplace.

Installa il programma **da sé**.   Faccio il sito **da me**.
*It installs the program **by itself**.*   *I'm making the web site **by myself**.*

Vieni **da me** alle otto.   Vai **da loro** oggi?
*You're coming **to my place** at 8:00.*   *Are you going **to their place** today?*

Provalo! Completa la tabella con le forme mancanti (*missing*) di ogni verbo.

	dire	uscire	venire
1. io	*dico*	____	vengo
2. tu	dici	____	vieni
3. Lei/lui/lei	____	esce	____
4. noi	____	usciamo	____
5. voi	dite	____	____
6. loro	dicono	____	____

SINTESI

Ricapitolazione

1 Cosa fare? A coppie, guardate le scene e immaginate di essere lì. Dite almeno (*at least*) quattro cose che potete o volete fare in ogni situazione.

MODELLO

S1: In campagna (*the country*) voglio camminare.
S2: Io posso andare a cavallo.

2 Volere e dovere Lavorate in gruppi di tre. A turno, dite quattro cose che volete fare e quattro cose che dovete fare questo fine settimana.

MODELLO

S1: Voglio andare al cinema, ma devo scaricare un programma dal computer.
S2: Io devo stampare i miei compiti, ma voglio giocare a pallacanestro con i miei amici.

3 L'orario del fine settimana In gruppi di quattro, fate a turno a dire che cosa fate quando uscite il fine settimana. Se non uscite, dite cosa fate a casa.

MODELLO

S1: Quando esco con il mio amico Sebastiano, andiamo in discoteca.
S2: Io e Jessica non usciamo; ascoltiamo musica a casa e cantiamo.
S3: Noi usciamo e andiamo al ristorante vicino all'università.

4 Cercasi informatico A coppie, create un annuncio di lavoro (*job ad*) per un tecnico informatico per la scuola. Fate una lista delle qualità che cercate. L'annuncio deve essere quanto più completo possibile (*as complete as possible*).

MODELLO

S1: Il nuovo tecnico deve potere scaricare tutti i nuovi programmi.
S2: Il candidato perfetto deve...

5 Una festa fantastica Completa la seguente inchiesta (*survey*). Poi, in gruppi di quattro, paragonate (*compare*) le risposte per descrivere l'ospite (*guest*) perfetto.

MODELLO

S1: L'ospite perfetto vuole guardare la televisione.
S2: No, no, no! L'ospite perfetto vuole organizzare attività!
S3: Secondo me, l'ospite perfetto...

L'ospite perfetto...	Sì	No
1. vuole ballare/cantare?		
2. viene da solo o con amici?		
3. suona la chitarra?		
4. aiuta a pulire?		
5. è estroverso ed energico?		
6. porta da mangiare e da bere?		
7. aiuta con l'organizzazione?		
8. può offrire intrattenimento?		
9. deve organizzare attività?		
10. porta fotografie delle sue vacanze?		
11. ha altre qualità?		

6 Pettegolezzi Lavorate a coppie. L'insegnante vi darà (*will give you*) due fogli diversi, ciascuno (*each one*) con metà d'una conversazione. A turno, fate domande per ricostruire (*reconstruct*) la conversazione intera.

MODELLO

S1: Cosa dice Gina?
S2: Gina dice che Alba esce con Carlo. Cosa dice Daniele?
S1: Daniele dice che...

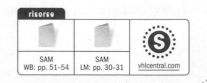

risorse

| SAM WB: pp. 51–54 | SAM LM: pp. 30–31 | vhlcentral.com |

Video: TV Clip

Lo Zapping

TIM (Telecom Italia Mobile)

Una delle figure più importanti della storia italiana moderna è il generale e politico Giuseppe Garibaldi. Garibaldi ha avuto un ruolo centrale nel processo di unificazione italiana (completato nel 1861) ed è conosciuto come "eroe° dei due mondi" per le sue altrettanto° eroiche imprese° in America Latina. Garibaldi si trovò° spesso in disaccordo con un altro personaggio chiave° nel processo di unità nazionale: il politico Giuseppe Mazzini. In questo spot la loro rivalità viene attualizzata° "a colpi° di Facebook" grazie all'offerta di TIM, una delle più importanti compagnie italiane di telefonia mobile.

La Storia d'Italia, secondo TIM.

—Guarda che ti faccio con Internet e mille SMS.
—Per lasciare un segno° nella storia ci vuole° altro.

—Te la posto sul tuo Facebook?
—No, meglio su quello di Mazzini.

Comprensione Rispondi alle seguenti domande.

1. Secondo Garibaldi, qual è il luogo migliore (*best*) per postare la foto del suo esercito (*army*)?
2. Che cosa offre la promozione TIM YOUNG?

Discussione A coppie, rispondete a queste domande.

1. Quanti SMS o messaggi in chat mandate mediamente (*on average*) al giorno?
   Con chi vi scambiate (*exchange*) più messaggi?
2. Ci sono momenti in cui tenete il cellulare spento, o siete senza cellulare? Se sì, quali e perché.
   Se no, cosa vi spinge (*pushes*) ad avere sempre il cellulare acceso?
3. Secondo voi, quanto e come l'uso dei cellulari e l'idea di essere sempre connessi ha cambiato il concetto di "stare insieme"?

Practice more at **vhlcentral.com**.   **eroe** *hero* **altrettanto** *equally* **imprese** *feats* **si trovò** *found himself* **chiave** *key* **attualizzata** *updated* **colpi** *shots* **segno** *mark* **ci vuole** *it takes*

Communicative Goals

You will learn how to:
- describe clothing
- talk about shopping

Facciamo spese

S Vocabulary Tools

Vocabolario	
l'abbigliamento	*clothing*
la biancheria intima	*underwear*
il calzino	*sock*
la camicetta	*blouse*
la camicia	*dress shirt*
la canottiera	*tank top*
il cappotto	*overcoat*
la felpa	*sweatshirt*
la gonna	*skirt*
il guanto	*glove*
i jeans	*jeans*
la maglietta (a maniche corte/lunghe)	*(short-/long-sleeved) T-shirt*
il maglione	*sweater*
i pantaloni	*pants, trousers*
lo stivale	*boot*
la taglia	*clothing size*
il tailleur	*women's suit*
la valigetta	*briefcase*
il vestito	*dress; suit*
per parlare dei vestiti	*talking about clothes*
il cotone	*cotton*
la lana	*wool*
la pelle	*leather*
la seta	*silk*
a righe	*striped*
a tinta unita	*solid color*
azzurro/a	*sky blue*
beige (*invar.*)	*beige*
chiaro/a	*light*
scuro/a	*dark*
fare spese	*shopping*
il/la commesso/a	*salesperson*
i saldi	*sales*
ciascuno/a	*each (one)*
costoso/a	*expensive*
largo/a	*loose, big*
stretto/a	*tight-fitting*

il costume da bagno

il cappello

caro/a

la cravatta

Indossa un abito. (indossare)

la cintura

i pantaloncini

la borsa

Porta un completo. (portare)

le scarpe da ginnastica

le scarpe

giallo/a

verde

viola (*invar.*)

rosa (*invar.*)

grigio/a

nero/a

arancione

blu (*invar.*)

marrone

bianco/a

rosso/a

risorse

SAM
WB: pp. 55-56

SAM
LM: p. 32

S vhlcentral.com

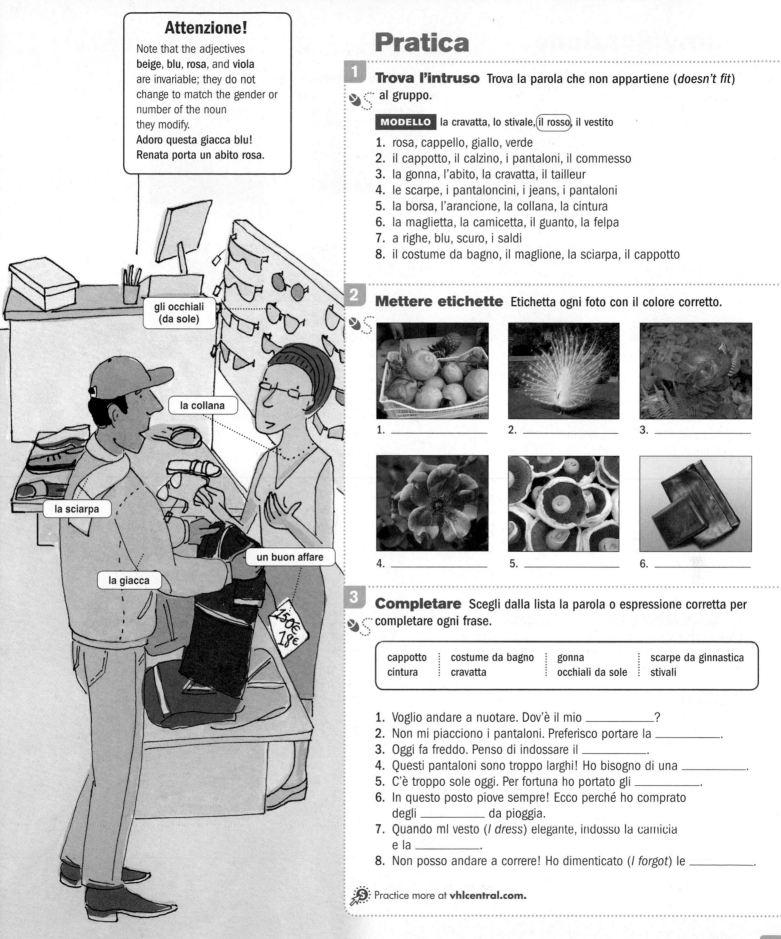

Attenzione!

Note that the adjectives **beige**, **blu**, **rosa**, and **viola** are invariable; they do not change to match the gender or number of the noun they modify.
Adoro questa giacca blu!
Renata porta un abito rosa.

gli occhiali (da sole)

la collana

la sciarpa

un buon affare

la giacca

150€ 18€

Pratica

1 Trova l'intruso
Trova la parola che non appartiene (*doesn't fit*) al gruppo.

MODELLO la cravatta, lo stivale, ~~il rosso~~, il vestito

1. rosa, cappello, giallo, verde
2. il cappotto, il calzino, i pantaloni, il commesso
3. la gonna, l'abito, la cravatta, il tailleur
4. le scarpe, i pantaloncini, i jeans, i pantaloni
5. la borsa, l'arancione, la collana, la cintura
6. la maglietta, la camicetta, il guanto, la felpa
7. a righe, blu, scuro, i saldi
8. il costume da bagno, il maglione, la sciarpa, il cappotto

2 Mettere etichette
Etichetta ogni foto con il colore corretto.

1. _____   2. _____   3. _____

4. _____   5. _____   6. _____

3 Completare
Scegli dalla lista la parola o espressione corretta per completare ogni frase.

cappotto	costume da bagno	gonna	scarpe da ginnastica
cintura	cravatta	occhiali da sole	stivali

1. Voglio andare a nuotare. Dov'è il mio _____?
2. Non mi piacciono i pantaloni. Preferisco portare la _____.
3. Oggi fa freddo. Penso di indossare il _____.
4. Questi pantaloni sono troppo larghi! Ho bisogno di una _____.
5. C'è troppo sole oggi. Per fortuna ho portato gli _____.
6. In questo posto piove sempre! Ecco perché ho comprato degli _____ da pioggia.
7. Quando mi vesto (*I dress*) elegante, indosso la camicia e la _____.
8. Non posso andare a correre! Ho dimenticato (*I forgot*) le _____.

Practice more at **vhlcentral.com.**

CONTESTI

Comunicazione

4 **Che cosa indossano?** A coppie, scrivete quello che indossa ogni persona.

MODELLO

Paola indossa i jeans, una maglietta e la giacca rossa.

Paola

1. Luca

2. il signor Alfredo

3. Carla

4. il gondoliere

5. Valentina

6. Stefano

5 **Alla festa!** Ascolta Mario e Rosanna che parlano di cosa indossare al ballo (*dance*) della scuola. Poi, a coppie, indicate i vestiti che menzionano (*they mention*).

1. l'abito ☐
2. la camicia ☐
3. la cravatta ☐
4. la gonna ☐
5. la sciarpa ☐
6. la borsa ☐
7. la cintura ☐
8. la felpa ☐
9. il maglione ☐
10. il tailleur ☐
11. la camicetta ☐
12. la collana ☐
13. la giacca ☐
14. i pantaloni ☐
15. il vestito ☐

6 **Le sette differenze** Lavorate a coppie. L'insegnante vi darà due fogli diversi, ciascuno con un disegno. A turno, fate domande per scoprire le sette differenze fra i vostri disegni.

MODELLO

S1: *La tua figura porta i jeans?*
S2: *No, la mia figura porta una gonna.*

7 **La mia camera** A coppie, descrivete a turno la camera (*room*) di Laura. Poi paragonate (*compare*) le sue cose alle vostre.

MODELLO

S1: *Laura indossa una camicetta gialla. Anch'io indosso una camicetta, ma è bianca.*
S2: *Laura ha un computer portatile. Io non ho un computer portatile, ma mio fratello sì.*

Pronuncia e ortografia  S Audio

🎧 The letters *s* and *z*

casa	esatto	riso	sbaglio

The Italian **s** may be voiced or voiceless. When **s** appears between two vowels or precedes a voiced consonant (such as **b** or **d**), it is pronounced like the *z* in the English word *zoo*.

festa	posso	presto	spesso

In all other cases, and when doubled, the **s** is voiceless, like the *s* in the English word *sun*.

zuppa	zebra	zero	zucchero

In Italian, **z** has a harder sound than in English and can be voiced or voiceless. The voiced **z** sounds like the *ds* in the English *beds*. An initial **z** is usually voiced. The distinction between voiced and voiceless varies regionally and generally does not follow specific rules.

azione	grazie	pezzo	tazza

The voiceless **z** is pronounced like the *ts* in *bits*.

casa	cassa	Pisa	pizza

Correct pronunciation of **s** and **z** helps distinguish between similar words.

Pronunciare Ripeti le parole ad alta voce.

1. rosso
2. Pisa
3. prezzo
4. zona
5. stella
6. fisso
7. sport
8. pizza
9. zuppa
10. scusi
11. viso
12. passo

Articolare Ripeti le frasi ad alta voce.

1. La cena è alle sette e mezzo di sera.
2. Stefano, sta' zitto!
3. La vista è splendida!
4. Sofia e Lisa comprano gli stivali.
5. Mi piace la borsa rosa.
6. Sabato lo zoo è chiuso.

Proverbi Ripeti i proverbi ad alta voce.

> Ogni rosa ha le sue spine.[2]

> Paesi che vai, usanze che trovi.[1]

[1] When in Rome, do as the Romans do. (lit. *The countries you go to, the customs you find.*)
[2] Every rose has its thorns.

risorse

SAM
LM: p. 33

S vhlcentral.com

FOTOROMANZO

Viva lo shopping  Video: *Fotoromanzo*

PERSONAGGI

Il commesso

Emily

Lorenzo

Marcella

Riccardo

Viola

EMILY Questo colore è molto alla moda adesso.
VIOLA È carina. Cotone. Ma molto cara.
EMILY Accidenti! Non hai bisogno di una maglia.
VIOLA Vero. Una felpa, un pantalone, una camicetta o un cappello.

EMILY Peter ha scritto ieri sera.
VIOLA E?
EMILY Non viene più a Roma.
VIOLA Bene, no?
EMILY Sì. Ma è arrabbiato con me.
VIOLA Gli uomini non capiscono niente.

EMILY Ciò che conta sei tu, non i tuoi vestiti. Come si veste Massimo?
VIOLA Non lo so. Porta sempre jeans e camicia.
EMILY Una camicia stretta stretta?
VIOLA Lorenzo invece porta camicie costose.
EMILY Ma lui è di Milano. È chic.

MARCELLA Quanti vestiti! Grazie per l'aiuto, Riccardo.
RICCARDO Sono in debito con te. Ho usato il tuo scooter tre volte la settimana scorsa.
MARCELLA Quattro. (*Continua.*) Oh, Paolo. Il mio bambino ha già quindici anni.

RICCARDO Questa è una giacca da uomo di lana.
MARCELLA È di Stefano.
RICCARDO Stefano?
MARCELLA Mio marito. Il padre di Paolo.

MARCELLA Abbiamo frequentato la stessa università. Lui ha studiato legge. Sono vedova da cinque anni. Paolo ricorda ancora suo padre. È importante.
RICCARDO Mi dispiace, Marcella.
MARCELLA Rivedo Stefano in Paolo.

ATTIVITÀ

1 **Completare** Scegli le parole che meglio completano *(best complete)* le frasi.

1. La maglia che piace a Emily è di (seta / cotone).

2. Secondo Viola, gli uomini non (capiscono / scrivono) niente.

3. (Massimo / Lorenzo) porta sempre camicie costose.

4. Viola compra due collane per (trentacinque / venticinque) euro.

5. Viola ha un appuntamento con Massimo (giovedì / martedì).

6. La settimana scorsa, Riccardo ha usato lo scooter di Marcella (quattro / cinque) volte.

7. Stefano è il padre di (Marcella / Paolo).

8. Il padre di Paolo ha studiato (legge / lingue).

9. Riccardo è (felice / triste) con Marcella.

10. Riccardo ama (ballare / scherzare) come Stefano.

Practice more at **vhlcentral.com.**

I ragazzi fanno spese.

VIOLA Posso? Grazie.
EMILY Quanto costa?
COMMESSO Quindici euro.
VIOLA Che bella! Mi piace. Venti euro per due?
COMMESSO Venticinque.
VIOLA Venticinque è un buon affare. Va bene. Grazie.

EMILY Abbiamo comprato queste collane.
LORENZO Senti, quand'è il tuo appuntamento con Massimo?
VIOLA Martedì. Ti piace?
LORENZO Molto carina. Scusate, devo andare.
EMILY Ho voglia di caffè, tu no? Conosco un buon bar qui vicino.

MARCELLA Dimmi, Riccardo, perché stai qui con me in una giornata così bella? Dovresti essere in giro.
RICCARDO Sono felice qui.

MARCELLA Questo è per te.
RICCARDO Marcella... non posso... è di Stefano.
MARCELLA Sì, dai. Come Stefano, ami ascoltare la musica, viaggiare e scherzare. Per favore. Sei un ragazzo dolce, Riccardo. Ecco.

Espressioni utili

Talking about fashion and shopping

- **alla moda**
  trendy
- **Come si veste Massimo?**
  How does Massimo dress?
- **Una camicia stretta stretta?**
  A very tight-fitting shirt?
- **Quanto costa?**
  How much does this cost?
- **Quanti vestiti!**
  So many clothes!
- **una giacca da uomo di lana**
  a man's wool jacket

Additional vocabulary

- **Peter ha scritto ieri sera.**
  Peter wrote last night.
- **ciò che conta**
  what's important
- **abbiamo comprato**
  we bought
- **Conosco un buon bar qui vicino.**
  I know a good café nearby.
- **Ho usato il tuo scooter tre volte la settimana scorsa.**
  I used your scooter three times last week.
- **abbiamo frequentato**
  we attended
- **Dovresti essere in giro.**
  You should be out and about.
- **Accidenti!**   **non... più**
  Wow!   *anymore*
- **Mi dispiace.**   **già**
  I'm sorry.   *already*
- **rivedo**   **ancora**
  I recognize   *still*
- **dimmi**   **scherzare**
  tell me   *to joke*

2 **Per parlare un po'** In gruppi di tre, parlate del vostro rapporto (*relationship*) con la moda. È importante vestirsi alla moda? Perché? Di solito (*Usually*), spendete molto o poco per i vestiti? Quali sono i vostri negozi preferiti?

3 **Approfondimento** Scegli uno/a stilista italiano/a famoso/a e fai una ricerca su Internet. Prepara una presentazione di circa 200 parole.

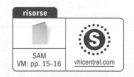
ATTIVITÀ

Un giro per i negozi

Andiamo in centro questo weekend? È una domanda molto frequente tra i giovani italiani; significa andare nelle vie principali° di una grande città e fare un giro per i negozi.

Un giro di sabato a Milano include Corso Vittorio Emanuele tra le mete° obbligatorie. Qui è possibile andare alla Rinascente, un grande magazzino°, o entrare da Benetton, da Zara e da H&M per trovare abbigliamento alla moda ma a prezzi abbordabili°. La qualità e il livello° dei negozi cambiano in Via Montenapoleone, la *Rodeo Drive* di Milano. Qui ci sono le vetrine di tutte le grandi firme° della moda italiana: Versace, Dolce & Gabbana, Armani, Gucci, Prada, Ferragamo e Valentino. Milano è proprio la capitale della moda!

Molti italiani seguono le tendenze del momento. Spesso vanno di moda le marche americane per l'abbigliamento sportivo e casual. I giovani, quando comprano gli accessori, a volte scelgono gli occhiali da sole e le borse di Prada, Gucci e D&G, che possono comprare grazie all'aiuto° dei genitori o con i loro risparmi°. Seguire la moda significa anche scegliere i colori «che vanno°».

Le vetrine dei negozi mostrano quali sono i colori della stagione e i modelli di gonne, giacche, maglioni e vestiti che sono di moda.

Un altro posto dove i giovani trovano abbigliamento alla moda, facendo° buoni affari, è il mercato all'aperto°. Ogni città ospita° il mercato in una piazza, che diventa la piazza del mercato, in un giorno fisso° della settimana e spesso anche il sabato.

In Italia non è ancora molto diffuso° fare shopping su Internet; gli italiani amano passeggiare per i negozi, guardare le vetrine, entrare a «dare un'occhiata» e, se possibile, comprare qualcosa° di bello.

vie principali *main streets* **mete** *destinations* **grande magazzino** *department store*
prezzi abbordabili *reasonable prices* **livello** *level* **grandi firme** *designer brands*
grazie all'aiuto *thanks to the help* **risparmi** *savings* **colori che vanno** *trendy colors*
facendo *getting* **all'aperto** *open-air* **ospita** *hosts* **giorno fisso** *set day*
non è ancora diffuso *it is not yet popular* **qualcosa** *something*

Conversione taglie americane e italiane						
Taglie americane da donna	4	6	8	10	12	14
Taglie italiane da donna	40	42	44	46	48	50
Taglie americane da uomo	30	32	34	36	38	40
Taglie italiane da uomo	46	48	50	52	54	56

A T T I V I T À

1 Vero o falso? Indica se l'affermazione è **vera** o **falsa**. Correggi le affermazioni false.

1. In Italia i giovani non seguono la moda perché costa molto. F
   I giovani seguono la moda con all'aiuto dei
2. Molti giovani milanesi fanno un giro in Corso Vittorio Emanuele *genitori* il sabato. √ *risparmi*
3. In Via Montenapoleone ci sono buoni affari. √
4. I giovani portano solo vestiti di Dolce & Gabbana. F
   I giovani portano gli occhiali da sole e le borse di DG
5. I colori «che vanno» sono i colori che una persona preferisce portare. *I colori «che vanno» sono i colori* F *della stagione*

6. La Rinascente è la *Rodeo Drive* italiana. F *Via Montenapoleone*
7. Milano è considerata la capitale della moda. √
8. Al mercato all'aperto posso comprare vestiti a buon prezzo. √
9. Gli italiani non comprano spesso abbigliamento online perché amano passeggiare per i negozi. √
10. Le taglie italiane sono uguali alle taglie americane. F

Ⓢ Practice more at **vhlcentral.com.** *Le taglie italiane sono più grandi delle taglie americane*

L'ITALIANO QUOTIDIANO

Le tendenze del momento

Com'è conciato/a!	*What a slob!; How badly dressed he/she is!*
Va moltissimo ora!	*It's very trendy now!*
il centro commerciale	*shopping mall*
la marca	*brand*
lo/la stilista	*designer*
la vetrina	*shop window*
(non) andare di moda	*to (not) be in fashion*
dare un'occhiata	*to take a look*
superato/a	*old-fashioned*

USI E COSTUMI

L'eccellenza della qualità italiana

Le regioni italiane si differenziano° per la gastronomia, ma anche per i prodotti tipici di ciascuna regione. La zona di **Como** (Lombardia) è famosa, per esempio, per l'industria tessile°, in modo particolare per l'industria della seta. Qui hanno origine i tessuti per l'arredamento° della casa e per l'abbigliamento. Il territorio attorno a° **Biella** (Piemonte) è ricco di lanifici°. Qui si producono° meravigliosi tessuti per la sartoria°. La **Toscana** è ricca di calzaturifici° e pelletterie°; Prada, Gucci e molte altre grandi firme nascono in questa regione. Anche la zona di **Napoli** (Campania) produce eleganti calzature. Stilisti come Salvatore Ferragamo fanno conoscere° le meravigliose cravatte e i vestiti da uomo delle eccellenti sartorie campane.

si differenziano *are differentiated* **tessile** *textile* **arredamento** *interior decorating* **attorno a** *around* **lanifici** *wool mills* **si producono** *they produce* **sartoria** *tailors and dressmakers* **calzaturifici** *shoe factories* **pelletterie** *leather producers* **fanno conoscere** *make popular*

RITRATTO

La libertà delle donne di Krizia

Mariuccia Mandelli, nota come° Krizia, prende il nome dal titolo di un'opera di Platone°. Nata a Bergamo (Lombardia), passa l'infanzia° a creare abiti per le sue bambole°. Più tardi decide di abbandonare il lavoro di insegnante per iniziare una nuova carriera nel mondo della moda. Il marchio° Krizia è il primo a introdurre la minigonna° in Italia. La stilista crede che «Ognuno deve vestirsi come vuole, purché l'abito diventi una seconda pelle°».

Nel 1957 presenta la sua prima collezione, la quale° include una serie di vestiti a stampe con motivi di frutta°. Il suo stile è adattabile° a ogni stile di vita e situazione, e mantiene° sempre un tocco° femminile. Oggi le diverse etichette di Krizia creano più di 50 collezioni all'anno che includono vestiti da uomo, da bambino, maglieria°, occhiali, borse, profumi e arredamento per la cucina.

nota come *known as* **Platone** *Plato* **infanzia** *childhood* **bambole** *dolls* **marchio** *brand* **minigonna** *miniskirt* **purché l'abito diventi una seconda pelle** *provided that the clothing becomes a second skin* **la quale** *which* **a stampe con la frutta** *fruit print* **adattabile** *adaptable* **mantiene** *maintains* **create** *created* **maglieria** *knitwear*

SU INTERNET

Cos'è la settimana della moda? Chi partecipa?

Go to vhlcentral.com to find more information related to this **CULTURA**.

---

2 **Rispondere** Rispondi alle domande.

1. Chi è Mariuccia Mandelli?
2. Qual è l'origine del nome Krizia?
3. Cosa introduce Krizia in Italia?
4. Qual è il prodotto tipico di Como?
5. Dove hanno origine Prada e Gucci?
6. Per cosa è famoso Salvatore Ferragamo?

3 **A voi** A coppie, immaginate di essere a Milano e di poter intervistare uno/a stilista famoso/a. Create una conversazione fra uno/a stilista e un(a) giornalista di *Donna Moderna*, un settimanale (*weekly magazine*) femminile.

risorse

vhlcentral.com

A T T I V I T À

STRUTTURE

4B.1 The *passato prossimo* with *avere*

Punto di partenza Italian uses two principal tenses to talk about events in the past: the **passato prossimo** and the **imperfetto**. In this lesson, you will learn how to form the **passato prossimo**, which is used to express actions or states of being that ended in the past. You will learn about the imperfect in **Lezione 6B**.

- To form the **passato prossimo**, use a present-tense form of the *auxiliary verb* (either **avere** or **essere**) followed by the *past participle* of the verb that expresses the action. You will learn how to form the **passato prossimo** with **essere** in **Lezione 5A**.

AUXILIARY   PAST
VERB   PARTICIPLE

Abbiamo stampato la foto.
We printed the photo.

- Form the past participles of regular verbs by changing the **-are**, **-ere**, or **-ire** ending of the infinitive as follows.

infinitive	past participle
portare	portato
ripetere	ripetuto
dormire	dormito

- The verb **parlare** is an example of a regular **-are** verb that uses **avere** in the **passato prossimo**.

Passato prossimo of *parlare*

ho parlato	*I spoke*	abbiamo parlato	*we spoke*
hai parlato	*you spoke*	avete parlato	*you spoke*
ha parlato	*you spoke; he/she/it spoke*	hanno parlato	*they spoke*

- The **passato prossimo** can be translated into English in different ways.

Ho trovato gli occhiali da sole.
I found/have found/did find the sunglasses.

- Some verbs have irregular past participles that must be memorized. Note that many of these are **-ere** verbs.

La commessa **ha acceso** il computer.
*The saleswoman **turned on** the computer.*

Ho letto dei saldi sul giornale.
I read about the sales in the newspaper.

PRATICA

1 Completare Completa ogni frase con il participio passato del verbo indicato.

1. Noi abbiamo _____ (regalare) una borsa alla zia.
2. Tu hai _____ (comprare) due camicie nuove.
3. Il bambino ha _____ (perdere) il cappello blu.
4. Avete _____ (vedere) il nuovo negozio in centro?
5. Hai _____ (cercare) la felpa marrone?
6. Io ho _____ (trovare) buoni affari al mercato.

2 Riscrivere Riscrivi ogni frase usando il passato prossimo.

MODELLO Mangiano la pasta.

Hanno mangiato la pasta.

1. Piero porta il costume da bagno in vacanza.
2. Perdo la sciarpa a righe.
3. Giulia cerca sempre i saldi.
4. I commessi rispondono alle domande del cliente.
5. Il proprietario apre il negozio alle dieci.
6. Loro spendono pochi soldi questo mese.
7. Io e mio fratello paghiamo sempre in contanti (*cash*).
8. Tu decidi di comprare la cravatta verde.

3 Descrivere Guarda le foto e scrivi che cosa hanno fatto quelle persone sabato al centro commerciale.

MODELLO Daniela / vedere

Daniela ha visto gli stivali neri sabato scorso.

1. Martino / comprare
2. Gioia / perdere
3. Mario / indossare

4. Giovanni / portare
5. Antonietta / cambiare
6. Michela / comprare

 Practice more at **vhlcentral.com.**

COMUNICAZIONE

4 **Un'inchiesta** Leggi le attività dell'inchiesta (*survey*). Poi chiedi ai tuoi compagni se hanno fatto quelle attività. Se sì, scrivi il loro nome.

 MODELLO portare una cravatta <u>Roberto</u>

S1: *Hai mai portato una cravatta?*
S2: *Sì, ho portato una cravatta la settimana scorsa.*

1. portare un vestito _____
2. nuotare nel Mediterraneo _____
3. comprare scarpe molto costose _____
4. portare occhiali da sole dentro (*inside*) _____
5. prendere la bicicletta in inverno _____
6. leggere il testo il giorno dell'esame _____
7. avere un proprio sito Internet _____
8. comprare una macchina fotografica digitale _____

5 **Che cosa hai comprato?** A coppie, guardate la pubblicità di una svendita di vestiti (*clothing sale*). Immaginate di avere 100 euro da spendere. Che cosa comprate? A turno fate domande sui vestiti che vedete nella pubblicità.

MODELLO

S1: *Hai trovato un buon affare?*
S2: *Sì, ho comprato i jeans a 20 euro. Tu hai comprato i jeans?*
S1: *No, ma ho comprato una felpa a 18 euro!*

Un Buon Affare
Via Portobello 19

Grande Svendita!!!
Sabato 18 dicembre dalle 9.00 alle 18.00

Jeans... *20* euro	Costumi da bagno... *16* euro
Camicie... *8* euro	Occhiali da sole... *5,25* euro
Cappelli... *3,50* euro	Felpe ... *18* euro
Sciarpe... *6* euro	Cinture... *11,99* euro
Completi... *50* euro	Pantaloncini... *9* euro

6 **L'ultima volta** A coppie, parlate di che cosa avete indossato e che cosa avete fatto l'ultima volta (*last time*) che vi siete vestiti bene (*you dressed up*) per un'occasione speciale.

MODELLO

Per l'anniversario di matrimonio di mamma e papà ho indossato un vestito rosso e scarpe nere. Ho mangiato molto e ho ballato fino alle undici di notte...

Some irregular past participles

accendere	acceso	mettere	messo
aprire	aperto	offrire	offerto
chiedere	chiesto	perdere	perso/perduto
chiudere	chiuso	prendere	preso
comporre	composto	rispondere	risposto
correre	corso	scrivere	scritto
decidere	deciso	spegnere	spento
dire	detto	spendere	speso
fare	fatto	vedere	visto/veduto
leggere	letto	vincere	vinto

● Time expressions often used with the **passato prossimo** include **ieri** (*yesterday*), **scorso** (*last*), and **fa** (*ago*). Note their meanings in the following expressions.

Time expressions

ieri sera	*last night*	la settimana scorsa	*last week*
l'altro ieri	*the day before yesterday*	dieci giorni fa	*ten days ago*
il mese scorso	*last month*	un anno fa	*one year ago*

Cosa avete fatto **domenica scorsa**?
What did you do last Sunday?

Ha visto Marco **tre settimane fa**.
She saw Marco three weeks ago.

● Place common adverbs of time, including **sempre**, **mai**, **non... mai**, **già** (*already*), and **non... ancora** (*not yet*), between **avere** and the past participle.

Avete **mai** portato una cravatta?
Have you ever worn a tie?

Non ho **mai** portato una cravatta.
I've never worn a tie.

Hai **già** perso i guanti?
You already lost the gloves?

Non ha **ancora** comprato i jeans.
He hasn't bought the jeans yet.

Provalo! Scegli la forma corretta del passato prossimo per completare ogni frase.

1. Il signor Amodei (ha letto / ho letto) un libro questo pomeriggio.
2. Gli studenti (avete perso / hanno perso) lo zaino.
3. Io (ho partecipato / ha partecipato) alla conferenza.
4. Tu (avete mangiato / hai mangiato) tutti i biscotti.
5. Io e Roberta (abbiamo parlato / hanno parlato) con il professore.
6. Gianpaolo (hai dormito / ha dormito) fino alle dieci di mattina.
7. Voi (abbiamo trovato / avete trovato) gli stivali neri.
8. Io (ho comprato / hai comprato) una cravatta nuova.

STRUTTURE

4B.2 The verbs *conoscere* and *sapere*

Punto di partenza The verbs **conoscere** and **sapere** both mean *to know*. The choice of verb depends on its context.

conoscere	
conosco	conosciamo
conosci	conoscete
conosce	conoscono

- **Conoscere** means *to know* or *to be familiar with* a person, place, or thing. It can also mean *to meet (for the first time).*

  Conosci quel negozio?
  Do you know that store?

  Conosciamo Roma.
  We're familiar with Rome.

  Non conosco il commesso.
  I don't know the salesman.

  Vuoi **conoscere** Sabatino?
  Do you want to meet Sabatino?

Conosco un buon bar qui vicino.

Ho conosciuto Massimo nella classe di pedagogia.

- In the **passato prossimo**, **conoscere** means only *to meet (for the first time)*. It is used with **avere**, and its past participle is **conosciuto**.

  Ho conosciuto Enrico due anni fa.
  I met Enrico two years ago.

  Non hai ancora **conosciuto** Luisa?
  You haven't met Luisa yet?

- The expression **conoscere di vista** means *to know by sight;* **conoscere... a fondo** means *to know something inside and out;* and **conoscere la strada** means *to know the way.*

  Papà **conosce la strada** per Ponte Vecchio.
  Dad knows the way to Ponte Vecchio.

  Conosco il gioco **a fondo**.
  I know the game inside and out.

- **Riconoscere** (*To recognize*) follows the same conjugation pattern as **conoscere**.

  Non riconosco la ragazza dalla giacca blu.
  I don't recognize the girl in the blue jacket.

  Il commesso **ha riconosciuto** il cliente.
  The salesperson recognized the customer.

PRATICA

1 Descrivere Completa le frasi con la forma corretta di **conoscere**.

1. Noi _____ Roma molto bene.
2. Tu _____ il commesso in quel negozio.
3. Beatrice _____ Angelo di vista.
4. Tu e Gilberto _____ la strada.
5. Io _____ un ristorante molto elegante.
6. I signori Ghezzi _____ un attore famoso.

2 Identificare Scrivi che cosa sa fare ogni persona.

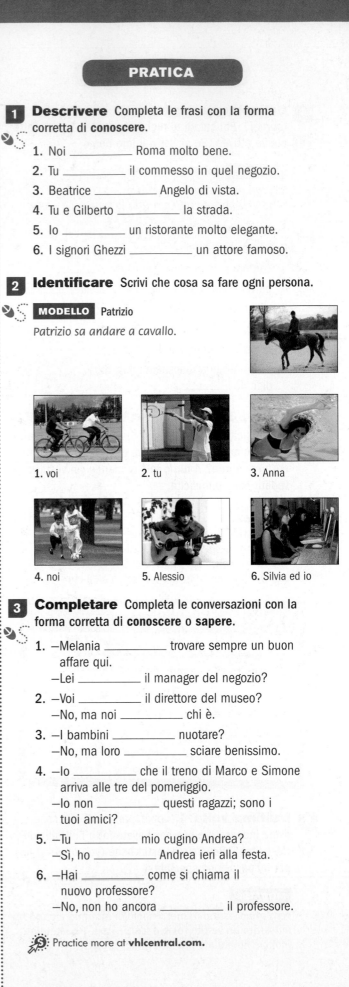

MODELLO Patrizio
Patrizio sa andare a cavallo.

1. voi
2. tu
3. Anna
4. noi
5. Alessio
6. Silvia ed io

3 Completare Completa le conversazioni con la forma corretta di **conoscere** o **sapere**.

1. —Melania _____ trovare sempre un buon affare qui.
   —Lei _____ il manager del negozio?
2. —Voi _____ il direttore del museo?
   —No, ma noi _____ chi è.
3. —I bambini _____ nuotare?
   —No, ma loro _____ sciare benissimo.
4. —Io _____ che il treno di Marco e Simone arriva alle tre del pomeriggio.
   —Io non _____ questi ragazzi; sono i tuoi amici?
5. —Tu _____ mio cugino Andrea?
   —Sì, ho _____ Andrea ieri alla festa.
6. —Hai _____ come si chiama il nuovo professore?
   —No, non ho ancora _____ il professore.

Practice more at **vhlcentral.com**.

COMUNICAZIONE

4 **Inchiesta** Lavorate a coppie. A turno, fate e rispondete alle domande.

1. Sai usare il fax?
2. Sai scrivere messaggi istantanei?
3. Conosci un negozio che ha buoni affari?
4. Sai vivere senza televisione?
5. Conosci una modella famosa?
6. Conosci il numero di telefono di tutti i tuoi amici?
7. Sai dove comprare giacche eleganti?
8. Sai qual è il computer migliore?

5 **Intervista una persona famosa** Lavorate a coppie. Uno/a di voi interpreta (*acts out*) una persona famosa. L'altro/a fa domande su cosa sa fare e chi conosce per poter indovinare (*guess*) chi è. Poi scambiate (*switch*) il ruolo.

MODELLO

S1: Che cosa sai fare?
S2: So cantare e ballare.
S1: Conosci Madonna?
S2: No, ma conosco Lorde...

6 **Esperti del posto** Lavorate in gruppi di tre. Uno studente italiano è arrivato alla vostra scuola e ha bisogno di una guida (*guide*). Rispondete alle sue domande e descrivete cosa sapete fare e chi conoscete per dimostrare la vostra esperienza.

MODELLO

S1: Sai parlare italiano?
S2: Sì, un po'. Conosco anche il migliore negozio di vestiti di stilisti italiani.
S3: Io so parlare italiano e conosco i migliori ristoranti.
S1: Avete visitato l'Italia?...

- **Sapere** means *to know facts or information*. It is irregular in the present tense.

sapere	
so	sappiamo
sai	sapete
sa	sanno

- To express *to know how to do something*, use **sapere** + [*infinitive*].

Non sanno usare il portatile.
They don't know how to use the laptop.

La nonna **sa navigare** in rete?
Does Grandma know how to surf the Internet?

- In the **passato prossimo**, **sapere** means *to find out*. It is used with **avere**, and its past participle is **saputo**.

Sabato scorso **hanno saputo** che lui ha chiuso il negozio.
Last Saturday they found out that he closed the store.

Ho **saputo** che la sciarpa gialla è in saldo.
I found out that the yellow scarf is on sale.

- Reply with the expression **Non lo so** if you do not know the information asked for in a question.

Chi ha inventato gli occhiali?
Who invented glasses?

Non lo so!
I don't know!

- You can use either **conoscere** or **sapere** with languages. Remember, however, that the two verbs are rarely interchangeable. Compare the following examples.

Conosci Roberta?
Do you know Roberta?

Sai dove abita Roberta?
Do you know where Roberta lives?

Ieri **ho conosciuto** Vincenzo.
Yesterday I met Vincenzo.

Avete saputo che è sposato.
You found out that he's married.

Provalo! Scegli la forma di **conoscere** o **sapere** per completare correttamente ogni frase.

1. Geltrude non (sa / conosce) qual è il mio numero di telefono.
2. Martina e Lorenzo (sanno / conoscono) Firenze.
3. Io ed Elena non (sappiamo / conosciamo) dov'è la festa.
4. Ieri voi (avete saputo / avete conosciuto) il mio professore.
5. (Sai / Conosci) a che ora apre il negozio di scarpe?
6. Loro non (sanno / conoscono) usare la macchina fotografica digitale.
7. Tu (hai saputo / hai conosciuto) che il computer della biblioteca non funziona?
8. Io (ho saputo / ho conosciuto) Maria due anni fa.

SINTESI

Ricapitolazione

1 **Un gioco** L'insegnante ti darà (*will give you*) una lista di venti attività. Scegli cinque attività che hai fatto recentemente e marca le attività con una X. L'insegnante poi leggerà (*will read*) le attività in ordine sparso (*randomly*). Una persona vince il gioco se l'insegnante legge tutte le attività che lui o lei ha selezionato.

MODELLO

Insegnante: *Chi ha giocato a calcio?*
(Marca il tuo foglio se hai selezionato quell'attività.)

2 **All'improvviso** A coppie, guardate le due fotografie. Scegliete una foto e immaginate cosa può succedere all'improvviso (*happen suddenly*). Scrivete cinque frasi che raccontano la storia.

MODELLO

S1: *All'improvviso piove!*
S2: *Le persone corrono verso un ristorante.*
S1: *Il ristorante è chiuso e...*

3 **Che cosa hai imparato?** Che cosa sai o chi conosci adesso che non sapevi o conoscevi (*you didn't know*) cinque anni fa? Prepara una lista di cinque attività che sai fare o di persone o luoghi che conosci adesso. Usa il passato prossimo di sapere e conoscere per creare la lista. Poi paragona la tua lista con quella di un(a) compagno/a.

MODELLO

S1: *L'anno scorso ho conosciuto la sorella di Laura. Quest'anno voglio imparare a giocare a pallavolo.*
S2: *L'anno scorso ho saputo che Brad Pitt ha fatto un film nuovo. Voglio andare a Hollywood e incontrare Brad Pitt!*

4 **Un negozio nuovo** In gruppi di quattro, immaginate di andare all'apertura (*opening*) di un nuovo negozio di vestiti. Voi siete responsabili dell'organizzazione e della gestione (*management*) del negozio. A turno dite cosa sapete, cosa sapete fare e chi conoscete. Cosa potete fare per rendere (*to make*) il negozio un successo?

MODELLO

S1: *Io conosco molte persone che spendono tanti soldi in vestiti.*
S2: *Io so usare il computer per la contabilità (accounting).*
S3: *Io posso parlare italiano con i clienti italiani...*

5 **Che cosa hanno fatto?** A coppie, guardate i disegni. Fate una descrizione e scrivete che cosa indossa ogni persona e che cosa ha fatto ieri. Usate la vostra immaginazione!

MODELLO

S1: *Lui porta i pantaloncini stretti.*
S2: *Ha giocato al parco con gli amici e poi ha mangiato un gelato.*

1. 　　　　　　　　2.

3. 　　　　　　　　4.

6 **La giornata di Gina** Lavorate a coppie. L'insegnante vi darà due fogli diversi, ciascuno con metà delle informazioni sulla giornata di Gina. A turno, fate domande per ricostruire l'intera giornata.

MODELLO

S1: *Che cosa ha fatto Gina alle 4.30 di mattina?*
S2: *Ha fatto jogging. Che cosa ha fatto...?*

7 **La strana coppia** A coppie, create la descrizione di due personaggi
(*characters*) per una sitcom. Nella sitcom, due persone condividono (*share*)
un appartamento, ma sono molto diverse l'una dall'altra (*from each other*).
Scrivete la descrizione per ogni persona. Cosa sa fare? Chi conosce?
Che vestiti porta? Fate una descrizione più completa possibile.

MODELLO

Roberta sa usare il computer molto bene.
Lei porta sempre un tailleur e le scarpe con il
tacco (heel). Conosce il direttore
dell'ufficio personalmente e…

Martina

Roberta

8 **Vero o falso?** Scrivi cinque attività che hai fatto
l'anno scorso. Alcune (*Some*) sono vere, altre sono false.
Poi, in gruppi di quattro, leggete a turno un'attività dalla
lista. Gli altri studenti devono indovinare (*guess*) se è
vera o falsa.

MODELLO

Ho visitato Roma.
Ho visto i Coldplay in concerto.
Ho comprato un abito di Gucci.
Ho conosciuto il Presidente degli Stati Uniti.
Ho imparato a guidare la macchina.

Il mio dizio·na·rio

Aggiungi (*Add*) cinque parole relative ai computer o ai
vestiti al tuo dizionario personale.

Sconto 50% alla cassa

lo sconto

traduzione
discount

categoria grammaticale
sostantivo (m.)

uso
Posso avere uno sconto sul
maglione rosso?

sinonimi
il ribasso, la riduzione (del prezzo)

antonimi
l'aumento, il prezzo intero

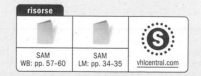

risorse		
SAM WB: pp. 57–60	SAM LM: pp. 34–35	vhlcentral.com

Panorama

⑤ Interactive Map

Milano

La città in cifre

▶ **Popolazione della provincia:** *3.147.358*

▶ **Popolazione della città:** *1.315.416*

▶ **Superficie della provincia:** *1575 km²*

▶ **Superficie della città:** *182 km²*

Milano è la seconda città più grande d'Italia. Oltre ad essere uno dei capoluoghi° mondiali della moda, Milano è anche un centro economico e la sede della Borsa° italiana. La città ospitò° L'Esposizione Universale° nel 1906 e la ospiterà° ancora una volta° nel 2015.

▶ **Da non perdere:** *il Teatro alla Scala, il Duomo, la Galleria Vittorio Emanuele II, il Castello Sforzesco, il Cenacolo° nella chiesa di Santa Maria delle Grazie*

Milanesi celebri

▶ **Michelangelo Merisi da Caravaggio,** *pittore° (1571–1610)*

▶ **Cesare Beccaria,** *filosofo e scrittore (1738–1794)*

▶ **Luchino Visconti,** *regista° (1906–1976)*

▶ **Nino Rota,** *compositore di colonne sonore° (1911–1979)*

▶ **Cristina Scabbia,** *cantante (1972–)*

▶ **Francesca Schiavone,** *tennista (1980–)*

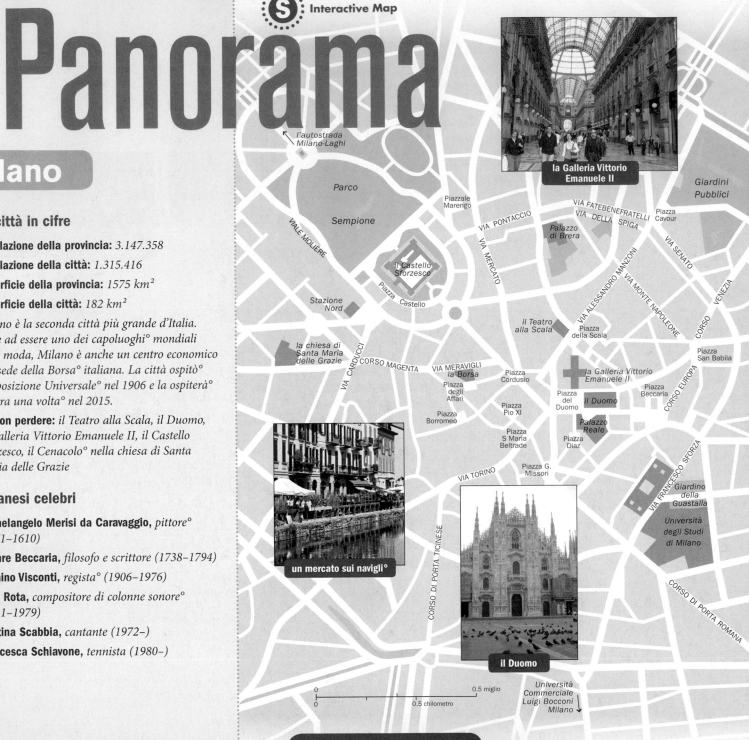

la Galleria Vittorio Emanuele II

un mercato sui navigli°

il Duomo

Incredibile ma vero!

I problemi di traffico a Milano risalgono° all'anno 285, quando l'Imperatore Diocleziano nominò Milano capitale dell'Impero Romano d'Occidente. L'autostrada° Milano-Laghi, costruita nel 1924 per collegare Milano a Varese, è stata la prima autostrada del mondo. Il limite di velocità° in Italia è molto alto: in autostrada è di 130 km/h (più di 80 miglia all'ora°)!

capoluoghi *capitals* **Borsa** *Stock Exchange* **ospitò** *hosted*
Esposizione Universale *World's Fair* **la ospiterà** *will host it*
ancora una volta *again* **Cenacolo** *The Last Supper* **pittore** *painter*
colonne sonore *soundtracks* **regista** *director* **navigli** *canals*
risalgono *date back* **autostrada** *highway* **limite di velocità** *speed limit*
più di 80 miglia all'ora *more than 80 miles per hour*

La moda

Andiamo a Milano

Ogni anno a Milano, come in altre città quali° New York, Parigi e Madrid, un'intera settimana è dedicata all'alta moda°. Stilisti famosi in tutto il mondo, come Armani, Versace, Dolce & Gabbana, Coveri, Cavalli, Moschino, Missoni e molti altri, presentano le loro collezioni a un pubblico entusiasta di curiosi e professionisti. In una settimana ci sono circa 100 sfilate° e sono presentate più di 200 collezioni. I biglietti° per le sfilate variano dai €30,00 (in piedi°, sfilata individuale) ai €3.500,00 (Platinum VIP Seating, biglietto valido per tre giorni).

La gastronomia

Il pane di Toni

Il panettone di Milano è un tipico dolce° di Natale°. Ci sono molte leggende sulla sua invenzione. Una di esse° parla di un garzone°, Toni, che lavorava in un panificio. Toni voleva aiutare il fornaio° a guadagnare più soldi e un giorno ha preso uova°, burro°, uvetta° e frutta candita° e le ha unite all'impasto del pane°. Tutti volevano comprare «il pane di Toni» (da qui il nome «panettone») e il fornaio è diventato ricco e famoso. Il taglio° sul panettone simboleggia la croce°, un segno di benedizione° prima di mangiare il dolce a Natale.

La finanza

La Borsa italiana

La Borsa di Milano è stata fondata° nel 1808. Ha sede a° Palazzo Mezzanotte, in Piazza degli Affari a Milano, e per questo° si chiama anche Piazza Affari. Milano è considerata la capitale economica e finanziaria d'Italia ed è molto importante anche nell'ambito° dell'Unione Europea. Molte aziende° italiane e straniere, infatti, hanno sede a Milano. Per capitalizzazione totale la Borsa italiana è la tredicesima° al mondo. Il 23 giugno 2007 la Borsa di Londra ha annunciato l'acquisto° della Borsa Italiana. Il primo ottobre 2007 la Borsa Italiana è stata quotata° per la prima volta a Londra.

Lo spettacolo

Tutti a teatro!

Il Teatro alla Scala è uno dei teatri più famosi del mondo. L'imperatrice Maria Teresa d'Austria richiese° la sua costruzione nel 1776. Il teatro fu inaugurato° il 3 agosto 1778. Nel 1921 la proprietà è stata trasferita al Comune di Milano. Nel 1943 il teatro è stato danneggiato° da una bomba, ma è stato aperto di nuovo° l'11 maggio 1946. Oggi il teatro ha circa 2.240 posti disponibili, ma, per ragioni di sicurezza°, il Comune di Milano autorizza un massimo di 2.030 persone. Tra i direttori d'orchestra più famosi ricordiamo Arturo Toscanini, Claudio Abbado e Riccardo Muti.

Quanto hai imparato? Completa le frasi.

1. I problemi di traffico a Milano risalgono all' _____.
2. La prima autostrada del mondo è stata _____.
3. Molti stilisti presentano le loro collezioni a Milano. Tra loro, _____.
4. I biglietti più costosi per le sfilate di Milano costano _____.
5. Il nome «panettone» deriva da _____.

6. Il panettone è un dolce tipico di _____.
7. La Borsa Italiana ha sede a _____.
8. Nel 2007 la _____ ha acquistato la Borsa Italiana.
9. _____ richiede la costruzione del Teatro alla Scala nel 1776.
10. Tre direttori d'orchestra italiani famosi sono _____.

Practice more at **vhlcentral.com**.

risorse

SAM
WB: pp. 61–62

vhlcentral.com

SU INTERNET

Go to **vhlcentral.com** to find more cultural information related to this **Panorama**.

1. Milano ha importanti aeroporti che la collegano all'Europa e al mondo. Cerca informazioni su questi aeroporti.
2. Gli italiani amano mangiare. Trova altri dolci tipici del Natale italiano.
3. Scegli uno/a stilista italiano/a e cerca informazioni sulle sue collezioni.
4. Cerca informazioni su un(a) cantante lirico/a italiano/a e presenta la sua carriera.

quali *such as* **alta moda** *high fashion* **sfilate** *fashion shows* **biglietti** *tickets* **in piedi** *standing* **dolce** *sweet* **Natale** *Christmas* **esse** *them* **garzone** *apprentice* **tornaio** *baker* **uova** *eggs* **burro** *butter* **uvetta** *raisins* **frutta candita** *candied fruit* **le ha unite all'impasto del pane** *mixed them with the bread dough* **taglio** *cut* **croce** *cross* **benedizione** *blessing* **è stata fondata** *was founded* **ha sede a** *it has its headquarters in* **per questo** *for this reason* **nell'ambito** *within* **aziende** *firms* **tredicesima** *thirteenth* **acquisto** *purchase* **è stata quotata** *was quoted* **richiese** *requested* **fu inaugurato** *was opened* **è stato danneggiato** *was damaged* **di nuovo** *again* **per ragioni di sicurezza** *for safety reasons*

Lettura  (S) Audio: Reading

Prima di leggere

Esamina il testo

Guarda il testo e fai la lista di otto parole affini (*cognates*).

1. _____   5. _____
2. _____   6. _____
3. _____   7. _____
4. _____   8. _____

Trovare

Guarda il documento. Indica se le seguenti informazioni sono esenti (*present*) nel testo.

1. ____ un indirizzo (*address*)
2. ____ il nome del negozio
3. ____ un numero di telefono
4. ____ gli orari d'apertura (business hours)
5. ____ misure della giacca da uomo
6. ____ materiale delle scarpe
7. ____ colori per la cravatta
8. ____ numero di prodotto per la maglietta nera
9. ____ acquisto minimo su Internet
10. ____ costi di spedizione

Descrivere

Guarda le foto. Scrivi un breve paragrafo per descrivere il sito Web. Paragona il tuo paragrafo con il paragrafo di un(a) compagno/a di classe.

La Casa Della Moda: Abbigliamento,

http://www.lacasadellamoda.it

La casa della moda

donne   uomini   bellezza e fragranze

Visita il nostro negozio di persona in Via Giannotti 35
(di fronte al cinema, vicino al Ristorante Da Fabio)
Apertura al pubblico: 15 novembre

Maglietta nera
di seta, ideale da sola in estate o con un maglione in autunno e inverno
Numero del prodotto: T39875-3
Misure: 38, 40, 42, 44, 46, 48
Colori: nero, nero e argento°, nero e oro°
Prezzo: €29,00 (IVA inclusa)

Gonna
di cotone, perfetto per la primavera o l'estate
Numero del prodotto: X27453-2
Misure: 38, 40, 42, 44, 46
Colori: blu, giallo, bianco, rosa, rosso
Prezzo: €45,50 (IVA inclusa°)

Scarpe
nere, perfette per vestiti casual o eleganti
Numero del prodotto: S2984
Misure: 34, 36, 38, 40, 42
Colori: bianco, blu, marrone, nero*
Prezzo: €62,99 (IVA inclusa)
*nero temporaneamente esaurito°

Il mio carrello°

Numero del prodotto	Colore	Misura	Quantità	Prezzo
				Totale acquisto°

Spedizione gratuita con spese di €250,00 o più

donne | uomini | bellezza e fragranze | scarpe | borse e accessori | gioielleria

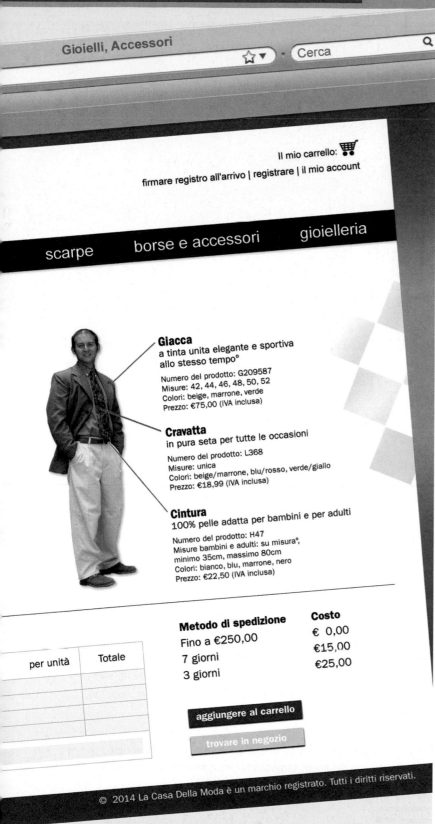

Gioielli, Accessori   ☆▼ · (Cerca   🔍)

Il mio carrello: 🛒

firmare registro all'arrivo | registrare | il mio account

| scarpe | borse e accessori | gioielleria |

Giacca
a tinta unita elegante e sportiva
allo stesso tempo°
Numero del prodotto: G209587
Misure: 42, 44, 46, 48, 50, 52
Colori: beige, marrone, verde
Prezzo: €75,00 (IVA inclusa)

Cravatta
in pura seta per tutte le occasioni
Numero del prodotto: L368
Misure: unica
Colori: beige/marrone, blu/rosso, verde/giallo
Prezzo: €18,99 (IVA inclusa)

Cintura
100% pelle adatta per bambini e per adulti
Numero del prodotto: H47
Misure bambini e adulti: su misura°,
minimo 35cm, massimo 80cm
Colori: bianco, blu, marrone, nero
Prezzo: €22,50 (IVA inclusa)

Metodo di spedizione	Costo
Fino a €250,00	€ 0,00
7 giorni	€15,00
3 giorni	€25,00

per unità	Totale

aggiungere al carrello

trovare in negozio

© 2014 La Casa Della Moda è un marchio registrato. Tutti i diritti riservati.

IVA inclusa *sales tax included* **argento** *silver* **oro** *gold* **esaurito** *out of stock* **mio carrello** *my shopping cart* **acquisto** *purchase* **allo stesso tempo** *at the same time* **su misura** *custom made*

Dopo la lettura

Rispondere Rispondi alle seguenti domande con frasi complete.

1. Quando è l'apertura al pubblico del negozio?
   _____

2. Quali sono i prodotti descritti nella pubblicità?
   _____

3. Qual è il prodotto più economico?
   _____

4. Quali prodotti puoi comprare in blu?
   _____

5. Quali informazioni ci sono in «Il mio carrello»?
   _____

6. Quanto costa la spedizione di tre giorni?
   _____

Scegliere Indica quale prodotto può comprare ogni persona. Scrivi frasi complete.

MODELLO

Monica cerca un regalo per il compleanno del papà, ma ha solo €20.
Monica può comprare la cravatta!

1. Sabina ha bisogno di una maglietta da indossare sotto il suo nuovo maglione di colore oro.
   _____

2. Alessandro ha €55 e ha bisogno di accessori.
   _____

3. Il figlio di Maria ha un'occasione importante, ma Maria ha solo €35.
   _____

4. È il compleanno di Gianluca e i suoi amici vogliono comprare un bel regalo per lui.
   _____

5. Zoe ha un vestito elegante, bianco e nero, ma non ha scarpe.
   _____

6. Bianca e Franco devono andare a un anniversario di matrimonio. Non hanno problemi di soldi.
   _____

Oggi indosso... 👫 A coppie, usate questo sito Web come modello per scrivere una descrizione di quello che indossate oggi. Presentate le descrizioni alla classe.

MODELLO

Oggi indosso i jeans blu e una maglietta rossa. Ho una cintura marrone e le scarpe da ginnastica bianche...

Practice more at **vhlcentral.com.**

In ascolto  S Audio

Listening for the gist

Listening for the gist can help you get a general idea of what someone is talking about, even if you can't hear or understand some of the words. When you listen for the gist, you try to capture the essence of what you hear without focusing on individual words.

🎧 To help you practice this strategy, you will listen to three sentences. Jot down a brief summary of what you hear.

Preparazione

Guarda la foto. Quante persone ci sono? Dove sono Lucilla e Amedeo? Cosa vogliono mangiare? Cosa vogliono bere? Che ore sono? Che cosa hanno fatto oggi?

Ascoltiamo 🎧

Ascolta la conversazione tra Lucilla, Amedeo e il cameriere. Ascolta una seconda volta e indica quali attività hanno fatto oggi.

1. ____ Hanno comprato un libro.
2. ____ Durante la mattina, hanno nuotato.
3. ____ Hanno ascoltato la musica.
4. ____ Hanno visto un amico.
5. ____ Hanno mangiato molto al bar.
6. ____ Hanno comprato dei vestiti.
7. ____ Hanno mangiato in un ristorante elegante.
8. ____ Hanno organizzato una serata (evening) con gli amici.
9. ____ Hanno studiato per un esame difficile.
10. ____ Hanno deciso di andare al cinema.

Comprensione

Un riassunto Completa il riassunto (summary) della conversazione tra Lucilla e Amedeo con le parole della lista.

al cinema	hanno comprato
aranciata	hanno visitato
ballare	in discoteca
biscotti	i pantaloni
caffè	in piscina
cappuccino	le scarpe
ha fame	le sciarpe

Lucilla e Amedeo sono in un (1) _____. Amedeo beve un (2) _____. Lucilla (3) _____ e mangia (4) _____ e torta al cioccolato. La mattina loro (5) _____ i negozi e hanno nuotato (6) _____. Lucilla ha comprato (7) _____ e una gonna, Amedeo ha comprato (8) _____. La sera Lucilla e Amedeo non vogliono andare (9) _____, ma invece vogliono andare (10) _____.

E tu? 👥 A coppie, parlate di che cosa avete fatto lo scorso fine settimana e dei vostri programmi per questo fine settimana. Cosa dovete fare? Cosa volete fare?

MODELLO

Sabato ho dormito fino alle dieci e mezzo. La sera ho visto un film con i miei amici. Domenica mattina ho dormito fino a tardi e poi sono andato a fare la spesa...

Scrittura

STRATEGIA

Adding details

How can you make your writing more informative or more interesting? You can add details by answering the "W" questions: Who? What? When? Where? Why? The answers to these questions will provide useful information that can be incorporated into your writing. Here are some useful question words that you have already learned:

A che ora?	Dove?
Che cosa?	Perché?
Chi?	Quando?

Compare these two sentences.

«Ho comprato una giacca.»

«Dopo la classe d'italiano ho comprato una giacca di pelle nera, perché mia nonna mi ha dato i soldi per il mio compleanno.»

While both sentences give the same basic information (the writer bought a jacket), the second provides details that are much more informative.

Tema

Baci da Milano!

Hai deciso di passare un anno in Italia e vivere con una famiglia. Sei a Milano per il fine settimana e mandi una cartolina (*postcard*) alla famiglia che ti ospita (*hosts*) per raccontare cosa hai fatto. Scrivi cinque cose che hai visto e fatto. Aggiungi dettagli alla descrizione rispondendo (*answering*) alle domande **chi?**, **cosa?**, **quando?**, **dove?** e **perché?**

sabato pomeriggio
ho visitato il Duomo
con i miei amici...

Usare la tecnologia

accendere	to turn on
cancellare	to erase
caricare	to charge; to load
cominciare	to start
comporre	to dial (a number)
essere connesso/a	to be connected
essere in linea	to be online
funzionare	to work, to function
navigare in rete	to surf the Internet
registrare	to record
salvare	to save
scaricare	to download
spegnere	to turn off
squillare	to ring (telephone)
stampare	to print

Di che colore?

arancione	orange
azzurro/a	sky blue
beige (invar.)	beige
bianco/a	white
blu (invar.)	blue
giallo/a	yellow
grigio/a	gray
marrone	brown
nero/a	black
rosa (invar.)	pink
rosso/a	red
verde	green
viola (invar.)	purple
a righe	striped
a tinta unita	solid color
chiaro/a	light
scuro/a	dark

I tessuti

il cotone	cotton
la lana	wool
la pelle	leather
la seta	silk

L'abbigliamento

indossare, portare	to wear
l'abito	dress
la biancheria intima	underwear
la borsa	handbag; purse
il calzino	sock
la camicetta	blouse
la camicia	dress shirt
la canottiera	tank top
il cappello	hat
il cappotto	overcoat
la cintura	belt
la collana	necklace
il completo	suit; matching outfit
il costume da bagno	bathing suit
la cravatta	tie
la felpa	sweatshirt
la giacca	jacket
la gonna	skirt
il guanto	glove
i jeans	jeans
la maglietta (a maniche corte/ lunghe)	(short-/long-sleeved) T-shirt
il maglione	sweater
gli occhiali (da sole)	(sun)glasses
i pantaloncini	shorts
i pantaloni	pants, trousers
la scarpa (da ginnastica)	(running) shoe
la sciarpa	scarf
lo stivale	boot
la taglia	clothing size
il tailleur	women's suit
la valigetta	briefcase
il vestito	dress; suit
largo/a	loose, big
stretto/a	tight-fitting

Verbi

conoscere	to know; to meet
dire	to say; to tell
dovere	to have to/must; to owe
potere	to be able to/can
riconoscere	to recognize
riuscire	to succeed; to manage
sapere	to know
uscire	to go out; to leave
venire	to come
volere	to want

Termini tecnologici

il canale (televisivo)	(television) channel
il carica batteria	battery charger
la cartella	folder
il CD/compact disc	CD
il cellulare	cell phone
il (computer) portatile	laptop (computer)
le cuffie	headphones
il disco rigido	hard drive
il documento	document
l'e-mail (f.)	e-mail message
l'impianto stereo	stereo
il lettore MP3/CD/ DVD	MP3/CD/DVD player
la macchina fotografica (digitale)	(digital) camera
il messaggio (di testo); l'SMS	text message
il microfono	microphone
il mouse	mouse
la password	password
il programma	program
la rete	network; Internet
il (registratore) DVR	DVR
lo schermo	screen
il sito Internet	Web site
lo smartphone	smartphone
la stampante	printer
il tablet	tablet
la tastiera	keyboard
il telecomando	remote control
il televisore	television set
il videogioco	video game

Fare spese

il buon affare	good deal
il/la commesso/a	salesperson
i saldi	sales
caro/a	expensive
ciascuno/a	each (one)
costoso/a	expensive

Espressioni utili	See pp. 121 and 135.
Pronomi tonici	See p. 127.
Irregular past participles	See p. 139.

Buon appetito!

Per cominciare
- Dove sono Marcella e Riccardo?
  a. al mercato   b. al supermercato
- Marcella compra della frutta o del gelato?
- Che cosa indossa Riccardo?
- Di che colore è la borsa di Marcella?

Lezione

5A

Communicative Goals

You will learn how to:
- talk about food
- discuss grocery shopping

CONTESTI

La spesa  Vocabulary Tools

Vocabolario

espressioni	*expressions*
Quanto costa...?	*How much is . . . ?*
cucinare	*to cook*
i negozi	*shops*
la gelateria	*ice cream shop*
la macelleria	*butcher*
il mercato	*market*
il negozio d'alimentari	*grocery store*
la panetteria	*bakery*
la pasticceria	*pastry shop*
la pescheria	*fish/seafood shop*
la salumeria	*delicatessen*
il supermercato	*supermarket*
il cibo	*food*
il biscotto	*cookie*
il burro	*butter*
il formaggio	*cheese*
l'olio (d'oliva)	*(olive) oil*
il pane	*bread*
la pasta (asciutta)	*pasta*
il riso	*rice*
lo yogurt	*yogurt*
carne e pesce	*meat and fish*
la carne di maiale	*pork*
la carne di manzo	*beef*
i frutti di mare	*seafood*
il gamberetto	*shrimp*
il prosciutto	*ham*
il tonno	*tuna*
la vongola	*clam*
frutta e verdura	*fruit and vegetables*
l'ananas (*m.*)	*pineapple*
il carciofo	*artichoke*
il fungo	*mushroom*
il lampone	*raspberry*
il melone	*melon*
l'uva	*grapes*

la pera

l'arancia

la fragola

la pesca

frutta

la banana

la mela

la patata

legumi

la cipolla

la carota

il peperone rosso

la melanzana

il fagiolino

l'aglio

il pomodoro

risorse

SAM
WB: pp. 63–64

SAM
LM: p. 36

vhlcentral.com

Attenzione!

In Italian, **uva** (*grapes*) is a non-count noun, meaning its quantity cannot be expressed as a number and it has no plural form. To talk about a bunch of grapes, say **un grappolo d'uva**.

la marmellata

la *crostata*

il peperone verde

la lattuga

l'uovo
(*pl.* le uova *f.*)

Pratica

1 Abbinare Abbina ogni parola con la sua immagine.

1. _____ formaggio
2. _____ pane
3. _____ uova
4. _____ vongola
5. _____ uva
6. _____ pomodori

a.   b.   c.

d.   e.   f.

2 Prova d'artista In gruppi di quattro, fate a turno a disegnare e a indovinare (*guess*) le parole del vocabolario della lezione.

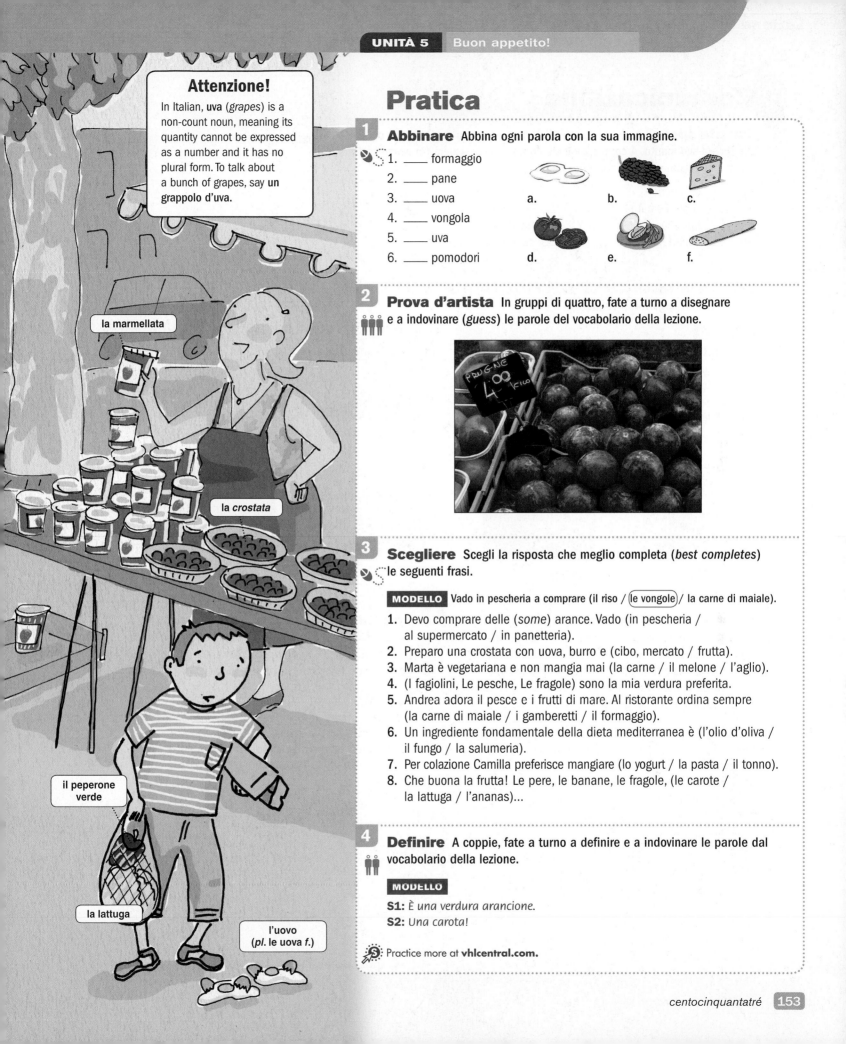

3 Scegliere Scegli la risposta che meglio completa (*best completes*) le seguenti frasi.

> **MODELLO** Vado in pescheria a comprare (il riso / le vongole / la carne di maiale).

1. Devo comprare delle (*some*) arance. Vado (in pescheria / al supermercato / in panetteria).
2. Preparo una crostata con uova, burro e (cibo, mercato / frutta).
3. Marta è vegetariana e non mangia mai (la carne / il melone / l'aglio).
4. (I fagiolini, Le pesche, Le fragole) sono la mia verdura preferita.
5. Andrea adora il pesce e i frutti di mare. Al ristorante ordina sempre (la carne di maiale / i gamberetti / il formaggio).
6. Un ingrediente fondamentale della dieta mediterranea è (l'olio d'oliva / il fungo / la salumeria).
7. Per colazione Camilla preferisce mangiare (lo yogurt / la pasta / il tonno).
8. Che buona la frutta! Le pere, le banane, le fragole, (le carote / la lattuga / l'ananas)...

4 Definire A coppie, fate a turno a definire e a indovinare le parole dal vocabolario della lezione.

> **MODELLO**
> **S1:** È una verdura arancione.
> **S2:** Una carota!

Practice more at **vhlcentral.com.**

CONTESTI

Comunicazione

5 Quanta spesa! 🎧 La signora Rizzi deve andare a fare la spesa oggi. Ascolta quello che dice a suo marito. A coppie, indicate l'ordine in cui visiterà (*in which she will visit*) i posti nella lista.

1. _____ pescheria
2. _____ supermercato
3. _____ macelleria
4. _____ panetteria

5. _____ mercato
6. _____ gelateria
7. _____ pasticceria
8. _____ salumeria

6 Enzo fa la spesa A coppie, recitate (*role-play*) le conversazioni di Enzo con i seguenti negozianti (*vendors*).

MODELLO

S1: Buongiorno! Vorrei del (*I would like some*) gelato.
S2: Che gusto (*flavor*) Le piace?
S1: Alla fragola!
S2: Ecco qui.
S1: Grazie!

in gelateria

Un piccolo aiuto

Use these words to help you complete this activity.

il/la fruttivẹndolo/a	→	*greengrocer*
il/la gelataio/a	→	*ice cream seller*
il/la macellaio/a	→	*butcher*
il/la pescivẹndolo/a	→	*fishmonger*

1. in macelleria

2. al mercato

3. nel negozio d'alimentari

4. in pescheria

7 Il menu della festa! Lavorate a coppie. L'insegnante vi darà (*will give you*) due fogli diversi, ciascuno con metà delle informazioni sui prezzi del cibo. Create insieme un menu per la vostra festa. Poi scrivete la lista della spesa di quello che dovete comprare. Avete un budget di 100 euro.

MODELLO

S1: Dobbiamo servire la pizza con il prosciutto e i funghi. Quanto costa?
S2: Una pizza costa 8,50 euro. Quante ne (*of them*) compriamo?
S1: Due. E poi...

8 I cibi preferiti In gruppi di tre, parlate dei cibi che piacciono o non piacciono a voi, alle vostre famiglie e ai vostri amici. Dite quali cibi mangiate più spesso e dove andate a comprarli (*to buy them*).

MODELLO

S1: A mia madre piace il pane. Ogni giorno va in panetteria a comprare il pane.
S2: Mio fratello adora il gelato! Va sempre in gelateria. A me non piace il gelato, preferisco la crostata...

Pronuncia e ortografia  Audio

🎧 **The letter combination *gl***

---

figl**io**	**gli**	**mi**gl**ia**	**Pu**gl**ia**

In Italian, **gl** followed by the letter **i** is usually pronounced like the *lli* in *million*.

---

glaciale	**gl**obale	**gl**ossare	si**gl**are

When followed by a vowel other than **i**, **gl** sounds like the *gl* in the English word *glow*.

---

gangl**io**	**gero**gl**ifico**	**gl**icerina	**gl**issare

In words derived from Greek (medical terms, scientific terms, etc.) and foreign terms, **gl** is pronounced like the *gl* in the English word *glow*, even when followed by the letter **i**.

Pronunciare Ripeti le parole ad alta voce.

1. maglia	4. pigliare	7. globalizzare	10. aglio
2. globo	5. glissare	8. taglia	11. gloria
3. migliaia	6. togliere	9. figlia	12. foglio

Articolare Ripeti le frasi ad alta voce.

1. Posso mettere l'aglio nella pentola?
2. Voglio un biglietto per il concerto.
3. Mangiamo le tagliatelle stasera?
4. Gli zii preparano gli gnocchi.
5. Mi sveglio alle otto.
6. I figli di Maria studiano glottologia.

Proverbi Ripeti i proverbi ad alta voce.

A tavola non si invecchia mai.[2]

Chi la sera i pasti li ha fatti, sta agli altri a lavar i piatti.[1]

più tardi

[1] If one person cooks the meal, it is up to the others to wash the dishes.
[2] One never ages when at the table.

risorse

SAM
LM: p. 37

S vhlcentral.com

FOTOROMANZO

La lista della spesa

 Video: *Fotoromanzo*

Emily

Lorenzo

Marcella

Riccardo

Viola

EMILY Burro, uova, pane. Vai al mercato oggi?

MARCELLA Sì. Voglio fare spaghetti alla carbonara per tutti stasera. Ti piace cucinare?

EMILY Sì. So preparare dei piatti svedesi. Me lo ha insegnato mio padre.

MARCELLA E tua madre? Cucina piatti italiani?

RICCARDO Buongiorno. Sei pronta per andare a fare la spesa, Marcella?

MARCELLA Fra un attimo.

EMILY Marcella, posso preparare io la cena stasera?

RICCARDO Tu? Siamo troppo giovani per morire!

VIOLA Ciao mamma, ciao papà. Questo è il nostro blog della pensione. È stata un'idea di Riccardo. Beh, eccomi qua. Ho preso trenta nel mio ultimo esame. Devo finire una tesina per martedì. Hmm... Sono andata a cena con Massimo a... (*Continua.*) Come si spegne questa videocamera?

Al mercato...

MARCELLA Oh, frutta e verdura.

RICCARDO Marcella, insalata mista. Abbiamo bisogno di lattuga, pomodori, peperoni e cipolle.

EMILY E altri pomodori per la bruschetta.

MARCELLA Va bene, possiamo comprare tanti pomodori.

EMILY Ecco della lattuga e delle cipolle.

MARCELLA E ci serve dell'olio d'oliva e del basilico.

RICCARDO Ho trovato dei peperoni e dell'aglio.

EMILY Abbiamo bisogno di aglio?

RICCARDO Abbiamo sempre bisogno di aglio.

EMILY Abbiamo dimenticato gli asparagi.

MARCELLA Bene. Ah, poi andiamo dal macellaio.

EMILY Quanta pancetta ci serve?

MARCELLA Paolo ama la carne.

RICCARDO Quattro etti e mezzo.

EMILY Non è troppo?

RICCARDO Nooo. Ho mangiato la stessa quantità di pancetta la settimana scorsa.

A T T I V I T À

1 Completare Completa le seguenti frasi.

1. Marcella vuole fare spaghetti alla _____ stasera.
2. Emily sa preparare dei piatti _____.
3. Riccardo vuole fare un'insalata mista con lattuga, pomodori, _____ e cipolle.
4. Emily vuole altri pomodori per la _____.
5. Riccardo ha trovato dei peperoni e dell' _____.

6. Servono quattro etti e mezzo di _____.
7. Riccardo mangia tanto, ma è molto _____.
8. Non possono fare la carbonara senza uova e _____.
9. Per dolce, Emily suggerisce il _____.
10. Riccardo ha voglia di _____.

Practice more at **vhlcentral.com.**

Emily, Marcella e Riccardo fanno la spesa.

LORENZO Ti posso aiutare io.

VIOLA Oh, Lorenzo. Ciao. Grazie.

LORENZO Di niente. Non vuoi dire ai tuoi genitori di Massimo?

VIOLA Tu hai detto che è aggressivo ed egoista.

LORENZO Non Massimo in particolare, ho detto che alcuni uomini sono cattivi.

VIOLA Massimo è un ragazzo gentile.

VIOLA Come Francesca?

LORENZO Sono uscito con lei per due anni. Poi lei ha incontrato un altro ragazzo ed è stata con lui solo per due settimane.

VIOLA La ami?

LORENZO E tu, lo ami Massimo?

VIOLA Lo conosco da un mese. Vuoi tornare con lei? ...o c'è una nuova ragazza?

MARCELLA Riccardo, Riccardo! Ma allora perché sei così magro se mangi così tanto? ...Che cosa abbiamo dimenticato?

EMILY Uova e formaggio!

MARCELLA Non possiamo fare la carbonara senza uova e formaggio.

EMILY Compriamo del tiramisù per dolce?

MARCELLA Va bene.

RICCARDO Io ho fame. Ho voglia di biscotti. E di un caffè.

EMILY Andiamo in un bar? Offriamo io e Riccardo.

RICCARDO Hmm?

EMILY Proprio così.

MARCELLA Siete molto cari. Grazie.

Espressioni utili

Talking about groceries

- **Ci serve dell'olio d'oliva e del basilico.**
  We need some olive oil and some basil.

- **dei piatti**
  some dishes
- **quattro etti e mezzo**
  450 grams

- **l'insalata mista**
  mixed salad
- **un po'**
  a little bit

- **dal macellaio**
  to the butcher shop
- **per dolce**
  for dessert

Talking about past actions

- **Me lo ha insegnato mio padre.**
  My dad taught me.

- **Sono andata a cena con Massimo.**
  I went to dinner with Massimo.

- **Sono uscito con lei per due anni.**
  I went out with her for two years.

- **È stata con lui solo per due settimane.**
  She was with him for just two weeks.

Additional vocabulary

- **Siamo troppo giovani per morire!**
  We are too young to die!

- **Come si spegne questa videocamera?**
  How do you turn off this videocamera?

- **Fra un attimo.**
  In a minute.
- **una tesina**
  essay; term paper

- **Beh, eccomi qua.**
  Well, here I am.
- **ultimo**
  last

- **La ami?/Lo ami?**
  Do you love her?/ Do you love him?
- **tanti**
  many

- **Non è troppo?**
  Isn't it too much?
- **in particolare**
  specifically

- **per tutti stasera**
  for everyone tonight
- **alcuni uomini**
  some men

- **la stessa quantità**
  the same amount

---

2 **Per parlare un po'** Tu e un amico volete invitare alcuni amici a cena questa sera. A coppie, scrivete una conversazione in cui (*in which*) decidete che cosa volete servire. Parlate di che cosa dovete comprare e di chi cucina i piatti che avete scelto.

3 **Approfondimento** Vuoi invitare a cena alcuni amici e decidi di cucinare italiano. Prepara un menu di piatti italiani, poi cerca le ricette su Internet o su qualche libro di cucina. Descrivi ai tuoi compagni le ricette che hai scelto.

CULTURA

Mercato o supermercato?

Dove facciamo la spesa oggi? Nelle principali piazze delle città italiane, in un giorno fisso° della settimana, c'è il mercato, dove si trovano gli ingredienti fondamentali della cucina italiana: la frutta e le verdure fresche e di stagione°. Spesso al mercato è possibile risparmiare° su frutta e verdura. Città come Venezia, Palermo, Genova e anche Milano sono conosciute per i loro ricchissimi mercati del pesce, dov'è possibile trovare molluschi° e pesci freschissimi del Mediterraneo.

Oltre ai mercati, in Italia ci sono tantissimi negozi alimentari specializzati, come le panetterie, le macellerie e le salumerie. Generalmente gli anziani preferiscono questi negozi tradizionali, vicino a casa, in cui° fanno la spesa da parecchi° anni e hanno un rapporto° non solo di fiducia°, ma spesso anche di amicizia con il negoziante°.

Oggigiorno però è sempre più comune fare la spesa al supermercato. Spesso le famiglie italiane scelgono di andare nei supermercati all'interno dei centri commerciali. Qui possono fare la spesa e trovare anche altri negozi in cui fare acquisti°. Per parecchie famiglie è conveniente andare in un unico posto e fare la scorta° del necessario per tutta la settimana, con una sola sosta°. La continua costruzione di nuovi centri commerciali ha causato ai negozi che vendono prodotti al dettaglio° la perdita° di molti clienti. Ciononostante°, se vuoi perderti negli aromi e nei colori, i mercati all'aperto non sono difficili da trovare.

Un piccolo aiuto

In Italian, it is common to add the suffix **-ssimo** to masculine plural adjectives to mean *very* or *extremely*.

ricchi + **-ssimo** = **ricchissimo**

freschi + **-ssimo** = **freschissimo**

tanti + **-ssimo** = **tantissimo**

fisso *set, fixed* **di stagione** *seasonal* **risparmiare** *to save* **molluschi** *mollusks* **in cui** *in which* **parecchi** *many* **rapporto** *relationship* **fiducia** *trust* **negoziante** *shopkeeper* **fare acquisti** *to shop* **fare la scorta** *stock up* **sosta** *stop* **al dettaglio** *retail* **perdita** *loss* **Ciononostante** *However*

A T T I V I T À

1 Vero o falso? Indica se l'affermazione è **vera** o **falsa**. Correggi le affermazioni false.

1. Tutti gli italiani fanno sempre la spesa al mercato.

2. Gli anziani spesso preferiscono fare la spesa nei negozi tradizionali.

3. Le salumerie e le macellerie vendono prodotti al dettaglio.

4. La costruzione di centri commerciali aiuta anche i negozianti tradizionali.

5. A volte gli anziani hanno un rapporto di amicizia e fiducia con i negozianti.

6. In molte città c'è il mercato del pesce.

7. Le famiglie non fanno la spesa al supermercato.

8. Il mercato c'è tutti i giorni in tutte le città.

9. Spesso c'è un rapporto di fiducia con i proprietari dei supermercati.

10. Gli italiani comprano i molluschi al mercato di frutta e verdura.

Practice more at **vhlcentral.com.**

L'ITALIANO QUOTIDIANO

Come cuciniamo questo piatto?

(far) soffriggere	*to brown, to fry lightly*
(far) tostare	*to toast*
impanare	*to bread*
affumicato/a	*smoked*
agrodolce	*sweet and sour*
alla griglia	*grilled*
al vapore	*steamed*
arrosto/a	*roasted*
fritto/a	*fried*
in umido	*stewed*
sottaceto	*pickled*
sottolio	*in oil*

USI E COSTUMI

Che aroma!

Qual è il migliore amico di tanti italiani? Il caffè, naturalmente! Il caffè è sempre con loro. Al momento del risveglio° non c'è niente° di meglio di un **caffè lungo°** o di un **cappuccino** che offre la carica° giusta per iniziare la giornata. Verso le 11 c'è normalmente la pausa con i colleghi di lavoro o i compagni di classe, spesso accompagnata da un caffè **macchiato°** o da un «**marocchino°**». Anche nei momenti di stress il caffè può «tirar su°» il morale. E di sera? Alcuni italiani preferiscono bere un caffè **liscio°**, altri **corretto°** e altri ancora un **decaffeinato**, per evitare di° passare la notte in bianco°.

risveglio *waking up* **non c'è niente** *there's nothing* **caffè lungo** *espresso with hot water added* **carica** *boost* **macchiato** *espresso "stained" with milk* **marocchino** *espresso with cocoa powder and milk* **tirar su** *pull up* **liscio** *plain* **corretto** *espresso with alcohol* **evitare di** *to avoid* **passare la notte in bianco** *being up all night*

RITRATTO

Com'è buona la pasta!

Mangiare la pasta fa sognare a tutti° di essere nella penisola a forma di stivale. È possibile trovare tipi di pasta diversi in ogni regione d'Italia. La regione dove nasce l'arte di tirare la sfoglia° è l'Emilia-Romagna. Sulle tavole italiane, di casa o dei ristoranti, non mancano° mai i primi piatti di pasta «fatta in casa», come **gli spaghetti**, le tagliatelle, le fettuccine, le trofie, le orecchiette e gli gnocchi. Ci sono tantissimi tipi di sughi°: la semplice° salsa di pomodoro, il pesto, i quattro formaggi, il ragù, la carbonara, l'amatriciana e così via°. Altri primi piatti sono le lasagne al ragù o vegetariane; i tortelli o ravioli ripieni° di ricotta e spinaci, prosciutto e funghi, o formaggi; e i tortellini ripieni di carne e serviti «in brodo°». C'è un tipo di pasta per ogni gusto!

fa sognare a tutti *makes everyone dream* **tirare la sfoglia** *rolling pastry dough* **non mancano** *aren't missing* **sughi** *sauces* **semplice** *simple* **e così via** *and so on* **ripieni** *filled* **brodo** *broth*

SU INTERNET

Quali sono i tipi di pasta tipici delle diverse regioni d'Italia?

Go to **vhlcentral.com** to find more information related to this **CULTURA**.

---

2 Completare Completa le frasi.

1. In Emilia-Romagna nasce l'arte di _____.
2. I tortelli e i ravioli sono due tipi di pasta _____.
3. I tortellini sono spesso serviti in _____.
4. Gli italiani, al mattino, bevono (*drink*) il caffè lungo o il _____.
5. Nei momenti di stress il caffè aiuta a _____ il morale.
6. Alcuni italiani, alla sera, bevono il _____, cioè il caffè senza caffeina.

3 A voi A coppie, rispondete alle seguenti domande.

1. Qual è il piatto tradizionale della tua regione o stato?
2. Secondo te, quali sono le differenze tra la cultura del caffè in America e quella in Italia?
3. Fai la spesa sempre al supermercato? C'è un mercato all'aperto nella tua città?

risorse

vhlcentral.com

A T T I V I T À

STRUTTURE

5A.1 The *passato prossimo* with *essere*

Punto di partenza In **Lezione 4B** you learned to form the **passato prossimo** with **avere**. Some verbs, however, form the **passato prossimo** with **essere**.

- Form the **passato prossimo** of verbs that take **essere** by pairing a present-tense form of **essere** with the past participle of the primary verb. The past participle must agree in gender and number with the subject.

The *passato prossimo* of *andare*

sono andato/a	*I went*	siamo andati/e	*we went*
sei andato/a	*you went*	siete andati/e	*you went*
è andato/a	*you went; he/she/it went*	sono andati/e	*they went*

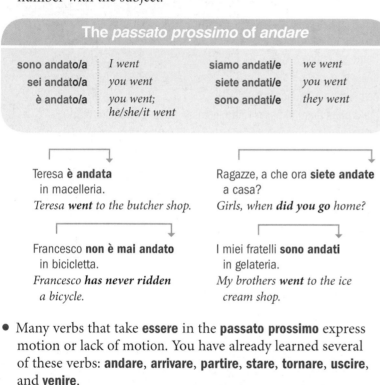

Teresa **è andata** in macelleria.
*Teresa **went** to the butcher shop.*

Ragazze, a che ora **siete andate** a casa?
*Girls, when **did you go** home?*

Francesco **non è mai andato** in bicicletta.
*Francesco **has never ridden** a bicycle.*

I miei fratelli **sono andati** in gelateria.
*My brothers **went** to the ice cream shop.*

- Many verbs that take **essere** in the **passato prossimo** express motion or lack of motion. You have already learned several of these verbs: **andare, arrivare, partire, stare, tornare, uscire,** and **venire**.

Giuseppe **è uscito** ieri sera.
*Giuseppe **went out** last night.*

Quando **sono arrivati** i Bianchi?
*When **did** the Bianchis **arrive**?*

Sono andata a cena con Massimo.

Sono uscito con lei per due anni.

PRATICA

1 **Completare** Completa ogni frase con il passato prossimo del verbo indicato.

Ieri io (1) _____ (andare) in centro con Tommaso e Graziella. Tommaso ha fatto una telefonata ed io e Graziella (2) _____ (restare) nella gelateria in Via Pacini. Poi Tommaso e Graziella (3) _____ (entrare) in pescheria per comprare dei calamari. Dopo tutti noi (4) _____ (entrare) nella salumeria «Il maiale felice». A Tommaso quella salumeria (5) _____ (piacere) molto. Tommaso e Graziella non (6) _____ mai _____ (venire) al mercato così noi (7) _____ (tornare) in Via Pacini. (8) _____ (essere) un pomeriggio divertente!

2 **Creare** Riscrivi ogni frase usando il passato prossimo.

MODELLO Un gelato lì costa un euro.

Un gelato lì è costato un euro.

1. Mi piacciono molto i broccoli con il formaggio.
   _____

2. Il pane diventa secco dopo due giorni.
   _____

3. La macelleria rimane aperta questa domenica.
   _____

4. La crostata viene sempre bene.
   _____

5. La carne e le uova costano troppo.
   _____

6. I signori Cefaletti vanno alla pasticceria.
   _____

3 **Descrivere** Guarda i disegni e crea una frase usando un verbo della tabella.

andare	partire	restare
arrivare	piacere	tornare

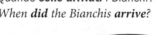

1. io   2. Camillo e Gaia   3. tu

4. io e Patrizia   5. Carmelo   6. mio fratello

Practice more at **vhlcentral.com**.

COMUNICAZIONE

4 **Vacanze** A coppie, fate a turno a fare domande sulle vostre ultime vacanze. Usate gli indizi (*cues*) dati.

MODELLO quando / partire

S1: *Quando sei partito?*
S2: *Sono partito il quattro aprile.*

1. dove / andare
2. con chi / partire
3. quanto / costare (il viaggio, i biglietti)
4. a che ora / arrivare
5. dove / restare
6. quanto tempo / restare
7. che cosa / piacere di più (*most*)
8. uscire / ogni sera
9. in quali negozi / entrare
10. quando / tornare

5 **Inchiesta** Chiedi ai tuoi compagni di classe se hanno fatto una delle attività nella lista. Se sì, scrivi il nome della persona. Fai domande per trovare una persona per ogni attività.

MODELLO andare a un museo

S1: *Sei andato a un museo recentemente?*
S2: *Sì, venerdì scorso sono andato al museo di arte.*

Attività	Nome
1. andare a un museo	Gianni
2. non venire in classe ieri	
3. partire per un fine settimana	
4. stare a letto tutto il giorno	
5. salire su un aereo	
6. essere malato/a	

6 **Una vita lunga e felice** A coppie, scrivete un riassunto (*summary*) della vita di una persona famosa. Usate forme del passato prossimo con **avere** ed **essere**.

MODELLO

Il tenore Luciano Pavarotti è nato a Modena nel 1935...

• In the **passato prossimo**, **essere** is also used with verbs that express states of being or changes of state.

Verbs used with *essere* in the *passato prossimo*

cadere	*to fall*	nascere*	*to be born*
costare	*to cost, to be worth*	piacere	*to please (to like)*
diventare	*to become*	restare	*to stay, to remain*
entrare	*to enter*	rimanere*	*to remain, to stay*
essere	*to be*	salire*	*to climb, to go up; to get on (bus, train)*
morire	*to die*		
		scendere	*to go down*

I ragazzi **sono saliti** in autobus.
*The boys **got on** the bus.*

La cuoca **è diventata** famosa nel 2010.
*The chef **became** famous in 2010.*

ATTREZZI
In **Lezione 2B**, you learned to use the **passato prossimo** form of **nascere** to talk about when a person was born.

• Many verbs that take **essere** have irregular past participles that must be memorized.

Some irregular past participles

essere	stato	rimanere*	rimasto
morire*	morto	scendere	sceso
nascere*	nato	venire	venuto
piacere	piaciuto	vivere	vissuto

Ieri **sono rimasto** a casa.
*Yesterday **I stayed** home.*

Le amiche **sono venute** in pasticceria.
*The friends **came** to the bakery.*

• **Essere** and **stare** share the same past participle: **stato**. Use context to determine which verb is being used.

Non **siete** mai **stati** a Roma?
*You **have** never **been** to Rome?*

Lele **è stato** a casa per cucinare.
*Lele **stayed** home to cook.*

Provalo! Completa ogni frase con il participio passato corretto.

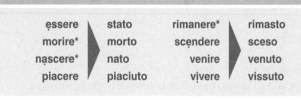

1. Voi siete (nato / (nate)) nel 1970.
2. Vi è (piaciuto / piaciuta) il film?
3. Gli studenti sono (andate / andati) al museo.
4. Tu sei (tornato / tornate) a casa alle due di notte.
5. Ragazzi, davvero siete (rimasti / rimaste) in piscina tutto il giorno?
6. Sono molto triste perché ieri è (morta / morto) il mio pesce.
7. Ida e Adamo sono (restata / restati) a cenare a casa mia.
8. Tu e Mirella siete (arrivato / arrivate) in Italia il quattro giugno.

STRUTTURE

5A.2 Direct object pronouns

Punto di partenza A direct object receives the action of a verb directly and answers the question *what?* or *whom?* Direct objects generally follow the verb.

SUBJECT	VERB	DIRECT OBJECT
Gli studenti	hanno mangiato	**una pizza.**
The students	*ate*	*a pizza.*

- Direct object *pronouns* replace direct object nouns.

DIRECT OBJECT NOUN	DIRECT OBJECT PRONOUN
Compri **le pere**?	**Le** compri?
*Are you buying **the pears**?*	*Are you buying **them**?*
Non conosciamo **il macellaio**.	Non **lo** conosciamo.
*We don't know **the butcher**.*	*We don't know **him**.*

- These are the forms of the direct object pronouns in Italian.

Direct object pronouns

singular		plural	
mi	*me*	ci	*us*
ti	*you*	vi	*you*
La	*you* (form., m. or f.)		
lo	*him/it* (m.)	li	*them* (m.)
la	*her/it* (f.)	le	*them* (f.)

- Place the direct object pronoun immediately before a conjugated verb.

Non **ti** vedo mai al mercato.	Arturo **mi** saluta sempre.
*I never see **you** at the market.*	*Arturo always greets **me**.*

- In two-verb constructions with an infinitive, drop the final **-e** and attach the pronoun to the end of the infinitive.

Ecco le vongole! Hai voglia di mangiar**le**?	I funghi? Non mi piace comprar**li**.
*Here are the clams! Do you feel like eating **them**?*	*Mushrooms? I don't like to buy **them**.*

- In two-verb constructions with **dovere**, **potere**, or **volere**, place the pronoun before the conjugated verb or attach it to the infinitive.

Ho dimenticato le fragole. **Le** devi comprare!/Devi comprar**le**!
*I forgot the strawberries. You have to buy **them**!*

PRATICA

1 **Completare** Completa ogni frase con il pronome diretto corretto.

MODELLO patate: Giovanni ___le___ ha mangiate.

1. **riso**: Lapo _____ ha cucinato.
2. **uva**: Noi _____ abbiamo comprata.
3. **carciofi**: Tu _____ hai preparati.
4. **forchette**: Io _____ ho lavate.
5. **lamponi**: Voi _____ avete cercati.
6. **panetteria**: Loro _____ hanno trovata.
7. **tavolo**: Io e Lidia _____ abbiamo lavato.
8. **carote**: La mamma _____ ha mangiate.

2 **Descrivere** Usa i disegni e gli indizi per dire chi ha comprato che cosa al supermercato.

MODELLO

L'ho comprato al supermercato.

io

1. noi   2. tu e Antonella   3. loro

4. mia nonna   5. tu   6. Lisa

3 **Rispondere** Rispondi a ogni domanda usando un pronome diretto.

1. Fai spesso la spesa? (Sì)
2. Hai finito lo yogurt? (No)
3. Vuoi preparare la cena stasera? (Sì)
4. Devi comprare i peperoni? (No)
5. Hai fatto colazione stamattina? (Sì)
6. Mangi le verdure? (No)

Practice more at **vhlcentral.com**.

COMUNICAZIONE

4 Una macedonia fantastica! In gruppi di tre, guardate la ricetta (*recipe*) per la macedonia (*fruit salad*). Dite a turno se avete nel frigo (*in the fridge*) gli ingredienti della lista o se dovete comprarli.

MODELLO

S1: Abbiamo bisogno di dieci fragole.
S2: Abbiamo dieci fragole nel frigo.
S3: Allora non dobbiamo comprarle.

Ricetta	Nel frigo
10 fragole	10 fragole
2 mele verdi	5 mele rosse
1 banana	3 pesche
½ (mezzo) melone	15 lamponi
15 lamponi	2 pere
3 pesche	
2 pere	
1 arancia	
½ (mezzo) ananas	
1 yogurt alla vaniglia	

5 Chi l'ha comprato? In gruppi di tre, guardate la lista. A turno, chiedete chi ha comprato ogni cosa. Se non l'hai comprato tu, chiedi a un'altra persona.

MODELLO

S1: Anna, hai comprato il tonno?
S2: No, non l'ho comprato. Jason, tu hai comprato il tonno?
S3: Sì, l'ho comprato ieri.

S1	S2	S3
caffè	arance	carne di maiale
formaggio	crostata	patate
melanzane	pasta	pomodori
olio	vongole	tonno

6 Una pubblicità A coppie, scrivete una pubblicità per un negozio, per esempio una panetteria, una macelleria o una gelateria. Descrivete le cose che vende e usate i pronomi diretti il più possibile.

MODELLO

Ecco la Pasticceria Salvatore, dove trovate biscotti buonissimi. Venite al nostro negozio dove potete assaggiarli (*taste them*). Potete comprarli per voi o per i vostri amici!...

• In sentences with the **passato prossimo**, place the direct object pronoun directly before the conjugated form of **avere**. Direct object pronouns are not used with verbs that take **essere**.

Vi abbiamo chiamato molte volte. Non **ci** avete sentito?
We called you many times. Didn't you hear us?

Mariella **mi** ha visto al negozio di alimentari.
Mariella saw me at the grocery store.

• When the direct object pronouns **lo**, **la**, **li**, and **le** precede a verb in the **passato prossimo**, the past participle must agree with the pronoun in gender and number.

Le pesche? I bambini **le** hanno mangiat**e**.
The peaches? The kids ate them.

Ecco i carciofi. **Li** ho comprat**i** ieri.
Here are the artichokes. I bought them yesterday.

• **Lo** and **la** can be shortened to **l'** before verbs beginning with a vowel sound, including **avere** forms that begin with **h**. Do not shorten the plural pronouns **li** and **le**.

Chi è quella signora? **L'**ho vista in salumeria l'altro ieri.
Who is that lady? I saw her at the deli the day before yesterday.

• To call attention to a person or object, attach the direct object pronoun to the end of **ecco**.

Dov'è la crostata...? **Eccola**!
Where is the pie . . . ? Here it is!

Mamma, **eccomi** qua!
Mom, here I am!

• The disjunctive pronouns you learned in **Lezione 4A** can be used instead of direct object pronouns to add emphasis. Always place disjunctive pronouns after the verb.

Non vedo **lui**, ma vedo **lei**.
I don't see him, but I see her.

Conosce **me**?
He knows me?

Provalo! Scegli il pronome diretto corretto per completare ogni risposta.

1. Compri le pere al supermercato? Sì, (**le**/ li) compro al supermercato.
2. Bevi il caffè tutti i giorni? Sì, (le / lo) bevo tutti i giorni.
3. Dove compri le cipolle e i funghi? (Le / Li) compro al mercato.
4. Compri la marmellata al supermercato? Sì, (li / la) compro al supermercato.
5. Mangiate lo yogurt tutti i giorni? Sì, (la / lo) mangiamo tutti i giorni.
6. Usi spesso le vongole sulla pasta? Sì, (li / le) uso spesso.
7. Conosci quella pasticceria? Sì, (la / le) conosco.
8. Compri qui il pane? Sì, (lo / li) compro qui.

5A.3 Partitives and expressions of quantity

Punto di partenza Partitives express *some* or *any*; they refer to part of a whole or an undefined quantity. To form the partitive in Italian, combine the preposition **di** with the definite article. These contracted forms were presented in **Lezione 3A**.

Articoli partitivi

	singular			plural	
masculine	del	dell'	dello	dei	degli
feminine	della	dell'		delle	

Usiamo **dell'**aglio per condire la pasta.
*Let's use **some** garlic to season the pasta.*

Ieri Lina ha comprato **dei** pomodori.
*Yesterday Lina bought **some** tomatoes.*

- The partitive is optional, and infrequent, in questions. The partitive is never used in negative statements.

  Vuoi **del/il** succo?
  *Do you want (**some**) juice?*

  Hai chiesto **dell'/l'**acqua?
  *Did you ask for (**some**) water?*

  Non mi piace il tè verde.
  I don't like green tea.

  Non abbiamo preso la limonata.
  *We didn't take **any** lemonade.*

- To use the partitive with non-count nouns, nouns whose quantity cannot be expressed with a number, use the singular form of the noun and the partitive.

  Compriamo **dello yogurt** e **dell'uva**.
  *We are buying **some yogurt** and **some grapes**.*

  Beatrice ha messo **dello zucchero** nel caffè.
  *Beatrice put **some sugar** in the coffee.*

- Use the invariable expression **un po' di** with non-count nouns to express *a little bit of* something.

  Paolo ha cucinato **un po' di** riso.
  *Paolo cooked **a little** rice.*

  Prendiamo **un po' di** caffè espresso.
  *We're having **some** espresso.*

- **Alcuni/e** and **qualche** also express *some* or *a few* with countable nouns. **Alcuni** (*m.*) and **alcune** (*f.*) precede plural nouns while the invariable **qualche** precedes singular nouns.

  Il babbo ha portato **alcuni biscotti**.
  *Dad brought **a few cookies**.*

  Il babbo ha portato **qualche biscotto**.
  *Dad brought **a few cookies**.*

  Ho **alcune amiche napoletane**.
  *I have **some Neapolitan friends**.*

  Ho **qualche amica napoletana**.
  *I have **some Neapolitan friends**.*

PRATICA

1 **Completare** Completa ogni frase con **alcuni/e**, **qualche** o il partitivo corretto.

1. Avete _____ latte?
2. Mangio _____ fragola.
3. Voglio _____ carciofi.
4. Ho comprato _____ succo d'ananas.
5. Ci sono _____ cipolle sul tavolo.
6. Ho trovato _____ peperone.
7. Ho bisogno di _____ pesca per la macedonia.
8. Ho mangiato _____ riso.

2 **Identificare** Guarda i disegni e scrivi che cosa beve la persona indicata usando il partitivo.

MODELLO Aldo / caffè

Aldo beve del caffè.

1. io / il latte
2. il signor Martinoli / il succo di pomodoro
3. Marcella e Ilaria / il tè
4. io e Ugo / il succo d'arancia
5. Camilla / l'acqua naturale
6. tu e Teresa / la limonata

3 **Completare** Completa le frasi usando il passato prossimo. Attenzione a usare la forma corretta dell'aggettivo!

MODELLO Mariano / comprare / un etto / formaggio

Mariano ha comprato un etto di formaggio.

1. io / bere / troppo / acqua
2. noi / mangiare / tutto / carne
3. tu / comprare / un po' di / pane
4. Pio / provare / tanto / cibi nuovi
5. Dora e Danilo / ordinare / un sacco di / prosciutto
6. tu e Maddalena / bere / molto / latte
7. la signora Emporio / volere / alcuno / biscotti
8. noi / mangiare / poco / lattuga

Practice more at **vhlcentral.com**.

COMUNICAZIONE

4 **Quando l'hanno comprato?** A coppie, immaginate di essere compagni di stanza. Guardate cosa avete nel frigo e poi fate domande su ciascun cibo. Dite quando l'avete comprato e usate il partitivo se necessario.

MODELLO

S1: *Abbiamo dello yogurt. Quando l'hai comprato?*
S2: *Hmmm... L'ho comprato domenica scorsa.*

5 **Poco, tanto o un sacco di?** A coppie, fate domande e rispondete su che cosa avete da mangiare e da bere in casa di solito. Usate poco, molto, troppo e un sacco di per descrivere le quantità.

MODELLO

S1: *Hai biscotti?*
S2: *Oh, sì! Abbiamo un sacco di biscotti! Tu hai pasta?*
S1: *Sì, ma di solito abbiamo poca pasta...*

6 **Inchiesta** A coppie, leggete la seguente inchiesta. Poi chiedete ai vostri compagni di classe se fanno le attività indicate. Se sì, scrivete i loro nomi accanto all'attività.

MODELLO

S1: *Usi molto olio d'oliva per cucinare?*
S2: *No, non molto. Mangi una mela tutti i giorni?*
S1: *Sì, sempre!*

Attività	Nome
1. cucinare con molto olio d'oliva	Sabrina
2. mangiare una mela tutti i giorni	
3. fare il pane in casa	
4. comprare il formaggio alla salumeria	
5. sapere come fare la pasta in casa	
6. mangiare del gelato ogni settimana	
7. comprare un chilo di riso al mese	
8. usare un sacco di aglio per cucinare	

- Other common adjectives that express quantities include **molto** (*a lot, many*), **poco** (*little*), **troppo** (*too much/many*), **tanto** (*so much/many*), and **tutto** (*all*). Like other adjectives, they agree with the noun they modify in gender and number. Always use a definite article after **tutto**.

C'è **poco cibo** in frigo.
*There's **not much food** in the fridge.*

Abbiamo **tanti compiti**!
*We have **so much homework**!*

Quel ragazzo fa **molte domande**.
*That boy asks **a lot of questions**.*

Avete mangiato **tutta la pasta**.
*You ate **all of the pasta**.*

- Specific quantities include **chilo** (*kilo*), **etto** (*100 grams*), and **fetta** (*slice*). The invariable expression **un sacco di** is equivalent to *a ton of* in English.

Mi può dare **un chilo di** prosciutto e **due etti di** ricotta?
*Could you give me **a kilo of** ham and **200 grams of** ricotta?*

Gli studenti hanno **un sacco di** vocabolario da imparare.
*The students have **a ton of** vocabulary to learn.*

Bere

- The verb **bere** (*to drink*) has an irregular stem: **bev-**.

Present tense of *bere*	
bevo	beviamo
bevi	bevete
beve	bęvono

- The past participle of **bere** is **bevuto**. Note that it uses the same stem as the present-tense forms.

I gatti **bevono** molto latte.
*Cats **drink** a lot of milk.*

Bevo sempre l'acqua frizzante.
*I always **drink** sparkling water.*

Ha bevuto una bottiglia d'aranciata.
*She **drank** a bottle of orangeade.*

Hai bevuto il caffè stamattina?
*Did you **drink** coffee this morning?*

Provalo! Scegli il partitivo corretto per completare ogni frase.

del dello dell' della dei degli delle

1. Clara beve *dell'* acqua naturale.
2. Letizia e sua sorella mangiano _____ marmellata.
3. Io e Oriana beviamo _____ latte.
4. Tu compri _____ yogurt.
5. Vogliamo _____ tè.
6. Preferisco _____ melone.
7. Compriamo _____ ananas oggi.
8. Desidero _____ frutti di mare.

SINTESI

Ricapitolazione

1 Preparare una cena A coppie, immaginate di essere compagni di stanza e di dover preparare una cena per i vostri genitori. Prima preparate un menu e una lista di ingredienti. Poi guardate il disegno e dite che cosa comprate in ogni negozio.

MODELLO

S1: Abbiamo bisogno di un po' di pane. Vado a comprarlo in panetteria.
S2: Bene! Voglio anche dei gamberetti. Vado a comprarli in pescheria.

2 Un ospite difficile A coppie, create una conversazione in cui una padrona di casa (*hostess*) offre molte cose da mangiare e da bere a un ospite, ma l'ospite ha sempre qualche problema. Alla fine trovate qualche cosa che l'ospite accetta. Dovete essere creativi!

MODELLO

S1: Posso offrirti qualcosa? Ho delle fragole molto buone.
S2: No grazie, non mi piacciono le fragole.
S1: Qualcosa da bere? Un caffè?
S2: No grazie, sono allergico al caffè...

3 Chi vuole comprarlo? Scrivi dieci parole del vocabolario della lezione su pezzi di carta e assegna un prezzo a ogni cosa. Poi, in gruppi di quattro, fate a turno a prendere un pezzo di carta e a dire se volete comprare quella cosa o no. Avete 50 euro da spendere.

MODELLO

S1: Una pera. Costa due euro. No, non la voglio comprare!
S2: Due crostate. Costano 25 euro. Sì, le voglio comprare!

4 Un viaggio fantastico In gruppi di tre, fate a turno a fare le seguenti domande ai vostri compagni su un viaggio recente. Paragonate le vostre risposte.

MODELLO

S1: Quando sei partito e quando sei tornato?
S2: Sono partito il 25 luglio e sono tornato il...

1. Quando sei partito e quando sei tornato?
2. Dove sei andato?
3. Hai comprato dei regali?
4. Sei uscito la sera?
5. Hai scritto molte e-mail alla tua famiglia?
6. Quanto è costato il viaggio?
7. Che cosa ti è piaciuto di più del viaggio?
8. Che cosa non ti è piaciuto del viaggio?

5 Catena di memoria In gruppi di tre, fate a turno a dire una frase usando il vocabolario della lezione. Gli altri devono poi aggiungere una frase alla frase precedente per vedere chi ha più memoria! Fate attenzione a usare i partitivi correttamente.

MODELLO

S1: Sono andato in panetteria e ho comprato del pane.
S2: Sono andato in panetteria e ho comprato del pane. Poi sono andato in salumeria e ho comprato un etto di prosciutto.
S3: Sono andato...

6 Sette differenze Lavorate a coppie. L'insegnante vi darà (*will give you*) due fogli diversi, ciascuno con un disegno. A turno, fate domande per trovare sette differenze fra i disegni. Usate i partitivi quando possibile.

MODELLO

S1: Io ho dello yogurt. E tu?
S2: Anch'io ho dello yogurt. Io ho dell'acqua. E tu?

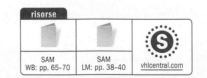

risorse

SAM
WB: pp. 65–70

SAM
LM: pp. 38–40

vhlcentral.com

Video: TV Clip

Calcio vigna

Lo spot *Vigna*, commissionato da SKY TV per promuovere° la stagione calcistica°, è indubbiamente originale. Non per niente ha vinto la ventunesima° edizione del Grand Prix, ambito premio° per la migliore pubblicità° italiana che si assegna° ogni anno. Questa pubblicità associa due ragioni d'orgoglio° per gli italiani: il calcio e il vino. Secondo l'Organizzazione internazionale della vite° e dell'uva, nel 2008 l'Italia ha superato° la Francia, storica rivale, nell'esportazione di vino. Non è solo questione° di quantità, però: grandi risultati si raggiungono° solo con un duro lavoro e un'attenta selezione. Nella viticoltura° così come nel calcio.

Questo è un lembo° di terra fertile dove nascono° frutti superbi.

Ora finalmente i tempi sono maturi: «Questa è l'annata° migliore di sempre.»

Comprensione Rispondi alle domande.

1. Secondo la pubblicità, come sono i frutti che nascono e crescono in questo terreno straordinario?
2. Com'è stato il lavoro per ottenere questi frutti?
3. Com'è quest'annata?

Discussione Discutete a coppie le seguenti domande.

1. Che cosa ti piace di questo spot? Che cosa non ti piace?
2. Come puoi adattare questo spot al tuo paese? Riesci a pensare a uno sport e a un cibo caratteristici della tua regione ed elaborare una pubblicità?

promuovere *promote* **stagione calcistica** *soccer season* **ventunesima** *twenty-first*
ambito premio *coveted prize* **migliore pubblicità** *best advertisement* **si assegna** *is awarded*
ragioni d'orgoglio *sources of pride* **vite** *grapevines* **ha superato** *surpassed* **questione** *matter*
si raggiungono *are achieved* **viticoltura** *wine-growing* **lembo** *strip* **nascono** *are born* **annata** *year*

Practice more at **vhlcentral.com.**

Lezione

5B

Communicative Goals

You will learn how to:

● talk about meals and place settings
● describe flavors

A tavola

S Vocabulary Tools

Vocabolario

espressioni	*expressions*
Vorrei...	*I would like...*
essere a dieta	*to be on a diet*
fatto/a in casa	*homemade*
al ristorante	*at the restaurant*
l'antipasto	*appetizer; starter*
la bottiglia	*bottle*
il conto	*bill*
il contorno	*side dish*
il dolce	*dessert*
l'insalata	*salad*
il primo/secondo piatto	*first/second course*
il servizio	*service*
la tazza	*cup; mug*
i pasti	*meals*
la colazione	*breakfast*
il pranzo	*lunch*
la merenda	*afternoon snack*
lo spuntino	*snack*
la cena	*supper, dinner*
le bibite	*drinks*
l'acqua (frizzante, naturale)	*(sparkling, still) water*
la birra	*beer*
il latte	*milk*
il succo (d'arancia)	*(orange) juice*
il tè	*tea*
il vino (bianco, rosso)	*(white, red) wine*
per parlare del cibo	*talking about food*
il gusto	*flavor; taste*
dolce	*sweet*
leggero/a	*light*
insipido/a	*bland*
pesante	*rich, heavy*
piccante	*spicy*
saporito/a	*tasty*
salato/a	*salty*

il cuoco (la cuoca *f.*)

Assaggia la zuppa. (assaggiare)

il piatto

Menu del giorno

il menù

la forchetta

il tovagliolo

il coltello

la tovaglia

risorse

SAM
WB: pp. 71–72

SAM
LM: p. 41

S vhlcentral.com

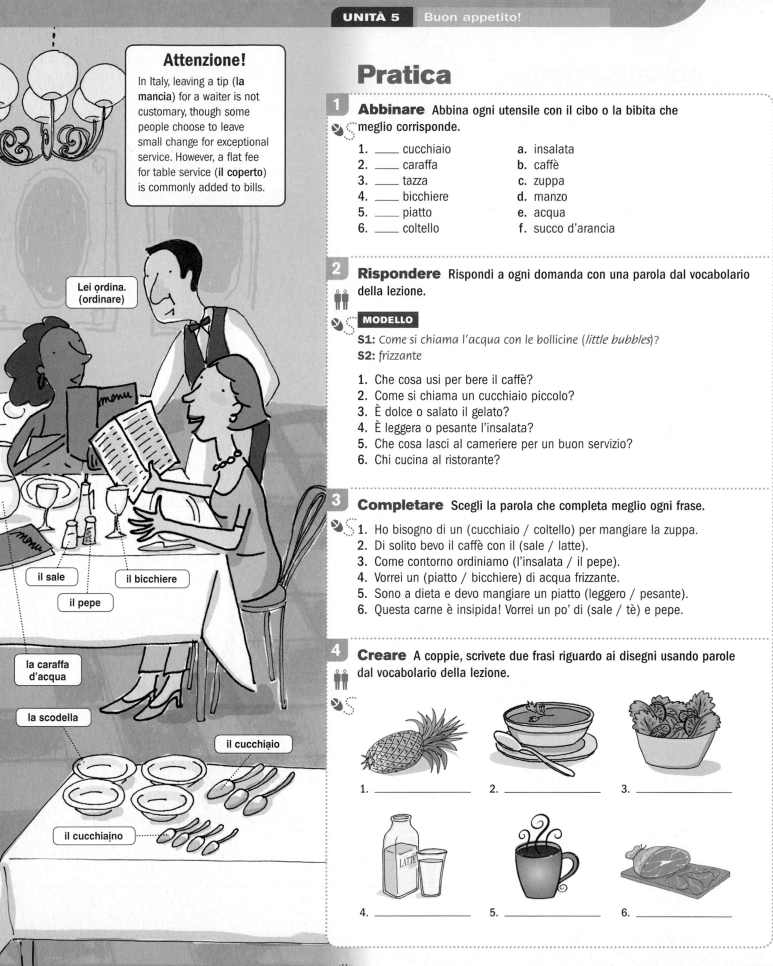

Attenzione!

In Italy, leaving a tip (**la mancia**) for a waiter is not customary, though some people choose to leave small change for exceptional service. However, a flat fee for table service (**il coperto**) is commonly added to bills.

Lei ordina. (ordinare)

il sale

il bicchiere

il pepe

la caraffa d'acqua

la scodella

il cucchiaio

il cucchiaino

Pratica

1   Abbinare Abbina ogni utensile con il cibo o la bibita che meglio corrisponde.

1. _____ cucchiaio
2. _____ caraffa
3. _____ tazza
4. _____ bicchiere
5. _____ piatto
6. _____ coltello

a. insalata
b. caffè
c. zuppa
d. manzo
e. acqua
f. succo d'arancia

2   Rispondere Rispondi a ogni domanda con una parola dal vocabolario della lezione.

MODELLO

S1: *Come si chiama l'acqua con le bollicine (little bubbles)?*
S2: *frizzante*

1. Che cosa usi per bere il caffè?
2. Come si chiama un cucchiaio piccolo?
3. È dolce o salato il gelato?
4. È leggera o pesante l'insalata?
5. Che cosa lasci al cameriere per un buon servizio?
6. Chi cucina al ristorante?

3   Completare Scegli la parola che completa meglio ogni frase.

1. Ho bisogno di un (cucchiaio / coltello) per mangiare la zuppa.
2. Di solito bevo il caffè con il (sale / latte).
3. Come contorno ordiniamo (l'insalata / il pepe).
4. Vorrei un (piatto / bicchiere) di acqua frizzante.
5. Sono a dieta e devo mangiare un piatto (leggero / pesante).
6. Questa carne è insipida! Vorrei un po' di (sale / tè) e pepe.

4   Creare A coppie, scrivete due frasi riguardo ai disegni usando parole dal vocabolario della lezione.

1. _____
2. _____
3. _____

4. _____
5. _____
6. _____

Comunicazione

5 **Vero o falso?** 🎧 Ascolta la conversazione tra i signori Tedesco e il cameriere. Poi, a coppie, decidete se le seguenti affermazioni sono **vere** o **false**. Correggete quelle false.

MODELLO

S1: Il marito della signora Tedesco prende un antipasto.
S2: Falso. La signora Tedesco prende un antipasto.

1. La signora Tedesco prende un antipasto di frutti di mare.
2. Il signor Tedesco è a dieta.
3. La pasta servita al ristorante è fatta in casa.
4. La signora Tedesco ordina carne di manzo.
5. I signori Tedesco ordinano del vino bianco.
6. La signora Tedesco non vuole il dolce.
7. In tavola non ci sono i bicchieri.
8. La signora Tedesco vuole anche un caffè con lo zucchero.

6 **Gli opposti** A coppie, recitate (*role-play*) per la classe una scenetta in cui (*in which*) due amici con gusti completamente opposti escono a cena. Parlate del menu, di quello che volete ordinare e delle vostre reazioni a ogni scelta.

MODELLO

S1: Mmmm, mi piace il manzo! Questo manzo al vino rosso sembra (*seems*) delizioso.
S2: Veramente? Io non mangio la carne! Preferisco mangiare qualcosa di più leggero...

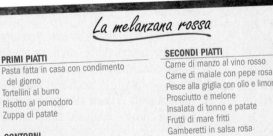

La melanzana rossa

PRIMI PIATTI
Pasta fatta in casa con condimento
  del giorno
Tortellini al burro
Risotto al pomodoro
Zuppa di patate

CONTORNI
Patate arrosto
Insalata mista
Verdure miste al forno (zucchine,
  peperoni rossi e verdi, patate)
Melanzane con pomodori

SECONDI PIATTI
Carne di manzo al vino rosso
Carne di maiale con pepe rosa
Pesce alla griglia con olio e limone
Prosciutto e melone
Insalata di tonno e patate
Frutti di mare fritti
Gamberetti in salsa rosa

DOLCI
Gelato alla vaniglia
Frutta di stagione
Crostata di mele

7 **Il nuovo ristorante** A gruppi di tre, immaginate di aprire un nuovo ristorante. Decidete quali cibi volete servire e come sarà (*will be*) il menu. Poi scrivete una pubblicità.

MODELLO

Nel nostro nuovo ristorante «Da zia Dede» serviamo pasta e tortellini fatti in casa. Usiamo solo ingredienti freschi. Tra i nostri piatti principali ci sono...

8 **A cena dai Ricci!** Lavorate a coppie. L'insegnante vi darà (*will give you*) due fogli diversi, ciascuno con un disegno della famiglia Ricci che prepara la tavola. A turno, fate domande per completare la lista di quello che ogni membro della famiglia porta in tavola.

MODELLO

S1: Che cosa porta in tavola la signora Ricci?
S2: Porta i piatti.

Pronuncia e ortografia  Audio

🎧 Diphthongs and triphthongs

Giorgio	**guancia**	**scuola**	**suono**

A diphthong is the combination of two vowel sounds to make a one-syllable sound.

piatto	**più**	**guerra**	**guido**

In Italian, a diphthong is usually formed when an unstressed **i** or **u** is followed by another vowel. An unstressed **i** + [*another vowel*] is pronounced like the *y* in the English word *you*. An unstressed **u** + [*another vowel*] is pronounced like the *w* in *we*.

guai	**miei**	**suoi**	**vuoi**

A triphthong is the combination of three vowel sounds to make a one-syllable sound.

due	**io**	**sua**	**zia**

When **i** and **u** are stressed, no diphthong or triphthong is formed. Each vowel is pronounced as an individual sound.

Pronunciare Ripeti le parole ad alta voce.

1. lingua
2. tuono
3. giunto
4. nuovo
5. fiume
6. puoi
7. tua
8. qua
9. bottiglie
10. quando
11. piatto
12. cucchiaio

Articolare Ripeti le frasi ad alta voce.

1. Hai preparato le uova?
2. Metto i bicchieri e i piatti nella lavastoviglie.
3. La pescheria chiude alle sette.
4. Il suocero di Giorgio lavora in ufficio.
5. Puoi venire a casa mia per Pasqua?
6. Guardo un bel film dopo questa cena.

Proverbi Ripeti i proverbi ad alta voce.

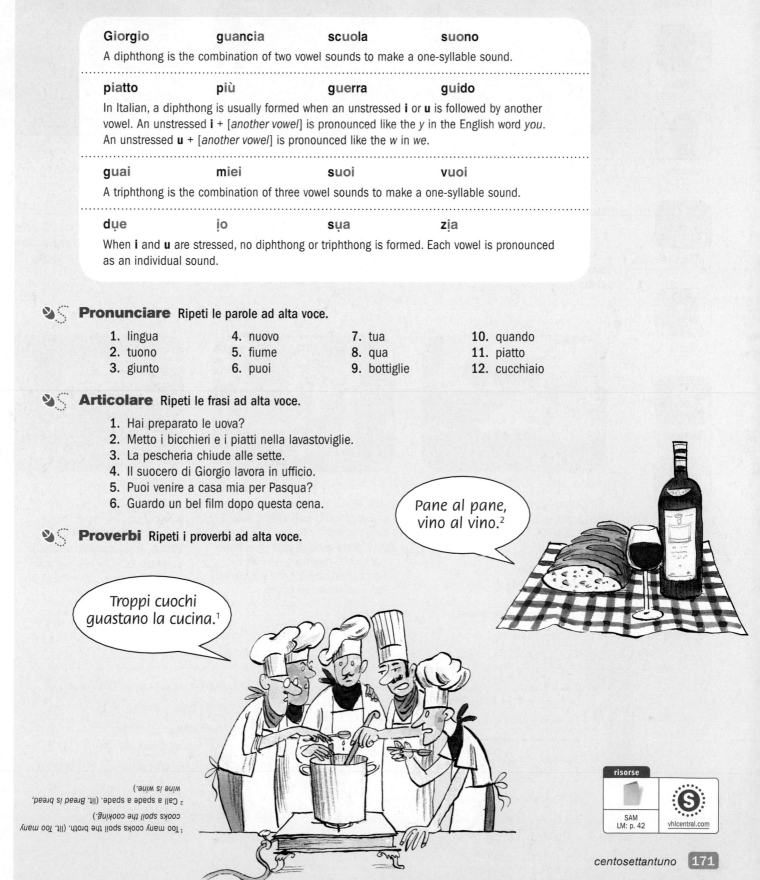

Pane al pane, vino al vino.²

Troppi cuochi guastano la cucina.¹

¹ Too many cooks spoil the broth. (lit. Too many cooks spoil the cooking.)
² Call a spade a spade. (lit. Bread is bread, wine is wine.)

risorse

SAM LM: p. 42

vhlcentral.com

FOTOROMANZO

Troppi cuochi guastano la cucina  Video: *Fotoromanzo*

PERSONAGGI

Emily

Lorenzo

Marcella

Paolo

Riccardo

Viola

MARCELLA Prima la pancetta. Comincia con la pancetta. La devi rosolare lentamente. Guarda, così.
EMILY No! Voglio dire, scusa, Marcella. Voglio davvero farlo io. Voglio preparare la cena per la pensione. Adesso, sciò.
MARCELLA Va bene, va bene.
EMILY Caffè.

RICCARDO A che ora è la cena? Ho fame... Devo fare uno spuntino. Fammi vedere. *(con la bocca piena)* Ma questo è facile!
VIOLA Marcella ha detto che prepari tu la cena stasera. Posso aiutarti?
RICCARDO Tre cuochi! Forza, al lavoro!

RICCARDO No, Viola, così non va. Manca l'aglio.
VIOLA Ma mia madre cucina sempre così.
RICCARDO E devi mettere più pepe.
VIOLA Basta così! È troppo piccante.
EMILY Io apparecchio la tavola.

RICCARDO È insipido!
VIOLA No, va bene così.
(La pancetta si è bruciata.)
RICCARDO Oh, no!
VIOLA È colpa tua.
RICCARDO Mia? Ma se l'hai cucinata tu.
EMILY Un cucchiaio, per favore.

VIOLA Marcella ci ha lasciato la cucina e guarda che cosa abbiamo fatto. È tutta piena di fumo.
EMILY State calmi. A volte un piatto cattivo può facilmente diventare buono. Possiamo friggere velocemente una cipolla con dei funghi.

A cena...
MARCELLA Non male. Strana. Di sapore forte. Gustosa.
PAOLO Assolutamente deliziosa!
LORENZO Non ho mai mangiato una pasta così... americana. Che c'è per dolce? *Apple pie?*

A T T I V I T À

1 Chi è? A chi si riferiscono queste affermazioni? Emily, Lorenzo, Marcella, Paolo, Riccardo o Viola?

1. Vuole preparare la cena per la pensione.
2. Fa uno spuntino.
3. Apparecchia la tavola
4. Ama l'insalata.
5. Secondo lei, i veri cuochi rispettano i sapori.

6. Suggerisce di friggere i funghi con una cipolla.
7. Dice che la pasta è gustosa.
8. Usa troppo aglio.
9. Ha mangiato tutto il tiramisù.
10. Preferisce i piatti tradizionali.

Practice more at **vhlcentral.com.**

I ragazzi preparano una cena speciale.

PAOLO Prepari tu la cena stasera? Non vedo l'ora!

EMILY Grazie. In realtà hanno fatto quasi tutto Riccardo e Viola. Io ho preparato l'insalata.

PAOLO Io amo l'insalata. Dai, prendo i bicchieri, le forchette e i tovaglioli.

RICCARDO Un pizzico di sale nell'acqua.

VIOLA Basta un cucchiaino, Riccardo.

RICCARDO Viola. I grandi cuochi sono tutti uomini.

VIOLA Ma tu non sei un cuoco, Riccardo. Usi troppo pepe e aglio. I veri cuochi rispettano i sapori.

MARCELLA Abbiamo comprato del tiramisù in pasticceria.

EMILY L'ho cercato in cucina prima di cena. Dov'è?

PAOLO Eeh...

MARCELLA Oh, Paolo. L'hai mangiato tutto?

PAOLO Mi dispiace.

RICCARDO Non ti piace la pasta, Lorenzo?

LORENZO Preferisco i piatti tradizionali.

RICCARDO L'ha fatta Viola.

LORENZO Interessante, un po' piccante, un po' salata. Molto olio, burro, molto burro... Ma no!

VIOLA Scusa!

LORENZO Accidenti! Idiota!

Espressioni utili

Dinner is ready!

- **La devi rosolare lentamente.**
  You have to brown it slowly.
- **Manca l'aglio.**
  It's missing garlic.
- **Apparecchio la tavola.**
  I'll set the table.
- **un pizzico di sale**
  a pinch of salt
- **Basta un cucchiaino.**
  A teaspoon is enough.
- **I veri cuochi rispettano i sapori.**
  True chefs respect flavors.
- **Se l'hai cucinata tu.**
  You're the one who cooked it.
- **Marcella ci ha lasciato la cucina.**
  Marcella let us use the kitchen.
- **friggere**
  to fry
- **gustosa**
  tasty

Adverbs

- **facilmente**
  easily
- **velocemente**
  quickly
- **assolutamente**
  absolutely
- **davvero**
  really

Additional vocabulary

- **Sciò.**
  Shoo.
- **È colpa tua.**
  It's your fault.
- **Forza, al lavoro!**
  Let's get to work!
- **Basta così!**
  That's enough!
- **Non vedo l'ora!**
  I can't wait!
- **È tutta piena di fumo.**
  It's completely full of smoke.

2 **Per parlare un po'** In gruppi di tre, scegliete un piatto italiano e fate una lista degli ingredienti. Poi presentatela ai vostri compagni di classe, che devono indovinare il piatto che avete scelto.

3 **Approfondimento** Ogni regione italiana ha diversi piatti tipici. Scegli cinque regioni e per ognuna trova un cibo tipico. Presenta i tuoi risultati alla classe e parla di questi cibi: li hai mai provati? Se sì, dove? Ti sono piaciuti? Se no, quale vorresti (*would you like*) provare? Perché?

risorse

SAM
VM: pp. 19–20

vhlcentral.com

ATTIVITÀ

CULTURA

I pasti in famiglia

Nessuna cucina è buona come quella di casa. Tutti sanno che due elementi fondamentali della cultura italiana sono la famiglia e la cucina. Il cibo fatto in casa è infatti una tradizione importante per ogni occasione, non solo a Natale, a Capodanno e a Pasqua°. Ogni giorno è un giorno speciale!

Poiché° molti giovani vivono in famiglia anche dopo aver finito° gli studi, ci sono molte occasioni per condividere° il tempo a tavola con la famiglia. Questo succede° praticamente ogni sera. Tradizionalmente, anche se meno° oggi che in passato, la mamma italiana dedica almeno° una o due ore alla preparazione della cena. Molti italiani cenano quotidianamente° con l'intera famiglia e hanno un pasto a più portate°.

A pranzo, invece, studenti e lavoratori spesso mangiano «qualcosa di veloce°», come un panino o un'insalata mista in un bar vicino all'ufficio o all'università. Il pranzo della domenica a volte vede la presenza dell'intera famiglia, nonni e zii inclusi. Si serve un primo piatto—meglio noto° semplicemente come «un primo»—di pasta o riso e «un secondo» di carne o di pesce con un contorno di verdure. L'insalata mista in Italia si serve con il secondo.

Solitamente, prima della frutta e del caffè, si mangia il dolce, fatto in casa oppure comprato dal pasticciere di fiducia°. La sera, dalle 18.30 alle 20.00, molti giovani hanno l'abitudine di andare a prendere un aperitivo con gli amici, ma tornano a casa ansiosi° di sapere quello che la mamma ha preparato per cena.

La voglia di gelato degli italiani

Spesa annuale per famiglia per il gelato	
Nord Italia	€88
Centro Italia	€73
Sud Italia	€68
Isole	€72

FONTE: ISTAT

a Natale, a Capodanno e a Pasqua *at Christmas, New Year's, and Easter* **Poiché** *Since* **dopo aver finito** *after finishing* **condividere** *share* **succede** *happens* **se meno** *if less* **almeno** *at least* **quotidianamente** *daily* **a più portate** *multi-course* **qualcosa di veloce** *something quick* **meglio noto** *better known* **di fiducia** *trusted* **ansiosi** *eager*

A T T I V I T À

1 **Vero o falso?** Indica se l'affermazione è **vera** o **falsa**. Correggi le affermazioni false.

1. Gli studenti di solito tornano a casa per pranzo.
2. La cena è un momento di riunione con la famiglia.
3. La domenica i giovani escono per pranzo e cena.
4. I giovani vanno a prendere l'aperitivo di mattina.
5. A pranzo, di domenica, si mangia solo il primo piatto.

6. Anche i nonni e gli zii partecipano al pranzo domenicale.
7. Molti giovani italiani vivono in famiglia dopo aver finito gli studi.
8. La pasta è un primo piatto.
9. Il contorno accompagna la carne o il pesce.
10. La frutta è servita subito dopo il primo piatto.

Practice more at **vhlcentral.com**.

L'ITALIANO QUOTIDIANO

Dove si mangia?

la birreria	pub; beer garden
la cioccolateria	café specializing in chocolate
la focacceria	store specializing in focaccia
l'enoteca	store specializing in wine
il laboratorio di pasta fresca	store specializing in homemade pasta
l'osteria	small restaurant
la paninoteca	sandwich shop
la pizzeria	pizza shop
la tavola calda	snack bar; cafeteria
la trattoria	small (family run) restaurant

USI E COSTUMI

Un dolce per ogni festa

A Natale sulle tavole delle famiglie di tutta Italia—nonostante° la sua origine milanese—non manca mai il **panettone**. Per i più golosi°c'è il panettone ripieno di cioccolato, di crema o perfino° di gelato! Per chi invece non ama la frutta candita°, c'è un'altra possibilità: il **pandoro**. Questo può essere liscio oppure con crema al mascarpone. Un altro dolce natalizio° è la **veneziana**: tradizionale di Milano, ha una pasta° simile a quella del pandoro, ma con la superficie ricoperta° di zucchero e mandorle°, molto simile alla **colomba** pasquale. Altri dolci, non esclusivamente festivi, sono la **cassata** siciliana, i **cannoli** siciliani, la **pastiera** napoletana e il **bonnet** piemontese. Insomma, a ciascuno il suo°!

nonostante *in spite of* golosi *gluttonous* perfino *even* frutta candita *candied fruit* natalizio *Christmas-time* pasta *dough* ricoperta *covered* mandorle *almonds* a ciascuno il suo *to each his own*

RITRATTO

La celebrità della cucina italiana

Gualtiero Marchesi è nato a Milano. Oggi è famoso in tutto il mondo per la sua arte in cucina. Ha cominciato la sua carriera nella cucina del ristorante dei suoi genitori, chiamato «Mercato». Marchesi ha poi studiato e fatto esperienza all'hotel Kulm, nella località turistica° di St. Moritz, e alla scuola alberghiera° di Lucerna. Ha lavorato anche a Parigi°, a Digione° e a Roanne, in Francia. Nel 1986 ha fondato°, insieme ad altri cuochi, la Comunità Europea dei Cuochi. Nello stesso anno è nominato° Cavaliere° della Repubblica e riceve l'Ambrogino d'Oro, un onore conferito° dalla città di Milano. La sua cucina ha la caratteristica di utilizzare elementi semplici e gli ingredienti fondamentali della cucina italiana. Tra i suoi piatti non manca il risotto «giallo» alla milanese, fatto con lo zafferano°.

località turistica *resort area* alberghiera *hotel management* Parigi *Paris* Digione *Dijon* ha fondato *established* è nominato *is nominated* Cavaliere *Knight* conferito *awarded* zafferano *saffron*

SU INTERNET

Cerca una ricetta per dei dolci tradizionali italiani.

Go to **vhlcentral.com** to find more information related to this **CULTURA**.

---

2 **Completare** Completa le frasi.

1. Gualtiero Marchesi è nato a _____.
2. L'Ambrogino d'Oro è _____ dalla città di Milano.
3. Il panettone può essere _____ di cioccolato.
4. Il pandoro e la veneziana sono dolci _____.
5. Un dolce siciliano molto famoso è la _____.
6. Un dolce napoletano molto famoso è _____.

3 **A voi** A coppie, discutete le seguenti domande.

1. Ti piace cucinare?
2. Qual è il tuo piatto preferito?
3. Qual è il tuo dolce preferito? Descrivi la ricetta.

risorse

S

vhlcentral.com

ATTIVITÀ

STRUTTURE

5B.1 Indirect object pronouns

Punto di partenza In **Lezione 5A**, you learned that a direct object answers the question *what?* or *whom?* An indirect object identifies *to whom* or *for whom* an action is done.

SUBJECT	VERB	INDIRECT OBJECT
Le ragazze	parlano	**al cameriere.**
The girls	*are talking*	*to the waiter*.

● In Italian, indirect objects are always preceded by a preposition, typically **a**, but sometimes **per**.

Dà lo scontrino **a Mario**.
*He's giving the receipt **to Mario**.*

Hai preparato uno spuntino **per me**?
*Did you make a snack **for me**?*

● You have already learned some verbs commonly used with indirect objects, including **chiedere**, **dare**, **dire**, **domandare**, **insegnare**, **mandare**, **offrire**, **parlare**, **portare**, **rispondere**, **scrivere**, **spiegare**, and **telefonare**. The following verbs are also used with indirect objects.

Additional verbs used with indirect objects			
consigliare	*to recommend*	prestare	*to lend*
mostrare	*to show*	regalare	*to give (as a gift)*
preparare	*to prepare*	restituire (-isc-)	*to give back*

● Indirect objects can be replaced with indirect object pronouns. Direct and indirect object pronouns have identical forms, except in the third person.

Indirect object pronouns			
singular		**plural**	
mi	*(to, for) me*	ci	*(to, for) us*
ti	*(to, for) you*	vi	*(to, for) you*
Le	*(to, for) you (form., m. or f.)*		
gli	*(to, for) him*	gli (loro)	*(to, for) them*
le	*(to, for) her*		

● Like direct object pronouns, indirect object pronouns either precede a conjugated verb or are attached to an infinitive.

Il cuoco non **gli prepara** il dolce.
*The cook does not **prepare** the dessert **for him**.*

Devi **darle** una buona mancia.
*You have to **give her** a good tip.*

PRATICA

1 Completare Completa ogni frase con il pronome indiretto corretto.

1. Io ____ offro il pranzo oggi. (a te e a Lavinia)
2. Signor Acilio, ____ consiglio il manzo. (a Lei)
3. Irene ____ telefona dal supermercato. (a me)
4. Tu ____ offri un caffè. (a me e a Emilia)
5. Io ____ regalo i cucchiaini d'argento (*silver*). (a te)
6. La mia famiglia ____ porta della marmellata. (a loro)
7. Tu e Serena ____ pagate la spesa. (a noi)
8. Loro ____ ordinano la cena. (a Carla)

2 Riscrivere Riscrivi ogni frase sostituendo (*replacing*) l'oggetto indiretto con un pronome indiretto.

MODELLO Il cameriere consiglia i gamberetti al cliente.
Il cameriere gli consiglia i gamberetti.

1. Il cameriere porta le bibite ai bambini.
2. I clienti danno la mancia a voi.
3. Il cuoco propone il dolce al cioccolato a Maria.
4. Questo ristorante serve solo piatti vegetariani a me e alla mia famiglia.
5. La mamma legge il menu a te.
6. Gino dà il conto a me.

3 Creare Scrivi che cosa piace a ogni persona usando un pronome indiretto.

MODELLO *Gli piace il pesce.*

Marco

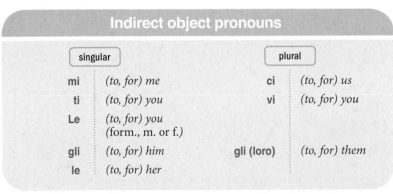

1. Giuliano e Alessandra

2. voi

3. tu

4. Carlotta

5. noi

6. io

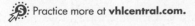

Practice more at **vhlcentral.com**.

COMUNICAZIONE

4 **Creare** A coppie, create frasi su di (*about*) voi, le vostre famiglie e i vostri amici usando pronomi indiretti e parole da ogni colonna.

MODELLO

S1: Io ti compro dei regali.
S2: Io, invece, ti presto dei soldi.

A	B	C
io	comprare	spesso
tu	dare	dei regali
mio padre	fare	la macchina
mia madre	portare	dei soldi
mio fratello	preparare	al telefono
mia sorella	prestare	delle domande
i miei cugini	scrivere	i biscotti
i miei amici	spiegare	l'e-mail
il/la mio/a ragazzo/a	telefonare	i suoi problemi
?	?	?

5 **Compleanni** Lavorate a coppie. A turno, fate domande su che cosa comprate o fate per il compleanno delle persone indicate.

MODELLO

S1: Che cosa compri per il compleanno di tua madre?
S2: Io le compro dei bicchieri nuovi, perché i nostri bicchieri sono brutti.

mio padre
mia madre
i miei fratelli e sorelle
il/la mio/a migliore amico/a
i miei professori
i miei nonni
il/la mio/a compagno/a di stanza

6 **Lontano da casa** In gruppi di quattro, chiedete che cosa o chi vi manca di più quando siete lontani da casa.

MODELLO

S1: Che cosa ti manca da casa?
S2: Mi mancano le crostate di mia madre. Sono così buone!
S3: Mi manca mio fratello, anche se litighiamo (*fight*) spesso!

● **Loro** is an exception. Always place it after the verb, and do not attach it to infinitives. In modern usage, however, **gli** is the preferred way to express *to/for them*.

Il cameriere mostra **loro** il menu. (Il cameriere **gli** mostra il menu.)
*The waiter is showing **them** the menu.*

Volete regalare **loro** la torta? (Volete regalar**gli** la torta?)
*Do you want to give **them** the cake?*

● Note that the pronouns **le** and **gli** never elide before vowels, and that past participles do not agree in gender or number with indirect object pronouns.

La mamma sta bene. **Le** ho telefonato ieri.
*Mom is feeling well. I called **her** yesterday.*

Chi è Giorgio? Non **gli** abbiamo mai parlato.
*Who is Giorgio? We've never talked **to him**.*

Verbs like *piacere*

● In **Lezione 2B** you learned to use indirect object pronouns with the verb **piacere**.

SUBJECT ↔ INDIRECT OBJECT
L'insalata **mi** piace.

SUBJECT ↔ DIRECT OBJECT
I like salad.

● Note that the subject of the English sentence corresponds to the indirect object pronoun of the Italian sentence. Unlike in English, in Italian the thing that is being liked is the subject of the sentence.

Ti piacciono **i dolci** fatti in casa?
Do you like homemade desserts?

Vi è piaciuta **la zuppa**?
Did you like the soup?

● Other verbs that use a similar construction include **mancare** (*to miss*), **bastare** (*to be enough*), **restare** (*to remain*), **sembrare** (*to seem*), and **dispiacere** (*to be sorry*). Like **piacere**, these verbs are conjugated with **essere** in the **passato prossimo**.

I peperoncini **vi sono sembrati piccanti**?
*Did the peppers **seem spicy to you**?*

Marco, **mi manchi**! **Ti manco** anch'io?
*Marco, **I miss you**! **Do you miss me**, too?*

Provalo!   Scegli il pronome indiretto corretto.

1. Tu (mi / (ci)) mostri la nuova pasticceria. (a noi)
2. Loro (ti / mi) offrono un caffè. (a te)
3. Antonella (vi / le) prepara la pasta fatta in casa. (a voi)
4. Io ed Edoardo (le / gli) portiamo una crostata. (a lei)
5. Adriana e Leonardo (mi / vi) portano un gelato. (a me)
6. Il cameriere (mi / gli) consiglia un antipasto. (a loro)

STRUTTURE

5B.2 Adverbs

Punto di partenza Adverbs describe *how*, *when*, and *where* actions take place. They modify verbs, adjectives, and other adverbs. Unlike adjectives, adverbs are invariable; they do not vary in gender or number.

- You've already learned some adverbs, such as **(non) ancora**, **bene**, **male**, **già**, **(non) mai**, **sempre**, and **spesso**. Here are other common adverbs.

Common adverbs and adverbial expressions

adesso	*now*	presto	*soon, quickly*
di solito	*usually*	prima	*before, first, beforehand*
dopo	*after, afterwards*	qualche volta	*sometimes*
non... più	*no more, no longer*	subito	*immediately, right away*
poi	*then, later*	tardi	*late*

Ordiniamo **subito** l'antipasto?
Shall we order the appetizer right away?

Caterina **non** è **più** a dieta.
Caterina isn't on a diet anymore.

- Many Italian adverbs can be formed by adding **-mente** to the feminine singular form of an adjective. This ending is equivalent to *-ly* in English.

feminine singular adjective	+ -mente	adverb	
allegra		allegramente	*cheerfully*
frequente		frequentemente	*frequently*
lenta		lentamente	*slowly*
rara		raramente	*rarely*
veloce		velocemente	*quickly*
vera		veramente	*truly*

I cani mangiano **rapidamente**.
*The dogs eat **quickly**.*

L'ho vista **recentemente**.
*I saw her **recently**.*

- If an adjective ends in **-le** or **-re**, drop the final **-e** before adding the **-mente** ending.

Finalmente arriva l'antipasto.
*The appetizer is **finally** arriving.*

Probabilmente prendiamo il dolce.
*We're **probably** getting dessert.*

Mangiano **regolarmente** alla mensa?
*Do they eat at the cafeteria **regularly**?*

La zuppa non è **particolarmente** saporita.
*The soup isn't **particularly** tasty.*

- There are some exceptions to these rules, such as **leggermente** and **violentemente**, whose forms must be memorized.

PRATICA

1 Scegliere Scegli l'avverbio che completa meglio ogni frase.

1. I genitori vanno al ristorante (frequentemente / leggermente).
2. La mamma parla (velocemente / probabilmente).
3. I bambini giocano (particolarmente / regolarmente).
4. La macchina va (lentamente / recentemente).
5. Giovanna mangia riso e verdure (gentilmente / frequentemente).
6. Noi puliamo la cucina (attentamente / pesantemente).

2 Completare Sostituisci ogni aggettivo tra parentesi con un avverbio per completare la conversazione tra Gina e Giorgio.

GINA Mi piace il Ristorante Roma. I camerieri ti parlano sempre (1) _____ (allegro).

GIORGIO È vero. E poi ti servono il cibo (2) _____ (veloce).

GINA La pasta alle vongole è (3) _____ (leggero) piccante, buonissima!

GIORGIO E i dolci sono (4) _____ (incredibile) saporiti, vero?

GINA Sono d'accordo. Mi piace molto anche la musica; l'atmosfera è (5) _____ (costante) allegra.

GIORGIO Sì, il Ristorante Roma è il mio preferito. Dobbiamo andare lì più (6) _____ (frequente)!

3 Ordinare Leggi le frasi sull'esperienza di Luigi al ristorante. Poi mettile in ordine e riscrivile usando **prima (1)**, **dopo (2)**, **poi (3)**, **subito dopo (4)** e **finalmente (5)**.

1. ____ Ha chiesto un'insalata con i pomodori.
2. ____ Ha ordinato il caffè e dei biscotti.
3. ____ Luigi ha ordinato un antipasto.
4. ____ Ha chiesto il conto.
5. ____ Ha aspettato la pasta con le melanzane e le zucchine.

_____

_____

_____

Practice more at **vhlcentral.com**.

COMUNICAZIONE

4 **La vita all'università** A coppie, fate le seguenti domande sulla vita nella vostra università. Rispondete a turno usando gli avverbi che conoscete.

MODELLO

S1: *Vai sempre a lezione d'italiano?*
S2: *Sì, ma spesso arrivo tardi.*

1. Mangi regolarmente alla mensa dell'università?
2. Vai spesso nei ristoranti eleganti fuori dall'università?
3. Studi il fine settimana?
4. Mangi spesso nel tuo dormitorio?
5. Tu e i tuoi amici fate spesso sport?
6. Mangi molta carne?

5 **Un ristorante in piena attività** A coppie, scrivete frasi sulla foto. Descrivete come stanno e cosa fanno le persone nel ristorante. Dovete essere creativi e usare gli avverbi.

MODELLO

S1: *Il cameriere lavora lentamente oggi perché è stanco.*
S2: *L'uomo dalla camicia blu ascolta la donna distrattamente.*

6 **La nostra classe** In gruppi di quattro, scegliete un(a) compagno/a di classe che, secondo voi, corrisponde meglio a queste descrizioni. Identificate tutte le persone che potete e poi paragonate (*compare*) i risultati con la classe.

Chi in classe...	Nome
1. impara l'italiano velocemente?	Gianni
2. canta bene?	
3. mangia spesso cibi biologici (organic)?	
4. studia sempre in biblioteca?	
5. non mangia il gelato abitualmente?	
6. mangia frequentemente in ristoranti eleganti?	

• Some words can act as either adjectives or adverbs. These include **molto** (*a lot, many; very*), **poco** (*little, few; not much, not very*), **troppo** (*too much; too*), and **tanto** (*so much, so many; so*). In **Lezione 5A**, you learned to use the adjective forms. Note that as adverbs their forms are invariable.

adjective	adverb
Questo ristorante offre **molte** bibite. *This restaurant offers **lots of** drinks.*	Il tè è **molto** buono. *The tea is **very** good.*
Ci sono **troppi** dolci! *There are **too many** desserts!*	I dolci sono **troppo** pesanti. *The desserts are **too** heavy.*

• Adverbs are usually placed immediately after the verb they modify, or before the adjective or adverb they modify.

Bevo **raramente** il succo di mela.
*I **rarely** drink apple juice.*

Sono **veramente** piccanti.
*They are **really** spicy.*

Assolutamente delizioso!

La devi rosolare lentamente.

ATTREZZI
In **Lezione 4B**, you learned to place the adverbs **ancora**, **già**, **mai**, and **sempre** between the auxiliary verb and the past participle in the **passato prossimo**.

• In compound tenses, **ancora**, **già**, **mai**, **più**, and **sempre** always immediately precede the past participle.

Non hai mai assaggiato il tiramisù?
***You've never tasted** tiramisu?*

Ho già chiesto il conto.
***I have already asked for** the check.*

Provalo!   Scrivi l'avverbio che corrisponde all'aggettivo dato.

1. lento *lentamente*
2. allegro _____
3. finale _____
4. rapido _____
5. raro _____
6. recente _____

7. intelligente _____
8. intenso _____
9. frequente _____
10. vero _____
11. probabile _____
12. veloce _____

SINTESI
Ricapitolazione

1 Al ristorante A coppie, usate i verbi della lista e i pronomi diretti per creare una conversazione tra le persone nel disegno.

MODELLO

Signora Bellini: *Perché telefoni ai bambini?*
Signor Bellini: *Perché mi mancano! Voglio parlargli e...*

bastare	parlare
consigliare	piacere
dare	preparare
mancare	regalare
mostrare	restare

il signor e la signora Bellini
Federico
Lina
Roberto

2 Un compleanno fantastico Lavorate a coppie. L'insegnante vi darà (*will give you*) due fogli diversi, ciascuno con metà delle informazioni sul compleanno di Paolo. A turno, descrivete quello che la gente fa per Paolo il giorno del suo compleanno. Usate i pronomi indiretti quando possibile.

MODELLO

S1: *Gli amici di Paolo gli telefonano.*
S2: *Poi...*

3 Il tuo compleanno In gruppi di tre, preparate una festa di compleanno per un'amica. Poi fate domande usando i seguenti verbi.

MODELLO

S1: *Che cosa prepari per gli invitati?*
S2: *Gli preparo il mio piatto preferito: la pasta...*

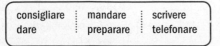

consigliare	mandare	scrivere
dare	preparare	telefonare

4 Cibi e bibite preferiti L'insegnante ti darà un sondaggio. Chiedi ai tuoi compagni se mangiano o bevono le cose indicate nella lista raramente, una volta alla settimana o tutti i giorni. Scrivi i nomi sul foglio e poi condividi i risultati con la classe.

MODELLO

S1: *Bevi il caffè?*
S2: *Sì, bevo il caffè tutti i giorni, e tu?*

Cibi e bibite	Raramente	Una volta alla settimana	Tutti i giorni
Caffè			Francesco
Gelato			
Insalata			
Pizza			
Zuppa			
Latte			

5 Una storia In gruppi di tre, scrivete una storia. La prima persona scrive una frase che inizia con **prima**, poi piega (*folds*) il foglio e lo passa alla persona seguente. Usate gli avverbi **poi**, **subito**, **dopo**, **presto** e **adesso**. Quando tutti hanno scritto due frasi, aprite il foglio e leggete la storia che avete creato!

MODELLO

S1: *Prima Mario ha trovato lavoro in un ristorante molto elegante.*
(piegare il foglio)
S2: *Dopo cena Mario è molto stanco e beve del caffè.*
(piegare il foglio)

6 Le tue abitudini Scrivi tre frasi per dire cosa fai spesso, cosa non fai più e cosa fai di solito. Poi in gruppi di tre, paragonate le frasi e create una tabella per riassumere le abitudini del gruppo.

MODELLO

S1: *Io non mangio più la pizza a mezzanotte.*
S2: *Di solito io mangio alla mensa dell'università.*

allegramente	lentamente
di solito	non... più
finalmente	raramente
frequentemente	velocemente

7   **Impressioni veloci** A coppie, reagite il più velocemente possibile (*react as fast as you can*) a questi disegni e dite se vi piacciono o no le attività o le cose che vedete nei disegni. Il/La vostro/a compagno/a scrive le vostre reazioni. Poi spiegate perché avete risposto così.

1.

2.

3.

4.

5.

6.

7.

8.

8   **Il nuovo studente** A coppie, fate una lista di consigli per un nuovo studente che arriva nella vostra università. Scrivete almeno otto cose che deve o non deve fare. Dite quanto spesso (*how often*) deve fare le cose che avete consigliato.

MODELLO

S1: *Ti consiglio di studiare in biblioteca almeno quattro giorni alla settimana.*
S2: *Ti consiglio di mangiare spesso alla mensa.*

Il mio dizionario

Aggiungi al tuo dizionario personalizzato cinque parole relative al cibo.

mangiucchiare

traduzione
to nibble

categoria grammaticale
verbo

uso
Di solito mangiucchio degli spuntini davanti alla TV.

sinonimi
mangiare lentamente

antonimi
divorare

Panorama

Ⓢ Interactive Map

il Parmigiano-Reggiano

Gastronomia e arte

Emilia-Romagna

La regione in cifre

▶ **Superficie:** *22.447 km²*

▶ **Popolazione:** *4.386.763*

▶ **Industrie principali:** *agricoltura, automobilismo, assicurazione°, finanza, turismo*

▶ **Città principali:** *Bologna, Modena, Parma, Reggio Emilia, Ravenna*

Emiliano-romagnoli celebri

▶ **Arturo Toscanini,** *direttore d'orchestra (1867–1957)*

▶ **Ondina Valla,** *campionessa olimpica° (1916–2006)*

▶ **Luciano Pavarotti,** *tenore (1935–2007)*

▶ **Romano Prodi,** *economista e politico (1939–)*

Toscana

La regione in cifre

▶ **Superficie:** *22.994 km²*

▶ **Popolazione:** *3.692.433*

▶ **Industrie principali:** *turismo, agricoltura, automobilismo, tessile°, petrolchimici°*

▶ **Città principali:** *Firenze, Prato, Livorno, Arezzo, Pisa*

Toscani celebri

▶ **Leonardo Fibonacci,** *matematico (1170–1250)*

▶ **Stefania Sandrelli,** *attrice (1946–)*

▶ **Roberto Benigni,** *regista e attore (1952–)*

▶ **Gianna Nannini,** *cantante (1956–)*

la torre pendente di Pisa

San Gimignano

Incredibile ma vero!

I portici di Bologna sono molto famosi in tutto il mondo. Sostengono° gli appartamenti e creano posto per i pedoni°. Quello più lungo, il portico di San Luca, è lungo più di 3,5 km, ha 666 archi e ci sono voluti° 58 anni per costruirlo (1674–1732). È il portico più lungo del mondo!

assicurazione *insurance* **campionessa olimpica** *Olympic champion* **tessile** *textile engineering* **petrolchimici** *petrochemicals* **Sostengono** *They support* **creano posto per i pedoni** *create space for pedestrians* **ci sono voluti** *it took*

La gastronomia

L'aceto balsamico tradizionale

L'aceto balsamico tradizionale di Modena o di Reggio Emilia è totalmente diverso dall'aceto balsamico che si trova° nei supermercati. La sua produzione risale al Medioevo° o al Rinascimento° e ha caratteristiche molto peculiari°. L'aceto balsamico venduto nei supermercati non è molto costoso ed è usato soprattutto per l'insalata o per cucinare. L'aceto tradizionale, invece, è venduto normalmente in bottiglie da 100 ml e spesso è usato a crudo° su carni, verdure, formaggi, dolci o frutta. Una bottiglietta di aceto balsamico tradizionale può costare anche centinaia° di euro!

L'automobilismo

Ferrari o Lamborghini?

L'Emilia-Romagna è famosa per molte cose: il cibo, l'architettura, la storia, l'Università di Bologna e la produzione di automobili e motociclette. La Ferrari e la Lamborghini hanno sede° nella provincia di Modena, la Maserati nella città di Modena e la Ducati nella città di Bologna. Ferrari e Lamborghini possono essere affittate° per i matrimoni: il costo varia dai 1.400 ai 1.700 euro al giorno ed è necessario lasciare un deposito di 5.000-7.000 euro.

L'artigianato

Cerchi un bel regalo?

Borse, sandali, giacche, portafogli° e cinture sono alcuni dei prodotti in cuoio° che puoi trovare in Toscana. La lavorazione del cuoio è molto importante per l'economia della Toscana. All'interno della chiesa di Santa Croce, a Firenze, c'è la Scuola del Cuoio. La scuola fu creata° per aiutare gli orfani di guerra a specializzarsi in un lavoro di artigianato°. Oggi, la scuola è rinomata° per la qualità e la bellezza dei suoi prodotti ed è stata spesso visitata° da clienti e personalità di fama internazionale, come Nancy Reagan, Barbara Bush, Paul Newman, Grace Kelly, Audrey Hepburn e Steven Spielberg.

Le feste

Il Palio di Siena

Il Palio di Siena è una corsa di cavalli° che si svolge° a Siena il 2 luglio e il 16 agosto. È un evento molto importante per la città, dove ci sono diciassette «contrade», cioè zone corrispondenti alle diverse parti della città. Dieci contrade partecipano al Palio ogni anno: sette che non hanno partecipato l'anno prima, più tre sorteggiate°. Già nel 1499 si parlava di contrade, ma il Palio moderno nasce da cambiamenti avvenuti° nel 1721. Il premio della corsa è il Palio, che è un drappo° dipinto a mano da un artista locale scelto ogni anno dalla città.

Quanto hai imparato? Completa le frasi.

1. I portici di Bologna creano posto per _____.
2. Il portico di Bologna più famoso è _____.
3. L'aceto balsamico tradizionale è usato su _____.
4. L'aceto balsamico tradizionale costa _____ alla bottiglietta.
5. L'industria automobilistica della Ferrari ha sede nella provincia di _____.
6. La sede della Ducati è a _____.
7. Esempi (*Examples*) di prodotti in cuoio sono _____.
8. A Santa Croce, a Firenze, c'è la rinomata _____.
9. Il Palio si svolge _____.
10. _____ contrade partecipano ogni anno al Palio.

Practice more at **vhlcentral.com**.

risorse

SAM
WB: pp. 77-78

vhlcentral.com

SU INTERNET

Go to **vhlcentral.com** to find more cultural information related to this **Panorama**.

1. La gastronomia dell'Emilia-Romagna e molto ricca e particolare. Quali altri prodotti culinari sono famosi in questa regione?

2. Il Palio di Siena è un evento importante e unico. Cerca informazioni complete su come si svolge e condividi (*share*) con la classe che cosa ti ha colpito (*struck*) di più.

si trova *is found* **risale al Medioevo** *dates back to the Middle Ages* **Rinascimento** *Renaissance* **peculiari** *particular* **a crudo** *raw* **centinaia** *hundreds* **sede** *headquarters* **affittate** *rented* **portafogli** *wallets* **cuoio** *leather* **fu creata** *was established* **artigianato** *craftwork* **è rinomata** *is renowned* **è stata spesso visitata** *has often been visited* **corsa di cavalli** *horse race* **si svolge** *takes place* **sorteggiate** *selected by draw* **avvenuti** *happened* **drappo** *drape, cloth*

Lettura  Ⓢ Audio: Reading

Prima di leggere

Esamina il testo

Questa selezione di lettura consiste di due testi. Guarda brevemente i testi. Qual è il titolo di ciascuno? Quante sezioni ha ogni testo? Quali sono i titoli di ciascuna sezione? Quali strategie puoi usare per determinare il genere (*genre*) di questi testi? Paragona le tue idee con le idee di un(a) compagno/a di classe.

Categorie

Trova tre parole o espressioni che rappresentano le diverse categorie.

Piatti del ristorante

_____ _____ _____

Elementi positivi delle recensioni

_____ _____ _____

Elementi negativi delle recensioni

_____ _____ _____

Trovare

Guarda i documenti. Indica se queste informazioni sono incluse o no.

1. ____ numero di telefono della trattoria
2. ____ indirizzo della trattoria
3. ____ giorni di chiusura (*closing*)
4. ____ prezzi dei dolci
5. ____ prodotti surgelati
6. ____ prezzi delle bibite
7. ____ sito Web
8. ____ metodo di pagamento (*payment*)

---

http://www.lamelanzanarossa.it

http://www.lamelanzanarossa.it

«La melanzana ros

Casa | Chi Si

Trattoria «La melanzana rossa»

Telefono: 068-8762398
www.lamelanzanarossa.it

Menu

Antipasti
Asparagi piccanti	7 €
Pane e formaggio	6,50 €
Calamari* fritti	9 €

Insalate
Insalata caprese	5,50 €
Insalata di tonno	5 €
Insalata mista	7 €

Pasta
Pasta al pomodoro	10 €
Linguine ai carciofi	13 €
Spaghetti ai frutti di mare	22 €
Fettuccine ai gamberi*	18 €

Secondi piatti
Prosciutto all'arancia	13 €
Manzo al vino rosso	18 €
Maiale saporito al pepe	16 €
Gamberetti* con rucola	18,50 €

Contorni
Zucchine al burro	7 €
Patate fritte	6 €
Verdure miste	6,95 €

Dolci
Tiramisù	7 €
Frutta con gelato	7 €
Crostata di frutta	7 €

Bibite
vini bianchi, vini rossi, birra, champagne
acqua, Coca-Cola, Sprite, tè caldo o freddo, succhi di frutta
caffè, cappuccino, latte

*prodotti surgelati°

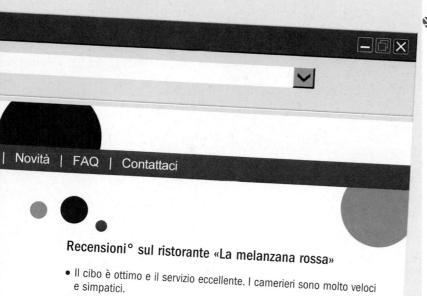

| Novità | FAQ | Contattaci

Recensioni° sul ristorante «La melanzana rossa»

- Il cibo è ottimo e il servizio eccellente. I camerieri sono molto veloci e simpatici.

- Il cibo è buono, ma il conto è troppo alto. La musica è troppo forte e i camerieri non sono sempre veloci.

- L'atmosfera è molto rilassante e mi piace molto la musica. Prezzi ok, cibo buono. Il servizio è buono, ma un cameriere ha portato l'ordine sbagliato°! I prezzi sono giusti e il cibo non male.

- I tavoli sono piccoli e non c'è molto posto per piatti, bicchieri e tovaglioli. Il cibo è molto buono e i camerieri simpatici.

- Il menu non ha molte opzioni, ma il cibo è fantastico! Ho conosciuto il cuoco e mi è piaciuto molto!

- La zuppa è fredda e c'è troppo sale, ma la carne è incredibile! Volete il dolce? Dovete provare il tiramisù!

- Il pesce è surgelato, quindi non mi piace, ma la carne e la pasta sono straordinari°.

- Mangiate l'insalata mista; è molto buona. Chiedete di aggiungere° il tonno e l'insalata diventa fenomenale. Il servizio è abbastanza veloce e l'atmosfera rilassata.

- La musica è interessante, un po' alta. I prezzi sono buoni, il servizio non è male. Cibo ottimo.

ollezione di vino per tutti i gusti.

La melanzana rossa © 2011 Tutti i diritti riservati.

Dopo la lettura

Vero o falso? Indica se ogni frase sulla trattoria è corretta. Correggi le frasi false.

1. La trattoria si chiama «La melanzana».
_____

2. I calamari fritti sono un secondo piatto.
_____

3. Le linguine ai carciofi costano 13 euro.
_____

4. Il pesce è fresco.
_____

5. I contorni includono zucchine, patate e verdure miste.
_____

6. La trattoria è un ristorante di lusso e molto costoso.
_____

Ordinare Suggerisci almeno due piatti per questi clienti del ristorante.

1. La signora Ginetti è una vegetariana.
_____

2. Il signor Tritone ama il pesce e le verdure, ma non gli piace l'insalata.
_____

3. I signori Micheletti mangiano solo carne e pasta.
_____

4. I bambini della famiglia Cortesi non vogliono mangiare verdure.
_____

A voi A coppie, fate programmi per andare a mangiare al ristorante. Decidete in quale ristorante volete mangiare. Che cosa volete ordinare? Cosa pensate della trattoria «La melanzana rossa»?

---

surgelati *frozen* **Recensioni** *Reviews* **sbagliato** *wrong* **straordinari** *extraordinary* **aggiungere** *add*

In ascolto ⑤ Audio

Listening for key words

By listening for key words (**parole chiave**) or phrases, you can identify the topic and main ideas of a speech or conversation, as well as some of the details.

🎧 To practice this strategy, you will listen to a short paragraph. Jot down the key words that help you identify the subject of the paragraph and its main ideas.

Preparazione

Guarda la foto e descrivi cosa vedi. Dove sono queste persone? Che cosa fanno? Cosa c'è nella padella (*pan*)? Che tipo di piatto preparano, secondo te?

Ascoltiamo 🎧

Ascolta la conversazione una volta. Poi, ascolta la conversazione un'altra volta e scrivi le parole chiave e gli ingredienti della ricetta del ragù alla bolognese.

Ingredienti

_____ _____
_____ _____
_____ _____

Preparazione

_____ _____
_____ _____
_____ _____
_____ _____

Comprensione

Ordinare Metti le istruzioni in ordine seguendo (*following*) la ricetta del ragù alla bolognese.

a. ____ Aggiungere il pomodoro.

b. ____ Mettere il ragù sulla pasta.

c. ____ Far cuocere per 10 minuti.

d. ____ Aggiungere il vino rosso.

e. ____ Far cuocere per 35 minuti.

f. ____ Cuocere carote, sedano (*celery*) e cipolla.

g. ____ Aspettare due minuti.

h. ____ Aggiungere la carne.

Il tuo piatto preferito 🎭 Qual è il tuo piatto o dolce preferito? Fai la lista degli ingredienti e poi descrivi la ricetta a un piccolo gruppo. Non dare il nome della ricetta. I tuoi compagni devono prendere appunti e poi indovinare. Ogni studente deve avere il proprio turno.

Scrittura

Using a dictionary

A common mistake made by beginning language learners is to embrace the dictionary as the ultimate resource for reading, writing, and speaking. While a dictionary is a useful tool that can provide valuable information about vocabulary, using the dictionary correctly requires that you understand the elements of each entry.

If you glance at an Italian-English dictionary, you will notice that its format is similar to that of an English dictionary. The word is listed first, usually followed by its pronunciation. Then come the definitions, organized by parts of speech. The most frequently used meanings are usually listed first.

To find the best word for your needs, you should refer to the abbreviations and the explanatory notes that appear next to the entries. For example, imagine that you are writing about your eating preferences. You want to write *I prefer my steaks rare*, but you don't know the Italian word for *rare*.

In the dictionary, you might find an entry like this one:

> **rare** agg 1. raro; 2. al sangue (culinary)

The abbreviation key at the front of the dictionary says that *agg* corresponds to **aggettivo** (*adjective*). Then, the first word you see is **raro**. The definition of **raro** is *rare* or *infrequent*, so **raro** is not the word you want. The second meaning is **al sangue**, followed by the word *culinary*, which indicates that it is related to food. This detail tells you that the expression **al sangue** is the best choice for your needs.

🌀 Tema

Scrivere una recensione

Scrivi una recensione di un ristorante della tua città per il giornale dell'università. Prima scrivi il nome del ristorante e il tipo di cibo che serve (italiano, americano, francese ecc.), poi parla delle categorie seguenti. Infine (*Finally*) dai la tua opinione personale sul ristorante. Quante stelle (*stars*) si merita (*does it deserve*)?

- **Cibo**

  Quali tipi di piatti sono sul menu? Il ristorante ha una specialità? Fai una lista dei piatti del ristorante (antipasti e primi piatti) che ti piacciono e indica gli ingredienti pincipali.

- **Servizio**

  Com'è il servizio? I camerieri sono gentili? Sono veloci o lenti a portare il menu, le bibite e il cibo?

- **Atmosfera**

  Com'è il ristorante? È carino? Grande? Ben arredato (*furnished*)? È un ristorante semplice o molto elegante? C'è una terrazza? Un bar? C'è musica?

- **Informazioni utili**

  Qual è il prezzo medio per un pasto? Dov'è il ristorante? Dai l'indirizzo e le indicazioni per andare dal campus al ristorante. Includi il numero di telefono e l'orario di apertura (*hours of operation*).

Espressioni

Quanto costa...?	*How much is . . . ?*
Vorrei...	*I would like . . .*
assaggiare	*to taste*
bere	*to drink*
cucinare	*to cook*
ẹssere a dieta	*to be on a diet*
ordinare	*to order*
fatto/a in casa	*homemade*

I negozi

la gelateria	*ice cream shop*
la macelleria	*butcher*
il mercato	*market*
il negozio d'alimentari	*grocery store*
la panetteria	*bakery*
la pasticceria	*pastry shop*
la pescheria	*fish/seafood shop*
la salumeria	*delicatessen*
il supermercato	*supermarket*

Le bibite

l'acqua (frizzante, naturale)	*(sparkling, still) water*
la birra	*beer*
il caffè	*coffee*
il latte	*milk*
il succo (d'arancia, di mela)	*(orange, apple) juice*
il tè	*tea*
il vino (bianco, rosso)	*(white, red) wine*

I pasti

la colazione	*breakfast*
il pranzo	*lunch*
la merenda	*afternoon snack*
lo spuntino	*snack*
la cena	*supper, dinner*

Il cibo

l'aglio	*garlic*
l'ananas (m.)	*pineapple*
l'arancia	*orange*
la banana	*banana*
il biscotto	*cookie*
il burro	*butter*
il carciofo	*artichoke*
la carne	*meat*
la carne di maiale	*pork*
la carne di manzo	*beef*
la carota	*carrot*
la cipolla	*onion*
la crostata	*pie*
il fagiolino	*bean*
il formaggio	*cheese*
la fragola	*strawberry*
la frutta	*fruit*
i frutti di mare	*seafood*
il fungo	*mushroom*
il gamberetto	*shrimp*
il lampone	*raspberry*
la lattuga	*lettuce*
la marmellata	*jam*
la mela	*apple*
la melanzana	*eggplant*
il melone	*melon*
l'olio (d'oliva)	*(olive) oil*
il pane	*bread*
la pasta (asciutta)	*pasta*
la patata	*potato*
il peperone (rosso, verde)	*(red, green) pepper*
la pera	*pear*
la pesca	*peach*
il pesce	*fish*
il pomodoro	*tomato*
il prosciutto	*ham*
il riso	*rice*
il tonno	*tuna*
l'uovo (pl. le uova f.)	*egg*
l'uva	*grapes*
la vongola	*clam*
lo yogurt	*yogurt*
la zuppa	*soup*

Al ristorante

l'antipasto	*appetizer; starter*
il bicchiere	*glass*
la bottiglia	*bottle*
la caraffa	*carafe*
il coltello	*knife*
il conto	*bill*
il contorno	*side dish*
il cucchiaio	*spoon*
il cucchiaino	*teaspoon*
il/la cuoco/a	*cook; chef*
il dolce	*dessert*
la forchetta	*fork*
l'insalata	*salad*
la mancia	*tip*
il menù	*menu*
il pepe	*pepper*
il piatto	*plate*
il primo/ secondo piatto	*first/second course*
il sale	*salt*
la scodella	*bowl*
il servizio	*service*
il tavolo	*table*
la tazza	*cup; mug*
la tovaglia	*table cloth*
il tovagliolo	*napkin*

Per parlare del cibo

il gusto	*flavor; taste*
dolce	*sweet*
leggero/a	*light*
insipido/a	*bland*
pesante	*rich, heavy*
piccante	*spicy*
saporito/a	*tasty*
salato/a	*salty*

Espressioni utili	*See pp. 157 and 173.*
Verbs commonly used with essere	*See p. 161.*
Direct object pronouns	*See p. 162.*
Expressions of quantity	*See pp. 164–165.*
Verbs used with indirect object pronouns	*See p. 176.*
Indirect object pronouns	*See p. 176.*
Verbs like piacere	*See p. 177.*
Adverbs	*See pp. 178–179.*

La salute e il benessere

Per cominciare
- Dov'è Viola, dal dottore o dal fiorista?
- Che cosa indossa Viola, un abito o il pigiama?
- Secondo te, Viola ha bisogno di un'ambulanza?
- Come sta Viola?

Communicative Goals

You will learn how to:
- talk about morning routines
- discuss personal hygiene

Ⓢ **Vocabulary Tools**

La routine del mattino

Vocabolario

espressioni	*expressions*
Suona la sveglia. (suonare)	*The alarm clock rings.*
lavarsi* i denti	*to brush one's teeth*
sbadigliare	*to yawn*
svegliarsi*	*to wake up*
le parti del corpo	*body parts*
il ciglio (*pl.* le ciglia)	*eyelash(es)*
il corpo	*body*
il cuore	*heart*
la faccia	*face*
la gola	*throat*
il labbro (*pl.* le labbra)	*lip(s)*
la mano (*pl.* le mani)	*hand(s)*
la pelle	*skin*
il petto	*chest*
il sangue	*blood*
la schiena	*back*
il sopracciglio (*pl.* le sopracciglia)	*eyebrow(s)*
la spalla	*shoulder*
lo stomaco	*stomach*
la vita	*waist*
in bagno	*in the bathroom*
l'asciugacapelli (*m.*)	*hair dryer*
la crema	*lotion*
il rossetto	*lipstick*
lo shampoo	*shampoo*
lo specchio	*mirror*

l'asciugamano

Si trucca. (truccarsi*)

Si fa la barba. (farsi* la barba)

la spazzola

il trucco

il rasoio

il pettine

il sapone

lo spazzolino (da denti)

il dentifricio

la schiuma da barba

le pantofole

l'accappatoio

risorse

SAM WB: pp. 79–80	SAM LM: p. 45	Ⓢ vhlcentral.com

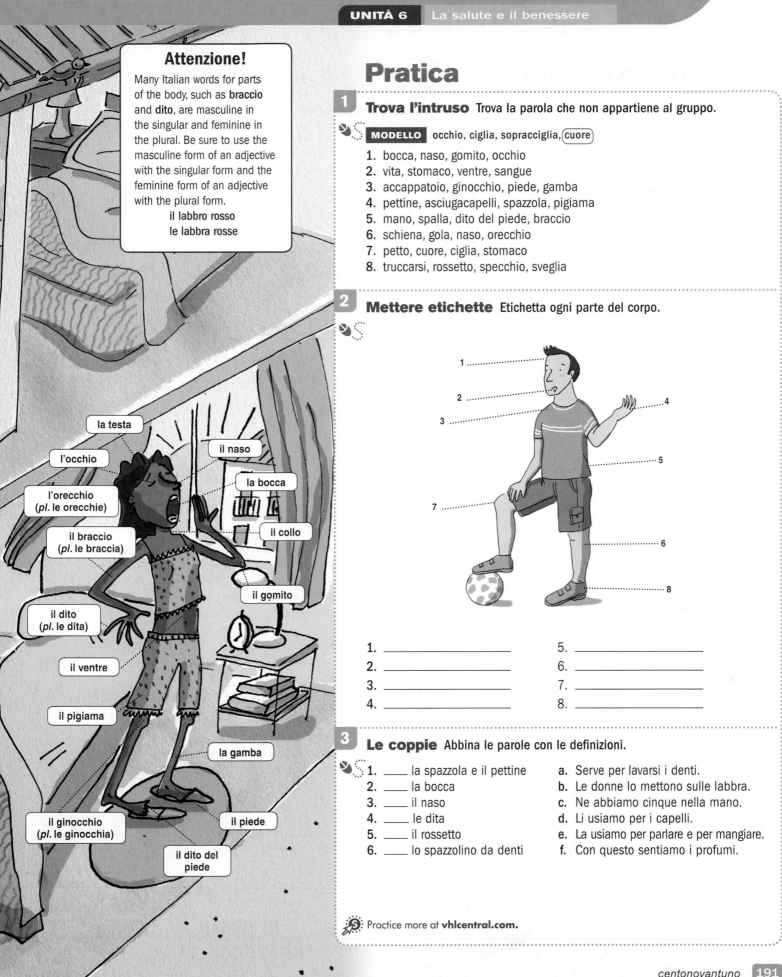

Pratica

1 Trova l'intruso Trova la parola che non appartiene al gruppo.

MODELLO occhio, ciglia, sopracciglia, (cuore)

1. bocca, naso, gomito, occhio
2. vita, stomaco, ventre, sangue
3. accappatoio, ginocchio, piede, gamba
4. pettine, asciugacapelli, spazzola, pigiama
5. mano, spalla, dito del piede, braccio
6. schiena, gola, naso, orecchio
7. petto, cuore, ciglia, stomaco
8. truccarsi, rossetto, specchio, sveglia

2 Mettere etichette Etichetta ogni parte del corpo.

1. _____   5. _____
2. _____   6. _____
3. _____   7. _____
4. _____   8. _____

3 Le coppie Abbina le parole con le definizioni.

1. ____ la spazzola e il pettine   a. Serve per lavarsi i denti.
2. ____ la bocca   b. Le donne lo mettono sulle labbra.
3. ____ il naso   c. Ne abbiamo cinque nella mano.
4. ____ le dita   d. Li usiamo per i capelli.
5. ____ il rossetto   e. La usiamo per parlare e per mangiare.
6. ____ lo spazzolino da denti   f. Con questo sentiamo i profumi.

Labels in illustration: la testa, l'occhio, l'orecchio (pl. le orecchie), il braccio (pl. le braccia), il dito (pl. le dita), il ventre, il pigiama, il ginocchio (pl. le ginocchia), il dito del piede, il naso, la bocca, il collo, il gomito, la gamba, il piede

Practice more at **vhlcentral.com**.

Comunicazione

4 Che cosa abbiamo? A coppie, parlate dei seguenti oggetti. Fate domande per scoprire se il/la tuo/a compagno/a ha questi oggetti e quanti ne (*of them*) ha.

MODELLO

S1: Hai un asciugacapelli?
S2: Sì, ho un asciugacapelli.
S1: Quanti asciugacapelli hai?

1.　　　　　　　　 2.　　　　　　　 3.　　　　　　 4.

5.　　　　　　　　 6.　　　　　　　 7.　　　　　　 8.

5 La routine di Fabiola 🎧 Ascolta Fabiola mentre descrive la sua routine al mattino. Poi a coppie indicate con i numeri l'ordine delle sue attività e dite a che ora voi fate queste attività.

1. ____ faccio la doccia
2. ____ mi trucco
3. ____ mi lavo i denti
4. ____ mi sveglio
5. ____ sbadiglio e guardo la sveglia
6. ____ faccio colazione

Un piccolo aiuto

Verbs that end with the reflexive pronoun **si** are called reflexive verbs because they "reflect" the action of the verb onto the subject. To talk about your own actions, place the reflexive pronoun **mi** in front of the conjugated verb.

Mi sveglio alle otto.
I wake up at eight.

---

6 Le sette differenze Lavorate a coppie. L'insegnante vi darà due fogli diversi, ciascuno con un disegno di un extraterrestre (*alien*)! A turno fate domande per trovare sette differenze fra i disegni. Poi scrivete un riassunto sulle differenze.

MODELLO

S1: Quanti occhi ha il tuo extraterrestre?
S2: Il mio extraterrestre ha tre occhi.
S1: Ah! Il mio extraterrestre ha solo un occhio.

7 Personaggi celebri Scegli un personaggio famoso e scrivi sei frasi sul suo aspetto fisico. A coppie, fate a turno a descrivere e a indovinare i personaggi famosi.

MODELLO

S1: È un giocatore di pallacanestro. Ha le gambe lunghe e le braccia molto forti...
S2: È LeBron James?
S1: Sì!

Pronuncia e ortografia (S) Audio

Spelling plurals I

amica	**amiche**	**albergo**	**alberghi**

Italian words ending in **-co**, **-ca**, **-go**, and **-ga** usually add the letter **h** in the plural to maintain the hard *c* or *g* sound.

simpatico	**simpatici**	**equivoco**	**equivoci**

However, words ending in **-ico** and words ending in **-co** that are stressed on the third-to-last syllable generally form the plural with **-ci**. Note that these plurals are pronounced with a soft *c* sound.

catalogo	**cataloghi**	**astrologo**	**astrologi**

While **-go** usually becomes **-ghi** in the plural, words ending in **-go** that represent professions often form the plural with **-gi**.

asparago	**asparagi**	**greco**	**greci**

These are some common exceptions.

Pronunciare Ripeti le parole ad alta voce.

1. psicologo
2. psicologi
3. analogo
4. analoghi
5. organico
6. organici
7. dialogo
8. dialoghi
9. simpatica
10. simpatiche
11. porco
12. porci

Articolare Ripeti le frasi ad alta voce.

1. Le amiche di Maria sono molto simpatiche.
2. Laura e Marco studiano per diventare biologi.
3. Gli alberghi greci sono belli.
4. Hai trovato dei funghi?
5. Il fotografo cerca i libri antichi.
6. Sono stati tre giorni molto romantici.

Il meglio è nemico del bene.[2]

Proverbi Ripeti i proverbi ad alta voce.

A buon intenditor poche parole.[1]

risorse

SAM LM: p. 46

vhlcentral.com

[1] A word to the wise is enough.
[2] The best is the enemy of the good.

FOTOROMANZO

Sbrigati, Lorenzo!  Video: *Fotoromanzo*

PERSONAGGI

Emily

Lorenzo

Riccardo

Viola

LORENZO Mi devo fare la barba.
EMILY Mi devo lavare i denti.
LORENZO E allora ti devi svegliare prima di me.
RICCARDO Lorenzo?
EMILY Si fa la barba.

RICCARDO Non capisco perché Lorenzo si fa la barba... La barba mi sta bene, no?
EMILY Lorenzo! Devo pettinarmi e truccarmi.
LORENZO E io mi devo preparare per andare al lavoro.

RICCARDO Un solo bagno. Abbiamo bisogno di un altro bagno. Ci incontriamo qui tutte le mattine.
EMILY Hmm, hmmm.
RICCARDO Che succede? Sei arrabbiata con me? Perché?
EMILY Per la cena.

RICCARDO Oh Lorenzo, non era squisita la pasta ieri sera? (*Continua.*) Lorenzo si è innamorato dello specchio.
LORENZO Troppo aglio.
VIOLA L'ha fatta Riccardo.

EMILY Volevo preparare io la cena.
RICCARDO Viviamo insieme. Ci aiutiamo.
VIOLA Riccardo, a volte tu aiuti troppo. (*Continua.*) Mi dispiace, Emily. La prossima volta?

RICCARDO Che cosa ho sbagliato? Emily ha preparato la pasta.
EMILY Sì, ma tu hai bruciato la pancetta.
RICCARDO Io mi sono divertito. E a Marcella è piaciuta.
VIOLA Marcella è troppo gentile. La pasta era orribile.
RICCARDO (*A Emily*) Però il tuo amico Paolo ne ha mangiati due piatti.

ATTIVITÀ

1 **Vero o falso?** Decidi se le seguenti affermazioni sono vere o false.

1. Emily si deve fare la barba.
2. Lorenzo deve truccarsi.
3. Emily è arrabbiata con Riccardo.
4. Viola deve usare il bagno.
5. Lorenzo si è innamorato dello specchio.

6. Riccardo non aiuta mai nessuno.
7. Viola ha bruciato la pancetta.
8. Paolo ha mangiato poca pasta.
9. Viola ha lezione alle nove.
10. Emily vuole il rossetto.

Practice more at **vhlcentral.com**.

La mattina, i ragazzi si preparano.

VIOLA Non ci credo. Lorenzo?
Devo usare il bagno.
(*A Emily*) Buongiorno, Emily.
RICCARDO Ciao.
EMILY Ciao.

RICCARDO Emily ce l'ha con me.
VIOLA Anch'io.
RICCARDO Ma che cosa vi succede?

VIOLA Lorenzo, devo andare a lezione.
Posso entrare? Ho lezione alle nove.
EMILY Mi dai il mio rossetto e la mia
spazzola? Ne ho bisogno.
RICCARDO Ma che fai, ti arricci
i capelli?

LORENZO Il prossimo.

Espressioni utili

Morning routines

- **Mi devo fare la barba.**
  I have to shave.
- **ti devi svegliare**
  you have to wake up
- **Si fa la barba.**
  He's shaving.
- **La barba mi sta bene.**
  A beard looks good on me.
- **Devo pettinarmi e truccarmi.**
  I have to comb my hair and put on makeup.
- **Mi devo preparare.**
  I have to get ready.
- **Ci incontriamo qui tutte le mattine.**
  We meet here every morning.
- **Ti arricci i capelli?**
  Are you curling your hair?

Additional vocabulary

- **Che succede?**
  What's going on?
- **Non ci credo.**
  I don't believe it.
- **Emily ce l'ha con me.**
  Emily is angry at me.
- **si è innamorato dello specchio**
  he's in love with the mirror
- **volevo preparare**
  I wanted to prepare
- **Ci aiutiamo.**
  We help each other.
- **a volte**
  sometimes
- **Che cosa ho sbagliato?**
  What did I do wrong?
- **Mi sono divertito.**
  I had fun.
- **Paolo ne ha mangiati due piatti.**
  Paolo ate two plates of it.
- **Ne ho bisogno.**
  I need them.

---

2 **Per parlare un po'** A coppie, scegliete uno dei personaggi e scrivete un paragrafo sulla sua routine del mattino. Usate l'immaginazione e le informazioni contenute in questa puntata del **Fotoromanzo**.

3 **Approfondimento** In italiano ci sono molte espressioni e proverbi che fanno uso del vocabolario delle parti del corpo, come «Occhio non vede, cuore non duole» (*Out of sight, out of mind*). Cerca tre espressioni o proverbi italiani con il vocabolario del corpo. Che cosa vogliono dire? C'è un proverbio o un'espressione simile in inglese?

risorse

SAM
VM: pp. 21–22   vhlcentral.com

A T T I V I T À

IN PRIMO PIANO

Farsi° belli la mattina

Quando la sveglia suona al mattino, molti si domandano: perché non posso stare ancora dieci minuti a letto?
Per molti italiani la risposta è ovvia°: perché bisogna prepararsi° e uscire perfettamente in ordine!

La cosa più importante della routine del mattino è certamente il caffè, ma subito dopo viene il rito° fondamentale dell'igiene personale°.

Pulizia° non significa semplicemente lavarsi, ma anche cominciare la giornata con una sensazione di benessere° e piacere; molti italiani amano infatti usare vari prodotti per l'igiene e la bellezza. Nei negozi c'è una grande scelta° di creme, saponi e bagnoschiuma° di differenti tipi, aromi° e confezioni°, tutti elementi importanti per scegliere il prodotto più adatto°!

Anche la scelta del vestito per uscire di casa è importante. I vestiti devono essere appropriati per il ruolo che si ha° al lavoro (per esempio, i sandali, i pantaloni corti e le magliette senza maniche non sono considerati accettabili in un ufficio). In generale, però, le nuove generazioni amano la praticità° e sono più tolleranti con le persone che si vestono in modo meno formale; ad esempio, è abbastanza raro vedere studentesse che portano la gonna a scuola o all'università. Quando però si tratta di° uscire con gli amici è fondamentale truccarsi, pettinarsi e vestirsi alla moda; è un modo, per i più giovani, di sentirsi grandi°. Comunque una cosa è certa: svegliarsi un po' prima per avere cura di sé° è per un italiano un atto assolutamente necessario.

> ### Un piccolo aiuto
>
> Reflexive verbs "reflect" the action of the verb onto the subject. Thus, **preparare** means *to prepare*, while **prepararsi** means *to get (oneself) ready*.

Quanto costa un...?

Taglio° donna	20 euro
Piega°	18 euro
Colore	28 euro
Colpi di sole°	40 euro
Permanente°	45 euro
Taglio uomo	20 euro

FONTE: Gibo Staff Parrucchieri (listino prezzi)

Farsi *Making oneself* **ovvia** *obvious* **prepararsi** *get ready* **rito** *ritual* **igiene personale** *personal hygiene*
Pulizia *Cleanliness* **benessere** *well-being* **scelta** *selection* **bagnoschiuma** *shower gel* **aromi** *scents*
confezioni *packaging* **adatto** *appropriate* **il ruolo che si ha** *the role one has* **praticità** *practicality*
si tratta di *it's a matter of* **sentirsi grandi** *feel older* **avere cura di sé** *to take care of oneself* **Taglio** *Haircut*
Piega *Hair styling* **Colpi di sole** *Highlights* **Permanente** *Perm*

A T T I V I T À

1 Vero o falso? Indica se l'affermazione è **vera** o **falsa.** Correggi le affermazioni false.

1. Per molti italiani la mattina è importante prendersi cura di sé.

2. Per molti italiani l'igiene personale è il rito quotidiano più importante.

3. Lavarsi è considerato un modo per stare bene.

4. Gli italiani amano usare differenti prodotti per l'igiene personale.

5. Nei negozi c'è soltanto (*only*) un tipo di sapone che usano tutti.

6. I sandali, i pantaloni corti e le magliette senza maniche sono accettabili in un ufficio.

7. Anche i giovani preferiscono vestirsi in modo formale.

8. La maggior parte delle ragazze va a scuola in pantaloni.

9. Pettinarsi e vestirsi alla moda è importante per andare a scuola.

10. Truccarsi e vestirsi alla moda, per i giovani italiani, è un modo di sentirsi adulti.

Practice more at **vhlcentral.com.**

L'ITALIANO QUOTIDIANO

Come mi stanno i capelli?°

i capelli a spazzola	crew cut
i capelli raccolti	hair pulled back
i capelli sciolti	loose hair
il ciuffo	tuft of hair
la coda	ponytail
la frangia	bang s
la riga	part
la treccia	braid
le treccine	little braids/cornrows
spuntare (i capelli)	to trim (one's hair)
tagliare (i capelli)	to cut (one's hair)

Come mi stanno i capelli? *How does my hair look?*

USI E COSTUMI

Che tipo in gamba!

L'italiano è una lingua ricca di espressioni idiomatiche: molte di queste contengono° parti del corpo. **Un tipo in gamba**, ad esempio, è una persona davvero simpatica, intelligente e in generale con buone capacità; **una persona alla mano** è molto disponibile e informale.

Se una cosa è molto costosa, si dice° che **costa un occhio della testa**, ma se vuoi comprarla lo stesso° allora sei una persona **con le mani bucate**°, cioè una che spende molto e non riesce a risparmiare°.

Se dopo una lezione d'italiano non riesci più a concentrarti, sei distratto e pensi ad altro, allora **hai la testa fra le nuvole**, mentre il tuo insegnante, stanco di provare a farti stare attento, è arrabbiatissimo e ha **un diavolo° per capello!**

contengono *contain* **si dice** *you say* **comprarla lo stesso** *to buy it anyway* **bucate** *with holes in them* **risparmiare** *to save money* **diavolo** *devil*

RITRATTO

Bottega Verde: la bellezza secondo natura

Bottega Verde è una grande azienda italiana che produce e vende° articoli per la cura del viso, del corpo e dei capelli. I suoi prodotti contengono molti ingredienti naturali.

Nasce come erboristeria° nei primi anni '70 a Pienza e, dopo una ventina di° anni, il successo commerciale è tale che° l'azienda è acquisita° dal gruppo Modafil, leader nella vendita per corrispondenza°. Oggi il marchio° è presente in circa 300 negozi monomarca° e franchising in Italia e in Spagna.

Bottega Verde ha ancora sede a Pienza, ma ha un laboratorio di ricerca e sviluppo° a Biella e un laboratorio per la certificazione dei prodotti in provincia di Parma. Bottega Verde fa anche i test dermatologici e ipoallergenici presso l'università di Pisa. Moltissime donne italiane si affidano° ai prodotti di Bottega Verde.

vende *sells* **erboristeria** *herbalist's shop* **una ventina di** *about twenty* **è tale che** *is such that* **è acquisita** *was bought* **per corrispondenza** *mail-order* **marchio** *brand* **monomarca** *brand outlet* **ricerca e sviluppo** *research and development* **si affidano** *trust*

SU INTERNET

Quali sono alcuni dei prodotti per l'igiene personale usati in Italia?

Go to **vhlcentral.com** to find more information related to this **CULTURA**.

---

2 Completare Completa le frasi.

1. Bottega Verde nasce come _____ a Pienza.
2. Bottega Verde ha un laboratorio di _____ a Biella.
3. Modafil è un'azienda specializzata nella vendita per _____.
4. Uffa, che caro! Costa un _____ della testa!
5. Hai di nuovo finito i soldi! Hai davvero le mani _____.
6. Perché non mi ascolti? Sei sempre distratto, hai _____.

3 A voi Osserva i tuoi compagni di classe. Con un compagno, descrivili usando le parole da **L'italiano quotidiano**. Poi rispondete insieme alle seguenti domande.

1. Quante volte all'anno ti tagli i capelli o vai a fare la piega?
2. Come sei pettinato/a adesso? Com'è pettinato/a il/la tuo/a compagno/a?
3. Quanto tempo dedichi (*do you spend*) la mattina a lavarti, pettinarti e vestirti?

risorse

vhlcentral.com

A T T I V I T À

STRUTTURE

6A.1 Reflexive verbs

Punto di partenza A reflexive verb "reflects" the action of the verb back to the subject. The infinitive form of reflexives ends with the reflexive pronoun **-si**, as in the verb **svegliarsi**. As with object pronouns, the final **-e** of the infinitive is dropped before adding the pronoun.

SUBJECT	REFLEXIVE VERB
Fabrizio	**si sveglia** alle sette.
Fabrizio	*wakes (himself) up at 7:00.*

- Reflexive verbs are made up of two parts: the verb and the reflexive pronoun. Both must agree with the subject.

alzarsi (to get up)		
io	**mi alzo**	*I get (myself) up*
tu	**ti alzi**	*you get (yourself) up*
Lei/lui/lei	**si alza**	*you get (yourself) up; he/she/it gets (himself/herself/itself) up*
noi	**ci alziamo**	*we get (ourselves) up*
voi	**vi alzate**	*you get (yourselves) up*
loro	**si alzano**	*they get (themselves) up*

- Note that reflexive pronouns are the same as direct and indirect object pronouns in all but the third person (**si**) forms.

Tu **ti svegli** alle nove, ma io **mi sveglio** alle undici.
*You **wake up** at 9:00, but I **wake up** at 11:00.*

Stefania **si trucca** mentre i bambini **si lavano**.
*Stefania **puts on makeup** while the children **wash (themselves)**.*

- Like other object pronouns, reflexive pronouns precede conjugated verb forms or are attached to the infinitive. Pronouns are commonly attached to the infinitive in a two-verb construction, although they can also precede the conjugated verb, particularly in constructions with **dovere**, **potere**, and **volere**.

L'attrice preferisce truccar**si** da sola.
The actress prefers to put on her makeup herself.

Vi dovete alzare prima delle otto.
You have to get up before eight o'clock.

- While some Italian reflexive verbs are equivalent to an English construction with *myself, yourself,* etc., many others are not.

Ci prepariamo per uscire.
We get (ourselves) ready to go out.

BUT

Non **mi annoio** mai a lezione.
*I never **get bored** in class.*

PRATICA

1 Completare Completa ogni frase con la forma corretta del verbo riflessivo.

1. Loro _____ (divertirsi) molto il fine settimana.
2. Letizia _____ (innamorarsi) sempre della persona sbagliata!
3. Tu e Amedeo _____ (laurearsi) quest'anno?
4. Federico e Dario _____ (farsi sempre male) quando vanno in bicicletta.
5. Io e Raffaele _____ (annoiarsi) alle conferenze.
6. Erminia e Elda non _____ (truccarsi) mai.
7. Io _____ (preoccuparsi) dell'esame.
8. Perché tu _____ (arrabbiarsi) spesso con Luciano?

2 Creare Usa gli indizi dati per creare frasi complete.

1. Luigi / svegliarsi / alle sei
2. tu e Pina / lavarsi / i denti
3. io / alzarsi / e poi / fare la doccia
4. noi / pettinarsi / prima di uscire
5. Antonella / vestirsi / velocemente
6. tu / chiamarsi / Tobia
7. i bambini / spogliarsi / prima di andare a letto
8. voi / addormentarsi / alle dieci

3 Descrivere Usa i verbi riflessivi per descrivere che cosa fa Giulia ogni mattina.

1. _____   2. _____

3. _____   4. _____

Practice more at **vhlcentral.com.**

COMUNICAZIONE

4 **E tu?** A coppie, fatevi domande sulla vostra routine quotidiana. Domandate e rispondete a turno.

MODELLO

S1: Ti alzi presto la mattina?
S2: Sì, di solito mi alzo presto.

1. svegliarsi presto o tardi il fine settimana
2. alzarsi subito
3. truccarsi tutte le mattine
4. lavarsi i capelli tutti i giorni
5. radersi la sera o la mattina
6. addormentarsi prima o dopo mezzanotte

5 **Un'inchiesta** Chiedi ai tuoi compagni se fanno o no le attività indicate. Se una persona dice sì, scrivi il suo nome. Se dice no, continua a chiedere ad altri compagni di classe.

MODELLO

S1: Ti svegli prima delle sei di mattina?
S2: Sì, mi sveglio prima delle sei.

Attività	Nome
1. svegliarsi prima delle sei di mattina	Andrea
2. truccarsi per venire in classe	
3. lavarsi i denti tre volte al giorno	
4. pettinarsi prima di andare a dormire	
5. vestirsi prima di fare colazione	
6. addormentarsi presto il venerdì sera	

6 **Il mimo** In gruppi di quattro, scegliete a turno un verbo che avete imparato in questa lezione e mimatelo. La persona che indovina mima il verbo successivo.

MODELLO

S1: Si sposa!
S2: No, si laurea!
S3: No! Si...

addormentarsi	laurearsi
annoiarsi	radersi
arrabbiarsi	sposarsi
farsi male	svegliarsi
incontrarsi	...

Common reflexive verbs

addormentarsi	to fall asleep	pettinarsi	to comb/brush one's hair
alzarsi	to stand/get up		
annoiarsi	to get/be bored	preoccuparsi (di)	to worry (about)
arrabbiarsi	to get angry	prepararsi	to get ready
chiamarsi	to be called	radersi	to shave
divertirsi	to have fun	rendersi conto (di)	to realize
farsi male	to hurt oneself	riposarsi	to rest
fermarsi	to stop (oneself)	sbagliarsi	to make a mistake
innamorarsi	to fall in love	sedersi	to sit down
lamentarsi (di)	to complain (about)	sentirsi	to feel
		spogliarsi	to undress
laurearsi	to graduate from college	sposarsi	to get married
		svegliarsi	to wake up
mettersi	to put on	truccarsi	to put on makeup
		vestirsi	to get dressed

- **Sedersi** is irregular in all forms except **noi** and **voi**. The stem of the irregular forms is **sied-**.

  Non **si siedono** mai sulla panchina. Dove **vi sedete** a tavola?
  They never sit on the bench.   *Where do you sit at the table?*

- Note that some verbs can be used reflexively or non-reflexively. Compare these examples.

  Mi sveglio alle sei.   **Sveglio** mia sorella alle sei e mezzo.
  I wake (myself) up at 6:00.   *I wake up my sister at 6:30.*

  Perché **ti metti** quella maglietta?   Perché **metti** una maglietta al cane?
  Why are you putting on that T-shirt?   *Why are you putting a T-shirt on the dog?*

- When a body part or an article of clothing is the object of a reflexive verb, use the definite article with it, not the possessive adjective.

  Mi lavo **la faccia** e **le mani**.   Non ti metti **gli stivali**.
  I wash my face and my hands.   *You're not putting on your boots.*

Provalo! Aggiungi le forme mancanti dei verbi riflessivi indicati.

	pettinarsi	radersi	vestirsi
1. io	mi pettino	mi rado	_____
2. tu	ti pettini	_____	ti vesti
3. Lei/lui/lei	si pettina	_____	_____
4. noi	_____	ci radiamo	_____
5. voi	vi pettinate	_____	vi vestite
6. loro	_____	si radono	_____

STRUTTURE

6A.2 Reciprocal reflexives and reflexives in the *passato prossimo*

Punto di partenza Reciprocal verbs are reflexives that express a shared or reciprocal action between two or more people or things. In English we often express a reciprocal meaning with the phrases *(to) each other* or *(to) one another*.

Si amano?
Do they love each other?

Non **si parlano**.
They aren't speaking to each other.

- Reciprocal verbs follow the same pattern as reflexive verbs, but they are limited to the plural forms **noi**, **voi**, and **loro**.

Domani Silvia e Davide **si sposano**.
Tomorrow Silvia and Davide are getting married (to each other).

Io e Alessandro **ci scriviamo** spesso.
Alessandro and I often write to one another.

- These verbs are commonly used with reciprocal meanings.

Common reciprocal verbs

abbracciarsi	to hug each other	lasciarsi	to leave each other, to split up
aiutarsi	to help each other		
amarsi	to love each other	odiarsi	to hate each other
baciarsi	to kiss each other	parlarsi	to speak to each other
chiamarsi	to call each other	salutarsi	to greet each other
conoscersi	to know each other	scriversi	to write to each other
darsi	to give to each other	sposarsi	to marry each other
guardarsi	to look at each other	telefonarsi	to phone each other
incontrarsi	to meet each other	vedersi	to see each other
innamorarsi	to fall in love with each other		

Ci diamo del tu.
We address each other familiarly.

I miei gatti **si odiano**.
My cats hate one another.

Le ragazze **si aiutano** a studiare.
The girls help each other study.

Perché non **vi abbracciate**?
Why don't you hug each other?

PRATICA

1 Completare Scegli le forme corrette per completare la frase.

1. Natalia (ti / si) è (fatta / fatto) male alla gamba.
2. Tu e Roberto (ci / vi) siete (divertite / divertiti) alla festa.
3. Io (si / mi) sono (svegliate / svegliata) tardi.
4. Noi (vi / ci) siamo (lavati / lavato) i capelli ieri.
5. Tiziana e Caterina (si / mi) sono (innamorata / innamorate) dello stesso ragazzo.
6. Tu (ti / vi) sei (addormentata / addormentati).
7. Io (mi / ci) sono (vestito / vestite) elegantemente per la cena.
8. Voi (ci / vi) siete (annoiato / annoiati) ieri.

2 Creare Usa verbi reciproci per raccontare la storia di Lorenzo e Lina.

MODELLO

Lina incontra Lorenzo tutti i giorni.
Lorenzo incontra Lina tutti i giorni.
Loro si incontrano tutti i giorni.

1. Lina conosce Lorenzo da un anno. Lorenzo conosce Lina da un anno.
2. Lina guarda Lorenzo con amore. Lorenzo guarda Lina con amore.
3. Lina scrive spesso e-mail a Lorenzo. Lorenzo scrive spesso e-mail a Lina.
4. Lina telefona a Lorenzo tutte le sere. Lorenzo telefona a Lina tutte le sere.
5. Lina dice a Lorenzo tutti i suoi segreti. Lorenzo dice a Lina tutti i suoi segreti.
6. Lina regala a Lorenzo dei cioccolatini. Lorenzo regala a Lina dei cioccolatini.

3 Descrivere Usa verbi reciproci per scrivere frasi su che cosa fanno le persone nei disegni.

1. gli uomini d'affari   2. Armando ed io   3. loro

4. tu e Claudia   5. noi   6. voi

Practice more at **vhlcentral.com.**

COMUNICAZIONE

4 Il mimo Lavorate a coppie. A turno, mimate azioni reciproche davanti alla classe. Le altre coppie devono indovinare. La coppia che indovina mima l'azione successiva.

MODELLO

S1: *Secondo me, si parlano.*
S2: *No, si salutano!*

abbracciarsi	lasciarsi
chiamarsi	salutarsi
guardarsi	scriversi
incontrarsi	sposarsi

5 Relazioni In gruppi di quattro, usate i verbi dati per farvi domande sulle relazioni che avete con altre persone. Rispondete a turno.

MODELLO

S1: *Come aiuti il tuo compagno di stanza?*
S2: *Lo aiuto a svegliarsi la mattina.*
S3: *Ci aiutiamo a studiare l'italiano.*
S4: …

abbracciarsi	chiamarsi	incontrarsi	scriversi
aiutarsi	darsi	parlarsi	svegliarsi

6 Una storia romantica A coppie, scrivete una storia romantica tra due personaggi reali o immaginari. Descrivete la loro storia, dall'inizio alla fine, usando verbi reciproci e il passato prossimo.

MODELLO

Roberto e Gina si sono incontrati nella classe di chimica. Si sono guardati e…

- Note that the use of reciprocal verbs can be ambiguous. For example, **si guardano** can mean *they look at themselves* or *they look at each other*. To clarify or emphasize a verb's reciprocal meaning, use phrases like **fra di loro**, **l'un l'altro** (males only), or **l'un l'altra** (when there is one or more female in a group).

Renzo e Lucia **si guardano l'un l'altra**.
*Renzo and Lucia **are looking at one another**.*

Vi parlate fra di voi in inglese o in italiano?
***Do you talk to each other** in English or in Italian?*

Reflexives in the *passato prossimo*

Always conjugate reflexive verbs, including reciprocals, with **essere** in the **passato prossimo**. Remember that the past participle has to agree with the subject.

Natalia **si è pettinata**.
*Natalia **combed her hair**.*

Ci siamo visti al mercato.
We saw each other at the market.

Marco **si è svegliato** tardi.
*Marco **woke up** late.*

Vi siete già **conosciute**?
***Have you** already **met**?*

Ci siamo sposati due anni fa.
***We got married** two years ago.*

Oggi **si è laureato**.
***He graduated from college** today.*

Provalo! Completa ogni frase con il pronome riflessivo corretto per descrivere queste azioni reciproche.

1. Carlo e Annalisa __si__ telefonano tre volte al giorno.
2. Noi _____ vediamo a pranzo tutti i mercoledì.
3. Tu e Riccardo _____ parlate sempre in inglese.
4. Io e Enea _____ aiutiamo a fare i compiti.
5. Tamara e Bartolomeo _____ amano tantissimo.
6. Tu e Ilaria non _____ parlate da due mesi?
7. Le bambine _____ sono chiamate.
8. Io e Roberto _____ siamo conosciuti a Padova.
9. Giacomo e Anna _____ chiamano spesso.
10. Tu e Luigi _____ date del tu?
11. Io e Maria _____ siamo incontrati ieri.
12. Marco e Francesco _____ salutano sempre.

6A.3 Ci and ne

Punto di partenza Use the adverb **ci** to mean *there* or to replace certain prepositional phrases. Use the pronoun **ne** to replace a previously mentioned phrase that includes the partitive or an expression of quantity, or that begins with the preposition **di**.

- In **Lezione 1A** you learned how to use **ci** in the expressions **c'è** and **ci sono**. **Ci** can be used to replace expressions of location, which are often preceded by the prepositions **a, in, su,** or **da.**

  —Vai **a casa**?
  —*Are you going **home**?*

  —Sì, **ci** vado.
  —*Yes, I'm going **there**.*

  —Siete andate **in biblioteca**?
  —*Did you go **to the library**?*

  —No, non **ci** siamo andate.
  —*No, we didn't go **there**.*

  —Sei stato **dal dentista**?
  —*Did you go to the dentist?*

  —Sì, **ci** sono stato ieri.
  —*Yes, I was **there** yesterday.*

- **Ci** is also used to replace phrases beginning with **a** after many common verbs.

  Credo **all'amore a prima vista**.
  *I believe **in love at first sight**.*

  ▶ **Ci** credo.
  *I believe **in it**.*

  Pensa sempre **ai compiti**.
  *She is always thinking **about homework**.*

  ▶ **Ci** pensa sempre.
  *She is always thinking **about it**.*

  È riuscito **a svegliarsi presto**.
  *He was able **to wake up early**.*

  ▶ **Ci** è riuscito.
  *He was able **to do it**.*

  Quella ragazza prova **a truccarsi** senza lo specchio.
  *That girl is trying **to put on makeup** without the mirror.*

  ▶ Quella ragazza **ci** prova senza lo specchio.
  *That girl is trying **to do it** without the mirror.*

- **Ci** follows the same placement rules as object pronouns. You learned these rules in **Lezione 5A.**

  Se stai male, perché non vai dal medico? **Ci** devi andare!
  *If you're not feeling well, why don't you go to the doctor? You should go (**there**)!*

  No, non voglio andar**ci**.
  *No, I don't want to go (**there**).*

  Hai lasciato le chiavi in farmacia. **Ci** torni adesso?
  *You left the keys at the pharmacy. Are you going back (**there**) now?*

  Sì, ma prima di tornar**ci**, devo telefonare.
  *Yes, but before I go back (**there**), I have to call.*

- Note that **ci** is used differently from **là/lì**, which you learned in **Lezione 1A**. Use **là/lì** to indicate a specific location. Use **ci** to point out the existence of something.

  Il dottore non **c'è**.
  *The doctor is not **in**.*

  L'infermiera è **lì**.
  *The nurse is **over there**.*

Practice more at **vhlcentral.com.**

PRATICA

1 Completare Scrivi la forma corretta del participio passato per completare ogni frase.

IACOPO Isabella, hai (1) _____ (comprare) tutte le medicine per Cirillo?

ISABELLA No, ne ho (2) _____ (comprare) solo due.

IACOPO Perché, non hai (3) _____ (portare) abbastanza soldi?

ISABELLA Esatto, ne ho (4) _____ (portare) pochi e le medicine sono più care ora.

IACOPO Hai (5) _____ (parlare) al farmacista dei suoi sintomi (*symptoms*)?

ISABELLA No, non ne ho (6) _____ (parlare) con lui, solo con il dottore.

IACOPO Va bene, non ti preoccupare. Ci vediamo dopo? Ho (7) _____ (comprare) dei film, possiamo guardare la televisione tutta la sera!

ISABELLA Tutta la sera? Ma quanti ne hai (8) _____ (comprare)?

2 Trasformare Riscrivi ogni frase usando **ne.**

MODELLO Ho due computer.

Ne ho due.

1. Luigi compra una macchina.
2. Antonella e Simona guardano due film.
3. Voi parlate sempre di casa vostra.
4. Io e Annabella abbiamo molti amici in comune.
5. Tu hai tre cani.
6. Io ho bisogno di dormire molto.

3 Rispondere Rispondi a ogni domanda usando **ci.**

1. Vai spesso dal dottore?
2. Riesci a ingoiare (*swallow*) le pillole senza acqua?
3. Provi spesso a svegliarti presto la mattina?
4. Pensi alla tua famiglia quando sei all'università?
5. Riesci a truccarti/raderti senza specchio?
6. Provi a stare in forma?

COMUNICAZIONE

4 In centro A coppie, fatevi domande sui posti indicati. Usate **ci** nelle risposte.

MODELLO alla mensa

S1: *Quando vai alla mensa?*
S2: *Ci vado il fine settimana.*

1. in gelateria

2. in biblioteca

3. dal dentista

4. all'ospedale

5. in farmacia

6. in palestra

5 Dove sono? A coppie, dite se le persone indicate sono oggi all'ospedale o no. Se no, dite dove sono. Usate **ci** e **lì/là** nelle vostre risposte.

MODELLO

S1: *Il dottore è all'ospedale oggi?*
S2: *Sì, il dottore c'è. C'è l'infermiera?*
S1: *No, l'infermiera non c'è. È là, in ambulanza! C'è il radiologo?*

Chi	Dov'è?
il dottore	all'ospedale
l'infermiera	in ambulanza
il radiologo	alla clinica
lo specialista delle allergie	all'ospedale
l'anestesista	all'ospedale
il cardiologo	in ufficio
la psicologa	in ufficio

6 Che cosa hai? A coppie, fate un elenco di otto articoli d'igiene personale. Fate domande su quali oggetti avete nel vostro bagno. Rispondete a turno usando **ne**.

MODELLO

S1: *Hai dello shampoo?*
S2: *Sì, ne ho. Tu hai dei trucchi?*
S1: *No, non ne ho.*

Ne

Ne means *some* or *any* when it replaces the partitive. It follows the same rules of placement as **ci**.

Hai **dello** shampoo?
*Do you have **any** shampoo?*

> **Ne** hai?
> *Do you have **any**?*

- **Ne** can also mean *of it/them* when replacing nouns used with expressions of quantity. Note that the use of **ne** is required in these cases.

Ho due **asciugacapelli**.
*I have two **hairdryers**.*

> **Ne** ho due.
> *I have two (**of them**).*

- When **ne** is used with an adjective expressing quantity, the adjective must agree with the noun that **ne** replaces.

Quanti **cani** avete?
*How many **dogs** do you have?*

> **Ne** abbiamo molti.
> *We have many (**of them**).*

- **Ne** often replaces phrases introduced by **di**, especially after expressions such as **avere paura/bisogno/voglia di**.

Ho voglia **di dormire**.
*I feel like **sleeping**.*

> **Ne** ho voglia.
> *I feel like **it**.*

Parli sempre **di politica**?
*Do you always talk **about politics**?*

> **Ne** parli sempre?
> *Do you always talk **about it**?*

- If **ne** is used with an expression of quantity in the **passato prossimo**, the past participle must agree with the noun being replaced. However, when **ne** replaces a prepositional phrase, no agreement is necessary.

Quanti **rasoi** hai comprato?
*How many **razors** did you buy?*

> Ne ho **comprati** due.
> *I bought two of them.*

Quanta **crema** ha usato?
*How much **lotion** did she use?*

> Ne ha **usata** molta.
> *She used a lot (of it).*

Ha parlato **di politica**.
*He spoke **about politics**.*

> Ne ha **parlato**.
> *He spoke about it.*

Provalo! Riscrivi ogni frase sostituendo la parola o le parole sottolineate con **ci** o **ne**.

1. Ieri sono andato <u>all'ospedale</u>. (ci) *Ieri ci sono andato.*
2. Andiamo spesso <u>dal farmacista</u>. (ci) _____
3. Vado <u>in palestra</u> per fare esercizio. (ci) _____
4. Vittoria sta <u>in bagno</u> 45 minuti la mattina. (ci) _____
5. Ho bisogno <u>di una pillola per la nausea</u>. (ne) _____
6. Giada ha comprato due <u>creme per le mani</u>. (ne) _____
7. Tu hai paura <u>del dentista</u>. (ne) _____
8. Avete parlato al dottore <u>della vostra depressione</u>? (ne) _____

Ricapitolazione

1 **Chi è?** A coppie, descrivete e indovinate a turno uno dei disegni che seguono includendo quanti più dettagli possibili.

MODELLO

S1: È in bagno...
S2: Disegno uno?
S1: No, è in bagno, davanti allo specchio...

1.

2.

3.

4.

5.

6.

2 **Regole di vita** In gruppi di tre, create una lista di regole che i compagni di stanza devono seguire per rendere la convivenza (*living together*) più facile. Usate verbi riflessivi e reciproci.

MODELLO

I compagni di stanza devono aiutarsi tutti i giorni...

3 **Dove vado?** Pensa a un posto dove vai questa settimana. Scrivi il posto su un foglio di carta. A coppie, fatevi domande per indovinare dove va l'altra persona. Usate **ci** dove possibile.

MODELLO

S1: Vai in biblioteca questa settimana?
S2: No, non ci vado questa settimana.
S1: Vai...?

4 **Parti del corpo** A coppie, usate i verbi riflessivi e reciproci della lista per descrivere le azioni che quelle parti del corpo possono fare.

MODELLO

S1: Usiamo le mani per scriverci.
S2: Usiamo gli occhi per guardarci...

A	B
bocca	baciarsi
dita	guardarsi
labbra	parlarsi
mani	pettinarsi
occhi	radersi
orecchie	scriversi
	telefonarsi
	truccarsi

5 **Un negozio vuoto** A coppie, preparate una conversazione fra un cliente e il proprietario di una profumeria. Il cliente chiede diversi articoli, ma il negoziante non ne ha! Usate i partitivi e **ne** dove possibile.

MODELLO

S1: Ha dello shampoo?
S2: No, non ne ho.
S1: Ha delle spazzole?
S2: ...

6 **Un dibattito** In gruppi di quattro, preparate un dibattito su questo argomento: chi ci mette più tempo a prepararsi la mattina, gli uomini o le donne? Preparate una lista di ragioni per difendere la vostra posizione e poi presentate le vostre opinioni alla classe.

MODELLO

S1: Le donne ci mettono più tempo perché devono truccarsi.
S2: Sì, ma molti uomini si radono tutte le mattine!

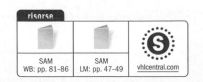

risorse

SAM
WB: pp. 81–86

SAM
LM: pp. 47–49

vhlcentral.com

Video: TV Clip

Lo Zapping

La febbre

John Travolta si lamenta° a letto, madre e figlia si guardano preoccupate... poi la battuta°, forse inaspettata, forse scontata°, ma certamente comprensibile alla maggior parte degli italiani. *La febbre del sabato sera* è un film noto in Italia e così ha ispirato una serie di spot di Sky TV. L'azienda, equivalente in Italia della pay TV e coerente con il proprio slogan «Non smettere° di sognare», propone un maturo Travolta ospite di una famiglia italiana, che nel bene e nel male° si prende cura° di lui: dopo tutto, riposo e buon cibo sono le ricette migliori per superare un lieve malanno° come un po' di febbre.

Ti sorprende semp

Chiama 199.100.9

—Ma come stai? Apri la bocca. Però adesso devi mangiare qualcosina°, eh?

—Ha la febbre.
—Strano, però. Non è mica° sabato sera...

Comprensione Rispondi alle domande.

1. Secondo la mamma, che cosa deve fare il malato?
2. Che cosa rivela il termometro?

Discussione Discutete a coppie le seguenti domande.

1. Secondo te, la battuta su cui gioca lo spot è divertente?
2. Immagina di ospitare a casa tua un personaggio famoso: chi è? Perché scegli questo personaggio?
3. Scegliete un personaggio famoso e immaginate una situazione simile a quella dello spot. Presentate il dialogo alla classe.

si lamenta *is complaining* **battuta** *joke* **scontata** *expected* **Non smettere** *Don't stop*
nel bene e nel male *for better or for worse* **si prende cura** *takes care*
lieve malanno *minor illness* **qualcosina** *a little something* **Non è mica** *It's not even*

Practice more at **vhlcentral.com**.

CONTESTI

Dal dottore

Ⓢ Vocabulary Tools

Ha la febbre.

Fa una puntura.

Tossisce.
(tossire -isc-)

Ha mal di schiena.

il paziente
(la paziente f.)

È incinta.

la pillola

Ha il raffreddore.

È in buona salute.

~ETCIÙ!

Starnutisce.
(starnutire -isc-)

la ferita

SALUTE

La Repubblica

Vocabolario

espressioni	*expressions*
andare dal dottore	to go to the doctor
controllare la linea	to watch one's weight
curare	to heal; to treat
essere allergico/a (a)	to be allergic (to)
essere in/fuori forma	to be in/out of shape
evitare (di)	to avoid
farsi male	to hurt oneself
guarire (-isc-)	to get better
piangere	to cry
rompersi (un braccio)	to break (an arm)
all'ospedale	*at the hospital*
l'ambulanza	ambulance
l'aspirina	aspirin
il/la chirurgo/a	surgeon
il/la dentista	dentist
il/la farmacista	pharmacist
la medicina	medicine; drug
il medico (di famiglia)	(family) doctor
il pronto soccorso	first aid; emergency room
la ricetta	prescription
il termometro	thermometer
le malattie e i sintomi	*ailments and symptoms*
la carie (*invar.*)	cavity
la depressione	depression
il dolore	pain
l'infezione (*f.*)	infection
l'influenza	flu
l'insonnia	insomnia
il naso intasato	stuffy nose
la nausea	nausea
descrizioni	*descriptions*
grave	serious
leggero/a	slight
malato/a	ill
sano/a	healthy

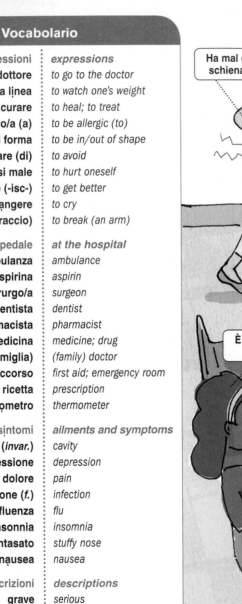

risorse

SAM
WB: pp. 87–88

SAM
LM: p. 50

Ⓢ vhlcentral.com

Pratica

1 **Associazioni** Scegli una parola della lista da associare con le seguenti parole o frasi.

l'aspirina	l'influenza	il pronto soccorso
la carie	la nausea	il raffreddore

1. il vomito _____
2. il dentista _____
3. la ferita _____
4. fare una puntura _____
5. tossire e starnutire _____
6. avere la febbre _____

2 **Mettere etichette** Etichetta ogni foto con una parola o un'espressione appropriata.

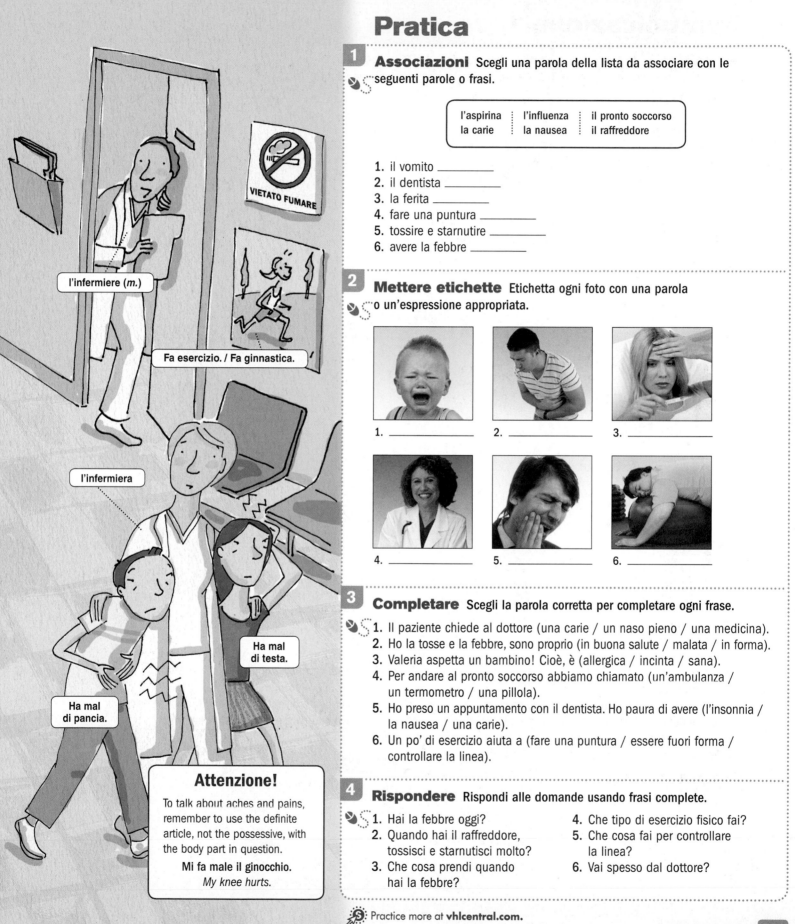

1. _____ 2. _____ 3. _____

4. _____ 5. _____ 6. _____

3 **Completare** Scegli la parola corretta per completare ogni frase.

1. Il paziente chiede al dottore (una carie / un naso pieno / una medicina).
2. Ho la tosse e la febbre, sono proprio (in buona salute / malata / in forma).
3. Valeria aspetta un bambino! Cioè, è (allergica / incinta / sana).
4. Per andare al pronto soccorso abbiamo chiamato (un'ambulanza / un termometro / una pillola).
5. Ho preso un appuntamento con il dentista. Ho paura di avere (l'insonnia / la nausea / una carie).
6. Un po' di esercizio aiuta a (fare una puntura / essere fuori forma / controllare la linea).

4 **Rispondere** Rispondi alle domande usando frasi complete.

1. Hai la febbre oggi?
2. Quando hai il raffreddore, tossisci e starnutisci molto?
3. Che cosa prendi quando hai la febbre?
4. Che tipo di esercizio fisico fai?
5. Che cosa fai per controllare la linea?
6. Vai spesso dal dottore?

l'infermiere (m.)

Fa esercizio. / Fa ginnastica.

VIETATO FUMARE

l'infermiera

Ha mal di testa.

Ha mal di pancia.

Attenzione!

To talk about aches and pains, remember to use the definite article, not the possessive, with the body part in question.

Mi fa male il ginocchio.
My knee hurts.

Practice more at **vhlcentral.com**.

CONTESTI

Comunicazione

5 **Dal dottore** 🎧 A coppie, ascoltate la conversazione tra Marco e il suo
dottore. Mentre ascoltate, spuntate (*check off*) le parole o espressioni che sentite.

1. essere in forma ☐
2. fare esercizio ☐
3. fare una puntura ☐
4. la febbre ☐
5. il naso intasato ☐
6. l'insonnia ☐

7. la depressione ☐
8. la ricetta ☐
9. il mal di pancia ☐
10. il mal di schiena ☐
11. il raffreddore ☐
12. rompersi una gamba ☐

6 **Consigli** A coppie, guardate le seguenti persone. Descrivete la loro condizione,
poi date un consiglio per curare o migliorare (*to improve*) la loro situazione.

MODELLO

S1: *Federico si è fatto male al piede.*
S2: *Deve andare al pronto soccorso!*

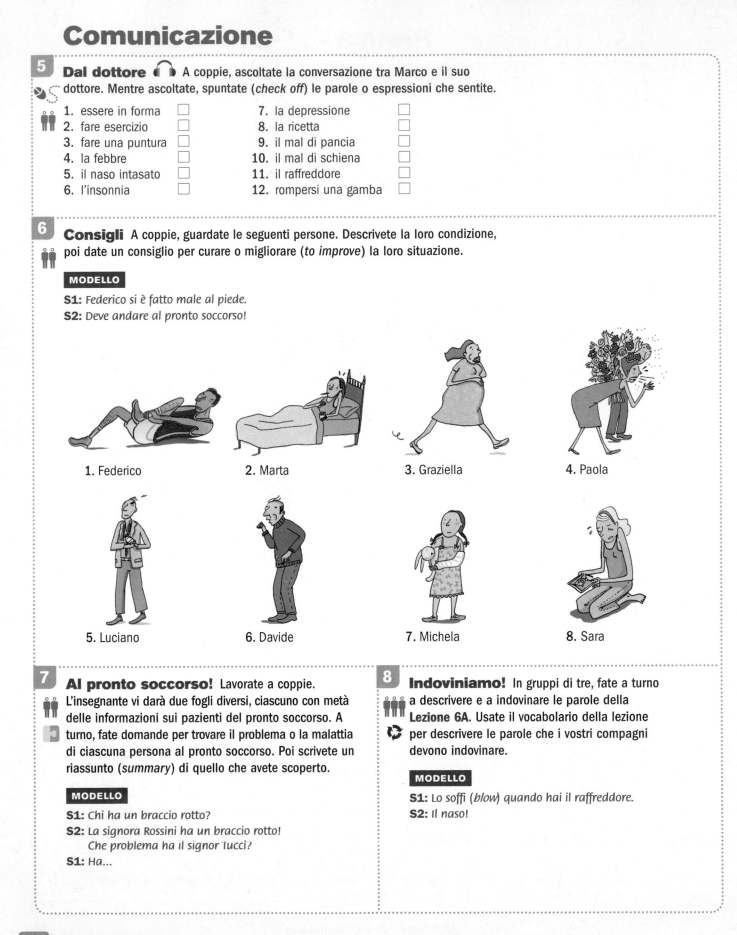

1. Federico
2. Marta
3. Graziella
4. Paola
5. Luciano
6. Davide
7. Michela
8. Sara

7 **Al pronto soccorso!** Lavorate a coppie.
L'insegnante vi darà due fogli diversi, ciascuno con metà
delle informazioni sui pazienti del pronto soccorso. A
turno, fate domande per trovare il problema o la malattia
di ciascuna persona al pronto soccorso. Poi scrivete un
riassunto (*summary*) di quello che avete scoperto.

MODELLO

S1: *Chi ha un braccio rotto?*
S2: *La signora Rossini ha un braccio rotto!*
        Che problema ha il signor Tucci?
S1: *Ha...*

8 **Indoviniamo!** In gruppi di tre, fate a turno
a descrivere e a indovinare le parole della
Lezione 6A. Usate il vocabolario della lezione
per descrivere le parole che i vostri compagni
devono indovinare.

MODELLO

S1: *Lo soffi (blow) quando hai il raffreddore.*
S2: *Il naso!*

Pronuncia e ortografia (S) Audio

Spelling plurals II

arancia	arance	loggia	logge

When the Italian word endings **-cia** and **-gia** contain a diphthong and are preceded by a consonant, the plural is usually formed by dropping the **i** to form **-ce** or **-ge**.

camicia	camicie	ciliegia	ciliegie

When **-cia** and **-gia** contain a diphthong and are preceded by a vowel, the **i** is retained to form the plurals **-cie** and **-gie**.

farmacia	farmacie	magia	magie

When there is no diphthong and the letter **i** is stressed in **-cia** and **-gia**, the **i** is retained to form the plurals **-cie** and **-gie**.

esempio	esempi	negozio	negozi

When Italian words ending in **-io** form a diphthong, the plural is usually formed by dropping the final **-o**.

trio	trii	zio	zii

However, when a diphthong is not formed in words ending in **-io**, the final **-o** is changed to **-i** in the plural, resulting in double **i**.

Pronunciare Ripeti le parole ad alta voce.

1. provincia	4. addii	7. grigia	10. pii
2. province	5. lancia	8. grigie	11. freccia
3. addio	6. lance	9. pio	12. frecce

Articolare Ripeti le frasi ad alta voce.

1. I miei zii sono vecchi.
2. Oggi c'è la pioggia.
3. Non dire bugie!
4. Piangi perché hai paura della magia?
5. Quelle camicie grigie costano molto.
6. Attenzione alle strisce gialle!

Chi parla in faccia non è traditore.[2]

Proverbi Ripeti i proverbi ad alta voce.

Chi lascia la via vecchia per la nuova sa quel che lascia, ma non sa quel che trova.[1]

[2] He who speaks to your face is not a traitor.

[1] Better the devil you know than the devil you don't. (lit. He who leaves the old road for the new knows what he left but not what he'll find.)

risorse

SAM
LM: p. 51   vhlcentral.com

FOTOROMANZO

Una visita medica Video: *Fotoromanzo*

PERSONAGGI

Emily

Lorenzo

Marcella

Il medico

Riccardo

Viola

Dal medico...

MEDICO Cosa è successo?

RICCARDO Facevamo il turno per il bagno...

EMILY Quando si è svegliata non aveva nessun sintomo...

LORENZO Hanno preparato la cena ieri sera...

MEDICO Va bene, basta così. Viola, cosa è successo?

VIOLA Ieri io, Riccardo e Emily abbiamo preparato la cena.

RICCARDO Rigatoni alla carbonara alla pensione!

MARCELLA Una carbonara con qualche ingrediente extra.

EMILY Cipolle, funghi, aglio.

LORENZO Troppo aglio.

MEDICO Sei allergica a uno di questi cibi?

MEDICO Continua.

VIOLA Ieri sera mi facevano male lo stomaco e il petto, però stanotte ho dormito bene e anche stamattina stavo bene. Aspettavamo Lorenzo, che era in bagno, poi mi sono svegliata sul pavimento.

MEDICO Va bene. Tutti fuori dal mio studio. (*A Viola*) Hai altri sintomi?

In centro...

LORENZO Sono per Viola. Da parte tua.

RICCARDO Da parte mia?

LORENZO È colpa tua se sta male. E poi mi devi una camicia nuova.

RICCARDO È stata Viola a macchiare d'olio la tua camicia, non io.

LORENZO Hai preparato tu la cena.

RICCARDO E Emily ci ha messo le cipolle e i funghi.

RICCARDO Andiamo, Lorenzo: sei innamorato di Viola.

LORENZO Ma che dici? Viola? È troppo timida e seria.

RICCARDO Sì, lo so. Ma a volte quando vi guardate i tuoi occhi brillano.

LORENZO Sei pazzo.

RICCARDO Dici di no, ma in realtà vuoi dire sì.

Alla pensione...

VIOLA E poi io ho macchiato d'olio la camicia di Lorenzo. Si è molto arrabbiato.

EMILY Eh già, le camicie di Lorenzo costano più della mia università. Gli studenti in America non sono così eleganti. (*Verso la porta*) Entrate. Volete aiutarci a finire la ripresa per il blog?

A T T I V I T À

1 **Completare** Completa ogni frase con un verbo nel passato prossimo.

1. Quando Viola _____ non aveva nessun sintomo.

2. Riccardo ed Emily _____ la cena ieri sera.

3. Ieri sera Viola _____ bene.

4. Il medico le _____ delle medicine contro la nausea.

5. Riccardo _____ la cena ieri sera e tutti si sono sentiti male.

6. _____ Viola a macchiare d'olio la camicia di Lorenzo.

7. Emily _____ le cipolle e i funghi nella pasta.

8. Lorenzo _____ per la camicia.

9. Riccardo _____ troppo aglio.

10. Riccardo _____ insensibile e scortese.

Practice more at **vhlcentral.com**.

Viola si è sentita male.

VIOLA A volte sono nervosa e preoccupata per la vita a Roma e per l'università.

MEDICO Secondo me, sei stata male a causa di una leggera depressione e di un brutto bruciore di stomaco. Ti ho prescritto delle medicine contro la nausea. Ti consiglio di riposare, di bere acqua e tè e di evitare la cucina di Riccardo.

Alla pensione...

EMILY Oggi Viola è andata dal dottore con dolore di stomaco e nausea. Come è successo?

VIOLA Riccardo ha preparato la cena ieri sera e ci siamo sentiti male tutti.

EMILY È pericoloso lasciarlo entrare in cucina.

VIOLA Riccardo fa sempre quello che gli pare. Non si sa trattenere.

LORENZO Questi sono da parte di Riccardo. Si scusa per aver usato troppo aglio.

VIOLA Grazie.

RICCARDO Ecco le tue pillole. «Prendere una compressa prima di mangiare i miei piatti.» (*A Emily*) Scusa Emily. Volevi preparare la cena per tutti e io sono stato insensibile e scortese.

EMILY E?

LORENZO Ed egoista, inutile, stupido e un pessimo cuoco!

VIOLA Sapete una cosa? Roma comincia a piacermi.

Espressioni utili

Talking about events in the past

- **facevamo il turno**
  we were waiting for our turn
- **Quando si è svegliata non aveva nessun sintomo.**
  When she woke up she had no symptoms.
- **Mi facevano male lo stomaco e il petto.**
  My stomach and chest hurt.
- **Anche stamattina stavo bene.**
  I felt fine this morning, too.
- **Aspettavamo Lorenzo, che era in bagno.**
  We were waiting for Lorenzo, who was in the bathroom.
- **volevi preparare tu la cena**
  you wanted to prepare dinner

Additional vocabulary

- **bruciore di stomaco**
  heartburn
- **È pericoloso lasciarlo entrare.**
  It's dangerous to let him enter.
- **Riccardo fa sempre quello che gli pare. Non si sa trattenere.**
  Riccardo always does what he wants. He doesn't know how to stop himself.

- **da parte tua**
  from you
- **macchiare d'olio**
  to stain with oil
- **brillano**
  sparkle
- **dici di no**
  you say no
- **pavimento**
  floor
- **compressa**
  tablet
- **studio**
  office
- **pessimo**
  awful
- **finire la ripresa**
  to finish shooting

2 **Per parlare un po'** A coppie, scegliete uno dei personaggi di questa puntata e parlate di un suo problema di salute. Di che tipo di problema si tratta? Qual è la causa? Che cosa deve fare per stare meglio?

3 **Approfondimento** «Ospedale», «ambulanza», «infermiere/a»: conosci l'origine di queste parole? Cerca su Internet o su un dizionario italiano la loro etimologia e presenta la tua risposta alla classe.

risorse

SAM
VM: pp. 23-24

vhlcentral.com

A T T I V I T À

CULTURA

L'importante è la salute

Come funziona il sistema sanitario in Italia? Quali tipi di assistenza sono gratuiti°? Quanto spendono gli italiani per la salute?

La Costituzione italiana dice che è un dovere° dello Stato proteggere° la salute pubblica; per legge°, quindi, lo Stato si occupa dell'assistenza medica degli italiani. Assistenza significa prevenzione, cure mediche e organizzazione degli ospedali. La prevenzione comprende le vaccinazioni e le campagne° di screening per varie malattie. Le cure mediche, invece, garantiscono la possibilità per tutti di avere un medico e dei farmaci°, o di fare esami clinici. Infine, l'organizzazione degli ospedali implica° che lo Stato gestisce° le strutture mediche pubbliche, cioè il pronto soccorso, gli ospedali e le strutture per anziani°.

Tutti e tre° i tipi di assistenza sono pagati, per la maggior parte, dallo Stato e dalle Regioni. La popolazione è infatti divisa in fasce di reddito° e ogni persona paga una percentuale su ogni medicina o esame clinico in rapporto a quanto guadagna°. Le medicine per le persone che soffrono° di malattie molto gravi, o che sono necessarie per salvare la vita, sono sempre totalmente gratuite. È ovvio che alcune forme di assistenza non sono incluse in questo sistema: per esempio, le medicine alternative e le operazioni di chirurgia estetica° non vengono mai pagate dallo Stato.

Questo sistema ha aspetti positivi e negativi. Certamente, è un grande vantaggio° per tutti avere diritto° a un'assistenza medica che costa poco, ma per questa stessa ragione le tasse° in Italia sono alte. Inoltre, la qualità del servizio non è uguale dappertutto°; nelle regioni più ricche lo standard è molto alto, mentre in altre zone ci sono pochi ospedali e le strutture a volte sono molto vecchie. Di conseguenza, molti italiani preferiscono curarsi fuori dal sistema pubblico, rivolgendosi° a medici privati spesso molto costosi.

Consumi medi mensili° delle famiglie italiane (in euro)				
	ALIMENTARI	SPESE SANITARIE	SIGARETTE	ALTRO
NORD	461	99,8	18,9	2.117,3
CENTRO	474	82,3	22,4	1.915,3
SUD	472	62,5	23,4	1.394,1

FONTE: ISTAT

gratuiti *free* **dovere** *obligation* **proteggere** *to protect* **per legge** *by law* **campagne** *campaigns* **farmaci** *drugs* **implica** *implies* **gestisce** *manages* **anziani** *the elderly* **Tutti e tre** *All three* **fasce di reddito** *income levels* **in rapporto a quanto guadagna** *in relation to what he/she earns* **soffrono** *suffer* **chirurgia estetica** *plastic surgery* **vantaggio** *advantage* **diritto** *right* **tasse** *taxes* **dappertutto** *everywhere* **medi mensili** *monthly average* **rivolgendosi** *turning to*

ATTIVITÀ

1 **Vero o falso?** Indica se l'affermazione è **vera** o **falsa**. Correggi le affermazioni false.

1. La Costituzione italiana protegge la salute pubblica.

2. Il servizio medico nazionale in Italia paga anche le vaccinazioni.

3. Lo Stato paga, per la maggior parte, l'assistenza medica.

4. I malati pagano le medicine in riferimento alla fascia di reddito.

5. Le operazioni di chirurgia estetica sono gratuite.

6. Lo Stato paga in parte le medicine per le malattie molto gravi.

7. Le tasse in Italia sono alte anche perché lo Stato paga molti servizi medici.

8. Lo standard degli ospedali in Italia è sempre molto alto.

9. Molti italiani preferiscono andare dai medici privati.

10. L'assistenza medica privata non è molto costosa.

Practice more at **vhlcentral.com.**

L'ITALIANO QUOTIDIANO

Malattie e disturbi°

l'emicrania	*migraine*
l'eruzione cutanea	*rash*
il foruncolo	*pimple*
la frattura	*fracture*
il livido	*bruise*
il mal di gola	*sore throat*
il mal di mare	*seasickness*
il morbillo	*measles*
l'orticaria	*hives*
la scottatura	*burn*
la tosse	*cough*
la varicella	*chickenpox*

disturbi *ailments*

USI E COSTUMI

I rimedi naturali

In Italia, come in tutto il mondo, ci sono dei rimedi° tradizionali contro le malattie più comuni, chiamati «i rimedi della nonna». Per la tosse, ad esempio, «la nonna» consiglia di bere un bicchiere di **latte** fatto bollire° con uno o due spicchi° d'**aglio**. L'**origano** o **il basilico** sono molto utili per le indigestioni, mentre il rimedio per i reumatismi° è un sacchetto° di **sale**, scaldato° e poi messo sulla parte del corpo che fa male. Ma contro questi dolori la cosa che «la nonna» considera veramente efficace è la pomata° al **veleno d'api**°: un rimedio per le persone più coraggiose!

rimedi *remedies* **fatto bollire** *boiled* **spicchi** *cloves* **origano** *oregano* **reumatismi** *rheumatism* **sacchetto** *small bag* **scaldato** *heated* **pomata** *salve* **veleno d'api** *bee venom*

RITRATTO

Rita Levi Montalcini: una vita per la ricerca

Rita Levi Montalcini è nata nel 1909 a Torino, dove si è laureata in medicina nel 1936 e ha cominciato i suoi studi sul sistema nervoso°. Nel 1938 è costretta° dalle leggi razziali fasciste a emigrare in Belgio. Nel 1946 è invitata a lavorare all'Università di Washington a St. Louis, dove ha continuato a studiare le cellule° nervose fino al 1977. In questa università ha scoperto° il fattore di crescita nervoso°, che ha continuato a studiare per il resto della sua carriera° e che le ha fatto vincere il Premio Nobel nel 1986.

Anche dopo il ritiro° a causa dell'età non ha smesso di° fare ricerca: ritornata in Italia, ha lavorato nel Centro Nazionale di Ricerca per la Neurobiologia fino al 1995. È stata membro della *National Academy of Sciences* negli Stati Uniti e Senatore a vita° per meriti scientifici in Italia e si è dedicata ad attività in difesa dell'ambiente°. È morta a Roma il 30 dicembre 2012.

sistema nervoso *nervous system* **costretta** *forced* **cellule** *cells* **scoperto** *discovered* **fattore di crescita nervoso** *nerve growth factor* **carriera** *career* **ritiro** *retirement* **smesso di** *stopped* **Senatore a vita** *Senator for life* **ambiente** *environment*

SU INTERNET

Quali sono alcuni rimedi tradizionali per i disturbi descritti in L'italiano quotidiano?

Go to **vhlcentral.com** to find more information related to this **CULTURA**.

---

2 **Completare** Completa le frasi.

1. Rita Levi Montalcini era laureata in _____.
2. Rita Levi Montalcini è emigrata in _____ nel 1938.
3. Nel 1986 Rita Levi Montalcini ha vinto il _____.
4. I rimedi tradizionali sono chiamati _____.
5. Contro la tosse, la nonna consiglia di bere latte con uno o due _____.
6. La pomata al veleno d'api è usata per i _____.

3 **A voi** A coppie, rispondete alle seguenti domande.

1. Per curarti usi farmaci, rimedi tradizionali o medicine alternative?
2. Secondo te, quali tipi di medicine sono più efficaci?
3. Secondo te, le medicine alternative sono utili anche per curare malattie molto gravi?

risorse

vhlcentral.com

ATTIVITÀ

STRUTTURE

6B.1 The *imperfetto*

Punto di partenza You've learned how to use the **passato prossimo** to express past actions. Now you'll learn another past tense, the **imperfetto** (*imperfect*).

- The **imperfetto** can be translated into English in several ways.

Lia **piangeva**.	**Facevo esercizio**.
Lia cried.	*I exercised.*
Lia used to cry.	*I used to exercise.*
Lia was crying.	*I was exercising.*

- The **imperfetto** is a simple tense; it does not require an auxiliary verb. The pattern of conjugation is identical for verbs ending in **-are**, **-ere**, and **-ire**. Drop the **-re** to form the stem and add the appropriate imperfect ending.

The *imperfetto*

	parlare	leggere	dormire	finire (-isc-)
io	parlavo	leggevo	dormivo	finivo
tu	parlavi	leggevi	dormivi	finivi
Lei/lui/lei	parlava	leggeva	dormiva	finiva
noi	parlavamo	leggevamo	dormivamo	finivamo
voi	parlavate	leggevate	dormivate	finivate
loro	parlavano	leggevano	dormivano	finivano

- **Essere** is irregular in the **imperfetto**, and the verbs **bere**, **dire**, and **fare** have irregular stems.

Irregular verbs in the *imperfetto*

	essere	bere	dire	fare
io	ero	bevevo	dicevo	facevo
tu	eri	bevevi	dicevi	facevi
Lei/lui/lei	era	beveva	diceva	faceva
noi	eravamo	bevevamo	dicevamo	facevamo
voi	eravate	bevevate	dicevate	facevate
loro	erano	bevevano	dicevano	facevano

- Use the **imperfetto** to talk about actions that took place repeatedly or habitually during an unspecified period of time. Note that, in English, we often use the phrase *used to* or *would* to indicate habitual or repeated actions.

Alberto **faceva esercizio** ogni giorno.	**Andavo** regolarmente dal dottore.
*Alberto **used to exercise** every day.*	*I **would go** to the doctor regularly.*

PRATICA

1 Completare Completa ogni frase con la forma corretta dell'imperfetto.

1. Da piccolo, mi _____ (fare) spesso male lo stomaco.
2. L'estate i bambini _____ (svegliarsi) tardi.
3. Francesca non _____ (usare) mai il trucco.
4. Io e la mia famiglia non _____ (programmare) la sveglia il fine settimana.
5. Tu _____ (essere) spesso malata.
6. Voi _____ (parlare) francese con vostra nonna?
7. Gigliola ed Evelina _____ (usare) solo rimedi biologici (*organic*).
8. Elena _____ (evitare) sempre di fare ginnastica.

2 Descrivere Scrivi una frase completa per ogni disegno per dire cosa facevano queste persone l'anno scorso.

MODELLO Gabriele / dormire sempre

Gabriele dormiva sempre.

1. io / fare / jogging
2. i ragazzi / finire / i compiti
3. voi / mangiare / il gelato

4. tu / bere / troppo caffè
5. Agostina / pettinarsi
6. Adelaide / essere allergica / ai fiori

3 Rispondere Rispondi alle domande sulla tua gioventù (*youth*) usando l'imperfetto.

1. Tu e i tuoi amici eravate in forma?
2. Che cosa bevevi a colazione?
3. A che ora ti svegliavi l'estate?
4. La tua famiglia andava spesso dal dottore?
5. Quante volte al giorno ti lavavi i denti?
6. Cosa facevate tu e la tua famiglia il fine settimana?
7. Quante ore passavi al computer o a guardare la TV?
8. Andavi a scuola volentieri?

Practice more at **vhlcentral.com**.

COMUNICAZIONE

4   **La salute** A coppie, fatevi delle domande su come era la vostra routine fisica l'estate scorsa. Rispondete a turno.

> **MODELLO**   essere in buona salute
>
> **S1:** Eri in buona salute l'estate scorsa?
> **S2:** Sì, ero in buona salute. / No, non ero in buona salute...

1. fare attività fisica
2. avere il raffreddore
3. controllare la linea
4. comprare uno shampoo speciale
5. usare la sveglia
6. avere spesso mal di testa

5   **Come stavano?** A coppie, fate a turno a descrivere i problemi di salute che, l'anno scorso, avevano le persone dei disegni. Dovete essere creativi!

> **MODELLO**   Diego
>
> **S1:** Diego aveva forti dolori alla gamba.
> **S2:** L'anno scorso giocava a calcio tutte le settimane.
> **S1:** Spesso si faceva male...

1. Lina   2. Iacopo   3. Fosca

4. Renzo   5. Gina   6. Daniela

6   **Un'inchiesta** Chiedi ai tuoi compagni cosa facevano durante le vacanze quando erano al liceo. Poi fai un rapporto sui risultati per la classe e discutete qual era l'attività più popolare e l'attività meno popolare.

> **MODELLO**
>
> **S1:** Cosa facevi durante le vacanze quando eri al liceo?
> **S2:** Leggevo e guardavo la televisione tutti i giorni.
> **S3:** Anch'io a volte leggevo, ma di solito lavoravo.

- The **imperfetto** is also a descriptive tense. Use it to describe physical and mental states in the past, including age.

  Rachele **era** contenta, ma Franco **era** depresso.
  *Rachele **was** happy, but Franco **was** depressed.*

  Dante **aveva** nove anni quando ha visto Beatrice.
  *Dante **was** nine years old when he saw Beatrice.*

Mi facevano male lo stomaco e il petto.

Volevi preparare la cena per tutti.

- Also use the **imperfetto** to describe weather and time in the past.

  Pioveva stamattina.
  *It **was raining** this morning.*

  Erano le sei e **faceva** bel tempo.
  *It **was** 6:00 and the weather **was** nice.*

- Use the **imperfetto** to describe an action or actions in progress in the past. **Mentre** (*While*) often signals two ongoing actions occurring over the same period of time.

  L'infermiere **parlava mentre leggevo** la ricetta.
  *The nurse **was speaking while** I **was reading** the prescription.*

  Carlo **piangeva mentre guardava** quel film.
  *Carlo **was crying while he was watching** that film.*

- An ongoing action in the **imperfetto** can also be interrupted by another action expressed with the **passato prossimo**. **Quando** (*When*) is often used to introduce the interrupting action.

  L'infermiere **parlava quando** il medico **è entrato**.
  *The nurse **was speaking when** the doctor **came in**.*

  Guardavamo il film **quando** Carlo **ha starnutito**.
  *We **were watching** the film **when** Carlo **sneezed**.*

Provalo!   Scegli la forma corretta dell'imperfetto per completare ogni frase.

1. Da piccola, Geltrude non (amavo / amava) leggere.
2. A te (piaceva / piacevano) i broccoli da bambino?
3. Le nostre camere da letto (erano / eravate) molto piccole.
4. Io non (beveva / bevevo) il latte.
5. Chi (voleva / volevo) diventare un dottore da bambino?
6. Voi (preparavi / preparavate) dei dolci buonissimi.
7. Io e Antonio non (dicevate / dicevamo) mai bugie (*lies*).
8. Quell'inverno (facevo / faceva) veramente molto freddo.

STRUTTURE

6B.2 Imperfetto vs. passato prossimo

Punto di partenza Although the **passato prossimo** and the **imperfetto** are both past tenses, they have distinct uses and are not interchangeable. The choice between these two tenses depends on the context and the point of view of the speaker.

> Anche stamattina stavo bene.

> Sei stata male a causa di una leggera depressione.

Uses of the *passato prossimo* and the *imperfetto*

Passato prossimo	Imperfetto
To express actions completed at a specific moment or within a definite time period in the past: Lisa si **è rotta** il braccio due volte. *Lisa **broke** her arm twice.* Mia sorella **ha parlato** con il farmacista stamattina. *My sister **spoke** with the pharmacist this morning.*	To express ongoing actions with no reference to beginning or end or for an unspecified period of time in the past: Da giovane **ero** sempre in buona salute. *When I was young **I was** always in good health.* Mia sorella **parlava** mentre **cercavo** la ricetta. *My sister **was talking** while **I was** looking for the prescription.*
To refer to the beginning or end of a past action or event: **Abbiamo cominciato** a controllare la linea due anni fa. *We **started** watching our weight two years ago.* Il dolore **è sparito** all'improvviso. *The pain **disappeared** suddenly.*	To refer to habitual or recurring past actions and events: Ogni giorno **andavamo** in palestra per fare ginnastica. *We **used to go** to the gym every day to exercise.* Di solito il dottore ci **faceva** le punture. *Usually, the doctor **gave** us shots.*
To express a change in mental, physical, or emotional state in the past: **Mi sono ammalato** perché ho dimenticato la giacca. *I **got sick** because I forgot my jacket.*	To describe past mental, physical, or emotional states and conditions, including age: Raffaella **era** incinta e **si sentiva** spesso male. *Raffaella **was** pregnant and **she** often **felt** ill.*
To narrate a series of past actions or events: **Sono caduto**, **mi sono rotto** il braccio e **sono andato** al pronto soccorso. *I **fell down**, **broke** my arm, and **went** to the emergency room.*	To describe weather and talk about time in the past: **Erano** le sei e **pioveva** ancora. *It **was** six o'clock and **it was** still **raining**.*

PRATICA

1 Scegliere Scegli il tempo del verbo che completa meglio ogni frase.

L'estate scorsa (1.) (ho fatto / facevo) esercizio regolarmente. Di solito mi (2.) (è piaciuto / piaceva) andare in piscina a nuotare. (3.) (Ha fatto / Faceva) molto caldo quell'estate. Un giorno (4.) (mi sono rotto / mi rompevo) il braccio. Mia sorella mi (5.) (ha portato / portava) all'ospedale. Non (6.) (ho potuto / potevo) nuotare per il resto dell'estate. (7.) (Sono stato / Ero) molto triste. Per fortuna il 24 agosto il dottore (8.) (ha detto / diceva): «Ora stai bene, torna in piscina!».

2 Completare Completa il brano con le forme corrette del passato prossimo o dell'imperfetto.

Cari amici,

Vi voglio raccontare un'avventura dell'anno scorso. Quel giorno (1.) _____ (piovere), ma io (2.) _____ (essere) molto contenta per il mio viaggio a Roma. Purtroppo a mezzogiorno l'aeroporto (3.) _____ (cancellare) il mio volo. Allora io (4.) _____ (telefonare) a mia mamma e le (5.) _____ (chiedere) di venire a prendermi e riportarmi a casa. Io (6.) _____ (essere) triste e arrabbiata, ma per fortuna (7.) _____ (potere) partire il giorno dopo. Che avventura! Buona fortuna con il vostro viaggio!

Giuliana

3 Descrivere Scrivi che cosa facevano le persone quando qualcos'altro (*something else*) è successo.

MODELLO Marcello (fare esercizio) / noi (arrivare)

Marcello faceva esercizio quando noi siamo arrivati.

1. dottore (visitare) il paziente / l'infermiere (entrare)
2. Quintino (stare) meglio / l'ambulanza (arrivare)
3. mi (fare male) lo stomaco / i miei amici (andare) alla partita
4. Pamela (giocare) a calcio / (rompersi) la gamba
5. io (sentirsi) in forma / (iscriversi) alla maratona
6. Diletta non (essere) ancora incinta / mia zia (avere) il suo bambino
7. il ragazzo (avere) la febbre / (andare) in vacanza
8. i pazienti (bere) acqua / l'infermiera (portare) le pillole

Practice more at **vhlcentral.com.**

COMUNICAZIONE

4 Una storia In gruppi di quattro, fate a turno a scrivere una storia. La prima persona scrive una frase su una situazione passata, poi la seconda descrive un'interruzione. Ripetete con le altre due persone fino a scrivere dodici frasi. Potete usare le espressioni della lista. Poi leggete la storia alla classe.

MODELLO

S1: *Era una giornata calda e Michela leggeva un libro in giardino.*
S2: *All'improvviso il suo amico Dimitri ha telefonato...*

all'improvviso	*all of a sudden*
improvvisamente	*suddenly*
inaspettatamente	*unexpectedly*
tutto ad un tratto	*all at once*

5 Una malattia o una ferita A coppie, fate a turno a raccontare l'ultima volta che eravate malati o che vi siete fatti male. Cosa facevi prima di stare male? Che sintomi avevi? Cosa hai fatto per stare meglio?

MODELLO

S1: *Durante l'anno accademico stavo bene, ma alla fine di maggio mi sono ammalata...*

6 Nella sala d'aspetto A coppie, scegliete una o due persone dal disegno e scrivete una storia su che cosa gli/le è successo prima di venire dal dottore.

MODELLO

S1: *Il bambino giocava a calcio.*
S2: *Correva quando all'improvviso ha guardato i suoi amici e...*

- The **passato prossimo** and the **imperfetto** are often used together for narrative purposes.

Ieri il tempo **era** bello e la neve mi **sembrava** perfetta. **Ho deciso** di andare a sciare in montagna e **sono uscito** di casa. Non c'**era** nessuno in giro quando **sono salito** in cima. Improvvisamente, **ho sentito** un rumore che **veniva** dal bosco. Santo cielo, **era** lo Yeti!	*Yesterday the weather was beautiful and the snow seemed perfect to me. I decided to go skiing in the mountains and I left the house. There was no one around when I climbed to the summit. Suddenly, I heard a sound that was coming from the woods. Good heavens, it was the Abominable Snowman!*

- Certain verbs have different meanings in the **imperfetto** and the **passato prossimo**. Compare the use of **conoscere** and **sapere** in these examples.

Il chirurgo **conosceva** Anna. *The surgeon **knew** Anna.*	**Ho conosciuto** il chirurgo. *I **met** the surgeon (for the first time).*
Luisa **sapeva** cosa fare per guarire. *Luisa **knew** what to do to get better.*	Carlo **ha saputo** che Luisa era malata. *Carlo **found out** that Luisa was sick.*

- **Dovere, potere,** and **volere** have slightly different meanings in the **imperfetto** as well. The **imperfetto** describes intention or capability but doesn't specify the outcome, whereas the **passato prossimo** indicates that an action was carried out.

Anna **doveva** andare dal medico. *Anna **was supposed to** go to the doctor.*	Anna **è dovuta** andare dal medico. *Anna **had to (and did)** go to the doctor.*
Il dottore **poteva** curarlo. *The doctor **could (had the ability to)** heal him.*	Il dottore **ha potuto** curarlo. *The doctor **was able to (and did)** heal him.*
Rosa non **voleva** fare ginnastica, ma è andata in palestra lo stesso. *Rosa **did** not **want to** exercise, but she went to the gym anyway.*	Rosa non **ha voluto** fare ginnastica, e allora è restata a casa. *Rosa **did** not **want to** exercise, so she stayed home.*

Provalo! Scrivi la forma corretta del verbo indicato.

passato prossimo
1. cominciare (lui) *ha cominciato*
2. andare (tu) _____
3. bere (noi) _____
4. fare (loro) _____
5. nascere (io) _____

imperfetto
6. giocare (noi) *giocavamo*
7. essere (tu) _____
8. dire (lei) _____
9. avere (voi) _____
10. leggere (io) _____

STRUTTURE

6B.3 The *trapassato prossimo*

Punto di partenza The **trapassato prossimo** is used to talk about what someone had done or what had occurred before another past action, event, or state. The **trapassato prossimo** uses the imperfect tense of **avere** or **essere** with the past participle of the primary verb.

The *trapassato prossimo*

parlare		uscire	
avevo parlato	I had spoken	ero uscito/a	I had gone out
avevi parlato	you had spoken	eri uscito/a	you had gone out
aveva parlato	you had spoken; he/she/it had spoken	era uscito/a	you had gone out; he/she/it had gone out
avevamo parlato	we had spoken	eravamo usciti/e	we had gone out
avevate parlato	you had spoken	eravate usciti/e	you had gone out
avevano parlato	they had spoken	erano usciti/e	they had gone out

Quando Paolo le ha portato l'acqua, Maria non **aveva** ancora **trovato** l'aspirina.
*When Paolo brought her the water, Maria **had** not yet **found** the aspirin.*

Pina **aveva** già **fatto ginnastica** per due ore prima di andare al lavoro.
*Pina **had** already **exercised** for two hours before going to work.*

● In the **trapassato prossimo**, like in the **passato prossimo**, the past participle of verbs formed with **essere** must agree in gender and number with the subject.

Giulia e Antonio non **erano** mai **andati** a Como.
*Giulia and Antonio **had** never **gone** to Como.*

La paziente **era** appena **arrivata** quando il dentista è entrato.
*The patient **had** just **arrived** when the dentist came in.*

1 **Completare** Completa ogni frase con la forma corretta del trapassato prossimo.

Il dottore è arrivato alla casa alle otto di sera. Io gli (1) _____ (telefonare) perché mia nonna stava male. Mia nonna (2) _____ (farsi male) quel pomeriggio. Io e mia mamma (3) _____ (fare esercizio) dopo pranzo. Quando siamo tornate a casa, mia nonna (4) _____ (cadere già) e aspettava aiuto. Mia nonna non (5) _____ (mangiare); era molto debole. Quando il dottore è arrivato, mia nonna (6) _____ (andare già) a letto. Il dottore le ha dato delle medicine e il giorno dopo mia nonna è tornata in forma.

2 **Abbinare** Abbina i soggetti e le forme di **avere** o **essere** con i participi passati per creare frasi originali.

A	B
io avevo	studiato
loro si erano	mangiato
tu eri	arrivato
noi avevamo	truccate
lui aveva	fatto ginnastica
voi avevate	fatta male
io mi ero	scritto
lei si era	caduta

3 **Descrivere** Racconta che cosa avevano fatto le persone prima di questo momento.

MODELLO Tommaso / svegliarsi / suonare / la sveglia
Tommaso si era già svegliato quando è suonata la sveglia.

1. il paziente / guarire / ricevere la medicina
2. Gloria / non lavarsi i capelli / uscire di casa
3. io / fare esercizio / fare la doccia
4. tu / rompersi il braccio / rompersi l'altro
5. la signora Bellini / prendere l'aspirina / andare dal dottore
6. Bianca e Brigitta / non comprare le pillole / la farmacia / chiudere

 Practice more at **vhlcentral.com**.

COMUNICAZIONE

4 Un anno fa A coppie, fate domande su cosa avevate già fatto l'anno scorso prima della data di oggi.

MODELLO

S1: *Eri già stato dal dottore l'anno scorso prima di questa data?*
S2: *No, non ero ancora stato dal dottore.*

1. Eri stato/a dal dottore?
2. Eri stato/a al pronto soccorso?
3. Avevi avuto la febbre?
4. Avevi fatto le vaccinazioni?
5. Avevi avuto il raffreddore?
6. Eri stato/a dal dentista?
7. Avevi fatto il vaccino per l'influenza?
8. Avevi perso (*missed*) delle lezioni perché eri malato/a?

5 Al liceo Fai una lista di sei cose che avevi già fatto quando hai iniziato a studiare all'università. Poi, in gruppi di tre, fatevi domande e rispondete.

MODELLO

S1: *Che cosa avevi già fatto quando sei arrivato all'università?*
S2: *Io avevo già studiato algebra. E tu?*
S3: *Io avevo già viaggiato in Europa!*

6 Malattie e ferite A coppie, parlate delle malattie e dei problemi di salute che avevate già avuto prima dei dieci anni. Fate una lista e poi discutetela con la classe.

MODELLO

S1: *A otto anni mi ero già rotto il braccio.*
S2: *Io non mi ero rotto niente, ma avevo già...*

> *braccio rotto / gamba rotta*
> *carie*
> *allergie*
> *insonnia*
> *infezioni*
> *febbre alta*
> *varicella*

- The **trapassato prossimo** can be used in conjunction with either the **passato prossimo** or the **imperfetto**.

I bambini non avevano fame perché **avevano mangiato** prima.
*The children weren't hungry because **they had eaten** before.*

Sono arrivata dopo che **eravate usciti**.
*I arrived after **you had gone out**.*

Ti eri già **svegliato** quando ti ho telefonato?
*Had you already **woken up** when I called you?*

Avevamo sonno perché non **avevamo dormito** bene.
*We were sleepy because **we hadn't slept** well.*

- The **trapassato prossimo** is often used with the word **già** to indicate that an action, event, or mental or physical state had already occurred before another. Remember to place **già**, as well as adverbs such as **mai**, **appena**, and **ancora**, between the conjugated form of **avere** or **essere** and the past participle.

Avevano appena **ordinato** quando è suonato il suo telefonino.
*They **had just ordered** when her cell phone rang.*

Quando il conto è arrivato, la sua fidanzata **era già andata via**.
*When the bill arrived, his girlfriend **had already left**.*

Provalo! Scegli la forma corretta del trapassato prossimo per completare ogni frase.

1. Lunedì scorso la professoressa (aveva già corretto / avevi già corretto) tutti gli esami.
2. Io non (era mai stata / ero mai stato) in Italia per Natale.
3. Tu e Alberto (avevamo promesso / avevate promesso) di venire con noi.
4. Quando tu sei arrivato, noi (avevamo già finito / avevano già finito) di fare i compiti.
5. L'infermiera era stanca perché (eri tornata / era tornata) dal pronto soccorso un'ora prima.
6. Nadia stava ancora male perché (mi ero dimenticata / si era dimenticata) di prendere la medicina.
7. Letizia e Domenico sono arrivati in anticipo perché (erano uscite / erano usciti) presto.
8. Quando siamo andati a vedere il film, io (avevamo già letto / avevo già letto) il libro.

SINTESI
Ricapitolazione

1 Opposti A coppie, descrivete due compagni di stanza, Aldo e Federico, che sono completamente diversi l'uno dall'altro. Scrivete cinque frasi per ogni persona e raccontate che cosa facevano ieri. Usate l'imperfetto.

> **MODELLO**
>
> **S1:** *Aldo era in bagno a farsi la doccia, a radersi, a pettinarsi e a guardarsi allo specchio.*
> **S2:** *Federico era sulla poltrona (armchair) davanti alla TV.*

2 Un gioco Scrivi la prima parte di sei frasi su sei fogli di carta. Tre devono avere un'azione continua e tre un'interruzione o azione finita. Poi, in gruppi di quattro, fate a turno a prendere un foglio da ogni gruppo e a creare una frase.

> **MODELLO**
>
> **S1:** *Leggevo in biblioteca…*
> **S2:** *…quando un extraterrestre è entrato!*

3 All'improvviso A coppie, scegliete uno dei disegni e scrivete una breve storia. Prima descrivete la scena, poi dite cosa è successo all'improvviso. Usate l'imperfetto e il passato prossimo. Siate creativi!

> **MODELLO**
>
> **S1:** *Era domenica e mi rilassavo nel bagno.*
> **S2:** *Leggevo il mio libro preferito…*

4 La sala d'attesa L'insegnante ti darà un foglio con il disegno di una sala d'attesa. Chiedi ai tuoi compagni di classe di disegnare un paziente che aspetta il dottore. Chiedi informazioni sui suoi sintomi. Poi scrivi un piccolo riassunto (*summary*) sui pazienti e i loro problemi.

> **MODELLO**
>
> **S1:** *Il bambino mangiava un gelato quando la sua faccia è diventata tutta rossa…*

5 Un brutto giorno al ristorante A coppie, guardate la foto e poi create una storia in cui qualcosa di inaspettato (*something unexpected*) succede ad uno degli ospiti. Può essere un incidente, una reazione allergica o qualcosa di completamente differente. Usate la vostra immaginazione!

> **MODELLO**
>
> **S1:** *Sara e Carlo mangiavano e parlavano al ristorante La melanzana rossa.*
> **S2:** *All'improvviso…*

6 Mini storie In gruppi di tre, fate a turno a creare tre mini storie di tre frasi ciascuna. La prima persona descrive qualcosa che è già successo. La seconda scrive che cosa faceva il personaggio dopo. La terza aggiunge un'azione improvvisa. Poi scegliete la storia che vi piace di più e illustratela per la classe come un fumetto (*comic book*). Usate il trapassato prossimo, l'imperfetto e il passato prossimo.

> **MODELLO**
>
> **S1:** *Riccardo si era rotto un braccio.*
> **S2:** *Dopo un mese, stava molto meglio.*
> **S3:** *Ma ieri si è rotto l'altro braccio!*

7 Cosa è successo? In gruppi di quattro, scegliete una delle due foto e descrivete cosa è successo prima di arrivare alla situazione che vedete. Siate creativi!

MODELLO

S1: Tiziana si sentiva male da tre giorni.
S2: Stamattina è andata dal dottore...

Tiziana

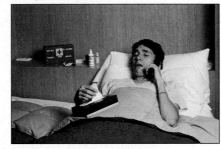
Davide

8 La nuova paziente Lavorate a coppie. L'insegnante vi darà due fogli diversi, ciascuno con metà delle informazioni su una paziente che è appena arrivata in ospedale. A turno, fate domande sul passato della paziente per ricostruire la sua storia medica. Usate l'imperfetto, il passato prossimo e il trapassato prossimo quando e come necessario.

MODELLO

S1: La signora Gramicci è stata all'ospedale l'anno scorso?
S2: No, ma si era rotta il braccio l'anno prima.

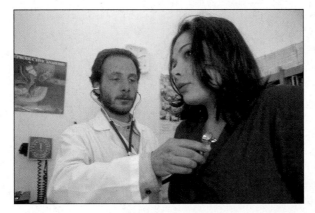

Il mio di·zio·na·rio

Aggiungi al tuo dizionario personalizzato cinque parole relative alla salute.

ingessare

traduzione
to put a cast on

categoria grammaticale
verbo

uso
Mi sono rotta la gamba e il dottore me l'ha ingessata.

sinonimi
/

antonimi
togliere il gesso

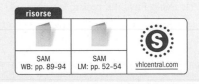

Panorama

(S) Interactive Map

Il Triveneto

Trentino-Alto Adige

La regione in cifre

▶ **Superficie:** *13.607 km²* ▶ **Popolazione:** *1.047.229*

▶ **Industrie principali:** *turismo, energia idroelettrica°*

▶ **Città principali:** *Trento, Bolzano, Merano*

Trentini celebri

▶ **Alcide De Gasperi,** *ex-primo ministro (1881–1954)*

▶ **Fortunato Depero,** *pittore e grafico° (1892–1960)*

▶ **Francesca Neri,** *attrice (1964–)*

Veneto

La regione in cifre

▶ **Superficie:** *18.399 km²* ▶ **Popolazione:** *4.904.643*

▶ **Industrie principali:** *commercio, turismo*

▶ **Città principali:** *Venezia, Verona, Padova*

Veneti celebri

▶ **Marco Polo,** *esploratore (1254–1324)*

▶ **Tiziano Vecellio,** *pittore (1490–1576)*

▶ **Giuliana Benetton,** *donna d'affari (1937–)*

Friuli-Venezia Giulia

La regione in cifre

▶ **Superficie:** *7.845 km²* ▶ **Popolazione:** *1.221.860*

▶ **Industrie principali:** *agricoltura, cantieristica°*

▶ **Città principali:** *Trieste, Udine, Pordenone*

Friulani celebri

▶ **Italo Svevo,** *scrittore (1861–1928)*

▶ **Pier Paolo Pasolini,** *regista e scrittore (1922–1975)*

▶ **Lidia Bastianich,** *cuoca e ristoratrice° (1947–)*

energia idroelettrica *hydroelectric energy* **grafico** *graphic designer* **cantieristica** *shipbuilding* **ristoratrice** *restaurateur* **mummia** *mummy* **ghiacciaio** *glacier* **permette** *allows*

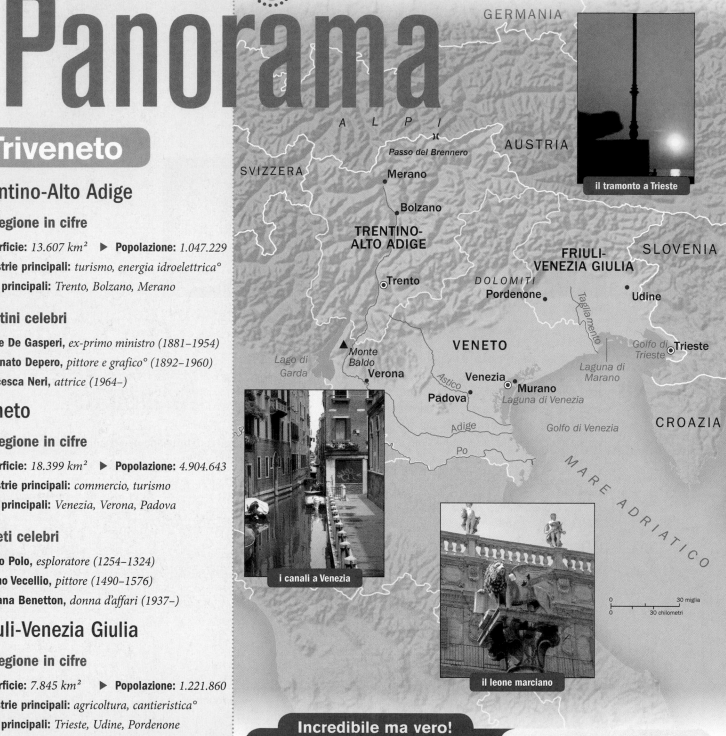

il tramonto a Trieste

i canali a Venezia

il leone marciano

Incredibile ma vero!

È molto famoso in tutto il mondo, è italiano e ha più di cinquemila anni. Chi è? È Ötzi, una mummia° trovata in un ghiacciaio° del Norditalia nel 1991. La sua storia è un mistero, ma oggi si trova nel Museo Archeologico dell'Alto Adige, a Bolzano, conservata in una struttura che ne permette° l'osservazione.

La storia

Trieste: città di confine

La città di Trieste si trova nell'estremo nordest dell'Italia, al confine° con la Slovenia. Trieste fa parte dell'Italia dal 1918. Tra il 1945 e il 1954 è stata contesa° fra Italia ed ex-Iugoslavia. Durante il XIX secolo° è stata rivendicata° dal movimento nazionalista detto "irredentista," che si batteva per l'annessione° allo stato italiano di tutti i territori e le popolazioni etnicamente italiani. Il dialetto triestino è molto difficile per i parlanti dell'italiano standard e ha diverse influenze austriache. Trieste è la città dove si fondono° la cultura italiana e quella dell'Europa dell'est.

L'artigianato

Capolavori di vetro

Murano, chiamata anche «isola del vetro°», si trova a un chilometro da Venezia. È formata da sette isole e ha circa 4.500 abitanti. L'industria del vetro è presente a Murano dal 1921, quando venne spostata° da Venezia a causa degli incendi° creati dalle vetrerie°. Venezia voleva inoltre mantenere l'arte del vetro un segreto in possesso solo delle famiglie coinvolte°; per questo l'ha trasferita su un'isola fuori dalla città. Esempi di prodotti in vetro di Murano sono piatti, bicchieri, lampadari, soprammobili° e specchi.

Lo sport

Tutti in barca°!

La regata Barcolana è uno degli eventi sportivi più seguiti in Italia. Si svolge° a Trieste la seconda domenica di ottobre e attrae in media più di 200.000 persone. Le origini della regata risalgono° al

1969, quando l'unico requisito° era avere una barca lunga minimo sei metri°. Recentemente 2.000 imbarcazioni° hanno partecipato alla regata, con un totale di circa 25.000 persone di equipaggio°, rendendo questo evento un'occasione unica per gli amanti° di questo sport.

La letteratura

Shakespeare in Italia

La città di Verona è diventata molto famosa grazie alle opere di Shakespeare. La più conosciuta è «Romeo e Giulietta», ma un'altra grande opera del poeta inglese è «I due gentiluomini di Verona», una storia di amori e tradimenti° che si svolge tra Verona e Milano. Non si sa° perché per queste sue opere Shakespeare abbia scelto° Verona, che nel 1500 è stata teatro di molte guerre° e della peste°. È interessante anche il fatto che Shakespeare non sia mai stato° a Verona e che immaginasse° la città simile a Venezia. Grazie a Shakespeare, Verona è conosciuta anche come «città dell'amore».

Quanto hai imparato? Completa le frasi.

1. Ötzi è stato trovato in Italia nel _____.
2. Oggi la mummia Ötzi si trova _____.
3. Trieste fa parte dell'Italia dal _____.
4. Il movimento nazionalista _____ voleva l'annessione di Trieste allo stato italiano.
5. A causa degli incendi, l'industria del vetro è stata spostata da _____ a Murano nel 1921.

6. Murano è in provincia di _____.
7. La Barcolana è una _____.
8. Negli ultimi anni circa _____ hanno partecipato alla Barcolana.
9. _____ sono due opere di Shakespeare che si svolgono a Verona.
10. Shakespeare immaginava Verona simile a _____.

Practice more at **vhlcentral.com.**

risorse

SAM
WB: pp. 95–96

vhlcentral.com

SU INTERNET

Go to **vhlcentral.com** to find more cultural information related to this **Panorama**.

1. Ötzi è una mummia famosa, ma ci sono stati altri ritrovamenti (*discoveries*) incredibili sui ghiacciai. Cerca informazioni su altri ritrovamenti in Italia.

2. L'isola di Murano è famosa per il vetro. Per che cosa è famosa l'isola di Burano, un'altra isola in provincia di Venezia?

3. Un'altra opera di Shakespeare che ha a che fare (*deals with*) con Verona è «La bisbetica domata». Cerca informazioni su questa commedia e i luoghi italiani in cui (*in which*) si svolge.

confine *border* **contesa** *disputed* **secolo** *century*
rivendicata *reclaimed* **annessione** *annexation*
si fondono *merge* **vetro** *glass* **venne spostata** *was moved*
incendi *fires* **vetrerie** *glassworks* **coinvolte** *involved*
soprammobili *knickknacks* **barca** *boat* **Si svolge** *It takes place*
risalgono *date back* **requisito** *requirement*
lunga minimo sei metri *at least six meters long*
imbarcazioni *boats* **equipaggio** *crew* **amanti** *lovers*
tradimenti *betrayals* **Non si sa** *It isn't known*
abbia scelto *chose* **guerre** *wars* **peste** *plague*
non sia mai stato *had never been* **immaginasse** *he imagined*

Lettura Audio: Reading

Prima di leggere

Esamina il testo Questa è una lista di parole che conosci. Per ogni parola trovane un'altra nel testo, che faccia parte della stessa famiglia. Usa il dizionario per dare un equivalente in inglese.

MODELLO

settimana	il fine settimana	weekend
1. ora	_____	_____
2. lavorare	_____	_____
3. aiuto	_____	_____
4. consigliare	_____	_____
5. divertirsi	_____	_____
6. stress	_____	_____

Famiglie di parole A coppie, trovate la parola migliore per completare ogni famiglia di parole. (Nota: Conoscete tutte le parole che mancano e c'è una parola per famiglia nel testo.)

MODELLO

VERBO	NOME	AGGETTIVO
vedere	vista	visto/a
1. dovere	dovere	_____
2. esagerare	_____	esagerato/a
3. _____	aiuto	aiutato/a
4. _____	consiglio	consigliabile
5. rilassarsi	_____	_____
6. _____	lettura	letto/a

Tutti in forma!

della dottoressa Giovanna Palmieri

Sei sempre stanco? Non trovi una soluzione? Non c'è problema! La dottoressa Giovanna Palmieri ha dieci idee per tornare in forma in poco tempo.

1 Dovete mangiare sano

È molto importante mangiare di tutto. Dovete fare una buona colazione e mangiare poco la sera. Evitate i carboidrati e scegliete molta frutta, verdura e pesce. Un dolce ogni tanto va bene, ma non dovete esagerare!

2 Dovete evitare fumo, alcool e caffeina

Fumare e bere è dannoso° alla salute. Dovete limitare l'uso di caffeina (caffè, Coca-Cola, tè) e bere invece tanta acqua.

3 Dovete fare sport

Forse siete stanchi dopo lo sport, ma non fare sport non è la soluzione! È una buona idea fare attività fisica tre volte alla settimana. Attenzione, però, a non fare sport prima di andare a dormire o potete avere problemi ad addormentarvi!

4 Dovete fare una pausa°

Siete sempre di corsa°? Siete occupati tutto il giorno? Fermatevi! Potete ascoltare la musica (classica, non rock!), fare una passeggiata nel parco o riposarvi° qualche minuto.

❺ Dovete avere orari regolari

Dovete alzarvi la mattina e andare a letto la sera alla stessa ora tutti i giorni, con una piccola eccezione il fine settimana. Avere orari regolari è molto importante per essere in forma.

❻ Dovete fare un riposino°

Anche solo 15–20 minuti sono sufficienti a darvi tanta energia per il resto della giornata. Se avete tempo, provate a fare un riposino: i risultati sono incredibili! Se dormite un pochino siete più rilassati e concentrati e potete fare tante cose!

❼ Dovete ridere

È sempre consigliabile° ridere un po' durante il giorno. Potete leggere delle barzellette°, vedere gli amici o passare del tempo con la famiglia. Dovete parlare di cose divertenti e rilassanti e non pensare allo stress per una o due ore.

❽ Dovete evitare i problemi la sera

La sera è il momento peggiore° per avere discussioni e risolvere i problemi esistenziali. Se siete nervosi e stressati non dormite bene e non potete pensare a buone soluzioni. È consigliabile aspettare il giorno dopo.

❾ Dovete rilassarvi prima di dormire

Quando siete pronti per andare a letto, usate pochi minuti per un po' di rilassamento. Provate a dimenticare lo stress, il lavoro, gli esami e gli altri problemi. La meditazione e lo yoga possono aiutare.

❿ Dovete dormire bene

Potete dormire 6 ore o potete dormirne 10, non è importante. L'importante è dormire le ore di cui° il vostro corpo ha bisogno. È anche importante dormire bene, senza musica o televisione. Buonanotte!

---

dannoso *harmful* **fare una pausa** *to take a break* **di corsa** *rushing* **riposarvi** *rest* **riposino** *nap* **consigliabile** *advisable* **barzellette** *jokes* **peggiore** *worse* **di cui** *that*

Dopo la lettura

Completare Completa le frasi seguenti.

1. Per essere in forma dovete mangiare _____.
2. È importante dormire senza _____.
3. _____ possono aiutarvi a dormire quando siete stressati.
4. Se siete sempre di corsa è importante _____.
5. È una buona idea fare attività fisica _____ alla settimana.
6. La sera non è un buon momento per risolvere _____.
7. Non fa bene alla salute bere _____.
8. Se possibile provate a dormire per _____ durante la giornata.

Vero o falso? Indica se ogni frase è **vera** o **falsa**. Correggi le frasi false.

1. Giovanna Palmieri è una cliente della dottoressa.

_____

2. Se mangiate frutta e verdura, potete mangiare anche tanti dolci.

_____

3. È importante dormire con della musica classica.

_____

4. È consigliabile avere orari regolari.

_____

5. La meditazione e lo yoga non fanno dormire bene.

_____

6. È bene non fare molto sport prima di dormire.

_____

7. È una buona idea evitare discussioni la sera.

_____

8. Il fumo e la caffeina sono elementi positivi per il corpo.

_____

La vostra opinione 👥 Che cosa pensate delle idee della dottoressa Palmieri? Secondo voi, ha ragione o no? A coppie, scegliete due delle sue raccomandazioni e dite cosa ne pensate di ciascuna. Quali consigli potete dare a un(a) amico/a?

🔅 Practice more at **vhlcentral.com.**

In ascolto  Ⓢ Audio

STRATEGIA

Listening for specific information

Once you identify the subject of a conversation, you can listen more effectively for specific information. You can also use your background knowledge to predict what kinds of information you might hear.

🎧 To practice this strategy, you will listen to a commercial for a flu relief medication. Before you listen, use what you already know about the flu and commercials for medications to predict the content of the commercial. Then, listen and jot down specific information the commercial provides. Compare these details to the predictions you first made.

Preparazione

Guarda la foto e descrivi le due persone. Come sono? Secondo te, sono atletiche? Sono in forma? Hanno problemi di salute? Che tipo di problemi? Di che cosa parlano?

Ascoltiamo 🎧

Ascolta la conversazione e indica i problemi che ha Beatrice.

1. ____ naso intasato
2. ____ carie
3. ____ influenza
4. ____ insonnia
5. ____ febbre
6. ____ mal di pancia
7. ____ depressione
8. ____ nausea

Comprensione

Completare Completa le frasi.

1. Beatrice non sta bene, è _____.
2. Beatrice ha _____.
3. Il dottore può venire alle _____.
4. Paola chiede a Beatrice se ha _____ in casa.
5. Beatrice ha bevuto _____ e ora è a letto.
6. Paola chiede a Beatrice se vuole andare _____.
7. Beatrice chiede a Paola di portarle _____.
8. Beatrice dice a Paola che la chiama _____.

Un questionario 👤👤👤 In gruppi di tre, immaginate di lavorare all'ambulatorio (*health center*) della tua università. Ci sono molti studenti italiani quest'anno e tutti devono andare dal dottore prima di essere ammessi (*admitted*). Il vostro direttore vi ha chiesto di creare un questionario in italiano sulla salute e lo stile di vita degli studenti. Preparate il questionario (minimo dieci domande) e poi presentatelo alla classe. Temi da considerare:

- malattie
- recenti problemi di salute
- nutrizione
- attività fisica
- dieta
- stress e problemi personali
- abitudini per il dormire

Scrittura

How to report an interview

There are several ways to prepare a written report about an interview. You can transcribe the interview verbatim, you can summarize what was said, or you can combine the two approaches. Whatever approach you choose, the report should begin with an interesting title and a brief introduction including the five W's (*who, what, when, where, why*) and the H (*how*) of the interview. The report should end with an interesting conclusion. Note that when you transcribe a conversation in Italian, you should pay careful attention to format and punctuation.

Scrivere una conversazione in italiano

- Per mostrare chi parla in una conversazione, potete scrivere il nome della persona prima della frase.

  MONICA   Lucia, che cosa hai fatto ieri sera?

  LUCIA   Sono restata a casa. Dovevo andare alla festa di Davide, ma avevo la febbre.

  MONICA   Poverina! Ti senti meglio adesso?

  LUCIA   Un po', ma vado dal dottore questo pomeriggio.

- Puoi anche iniziare la frase con una lineetta (*dash*) per indicare che parla una persona diversa.

  — Ciao, Luca! Come stai? Ti vedo in forma!

  — Grazie, Antonio. Da due mesi vado in palestra.

  — Bravo. Anch'io volevo andare in palestra, ma proprio non trovo il tempo!

  — Allora, la prossima volta che ci vado, ti chiamo.

Tema

Scrivere un'intervista

Sergio DeCarli è l'autore di un libro su una nuova dieta e stile di vita (*lifestyle*). Il suo libro è molto popolare e aiuta molti italiani a stare in forma. DeCarli viene alla tua università per una presentazione e tu hai il compito di intervistarlo per il giornale della scuola.

- Inizia con un'introduzione.

Ecco Sergio DeCarli, autore del libro sulla salute più venduto (sold) quest'anno.

- Prepara una lista di domande da fare a Sergio DeCarli sul suo nuovo libro. Per esempio, considera i seguenti argomenti:

  - il titolo del libro

  - il suo successo

  - dove ha preso l'idea

  - perché è importante essere in forma

- Scrivi una conversazione immaginaria di 10 o 12 righe (*lines*) tra te e DeCarli. Indica chi parla con una lineetta o con il nome di ogni persona.

- Finisci la conversazione con una breve conclusione.

Potete trovare il libro di Sergio DeCarli in tutte le librerie. Sabato 26 luglio alle 15.00 DeCarli sarà (will be) alla Libreria Trugotto a firmare (sign) libri.

S Vocabulary Tools

In bagno

l'accappatoio	bathrobe
l'asciugacapelli (*m.*)	hair dryer
l'asciugamano	towel
la crema	lotion
il dentifricio	toothpaste
le pantofole	slippers
il pettine	comb
il pigiama	pajamas
il rasoio	razor
il rossetto	lipstick
il sapone	soap
la schiuma da barba	shaving cream
la spazzola	hairbrush
lo spazzolino (da denti)	toothbrush
lo shampoo	shampoo
lo specchio	mirror
il trucco	makeup

La routine del mattino

Suona la sveglia.	The alarm clock rings.
farsi la barba	to shave (beard)
lavarsi i denti	to brush one's teeth
sbadigliare	to yawn
svegliarsi	to wake up
truccarsi	to put on makeup

All'ospedale

l'ambulanza	ambulance
l'aspirina	aspirin
il/la chirurgo/a	surgeon
il/la dentista	dentist
il/la farmacista	pharmacist
l'infermiere/a	nurse
la medicina	medicine; drug
il medico (di famiglia)	(family) doctor
il/la paziente	patient
la pillola	pill
il pronto soccorso	first aid; emergency room
la ricetta	prescription
il termometro	thermometer

Le parti del corpo

la bocca	mouth
il braccio (*pl.* le braccia)	arm(s)
il ciglio (*pl.* le ciglia)	eyelash(es)
il collo	neck
il corpo	body
il cuore	heart
il dito (*pl.* le dita)	finger(s)
il dito del piede	toe
la faccia	face
la gamba	leg
il ginocchio (*pl.* le ginocchia)	knee(s)
la gola	throat
il gomito	elbow
il labbro (*pl.* le labbra)	lip(s)
la mano (*pl.* le mani)	hand(s)
il naso	nose
l'occhio	eye
l'orecchio (*pl.* le orecchie)	ear(s)
la pelle	skin
il petto	chest
il piede	foot
il sangue	blood
la schiena	back
il sopracciglio (*pl.* le sopracciglia)	eyebrow(s)
la spalla	shoulder
lo stomaco	stomach
la testa	head
il ventre	abdomen
la vita	waist

Descrizioni

grave	serious
leggero/a	slight
malato/a	ill
sano/a	healthy

Dal dottore

andare dal dottore	to go to the doctor
avere la febbre	to have a fever
avere mal di pancia (schiena, testa)	to have a stomachache (backache, headache)
avere il raffreddore	to have a cold
controllare la linea	to watch one's weight
curare	to heal; to treat
essere allergico/a (a)	to be allergic (to)
essere in buona salute	to be in good health
essere in/fuori forma	to be in/out of shape
essere incinta	to be pregnant
evitare (di)	to avoid
fare esercizio / fare ginnastica	to exercise
fare una puntura	to give a shot
farsi male	to hurt oneself
guarire (-isc-)	to get better
piangere	to cry
rompersi (un braccio)	to break (an arm)
starnutire (-isc-)	to sneeze
tossire (-isc-)	to cough

Le malattie e i sintomi

la carie (*invar.*)	cavity
la depressione	depression
il dolore	pain
la ferita	injury; wound
l'infezione (*f.*)	infection
l'influenza	flu
l'insonnia	insomnia
il naso intasato	stuffy nose
la nausea	nausea

Espressioni utili	See pp. 195 and 211.
Reflexive verbs	See pp. 198–199.
Reciprocal reflexives	See p. 200.

risorse

S

vhlcentral.com

Casa dolce casa

Per cominciare

- Dov'è Viola?
  a. in soggiorno b. in piazza c. in cucina
- La pensione è pulita o sporca?
- Viola spazza o lava i piatti?
- Viola è dentro l'appartamento o fuori?

CONTESTI

A casa

Ⓢ **Vocabulary Tools**

la tenda

il bagno

il balcone

il gabinetto

il poster

il corridoio

la vasca da bagno

il divano

il tappeto

la poltrona

il fiore

il vaso

il seminterrato

il soggiorno

Vocabolario	
espressioni	*expressions*
affittare	*to rent (owner)*
prendere in affitto	*to rent (tenant)*
subaffittare	*to sublet*
trasferirsi/traslocare	*to move*
le parti della casa	*parts of the house*
l'armadio	*closet; wardrobe*
la cucina	*kitchen*
la dispensa	*pantry*
la mansarda	*attic*
la sala da pranzo	*dining room*
la stanza	*room*
lo studio	*office; study*
i mobili	*furniture*
il cassetto	*drawer*
il comodino	*night table*
la credenza	*cupboard*
il piano cottura	*stove top*
il quadro	*painting*
la scrivania	*desk*
Dove abiti?	*Where do you live?*
l'appartamento	*apartment*
il bilocale	*two-room apartment*
la camera doppia/singola	*double/single room*
il palazzo	*apartment building; palace*
il monolocale	*studio apartment*
la villa	*single-family home; villa*
posizione	*location*
a destra/sinistra	*to the right/left*
accanto (a)	*next to*
davanti (a)	*in front of*
dentro	*inside*
dietro (a)	*behind*
fuori	*outside*
sopra	*above, over*
sotto	*below, under*

Attenzione!

In Italy, the floors of a building are numbered beginning with the second floor (**il primo piano**). The ground floor is called **il pianterreno**.

la parete

lo scaffale

la lampada

la cassettiera

la camera da letto

il garage

Pratica

1 **Le coppie** Abbina una parte della casa con l'oggetto associato a quella stanza.

1. _____ la cucina
2. _____ il soggiorno
3. _____ la camera da letto
4. _____ il garage
5. _____ il bagno
6. _____ lo studio
7. _____ la finestra
8. _____ l'armadio

a. la tenda
b. l'automobile
c. la credenza
d. il gabinetto
e. il divano
f. il comodino
g. i vestiti
h. il computer

2 **Mettere etichette** Scrivi la parola che corrisponde a ogni parte del disegno.

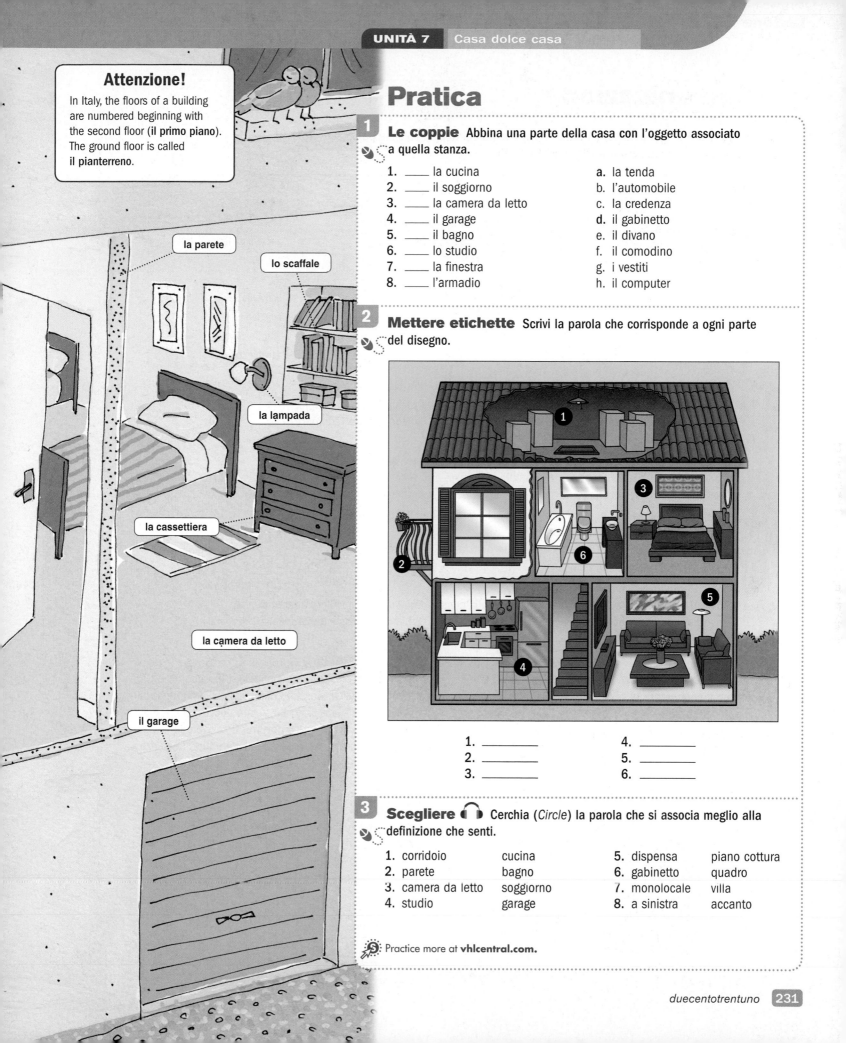

1. _____
2. _____
3. _____

4. _____
5. _____
6. _____

3 **Scegliere** Cerchia (*Circle*) la parola che si associa meglio alla definizione che senti.

1. corridoio   cucina
2. parete   bagno
3. camera da letto   soggiorno
4. studio   garage

5. dispensa   piano cottura
6. gabinetto   quadro
7. monolocale   villa
8. a sinistra   accanto

Practice more at **vhlcentral.com**.

CONTESTI

Comunicazione

4 **Dove abito** A coppie, fate a turno a usare le parole di ogni colonna per descrivere la vostra casa o camera o il vostro appartamento.

MODELLO

S1: Il mio appartamento è abbastanza grande.
S2: Il mio appartamento non è grande, ma ha un bel balcone.

A	B	C
la mia casa	(non) è	bagno
la mia camera nel dormitorio	(non) ha	balcone
il mio appartamento		camera da letto
		cucina
		garage
		scrivania
		soggiorno
		grande/piccolo
		vecchio/nuovo

5 **La casa di Donato** Donato parla della sua casa alla sua amica Marta. A coppie, mettete in ordine le frasi per creare una conversazione logica. Poi confrontate (*compare*) la vostra casa con quella di Donato.

_____ **DONATO** Sì! E uno studio dove teniamo (*we keep*) il computer. Abbiamo anche un lungo corridoio con tanti bei quadri alle pareti.

_____ **MARTA** Davvero? E dove abitavate prima?

_____ **MARTA** È vero, i vostri quadri sono molto belli. Mi piacciono anche i poster in camera tua. Che fortuna avere una casa così bella!

_____ **DONATO** Grazie, Marta. Ci siamo trasferiti in questa villa l'anno scorso.

_____ **MARTA** Avete anche una mansarda?

_____ **MARTA** Donato, ma che bella casa!

_____ **DONATO** Prima abitavamo in un appartamento in centro, però era piccolo. Allora abbiamo deciso di comprare una villa grande fuori città. Adesso abbiamo una cucina spaziosa, un soggiorno, una sala da pranzo, tre camere da letto e due bagni.

6 **La mia camera da letto** In gruppi di tre, fate a turno a confrontare la vostra camera da letto con quella nel disegno.

MODELLO

S1: Nella mia camera c'è un letto, ma non c'è una scrivania e non ho un computer.
S2: Nella mia camera, c'è un computer, ma...

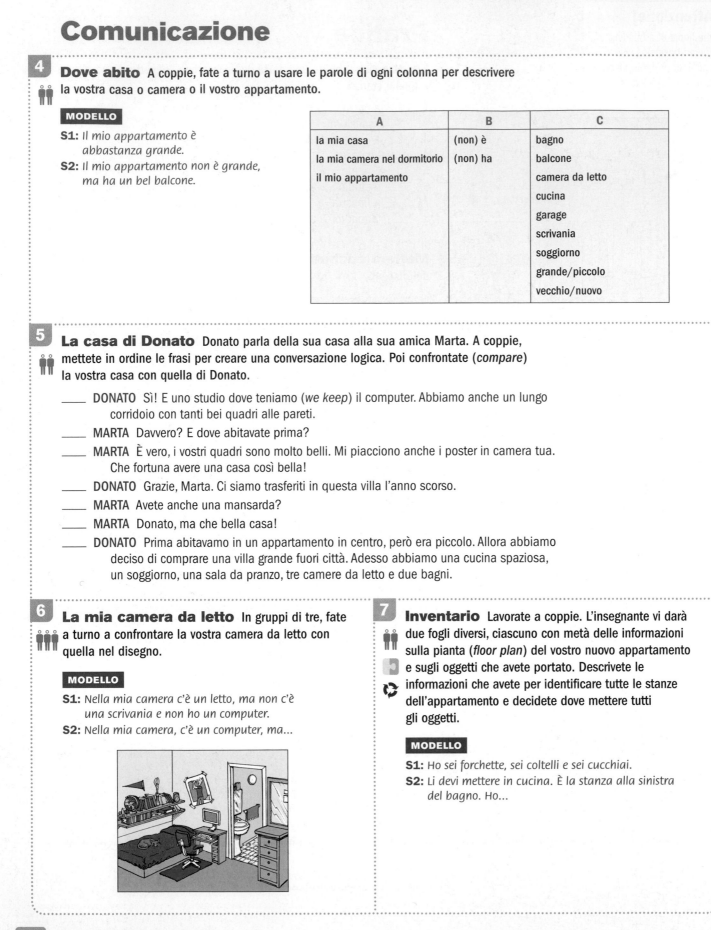

7 **Inventario** Lavorate a coppie. L'insegnante vi darà due fogli diversi, ciascuno con metà delle informazioni sulla pianta (*floor plan*) del vostro nuovo appartamento e sugli oggetti che avete portato. Descrivete le informazioni che avete per identificare tutte le stanze dell'appartamento e decidete dove mettere tutti gli oggetti.

MODELLO

S1: Ho sei forchette, sei coltelli e sei cucchiai.
S2: Li devi mettere in cucina. È la stanza alla sinistra del bagno. Ho...

Pronuncia e ortografia  Audio

🎧 *I segni diacritici*

da dà	**se sé**	**si sì**	**te tè**

In Italian, diacritical marks (**segni diacritici**) are an essential part of a word's spelling. They indicate how vowels are pronounced or distinguish between words with similar spellings but different meanings.

. . . .

né... né	**affinché**	**benché**	**perché**

L'accento acuto (´) is sometimes used over the vowel **e** to indicate a closed **e** sound, similar to the *e* in the English word *they*. It is used in the words **né** (*neither*), **sé** (*self*), and with conjunctions ending in –**che**.

. . . .

così	**è**	**là**	**andrò**

L'accento grave (`) indicates where the spoken stress falls, marks vocal emphasis on a vowel, differentiates between similarly spelled words, and is characteristic of certain forms of the future tense.

. . . .

ciò	**giù**	**più**	**può**

L'accento grave is also used in certain monosyllabic words ending in two vowels. **L'accento grave** indicates that the spoken stress falls on the final vowel and that a diphthong is formed.

Pronunciare Ripeti le parole ad alta voce.

1. cioè	**4.** chissà	**7.** città	**10.** comodità
2. metà	**5.** finché	**8.** là	**11.** poiché
3. avrò	**6.** sé	**9.** dì	**12.** età

Articolare Ripeti le frasi ad alta voce.

1. Il suo papà vede il Papa.
2. Sì, voglio un tassì.
3. È vero! Andrò in Italia!
4. Hai già fatto i compiti?
5. La facoltà di lettere è lì.
6. Perché non può venire?

> In casa sua ciascuno è re.[2]

Proverbi Ripeti i proverbi ad alta voce.

> Casa che ha il buon vicino, val più qualche fiorino.[1]

risorse

SAM
LM: p. 56

vhlcentral.com

[1] A house with a good neighbor is worth more money. (lit. A house with a good neighbor is worth a few more florins.)

[2] Everyone is king in his own home.

FOTOROMANZO

Riposo e svago Video: *Fotoromanzo*

Emily

Lorenzo

Marcella

Massimo

Riccardo

Viola

In Piazza di Santa Maria in Trastevere...

EMILY Povera Viola, a letto malata, si perde la nostra giornata a Trastevere.

RICCARDO Viola. Viola non sa divertirsi. È felice solo quando sta sul divano a leggere. E vuole l'attenzione di tutti per lei.

EMILY Non lo dici sul serio, Riccardo. La tua cucina l'ha fatta star male. È per questo che sei arrabbiato.

Alla pensione...

MARCELLA Come ti senti, Viola?

VIOLA Molto meglio, grazie.

MARCELLA C'è Massimo.

VIOLA Massimo? Dove?

MARCELLA In soggiorno.

VIOLA Non mi può vedere in questo stato. Digli che sarò da lui fra qualche minuto.

MARCELLA Va bene.

VIOLA Ciao.

MASSIMO Ciao.

VIOLA Ciao. Siediti pure. Vuoi qualcosa da bere?

MASSIMO No, grazie. Ti ho portato gli appunti della lezione di ieri. Ecco.

VIOLA Grazie.

MASSIMO *(Indicando i fiori)* Te li ho presi dal fiorista vicino alla facoltà.

VIOLA Oh, Lorenzo! Ciao. Questo è Massimo. Mi ha portato gli appunti della lezione di ieri. *(Indicando i fiori)* E questi. Non è carino?

LORENZO Sei molto gentile, Massimo. Non è meglio se ti riposi un po', Viola?

MASSIMO *(A Viola)* Ti chiamo più tardi.

LORENZO Che c'è?

VIOLA Sei un cretino.

A Trastevere...

EMILY Questo è il mio primo morso a una vera pizza italiana. Hmm... squisita! Adoro questo posto!

RICCARDO Quale posto? Roma? Trastevere o la pizzeria?

EMILY Tutti e tre. Trastevere è figo.

EMILY Voglio prendere in affitto un appartamento qui quando finirà il semestre.

RICCARDO Dici sul serio?

EMILY Sì.

RICCARDO No, perché ho visto che c'è un appartamento in affitto.

1 **Chi è?** A chi si riferiscono queste affermazioni? Emily, Massimo, Riccardo o Viola?

1. È a letto malata.

2. È felice solo quando sta sul divano a leggere.

3. È arrabbiato.

4. Ha portato dei fiori a Viola.

5. Chiama Viola più tardi.

6. Secondo lei, Lorenzo è un cretino!

7. È il suo primo morso a una vera pizza italiana.

8. Ha visto che c'è un appartamento in affitto.

9. Avrà bisogno di una doccia.

10. Vuole restare a Roma quando finirà il semestre.

Practice more at **vhlcentral.com**.

Massimo visita Viola e Emily si innamora di Roma.

MASSIMO Come ti senti?
VIOLA Benissimo. Grazie per gli appunti. E per i fiori. Li metterò sul mio comodino.
MASSIMO Sai, ci sono dei giardini molto belli vicino alla facoltà. Appena starai meglio, ci andremo insieme.
VIOLA Sì, sarà bello.

MASSIMO Quando tornerai a lezione?
VIOLA Domani.
MASSIMO Le lezioni sono noiose senza di te.

EMILY A me basta una camera singola.
RICCARDO Avrai bisogno anche di una doccia.
EMILY E di un armadio. Un grande armadio.
RICCARDO E di una cucina.
EMILY E di un balcone.
RICCARDO Hmm, hmm... mobili!
EMILY Con una pizzeria a sinistra e un bar a destra.

RICCARDO Cosa diranno i tuoi?
EMILY Diranno sicuramente che sono pazza. Lo dirò subito a mia madre. Lo metteremo sul sito appena arriveremo a casa. *(Alla videocamera)* Mamma, resterò a Roma quando finirà il semestre!

Espressioni utili

Talking about the future

- **digli che sarò da lui**
  tell him that I'll be with him
- **li metterò**
  I'll put them
- **Appena starai meglio, ci andremo insieme.**
  As soon as you're better, we can go there together.
- **Sarà bello.**
  That will be nice.
- **Quando tornerai?**
  When will you be back?
- **avrai bisogno anche di**
  you'll also need
- **Lo dirò subito a mia madre.**
  I'll tell my mother right away.
- **Lo metteremo sul sito appena arriveremo a casa.**
  We'll put it on the website as soon as we get back home.
- **Resterò a Roma quando finirà il semestre.**
  I'm going to stay in Rome when the semester ends.

Additional vocabulary

- **C'è Massimo.**
  Massimo is here.
- **in questo stato**
  like this
- **Siediti pure.**
  Have a seat.
- **Te li ho presi dal fiorista.**
  I got them for you at the florist.
- **Povera Viola!**
  Poor Viola!
- **si perde**
  she is missing
- **meglio**
  better
- **cretino**
  jerk
- **morso**
  bite
- **tutti e tre**
  all three

2 Per parlare un po' Emily cerca casa. A coppie, scrivete un dialogo di almeno 15 battute (*lines*) tra Emily e una persona che ha un appartamento da dare in affitto. Presentate il vostro dialogo alla classe.

3 Approfondimento Trastevere è un noto rione (*district*) di Roma. Che cosa significa questo nome? Su quale riva (*bank*) del fiume Tevere si trova? Quale animale è rappresentato nel suo stemma (*coat of arms*)? Presenta le tue risposte alla classe.

risorse
SAM VM: pp. 25–26
vhlcentral.com

IN PRIMO PIANO

Case per tutti i gusti

Come sono le case italiane? La struttura delle case italiane è di solito in cemento o in mattoni°. All'interno° ci sono raramente pavimenti° coperti di moquette°; quasi sempre ci sono mattonelle° e a volte legno° o marmo°.

Nelle grandi città ci sono numerosi palazzi con appartamenti dove, in genere, abitano le famiglie, i lavoratori single e gli studenti. Nei piccoli centri è più facile vedere case monofamiliari°, come ville o villette a uno o più piani, dove di solito abitano le persone più anziane.

Le stanze tipiche nelle case italiane sono: una cucina, un soggiorno o sala da pranzo, uno o due bagni e due o più camere da letto. Nelle case monofamiliari spesso ci sono anche una cantina° e una soffitta°. I più fortunati hanno anche un garage. Le stanze più amate dagli italiani sono il soggiorno e la cucina. In soggiorno trascorrono° le ore di riposo, solitamente seduti su un comodo° divano davanti alla TV; in cucina si ritrovano° per mangiare, soprattutto durante la settimana, mentre la sala da pranzo è usata per le grandi occasioni.

In Italia non è molto comune trasferirsi da una città all'altra come negli Stati Uniti: per questo molti italiani sono proprietari di casa, spesso da generazioni. In genere, i giovani in cerca di una prima abitazione affittano una casa o un appartamento.

Per gli italiani è abbastanza comune avere una seconda casa; molte persone infatti possiedono° o affittano un appartamento o una casa al mare, in montagna, in campagna o ai laghi dove trascorrono le vacanze estive o invernali°. Gli italiani sono molto legati alla casa non solo per motivi sentimentali, ma anche per motivi pratici: la considerano un valido investimento economico!

Cosa fanno gli italiani in casa?

Si dedicano alla casa e ai suoi abitanti.	52,0%
Si dedicano agli hobby.	36,4%
Lavorano.	5,4%
Mangiano e dormono soltanto.	6,4%

FONTE: Mondocasablog

mattoni *bricks* **All'interno** *Inside* **pavimenti** *floors* **moquette** *carpet* **mattonelle** *floor tiles* **legno** *wood* **marmo** *marble* **monofamiliari** *single-family* **cantina** *cellar* **soffitta** *attic* **trascorrono** *they spend* **comodo** *comfortable* **si ritrovano** *they gather* **possiedono** *own* **estive o invernali** *summer or winter*

ATTIVITÀ

1 Vero o falso? Indica se l'affermazione è **vera** o **falsa**. Correggi le affermazioni false.

1. I pavimenti delle case italiane tipicamente hanno mattonelle.
2. Le persone anziane, di solito, abitano in appartamenti.
3. I giovani, in genere, prendono in affitto gli appartamenti.
4. Tutti gli italiani hanno un garage.
5. Gli appartamenti hanno sempre una cantina e una soffitta.
6. La camera da letto è la stanza preferita degli italiani.
7. Gli italiani non si trasferiscono spesso da una città all'altra.
8. Molti italiani trascorrono le vacanze in una seconda casa.
9. Le seconde case sono nelle grandi città.
10. Gli italiani considerano la propria casa un investimento.

Practice more at **vhlcentral.com.**

L'ITALIANO QUOTIDIANO

Cerchiamo casa!

affittasi	*for rent*
vendesi	*for sale*
l'agenzia immobiliare	*real estate agency*
l'appartamento arredato	*furnished apartment*
l'ascensore	*elevator*
le bollette	*bills*
la caparra	*deposit*
il contratto	*contract; lease*
l'inquilino/a	*tenant*
il/la padrone/a di casa	*landlord/landlady*

USI E COSTUMI

Le case eccezionali d'Italia

In alcune regioni d'Italia ci sono delle case molto particolari, di origine antica.

Nella regione Puglia, per esempio, ci sono i **trulli**, abitazioni cilindriche, con un tetto° a forma di cono. La struttura è in pietra°, il colore è bianco e di solito hanno una sola stanza.

Il centro storico della città di Matera, in Basilicata, è famoso per i **sassi**, cioè case scavate° nella roccia tufacea°, presenti già nel Neolitico. Molti «sassi» hanno facciate° decorate.

Nella regione alpina del Trentino Alto-Adige troviamo i caratteristici **masi**, abitazioni rurali dei contadini° costituite da una stanza, un fienile° e una stalla°. Di solito sono fatti di legno o legno e pietra.

tetto *roof* **pietra** *stone* **scavate** *dug* **roccia tufacea** *tuff (porous rock)* **facciate** *façades* **contadini** *farmers* **fienile** *barn* **stalla** *stable*

RITRATTO

Andrea Palladio

Andrea di Pietro della Gondola, conosciuto come Palladio, è stato un grande architetto italiano del XVI secolo. Nasce a Padova nel 1508, ma nel 1524 si trasferisce a Vicenza, dove matura come architetto. Tra il 1535 e il 1538 incontra il poeta e umanista° Gian Giorgio Trissino, che diventa suo mecenate° e amico. Dal 1540 inizia a lavorare come architetto e realizza° le sue opere più famose: Villa Godi; le logge della Basilica di Vicenza; Palazzo Chiericati; Villa Foscari, detta° «la Malcontenta°»; **Villa Capra**, detta «la Rotonda» e molte altre. Nel 1570 scrive *I quattro libri dell'architettura*. Muore nel 1580 e lascia molte opere incompiute°, come il Teatro Olimpico di Vicenza. Lo stile neoclassico di Palladio, con le sue innovazioni geometriche, è stato imitato in tutta Europa e anche negli Stati Uniti: la Casa Bianca e Monticello, il palazzo di Thomas Jefferson, sono infatti in stile palladiano.

umanista *humanist* **mecenate** *patron* **realizza** *creates* **detta** *known as* **Malcontenta** *Discontent* **incompiute** *unfinished*

SU INTERNET

AFFITTASI
APPARTAMENTO 76 mq.
RIFINITISSIMO!
339 8445754
333 8637791
RIVOLGERSI   TEL.

Cerca un annuncio per un appartamento in affitto in una città italiana.

Go to **vhlcentral.com** to find more information related to this **CULTURA**.

---

2 Completare Completa le frasi.

1. Il nome completo di Andrea Palladio è _____.
2. Palladio si trasferisce a _____ nel 1524.
3. Il titolo del libro di Palladio è _____.
4. I «trulli» sono abitazioni tipiche della regione _____.
5. I «masi» del Trentino Alto-Adige sono abitazioni fatte in _____.
6. I _____ sono presenti già nel Neolitico.

3 A voi A coppie, discutete le seguenti domande.

1. Abiti in una casa monofamiliare o in un appartamento?
2. Qual è la tua stanza preferita?
3. Conosci luoghi con case antiche negli Stati Uniti?

risorse

vhlcentral.com

ATTIVITÀ

STRUTTURE

7A.1 The *futuro semplice*

Punto di partenza Use the future tense to talk about what *will happen*. Unlike in English, in Italian the future tense is expressed with one word.

Affitterò il mio appartamento a Bologna.
I am going to rent out my apartment in Bologna.

Domani i miei amici **partiranno** per la Francia.
Tomorrow my friends will be leaving for France.

● The future tense endings are the same for all **-are**, **-ere**, and **-ire** verbs. To form the stem of regular **-are** verbs, change the characteristic **a** to **e** and drop the final **e**. For regular **-ere** and **-ire** verbs, simply drop the final **e**.

Future tense of regular verbs

	parlare	leggere	dormire
io	parlerò	leggerò	dormirò
tu	parlerai	leggerai	dormirai
Lei/lui/lei	parlerà	leggerà	dormirà
noi	parleremo	leggeremo	dormiremo
voi	parlerete	leggerete	dormirete
loro	parleranno	leggeranno	dormiranno

I bambini **dormiranno** bene.
The children will sleep well.

Metterai il vaso sul tavolo?
Will you put the vase on the table?

● Some **-are** verbs require additional spelling changes. Add an **h** to the future stem of verbs whose infinitives end in **-care** or **-gare** to maintain the hard **c** or **g** sound. Drop the **i** from the future stem of verbs whose infinitives end in **-ciare** or **-giare**.

Giocheremo a carte in cucina.
We're going to play cards in the kitchen.

Non pagheranno l'affitto domani.
They won't pay the rent tomorrow.

A che ora **comincerà** la festa?
What time will the party start?

Mangerete bene a casa mia.
You'll eat well at my house.

● To form the future of **dare**, **fare**, and **stare**, drop the final **-e** and add the future endings to the stem.

Ti **darò** un poster se **farai** il letto.
I'll give you a poster if you make the bed.

Maria **starà** a casa o uscirà?
Will Maria stay home or will she go out?

PRATICA

1 **Completare** Completa ogni frase con la forma corretta del futuro.

1. Io _____ (pagare) metà della cassettiera.
2. Ambrogio e Linda _____ (vedere) un nuovo appartamento domani.
3. Tu e Giuditta _____ (affittare) il bilocale.
4. Quando arriveranno gli ospiti, Francesco _____ (andare) a dormire in soggiorno.
5. A che ora (tu) _____ (cominciare) a pulire la tua camera?
6. Hanno deciso quale casa _____ (prendere) in affitto?
7. Noi _____ (trasferirsi) il mese prossimo.
8. Per quanti anni (tu) _____ (rimanere) in questo palazzo?

2 **Trasformare** Riscrivi ogni frase, sostituendo il verbo sottolineato con la forma corretta del futuro.

MODELLO Riccardo pulisce la cucina.

Riccardo pulirà la cucina.

1. D'estate vado a lavorare nella villa del signor Vacchetti.
2. I bambini riordinano la stanza velocemente.
3. Hai passato l'aspirapolvere (*vacuum cleaner*) prima di cena.
4. Noi viviamo in un appartamento accanto alla farmacia.
5. Emiliano legge un libro di cucina.
6. Avete usato la caffettiera dopo pranzo.

3 **Creare** Scegli delle parole da ogni colonna per creare frasi complete usando il futuro. Aggiungi altre parole quando necessario.

MODELLO *Dopo pranzo io berrò dell'acqua.*

A	B	C
i genitori	affittare	a carte
io	andare	a letto
io e la mia famiglia	bere	allo studio
l'agente immobiliare	dormire	con i genitori
Piera e Marcantonio	giocare	il cibo
tu	mettere	dell'acqua
tu e Greta	vedere	tre appartamenti
tu e i tuoi amici	venire	una villa

Practice more at **vhlcentral.com**.

4 **Domande personali** Lavorate a coppie. A turno, fate le seguenti domande sui vostri piani (*plans*) futuri.

MODELLO

S1: *Cosa studierai l'anno prossimo?*
S2: *Studierò...*

1. Cosa studierai l'anno prossimo?
2. Cosa farai questo semestre?
3. Quali attività farai questo fine settimana?
4. Che tipo di vacanza vorrai fare quest'estate?
5. Cosa farai per il tuo prossimo compleanno?
6. Dove andrai dopo questa classe?
7. Dove vivrai l'anno prossimo?
8. Dove sarai e cosa farai tra dieci anni?

5 **La casa dei miei sogni** Lavorate a coppie. A turno, descrivete dove vivrete nel futuro. Sarà una casa o un appartamento? Quante stanze ci saranno? Sarà grande o piccola/o?

MODELLO

S1: *Io vivrò in un appartamento in centro.*
Sarà piccolo ma avrà...

6 **Inchiesta** Chiedi ai tuoi compagni quali sono i loro progetti per l'anno prossimo. Scrivi le risposte. Poi, come classe, determinate qual è l'attività più popolare e quella meno popolare.

MODELLO

S1: *Cosa farai l'anno prossimo?*
S2: *Studierò ancora italiano.*
S3: *Io andrò...*

• Several common verbs have irregular stems in the future tense. These verbs drop the characteristic vowel from the stem before adding the future endings.

infinitive	future stem
andare	andr-
avere	avr-
cadere	cadr-
dovere	dovr-
potere	potr-
sapere	sapr-
vedere	vedr-
vivere	vivr-

Avremo i mobili nuovi la settimana prossima.
We will have the new furniture next week.

Michele e Giulia **andranno** a Napoli e **vivranno** insieme.
Michele and Giulia will go to Naples and live together.

• These verbs have irregular future-tense stems that do not follow a pattern.

infinitive	future stem
bere	berr-
essere	sar-
rimanere	rimarr-
venire	verr-
volere	vorr-

Non rimarranno a casa stasera.
They won't be staying at home tonight.

E tu, dove **sarai** dopodomani?
And where will you be the day after tomorrow?

Avrai anche bisogno di una doccia.

Digli che sarò da lui fra qualche minuto.

Provalo! Completa la tabella con la forma corretta del futuro.

		bere	essere	venire
1.	io	*berrò*	_____	verrò
2.	tu	berrai		_____
3.	Lei/lui/lei	_____	sarà	_____
4.	noi	_____	saremo	verremo
5.	voi	berrete	sarete	_____
6.	loro	berranno		verranno

STRUTTURE

7A.2 Usage of the *futuro semplice*

Punto di partenza The **futuro semplice** is generally used like the future tense in English; however, there are some exceptions.

- These words and expressions are commonly used to talk about the future in Italian.

Expressions commonly used with the future tense

domani	*tomorrow*	in futuro	*in the future*
dopodomani	*the day after tomorrow*	la settimana (il mese, l'anno) prossima/o	*next week (month, year)*
fra due giorni (una settimana, tre anni ecc.)	*in two days (a week, three years, etc.)*	presto	*soon*
fra poco	*in a little while*	questo weekend	*this weekend*

Cercherò un appartamento **questo weekend**.
*I'll look for an apartment **this weekend**.*

I miei arriveranno a Bologna **fra tre giorni**.
*My parents will arrive in Bologna **in three days**.*

- The **futuro semplice** is frequently used after the adverbs **appena** (*as soon as*), **quando** (*when*), and **se** (*if*) when talking about future events or actions. In these cases, English typically uses the present tense. In Italian, use the future tense for both parts of the sentence.

Appena avremo i soldi, potremo trasferirci in un appartamento.
***As soon as we have** the money, we can move into an apartment.*

La mia compagna di camera pulirà il frigo **quando tornerà**.
*My roommate will clean the fridge **when she gets back**.*

Italo mi scriverà **quando andrà** a Parigi.
*Italo will write to me **when he goes** to Paris.*

Cosa faranno **se non troveranno** una camera doppia?
*What will they do **if they don't find** a double room?*

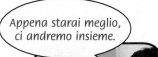

Appena starai meglio, ci andremo insieme.

Resterò a Roma quando finirà il semestre.

PRATICA

1 **Scegliere** Scegli la forma corretta del futuro per completare il paragrafo seguente.

Fra due settimane, mio fratello Andrea (**1.** andranno / andrà) a trovare degli amici in Italia. La sua camera (**2.** sarà / saremo) vuota e io (**3.** potremo / potrò) finalmente usarla come voglio. Presto io e i miei amici (**4.** giocherete / giocheremo) con il computer di Andrea. Io non (**5.** dovrò / dovrà) più studiare in cucina. Questo weekend, i miei amici mi (**6.** aiuteremo / aiuteranno) a riordinare la camera e in futuro noi tutti (**7.** useranno / useremo) il divano e la poltrona quando dovremo studiare. Che bello, (**8.** sarà / sarò) davvero divertente!

2 **Completare** Completa ogni frase con la forma corretta del futuro.

1. Io potrò cucinare tante torte appena _____ (comprare) un forno nuovo.
2. I bambini potranno usare il computer se _____ (mangiare) le verdure.
3. Potrete dormire da noi quanto _____ (volere).
4. Potremo uscire insieme spesso se loro non _____ (traslocare).
5. Affitterò il suo appartamento quando Gino _____ (andare) in vacanza.
6. Studierò con te appena (tu) _____ (pulire) la tua stanza.

3 **Creare** Crea frasi complete al futuro usando gli elementi dati.

MODELLO

i miei genitori / comprare una poltrona / appena / avere più soldi
I miei genitori compreranno una poltrona appena avranno più soldi.

1. la mia camera / essere più interessante / se / comprare dei poster
2. io / potere pulire meglio / quando / avere una scopa (*broom*) nuova
3. Loretta e Dorella / leggere meglio / se / sostituire la lampada
4. tu / fare i compiti / appena / io / portarti gli appunti
5. noi / pagare l'affitto / quando / ricevere lo stipendio (*paycheck*)
6. voi / dovere comprare una stampante nuova / se / rompersi quella vecchia

Practice more at **vhlcentral.com**.

COMUNICAZIONE

4 **Quando?** A coppie, usate le seguenti espressioni per parlare di quali eventi vi aspettate nel futuro.

MODELLO

S1: *Cosa farai domani?*
S2: *Domani leggerò...*

domani	fra un mese
dopodomani	l'anno prossimo
fra due settimane	questo weekend

5 **Mi chiedo...** Lavorate a coppie. A turno, indovinate cosa faranno queste persone. Usate il futuro e siate creativi!

MODELLO

S1: *Cosa faranno Angelina Jolie e Brad Pitt la settimana prossima?*
S2: *Faranno un viaggio in Africa...*

1. Angelina Jolie e Brad Pitt
2. Arnold Schwarzenegger
3. Michael Phelps
4. Britney Spears
5. Rafael Nadal
6. Barack Obama
7. l'insegnante d'italiano
8. i tuoi amici

6 **La scena è pronta** In gruppi di tre, guardate questo disegno e descrivete cosa farà ogni membro della famiglia stasera. Usate la vostra immaginazione e scrivete almeno sei frasi.

MODELLO

Quando i genitori torneranno a casa...

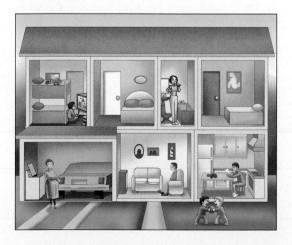

- The **futuro semplice** is often used to express probability or conjecture. This is referred to as the **futuro di probabilità** and is equivalent to English expressions in the present tense with *probably*, *might*, *must*, or *could*. Note that the **futuro di probabilità** actually refers to the present, not the future.

Dov'è Maria?	**Sarà** in cucina.
Where is Maria?	***She's probably** in the kitchen.*
Che ore sono?	**Saranno** le otto e mezza.
What time is it?	***It might be** 8:30.*
Chi è quella donna?	**Sarà** la nostra professoressa.
Who is that woman?	***She must be** our professor.*

Con chi abita Luigi?   *Abiterà con Andrea.*

- As in English, in Italian the present tense can be used instead of the future to express an action or event that will definitely take place, especially in the near future. This usage is most common in colloquial Italian.

Mia madre mi **porta** la cassettiera dopodomani.	Cosa **fate** questo weekend? **Andate** in centro?
*My mother **is bringing** me the dresser the day after tomorrow.*	*What **are you doing** this weekend? **Are you going** downtown?*

Provalo! Metti le frasi seguenti in ordine di tempo. Usa **1** per indicare l'azione più vicina e **8** per indicare l'azione più lontana nel futuro.

1. __1__ Domani telefonerò alla mia famiglia.
2. ____ Il mese prossimo comprerò un computer nuovo.
3. ____ L'anno prossimo andrò in vacanza da solo.
4. ____ Fra quattro anni troverò il lavoro dei miei sogni.
5. ____ Fra una settimana avrò un esame di chimica.
6. ____ Dopodomani mangerò nel mio ristorante preferito.
7. ____ Il semestre prossimo studierò ancora l'italiano.
8. ____ Questo weekend andrò al cinema con i miei amici.

STRUTTURE

7A.3 Double object pronouns

Punto di partenza You learned how to use direct object pronouns in **Lezione 5A** and indirect object pronouns in **Lezione 5B**. Now you will learn how to use these pronouns together.

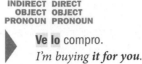

DIRECT INDIRECT	INDIRECT DIRECT
OBJECT OBJECT	OBJECT OBJECT
	PRONOUN PRONOUN

Compro **il vaso** per **voi**.   **Ve lo** compro.
*I'm buying **the vase for you**.*   *I'm buying **it for you**.*

- To use both pronouns in one sentence, place the indirect object pronoun first, followed by the direct object pronoun. Note that the **-i** in **mi**, **ti**, **ci**, and **vi** changes to an **-e** when these pronouns are used in combination with another pronoun. **Le**, **gli**, and **le** all combine with the direct object pronouns to form a single word beginning with **glie-**.

Pronomi doppi

indirect object pronouns	direct object pronouns				
	lo	la	li	le	ne
mi	me lo	me la	me li	me le	me ne
ti	te lo	te la	te li	te le	te ne
Le/gli/le	glielo	gliela	glieli	gliele	gliene
ci	ce lo	ce la	ce li	ce le	ce ne
vi	ve lo	ve la	ve li	ve le	ve ne
gli	glielo	gliela	glieli	gliele	gliene

Domenico **ti** porta una lampada.   Leo **mi** deve pagare l'affitto.
Perché **te la** porta?   Non **me lo** paga mai in tempo!
*Domenico is bringing **you** a lamp.*   *Leo needs to pay **me** the rent. He*
*Why is he bringing **it to you**?*   *never pays **it to me** on time!*

- Use context to clarify to whom the indirect object refers.

Maria manda i soldi   Il figlio comprerà un tappeto
al figlio. **Glie**li manda domani.   **per lei**. **Glie**lo comprerà presto.
*Maria is sending money **to her son**.* *Her son is going to buy **her** a rug.*
*She'll send **it to him** tomorrow.*   *He'll buy **it for her** soon.*

Ecco il gelato **per i bambini**.   Professore, non **Le** posso dare
Glielo puoi dare in cucina?   i compiti. **Glie**li darò domani.
*Here's the ice cream **for the kids**.* *Professor, I can't give you **my***
*Can you give **it to them** in*   *homework. I'll give **it***
the kitchen?   *to you tomorrow.*

PRATICA

1 **Identificare** Scegli le parole corrette per completare ogni frase.

1. Noi daremo uno scaffale a lui.
   Noi (glielo / ce la) daremo.
2. Giannina stira (*irons*) le tende per Giacomo.
   Lei (ve le / gliele) stira.
3. Io ho dipinto un vaso a voi.
   Io (ce l' / ve l') ho dipinto.
4. Loro devono affittare i mobili per Bruno.
   Loro (glieli / me li) devono affittare.
5. Puoi portarmi le nuove tende?
   Puoi (portamele / portarmele)?
6. Anna mette il caffè nella caffettiera.
   Anna (glielo / ce lo) mette.

2 **Trasformare** Riscrivi ogni frase sostituendo l'espressione sottolineata con i pronomi doppi.

1. I genitori hanno affittato un appartamento per i figli Antonio e Gennaro.
2. Antonio e Gennaro descrivono le stanze a voi.
3. Voi portate un armadio a noi.
4. Voi regalate un quadro a me.
5. Io offro un pranzo a voi.
6. Antonio ha regalato una cassettiera a Gennaro.
7. Stamattina Gennaro si è fatto la barba nel bagno nuovo.
8. Il giorno dopo Antonio e Gennaro mostrano ai genitori un appartamento impeccabile!

3 **Rispondere** Rispondi alle domande usando i pronomi doppi.

1. Vuoi dare a me il tuo divano rosso? (no)
2. Ti sei lavato i capelli ieri? (sì)
3. Hai subaffittato la tua casa ai signori Giotti? (sì)
4. Puoi fare il letto per noi? (no)
5. Hai dato il cibo al gatto? (sì)
6. Si è lavato le mani prima di pranzo? (sì)
7. Ho portato il tappeto blu a te? (no)
8. Hai mostrato il monolocale ai clienti? (sì)

Practice more at **vhlcentral.com**.

COMUNICAZIONE

4 **Chi ti aiuta?** A coppie, fate domande su chi vi aiuta a fare certe cose. Potete usare le idee nella lista o sceglierne altre. Usate i pronomi doppi nelle vostre risposte.

MODELLO

S1: *Quando vai dai nonni, come ci vai?*
S2: *Mio padre mi presta la macchina.*
S1: *Quando te la presta?*
S2: *Me la presta il venerdì.*

fare il letto	pagare gli studi
lavare i vestiti	prestare i libri
mettere in ordine	pulire la cucina

5 **Domande personali** A coppie, domandate e rispondete a turno. Usate i pronomi doppi nelle vostre risposte.

MODELLO

S1: *Chi ti ha dato il regalo migliore per il tuo compleanno l'anno scorso?*
S2: *Me l'ha dato il mio amico Gerardo. Era...*

1. I tuoi genitori ti facevano vedere (*let you watch*) i film di Walt Disney quando eri piccolo/a?
2. I tuoi nonni ti insegnavano l'italiano da piccolo/a?
3. Chi ti cucinava la cena quando eri piccolo/a?
4. Chi comprava regali per te?
5. Chi ti ha comprato la tua prima bicicletta?
6. I tuoi amici ti facevano usare i loro giochi?

6 **Il negozio di mobili** A coppie, create un dialogo tra un cliente e un commesso in un negozio di mobili. Guardate la foto di questo salone del mobile (*furniture showroom*) e fate domande su quello che vedete. Usate i pronomi doppi quando possibile.

MODELLO

S1: *Mi piace quella lampada. Quanto costa?*
S2: *Costa 50 euro, ma gliela vendo per 40...*

- Like single object pronouns, double object pronouns precede conjugated verbs or are attached to infinitives. When pronouns are attached to the end of a verb, they form a single word.

Ti porto i biscotti in soggiorno. **Te ne** porto due o tre?	Leo non mi vuole dare l'affitto. Deve dar**melo**! (**Me lo** deve dare!)
I'll bring you the cookies in the living room. Should I bring you two or three of them?	*Leo doesn't want to give me the rent. He has to give it to me!*

- The indirect object pronoun **loro** can also be used in double pronoun constructions, but it follows different rules. Always place **loro** after the verb and never attach it to other pronouns. With conjugated verbs, **loro** follows the verb and the direct object pronoun precedes the verb.

> Ecco il caffè. Non vuole portar**lo loro** Luisa? **Lo** lascerò **loro** in cucina.
> *Here is the coffee. Luisa doesn't want to bring it to them? I'll leave it for them in the kitchen.*

- Reflexive pronouns follow the pattern of indirect object pronouns when used in double pronoun constructions. The reflexive pronoun **si** changes to **se** when adding a direct object pronoun.

Lia **si** rade le gambe ogni giorno. **Se** le rade in bagno.	**Mi** lavo i capelli adesso. Non voglio lavar**me**li stasera.
Lia shaves her legs every day. She shaves them in the bathroom.	*I'm washing my hair now. I don't want to wash it tonight.*

- Remember that when direct object pronouns are used in the **passato prossimo**, the past participle must agree with the direct object, as you learned in **Lezione 5A**. Double object pronouns ending in **-lo** or **-la** are shortened before a vowel sound.

Ho dato quella poltrona ad Anna. Glie**l'**ho dat**a** ieri.	Non si è lavata i capelli oggi. Se **li** è lavat**i** ieri.
I gave that armchair to Anna. I gave it to her yesterday.	*She didn't wash her hair today. She washed it yesterday.*

- When the adverb **ci** (*there*) is used in combination with **ne**, it becomes **ce** and precedes **ne**.

Quanti studenti **ci** sono?	**Ce ne** sono trenta.
How many students are there?	*There are thirty of them.*

Provalo!   Riscrivi ogni frase usando i pronomi doppi.

1. Il professore rende gli esami a noi. *Il professore ce li rende.*
2. I tuoi genitori comprano il computer a te. _____
3. Chi ha dato a Giuseppina quella bella lampada? _____
4. Hanno prenotato le camere per voi. _____
5. Fai a me le domande. _____
6. Puoi mostrare la foto a Domenico e a Eleonora? _____

SINTESI
Ricapitolazione

1 La catena Lavorate in gruppi di quattro. Create a turno una catena di frasi. La prima persona dice cosa comprerà e per quale stanza. La seconda persona ripete e poi aggiunge un oggetto e una stanza. La terza persona ripete le prime due frasi e poi ne aggiunge una terza e così via.

MODELLO

S1: *Io comprerò un tappeto per il soggiorno.*
S2: *Daniela comprerà un tappeto per il soggiorno, e io comprerò una credenza per...*

2 Un mistero Crea una lista di cinque personaggi misteriosi che sono in vacanza in una villa in Toscana. Decidi in quale stanza della casa sono e cosa fanno. Poi, a coppie, chiedete a turno dove sono i personaggi. Date indizi (*clues*) se necessario.

MODELLO

S1: *La mia prima persona si chiama Aldo Lucci. Dov'è?*
S2: *È in cucina?*
S1: *No, non è in cucina. Un indizio: Aldo legge un libro.*
S2: *Allora sarà in...!*

3 Regali A coppie, guardate i disegni dei regali. Create una lista di persone e poi associate le persone con i regali. Descrivete a chi darete che cosa, usando i pronomi doppi quando possibile.

MODELLO

S1: *Questo zaino è perfetto per mia sorella. Glielo comprerò per il suo compleanno!*

1.

2.

3.

4.

5.

6.

4 Opposti A coppie, create una conversazione. Siete due compagni di stanza che vanno a vivere in un nuovo appartamento. Avete gusti diversi e non siete d'accordo su dove mettere i mobili né su come decorare la casa. Provate a trovare una soluzione.

MODELLO

S1: *Dipingiamo (Let's paint) la cucina di verde e poi mettiamo questi poster. Saranno perfetti!*
S2: *No, no, no! Non posso vivere in una casa con la cucina verde!*

5 Tra cinquant'anni Guarda le foto e pensa al futuro. Secondo te, come cambieranno questi elementi della vita quotidiana nei prossimi cinquant'anni? Scrivi due frasi per ogni categoria. Poi, in gruppi di tre, fate a turno a dire cosa avete scritto. Avete avuto le stesse idee? Avete qualcosa in comune? Mettete le vostre liste insieme e presentatele alla classe.

MODELLO

S1: *In futuro tutti affitteranno, nessuno comprerà più una casa.*
S2: *In futuro, le persone indosseranno...*

1. case

2. vestiti

3. tecnologia

4. macchine

6 Una festa per la casa nuova In gruppi di quattro, create una conversazione tra un padrone di casa e tre ospiti. Ogni ospite porta un regalo al padrone di casa per festeggiare la casa nuova. Usate i pronomi doppi quando possibile.

MODELLO

S1: *Ciao! Che bella casa! Ecco... ho visto questo vaso e te l'ho comprato subito.*
S2: *Me l'hai comprato subito? Grazie, è bellissimo!*

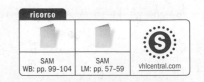

risorse

SAM
WB: pp. 99–104

SAM
LM: pp. 57–59

vhlcentral.com

S Video: TV Clip

Leroy Merlin

Gli italiani tendono a sviluppare° un forte legame affettivo° con la casa, anche quando non è di proprietà. È dunque normale arredare° completamente la propria abitazione, persino se in affitto: dalla cucina alla camera da letto, l'inquilino° sceglie i mobili che naturalmente porterà con sé quando traslocherà. I mobilieri° abbondano in Italia, e negli ultimi anni si sono moltiplicati anche negozi specializzati in fai-da-te°, giardinaggio e decorazione. Tra questi, *Leroy Merlin,* che al momento ha più di 48 punti vendita° in Italia. *Leroy Merlin* offre arredi e accessori per la casa, prodotti di bricolage° come la vernice° e i pennelli°, e numerosi corsi di fai-da-te: da come pitturare° le pareti fino alla cura del giardino.

Vi consiglio° il pennello giusto...   Prova a stenderlo° tu.

❧ **Comprensione** Rispondi alle seguenti domande.

1. Che cosa chiede il commesso alla ragazza?
2. Secondo la pubblicità, ci sono cinque passaggi (*steps*) importanti da seguire quando si pittura una parete. Qual'è il primo passaggio?
3. Con Emmelunga che cosa diventerà la casa che hai in mente?

👥 **Discussione** A coppie, rispondete a queste domande.

1. Vi piace il fai-da-te? Quali sono i suoi vantaggi e svantaggi?
2. Nella vostra cultura è comune sviluppare un forte legame emotivo con la propria casa, come succede generalmente in Italia? Perchè, o perchè no?

---

sviluppare *to develop* **legame affettivo** *emotional bond* **arredare** *to furnish* **l'inquilino** *tenant* **Mobilieri** *furniture-dealers* **fai-da-te** *do-it-yourself* **punti vendita** *retail stores* **bricolage** *home improvement* **vernice** *paint* **pennelli** *paint-brushes* **pitturare** *to paint* **consiglio** *suggest* **stenderlo** *to apply it*

🎸 Practice more at **vhlcentral.com.**

Lezione 7B

Communicative Goals

You will learn how to:
- talk about household chores
- talk about appliances

Le faccende

 **S** Vocabulary Tools

Vocabolario

espressioni	*expressions*
apparecchiare la tavola	*to set the table*
fare i mestieri/le faccende	*to do household chores*
fare il bucato	*to do laundry*
mettere in ordine	*to tidy up*
passare l'aspirapolvere	*to vacuum*
sparecchiare la tavola	*to clear the table*
spolverare	*to dust*
sporcare	*to soil*

descrizioni	*descriptions*
Che casino!	*What a mess!*
È un porcile!	*It's a pigsty!*
impeccabile	*impeccable; perfectly clean*
macchiato/a	*stained*
pulito/a	*clean*
schifoso/a	*disgusting*
sporco/a	*dirty*

gli elettrodomestici	*appliances*
l'asciugatrice (f.)	*clothes dryer*
l'aspirapolvere (m.)	*vacuum cleaner*
la caffettiera	*coffee maker*
i fornelli	*stove top; burners*
la lavastoviglie	*dishwasher*
la lavatrice	*washing machine*
il tostapane	*toaster*

le parti della casa	*parts of the house*
il cortile	*courtyard*
il pavimento	*floor*
la scala	*stair; staircase*
il soffitto	*ceiling*
la terrazza	*terrace*
il tetto	*roof*

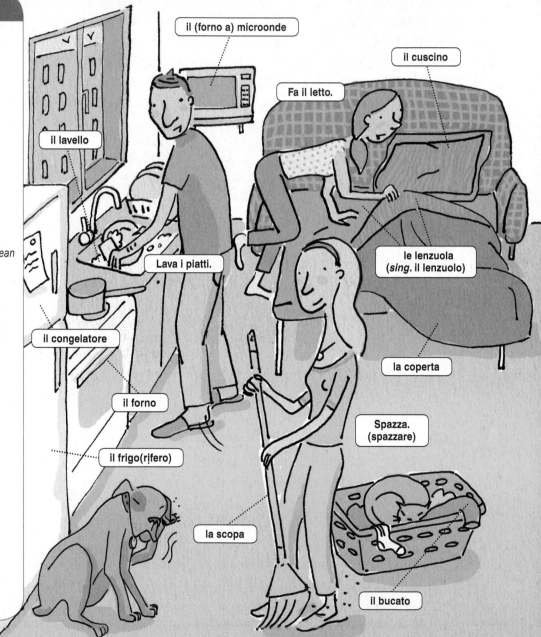

il (forno a) microonde

il lavello

il cuscino

Fa il letto.

Lava i piatti.

il congelatore

le lenzuola (*sing.* il lenzuolo)

la coperta

il forno

Spazza. (spazzare)

il frigo(rifero)

la scopa

il bucato

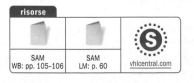

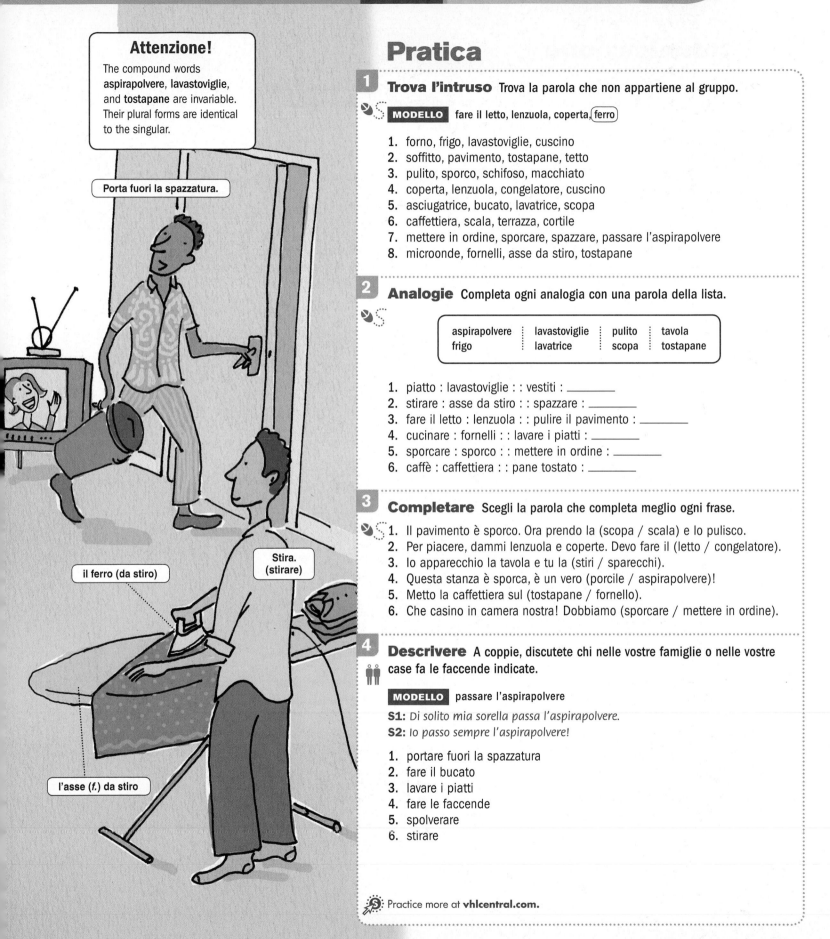

Attenzione!

The compound words **aspirapolvere**, **lavastoviglie**, and **tostapane** are invariable. Their plural forms are identical to the singular.

Porta fuori la spazzatura.

il ferro (da stiro)

l'asse (f.) da stiro

Stira. (stirare)

Pratica

1 Trova l'intruso Trova la parola che non appartiene al gruppo.

> **MODELLO** fare il letto, lenzuola, coperta, ferro

1. forno, frigo, lavastoviglie, cuscino
2. soffitto, pavimento, tostapane, tetto
3. pulito, sporco, schifoso, macchiato
4. coperta, lenzuola, congelatore, cuscino
5. asciugatrice, bucato, lavatrice, scopa
6. caffettiera, scala, terrazza, cortile
7. mettere in ordine, sporcare, spazzare, passare l'aspirapolvere
8. microonde, fornelli, asse da stiro, tostapane

2 Analogie Completa ogni analogia con una parola della lista.

aspirapolvere	lavastoviglie	pulito	tavola
frigo	lavatrice	scopa	tostapane

1. piatto : lavastoviglie : : vestiti : _____
2. stirare : asse da stiro : : spazzare : _____
3. fare il letto : lenzuola : : pulire il pavimento : _____
4. cucinare : fornelli : : lavare i piatti : _____
5. sporcare : sporco : : mettere in ordine : _____
6. caffè : caffettiera : : pane tostato : _____

3 Completare Scegli la parola che completa meglio ogni frase.

1. Il pavimento è sporco. Ora prendo la (scopa / scala) e lo pulisco.
2. Per piacere, dammi lenzuola e coperte. Devo fare il (letto / congelatore).
3. Io apparecchio la tavola e tu la (stiri / sparecchi).
4. Questa stanza è sporca, è un vero (porcile / aspirapolvere)!
5. Metto la caffettiera sul (tostapane / fornello).
6. Che casino in camera nostra! Dobbiamo (sporcare / mettere in ordine).

4 Descrivere A coppie, discutete chi nelle vostre famiglie o nelle vostre case fa le faccende indicate.

> **MODELLO** passare l'aspirapolvere
>
> **S1:** Di solito mia sorella passa l'aspirapolvere.
> **S2:** Io passo sempre l'aspirapolvere!

1. portare fuori la spazzatura
2. fare il bucato
3. lavare i piatti
4. fare le faccende
5. spolverare
6. stirare

Practice more at **vhlcentral.com.**

Comunicazione

5 **La riunione di famiglia** 🎧 Ascolta la signora Morelli che dice quali faccende, oggi, devono fare le differenti persone. Poi, a coppie, abbinate ogni persona con una faccenda.

1. _____ Francesco
2. _____ Giovanna
3. _____ la signora Morelli
4. _____ Matteo
5. _____ Gabriella
6. _____ Adele

a. portare fuori la spazzatura
b. passare l'aspirapolvere
c. fare i letti
d. lavare i piatti
e. stirare
f. fare il bucato

6 **È ora di lavorare!** In gruppi di tre, immaginate di vivere nell'appartamento del disegno. È un porcile! Decidete quali faccende ognuno/a di voi farà oggi. Poi decidete chi farà cosa ogni settimana per tenerlo pulito (*keep it clean*). Assegnate degli incarichi (*tasks*) settimanali a ogni persona del gruppo.

> **MODELLO**
> **S1:** Chi laverà i piatti oggi?
> **S2:** Io laverò i piatti. E chi...?

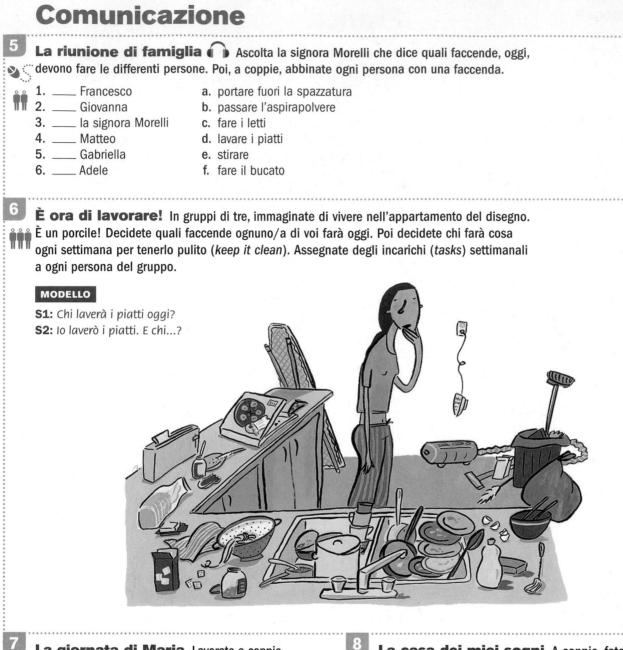

7 **La giornata di Maria** Lavorate a coppie. L'insegnante vi darà due fogli diversi con metà dei mestieri che ha fatto ieri Maria. Descrivete e paragonate a turno quello che ha fatto. Poi scrivete un breve paragrafo e descrivete tutti i mestieri che ha fatto ieri.

> **MODELLO**
> **S1:** Ieri mattina, Maria doveva fare il bucato.
> **S2:** Sì! Allora...

8 **La casa dei miei sogni** A coppie, fate a turno a descrivere il tipo di casa che avrete in futuro. Descrivete la casa, i mobili e gli elettrodomestici che ci saranno e chi farà i mestieri come cucinare, pulire e fare il bucato.

> **MODELLO**
> **S1:** La mia casa sarà grandissima! Avrà dieci camere da letto, una piscina (*pool*) e un garage per quattro macchine.
> **S2:** La mia casa sarà piccola ma bella. Avrà...

Pronuncia e ortografia  Audio

🎧 Spelling changes to maintain the sound of *c* or *g*

cer**c**are	incomin**c**iare	pa**g**are	man**g**iare

Certain classes of Italian verbs have regular spelling changes in order to maintain the hard or soft *c* or *g* sound of the infinitive.

abbrac**c**erete	comin**c**i	man**g**erò	via**gg**iamo

In verbs ending in **-ciare** or **-giare**, the **i** is not stressed. It is dropped when the verb ending begins with **i** or **e**, to maintain the soft *c* or *g* sound.

sc**i**i	sc**i**eranno	sp**i**erai	sp**i**i

When the **i** of the infinitive stem is stressed, as in **sciare**, the **i** is not dropped.

gio**ch**eranno	ind**ich**i	spie**gh**erà	pie**gh**iamo

Verbs whose infinitive ends in **-care** or **-gare** require the addition of the letter **h** before adding a verb ending beginning with **e** or **i** in order to maintain the hard *c* or *g* sound.

Pronunciare Ripeti le parole ad alta voce.

1. pubblicherò
2. passeggeremo
3. invii
4. sporchiamo
5. incomincerai
6. ricercheranno
7. incoraggiamo
8. nevicherà
9. parcheggi
10. baci
11. mangiamo
12. festeggerete

Articolare Ripeti le frasi ad alta voce.

1. Parcheggerò la macchina.
2. Paghi il conto stasera?
3. Come spieghiamo l'incidente?
4. Scii abbastanza bene!
5. Cercheranno il libro domani.
6. Comincerà il lavoro a gennaio.

Proverbi Ripeti i proverbi ad alta voce.

Casa sporca, gente aspetta.[2]

Casa mia, casa mia, per piccina che tu sia, tu mi sembri una badia.[1]

[1] My home, my home, as small as you may be, you seem to me an abbey.
[2] A messy house invites unexpected guests.

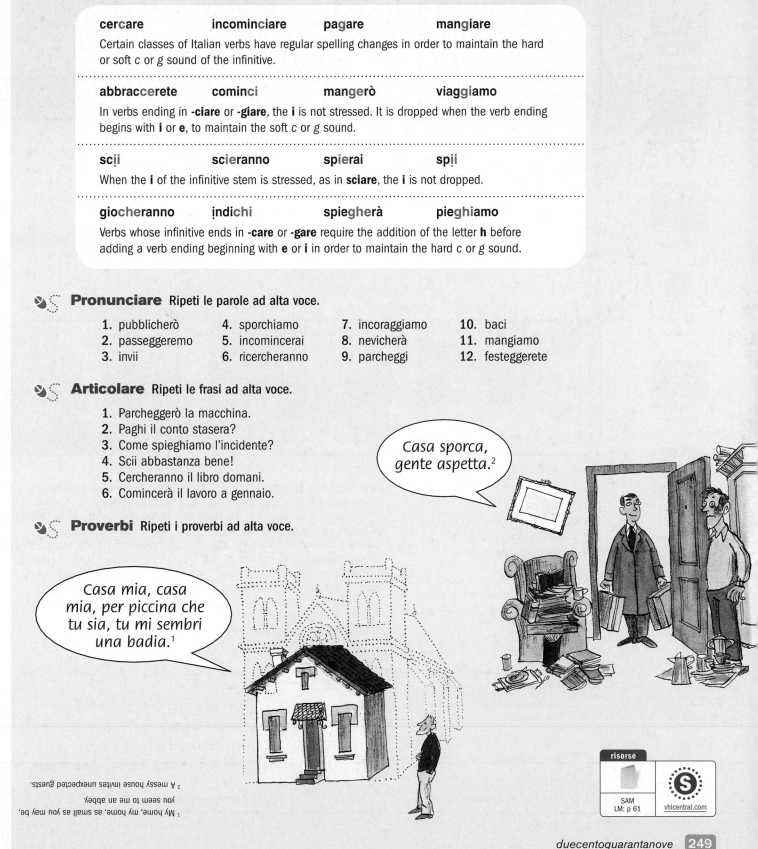

FOTOROMANZO

Che porcile!  Video: *Fotoromanzo*

PERSONAGGI

la cameriera

Emily

Isabella

Lorenzo

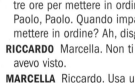

Marcella

Riccardo

Viola

Alla pensione...

MARCELLA Che casino! Ci vorranno tre ore per mettere in ordine. Paolo, Paolo, Paolo. Quando imparerai a mettere in ordine? Ah, disgustoso.

RICCARDO Marcella. Non ti avevo visto.

MARCELLA Riccardo. Usa un piatto. Per favore.

MARCELLA Oh, scusa.

VIOLA Riccardo! Che schifo!

RICCARDO Sei proprio una lagna.

VIOLA Mangi così a casa tua?

MARCELLA Qual è il problema?

VIOLA Riccardo è un cafone. Da cinque minuti lo osservo mentre riempie il lavandino di briciole.

RICCARDO Durante gli ultimi quindici anni, ho lavato i piatti e portato fuori la spazzatura tutti i giorni. Per due famiglie.

Al bar...

EMILY Senta, scusi?

CAMERIERA Buongiorno, mi dica.

EMILY Vorrei un caffè, per favore. *(Alla webcam)* Da quando sono arrivata a Roma, ho provato più di 50 caffè. Negli ultimi tre mesi ne ho bevuti alcuni veramente buoni. Come sarà questo? Oh, ho dimenticato di ordinare un cornetto alla crema.

EMILY Ben caldo. Bel colore. Un po' amaro. Abbastanza buono. Hmm. 75. Il mio preferito fino a oggi l'ho bevuto a Trastevere... 98. Devo andarci più spesso. *(Alla cameriera)* Senta, scusi. Vorrei dell'acqua. *(Alla webcam)* Quando sono arrivata, ero sorpresa. Roma è così ospitale e dinamica. È una città antica, ma anche giovanile. Mi sento a casa in Italia. Mamma, mi devi permettere di restare qui.

EMILY *(Alla webcam)* Lorenzo? Anche Lorenzo è qui. Ma con chi? *(A Lorenzo)* Lorenzo. Ciao. Guarda, siamo in diretta su Internet!

LORENZO Ciao, Emily. Questa è Emily, è di Chicago e sta alla pensione.

EMILY Piacere di conoscerti, Francesca.

ISABELLA Francesca? Ma chi è Francesca?

A T T I V I T À

1 Rispondere Rispondi alle seguenti domande con frasi complete.

1. Secondo Marcella, quante ore ci vorranno per mettere in ordine?

2. Che parola usa Riccardo per definire Viola?

3. Che parola usa Viola per definire Riccardo?

4. Che mestieri deve fare Riccardo?

5. Che mestieri deve fare Viola?

6. Quanti caffè ha provato Emily da quando è arrivata a Roma?

7. Quali aggettivi usa Emily per definire Roma?

8. Con chi è Lorenzo?

9. Da quando lavora sui motori Viola?

10. In quale stanza della casa è a suo agio Riccardo?

Practice more at **vhlcentral.com.**

Riccardo e Viola aiutano a pulire la pensione.

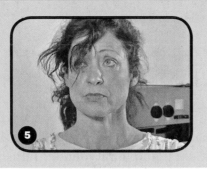

VIOLA Ho un'idea. Marcella, lascia che ti aiutiamo a pulire la pensione. Il più bravo avrà un premio.

RICCARDO Che premio? Venti euro! Le tue sono tutte chiacchiere, Viola.

VIOLA Sarà Marcella a scegliere il vincitore.

RICCARDO Dicci cosa dobbiamo fare.

MARCELLA Riccardo, pulisci il forno e i fornelli. Poi lava i piatti. Viola, passa l'aspirapolvere e spolvera in sala da pranzo e in soggiorno. Poi pulisci il pavimento. Ora, mettetevi al lavoro, questo posto è un porcile.

Alla pensione...

MARCELLA Cos'è successo? Tutto bene?

RICCARDO Spostati. Fammi vedere.

VIOLA Riccardo, non sai cosa fare.

RICCARDO Perché, tu sì?

VIOLA Lavoro sui motori da quando ho sei anni. Guarda tu stesso.

MARCELLA Grazie, Viola.

VIOLA Di niente, Marcella. Riccardo è a suo agio in cucina. Lui è bravo a scherzare. Io sono brava a riparare le cose. *(Esasperata)* Gli uomini!

Espressioni utili

Giving commands, directions, suggestions

- **Usa un piatto.**
  Use a plate.
- **Lascia che ti aiutiamo.**
  Let us help you.
- **Dicci cosa dobbiamo fare.**
  Tell us what to do.
- **Pulisci il pavimento.**
  Clean the floor.
- **Mettetevi al lavoro!** • **Mi dica.**
  Get to work!   *Tell me.*
- **Senta.** • **Spostati.**
  Listen.   *Move over.*

Time expressions

- **ci vorranno tre ore**
  it will take three hours
- **da cinque minuti**
  for five minutes
- **durante gli ultimi 15 anni**
  for the last 15 years
- **fino a oggi**
  so far

Additional vocabulary

- **Il più bravo avrà un premio.**
  The best one wins a prize.
- **Le tue sono tutte chiacchiere.**
  You're all talk.
- **ben caldo** • **cafone**
  nice and hot   *slob, brute*
- **Mi sento a casa.** • **riempie**
  I feel at home.   *he fills*
- **Siamo in diretta.** • **briciole**
  We're live.   *crumbs*
- **È a suo agio.** • **lagna**
  He feels at ease.   *whiner*
- **qualcos'altro**
  something else

---

2 **Per parlare un po'** In gruppi di tre, immaginate di vivere insieme nello stesso appartamento. Dovete ricevere ospiti *(guests)*, ma la vostra casa è un porcile! Fate una lista delle cose da fare e decidete quali mestieri deve fare ogni persona.

3 **Approfondimento** Il caffè in Italia si beve in molti modi. Fai una ricerca e scopri la differenza tra un caffè espresso, un caffè ristretto, un caffè lungo, un cappuccino e un caffellatte. Prepara una presentazione su queste differenze.

risorse

SAM
VM: pp. 27–28

vhlcentral.com

A T T I V I T À

CULTURA

Un aiuto con i mestieri

Quali elettrodomestici ci sono nelle case italiane? Gli italiani usano il microonde? E l'asciugatrice? Se pensate di trascorrere un periodo di tempo in Italia, in una casa o in un appartamento, è bene parlare degli elettrodomestici che troverete o... non troverete!

In una cucina italiana tipicamente ci sono grandi e piccoli elettrodomestici. Tra i grandi elettrodomestici c'è il piano cottura, di solito a gas, con i fornelli con la fiamma° e un forno elettrico o a gas. Sono pochi gli italiani che hanno un forno a microonde; i pochi che lo hanno lo usano in genere solo per scaldare° o scongelare° i cibi.

Molti italiani hanno una lavastoviglie in casa, eppure i piatti si lavano spesso a mano° nel lavello e si mettono ad asciugare nello scolapiatti° che si trova, quasi sempre, sopra il lavello. Il tritarifiuti° esiste raramente nelle cucine italiane. Il frigorifero non è enorme come il frigo americano, perché le case italiane sono più piccole; le famiglie italiane hanno spesso un congelatore in più° per le scorte° di cibo.

Tra i piccoli elettrodomestici c'è il tostapane, non utilizzato così comunemente come in America. Sono molto diffusi, invece, il frullatore°, lo sbattitore° per fare i dolci e il robot da cucina°.

Nelle case italiane non esiste una stanza per fare il bucato. In ogni abitazione c'è una lavatrice, di solito in bagno oppure in cucina, ma il bucato si asciuga al sole su pratici stendini°. Essenziali, però, sono il ferro da stiro e l'asse da stiro per avere vestiti sempre perfetti e fare bella figura.

fiamma *flame* **scaldare** *to warm up* **scongelare** *to defrost* **si lavano a mano** *are washed by hand*
scolapiatti *dish drying rack* **tritarifiuti** *garbage disposal* **in più** *extra* **scorte** *supplies* **frullatore** *blender*
sbattitore *mixer* **robot da cucina** *food processor* **stendini** *drying rack* **casalinghe/i** *housewives/househusbands*

Il lavoro dentro e fuori casa

	DONNE	UOMINI
Ore settimanali dedicate ai lavori di casa	36	14
Ore settimanali dedicate al lavoro fuori casa	22	32
Percentuale di casalinghe/i°	23,9%	0,2%

FONTE: OCSE (2013)

A T T I V I T À

1 **Vero o falso?** Indica se l'affermazione è **vera** o **falsa**. Correggi le affermazioni false.

1. Il forno delle cucine italiane è sempre elettrico.

2. Gli italiani usano spesso il microonde per cucinare i cibi.

3. In quasi tutte le cucine italiane c'è lo scolapiatti.

4. I frigoriferi italiani sono piccoli.

5. Lo sbattitore è un piccolo elettrodomestico.

6. Il tostapane è usato spesso come in America.

7. Gli italiani usano lo sbattitore elettrico per fare il bucato.

8. La lavatrice è in bagno o in cucina.

9. Il bucato si asciuga con l'asciugatrice.

10. L'asse da stiro è usato per asciugare i vestiti.

Practice more at **vhlcentral.com**.

L'ITALIANO QUOTIDIANO

Aiuti per la casa

la balia	*nanny*
la collaboratrice domestica	*maid*
il falegname	*carpenter*
l'idraulico	*plumber*
l'imbianchino	*painter*
il lavavetri	*window cleaner*
il muratore	*bricklayer*
lo spazzacamino	*chimney sweep*
il tecnico del telefono/ televisore/computer	*telephone/TV/computer repairman/woman*

USI E COSTUMI

Benvenuti!

Gli italiani amano stare in compagnia di familiari e amici e le occasioni per farlo sono molte. Per le occasioni importanti i «padroni di casa°» si organizzano in anticipo° e si riuniscono° con gli ospiti intorno a  una tavola imbandita°. Generalmente gli ospiti portano un regalo che varia da un'occasione all'altra: per Natale regali più grandi e importanti; per un caffè o una cena a casa di amici basta un mazzo° di fiori, una bottiglia di buon vino o un dolce.

A differenza delle° abitudini americane, in Italia non capita° spesso di avere ospiti per molti giorni; le visite sono brevi ma molto frequenti.

padroni di casa *hosts* **in anticipo** *in advance* **si riuniscono** *they gather* **imbandita** *laid for a feast* **mazzo** *bouquet* **A differenza delle** *Differently from* **capita** *happens*

RITRATTO

Alfonso Bialetti e la Moka Express

Al mattino è difficile trovare una cucina italiana senza una caffettiera sul fornello che emana° un forte e inconfondibile° aroma di caffè. Il marchio° legato alla caffettiera è senza dubbio quello della Bialetti, azienda° che nasce negli anni '20 in Piemonte dall'idea di Alfonso Bialetti. Alfonso presenta, nel 1933, la prima **Moka Express**, design Art Déco, per fare il caffè espresso in casa. La fama dell'azienda cresce grazie anche ad un'attenta campagna pubblicitaria° televisiva, in cui viene presentato *l'Omino con i Baffi°*, che diventa il simbolo del nome Bialetti.

In una Moka c'è un serbatoio° con una valvola di sicurezza° per l'acqua che deve essere scaldata; un serbatoio a forma di imbuto° che contiene la polvere° di caffè; un filtro che separa la polvere di caffè dall'acqua; un serbatoio per il caffè liquido; un coperchio° e un manico°.

emana *gives off* **inconfondibile** *unmistakable* **marchio** *brand* **azienda** *company* **campagna pubblicitaria** *ad campaign* **Omino con i Baffi** *Little Man with a Moustache* **serbatoio** *container* **valvola di sicurezza** *safety valve* **imbuto** *funnel* **polvere** *grinds* **coperchio** *lid* **manico** *handle*

SU INTERNET

Cerca informazioni su Alberto Alessi e i suoi prodotti per la casa.

Go to **vhlcentral.com** to find more information related to this **CULTURA**.

2 Completare Completa le frasi.

1. L'azienda Bialetti nasce in _____.
2. La prima caffettiera Moka Express nasce nel _____.
3. Il simbolo della Moka è _____.
4. Per ricevere ospiti nelle occasioni importanti, gli italiani si organizzano _____.
5. Generalmente gli ospiti portano _____.
6. Per una cena con gli amici il regalo può essere _____.

3 A voi A coppie, discutete le seguenti domande.

1. Che tipo di caffè preferisci bere?
2. In quali occasioni visiti la tua famiglia?
3. Porti un regalo quando visiti gli amici?

risorse

vhlcentral.com

A T T I V I T À

7B.1 The informal imperative

Punto di partenza The **imperativo** is the form of a verb that is used for commands, requests, suggestions, and for giving directions or instructions. The informal imperative consists of the **tu**, **noi**, and **voi** forms only.

Porta fuori la spazzatura!
Take out the trash!

Mettete l'acqua nella caffettiera.
Put the water in the coffee maker.

- The affirmative imperative forms of regular verbs are identical to the present tense, except that the **tu** form of **-are** verbs ends in **-a** rather than **-i**.

Informal imperative of regular verbs

	parlare	leggere	dormire	finire
tu	parla	leggi	dormi	finisci
noi	parliamo	leggiamo	dormiamo	finiamo
voi	parlate	leggete	dormite	finite

Lava i piatti, Mariarosa!
Wash the dishes, Mariarosa!

Usate il forno, ragazzi!
Use the oven, guys!

- The **noi** imperative corresponds to English expressions with *Let's*.

Finiamo questo lavoro!
Let's finish this work!

Sparecchiamo la tavola!
Let's clear the table!

- **Essere** and **avere** are irregular in the informal imperative.

The informal imperative of *avere* and *essere*

	avere	essere
tu	abbi	sii
noi	abbiamo	siamo
voi	abbiate	siate

Abbiate pazienza!
Be patient!

Sii buono, Giovanni!
Be nice, Giovanni!

- A few verbs have irregular **tu** forms that can be used interchangably with the regular present-tense forms. **Dire** has an irregular form only.

andare	dare	dire	fare	stare
va' (vai)	da' (dai)	di'	fa' (fai)	sta' (stai)

Va' (Vai) a letto subito!
Go to bed immediately!

Su, **fa' (fai)** le faccende!
Come on, do the chores!

---

1 Completare Completa ogni frase con la forma corretta dell'imperativo informale.

1. Martina, _____ (partecipare) al dibattito!
2. Gioia e Veronica, _____ (mandare) gli inviti per la festa!
3. Cosa facciamo stasera? _____ (andare) al cinema!
4. Bernardo, non _____ (parlare) mentre mangi!
5. Artemisia, _____ (finire) le faccende!
6. Bambini, non _____ (scrivere) sui muri!
7. Ragazzi, (noi) non _____ (telefonare) a Roberto!
8. Diana, _____ (dire) la verità.

2 Creare Crea una frase per ogni disegno usando l'imperativo informale.

1. noi / sparecchiare la tavola
2. Marco / stirare
3. voi / riciclare la spazzatura

4. ragazze / fare il bucato
5. Luca / spazzare i pavimenti
6. Rosa / fare il letto

3 Trasformare Riscrivi le frasi seguenti come ordini, usando l'imperativo informale.

MODELLO Giovanni fa il letto.
Giovanni, fai il letto!

1. Maria canta musica lirica.
2. Gina finisce la pasta.
3. I bambini non colorano i disegni.
4. Tu mi dici cosa è successo.
5. Gerardo e Cristiano lavano la macchina.
6. Marina non ascolta la musica rock.
7. La mia mamma e il mio papà mi scrivono un'e-mail.
8. Claudia e Giuditta comprano una pianta per la casa nuova.

Practice more at **vhlcentral.com**.

COMUNICAZIONE

4 **Che porcile!** A coppie, immaginate di essere coinquilini (*roommates*). Dovete pulire il vostro appartamento perché i vostri genitori verranno a farvi visita. Guardate i disegni e, a turno, datevi ordini su quello che dovete fare.

MODELLO

S1: *Guarda la camera! Riordina subito!*
S2: *Va bene, ma tu lava i piatti!*

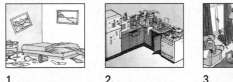

1.   2.   3.

4.   5.   6.

5 **Un consiglio** A coppie, scrivete una lista di otto consigli che potete dare a uno studente straniero che viene dall'Italia per studiare alla vostra scuola.

MODELLO

S1: *Porta vestiti pesanti per l'inverno!*
S2: *Non studiare il venerdì sera!*

6 **Simone dice** In gruppi di cinque, giocate a «Simone dice». Uno studente dà ordini usando le forme dell'imperativo del tu, voi, e noi. Gli altri studenti fanno cosa dice il leader, ma solo se lui/lei inizia la frase con «Simone dice». Cambiate leader dopo cinque frasi.

MODELLO

S1: *Simone dice: «Rita e Agostino, ballate!»;*
   «Caterina, canta!»

alzare il braccio	chiudere
destro/sinistro	gli occhi
alzarsi	saltare
ballare	sedersi
cantare	toccarsi il naso

• Attach object and reflexive pronouns to the end of the informal imperative form.

Ecco la pizza. Mangia**la**!
Here's the pizza. Eat it!

Lava**tevi** le mani, bambini!
Wash your hands, kids!

• When using the commands **va'**, **da'**, **di'**, **fa'**, and **sta'** with attached object pronouns, drop the apostrophe and double the initial letter of the pronoun, except in the case of **gli**.

Hai un segreto? **Dimmelo**!
You have a secret?
Tell it to me!

Non hai fatto il letto? **Fallo** subito!
You didn't make your bed?
Do it right now!

Antonio, dove sei?
Stammi vicino.
Antonio, where are you?
Stay close **to me.**

Lucia non ha la scopa.
Dagliela!
Lucia doesn't have the broom.
Give it to her!

• To form the negative **voi** and **noi** imperative forms, simply place **non** before the verb.

Non dormite fino a tardi.
Don't sleep late.

Non facciamo niente stasera!
Let's not do anything tonight!

• The negative **tu** imperative, however, is expressed differently. To form it, place **non** before the infinitive form of the verb.

Sergio, **non bere** troppo!
*Sergio, **don't drink** too much!*

Non sporcare la terrazza, Luca.
Don't get the terrace **dirty,** Luca.

• With the negative imperative forms, either place object and reflexive pronouns before the verb or attach them to the end. Because the negative **tu** form is an infinitive, remember to drop the final **-e** when attaching pronouns to it.

Va bene, non **dirmelo**/
non **me lo** dire!
*OK, don't tell **it to me!***

È un porcile. Non **ci** entrate/
Non entrate**ci**.
*It's a pigsty. Don't go in **there**.*

Non mangiamo**lo**/
Non **lo** mangiamo.
*Let's not eat **it**.*

Non portar**gliela**./
Non **gliela** portare!
*Don't bring **it to them!***

Provalo! Scegli la forma corretta dell'imperativo informale per completare ogni frase.

1. Ragazzi, (guarda /(guardate) la televisione nel soggiorno.
2. Mamma, (prepari / prepara) il ferro per stirare.
3. Francesco, (mi aiuti / aiutami) a pulire la stanza.
4. Fabio, (trasloca / traslochi) nella casa accanto alla nostra.
5. Gino, (subaffitti / subaffitta) l'appartamento insieme a noi.
6. Beatrice e Daniela, (porti / portate) fuori la spazzatura prima di cena.
7. Senti, Teresa, (vendiamo / vende) quel divano; è orribile.
8. Chiara, (ti siedi / siediti) su quella poltrona.

STRUTTURE

7B.2 The formal imperative

Punto di partenza In **Strutture 7B.1** you learned the informal imperative. Use the formal imperative to give instructions, directions, or suggestions to a person you address using **Lei**.

- The formal imperative forms correspond to **Lei** and **Loro**. Form the **Lei** imperative by dropping the **-o** ending of the first person present-tense form and adding **-i** to **-are** verbs and **-a** to **-ere** and **-ire** verbs.

Formal imperative of regular verbs

	parlare	leggere	dormire	finire
Lei	parli	legga	dorma	finisca
Loro	parlino	leggano	dormano	finiscano

- Remember that the use of **Loro** is limited to very formal situations. The imperative form of **voi** is much more commonly used to address a group.

Chiuda la porta, signorina!
Close the door, Miss!

Compri questa lampada, signore!
Buy this lamp, Sir!

Si siedano, signori!
Be seated, gentlemen!

Sedetevi, signori!
Sit down, gentlemen!

- For verbs that are irregular in the first person present, change the final **-o** to **-a**.

Signorina, **venga** in cucina e **beva** un tè.
*Miss, **come** into the kitchen and **drink** some tea.*

Esca subito, dottore!
Vada con Giuseppe.
Go out right away, Doctor!
Go with Giuseppe.

Faccia il bucato, per favore.
Do the laundry, please.

Dica la verità!
Tell the truth!

- Some common verbs are irregular in the formal imperative.

Irregular formal imperative forms

avere	dare	essere	sapere	stare
abbia	dia	sia	sappia	stia

Stia tranquillo! Li lavo io.
Stay calm. I'll wash them.

Abbia pazienza, signora!
Be patient, Ma'am!

PRATICA

1 **Completare** Completa la tabella con le forme mancanti (*missing*) dell'imperativo formale.

	Lei	Loro
1. stirare	stiri	_____
2. mettere	metta	_____
3. avere	_____	abbiano
4. sporcare	_____	sporchino
5. sapere	sappia	_____
6. pulire	pulisca	_____
7. stare	_____	stiano
8. venire	_____	vengano

2 **Trasformare** Riscrivi le frasi seguenti usando l'imperativo formale.

MODELLO Il signor D'Andreo pulisce la stanza.

Signor D'Andreo, pulisca la stanza!

1. Il signor Gemma telefona ai suoi figli.
2. La signora Todi scrive all'avvocato.
3. Il dottor Angiotti si siede per primo.
4. La signora è paziente.
5. Il professore ci dà il libro.
6. Il signor Guidi mi fa questo favore.
7. I professori vengono al teatro con noi.
8. Il dottor Treviso riceve il premio alla carriera.

3 **Creare** Usa gli indizi dati per scrivere frasi complete usando l'imperativo formale.

MODELLO

Signora Rossi / non / preoccuparsi / di lavare i piatti
Signora Rossi, non si preoccupi di lavare i piatti.

1. signora / non affittare / quell'appartamento
2. signor Pozzi / andare a vedere / quella villa
3. signora Rosa / vendere / il monolocale
4. signora Logni / pulire / la cucina
5. signor Gentili / non fare / il letto
6. signor Fabietti / traslocare / il mese prossimo
7. professore / guardare / questo quadro
8. signora / mostrare / questa bella sala da pranzo

Practice more at **vhlcentral.com**.

COMUNICAZIONE

4 Un consiglio A coppie, leggete la seguente lettera scritta a un giornale (*newspaper*) e poi scrivete una risposta. Dovete dare almeno sei consigli. Usate l'imperativo formale.

MODELLO

Non si preoccupi se il suo compagno di camera non pulisce tutti i giorni. Rimanga ottimista...

> Cara Angela,
> Ho un grosso problema con il mio compagno di stanza, Clemente. A Clemente non piace pulire la sua camera. Non lava mai i piatti, non usa l'aspirapolvere e in bagno c'è sempre tanta confusione. I suoi vestiti sono dappertutto (*everywhere*) e quando gli chiedo di portare fuori la spazzatura o di sparecchiare la tavola, si arrabbia e dice che lo farà dopo... alla fine lo faccio sempre io! Ho bisogno di un consiglio. Mi dica cosa posso fare!
> La ringrazio,
> Giulio

5 Genitori in visita A coppie, create una conversazione tra uno studente e la madre del suo compagno di stanza. La madre è venuta a trovare il figlio, ma lui ora è a lezione. La madre chiede cosa può fare mentre aspetta e lo studente dà consigli. Usate l'imperativo formale con la madre.

MODELLO

S1: *Signora Russo, prego, entri. Vuole dell'acqua?*
S2: *Grazie Enrico. Non ti preoccupare, sto bene. Enrico, dimmi cosa posso fare mentre aspetto...*

6 Al negozio di elettrodomestici A coppie, create una conversazione tra un cliente e un commesso. Il cliente vuole comprare degli elettrodomestici grandi: un congelatore, una lavatrice, una lavastoviglie e un'asciugatrice. Il commesso assiste il cliente. Usate l'imperativo formale e i verbi dati.

MODELLO

S1: *Ha bisogno di aiuto?*
S2: *Sì, grazie. Ho bisogno di comprare degli elettrodomestici. Mi mostri gli ultimi modelli.*
S1: *Certo! Guardi qui...*

ascoltare	dare	guardare	spiegare
aspettare	dire	mostrare	venire

- To form the **Loro** imperative of all regular verbs, drop the **-o** ending of the first person present-tense form and add **-ino** to **-are** verbs and **-ano** to **-ere** and **-ire** verbs. For irregular verbs, simply add **-no** to the **Lei** imperative form.

> **Guardino** che bella villa!
> ***Look**, what a beautiful villa!*
>
> **Vedano** com'è grande il cortile!
> ***See** how big the courtyard is!*

- To make a negative formal command, add **non** before the affirmative form. No other changes are necessary.

> **Non dica** niente a mia madre!
> ***Don't say** anything to my mother!*
>
> **Non faccia** rumore.
> ***Don't make** noise.*

- Unlike with informal commands, object and reflexive pronouns precede formal commands. The only exception is the indirect object pronoun **loro**.

> **Si svegli**, signore. Vuole il caffè? **Ne prenda** un po'.
> ***Wake up**, Sir. Do you want some coffee? **Have some**.*
>
> Le bambine faranno i letti. **Gli dia** (**Dia loro**) le lenzuola.
> *The girls will make the beds. **Give them** the sheets.*

- Here are some common expressions using the formal imperative.

Common imperatives in the *Lei* form			
Si accomodi.	*Make yourself comfortable.*	Guardi.	*Look.*
		Mi passi...	*Pass me . . .*
Aspetti.	*Wait.*	Prenda.	*Take/Have.*
Mi dia...	*Give me . . .*	Non si preoccupi.	*Don't worry.*
Mi dica.	*Tell me./May I help you?*	Senta.	*Listen.*
		Mi scusi.	*Excuse me.*

- Words such as **prego** and **pure** can be used to soften a command or to offer encouragement.

> **Prego**, si accomodi!
> ***Please**, make yourself comfortable!*
>
> Venga **pure**!
> *Come in, **by all means**!*

Provalo! Scegli la forma corretta dell'imperativo formale per completare ogni frase.

1. Professore, (passa /(passi)) l'aspirapolvere dopo la lezione!
2. Signora, (pulisci / pulisca) i fornelli!
3. Per favore, mi (dai / dia) la scopa!
4. Signori, (facciano / faccia) attenzione!
5. Mi (scusa / scusi), dov'è il ferro da stiro?
6. Dottori, (spazzino / spazzi) il laboratorio!
7. (Siamo / Sia) paziente, sarà tutto impeccabile tra due minuti!
8. Signora Paoletti, (stira / stiri) le lenzuola, per favore!

STRUTTURE

7B.3 Time expressions

Punto di partenza You have already learned how to talk about the past, the present, and the future. Now you will learn to talk about the duration and sequence of actions and events.

- In **Lezione 2B**, you learned to use **da** with the present tense to express the starting point or the duration of an ongoing action or event. **Da** is equivalent to *since* or *for* in similar English expressions.

  Stiro i vestiti **da** un'ora.
  *I have been ironing clothes **for** an hour.*

  È **da** ieri che Maurizia riordina.
  *Maurizia has been tidying up **since** yesterday.*

- Use the preposition **per** to indicate the duration of an action or event.

  Passo l'aspirapolvere **per** mezz'ora e finisco.
  *I'll vacuum **for** half an hour and I'll be finished.*

  Carlo ha abitato in quella casa **per** sei anni.
  *Carlo lived in that house **for** six years.*

- To describe how long something *lasts*, use the verb **durare**. It is generally used with **essere** in compound forms.

  Il film **è durato** due ore e mezzo.
  *The movie **lasted** two and a half hours.*

  Quanto **durerà** questo freddo?
  *How long **will** this cold weather **last**?*

- **Durante** corresponds to the English word *during*.

  Durante il film Anna parlava al telefonino.
  ***During** the movie, Anna was talking on her cell phone.*

  Non andate sulla terrazza **durante** il temporale!
  *Don't go onto the terrace **during** the thunderstorm!*

- To express how much time an event or activity takes, use the expressions **volerci** and **metterci**. The **ci** in both expressions is idiomatic and does not change form.

Ci vogliono due ore per pulire questa stanza.
***It takes** two hours to clean this room.*

Ci ho messo tre ore per pulirla, ma finalmente ho finito.
***I spent** three hours cleaning it, but I'm finally done.*

PRATICA

1 Identificare Completa le frasi seguenti con **da**, **per** o **durante**.

> **MODELLO** Legge quel libro _da_ due ore.

1. Ha fatto i compiti _____ quaranta minuti, poi è andato a giocare.
2. Non spendere tutti i soldi _____ le vacanze.
3. Abbiamo atteso la tua telefonata _____ due giorni!
4. Non puoi parlare ad alta voce _____ il film.
5. Studio in questa città _____ due anni.
6. Ho vissuto in Italia _____ sette anni.
7. Devi sorridere (*smile*) spesso _____ l'intervista.
8. _____ sei mesi bevo due litri d'acqua al giorno.

2 Completare Completa la seguente conversazione con le forme corrette di **durare**, **volerci** e **metterci**.

PAMELA Ciao Lucio, come stai?

LUCIO Così così. Ho l'influenza e _____ già da tre giorni.

PAMELA Oh no, mi dispiace! _____ pazienza.

LUCIO Sì, lo so.

PAMELA Anch'io ho avuto l'influenza e non è divertente!

LUCIO Quanto _____ la febbre?

PAMELA Un paio (*couple*) di giorni. Hai preso delle medicine? Quanto tempo _____ l'aspirina per farti stare meglio?

LUCIO Sì, ho preso le medicine, ma l'effetto _____ solo poche ore.

PAMELA Vai a dormire, _____ tanto riposo quando sei malato!

LUCIO Grazie, buonanotte!

3 Rispondere Rispondi alle domande seguenti usando gli indizi dati.

1. Per quanto tempo David ha abitato qua? (3 mesi)
2. Da quanti anni siete sposati? (10 anni)
3. Per quanti giorni viaggiate durante l'estate? (13 giorni)
4. Quanto tempo ci vuole per pulire il frigorifero? (2 ore)
5. Quanto tempo avete perso nell'ufficio? (15 minuti)
6. Da quanti anni esiste questo programma? (9 anni)
7. Quanto tempo ci metti a prepararti la mattina? (1 ora)
8. Quanto tempo lavori prima di mangiare? (5 ore)

Practice more at **vhlcentral.com**.

COMUNICAZIONE

4 Lavoro e piacere Lavorate a coppie. Fate, a turno, le seguenti domande su quanto tempo ci vuole a fare certe attività e su come passate il vostro tempo libero. Perdete molto tempo o lo organizzate bene?

MODELLO

S1: *Quanto tempo ci vuole a fare i compiti d'italiano?*
S2: *Ci vuole un'ora.*

1. Quanto tempo ci vuole ogni giorno per fare i compiti?
2. Quanto tempo passi a parlare al telefono?
3. Quante ore perdi a giocare al computer?
4. Quanto tempo passi a guardare la TV ogni giorno?
5. Quanti minuti ci vogliono per andare in classe dal tuo dormitorio o appartamento?
6. Quante ore risparmi usando un computer per fare i compiti?
7. Quanti minuti ci metti per alzarti la mattina?
8. Quanto tempo dedichi allo sport ogni settimana?

5 Quando? Lavorate a coppie. Parlate, a turno, di cosa fate prima, durante e dopo la vostra prima classe del giorno.

MODELLO

S1: *Cosa fai prima della tua prima lezione?*
S2: *Faccio la doccia e faccio colazione. E tu?*
S1: *Mi alzo alle 8 e poi...*

6 Una storia In gruppi di tre, scrivete una breve storia su una famiglia che cambia casa dopo dieci anni. Dite che cosa devono fare per vendere la loro vecchia casa e cosa devono fare per preparare la nuova casa. Usate quante più (*as many*) espressioni temporali possibili.

MODELLO

I signori Zenetti hanno vissuto in questa casa per dieci anni. L'anno scorso hanno deciso di venderla...

comprare nuovi elettrodomestici	portare fuori la spazzatura
dipingere (*to paint*) le stanze	pulire il cortile
lavare il pavimento	riparare (*to repair*) il tetto
lavare le tende	...

● **Volerci** refers to, and agrees with, the time *required* to do something. Use the third person singular or plural forms only, depending on the noun that follows it. **Volerci** takes **essere** in compound tenses like the **passato prossimo**.

Ci vogliono tre ore per pulire l'appartamento, ma **ci vuole un minuto** solo per sporcarlo.
It takes three hours to clean the apartment, but it only takes a minute to get it dirty.

C'è voluta mezz'ora per stirare. Perché **ci sono volute due ore** per spazzare?
It took half an hour to iron. Why did it take two hours to sweep?

● **Metterci**, on the other hand, expresses how long a person *spends* doing something, so the verb must agree with the person completing the action. **Metterci** takes **avere** in compound tenses.

Io ci metto un'ora per fare il bucato ogni weekend.
I spend an hour doing laundry every weekend.

Ci hanno messo un minuto per riordinare. È ancora un porcile!
They spent one minute tidying up. It's still a pigsty!

● To talk about someone doing one action before another, use **prima di** + [*infinitive*]. Use **dopo** + [*past infinitive*] to express doing something afterwards. Form the past infinitive with **avere** or **essere** + [*past participle*].

Finisci le faccende **prima di uscire** con gli amici.
Finish your chores before going out with your friends.

Puoi uscire **dopo aver finito** le faccende.
You can go out after you finish your chores.

● Use the verbs **passare** (*to spend*), **perdere** (*to waste*), and **risparmiare** (*to save*) with **tempo** and other time references.

Abbiamo perso troppo tempo in cucina.
We wasted too much time in the kitchen.

Passano ore nel cortile quando c'è il sole.
They spend hours in the courtyard when it's sunny.

Provalo! **Scegli la parola o espressione corretta per completare ogni frase.**

1. Vendo biscotti (da / per) quattro anni.
2. Siamo state a casa di Maria (prima di / per) due ore.
3. (Ci vogliono / Durano) tre ore per andare a New York in macchina.
4. Non usate il cellulare (da / durante) la lezione!
5. (Ci ho messo / È durata) mezza giornata per memorizzare la poesia.
6. Ho aspettato l'autobus (per / da) venti minuti.
7. La lezione (ci mette / dura) cinquanta minuti.
8. Parlano al telefono (da / durante) venti minuti.

SINTESI
Ricapitolazione

1 Consigli A coppie, parlate dei seguenti problemi. Una persona parla dei problemi della colonna A, l'altra parla dei problemi della colonna B. A turno, datevi consigli usando l'imperativo informale.

MODELLO

S1: Ho perso il mio libro d'italiano!
S2: Pulisci la tua stanza e lo troverai!

A	B
1. La pasta è pronta, ma non trovo una forchetta pulita.	1. Ho perso i biglietti del treno per domani.
2. Non c'è posto per la macchina in garage, ma non voglio lasciarla per strada.	2. I miei amici vengono a cena stasera, ma il frigo è vuoto.
3. Non riesco a studiare in camera mia.	3. Non trovo il libro che ho preso in biblioteca.
4. L'anno prossimo non avrò i soldi per affittare questa villa.	4. Ho una festa stasera, ma i miei vestiti preferiti sono sporchi.

2 I traslocatori In gruppi di tre, create una conversazione tra due traslocatori (*movers*) e il padrone di casa, il signor Tedesco. I traslocatori chiedono dove mettere ogni elettrodomestico e il signore risponde. Usate gli elettrodomestici della lista o altri che volete. Usate l'imperativo formale.

MODELLO

S1: *Signor Tedesco, dove metto la lavatrice?*
S2: *La metta lì, in quell'angolo (corner).*

asciugatrice	forno
aspirapolvere	frigorifero
congelatore	lavastoviglie

3 Le faccende Lavorate a coppie. L'insegnante vi darà due fogli diversi, ciascuno con metà delle informazioni sul tempo che diverse persone hanno impiegato a fare le faccende. A turno, fate domande su cosa ha fatto ogni persona e quanto tempo ci ha messo.

MODELLO

S1: *Quanto tempo ci ha messo Sofia a fare le sue faccende?*
S2: *Sofia ci ha messo due ore a lavare i vestiti.*

4 Un albergo di lusso A coppie, create un opuscolo (*brochure*) per un albergo di lusso in una località famosa. Usate l'imperativo formale per incoraggiare i possibili cliente a svolgere varie attività mentre stanno all'albergo. Usate foto o disegni per rendere l'opuscolo più attraente!

MODELLO

Visiti la Toscana!
Si rilassi nelle nostre stanze di lusso che includono frigorifero, microonde e caffettiera!...

ALBERGO LA TOSCANA

approfittare (*to take advantage*)	non fare le faccende
distrarsi (*to amuse oneself*)	non preoccuparsi
divertirsi	rilassarsi
godersi (*to enjoy*) le vacanze	riposare

5 La compagna di stanza A coppie, scrivete la storia di due compagne di stanza: una che è molto brava e l'altra che non è brava affatto (*at all*). Come hanno passato la giornata? Si sono organizzate bene o no? Scrivete la storia usando dettagli su cosa hanno fatto e per quanto tempo.

MODELLO

Mariella si è alzata alle sette di mattina. Alle nove aveva già studiato per due ore...

6 Un'inchiesta L'insegnante ti darà un foglio con una lista di diverse attività. Chiedi ai tuoi compagni se hanno fatto quelle attività nell'ultimo mese. Quando qualcuno dice di sì, scrivi il suo nome accanto all'attività. Trova una persona per ogni attività.

MODELLO

S1: *Hai guardato la televisione per più di tre ore ieri sera?*
S2: *No, l'ho guardata solo due ore!*

7 **Il nuovo arredatore** In gruppi di tre, create una conversazione tra una famiglia e un arredatore (*interior designer*) che aiuta a rifare la cucina. Usate l'imperativo formale o informale come necessario.

MODELLO

S1: *Signorina Di Masso, prego, entri.*
S2: *Secondo me, dobbiamo…*
S1: *Amore, lascia parlare lei prima. Ascoltiamo le sue idee!*

ascoltare	osservare
cambiare colore	smettere (*to stop*)
guardare	smontare (*to take down*)
montare (*to put up*)	spostare (*to move*)

8 **L'ufficio del dottore** A coppie, create una conversazione tra dottore e paziente. Il paziente descrive i suoi sintomi e il dottore dà consigli su cosa fare. Usate l'imperativo formale. Scambiate poi i ruoli e trovate nuovi problemi.

MODELLO

S1: *Dottore, per favore, mi aiuti! Ascolti quali sono i miei sintomi e mi dia un consiglio.*
S2: *Signor Tinetti, si calmi. Non si preoccupi, sono un esperto!*

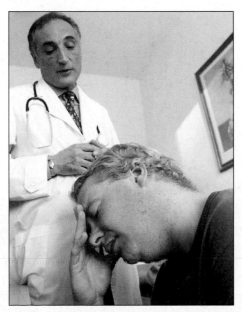

Il mio dizionario

Aggiungi al tuo dizionario personalizzato cinque parole relative alle case o all'ambiente domestico.

il campanello

traduzione
doorbell

categoria grammaticale
sostantivo (m.)

uso
Il postino suona il campanello.

sinonimi
/

antonimi
/

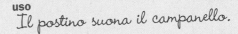

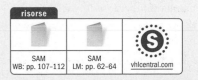

risorse		
SAM WB: pp. 107–112	SAM LM: pp. 62–64	vhlcentral.com

Panorama

Le isole

Sardegna

La regione in cifre

▶ **Superficie:** *24.090 km²*

▶ **Popolazione:** *1.641.290*

▶ **Industrie principali:** *turismo, agricoltura, petrolchimica°, tessile, metallurgia*

▶ **Città principali:** *Cagliari, Sassari, Quartu Sant'Elena, Olbia, Alghero*

Sardi celebri

▶ **Eleonora d'Arborea,** *regina° di Sardegna (1340–1404)*

▶ **Grazia Deledda,** *scrittrice e vincitrice del Premio Nobel (1871–1936)*

▶ **Antonio Gramsci,** *filosofo, scrittore e politico (1891–1937)*

▶ **Renato Soru,** *fondatore di Tiscali (società di telecomunicazioni°) e politico (1957–)*

Sicilia

La regione in cifre

▶ **Superficie:** *25.703 km²*

▶ **Popolazione:** *4.994.437*

▶ **Industrie principali:** *agricoltura, turismo, pesca°, cantieristica, petrolchimica*

▶ **Città principali:** *Palermo, Catania, Messina, Siracusa, Marsala*

Siciliani celebri

▶ **Archimede di Siracusa,** *matematico e inventore (287 a.C.–212 a.C.)*

▶ **Luigi Pirandello,** *scrittore e vincitore del Premio Nobel (1867–1936)*

▶ **Natalia Ginzburg,** *scrittrice (1916–1991)*

▶ **Maria Grazia Cucinotta,** *attrice (1968–)*

le acque turchesi in Sardegna

l'Etna in Sicilia: il vulcano più alto del continente europeo

il Duomo di Palermo (Sicilia)

Incredibile ma vero!

Meno inquinamento° per la raccolta dei rifiuti°: a Castelbuono, in Sicilia, i rifiuti sono raccolti con... asini°! È una soluzione economica ed ecologica allo stesso tempo. Ogni asino lavora su terreno pianeggiante°, per non più di cinque ore, portando solo cento chili. Un asino costa un massimo di €2.800 all'anno: un vero affare!

petrolchimica petrochemical industry **regina** queen **società di telecomunicazioni** telecommunications company **pesca** fishing **inquinamento** pollution **rifiuti** trash **asini** donkeys **terreno pianeggiante** level ground

L'architettura

Costruzioni religiose o militari?

I nuraghi sono costruzioni a forma di torre che risalgono al 1800 a.C. (avanti Cristo) e sono caratteristici della Sardegna. Ci sono diversi tipi di nuraghi e ogni tipo ha dimensioni diverse. Una torre può essere alta anche 20 metri. All'interno ci sono uno o più corridoi e una o più stanze. Non sappiamo di sicuro che cosa siano° questi nuraghi. Ci sono diverse teorie: alcuni archeologi dicono che i nuraghi erano costruzioni militari per la difesa dell'isola, altri dicono che i nuraghi erano troppo freddi e umidi per viverci e che, invece, erano costruzioni usate per le cerimonie religiose.

Le tradizioni

Un carnevale misterioso

A Mamoiada, in Sardegna, tutti gli anni viene celebrato un carnevale molto speciale. Non ci sono le belle maschere di Venezia o di Viareggio; qui, i protagonisti sono i Mamuthones e gli Issohadores. I primi° indossano una maschera di legno nera e camminano su due file° parallele. I secondi° camminano all'esterno dei Mamuthones e fanno finta° di catturare come prigionieri le persone del pubblico. È una tradizione antichissima° che rappresenta probabilmente un evento storico. Oggi è una cerimonia solenne° a cui partecipa tutto il paese. I mamoiadini dicono «Senza Mamuthones non c'è carnevale»!

Il clima

Caldo, umido e tanto vento

In generale il clima della Sicilia è tipico mediterraneo, con estati calde e inverni non troppo freddi. Un fenomeno particolare della Sicilia è lo Scirocco: un vento caldo che parte dal deserto del Sahara, in Africa, e arriva fino all'Italia. Lo Scirocco è un fenomeno dell'autunno e della

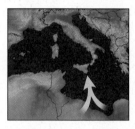

primavera. Porta sabbia° dal deserto e può anche raggiungere° i 100 km/ora. Frequentemente crea problemi di salute; per esempio, causa debolezza°, mancanza° di concentrazione e depressione, qualche volta anche febbre. È spesso necessaria una terapia speciale per aiutare le persone in queste stagioni.

La gastronomia

Il cannolo: un piccolo tubo°

I cannoli sono nati vicino a Palermo, forse in un monastero°. Una leggenda dice che risalgono addirittura° al tempo della dominazione araba. All'inizio erano preparati per il Carnevale, ma oggi si trovano tutto l'anno. I cannoli sono fatti di una pasta° fritta riempita di ricotta e frutta candita°. Gli emigrati italiani che sono venuti in America li hanno portati con loro ma li hanno adattati e cambiati a seconda della disponibilità° degli ingredienti. I cannoli sono probabilmente i dolci siciliani più famosi negli Stati Uniti.

Quanto hai imparato? Completa le frasi.

1. Nella città di Castelbuono gli asini _____.
2. Gli asini di Castelbuono lavorano per non più di _____ al giorno.
3. I _____ sono costruzioni a forma di torre.
4. I nuraghi erano costruzioni _____.
5. I Mamuthones e gli Issohadores sono i protagonisti del Carnevale di _____.
6. I Mamuthones indossano _____ di legno nera.
7. Lo Scirocco viene dal deserto del _____.
8. _____ può causare debolezza e depressione.
9. All'inizio i cannoli erano preparati per _____.
10. I cannoli sono fatti di una pasta fritta riempita di _____.

Practice more at **vhlcentral.com**.

SU INTERNET

Go to **vhlcentral.com** to find more cultural information related to this **Panorama**.

1. Cerca informazioni su Grazia Deledda e trova il libro che le ha fatto vincere il Premio Nobel. Leggi il riassunto e poi decidi se hai voglia di leggere tutto il libro o no e perché.
2. Cerca informazioni sui costumi dei Mamuthones e degli Issohadores e sul loro ruolo durante il Carnevale.
3. Fai una ricerca su Internet per scoprire quali sono i cibi tipici della cucina siciliana.

siano are **I primi** The former **file** lines **I secondi** The latter
fanno finta they pretend **antichissima** very ancient
solenne solemn **sabbia** sand **raggiungere** reach
debolezza weakness **mancanza** lack **tubo** tube
monastero monastery **addirittura** even **pasta** dough
frutta candita candied fruit **disponibilità** availability

Lettura  Audio: Reading

Prima di leggere

Predicting content from the title

Prediction can be a useful strategy in reading for comprehension. For example, reading the headline of a newspaper or magazine article will help you to predict what the article is about, and in some cases, the author's attitude toward the topic. Predicting content from the title will help you increase your reading comprehension in Italian.

Esamina il testo 👥 Leggi i titoli del testo. Che tipo di documento è questo? A coppie, create una lista di informazioni che, secondo voi, potrete trovare in ciascuna sezione del documento.

Titoli Guarda i titoli seguenti e indica in poche parole il possibile argomento (*topic*) del testo corrispondente. Secondo te, dove sono stati trovati questi titoli (in un giornale, una rivista, un opuscolo, una guida ecc.)?

Questa settimana a Roma:

Un nuovo ristorante per la catena McDonald's

Problemi enormi per la spazzatura nei cortili

Gli ultimi scandali dell'attrice Maura de Bianchi

---- *linea dell'autobus*

Le ville di Hollywood

Hotel La Luna, 2 ½ stelle, ottimi prezzi, vicino alla stazione

VISITIAMO ROMA

VILLA BORGHESE

UNA STORIA ANTICA

L'area dov'è la Villa oggi era già di proprietà della famiglia Borghese nel 1580. Il cardinale Scipione Borghese voleva creare una «villa di delizie» con il giardino più grande di Roma. Grazie a diversi architetti e giardinieri, la Villa è stata completata nel 1633. Il complesso è rimasto invariato° fino al 1776 quando il principe Marcantonio IV (1730-1800) ha apportato molti cambiamenti°. Il cambiamento più grande è stato la realizzazione del Giardino del Lago. Questo giardino è uno dei pochi esempi di giardino all'inglese° in area romana ed è ricco di piante esotiche, come, per esempio, alberi di banane e bambù. Nel 1901 il complesso è stato comprato dal Re d'Italia, che lo ha passato al comune di Roma nel 1903. Il parco è stato aperto al pubblico il 12 luglio di quell'anno.

UN MUSEO PREZIOSO

L'interno di Villa Borghese è oggi un museo d'arte. Ci sono dipinti° e sculture di molti artisti, per esempio Antonello da Messina, Giovanni Bellini, Raffaello, Tiziano, Correggio, Caravaggio, Bernini e Canova. La collezione è stata iniziata dal cardinale Borghese all'inizio del XVII secolo. Scipione Borghese amava l'arte del Rinascimento e l'arte contemporanea. Non gli piaceva l'arte medievale, ma invece gli piaceva molto la scultura antica. Nel 1700 il successore di Scipione Borghese, Marcantonio Borghese, ha rinnovato° l'edificio in stile neoclassico per evidenziare° meglio le prestigiose opere d'arte che vi erano presenti.

Un Giardino Incredibile

Villa Borghese è un grande parco di Roma, il terzo in ordine di grandezza°. Nel parco ci sono giardini, laghi, fontane, templi, monumenti ed edifici. Particolarmente interessante è il Tempio di Esculapio, realizzato all'inizio del Novecento° ad imitazione dell'originale tempio greco. Il Tempio si trova su una piccola isola nel mezzo del lago (nel Giardino del Lago). Il lago stesso ha molte piante, pesci e tartarughe°, una vera attrazione per molti bambini! Un altro elemento caratteristico del luogo è l'orologio ad acqua, costruito su progetto di padre Giovanni Battista Embriaco nel 1873. All'interno del giardino c'è anche un teatro che offre spettacoli durante l'estate. Non dimentichiamo, poi, i giardini segreti, che erano giardini privati, dei veri capolavori° che includono piante rare ed esotiche di incredibile bellezza.

Villa Borghese in Cifre

Il parco di Villa Borghese si estende su circa ottanta ettari° per un perimetro di sei chilometri. Al suo interno ci sono nove ingressi, quindici edifici, sei giardini, trentacinque fontane, trentotto monumenti, quattro musei e 485.000 visitatori (nel 2007)! Nel Parco c'è anche il Bioparco, uno zoo tra i più grandi d'Europa, che ospita più di mille animali. Molto interessante è anche il Cinema dei Piccoli: con sessantatré posti, uno schermo di cinque metri per due metri e mezzo e un'area di 71,52 m², nel 2005 è stato inserito nel Guinness dei Primati con la definizione di «edificio più piccolo del mondo adibito a° spettacoli cinematografici».

invariato *unchanged* cambiamenti *changes* all'inglese *English style* dipinti *paintings* ha rinnovato *renewed* evidenziare *highlight* grandezza *size* Novecento *1900s* tartarughe *turtles* capolavori *masterpieces* ettari *hectares* adibito a *used for*

Dopo la lettura

Vero o falso? Indica se ogni affermazione è **vera** o **falsa**. Correggi le affermazioni false.

1. Villa Borghese è stata completata nel 1580.
   _____

2. Il parco è diventato pubblico nel 1873.
   _____

3. La collezione artistica di Villa Borghese è iniziata nel 1600.
   _____

4. Scipione Borghese amava l'arte medievale.
   _____

5. Il Tempio di Esculapio è nel Giardino del Lago.
   _____

6. I giardini segreti hanno sculture e dipinti antichi.
   _____

7. Il Bioparco è grande circa ottanta ettari.
   _____

8. Il Cinema dei Piccoli è il teatro più piccolo del mondo.
   _____

Rispondere Rispondi alle seguenti domande con frasi complete. Scrivi le risposte su un foglio.

1. Che cos'è il Giardino del Lago?
2. Cos'è successo nel 1901?
3. Le opere di quali artisti sono nel museo di Villa Borghese?
4. Chi era Marcantonio Borghese e cosa ha fatto?
5. Cosa c'è nel parco di Villa Borghese?
6. Cosa ha fatto Giovanni Battista Embriaco?
7. Quante persone hanno visitato Villa Borghese nel 2007?
8. Che cos'è il Bioparco?

I personaggi della Villa Borghese In gruppi di tre, scegliete uno dei personaggi menzionati nel testo e fate ricerca su di lui. Preparate un rapporto scritto e presentatelo alla classe. Potete usare la biblioteca o l'Internet.

Practice more at **vhlcentral.com.**

In ascolto
S Audio

Using visual cues

Improve your listening comprehension by paying attention to visual cues that relate to what you are hearing.

🎧 To practice this strategy, you will listen to a passage related to the image. Jot down the clues the image gives you as you listen.

Preparazione

Cosa vedi nelle tre fotografie a destra? Secondo te, di che cosa parlano Benedetta, la cliente, e Vieri, l'agente immobiliare?

Ascoltiamo 🎧

Ascolta la conversazione. Vieri parlerà alla signora Benedetta di tre case. Guarda la pubblicità e marca l'opzione che Vieri le mostrerà per prima.

1. Rif. 520: ___
2. Rif. 521: ___
3. Rif. 522: ___

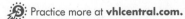
AFFITTASI

Appartamento in città, moderno, con balcone, 1.200 €
(**Rif. 520**)

3 stanze, giardino, 15 minuti dal parco di Villa Borghese, 950 €
(**Rif. 521**)

Casa in periferia (*suburb*), grande, cucina con frigo, forno e microonde, aria condizionata, 1.200 €
(**Rif. 522**)

Comprensione

I dettagli Dopo aver ascoltato il dialogo una seconda volta, completa la tabella con le informazioni richieste.

	Dove?	Casa o appartamento?	Con o senza mobili?	Numero di camere da letto?	Garage?	Giardino?
Alloggio (*House*) 1						
Alloggio 2						
Alloggio 3						

Quale scelgono i Boldini? Leggi la descrizione della famiglia Boldini. Decidi quale casa o appartamento sceglierà questa famiglia e spiega il perché della tua decisione.

Il signor Boldini lavora in centro. Non è importante quanto tempo ci mette per tornare a casa, ma la sera dopo il lavoro è molto stanco e non vuole fare le faccende in casa o in giardino. Per fortuna la signora Boldini adora cucinare e pulire. La sua casa è sempre impeccabile, perché passa spesso l'aspirapolvere. Hanno una figlia di tredici anni che ama invitare gli amici a casa per giocare. Poco prima di cercare casa i Boldini hanno comprato una macchina nuova: una grossa BMW che è sicuramente costata un sacco di soldi!

Scrittura

STRATEGIA

Making an outline

When we write to share information, an outline can serve to separate topics and subtopics, providing a framework for presenting the information. Consider the following excerpt from an outline of a brochure presenting a house for sale.

I. La casa
  A. Stanze
    1. La cucina
    2. Le camere da letto
    3. Il soggiorno
  B. Giardino
  C. Gli extra

II. La zona
  A. La regione
  B. I dintorni (*surroundings*)

Schema d'idee

Idea maps can be used to create outlines. The major sections of an idea map correspond to the Roman numerals in an outline. The minor sections correspond to the outline's capital letters, and so on. Consider the idea map that led to the outline above.

◦⌐Tema

Scrivere un opuscolo

Sei un agente immobiliare (*real estate agent*) e vuoi vendere una casa. Per attirare (*attract*) clienti devi descrivere tutte le caratteristiche della casa. Usa uno schema d'idee per aiutarti a definire il contenuto della tua presentazione. Ecco degli esempi di informazioni che puoi includere nell'opuscolo.

● titolo interessante

● presentazione generale della casa: quanto è grande e in che stile è (piccola, grande, tradizionale, contemporanea ecc.)

● luogo in cui si trova e descrizione della zona (vicino a una città, vicino al mare, in campagna ecc.)

● numero delle stanze e delle camere da letto

● breve descrizione delle stanze più importanti

● mobili, se ci sono

● garage, se c'è

● giardino, se c'è

● altre informazioni utili (elettricità, telefono, sistema di sicurezza ecc.)

● prezzo richiesto dalla persona che vende

Le parti della casa

l'armadio	closet; wardrobe
il bagno	bathroom
il balcone	balcony
la camera da letto	bedroom
il corridoio	hallway
il cortile	courtyard
la cucina	kitchen
la dispensa	pantry
il garage	garage
la mansarda	attic
la parete	wall
il pavimento	floor
la sala da pranzo	dining room
la scala	stair; staircase
il seminterrato	basement; garden-level apartment
il soggiorno	living room
il soffitto	ceiling
la stanza	room
lo studio	office; study
la terrazza	terrace
il tetto	roof

I mobili

il cassetto	drawer
la cassettiera	dresser
il comodino	night table
la credenza	cupboard
il divano	couch
il fiore	flower
il gabinetto	toilet
la lampada	lamp
il letto	bed
il piano cottura	stove top
la poltrona	armchair
il poster	poster
il quadro	painting
lo scaffale	bookshelf
la scrivania	desk
il tappeto	carpet
la tenda	curtain
la vasca da bagno	bathtub
il vaso	vase

Abitare

l'appartamento	apartment
il bilocale	two-room apartment
la camera doppia/singola	double/single room
il palazzo	apartment building; palace
il monolocale	studio apartment
la villa	single-family home; villa
affittare	to rent (owner)
prendere in affitto	to rent (tenant)
subaffittare	to sublet
trasferirsi/traslocare	to move

Sporcare e pulire

l'asse (f.) da stiro	ironing board
il bucato	laundry
la coperta	blanket
il cuscino	pillow
il lavello	kitchen sink
le lenzuola (sing. il lenzuolo)	sheets
la scopa	broom
apparecchiare la tavola	to set the table
fare i mestieri/le faccende	to do household chores
fare il letto	to make the bed
fare il bucato	to do laundry
lavare i piatti	to wash the dishes
mettere in ordine	to tidy up
passare l'aspirapolvere	to vacuum
portare fuori la spazzatura	to take out the trash
sparecchiare la tavola	to clear the table
spazzare	to sweep
spolverare	to dust
sporcare	to soil
stirare	to iron

Per descrivere

Che casino!	What a mess!
È un porcile!	It's a pigsty!
impeccabile	impeccable; perfectly clean
macchiato/a	stained
pulito/a	clean
schifoso/a	disgusting
sporco/a	dirty

Gli elettrodomestici

l'asciugatrice (f.)	clothes dryer
l'aspirapolvere (m.)	vacuum
la caffettiera	coffee maker
il congelatore	freezer
il ferro (da stiro)	iron
i fornelli	stovetop; burners
il forno	oven
il (forno a) microonde	microwave oven
il frigo(rifero)	fridge
la lavastoviglie	dishwasher
la lavatrice	washing machine
il tostapane	toaster

Le posizioni

a destra/sinistra	to the right/left
accanto (a)	next to
davanti (a)	in front of
dentro	inside
dietro (a)	behind
fuori	outside
sopra	above, over
sotto	below, under

Espressioni utili	See pp. 235 and 251.
Expressions used with the future	See p. 240.
Double object pronouns	See p. 242.
Common formal imperatives	See p. 257.
Time expressions	See pp. 258–259.

Sì, viaggiare!

Per cominciare

- Emily è in vacanza o al lavoro?
- Attraversa la strada o guida una macchina?
- Deve prendere il treno per andare al Colosseo o può andare a piedi?

Communicative Goals

You will learn how to:

• talk about cars and driving
• talk about public transportation

Il trasporto

S Vocabulary Tools

Vocabolario

espressioni	*expressions*
allacciare	*to buckle (seatbelt)*
avere un incidente	*to have/be in an accident*
colpire (-isc-)	*to hit*
essere in panne	*to break down*
frenare	*to brake*
noleggiare	*to rent (car)*
parcheggiare	*to park*
riparare	*to repair*
i mezzi	*means*
di trasporto	*of transportation*
la barca	*boat*
il camion	*truck*
la metro(politana)	*subway*
il motorino	*scooter*
la nave	*ship*
il pullman	*bus*
il tassì, il taxi	*taxi*
il traghetto	*ferry*
il treno	*train*
guidare la macchina	*driving a car*
l'autista	*driver*
l'autostrada	*highway*
i freni	*brakes*
la frizione	*clutch*
il limite di velocità	*speed limit*
la multa	*fine; traffic ticket*
la patente	*driver's license*
il trasporto pubblico	*public transportation*
il binario	*track; platform*
la biglietteria	*ticket office/window*
il biglietto	*ticket*
il controllore	*ticket collector*
la fermata	*(bus/train) stop*
l'orario	*timetable*
convalidare	*to validate (ticket)*
prima/seconda classe	*first/second class*

la stazione di servizio

Fa benzina.

la macchina

il baule

il volante

il cofano

la cintura di sicurezza

il motore

la portiera

il meccanico
(la meccanica *f.*)

Ha bucato una gomma.
(bucare)

risorse

SAM
WB: pp. 115–116

SAM
LM: p. 65

S
vhlcentral.com

Pratica

1

Le coppie Abbina ogni verbo con l'espressione adatta.

1. ____ allacciare
2. ____ fare benzina
3. ____ frenare
4. ____ riparare la macchina
5. ____ fare la multa
6. ____ guidare la macchina

a. la stazione di servizio
b. il meccanico
c. la vigilessa urbana
d. il volante
e. la cintura di sicurezza
f. i freni

2

Mettere etichette Etichetta ogni foto con una parola del vocabolario della lezione.

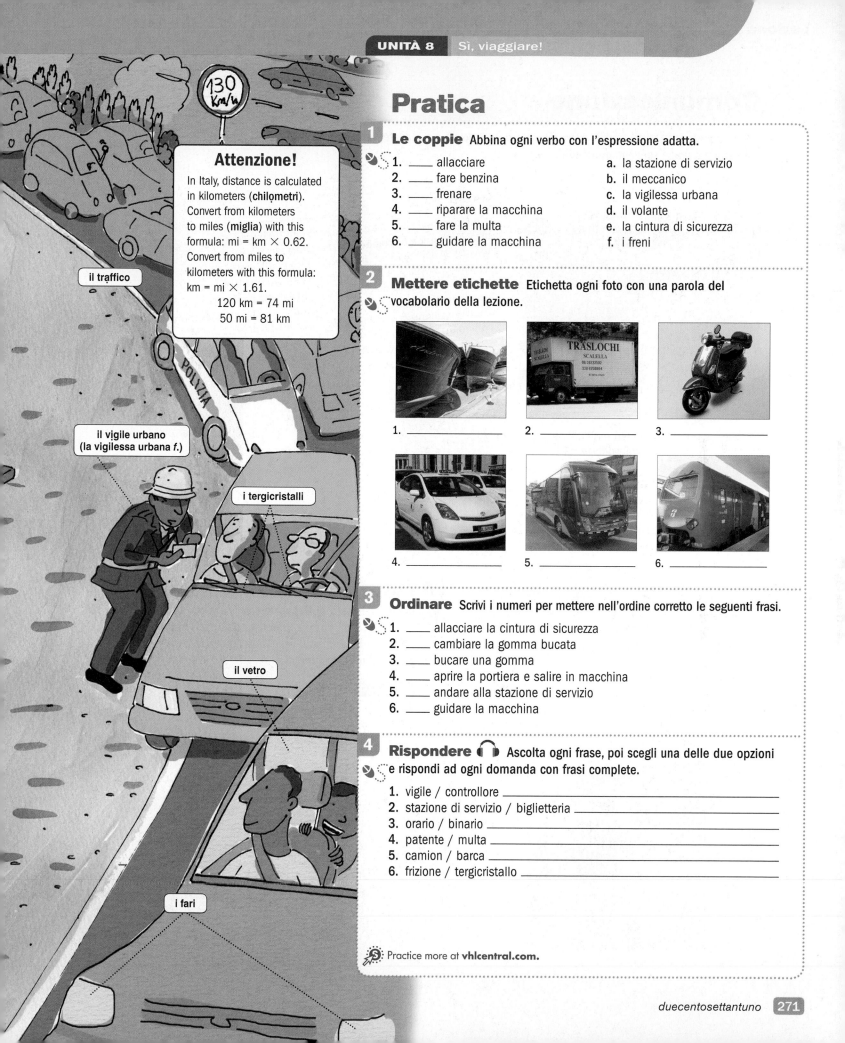

1. _____
2. _____
3. _____

4. _____
5. _____
6. _____

3

Ordinare Scrivi i numeri per mettere nell'ordine corretto le seguenti frasi.

1. ____ allacciare la cintura di sicurezza
2. ____ cambiare la gomma bucata
3. ____ bucare una gomma
4. ____ aprire la portiera e salire in macchina
5. ____ andare alla stazione di servizio
6. ____ guidare la macchina

4

Rispondere 🎧 Ascolta ogni frase, poi scegli una delle due opzioni e rispondi ad ogni domanda con frasi complete.

1. vigile / controllore _____
2. stazione di servizio / biglietteria _____
3. orario / binario _____
4. patente / multa _____
5. camion / barca _____
6. frizione / tergicristallo _____

Practice more at **vhlcentral.com.**

Attenzione!

In Italy, distance is calculated in kilometers (**chilometri**). Convert from kilometers to miles (**miglia**) with this formula: mi = km × 0.62. Convert from miles to kilometers with this formula: km = mi × 1.61.

120 km = 74 mi
50 mi = 81 km

il traffico

il vigile urbano
(la vigilessa urbana *f.*)

POLIZIA

i tergicristalli

il vetro

i fari

130 km/h

Comunicazione

5 **Che cosa è successo?** A coppie, guardate il disegno e leggete l'articolo del giornale. Poi rispondete alle seguenti domande.

12 Notizie locali

Ieri mattina, alle ore nove e trenta, c'è stato un incidente in centro. Un camion ha colpito una macchina blu al semaforo (*traffic light*) dell'incrocio (*intersection*) tra via Pascoli e corso Indipendenza. Alla guida del camion c'era un uomo di Firenze che non ha notato il semaforo rosso. In macchina c'erano tre studenti universitari di Perugia, che fortunatamente indossavano la cintura di sicurezza. La macchina, in seguito all'urto (*collision*), ha colpito un motorino parcheggiato lì vicino. Per fortuna, non ci sono stati feriti (*injuries*). Sul luogo dell'incidente sono arrivati subito i vigili urbani che hanno dato una multa all'autista del camion. Tutti e tre i veicoli sono stati portati dal meccanico più vicino per essere riparati.

1. Che cosa è successo ieri mattina alle nove e trenta?
2. Quali sono i veicoli coinvolti (*involved*)?
3. Chi guidava i veicoli?
4. Chi ha causato l'incidente? Perché?
5. Che cosa ha colpito la macchina blu?
6. Ci sono stati feriti?
7. Chi è arrivato sul luogo dell'incidente?
8. Dove sono stati portati i veicoli?

6 **Le sette differenze** Lavorate a coppie. L'insegnante vi darà due fogli diversi, ciascuno con un disegno. Descrivete a turno i vostri disegni e fate domande per trovare le sette differenze fra i disegni.

MODELLO

S1: *Vedo tre tassì.*
S2: *Anch'io vedo tre tassì. C'è anche una fermata dell'autobus.*
S1: *Io non vedo una fermata dell'autobus...*

7 **I mezzi di trasporto** In gruppi di tre, parlate dei diversi mezzi di trasporto che usate per andare in questi posti. Poi fate una lista dei mezzi di trasporto più usati dal gruppo. Paragonate la vostra lista con quella di un altro gruppo.

MODELLO

S1: *Per andare in centro, prendo la metropolitana.*
S2: *Veramente? Io ci vado in motorino.*
S3: *Io preferisco andare a piedi, ma...*

mezzi	posti
a piedi	casa di un amico in campagna
in autobus	supermercato
in bicicletta	biblioteca
in macchina	centro
in metropolitana	un altro stato
in motorino	città vicina
in taxi	cinema
in treno	???

Pronuncia e ortografia (S) Audio

Consonanti doppie

que**ll**o	fa**nn**o	po**rr**e	pa**ss**o

In Italian, all consonants (except **q** and **h**) can be written as a single or double consonant. When a consonant is doubled, it is emphasized and held longer than a single consonant.

so**n**o	so**nn**o	se**t**e	se**tt**e

It is important to pronounce single and double consonants correctly. Some words are differentiated only by the doubled consonant.

Da**mm**eli!	Di**mm**i!	Fa**ll**o!	Va**cc**i!

When object pronouns (except **gli**) are attached to the informal **tu** commands **da'**, **di'**, **fa'**, **sta'**, and **va'**, the initial consonant of the pronoun is doubled.

contra**dd**ire	contra**tt**empo	sopra**cc**iglio	sopra**tt**utto

When forming compound words beginning with **contra-** (*against*) or **sopra-** (*above, over*), the initial consonant of the attached word is usually doubled.

Pronunciare Ripeti le parole ad alta voce.

1. sopravvivere	4. terra	7. fissare	10. spalla
2. mamma	5. farro	8. vero	11. dammi
3. latte	6. lettera	9. verrò	12. sanno

Articolare Ripeti le frasi ad alta voce.

1. Fammi un favore!
2. Quello è un libro molto interessante.
3. È stata una serata bellissima.
4. Sono solo le sette, ma ho sonno.
5. La ragazza chiama la mamma.
6. La nonna di Gianni prepara il caffè.

Proverbi Ripeti i proverbi ad alta voce.

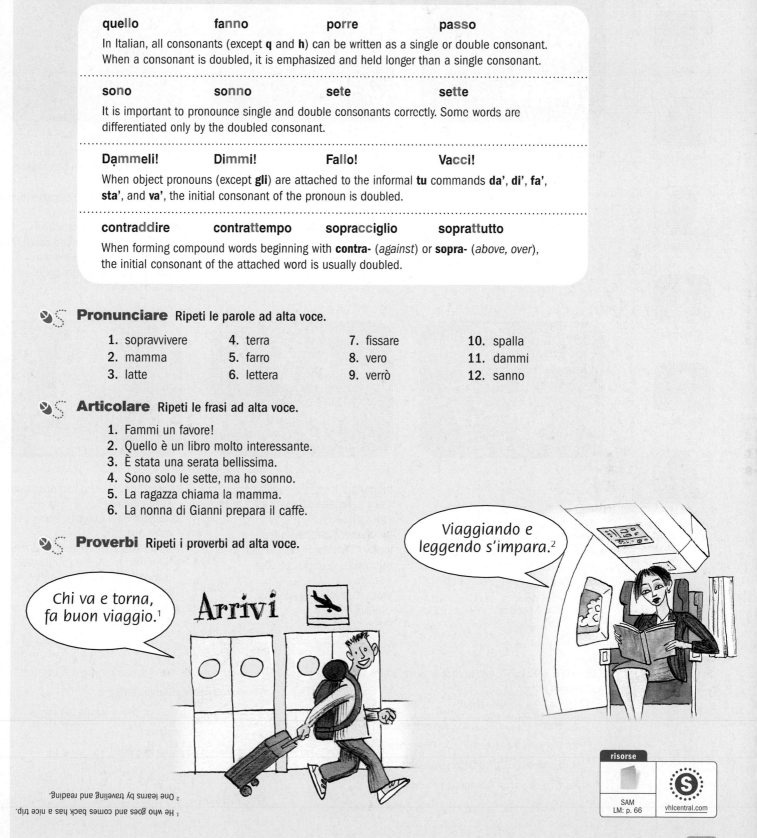

Viaggiando e leggendo s'impara.[2]

Chi va e torna, fa buon viaggio.[1]

Arrivi

[2] One learns by traveling and reading.

[1] He who goes and comes back has a nice trip.

FOTOROMANZO

C'eravamo tanto amati  Video: *Fotoromanzo*

PERSONAGGI

Emily

Francesca

Lorenzo

Marcella

Riccardo

Viola

RICCARDO Dov'è il mio cellulare? Porca miseria!

MARCELLA Che succede? È andato via più di due ore fa.
VIOLA Non ti preoccupare, Marcella. Starà bene.
MARCELLA Sono più arrabbiata che preoccupata.

EMILY Viola, indovina! Ho visto Lorenzo in un bar con una ragazza.
VIOLA Francesca?
EMILY È quello che ho pensato io, ma non era lei.
VIOLA E chi era? Era carina?
EMILY Non lo so. Sì, molto carina. Non carina come te. È già tornato?
VIOLA Era qui prima, ma poi è andato via.

In piazza della Rotonda...
LORENZO Ciao, Francesca. Com'è andato il viaggio?
FRANCESCA Un traffico incredibile. Le autostrade sono intasatissime, ma è anche peggio a Milano.
LORENZO Ho pensato molto a noi due, Francesca.
FRANCESCA Anche io.

RICCARDO Il motore ha cominciato a fare *bababaaa*. Lo sai riparare, Viola?
VIOLA Forse.
RICCARDO Viola, per favore.
VIOLA Che cosa mi dai in cambio?
RICCARDO Tutto ciò che vuoi. Sul serio!
VIOLA Da tempo desidero un lettore MP3.
EMILY Viola!

FRANCESCA Tu ed io non possiamo stare insieme.
LORENZO E sei venuta a Roma per dirmi questo?
FRANCESCA Lorenzo. Io ti amo, ma... Ma siamo la peggior coppia del mondo. Vogliamo cose diverse.
LORENZO Lo so.
FRANCESCA Perciò, niente più telefonate. Abbi cura di te, Lorenzo. Ciao.

A T T I V I T À

1 Vero o falso? Decidi se le seguenti affermazioni sono vere o false.

1. Marcella è arrabbiata.
2. Emily ha visto Riccardo con una ragazza in un ristorante.
3. Riccardo è andato via con la macchina di Marcella.
4. Secondo Emily, Riccardo guida male.
5. Emily dice che Riccardo è un bravo ragazzo.

6. Francesca dice che in autostrada non c'era traffico.
7. Viola desidera un lettore MP3.
8. Francesca e Lorenzo sono una coppia bellissima.
9. Viola ripara lo scooter.
10. Marcella è delusa di Riccardo.

Practice more at **vhlcentral.com**.

Lo scooter di Marcella si è guastato.

VIOLA Hai parlato con Riccardo?

EMILY L'ultima volta è stata stamattina.

VIOLA Hai il suo numero di cellulare?

EMILY Dov'è? Cos'è successo?

VIOLA Se n'è andato con lo scooter di Marcella circa due ore fa.

EMILY Fa sempre così. Non ti preoccupare, guida bene.

VIOLA Stavo riparando l'aspirapolvere e lui mi voleva aiutare, al solito suo. Gli ho detto che non sapeva farlo. È un idiota.

EMILY Riccardo ama strafare, ma è un bravo ragazzo.

VIOLA Non m'interessa. È il tuo migliore amico, non il mio.

RICCARDO Emily? Emily, ci sei? Emily!

VIOLA Lo scooter è come nuovo adesso.

RICCARDO Grazie, Viola.

VIOLA Di niente. Ora sei in debito con me.

EMILY Prendi l'autobus domani!

EMILY Marcella.

MARCELLA Riccardo, ti posso parlare un momento?

RICCARDO Marcella, posso spiegarti. Viola...

MARCELLA Sei irresponsabile e immaturo! Sono molto delusa.

Espressioni utili

Comparatives and superlatives

- **più di**
  more than
- **più arrabbiata che preoccupata**
  more angry than worried
- **non carina come te**
  not as pretty as you
- **migliore**
  best
- **intasatissime**
  very crowded
- **È anche peggio a Milano.**
  It's even worse in Milan.
- **la peggior coppia del mondo**
  the worst couple in the world
- **Lo scooter è come nuovo adesso.**
  The scooter is as good as new now.

Additional vocabulary

- **Porca miseria!**
  Darn!
- **Indovina!**
  Guess what!
- **È andato via./Se n'è andato.**
  He left.
- **da tempo desidero**
  I've always wanted
- **Perciò, niente più telefonate.**
  So, no more phone calls.
- **Abbi cura di te.**
  Take care of yourself.
- **circa**
  about
- **al solito suo**
  as usual
- **strafare**
  to overdo things
- **Ci sei?**
  Are you there?
- **in cambio**
  in exchange
- **tutto ciò**
  everything
- **Sul serio!**
  No kidding!
- **delusa**
  disappointed

---

2 **Per parlare un po'** A coppie, scrivete una conversazione tra due fidanzati che hanno deciso di rompere il loro fidanzamento. Scrivete almeno 15 battute (*lines*) e poi presentatelo ai vostri compagni di classe.

3 **Approfondimento** In Italia ci sono molte autostrade, ma anche molte tangenziali (*circular roads*) e alcuni trafori (*tunnels*). Fai una ricerca e spiega la differenza tra autostrade, tangenziali e trafori. Poi trova il nome di tre di queste strade e scopri quali posti collegano. Presenta i tuoi risultati alla classe.

risorse

SAM
VM: pp. 29–30

vhlcentral.com

A
T
T
I
V
I
T
À

CULTURA

In treno o in autobus?

Come viaggiano gli italiani? Quali mezzi di trasporto preferiscono?
I mezzi di trasporto pubblico sono certamente molto usati in Italia: sono convenienti°; collegano° ogni singolo paese°, cittadina° e città; diminuiscono l'intasamento° dei centri storici e fermano spesso nel centro della città.

I mezzi pubblici hanno certo tanti vantaggi, ma molti italiani usano comunque l'auto. Nonostante gli inconvenienti del traffico, i pedaggi° e il parcheggio, c'è sempre chi preferisce la libertà e la flessibilità di prendere la propria macchina, per non essere limitati dagli orari e dai percorsi degli autobus o dei treni.

Gli autobus sono urbani (se viaggiano all'interno di una città), extraurbani (se collegano una città con i paesi vicini) o interurbani (se collegano diverse città). I treni sono invece regionali (se si fermano in ogni stazione), interregionali (se collegano solo i paesi più grandi) oppure Intercity ed Eurostar (se fermano solo nelle città principali). Più° un treno o un autobus è locale, più è usato dai pendolari° (lavoratori o studenti) e meno° è costoso, mentre su treni Intercity o autobus interurbani è facile, specialmente in estate, viaggiare in mezzo a turisti stranieri.

Una particolarità dei treni e degli autobus è che i biglietti devono essere comprati° e timbrati° prima di iniziare il viaggio. Le macchinette, che timbrano la data e l'ora sul biglietto, si trovano nelle stazioni dei treni e a bordo degli autobus. I biglietti generalmente hanno una validità di un'ora per gli autobus e sei ore per i treni: ecco perché devono essere timbrati, per determinare quando è iniziato il viaggio.

E se avete dimenticato di timbrare prenderete una bella multa!

I pendolari in Italia

	AUTO/MOTO	TRENO	AUTOBUS
Percentuale di pendolari che usa i mezzi di trasporto	9,1%	14,8%	76,1%

FONTE: trasporti.gov.it

convenienti *cheap* collegano *they connect* paese *village* cittadina *town* intasamento *gridlock* pedaggi *tolls* interno *within* Più *The more* pendolari *commuters* meno *the less* devono essere comprati *must be purchased* timbrati *validated*

---

1 Vero o falso? Indica se l'affermazione è **vera** o **falsa**. Correggi le affermazioni false.

1. I mezzi pubblici italiani sono costosi.
2. I treni e gli autobus collegano città, cittadine e piccoli paesi.
3. In città è spesso difficile trovare parcheggio.
4. Molti italiani preferiscono usare l'auto più che i mezzi pubblici.
5. Le stazioni dei treni sono lontane dal centro.
6. Gli autobus interurbani collegano il centro con i paesi vicini.
7. I treni Intercity sono meno costosi dei regionali.
8. In estate molti turisti usano treni regionali e autobus urbani.
9. I biglietti devono essere timbrati perché sono a tempo.
10. Una persona che non timbra il biglietto deve pagare una multa.

Practice more at **vhlcentral.com.**

L'ITALIANO QUOTIDIANO

In viaggio

l'abbonamento	*subscription; pass*
il capolinea	*terminus*
la coincidenza	*connection*
la fermata a richiesta	*stop on request*
il passaggio a livello	*level crossing*
la prenotazione	*reservation*
il rimborso	*refund*
il senso unico	*one way*
il supplemento	*supplement, excess fare*
la tariffa	*fare*

USI E COSTUMI

Un viaggio particolare

Molte città italiane sono antiche, così i mezzi di trasporto a volte devono adattarsi alla loro speciale struttura. Alcune città costruite su una collina° hanno **scale mobili°** (Belluno e Perugia) o **funicolari°** (Genova e Napoli) invece dell'autobus per andare in centro.

I mezzi pubblici di Venezia sono i più insoliti°: se i **vaporetti°** (più grandi) e i **motoscafi°** (più piccoli) sono usati come autobus, i **ferry-boat** funzionano come linee extraurbane fra la città e alcune isole. Se preferite la **gondola** ma non volete spendere molto, nessun problema: un servizio pubblico di **traghetti** vi porta da una parte all'altra del Canal Grande per 50 centesimi°.

collina *hill* **scale mobili** *escalators* **funicolari** *funiculars* **insoliti** *unusual* **vaporetti** *large motorboats* **motoscafi** *motorboats* **centesimi** *cents*

RITRATTO

Ferrari: l'uomo e la macchina

Enzo Ferrari nasce a Modena nel 1898. Nel 1920 inizia a correre° come pilota per l'Alfa Romeo. La madre di Francesco Baracca (un aviatore, eroe della Prima Guerra Mondiale) gli consegna°, dopo una gara°, il simbolo che suo figlio portava sull'aereo da guerra°. «Lo metta sulla sua auto: Le porterà fortuna°», disse° al giovane pilota. È il marchio° della futura Scuderia° Ferrari: un cavallino rampante°.

Dopo la nascita del figlio Dino, Enzo Ferrari smette° di fare il pilota e diventa team manager, prima dell'Alfa Romeo e poi dell'Auto Avio Costruzioni, una casa automobilistica fondata da lui nel 1937 e che diventerà la Ferrari nel 1943. Per evitare i bombardamenti° della Seconda Guerra Mondiale, fu costruito uno stabilimento° a Maranello, un piccolo paese dove non c'era pericolo di bombe.

La Scuderia Ferrari, diretta da Enzo Ferrari fino alla sua morte nel 1988, ha vinto da allora molte gare e vari titoli mondiali di Formula Uno.

correre *to race* **consegna** *gives* **gara** *race* **aereo da guerra** *fighter plane* **Le porterà fortuna** *It will bring you luck* **disse** *she said* **marchio** *trademark* **Scuderia** *Racing team* **cavallino rampante** *rearing pony* **smette** *stops* **bombardamenti** *bombings* **stabilimento** *plant*

SU INTERNET

Quali informazioni sono necessarie per comprare un biglietto del treno italiano online?

Go to **vhlcentral.com** to find more information related to this **CULTURA**.

---

2 **Completare** Completa le frasi.

1. Il simbolo della Ferrari è un _____.
2. Enzo Ferrari ha cominciato la sua carriera come _____ nel 1920.
3. La sede della Ferrari è a _____.
4. A _____ puoi andare in centro in funicolare.
5. A Venezia, invece degli autobus extraurbani ci sono i _____.
6. In _____ puoi passare il Canal Grande per pochi soldi.

3 **A voi** A coppie, discutete le seguenti domande.

1. Usi spesso i mezzi di trasporto pubblico? Quali?
2. Hai mai usato mezzi di trasporto particolari, come scale mobili, funicolari, motoscafi o altro? Racconta la tua esperienza.
3. Qual è il tuo mezzo di trasporto preferito? Perché?

risorse

vhlcentral.com

A T T I V I T À

STRUTTURE

8A.1 Comparatives of equality

Punto di partenza Comparatives of equality (**comparativi di uguaglianza**) are used to indicate that two people, things, or qualities are equal. In Italian, comparisons of equality are expressed with **(così)... come** and **(tanto)... quanto**.

Lei è **così** alta **come** lui.
She's as tall as he is.

È **tanto** dolce **quanto** fedele.
He's as sweet as he is loyal.

- With adjectives or adverbs, use either of the following constructions. Both are equivalent to *as + [adjective/adverb] + as* in English.

> **(così)** + [*adjective or adverb*] + **come**
> **(tanto)** + [*adjective or adverb*] + **quanto**

- **Così** and **tanto** are optional in these constructions with adjectives and adverbs, and are frequently omitted.

Rita guida **(tanto) bene quanto** Mario.
Rita drives as well as Mario.

La mia macchina è **(così) vecchia come** la tua.
My car is as old as yours.

L'autobus non sarà **veloce come** il taxi.
The bus won't be as fast as a taxi.

La cintura è **necessaria quanto** i freni.
The seatbelt is as necessary as the brakes.

- When using pronouns after **come** and **quanto**, use disjunctive pronouns, which you learned in **Lezione 4A**.

È bello **come me** il tuo ragazzo?
Is your boyfriend as handsome as I am?

Angela è **tanto** stanca **quanto te**.
Angela is as tired as you are.

---

1 Completare Completa la seguente conversazione con la forma corretta di **tanto** e **quanto**.

BIANCA Hai sentito che la principessa Teresa ha organizzato una mostra di tutte le sue cose personali?

ANTONIA Sì! Ho letto che ha (1) _____ collane (2) _____ braccialetti e anche (3) _____ giochi (*games*) (4) _____ un negozio intero!

BIANCA Secondo me è (5) _____ viziata (*spoiled*) (6) _____ sua sorella Ludovica. Loro la mattina si alzano (7) _____ lentamente (8) _____ pigramente e sicuramente non lavorano (9) _____ (10) _____ giocano!

ANTONIA Che bello essere una principessa!

2 Creare Crea frasi con il comparativo di uguaglianza.

> **MODELLO** Giovanni / riparare / macchine / Giulia
> *Giovanni ripara tante macchine quanto Giulia.*

1. i professori / lavorare / intensamente / studenti
2. i cani / essere / fedeli / gatti
3. Lorella / guardare / commedie / documentari
4. la tecnologia / servire / per imparare / per lavorare
5. questo libro / essere / lungo / noioso
6. io / bere / acqua naturale / bibite gassate

3 Descrivere Usa le informazioni date per fare paragoni (*comparisons*) tra Tommaso e Teresa. Usa il comparativo di uguaglianza.

> **MODELLO** lavorare
> *Tommaso lavora tanto quanto Teresa.*

1. felice
2. macchine
3. abbronzarsi
4. studiare il fine settimana
5. estroverso/a
6. il traffico
7. le vacanze
8. fare sport

🔆 Practice more at **vhlcentral.com**.

COMUNICAZIONE

4 **Gemelli** A coppie, descrivete due gemelli che sono molto simili. Includete informazioni sulla loro personalità, aspetto fisico, interessi e cose che hanno. Usate il comparativo di uguaglianza.

MODELLO

Federico è tanto serio quanto Flavia. Lei è tanto alta quanto lui e…

5 **Cose in comune** A coppie, fatevi domande per scoprire cosa avete in comune. Usate il comparativo di uguaglianza quando trovate un aspetto simile.

MODELLO

S1: *Quante ore al giorno studi l'italiano?*
S2: *Lo studio due ore al giorno. E tu?*
S1: *Anch'io! Io studio tante ore quanto te.*

classi	giacche
dormire	scarpe
fare esercizio	studiare
fare shopping	uscire
fratelli e sorelle	viaggiare

6 **Due città** A coppie, guardate queste foto di Roma e di Parigi (*Paris*). Usate a turno il comparativo di uguaglianza per fare quanti più paragoni possibili.

affollato (*crowded*)	bello	negozi	persone
antico	edifici	parcheggiare	traffico

Riccardo è tanto simpatico quanto divertente.

Non è carina come te.

- When comparing nouns, use only **tanto… quanto** (*as many/much… as*). Note that **tanto** and **quanto** agree in gender and number with the nouns that follow them, and **tanto** cannot be omitted.

  In questa città ci sono **tanti motorini quante macchine**.
  *In this city there are **as many scooters as cars**.*

  Ho visto **tanti controllori** sul treno **quanti passeggeri**.
  *I saw **as many ticket collectors** on the train **as passengers**.*

- To make comparisons with verbs, use **(tanto) quanto** (*as much as*) together after the verb. **Tanto** is optional.

  Dottore, Lei non **guida (tanto) quanto** me.
  *Doctor, you don't **drive as much as** I do.*

  Giosuè **ha pulito (tanto) quanto** Francesca.
  *Giosuè **cleaned up as much as** Francesca did.*

  Viaggia **tanto quanto** voi?
  *Does she travel **as much as** you do?*

  Ha speso **quanto** me per il pieno.
  *He spent **as much as** I did on gas.*

Provalo! Scegli la forma corretta per completare le frasi seguenti.

1. Rita guida (tanto / tanti) bene (quanto / quante) Mario.
2. Questa università è (tanta / tanto) grande (quanta / quanto) l'università dove vai tu.
3. Edoardo mangia (così / come) educatamente (così / come) Giorgio.
4. Anna ha (tanto / tanti) pantaloni (quante / quanti) gonne.
5. Questo computer si blocca (tante / tanto) (quanto / quanti) quel computer.
6. Lucilla è (così / come) bella (così / come) Maria.
7. Ti piace nuotare (tanta / tanto) (quante / quanto) giocare a tennis?
8. Alessandro è (tanti / tanto) intelligente (quanto / quante) divertente.

STRUTTURE

8A.2 Comparatives of inequality

Punto di partenza You have learned how to form comparisons of equality. Use comparatives of inequality to compare two people, things, or qualities that are not equal.

- To compare two subjects in relation to the same quality, use the construction **più** + [*adjective, adverb, or noun*] + **di** to express *more . . . than.*

  Una nave è **più grande di** una barca. Hai preso **più multe di** Michele.
  A ship is bigger than a boat. *You got more tickets than Michele.*

- Use the construction **meno** + [*adjective, adverb, or noun*] + **di** to express *less/fewer . . . than.*

  Una gondola è **meno veloce di** un traghetto. Ha avuto **meno incidenti di** Isa.
  A gondola is slower than a ferry. *He had fewer accidents than Isa.*

- When using a definite article after **di**, remember to use **preposizioni articolate**. You learned how to do this in **Lezione 3A**.

  Il suo motorino sarà più nuovo **del** mio. Questo biglietto era meno costoso **dell'**altro.
  His scooter must be newer than mine. *This ticket was less expensive than the other.*

- When using a pronoun after **di**, use the disjunctive pronoun.

  Il meccanico avrà più esperienza **di me**. L'autista ha viaggiato meno **di Lei**.
  The mechanic probably has more experience than I do. *The driver travelled less than you.*

- To compare two nouns, verbs, adjectives, etc. in relation to the same subject, use **che** instead of **di**.

  A Siena ci sono **più macchine che barche**. A New York, usavano **meno la metro che il taxi**.
  In Siena there are more cars than boats. *In New York, they used to use the subway less than taxis.*

  Gli è piaciuto **meno andare in treno che guidare**. La biglietteria è **più spesso chiusa che aperta**.
  He liked taking the train less than driving. *The ticket window is closed more often than it's open.*

- To express *more/fewer* than a certain number, use **più/meno di** + [*number*].

  Ho **più di otto** persone in macchina. La stazione ha **meno di sei** binari.
  I have more than eight people in my car. *The station has fewer than six tracks.*

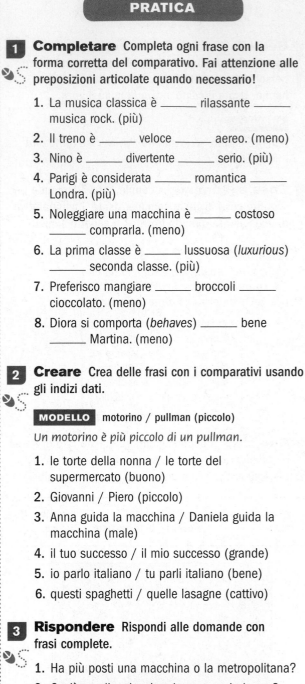

PRATICA

1 Completare Completa ogni frase con la forma corretta del comparativo. Fai attenzione alle preposizioni articolate quando necessario!

1. La musica classica è _____ rilassante _____ musica rock. (più)
2. Il treno è _____ veloce _____ aereo. (meno)
3. Nino è _____ divertente _____ serio. (più)
4. Parigi è considerata _____ romantica _____ Londra. (più)
5. Noleggiare una macchina è _____ costoso _____ comprarla. (meno)
6. La prima classe è _____ lussuosa (*luxurious*) _____ seconda classe. (più)
7. Preferisco mangiare _____ broccoli _____ cioccolato. (meno)
8. Diora si comporta (*behaves*) _____ bene _____ Martina. (meno)

2 Creare Crea delle frasi con i comparativi usando gli indizi dati.

MODELLO motorino / pullman (piccolo)
Un motorino è più piccolo di un pullman.

1. le torte della nonna / le torte del supermercato (buono)
2. Giovanni / Piero (piccolo)
3. Anna guida la macchina / Daniela guida la macchina (male)
4. il tuo successo / il mio successo (grande)
5. io parlo italiano / tu parli italiano (bene)
6. questi spaghetti / quelle lasagne (cattivo)

3 Rispondere Rispondi alle domande con frasi complete.

1. Ha più posti una macchina o la metropolitana?
2. Cos'è meglio: viaggiare in aereo o in barca?
3. È meno costoso l'ostello della gioventù o un albergo a cinque stelle?
4. È più avventuroso guidare la macchina o prendere il treno?
5. Cos'è più divertente: sciare o andare al mare?
6. È più rilassante il servizio in camera o un ristorante?
7. È peggio perdere l'aereo o partire in ritardo?
8. Cos'è migliore per una crociera: una barca o una nave?

Practice more at **vhlcentral.com.**

COMUNICAZIONE

4 **Mezzi di trasporto** In gruppi di tre, discutete i mezzi di trasporto che vedete nelle foto. Paragonate i vantaggi e gli svantaggi (*advantages and disadvantages*) di ciascuno usando i comparativi.

MODELLO

S1: È meno costoso viaggiare in bicicletta che in macchina.
S2: È vero, ma le macchine sono migliori delle biciclette perché sono più veloci.

1.   2.   3.

4.   5.   6.

5 **Cos'è meglio?** A coppie, paragonate il lavoro di un tassista (*taxi driver*) e di un vigile urbano. Includete i vantaggi e gli svantaggi di ciascun lavoro.

MODELLO

S1: È meglio guidare un taxi: è più divertente.
S2: Forse, ma un vigile urbano non lavora tante ore quante un tassista.

dare multe	pericoloso
flessibile	regolare
guidare	sicuro
parlare alle persone	stare in piedi

6 **Le nostre vite** A coppie, fate domande su com'è una vostra giornata tipica. Poi riassumete la discussione usando i comparativi. Includete informazioni sulle vostre attività, le vostre classi, cosa mangiate, quanto dormite ecc.

MODELLO

S1: Io mangio la pizza tre volte alla settimana, e tu?
S2: La mangio una volta alla settimana. Tu mangi la pizza più spesso di me.

Irregular comparatives

- Some common adjectives and adverbs have both regular and irregular comparative forms.

Irregular comparatives

Adjective		Comparative	
buono/a	good	migliore	better
cattivo/a	bad	peggiore	worse
grande	big	maggiore	bigger
piccolo/a	small	minore	smaller

Adverb		Comparative	
bene	well	meglio	better
male	badly	peggio	worse

Una bici è **migliore** di una moto.
*A bike is **better** than a motorcycle.*

Com'è che guidi **peggio** di me?
*How is it that you drive **worse** than I do?*

- As with all adjectives, irregular comparative forms of adjectives agree in number with the nouns they modify. Remember that adverbs are invariable.

Quei motorini sono **peggiori** di questi?
*Are those scooters **worse** than these?*

Parcheggio la macchina molto **meglio** di te.
*I park the car much **better** than you do.*

- Use the regular comparative forms of **grande** and **piccolo/a** to denote size. The irregular forms **maggiore** and **minore** are frequently used to mean *older* and *younger* in reference to family members. They can also mean *greater* and *lesser*.

Il Suo baule è **più grande** del mio.
*Your trunk is **bigger** than mine.*

Chiara è **minore** di me, ma ha problemi **maggiori**.
*Chiara is **younger** than I am, but she has **bigger** problems (than I do).*

Provalo! Scegli la forma corretta per completare le seguenti frasi.

1. Firenze è meno grande (di)/ che) San Francisco.
2. Quella pizza ha più formaggio (di / che) pomodori.
3. Giada studia più velocemente (di / che) attentamente.
4. La classe del professor Gini è più noiosa (della / che la) classe del professor Paci.
5. Mi piace più leggere (di / che) guardare la televisione.
6. L'estate è più calda (dell' / che l') inverno.
7. In estate fa più caldo (di / che) in inverno.
8. Tu parli italiano più velocemente (di / che) me.

STRUTTURE

8A.3 Superlatives

Punto di partenza You have learned to use comparatives to compare qualities of two people or items. Use superlatives to express the highest or lowest degree of a quality within a group.

- Superlatives are *relative* or *absolute*. Use relative superlatives to express the quality of a person or thing in relation to other people or things within a particular group. Use absolute superlatives to express the idea of *very* or *extremely*.

relative superlative	absolute superlative
La Ferrari è **la più bella di** tutte le macchine italiane.	Sì, ed è una macchina **velocissima**!
The Ferrari is the most beautiful of all Italian cars.	*Yes, and it's a very fast car!*

- Form the relative superlative of adjectives using the construction below.

[*definite article*] + **più/meno** + [*adjective*]

La città di Roma è **la più grande**.	L'autobus numero 64 è **il più affollato**.
The city of Rome is the biggest.	*Bus number 64 is the most crowded.*

- Use **di** after the superlative to express *in* or *of*.

È la Vespa **il più famoso dei** motorini italiani?	La bici è **il meno costoso dei** mezzi di trasporto.
Is the Vespa the most famous of all Italian scooters?	*A bike is the least expensive mode of transportation.*

- When using the relative superlative to describe a noun, place the noun between the definite article and **più/meno**. With adjectives that generally precede the noun (see **Lezione 3B**), place the noun after the adjective in the superlative construction.

Qual è **l'autostrada più lunga** d'Italia?	Questa sarà **la vacanza meno divertente** della mia vita.
Which is the longest highway in Italy?	*This will be the least enjoyable vacation of my life.*
La via Appia è **la più vecchia strada** di Roma.	Quali sono **i più bravi autisti** della classe?
The Appian Way is the oldest street in Rome.	*Who are the best drivers in the class?*

- When forming the relative superlative with adverbs, do not include the definite article. Use the phrase **di tutti** to differentiate it from the comparative form.

più/meno + [*adverb*] + **di tutti**

Luciano guida **meno attentamente di tutti**.	È vero, ma lui guida anche **più lentamente di tutti**.
Luciano drives less carefully than everyone else.	*That's true, but he also drives more slowly than everyone else.*

PRATICA

1 Completare Completa ogni frase con la forma corretta del superlativo.

1. Sei _____. (buono)
2. Viaggiare in macchina è _____. (noioso)
3. Piera è la mia sorella _____. (piccolo)
4. La vacanza in Italia è stata _____ di tutte! (corto)
5. I miei compagni di viaggio erano _____. (interessante)
6. Secondo te, tra le città italiane, Milano è _____? (grande)
7. L'autista guida _____. (lentamente)
8. La temperatura _____ è 25 gradi. (piccolo)

2 Trasformare Riscrivi ogni frase al superlativo indicando il contrario.

MODELLO Questa è la macchina più costosa.
Questa è la macchina meno costosa.

1. Questo è il taxi più lento della città!
2. La prima classe è la parte più affollata del treno.
3. Questa barca è il mezzo di trasporto più grande.
4. La metropolitana è il mezzo più puntuale della città.
5. L'ascensore A è più veloce dell'ascensore B.
6. Fare la valigia è più facile che disfarla (*unpacking it*).

3 Creare Usa gli indizi dati per creare frasi con i superlativi.

MODELLO

Superlativo assoluto: traghetto / veloce
Questo traghetto è velocissimo.
Superlativo relativo: traghetto / veloce / d'Italia
Questo traghetto è il più veloce d'Italia.

Superlativo assoluto

1. treno / sporco
2. pullman / lento
3. pensione / accogliente (*welcoming*)
4. parcheggio / caro

Superlativo relativo

5. camion / rumoroso / i mezzi di trasporto
6. ostello della gioventù / economico / alberghi
7. crociera / romantica / vacanze
8. tassista / impaziente / autisti

Practice more at **vhlcentral.com**.

COMUNICAZIONE

4 **Mezzi di trasporto** A coppie, discutete i vari mezzi di trasporto. Scrivete le vostre opinioni e poi paragonatele con le opinioni di un'altra coppia.

MODELLO

S1: *Secondo me il treno è il mezzo di trasporto più divertente.*

S2: *Secondo me l'aereo è il modo migliore di viaggiare...*

caro	divertente	lento	pericoloso	sicuro
comune	economico	noioso	raro	veloce

5 **Fare shopping** A coppie, create una conversazione tra un cliente che cerca una macchina nuova e la persona che vende le macchine. Discutete diversi modelli di macchine e paragonateli usando i superlativi.

MODELLO

S1: *Sto cercando la macchina meno costosa di tutte.*

S2: *Abbiamo macchine economiche, ma questa Ferrari è la macchina più elegante del mondo! È la più sicura e anche...*

6 **Categorie** In gruppi di tre, discutete quali persone famose rientrano (*fit*) nelle seguenti categorie. Poi riassumete le vostre opinioni e scrivete il nome della persona per ogni categoria.

Qualità	Persona famosa
il/la più elegante	
il/la più sportivo/a	
il/la più divertente	
il/la più generoso/a	
il/la più bravo/a	
il/la più fidato/a (*trustworthy*)	
il/la più antipatico/a	

• Form the absolute superlative of an adjective either with **molto** or by adding the suffix **-ssimo/a** to the adjective's masculine plural form.

—È stato **molto lungo** il viaggio?
—Sì, è stato lunghissimo.
—*Was the trip **very long**?*
—*Yes, it was **very long**.*

La nave era **molto moderna**: le camere erano **modernissime**.
*The ship was **very modern**: the rooms were **extremely modern**.*

• Similarly, form the absolute superlative of an adverb either with **molto** or by dropping the final vowel and adding the suffix **-issimo**. Unlike the adjective form, this form is invariable.

Il tassista guida **molto bene**.
*The taxi driver drives **very well**.*

Stavo **malissimo** in quella barca.
*I was feeling **very ill** on that boat.*

• Some adjectives and adverbs have irregular superlative forms in addition to their regular forms.

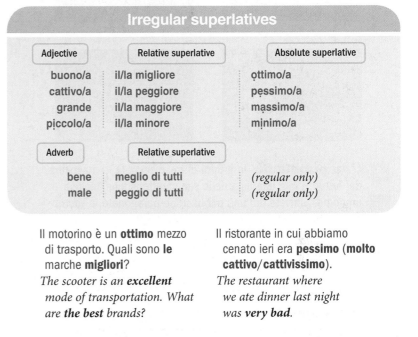

Irregular superlatives

Adjective	Relative superlative	Absolute superlative
buono/a	il/la migliore	ọttimo/a
cattivo/a	il/la peggiore	pẹssimo/a
grande	il/la maggiore	mạssimo/a
piccolo/a	il/la minore	mịnimo/a

Adverb	Relative superlative	
bene	meglio di tutti	(regular only)
male	peggio di tutti	(regular only)

Il motorino è un **ottimo** mezzo di trasporto. Quali sono **le** marche **migliori**?
*The scooter is an **excellent** mode of transportation. What are **the best** brands?*

Il ristorante in cui abbiamo cenato ieri era **pessimo** (**molto cattivo/cattivissimo**).
*The restaurant where we ate dinner last night was **very bad**.*

Provalo! **Scegli la forma corretta per completare le frasi seguenti.**

1. Questo treno è (il più / i più) veloce (che / di) tutti.

2. Il limite di velocità su quella strada era (meno basso che / bassissimo).

3. La crociera era (la più / il più) emozionante (che l' / dell') estate.

4. Questa valigia è (molto / che) pesante.

5. Il traffico alle 17.00 è (le più / il più) terribile (della /che la) giornata.

6. La bicicletta di Nicola è (la più / le più) vecchia (della / di) tutte.

7. L'albergo dove siamo stati era (carissimo / più caro di).

8. Bernardo viaggia (più / il più) spesso (di / che) tutti.

SINTESI
Ricapitolazione

1 **Paragoni** A coppie, paragonate quello che vedete nelle foto. Siate creativi e usate quanti più comparativi possibili. Lavorate poi con un'altra coppia e parlate di cosa avete scritto.

MODELLO

S1: *Il taxi è più costoso del motorino.*
S2: *Il motorino è più divertente del taxi.*

2 **Una pubblicità** In gruppi di tre, disegnate la macchina del futuro e fate una lista delle sue caratteristiche, incluso un nome. Scrivete poi una pubblicità e paragonate la vostra macchina alle macchine sul mercato di oggi.

MODELLO

S1: *«Futura» ha sei ruote. Ha più ruote delle macchine di ora.*
S2: *È molto più veloce delle macchine disponibili oggi.*

3 **Dieci anni fa** A coppie, parlate della vostra vita dieci anni fa e paragonatela alla vostra vita di oggi. Cosa fate più spesso? Cosa fate meno spesso? Fate quanti più paragoni possibili.

MODELLO

S1: *Io studio più seriamente di dieci anni fa.*
S2: *Io leggo più libri e...*

dormire	amici
fare esercizio	libri
guardare la TV	tecnologia
leggere	tempo libero
mangiare	vestiti
studiare	videogiochi

4 **Posti** In gruppi di tre, decidete quali posti nella vostra città, stato o regione rientrano (*fit*) meglio nelle seguenti categorie. Poi, come classe, paragonate i risultati. Votate per decidere su un solo posto per categoria!

MODELLO

S1: *Secondo me, Columbia River Gorge è il posto più bello dell'Oregon.*
S2: *Sì, ma l'Oregon Coast è anche più bella.*

alla moda	brutto	noioso
bello	divertente	storico

5 **Ho pochi soldi!** A coppie, create una lista di posti da raccomandare a un nuovo studente della vostra scuola. Quali sono i posti più economici per fare shopping? Quali sono i migliori per mangiare o ballare? Quali sono i peggiori e i più costosi?

MODELLO

S1: *Il posto più economico per mangiare è Rudy's Diner.*
S2: *Un altro posto molto conveniente è Mel's Barbecue.*

6 **Alla stazione** A coppie, create una conversazione tra una persona che lavora alla stazione dei treni e una persona che vuole comprare un biglietto del treno. Guardate la tabella e fate quante più domande possibili su tutte le opzioni.

MODELLO

S1: *Quale treno è il più veloce da Milano a Roma?*
S2: *Il treno delle 15.00 è il più veloce, ma è al completo.*

Partenze				ferroviario nazionale	
Partenza	**Arrivo**	**Durata viaggio**	**Tipo di biglietto**	**Prenotazione**	**Status**
14.30	18.15	3 ore 45 min.	solo prima classe	no	
15.00	18.00	3 ore	prima/ seconda	sì	completo
15.45	22.00	6 ore 15 min.	prima/ seconda	no	
16.22	20.22	4 ore	solo prima classe	sì	completo
17.00	22.20	5 ore 20 min.	prima/ seconda	no	

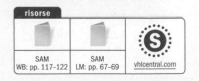

S Video: TV Clip

lo Zapping

Atlantia

La rete autostradale italiana si estende° per oltre 6.600 km. La prima autostrada italiana (l'Autostrada dei Laghi, che collega Milano al Lago di Como e al Lago Maggiore) viene aperta nel 1924 ed è la prima autostrada a pedaggio° del mondo. Negli anni Cinquanta la costruzione di autostrade si intensifica°. Nel 1960 viene aperto il tratto° dell'A1 tra Bologna e Firenze: è la cosiddetta° Autostrada del Sole, che finalmente unisce Nord e Sud del paese e che oggi collega Milano a Napoli passando per Bologna, Firenze e Roma. Il gruppo Atlantia gestisce diverse tratte autostradali in Italia e all'estero. Dal 2013 è entrato anche nel business del trasporto aereo.

Atlantia
LA PASSIONE DI MUOVERE IL PAESE

autostrade//*per l'italia*   ADR **Aeroporti di Roma**

Noi di *Atlantia* costruiamo da sempre autostrade...

Per portare più investimenti° in Italia, e ancora più Italia nel mondo.

S **Comprensione** Rispondi alle seguenti domande.

1. Qual è da sempre l'attività principale di Atlantia?
2. Cosa porta Atlantia in Italia?
3. Cosa porta Atlantia nel mondo?

Discussione A coppie, rispondete a queste domande.

1. Sulle brevi distanze (*short distances*), preferite viaggiare in treno, in pullman o in macchina? Perché?
2. Nel vostro paese quanto è importante la rete autostradale? Per viaggiare da una città all'altra è più frequente prendere la macchina o l'aereo?
3. Qual è il vostro mezzo di trasporto preferito? Quali sono i suoi vantaggi e svantaggi?

S Practice more at **vhlcentral.com**.

si estende *extends* **pedaggio** *toll* **si intensifica** *intensifies*
tratto *stretch* **cosiddetta** *so-called* **investimenti** *investments*

Communicative Goals

You will learn how to:
- talk about travel
- talk about vacations and tourism

CONTESTI

In vacanza

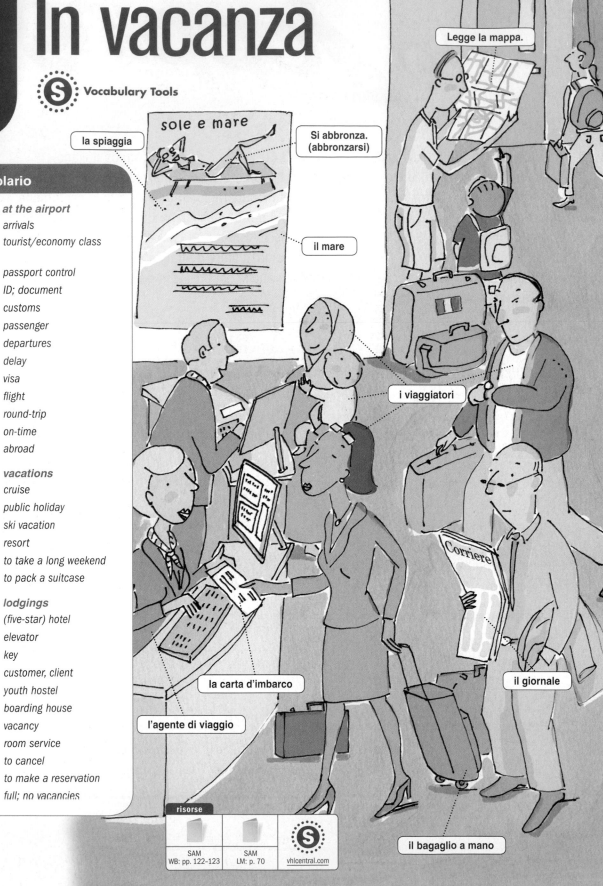

S Vocabulary Tools

Vocabolario

nell'aeroporto	*at the airport*
gli arrivi	arrivals
la classe turistica/ economica	tourist/economy class
il controllo passaporti	passport control
il documento	ID; document
la dogana	customs
il passeggero	passenger
le partenze	departures
il ritardo	delay
il visto	visa
il volo	flight
andata e ritorno	round-trip
puntuale	on-time
all'estero	abroad
le vacanze	*vacations*
la crociera	cruise
il giorno festivo	public holiday
la settimana bianca	ski vacation
il villaggio turistico	resort
fare il ponte	to take a long weekend
fare la valigia	to pack a suitcase
gli alloggi	*lodgings*
l'albergo (a cinque stelle)	(five-star) hotel
l'ascensore (m.)	elevator
la chiave	key
il/la cliente	customer, client
l'ostello della gioventù	youth hostel
la pensione	boarding house
il posto disponibile	vacancy
il servizio in camera	room service
annullare	to cancel
prenotare	to make a reservation
al completo	full; no vacancies

Labels in illustration: l'uscita · Legge la mappa. · sole e mare · la spiaggia · Si abbronza. (abbronzarsi) · il mare · i viaggiatori · il giornale · la carta d'imbarco · l'agente di viaggio · il bagaglio a mano

risorse

SAM
WB: pp. 122–123

SAM
LM: p. 70

S
vhlcentral.com

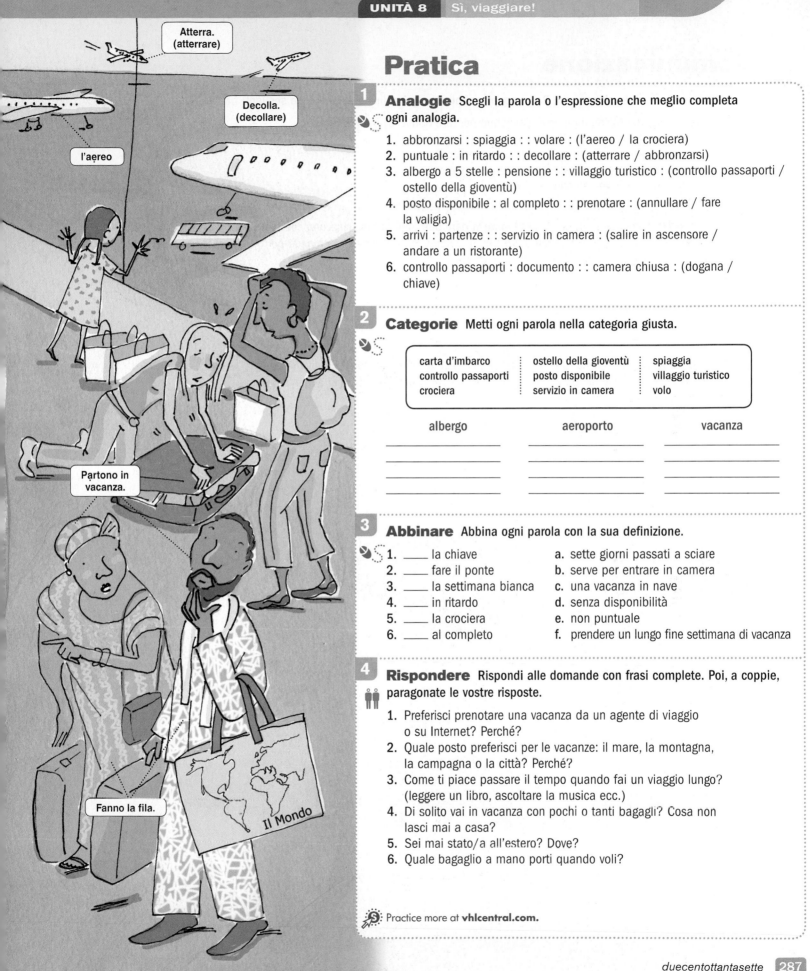

Atterra.
(atterrare)

Decolla.
(decollare)

l'aereo

Partono in
vacanza.

Fanno la fila.

Il Mondo

Pratica

1 Analogie
Scegli la parola o l'espressione che meglio completa ogni analogia.

1. abbronzarsi : spiaggia : : volare : (l'aereo / la crociera)
2. puntuale : in ritardo : : decollare : (atterrare / abbronzarsi)
3. albergo a 5 stelle : pensione : : villaggio turistico : (controllo passaporti / ostello della gioventù)
4. posto disponibile : al completo : : prenotare : (annullare / fare la valigia)
5. arrivi : partenze : : servizio in camera : (salire in ascensore / andare a un ristorante)
6. controllo passaporti : documento : : camera chiusa : (dogana / chiave)

2 Categorie
Metti ogni parola nella categoria giusta.

carta d'imbarco	ostello della gioventù	spiaggia
controllo passaporti	posto disponibile	villaggio turistico
crociera	servizio in camera	volo

albergo	aeroporto	vacanza
_____	_____	_____
_____	_____	_____
_____	_____	_____

3 Abbinare
Abbina ogni parola con la sua definizione.

1. _____ la chiave
2. _____ fare il ponte
3. _____ la settimana bianca
4. _____ in ritardo
5. _____ la crociera
6. _____ al completo

a. sette giorni passati a sciare
b. serve per entrare in camera
c. una vacanza in nave
d. senza disponibilità
e. non puntuale
f. prendere un lungo fine settimana di vacanza

4 Rispondere
Rispondi alle domande con frasi complete. Poi, a coppie, paragonate le vostre risposte.

1. Preferisci prenotare una vacanza da un agente di viaggio o su Internet? Perché?
2. Quale posto preferisci per le vacanze: il mare, la montagna, la campagna o la città? Perché?
3. Come ti piace passare il tempo quando fai un viaggio lungo? (leggere un libro, ascoltare la musica ecc.)
4. Di solito vai in vacanza con pochi o tanti bagagli? Cosa non lasci mai a casa?
5. Sei mai stato/a all'estero? Dove?
6. Quale bagaglio a mano porti quando voli?

Practice more at **vhlcentral.com**.

CONTESTI

Comunicazione

5 Annunci 🎧 Ascolta gli annunci. Poi, a coppie, abbinate ogni annuncio a una delle seguenti frasi.

1. _____ I passeggeri del pullman per Perugia stanno per (*are about to*) partire.
2. _____ I passeggeri arriveranno in ritardo a Firenze.
3. _____ I passeggeri per Chicago stanno per essere imbarcati.
4. _____ I passeggeri americani passano il controllo passaporti.
5. _____ I passeggeri per Roma stanno per partire.

6 All'aeroporto Lavorate a coppie. L'insegnante vi darà due fogli diversi, ciascuno con metà delle informazioni sul tabellone (*message board*) in un aeroporto. A turno, fate domande per completare i vostri tabelloni con le informazioni mancanti.

MODELLO

S1: *Di che cosa hanno bisogno i passeggeri per imbarcarsi sull'aereo?*
S2: *Hanno bisogno delle carte d'imbarco. Qual è il numero del volo di... ?*

7 Descrizioni A coppie, scrivete una descrizione per ogni disegno. Includete il maggior numero di dettagli possibile. Poi, con un'altra coppia, fate a turno a leggere le descrizioni dell'altra coppia e a indovinare quale disegno descrive ognuna.

MODELLO

È sera. La ragazza ha una valigia...

1.

2.

3.

4.

5.

6.

Pronuncia e ortografia (S) Audio

🎧 The letters *d*, *l*, *p*, and *t*

dopo	mela	piccolo	tanto

In Italian, the consonants **d**, **l**, **p**, and **t** have a slightly different pronunciation than they do in English.

data	dico	dormire	sedia

The Italian **d** is voiced and pronounced by touching the tip of the tongue to the upper teeth, at the gum line. Unlike in English, the Italian **d** has no aspiration (audible breath) that follows.

largo	letto	libro	solo

The Italian **l** is pronounced in the front of the mouth. The tip of the tongue always touches the upper teeth when pronouncing **l** in Italian.

capo	Pisa	porta	prendo

The English *p* is often followed by a puff of air, but the Italian **p** is never aspirated.

canto	tivù	treno	tutto

Like **d**, the Italian **t** is pronounced with the tip of the tongue touching near the gum line of the upper teeth and is never aspirated. However, the **t** is voiceless.

🔊 Pronunciare Ripeti le parole ad alta voce.

1. tardi
2. dire
3. passare
4. lampada
5. paese
6. itinerario
7. edificio
8. lunedì
9. foto
10. dare
11. tonno
12. colazione

🔊 Articolare Ripeti le frasi ad alta voce.

1. Prendo il treno alle otto.
2. Il ragazzo di Lisa è di Torino.
3. Questo pane è duro!
4. La porta del duomo è chiusa.
5. Non trovo il dottore!
6. La lettera della zia è sul tavolo.

Chi si volta e chi si gira, sempre a casa va a finire.[2]

🔊 Proverbi Ripeti i proverbi ad alta voce.

Né di Venere né di Marte, non si sposa né si parte.[1]

[1] One neither marries nor leaves on Friday and Tuesday.

[2] No matter where you go, home is always waiting. (lit. Those who go around and those who take trips always end up back home.)

risorse

SAM
LM: p. 71

(S) vhlcentral.com

FOTOROMANZO

Amici, romani, cittadini Video: *Fotoromanzo*

PERSONAGGI

Emily

Lorenzo

Riccardo

Viola

VIOLA Prima della fine del semestre, devi venire a casa mia con me.
EMILY Sì, mi piacerebbe vedere Capistrello insieme a te.
RICCARDO Allora devi venire anche a Bari. Da lì potremmo prendere il traghetto per la Grecia. Ho dei cugini lì.
EMILY Sei un vero viaggiatore, Riccardo.

RICCARDO Lorenzo?
LORENZO Cosa?
VIOLA Sei mai stato in Grecia?
LORENZO Sì. Ho visto quasi tutta l'Europa con mio padre. Poi, andiamo spesso a sciare a Zermatt con la famiglia della mia matrigna.
EMILY Sei stato anche negli Stati Uniti?
LORENZO No.

RICCARDO Io vorrei andare a San Francisco.
EMILY Però il viaggio in aereo da Roma è molto lungo.
VIOLA A me piacerebbe visitare New Orleans.
EMILY Un mio amico frequenta l'università lì. Potremmo andarci tutti insieme per le vacanze!

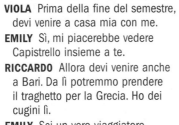

RICCARDO Francesca?
EMILY Anch'io l'ho pensato, ma non era lei.
LORENZO Io volevo presentartela, ma non mi hai dato il tempo di parlare. Si chiama Isabella. Suo padre e mio padre sono soci d'affari.
EMILY Allora era un pranzo di lavoro?

LORENZO Siamo amici. Lei sa di Francesca. Ti stavamo prendendo in giro.
VIOLA Questo non è carino, Lorenzo.
LORENZO Mi dispiace, Emily. A Isabella piace fare degli scherzi ogni tanto. Avresti dovuto vedere la tua faccia! «Chi è Francesca?»
EMILY Non mi piace questo modo di scherzare.

RICCARDO Cos'è successo con Francesca?
LORENZO È stata a Roma, ha detto che voleva vedermi. Siamo stati insieme per due anni, così ho deciso di darle un'altra possibilità. E mi ha detto che ha conosciuto un altro ragazzo.
VIOLA Un nuovo ragazzo dopo quell'altro?

ATTIVITÀ

1 Chi è? A chi si riferiscono queste affermazioni? Emily, Lorenzo, Riccardo o Viola?

1. Vuole vedere Capistrello.
2. Secondo Emily, è un vero viaggiatore.
3. Ha visto quasi tutta l'Europa.
4. Ha un amico a New Orleans.
5. Vuole conoscere meglio la storia e la cultura di Roma.
6. Deve chiedere scusa a Marcella.
7. Non ama il modo di scherzare di Lorenzo e Isabella.
8. Ha dato a Francesca un'altra possibilità.
9. Secondo Riccardo incontrerà una ragazza migliore.
10. Ha bisogno di un caffè.

Practice more at **vhlcentral.com**.

I ragazzi fanno progetti per le vacanze.

EMILY Nel Medioevo, la gente prendeva marmo da qui per costruire chiese, palazzi e monumenti.

VIOLA Marcella ha ragione. Dovremmo conoscere meglio la storia e la cultura di Roma mentre viviamo qui.

EMILY Dovresti chiederle scusa.

RICCARDO L'ho fatto.

EMILY Un'altra volta.

LORENZO Perché? Cos'è successo?

VIOLA Riccardo ha preso lo scooter e l'ha rotto.

RICCARDO E adesso Marcella ce l'ha con me.

VIOLA Ma dai, Riccardo, è successo martedì. Sono passati quattro giorni.

EMILY Lo stesso giorno che ti ho visto al bar con... ma chi era quella ragazza?

RICCARDO Lei non fa per te. Ne incontrerai una migliore.

EMILY Dovresti rimanere da solo per un po'. Prenditi un po' di tempo. Io mi sto divertendo così tanto. Peter non mi manca affatto.

VIOLA Lorenzo. Mi dispiace. Non avrebbe dovuto farti questo.

LORENZO Grazie.

EMILY Ho bisogno di un caffè.

RICCARDO Tutte le strade portano a un caffè.

Espressioni utili

Using the conditional

- **Mi piacerebbe vedere Capistrello.**
  I would like to see Capistrello.
- **Potremmo prendere il traghetto.**
  We could take the ferry.
- **Io vorrei andare a San Francisco.**
  I'd like to go to San Francisco.
- **Dovremmo conoscere meglio la storia e la cultura di Roma.**
  We should learn more about Roman history and culture.
- **Dovresti chiederle scusa.**
  You should apologize to her.
- **Avresti dovuto vedere la tua faccia.**
  You should have seen your face.
- **Non avrebbe dovuto farti questo.**
  She shouldn't have done that to you.

Additional vocabulary

- **Medioevo**   • **marmo**
  Middle Ages   *marble*
- **soci d'affari**
  business partners
- **Sono passati quattro giorni.**
  It's been four days.
- **Ti stavamo prendendo in giro.**
  We were pulling your leg.
- **Questo non è carino.**
  That's not nice.
- **Ho deciso di darle un'altra possibilità.**
  I decided to give her another chance.
- **Lei non fa per te.**
  She's not good for you.
- **Ne incontrerai una migliore.**
  You'll find someone better.
- **Io mi sto divertendo così tanto. Peter non mi manca affatto.**
  I'm having so much fun. I don't miss Peter at all.

---

2 **Per parlare un po'** Emily, Viola, Lorenzo, Riccardo, Massimo e Paolo decidono di fare una vacanza insieme. In gruppi di tre, scrivete un paragrafo in cui indicate la data della partenza, la destinazione, la lunghezza del viaggio, i mezzi di trasporto che prenderanno, dove alloggeranno e qualsiasi altro dettaglio necessario.

3 **Approfondimento** Riccardo dice che «tutte le strade portano a un caffè». Questa espressione ricorda il celebre modo di dire «tutte le strade portano a Roma». Traduci questa frase, poi fai una ricerca e spiega che cosa vuole dire. Trova anche il nome di tre importanti strade romane. Presenta la tua risposta alla classe.

risorse

SAM
VM: pp. 31–32

vhlcentral.com

A T T I V I T À

CULTURA

Una vacanza su misura°

Dove alloggiare° in Italia? Albergo, ostello o pensione? È difficile rispondere a questa domanda in un paese che offre attrattive molto varie.

In molte regioni, ad esempio, esistono zone termali° dove ci si può° rilassare e divertire. Chi invece ama la natura deve sapere che il 15% del territorio italiano è Parco Nazionale: mare, montagna, boschi° e colline° dove fare escursioni, visite naturalistiche e sport. Il modo migliore per vivere una vacanza rilassante è alloggiare in un agriturismo, cioè una fattoria° che affitta stanze e serve cibo prodotto dal padrone di casa°: un modo per conoscere le specialità tipiche a prezzi abbastanza economici!

Se invece visitate una città, potete scegliere fra alberghi, pensioni, ostelli o Bed & Breakfast. Gli ostelli, la soluzione più economica e amata dai giovani, offrono sistemazioni° in camerate° fino a 20 letti, anche se quasi tutti hanno camere private con due e quattro letti. Il bagno è in comune, ma in alcuni ostelli si può avere anche una camera con bagno privato. Costando poco, gli ostelli sono spesso al completo ed è meglio prenotarli in anticipo°.

Anche i B&B, camere in case private con colazione inclusa, sono economici e molto diffusi, ma a volte sono in realtà hotel costosi.

Un'alternativa, più comune nelle località turistiche di mare o di montagna, è la pensione, cioè un albergo di media categoria che offre la possibilità di cenare (mezza pensione) o cenare e pranzare (pensione completa), a buon prezzo e in un'atmosfera casalinga° e informale.

Quanto agli° alberghi, ce ne sono dappertutto, per tutte le esigenze° e tutti i prezzi. Non rimane che° fare le valigie!

su misura *custom-made* **alloggiare** *to stay* **zone termali** *spas* **ci si può** *one can*
boschi *woods* **colline** *hills* **fattoria** *farm* **padrone di casa** *owner*
sistemazioni *accomodations* **camerate** *dormitories* **in anticipo** *in advance*
casalinga *homey* **Quanto agli** *As for* **esigenze** *requirements*
non rimane che *there's nothing left to but*

Cosa offre un...

	PASTI	BAGNO	SISTEMAZIONE	PREZZO MEDIO PER NOTTE
Ostello	No	Non sempre	Camerata	€17
Agriturismo	Prodotti tipici	Non sempre	Camera-appartamento	€25
B&B	Colazione	Non sempre	Camera	€60
Pensione	Colazione; possibilità di pranzo e cena	60% delle camere	Camera	€30
Albergo 3 stelle	Colazione; possibilità di ristorante	80% delle camere	Camera	€70

FONTI: voyagertraveller.com, bbplanet.it, romaonline.net, ostellionline.org

1 Vero o falso? Indica se l'affermazione è **vera** o **falsa**. Correggi le affermazioni false.

1. In Italia esistono molte zone termali.
2. Non ci sono molte possibilità di organizzare una vacanza a contatto con la natura.
3. Tutti i Parchi Nazionali italiani sono in montagna.
4. In un agriturismo si possono trovare e comprare prodotti tipici di una regione.
5. Ci sono degli agriturismi anche nelle città.
6. Negli ostelli ci sono solo camerate con i bagni in comune.
7. Gli ostelli sono spesso al completo e bisogna prenotarli in anticipo.
8. A volte, degli alberghi si presentano come B&B.
9. Le pensioni sono solo nelle grandi città.
10. Non è difficile trovare un albergo in Italia.

Practice more at **vhlcentral.com.**

L'ITALIANO QUOTIDIANO

Oh, no! I negozi sono chiusi!

Capodanno	1 gennaio
Epifania	6 gennaio
Pasqua e Pasquetta°	marzo-aprile
Festa della Liberazione	25 aprile
Festa del Lavoro	1 maggio
Festa della Repubblica	2 giugno
Ferragosto	15 agosto
Ognissanti°	1 novembre
Immacolata Concezione	8 dicembre
Natale	25 dicembre
Santo Stefano	26 dicembre
Festa del Santo Patrono	differente in ogni città

Pasqua e Pasquetta *Easter Sunday and Monday* **Ognissanti** *All Saints' Day*

USI E COSTUMI

Un fine settimana diverso

Dove vanno gli italiani per scoprire il proprio paese?

Le **escursioni naturalistiche** (laghi, colline o piccole isole) sono molto amate e spesso diventano **escursioni gastronomiche**: come non assaggiare la cioccolata piemontese o la pasta con le sarde° alla siciliana?

Chi ama l'arte° organizza invece brevi viaggi in **piccole cittadine** come le città medievali dell'Umbria o del Veneto. E se il giorno di vacanza è uno solo? Beh, ogni **grande città** è circondata° da luoghi poco noti° ma che valgono° un viaggio: in realtà il problema più grande è decidere dove andare.

sarde *pilchards (fish similar to sardines)* **Chi ama l'arte** *Art lovers* **circondata** *surrounded* **noti** *known* **valgono** *are worth*

RITRATTO

San Clemente: 900 anni di turismo

La vita nel Medioevo era diversa da quella di oggi, ma una cosa è rimasta uguale: la voglia di viaggiare e la necessità di trovare poi un posto dove dormire.

La gente allora viaggiava per affari o per i pellegrinaggi°. Uno degli scali° internazionali più importanti era il porto di Venezia. La città non era grande, così molte piccole isole della laguna erano usate come «ospitali», cioè edifici per ospitare° i viaggiatori che aspettavano la loro nave. Spesso questi ospitali erano gestiti° da monaci°, perciò vicino all'albergo c'era spesso un monastero. Uno di questi era sull'isola di **San Clemente**.

La prima traccia° di un albergo a San Clemente è del 1131. La chiesa che esiste ancora oggi è del 1311 e durante il '700° i monaci hanno continuato a decorare la chiesa e a costruire edifici e giardini. Oggi, dopo un lavoro di restauro°, l'isola è ancora un albergo, dov'è possibile alloggiare negli stessi spazi usati dai turisti di 900 anni fa.

pellegrinaggi *pilgrimages* **scali** *ports of call* **ospitare** *to provide lodging for* **erano gestiti** *were run* **monaci** *monks* **traccia** *sign; trace* **il '700** *the 1700s* **restauro** *restoration*

SU INTERNET

Cerca i nomi di tre famose spiagge italiane e trovale su una mappa.

Go to **vhlcentral.com** to find more information related to this **CULTURA**.

---

2 Completare Completa le frasi.

1. Nel Medioevo la gente viaggiava per _____ e per i pellegrinaggi.

2. San Clemente è un'isola nella _____ di Venezia.

3. Dal _____ esiste un «ospitale» a San Clemente.

4. La Festa della Repubblica si festeggia il _____.

5. La _____ è un piatto tipico della Sicilia.

6. Nel Veneto e nell'Umbria è possibile visitare molte città _____.

3 A voi A coppie, discutete le seguenti domande.

1. Preferisci una vacanza culturale, rilassante o naturalistica?

2. Hai mai fatto una vacanza in un agriturismo? E in una zona termale? Se sì, prova a descriverla. Se no, prova a immaginare se potrebbe (*could*) piacerti.

3. Quale regione d'Italia vorresti (*would you like*) visitare? Perché?

risorse

vhlcentral.com

ATTIVITÀ

STRUTTURE

8B.1 The present conditional

Punto di partenza The present conditional (**il condizionale presente**) expresses what you *would* do or what *would* happen under certain circumstances. As in English, the conditional is also used to express polite requests in Italian.

> Mi piacerebbe vedere Capistrello insieme a te.

> Io vorrei andare a San Francisco.

- The conditional in Italian uses the same verb stems as the future tense (see **Lezione 7A**); only the endings are different.

Condizionale presente

	parlare	leggere	dormire
io	parlerei	leggerei	dormirei
tu	parleresti	leggeresti	dormiresti
Lei/lui/lei	parlerebbe	leggerebbe	dormirebbe
noi	parleremmo	leggeremmo	dormiremmo
voi	parlereste	leggereste	dormireste
loro	parlerebbero	leggerebbero	dormirebbero

A Firenze **parleremmo** sempre l'italiano.
In Florence we would always speak Italian.

Dormirei qui, ma non c'è una camera disponibile.
I would sleep here, but there's no vacancy.

- As with the future tense, remember to change **a** in the stem of **-are** verbs to **e** in the conditional.

Prenoterebbero una camera doppia?
Would they reserve a double room?

Mi abbronzerei, ma non andiamo in spiaggia.
I would get a tan, but we aren't going to the beach.

- Note that the spelling changes for forming the future tense of verbs ending in **-care**, **-gare**, **-ciare**, and **-giare** apply to the conditional as well.

Non **dimenticherebbe** i Suoi bagagli a mano.
You would not **forget** *your carry-on luggage.*

Mangeremmo in camera, ma non c'è il servizio in camera.
We would eat in our room, but there's no room service.

PRATICA

1 Completare Completa le frasi seguenti con la forma corretta del condizionale.

1. Io _____ (fare) una prenotazione in un albergo a cinque stelle, ma non ho abbastanza soldi.
2. Gli amici _____ (noleggiare) una Ferrari, ma io preferisco viaggiare in pullman.
3. Tu _____ (viaggiare) sempre in prima classe, ma la tua famiglia preferisce la seconda.
4. Tu e Ilaria _____ (prendere) un taxi, ma Gino vuole andare in metropolitana.
5. Noi _____ (cercare) un meccanico, ma tu vuoi riparare la macchina da solo.
6. Chiara _____ (parcheggiare) all'aeroporto, ma costa troppo.
7. I passeggeri _____ (essere) pronti, ma l'aereo è in ritardo.
8. Tu _____ (comprare) un biglietto andata e ritorno, ma non sai quanto starai via.

2 Trasformare Riscrivi le frasi seguenti usando il condizionale.

1. Susanna si abbronza sulla spiaggia.
2. Amilcare e Daniela partono per l'Italia.
3. Io dormo in un ostello della gioventù.
4. Le piace andare all'estero.
5. Ti aspetto al controllo passaporti.
6. Bevi tanta acqua sulla spiaggia.
7. Vogliamo prenotare la pensione «Mariuccia».
8. Il vigile mi fa la multa.

3 Creare Crea delle frasi complete per dire cosa farebbero queste persone. Usa il condizionale presente.

1. noi / andare in vacanza oggi
2. i genitori / passare la giornata in albergo
3. il traffico / bloccare la città
4. tu / ordinare il servizio in camera
5. Gianni / visitare tutti i musei
6. voi / perdere la chiave
7. io / rispettare il limite di velocità
8. tu / usare i tergicristalli quando piove

Practice more at **vhlcentral.com**.

COMUNICAZIONE

4 **Un milione di euro** A coppie, immaginate di avere un milione di euro. A turno, fate le seguenti domande e dite se fareste o no queste cose.

MODELLO

S1: *Voleresti in prima classe?*
S2: *No! È uno spreco (waste) di soldi. Però mangerei in ristoranti di lusso…*

1. Faresti una crociera intorno al mondo?
2. Chiederesti il servizio in camera?
3. Prenoteresti un albergo a quattro o cinque stelle?
4. Assumeresti (*Would you hire*) un autista personale?
5. Noleggeresti una Lamborghini decapottabile (*convertible*)?
6. Partiresti per una vacanza di sei mesi?

5 **Un mondo migliore?** In gruppi di tre, dite come sarebbe il mondo senza le cose elencate. Usate le idee date e anche delle idee vostre.

MODELLO compiti

Senza compiti, gli studenti sarebbero molto felici!

aerei	telefoni
computer	televisione
macchine	…

6 **Tempo a disposizione** A coppie, nominate cinque posti che vorreste visitare con tanto tempo a disposizione (*available*). Cosa fareste in quei paesi o in quelle città? Paragonate poi le vostre risposte come classe: qual è la destinazione più popolare?

MODELLO

S1: *Io andrei a Capri e passerei la giornata al mare.*
S2: *Io andrei sulle Alpi, in una località montana, e scierei.*

- Verbs with irregular stems in the future use the same irregular stems in the conditional.

Ci **andresti** con un biglietto di andata e ritorno. *You would go there with a round-trip ticket.*	**Sarebbe** meglio partire in anticipo. **Vorrei** essere puntuale. *It would be better to leave early.* *I would like to be on time.*

- Use the conditional to make a polite request or to soften a question or demand.

Vorrei vedere il Suo passaporto. Me lo **darebbe**, per favore? *I'd like to see your passport. Would you give it to me, please?*	**Sarebbe** possibile prenotare una camera con bagno? *Would it be possible to reserve a room with a bathroom?*

- To introduce a phrase explaining why a conditional action might not be carried out, use the conjunction **ma** (*but*).

Leggerei la mappa prima di partire, **ma non la trovo**. *I would read the map before leaving, but I can't find it.*	Starebbe in un ostello della gioventù, **ma vuole una camera singola**. *She would stay in a youth hostel, but she wants a single room.*

- Note that in English *would* can also mean *used to*, in the sense of past habitual action. However, to express past habitual actions in Italian, remember to use the imperfect.

Anni fa, **facevamo** una crociera ogni estate. *Years ago, we would (used to) go on a cruise every summer.*	BUT	**Faremmo** una crociera quest'estate, ma non abbiamo i soldi. *We would go on a cruise this summer, but we don't have the money.*

ATTREZZI

In **Lezione 6B**, you learned how to use the **imperfetto** to describe what *used to* happen.

Provalo!   Indica la forma corretta del condizionale per ciascuno dei verbi indicati.

1. io (mandare, perdere, finire) <u>*manderei, perderei, finirei*</u>
2. Luisa (andare, volere, preferire) _____
3. tu e Gabriele (dire, bere, vedere) _____
4. loro (lavorare, scegliere, cominciare) _____
5. tu (alzarsi, potere, servire) _____
6. noi (avere, giocare, pulire) _____
7. Antonio (parlare, essere, dimenticare) _____
8. voi (potere, mangiare, pagare) _____

8B.2 The past conditional

Punto di partenza Use the past conditional (**il condizionale passato**) to talk about things that *would have* or *could have* happened in the past.

Sarei restata un'altra notte, ma l'albergo era al completo.
I would have stayed another night, but the hotel was full.

Avrei prenotato in anticipo, ma non avevo i soldi.
I would have reserved early, but I didn't have the money.

• To form the past conditional tense of a verb, use the present conditional of **avere** or **essere** + [*past participle*]. Use the same auxiliary verb (**avere** or **essere**) as you would use with that verb in the **passato prossimo**.

Condizionale passato

	leggere	partire
io	avrei letto	sarei partito/a
tu	avresti letto	saresti partito/a
Lei/lui/lei	avrebbe letto	sarebbe partito/a
noi	avremmo letto	saremmo partiti/e
voi	avreste letto	sareste partiti/e
loro	avrebbero letto	sarebbero partiti/e

Sei ancora qui? Io **sarei** già **partita** per la festa.
You're still here? I would have left for the party already.

Avrebbe letto il romanzo in spiaggia, ma l'aveva già perso.
She would have read the novel at the beach, but she had already lost it.

• Remember that the past participle of verbs that take **essere** must agree with the subject in gender and number.

Anna, ti **saresti messa** una giacca o una felpa?
Anna, would you have worn a jacket or a sweatshirt?

I ragazzi **sarebbero stati** in vacanza, ma il volo è stato cancellato.
The boys would have been on vacation, but the flight was cancelled.

1 Completare Completa le frasi con la forma corretta del condizionale passato.

1. Il nostro gruppo _____ (noleggiare) una macchina grande.
2. Noi _____ (chiedere) informazioni al vigile.
3. Gli aerei _____ (decollare) in orario.
4. Giulio _____ (fare benzina) regolarmente.
5. Tu _____ (aspettare) due ore alla dogana.
6. Io _____ (partire) a luglio.
7. Tu e Valeria _____ (convalidare) i biglietti.
8. Loro _____ (riparare) le macchine.

2 Trasformare Riscrivi le frasi. Cambia il condizionale presente in condizionale passato.

1. Comprerebbero una piantina (*street map*) della città.
2. Telefoneresti al meccanico.
3. L'aereo atterrerebbe alla pista numero tre.
4. La padrona della pensione porterebbe degli asciugamani puliti.
5. Cambierei la gomma bucata.
6. Prenderemmo l'autostrada.
7. Vi abbronzereste in montagna.
8. Registreresti il cliente.

3 Creare Usa le parole di ogni colonna per creare frasi complete al condizionale passato. Aggiungi le parole che vuoi per completare le frasi.

MODELLO

L'aereo sarebbe decollato in tempo, ma un passeggero era malato.

A	B	C
io	abbronzarsi	costare troppo
tu	arrivare in orario	dover lavorare
l'aereo	comprare i biglietti	essere chiuso/a
noi	decollare in tempo	essere al completo
l'autista	fare la fila	essere in panne
Fabio e Lidia	fare il ponte	essere malato/a
tu e io	fare una prenotazione	fare freddo
tu e i tuoi amici	noleggiare una macchina	non avere tempo
l'agente di viaggi	parcheggiare all'albergo	preferire un taxi

Practice more at **vhlcentral.com**.

COMUNICAZIONE

4 **Situazioni** A coppie, leggete ciascuna situazione e dite cosa avreste fatto voi in quella circostanza.

> **MODELLO** Hai lasciato la valigia sull'aereo.
> **S1:** Sarei tornato sull'aereo per cercarla.
> **S2:** Avrei chiesto aiuto a un assistente di volo.

1. Non trovavi il passaporto.
2. Hai preso la valigia di un'altra persona.
3. Hai dimenticato di prenotare il pasto vegetariano.
4. La persona accanto a te in aereo ha russato (*snored*) tutta la notte.
5. Avevi un appuntamento importante e il treno era terribilmente in ritardo.
6. Hai dimenticato di timbrare il biglietto del treno.

5 **Una vacanza fantastica** In gruppi di tre, immaginate che un gruppo di amici con gusti molto diversi dai vostri abbiano fatto (*took*) un viaggio in Italia. Oggi vi raccontano cosa hanno fatto. E voi? Cosa avreste fatto? Usate queste foto e aggiungete idee vostre.

> **MODELLO**
> **S1:** Io avrei passato tutti i giorni sulla spiaggia.
> **S2:** Io avrei prenotato quell'albergo…

6 **La mia vita** A coppie, parlate di cosa avreste fatto di diverso nel passato. Scrivete almeno cinque cose. Poi, come classe, paragonate le vostre idee: ci sono molti rimpianti (*regrets*) in comune?

> **MODELLO**
> **S1:** Io avrei studiato di più al liceo.
> **S2:** Io avrei passato più tempo con i miei amici…

- Use the past conditional to talk about what *would have* happened or what someone *would have* done under certain conditions.

Avrei portato un regalo, ma ho perso i miei bagagli. *I would have brought* a present, but I lost my luggage.	**Sarebbero andati** all'estero, ma non avevano il visto. *They would have gone* abroad, but they didn't have a visa.
Sarebbe stato più facile andare da un agente di viaggio. *It would have been* easier to go to a travel agent.	**Avremmo speso** meno soldi per l'albergo. *We would have spent* less money for the hotel.

Pina **sarebbe arrivata** prima, ma ha perso la chiave della stanza. *Pina would have arrived* earlier, but she lost the room key.	Giulio non **avrebbe perso** la chiave. *Giulio wouldn't have lost* the key.

- When restating what someone else said (indirect discourse), use the past conditional to express a future action from the perspective of the past. This is unlike English, which uses the present conditional in such situations.

direct discourse	indirect discourse
Hai affermato: «Porteranno le carte d'imbarco». *You asserted: "They will bring the boarding passes."*	Hai affermato che **avrebbero portato** le carte d'imbarco. *You asserted that **they would bring** the boarding passes.*
Ugo ha detto: «Arriverò alle tre». *Ugo said, "I will arrive at 3:00."*	Ugo ha detto che **sarebbe arrivato** alle tre. *Ugo said **he would arrive** at 3:00.*

Provalo! **Indica la forma corretta del condizionale passato di ogni verbo indicato.**

1. Vittoria (fare, leggere, partire) ___ *avrebbe fatto, avrebbe letto, sarebbe partita*
2. io (andare, prepararsi, ricevere) _____
3. voi (sentire, guardare, credere) _____
4. tu (uscire, regalare, essere) _____
5. io e i miei amici (controllare, rimanere, sapere) _____
6. tu e Filomena (dormire, votare, passeggiare) _____
7. Luca (chiudere, vedere, svegliarsi) _____
8. noi (sperare, diventare, offrire) _____

STRUTTURE

8B.3 *Dovere, potere,* and *volere* in the conditional

Punto di partenza The verbs **dovere**, **potere**, and **volere** have special meanings in the present and past conditional tenses.

- As you learned in **Strutture 8B.1**, present conditional forms are often used to soften the force of a request or suggestion. These forms are commonly used with **dovere**, **potere**, and **volere**.

Vorrei un caffè, per piacere.
I would like a coffee, please.

Tina, **potresti aiutarmi**?
Tina, could you help me?

Potremmo prendere il traghetto per la Grecia.

Dovresti chiederle scusa.

- The conditional of **dovere** can be expressed with *should* or *ought to* in English. Its meaning is slightly less forceful than the present indicative, which implies duty or obligation.

Dovreste fare la fila.
You should wait in line.

Dovete fare la fila.
You have to wait in line.

- When used in the past conditional, **dovere** is equivalent to *should have* or *ought to have* in English.

Ragazzi, non **avreste dovuto** aspettare due ore?
Guys, shouldn't you have waited two hours?

Avremmo dovuto fare la fila. Adesso non ci sono più biglietti!
We should have waited in line. Now there are no more tickets!

- The present conditional of **potere** means *could* or *might*, in contrast to the present indicative *can* or *may*.

Potremmo fare il ponte?
Could we take a long weekend?

Possiamo fare il ponte?
Can we take a long weekend?

- When used in the past conditional, **potere** is equivalent to *could have* in English.

Avremmo potuto fare il ponte! Perché siamo venuti al lavoro?
We could have taken a long weekend! Why did we come to work?

Non avreste potuto conoscere il nuovo capo. È arrivato oggi.
You couldn't have met the new boss. He arrived today.

---

1 Scegliere Scegli la forma corretta di **dovere**, **potere** o **volere** per completare la conversazione.

SONIA Scusa, (1.) (potresti / dovreste) aiutarmi con il bagaglio a mano?

ANNA Certo! Ecco qui... dove vai?

SONIA Vado alle Cinque Terre.

ANNA Bello! (2.) (Vorrei / Dovreste) visitarle anch'io!

SONIA (3.) (Dovrei / Dovresti)! Sono bellissime!

ANNA Ho fame. (4.) (Vorrei / Vorresti) qualcosa da mangiare? In prima classe c'è un ottimo ristorante.

SONIA D'accordo, andiamo! Poi forse noi (5.) (potremmo / dovrebbero) stare un po' in prima classe.

ANNA Viaggiare in prima classe è il mio sogno. I biglietti (6.) (potreste / dovrebbero) costare meno così sarebbe fattibile (*feasible*) per noi!

2 Completare Decidi se il contesto di ogni frase vuole **dovere**, **potere** o **volere** al condizionale. Poi completa le frasi.

1. Io _____ tanto andare in vacanza con voi!

2. Mi scusi, signora, _____ aiutarmi con la valigia?

3. La settimana bianca è finita. Ora tu _____ davvero ricominciare a lavorare!

4. Per favore, ragazzi, _____ allacciarvi la cintura di sicurezza?

5. Noi _____ partire con te, ma non possiamo.

6. Loro _____ controllare se hanno tutti i documenti prima di partire.

7. Laura lavora a giugno e ad agosto, ma _____ andare in crociera a luglio.

8. Io _____ chiamare un taxi; è troppo tardi per andare a piedi.

3 Creare Crea frasi al condizionale presente o passato usando gli indizi dati.

1. io / potere pagare la multa per te (presente)

2. tu e Giacomo / dovere accendere i fari (presente)

3. io / volere portare un bagaglio a mano (passato)

4. i miei genitori / volere comprare una barca (presente)

5. tu / potere cambiare la prenotazione (passato)

6. noi / dovere presentare la patente al vigile (passato)

🔊 Practice more at **vhlcentral.com.**

4 Programmi di viaggi A coppie, parlate di alcuni viaggi che vorreste fare e discutete se potreste o dovreste farli. Spiegate perché andreste o non andreste. Ciascuno di voi dovrebbe parlare di almeno tre viaggi diversi.

> **MODELLO**
>
> **S1:** Io vorrei andare a sciare in Italia.
> **S2:** Vorrei venire anch'io, ma devo stare a casa a studiare.

5 Passeggeri A coppie, guardate i disegni di questi passeggeri. Sceglietene uno e create una conversazione che quel passeggero potrebbe avere con un compagno di viaggio. Usate **dovere**, **volere** e **potere** il più possibile.

> **MODELLO**
>
> **S1:** Va a Milano?
> **S2:** Sì.
> **S1:** Dovrebbe visitare il teatro alla Scala e vedere un'opera.
> **S2:** Mi piacerebbe molto! Potrebbe dirmi di più sulla città?

6 La vostra lista Crea una lista di cose che vorresti e non vorresti fare la settimana prossima. Poi, a coppie, paragonate le vostre liste e parlate delle vostre attività. Create una lista combinata da presentare alla classe.

> **MODELLO**
>
> **S1:** Mi piacerebbe andare a trovare mia nonna.
> **S2:** Che bello! Potresti stare un fine settimana intero?
> **S1:** Sarebbe bello, ma devo studiare per un esame.

- The present conditional of **volere** means *would like*, in contrast to the more direct *want* of the present indicative.

Vorrei fare una crociera.	**Voglio** fare una crociera.
I'd like to go on a cruise.	*I want* to go on a cruise.

- When used in the past conditional, **volere** is equivalent to *would have liked* in English.

Avrei voluto fare una crociera, ma invece sono andata in montagna.	I miei amici non **avrebbero voluto** fare la crociera con me.
I would have liked to go on a cruise, but I went to the mountains instead.	*My friends would not have liked* to go on the cruise with me.

- As in the **passato prossimo**, the choice of whether to use **essere** or **avere** with **dovere**, **potere**, and **volere** in the past conditional should be determined by the infinitive that follows it, although the use of **avere** in all cases is becoming more common. Use **avere** if there is no infinitive at all.

Signorina, **avrebbe voluto visitare** i monumenti?	**Sarebbero potuti andare** in città, ma sono andati in spiaggia.
Miss, would you have liked to visit the monuments?	*They could have gone* to the city, but they went to the beach.

> **ATTREZZI**
>
> In **Lezione 6B**, you learned that **dovere**, **potere**, and **volere** also have special meanings in the **passato prossimo** and the **imperfetto**.

Provalo! Completa la tabella con la forma corretta del condizionale presente o passato.

Condizionale presente:

		potere	dovere	volere
1.	io	_potrei_	dovrei	_____
2.	tu	potresti	_____	vorresti
3.	Lei/lui/lei	_____	dovrebbe	vorrebbe
4.	noi	_____	dovremmo	_____
5.	voi	potreste	_____	_____
6.	loro	potrebbero	_____	vorrebbero

Condizionale passato:

		potere	dovere	volere
7.	io	avrei potuto	_____	_____
8.	tu	_____	avresti dovuto	avresti voluto
9.	Lei/lui/lei	_____	avrebbe dovuto	_____
10.	noi	avremmo potuto	_____	avremmo voluto
11.	voi	_____	avreste dovuto	_____
12.	loro	avrebbero potuto	_____	avrebbero voluto

SINTESI
Ricapitolazione

1 **Situazioni** A coppie, scegliete tre situazioni relative ai viaggi. Poi immaginate cosa farebbero tre persone diverse in queste situazioni.

Situazioni	Persone
albergo al completo	il presidente
bagagli persi	i tuoi amici
gomma bucata	l'insegnante d'italiano
incidente sull'autostrada	un attore di Hollywood
macchina in panne	l'Uomo Ragno (*Spiderman*)
partenza in ritardo	tuo padre

2 **Consigli per viaggiare** A coppie, create una lista di consigli per delle persone che vengono a visitare la vostra città. Quale mezzo di trasporto dovrebbero prendere? Dove dovrebbero stare? Cosa dovrebbero visitare? Date almeno cinque consigli. Poi paragonate la vostra lista con quella d'un altro gruppo.

MODELLO

S1: *Dovrebbero venire in macchina, perché non c'è un aeroporto vicino alla città.*
S2: *Dovrebbero stare almeno tre giorni. Potrebbero visitare…*

3 **Il mio ultimo viaggio** In gruppi di tre, parlate dell'ultimo viaggio che avete fatto. Cosa fareste di nuovo? Cosa non fareste mai più? Cosa avreste dovuto fare? Cosa vorreste fare la prossima volta?

MODELLO

S1: *Io sono andato a New York. Starei nello stesso albergo, ma dovrei prenotare prima.*
S2: *Io sono andata in California. Non avrei dovuto visitare Los Angeles per prima, perché non ho avuto tempo per le altre città. La prossima volta vorrei…*

4 **Cosa potrebbe succedere?** Lavorate a coppie. L'insegnante vi darà due fogli diversi, ciascuno con metà delle informazioni su situazioni e possibili risultati. Fate domande a turno per completare tutte le informazioni.

MODELLO

S1: *La macchina è in panne.*
S2: *Dovresti chiamare un meccanico!*

5 **Un lungo fine settimana** A coppie, parlate di un vostro lungo fine settimana. Cosa vi sarebbe piaciuto fare ma non avete fatto? Cosa non avreste voluto fare? Date almeno tre esempi per ciascuna categoria.

MODELLO

S1: *Sarei voluta andare alla spiaggia e non avrei voluto dormire in un ostello.*
S2: *Mi sarebbe piaciuto dormire di più. Non avrei voluto studiare durante quel fine settimana!*

6 **Un'inchiesta** L'insegnante ti darà un foglio con diverse categorie relative ai viaggi. Chiedi ai tuoi compagni di classe cosa raccomanderebbero per ciascuna categoria. Poi, come classe, discutete i risultati.

MODELLO

S1: *Dove andresti per visitare la città più interessante?*
S2: *Io andrei a Firenze. C'è così tanta arte!*

7 **Giro d'Italia** A coppie, parlate di un viaggio che vorreste fare in Italia. Guardate le foto e discutete il vostro itinerario. Dove vorreste cominciare? Come viaggereste? Cosa fareste in ogni città?

MODELLO

S1: Io andrei a Pompei.
S2: Buon'idea! Dovremmo viaggiare in prima classe o in classe economica?

Pompei

1. Roma

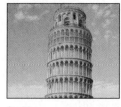
2. Pisa

3. Assisi

4. Firenze

5. Cinque Terre

6. Milano

8 **Tanti soldi e tanto tempo!** In gruppi di tre, discutete cosa potreste fare e comprare con molti soldi e tempo a disposizione. Discutete almeno cinque idee. Poi paragonate la vostra lista con la classe.

MODELLO

S1: Io comprerei una macchina nuova.
S2: Io cercherei una casa enorme con sei camere da letto.
S3: Io viaggerei e andrei nei paesi più lontani.

Comprare	dei vestiti, una casa, apparecchi elettronici, ...
Visitare	gli Stati Uniti, l'Italia, ...
Aiutare	la famiglia, gli amici, i poveri, ...

Il mio di·zio·na·rio

Aggiungi al tuo dizionario personalizzato cinque parole relative al trasporto e alle vacanze.

timbrare

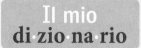

traduzione
to stamp
categoria grammaticale
verbo
uso
Non dimenticare di timbrare il biglietto prima di salire sul treno!
sinonimi
bollare, convalidare
antonimi
/

risorse		
SAM WB: pp. 125–130	SAM LM: pp. 72–74	vhlcentral.com

Panorama

(S) Interactive Map

Burano

Murano

Venezia

La città in cifre

▶ **Superficie delle acque:** *398.888 km²*

▶ **Superficie della terra:** *15.684 km²*

▶ **Superficie totale:** *414.573 km²*

▶ **Popolazione:** *259.970*

▶ **Numero di canali:** *circa 150*

▶ **Numero di ponti:** *più di 400*

Venezia è una città come nessun'altra. Costruita su più di cento isole nella laguna di Venezia, è fatta di ponti e canali invece che di strade e viali. Sin dal Medioevo, nell'epoca della Serenissima Repubblica, Venezia è sempre stata una meta° di viaggiatori e commercianti, provenienti da° paesi lontani e dalle altre regioni italiane. Questa città romantica e misteriosa è veramente un posto unico!

▶ **Da non perdere:** *la Basilica di San Marco, il Ponte di Rialto, il Ponte dei Sospiri, il Canal Grande, il Palazzo Ducale, la Peggy Guggenheim Collection, Ca' Pesaro*

Veneziani celebri

▶ **Antonio Vivaldi,** *prete° e compositore (1678–1741)*

▶ **Carlo Goldoni,** *drammaturgo° e scrittore (1707–1793)*

▶ **Giacomo Casanova,** *avventuriero° e scrittore (1725–1798)*

▶ **Carla Thorneycroft,** *baronessa, filantropa e mecenate° (1914–2007)*

▶ **Mago Silvan,** *illusionista° (1935–)*

▶ **Monica «Moony» Bragato,** *musicista (1980–)*

meta *destination* **provenienti da** *coming from* **prete** *priest* **drammaturgo** *playwright* **avventuriero** *adventurer* **filantropa e mecenate** *philanthropist and patron of the arts* **illusionista** *magician* **marea** *tide* **inondare** *flood* **passerelle** *gangways* **come se niente fosse** *as if nothing happened*

Laguna Veneta

il ponte di Rialto

VIA DELLA LIBERTÀ

Canale delle Fondamente Nuove

Isola di San Michele

Isola del Tronchetto

Madonna dell'Orto

Il Ghetto

Parco Savorgnan

Il Canal Grande

Ponte degli Scalzi

Stazione di Santa Lucia

Ponte degli Scalzi

Ca' Pesaro

Ca' d'Oro

Bacino Stazione Marittima

Piazzale Roma

Giardini Papadopoli

Ponte della Costituzione

Santa Maria Gloriosa dei Frari

Ponte di Rialto

Mercato di Rialto

Campo dei Santi Giovanni e Paolo

Scuola di San Giorgio degli Schiavoni

Arsenale

Rio Terà dei Pensieri

Scuola Grande di San Rocco

Campo San Polo

Piazza San Marco

Il Palazzo Ducale RIVA DEGLI SCHIAVONI

VIA GARIBALDI

Isola di San Pietro

Gallerie dell'Accademia

Ponte dell'Accademia

Basilica de San Marco

Collezione P. Guggenheim

Basilica di Santa Maria della Salute

Chiesa di San Giorgio Maggiore

Canale di San Marco

Giardini Pubblici

Canale di Fusina

Sacca Fisola

Canale della Grazia

Isola di Sant'Elena

Chiesa del Redentore

Canale della Giudecca

La Giudecca

Parco delle Rimembranze

le famose gondole

la basilica di San Marco

Incredibile ma vero!

Un fenomeno tipico di Venezia è quello dell'«acqua alta». In autunno e in inverno l'alta marea° può inondare° parzialmente la città. Durante le maree più intense (che possono raggiungere i 140 cm o più), il comune attrezza la città con delle passerelle° e le persone possono comunque muoversi come se niente fosse°!

L'artigianato

Burano: la città dei merletti°

Burano è in provincia di Venezia e si trova a circa nove chilometri a nord della città. Burano è composta da quattro piccole isole unite da ponti. L'arte del merletto ha origini molto antiche e ha reso Burano famosa fin dal 1500. Una tecnica particolare di lavorazione° del merletto, che è diventata famosa in tutta Europa, si chiama «punto di Burano». Alla fine del 1800 è stata creata la Scuola del Merletto, per tramandare° quest'arte così antica e particolare. Oggi è possibile apprezzare i merletti in molte lavorazioni, per esempio su tovaglie, fazzoletti° e vestiti.

Le feste

Il Carnevale di Venezia

Il Carnevale di Venezia è una delle feste più conosciute al mondo ed è diverso da qualsiasi altro carnevale che conoscete. Risale al decimo° secolo, ma solo nel 1296 il Carnevale è stato dichiarato una festa pubblica. Il cuore delle celebrazioni è Piazza San Marco, ma ci sono eventi organizzati in tutta la città. La festa dura per circa dieci giorni prima della Quaresima°. In questo periodo potete vedere maschere fantastiche con colori brillanti e vestiti incredibili. Originariamente le maschere erano usate per nascondere° l'identità delle persone, oggi solo per motivi estetici. È un evento da non perdere: buon divertimento!

La storia

La Repubblica di Venezia

La Serenissima Repubblica di Venezia è il nome di un antico stato dell'Italia nordorientale, la cui° capitale era Venezia. Nel Medioevo la città diventò° molto potente, grazie soprattutto alla sua posizione geografica. Venezia è stata una delle più importanti Repubbliche Marinare° e una città con un'autonomia politica basata sulla prosperità economica. Nel 1500 diversi nazioni europee si coalizzarono° per contrastare la potenza di Venezia. Il declino finale arrivò° nel 1797, con l'invasione di Napoleone Bonaparte. Venezia è stata annessa° al Regno d'Italia nel 1866.

Gli animali

Attrazione turistica o pericolo°?

Piazza San Marco è famosa per la sua bellezza, l'architettura, la storia e... i piccioni°! Venezia è la casa di circa 40.000 piccioni, e Piazza San Marco vede circa 13.500 piccioni al giorno. I piccioni, certamente, creano problemi sanitari, ma anche problemi ai monumenti, perché i loro escrementi sono dannosi° per materiali come legno e pietra. I piccioni, inoltre, sfregiano° le statue, perché la pietra aiuta il loro sistema digestivo. Dal 2008 è illegale dare da mangiare° ai piccioni, ma molti veneziani e turisti non rinunciano a questa tradizione. I danni° sono calcolati in milioni di euro ogni anno.

Quanto hai imparato? Completa le frasi.

1. L'alta marea a Venezia si verifica (*happens*) in _____.
2. Le maree molto intense possono raggiungere _____.
3. «Il punto di Burano» è una tecnica di lavorazione dei _____.
4. La città di _____ è famosa per i merletti.
5. _____ è una festa veneziana famosa in tutto il mondo.
6. Le maschere di Carnevale erano usate per _____ l'identità.
7. La _____ Repubblica di Venezia era un antico stato.
8. Nel _____ Venezia è diventata parte del Regno d'Italia.
9. A Venezia ci sono circa 40.000 piccioni, in Piazza San Marco _____ al giorno.
10. I piccioni di Piazza San Marco creano danni di _____ ogni anno.

Practice more at **vhlcentral.com.**

risorse

SAM
WB: pp. 131–132

vhlcentral.com

SU INTERNET

Go to **vhlcentral.com** to find more cultural information related to this **Panorama**.

1. Perché il Ponte dei Sospiri ha questo nome? Fai una ricerca su Internet e scrivi un piccolo paragrafo da presentare alla classe.
2. Burano è molto famosa per i merletti, ma anche per altre cose. Cerca altre informazioni sulla città e la sua economia.
3. Cerca fotografie delle maschere del Carnevale di Venezia. Scegline una e portala in classe. Descrivila e spiega perché ti piace.

merletti *lace* **lavorazione** *production* **tramandare** *to hand down* **fazzoletti** *handkerchiefs* **decimo** *tenth* **Quaresima** *Lent* **nascondere** *hide* **la cui** *whose* **diventò** *became* **Repubbliche Marinare** *Maritime Republics* **si coalizzarono** *formed a coalition* **arrivò** *arrived* **è stata annessa** *was annexed* **pericolo** *danger* **piccioni** *pigeons* **dannosi** *harmful* **sfregiano** *scrape* **dare da mangiare** *to feed* **danni** *damages*

Lettura

 **Audio: Reading**

Prima di leggere

As you read in Italian, you will often see words you have not learned. You can guess what they mean by looking at surrounding words. Read this note and guess what **gradevole** means.

> Ciao Giovanna! Sono appena tornata da un viaggio a Sanremo. Ci ho passato un fine settimana lungo. Avevo fatto una prenotazione per una camera singola in un albergo delizioso proprio nel cuore della città. La camera era piccola, ma molto gradevole ed era decorata molto bene. Aveva anche una vista incredibile dal balcone. Mi sono divertita molto!

From the context, you can conclude that the writer is saying something positive about her room. If you guessed that **gradevole** means *pleasant*, you are correct.

Esamina il testo Guarda il testo e descrivi il formato. Secondo te, di che cosa parla il testo? Trova le parole ed espressioni seguenti nel testo e prova a indovinare cosa vogliono dire.

scavi	Salto indietro nel tempo.
sistemazione	non sarà tralasciato niente
innumerevoli	C'è l'imbarazzo della scelta.

Esperienza personale Hai mai partecipato a una vacanza organizzata? Dove? Quando? Com'era? Ti sei divertito/a? Se no, perché? Discuti l'esperienza con un(a) compagno/a di classe.

In giro per l'Italia settentrionale

Viaggio organizzato in Nord Italia dal 15 al 26 maggio: 12 giorni, 3.000 euro tutto compreso!

GIORNO 1 Milano
Incontro a Milano alle dieci presso l'Albergo Duomo. Pranzo alla pizzeria La Torre di Babele per parlare del viaggio. Nel pomeriggio, visita guidata al Duomo di Milano e dintorni°. Cena in albergo.

GIORNO 2 Milano – Angera
Visita alla chiesa quattrocentesca di Santa Maria delle Grazie (inclusa visita al *Cenacolo*, cioè il famoso dipinto di Leonardo *L'ultima cena*!). Nel pomeriggio, viaggio in pullman verso il paese di Angera.

GIORNO 3 Angera – Como
Nella mattinata, visita alla Rocca di Angera, sul Lago Maggiore. Pranzo al sacco°. Nel pomeriggio visita al Museo della Bambola°, che presenta una delle collezioni più ricche d'Europa. Nella sera viaggio a Como in pullman.

GIORNO 4 Como

Visita di chiese, monumenti e scavi archeologici per una giornata piena di storia e di arte. È consigliata una gita in battello° sul lago di Como. Costo extra, non incluso nel pacchetto.

GIORNO 5 Como – Milano

Colazione a Como. Ritorno a Milano. Giornata libera per visitare Milano e fare shopping. Biglietti per uno spettacolo al famoso Teatro alla Scala sono disponibili per un costo extra di 80 euro a persona.

GIORNO 6 Milano – Verona

Incontro alla stazione di Milano alle 8.30. Arrivo a Verona e sistemazione in albergo. Visita delle innumerevoli attrazioni della città. Cena in albergo.

GIORNO 7 Verona – Venezia

Salto indietro nel tempo. Visita della Verona di Shakespeare: da non perdere! Nel pomeriggio spostamento e arrivo a Venezia.

GIORNO 8 Venezia

Giornata a Venezia per visitare le meraviglie di questa città. Da San Marco al Ponte dei Sospiri non sarà tralasciato niente! Uso del traghetto per gli spostamenti e passeggiata per il centro storico. Per un prezzo extra sono disponibili gite in gondola. Cena fuori e notte in un Bed & Breakfast.

GIORNO 9 Venezia – Bologna

Viaggio in treno a Bologna. Bologna è chiamata «la dotta°, la grassa, la rossa»... Scopri perché durante questa bellissima gita!

GIORNO 10 Bologna – Parma

Da Bologna a Parma, antica città di origini etrusche che offre moltissimi monumenti e luoghi di interesse.

GIORNO 11 Parma

Giornata intera passata a Parma per visitare quanto più possibile! C'è l'imbarazzo della scelta: chiese, palazzi, parchi, teatri e molto di più. Notte all'albergo La Cittadella.

GIORNO 12 Parma – Milano

Mattinata libera. Alle 11.30 ritrovo alla stazione per tornare a Milano. E per finire... una bella festa! Tutti invitati all'Albergo Palazzo Sforza dove saranno offerti aperitivi, antipasti e tanta musica per concludere in bellezza questa fantastica avventura!

dintorni *surroundings* **Pranzo al sacco** *Bag lunch* **Bambola** *Doll* **battello** *boat* **dotta** *learned*

Dopo la lettura

Le domande dell'insegnante Immagina di aver deciso di fare questo viaggio organizzato. Parlane con l'insegnante. Rispondi alle domande in base al testo. Usa frasi complete!

1. Che cosa è compreso nel prezzo?
   _____

2. Quali mezzi di trasporto userete?
   _____

3. Quali città visiterete il 16 maggio?
   _____

4. Dove dormirete durante questo viaggio?
   _____

5. Cosa farete a Venezia?
   _____

6. Cosa visiterete dopo Bologna?
   _____

7. Quali sono i costi extra durante il viaggio?
   _____

8. Come concluderete il viaggio?

Sì, andiamo in Italia! In gruppi di tre, preparate una conversazione basata su questa situazione. Passerai tre settimane in Italia e hai deciso di partecipare al viaggio organizzato che parte da Milano insieme a un amico. Tu e il tuo amico chiamate l'agenzia di viaggi per chiedere più informazioni. Fate domande sul viaggio e chiedete dettagli sulle città che visiterete, le gite e le attività, gli alberghi, i trasporti ecc.

- A te piace fare gite in montagna, ma al tuo amico piace fare shopping e andare a teatro.

- L'agente di viaggio vi spiegherà perché questo viaggio in Nord Italia piacerà a tutti e due.

- Chiedete all'agente di trovare un biglietto aereo dalla vostra città a Milano.

- Chiedetegli anche di trovare un albergo a Milano per stare una settimana in più dopo il viaggio organizzato.

- L'agente vi suggerirà quali posti interessanti potete visitare e vi dirà cosa c'è da fare a Milano.

- Spiegate all'agente che vorreste anche avere del tempo libero durante le tre settimane.

Practice more at **vhlcentral.com.**

In ascolto  Ⓢ Audio

STRATEGIA

Recognizing the genre of spoken discourse

You will encounter many different types of spoken discourse in Italian. For example, you may hear a political speech, a radio interview, a commercial, a voice-mail message, or a news broadcast. Try to identify the context of what you hear so that you can activate your background knowledge about that type of discourse and identify the speakers' motives and intentions.

🎧 To practice this strategy, you will listen to two short selections. Identify the genre of each one.

Preparazione

Quando andate in vacanza, chi decide dove andare? Chi fa le prenotazioni? Usate un'agenzia di viaggi o usate l'Internet?

Ascoltiamo 🔊 🎧

Ascolta la pubblicità una volta. Poi ascoltala una seconda volta e scrivi le informazioni mancanti. Aggiungi anche altre informazioni che senti per ogni viaggio.

Paese (città/regione)	Numero di giorni/ settimane	Prezzo per persona	Dettagli supplementari
1.	3 giorni		
2. Dublino			
3.		1.500 euro	
4.	3 settimane	2.000 euro	
5. Alpi			

🔅 Practice more at **vhlcentral.com.**

Comprensione

Dove vanno? Lavori all'agenzia Dappertutto. Di' dove possono andare le seguenti persone e perché.

1. Ho solo cinque giorni liberi e vorrei andare nel nord Europa.

_____

2. Vorrei andare fuori dall'Europa. Ho un mese di tempo e parlo inglese. Non mi piace molto il mare.

_____

3. Ci piace molto la montagna e vorremmo restare in Italia.

_____

4. Abbiamo solo tre giorni e non siamo mai stati nel Nord Italia.

_____

5. Il mio sogno è andare in Irlanda!

_____

6. Ho 600 euro e una settimana di tempo: dove posso andare?

_____

7. Adoro il mare e posso spendere fino a un massimo di 1.600 euro.

_____

Il tuo viaggio Hai deciso di fare uno dei viaggi proposti dall'agenzia Dappertutto. Oggi è l'ultimo giorno del tuo viaggio e vuoi scrivere una cartolina (*postcard*) a un tuo amico che parla italiano. Raccontagli del tuo viaggio. Dove sei andato/a? Che cosa hai fatto? Perché hai scelto quel viaggio? Ti sei divertito/a?

Scrittura

Expressing and supporting opinions

Written reviews are one of the many kinds of writing that require you to present your opinions. In order to convince your reader to take your opinions seriously, it is important to support them as thoroughly as possible. In a hotel review, for example, it is not enough just to rate the hotel and service. Readers will want details about the rooms, the kind of service you received, the amenities the hotel offers, its location, and the type of atmosphere you encountered. If you were writing a concert or album review, what kinds of details might your readers expect to find?

It is easier to include details that support your opinions if you plan ahead. Before going to a place or event that you are planning to review, write a list of questions that your readers might ask. Decide which aspects of the experience you are going to rate, and list the details that will help you determine a rating. You can then organize these lists into a questionnaire and a rating sheet. Bring these with you to remind you of the kinds of information you need to gather in order to support your opinions. Later, they will help you organize your review into logical categories. They can also provide the details and other evidence you need to convince your readers of your opinions.

Tema

Scrivere una recensione

Scrivi una recensione su un albergo. Prima, scrivi il nome dell'albergo e dove si trova, poi parla delle categorie seguenti. Infine dai la tua opinione sull'albergo. Secondo te quante stelle dovrebbe avere?

- **Informazioni generali**
  Com'è l'albergo? Quando entri, ti sembra pulito, in ordine e invitante? Qual è la tua impressione generale?

- **Camere**
  Quante camere ci sono nell'albergo? Quante camere singole e quante doppie? Sono grandi o piccole? Descrivi una delle stanze: Cosa c'è nella stanza? È nuova o vecchia? Ha bisogno di essere modernizzata o va bene così? C'è un bagno privato? C'è la vasca o la doccia? Il bagno ha bisogno di riparazioni? Cosa puoi vedere dalla finestra?

- **Comodità**
  C'è un ascensore? C'è un televisore, un telefono e una sveglia in ogni camera? C'è una piscina e una palestra? Fai una lista di tutte le altre comodità che l'albergo offre.

- **Servizio e atmosfera**
  Com'è il servizio? Lo staff dell'albergo è cortese? Le persone sono sempre pronte ad aiutare? La reception è aperta 24 ore al giorno? C'è un'atmosfera rilassante o no?

- **Prezzi**
  Quali sono i prezzi per i diversi tipi di stanza? Quando iniziano e quando finiscono l'alta e la bassa stagione? Ci sono offerte speciali ogni tanto?

- **Altre informazioni**
  C'è un ristorante? È buono? È costoso? Che tipo di cucina offre? L'albergo offre un servizio di trasporto da e per l'aeroporto? Scrivi anche un numero di telefono che i futuri clienti possono chiamare per fare una prenotazione.

S Vocabulary Tools

Nell'aeroporto

l'aereo	airplane
l'agente di viaggio	travel agent
gli arrivi	arrivals
il bagaglio a mano	carry-on baggage
la carta d'imbarco	boarding pass
la classe turistica/ economica	tourist/economy class
il controllo passaporti	passport control
il documento	ID; document
la dogana	customs
il giornale	newspaper
le partenze	departures
il passeggero	passenger
il ritardo	delay
l'uscita	exit
il viaggiatore	traveler
il visto	visa
il volo	flight
atterrare	to land
decollare	to take off
fare la fila	to wait in line
andata e ritorno	round-trip
puntuale	on-time
all'estero	abroad

In albergo

l'albergo (a cinque stelle)	(five-star) hotel
l'ascensore (m.)	elevator
la chiave	key
il/la cliente	customer; client
l'ostello della gioventù	youth hostel
la pensione	boarding house
il posto disponibile	vacancy
il servizio in camera	room service
annullare	to cancel
prenotare	to make a reservation
al completo	full; no vacancies

Guidare la macchina

l'autista	driver
l'autostrada	highway
il baule	trunk
la cintura di sicurezza	seatbelt
il cofano	hood
il faro	headlight
i freni	brakes
la frizione	clutch
la gomma	tire
il limite di velocità	speed limit
la macchina	car
il/la meccanico/a	mechanic
il motore	engine; motor
la multa	fine; traffic ticket
la patente	driver's license
la portiera	(car) door
la stazione di servizio	service station
il tergicristallo	windshield wiper
il traffico	traffic
il vetro	windshield
il vigile urbano / la vigilessa urbana	traffic officer
il volante	steering wheel
allacciare	to buckle (seatbelt)
avere un incidente	to have/be in an accident
bucare una gomma	to get a flat tire
colpire (-isc-)	to hit
essere in panne	to break down
fare benzina	to get gas
frenare	to brake
noleggiare	to rent (car)
parcheggiare	to park
riparare	to repair

Espressioni utili	See pp. 275 and 291.
Comparatives of equality	See pp. 278–279.
Comparatives of inequality	See pp. 280–281.
Superlatives	See pp. 282–283.

I mezzi di trasporto

la barca	boat
il camion	truck
la metro(politana)	subway
il motorino	scooter
la nave	ship
il pullman	bus
il tassì, il taxi	taxi
il traghetto	ferry
il treno	train

Le vacanze

la crociera	cruise
il giorno festivo	public holiday
il mare	sea
la settimana bianca	ski vacation
la spiaggia	beach
il villaggio turistico	resort
abbronzarsi	to tan
fare il ponte	to take a long weekend
fare la valigia	to pack a suitcase
leggere la mappa	to read a map
partire in vacanza	to go on vacation

Il trasporto pubblico

il binario	track; platform
la biglietteria	ticket office/window
il biglietto	ticket
il controllore	ticket collector
la fermata	(bus/train) stop
l'orario	timetable
convalidare	to validate (ticket)
prima/seconda classe	first/second class

La vita in città

Per cominciare
- Dove sono Riccardo ed Emily?
- Il cameriere gli dà indicazioni o gli serve un gelato?
- Dove vorrebbero andare i ragazzi?

Lezione 9A

Communicative Goals

You will learn how to:
- ask for and give directions
- talk about parts of a city

In centro
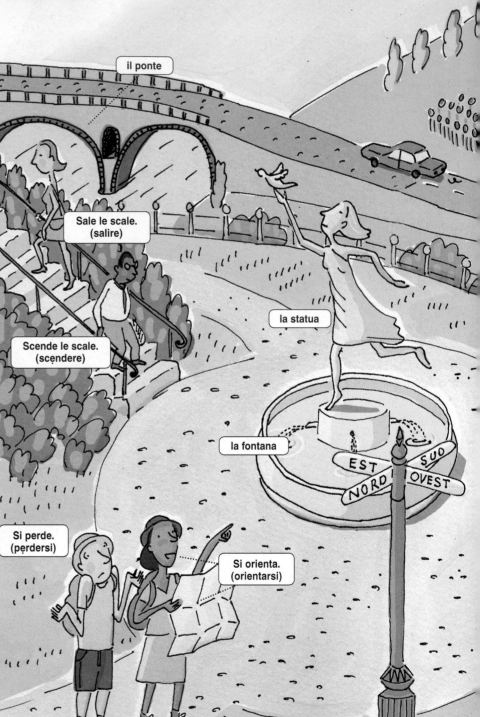

Ⓢ Vocabulary Tools

Vocabolario

espressioni	*expressions*
attraversare	*to cross (the street)*
costruire (-isc-)	*to build*
dare un passaggio	*to give (someone) a ride*
le indicazioni	*directions*
l'angolo	*corner*
l'isolato	*block*
il marciapiede	*sidewalk*
la rotonda	*traffic circle, rotary*
la strada	*street*
le strisce (pedonali)	*crosswalk*
in centro	*downtown*
il centro commerciale	*mall; shopping center*
la chiesa	*church*
il chiosco	*newsstand; kiosk*
il grande magazzino	*department store*
il locale notturno	*nightclub*
il negozio	*store*
il paese	*town*
la piscina	*pool*
la gente	*people*
il pedone	*pedestrian*
il/la poliziotto/a	*police officer*
il/la pompiere/a	*firefighter*
il sindaco	*mayor*
lo/la spazzino/a	*street sweeper; garbage collector*
Dove si trova...?	*Where is . . . ?*
girare	*to turn*
proseguire	*to continue*
di fronte a	*across from*
diritto	*straight*
fino a	*until*
lontano da	*far from*
qui vicino	*nearby*
verso	*toward*
vicino a	*close to*

il ponte

Sale le scale. (salire)

Scende le scale. (scendere)

la statua

la fontana

EST · SUD · NORD · OVEST

Si perde. (perdersi)

Si orienta. (orientarsi)

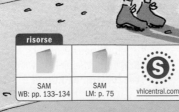

risorse

SAM
WB: pp. 133–134

SAM
LM: p. 75

Ⓢ
vhlcentral.com

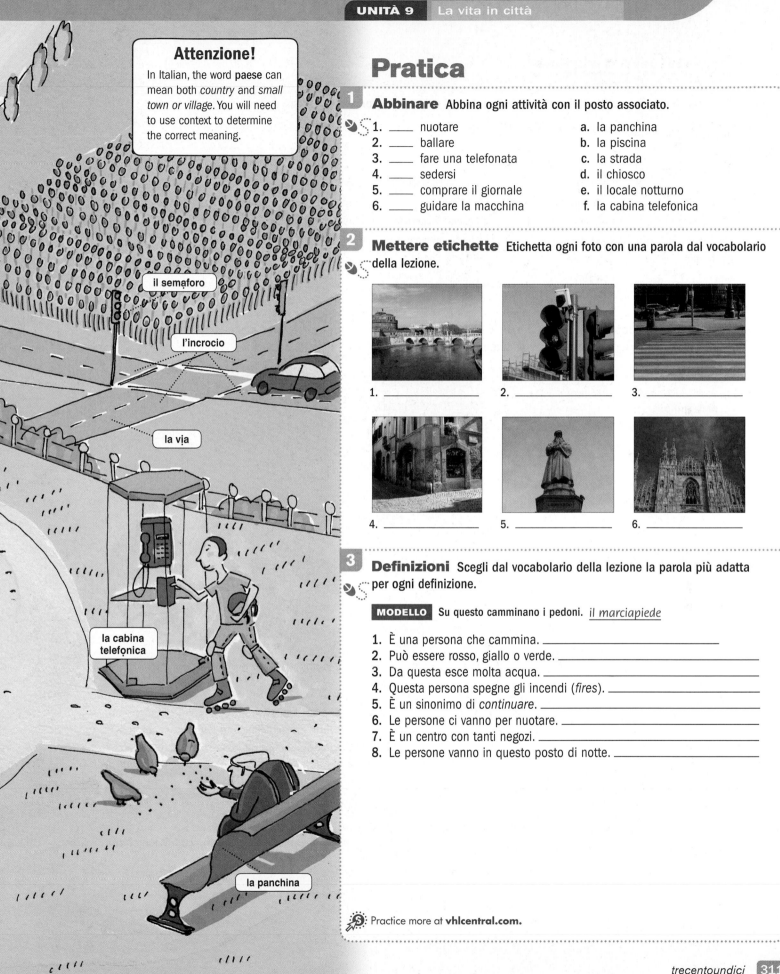

Attenzione!

In Italian, the word **paese** can mean both *country* and *small town or village*. You will need to use context to determine the correct meaning.

il semaforo

l'incrocio

la via

la cabina telefonica

la panchina

Pratica

1 **Abbinare** Abbina ogni attività con il posto associato.

1. _____ nuotare
2. _____ ballare
3. _____ fare una telefonata
4. _____ sedersi
5. _____ comprare il giornale
6. _____ guidare la macchina

a. la panchina
b. la piscina
c. la strada
d. il chiosco
e. il locale notturno
f. la cabina telefonica

2 **Mettere etichette** Etichetta ogni foto con una parola dal vocabolario della lezione.

1. _____
2. _____
3. _____

4. _____
5. _____
6. _____

3 **Definizioni** Scegli dal vocabolario della lezione la parola più adatta per ogni definizione.

MODELLO Su questo camminano i pedoni. *il marciapiede*

1. È una persona che cammina. _____
2. Può essere rosso, giallo o verde. _____
3. Da questa esce molta acqua. _____
4. Questa persona spegne gli incendi (*fires*). _____
5. È un sinonimo di *continuare*. _____
6. Le persone ci vanno per nuotare. _____
7. È un centro con tanti negozi. _____
8. Le persone vanno in questo posto di notte. _____

:S: Practice more at **vhlcentral.com.**

CONTESTI

Comunicazione

4 **In città** A coppie, usate parole ed espressioni di ogni colonna per formare sei frasi.

MODELLO *I miei genitori vanno in chiesa tutte le domeniche.*

A	B	C	D
io	andare	il centro commerciale	da piccolo/a
i miei amici e io	attraversare	la chiesa	durante il fine settimana
i miei genitori	ballare	il grande magazzino	la settimana scorsa
i pedoni	fare spese	il locale notturno	ogni giorno
gli spazzini	nuotare	il marciapiede	venerdì sera
tutti	pulire	la piscina	???

5 **Indicazioni** A coppie, chiedete e date indicazioni a turno su come arrivare nei seguenti posti. Il vostro punto di partenza è indicato sulla mappa dalla X.

MODELLO

S1: *Scusi, come arrivo alla Fontana di Nettuno?*
S2: *Vada diritto, poi attraversi... Poi giri a...*
S1: *Grazie.*

1. Università per Stranieri
2. locale notturno «Lo Zoo»
3. Fontana di Nettuno
4. il chiosco
5. centro commerciale «Quadrifoglio Verde»
6. la piscina

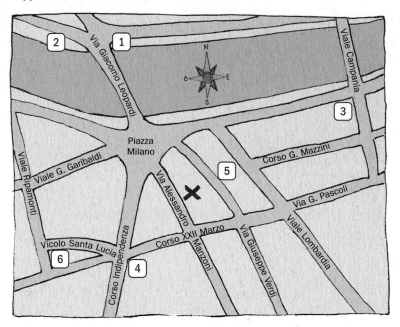

6 **Conversazioni** 🎧 Ascolta ogni conversazione. Poi, a coppie, decidete il luogo in cui si svolge (*takes place*).

1. il centro commerciale / il ponte
2. la cabina telefonica / il locale notturno
3. la piscina / il negozio
4. il chiosco / la strada
5. la panchina / la rotonda
6. le strisce pedonali / la cabina telefonica

7 **Parole crociate** Lavorate a coppie. L'insegnante vi darà due fogli diversi, ciascuno con uno schema di parole crociate incompleto. Fatevi domande per trovare le parole mancanti, che sono tratte da (*come from*) questa lezione e dalle **Unità 7** e **8**.

MODELLO

S1: *Che cos'è il numero due?*
S2: *È un posto dove molti cattolici vanno ogni domenica.*

Pronuncia e ortografia Ⓢ Audio

🎧 *Parole affini I*

ability	**abilità**	**foundation**	**fondazione**

Cognates, or **parole affini**, are words in different languages that share a common origin and similar form. Learning the relationship between word endings in Italian and English will help you recognize cognates and expand your vocabulary in Italian.

famiglia	**farmacia**	**dignitario**	**biologia**
family	*pharmacy*	*dignitary*	*biology*

Words ending in **-ia** and **-io** in Italian are often equivalent to words ending in *-y* in English. The suffix **-ia** is used in many words that describe a field of study.

città	**comunità**	**specialità**	**università**
city	*community*	*speciality*	*university*

Words ending in **-tà** in Italian are often equivalent to words ending in *-ty* in English.

coincidenza	**pazienza**	**sentenza**	**violenza**
coincidence	*patience*	*sentence*	*violence*

Words ending in **-nza** in Italian are often equivalent to words ending in *-nce* in English.

attenzione	**comunicazione**	**menzione**	**nazione**
attention	*communication*	*mention*	*nation*

Words ending in **-zione** in Italian are often equivalent to words ending in *-tion* in English.

Pronunciare Ripeti le parole ad alta voce.

1. qualità
2. finanza
3. azione
4. mentalità
5. qualificazione
6. frazione
7. essenza
8. semplicità
9. trigonometria
10. frammentario
11. affinità
12. trilogia

Articolare Ripeti le frasi ad alta voce.

1. La farmacia è in centro.
2. È più importante la qualità o la quantità?
3. Hai studiato per l'esame di psicologia?
4. È necessario dormire otto ore.
5. Abbia pazienza, per favore!
6. Il negozio fa una promozione questa settimana.

Proverbi Ripeti i proverbi ad alta voce.

> Onestà con gentilezza, supera ogni bellezza.[2]

> Chi va piano, va sano e va lontano.[1]

[1] Slowly but surely. (lit. He who goes slowly goes safely and goes far.)

[2] Honesty with kindness is superior to every kind of beauty.

FOTOROMANZO

Come si va in Piazza di Spagna?  Video: *Fotoromanzo*

PERSONAGGI

Il cameriere

Emily

Riccardo

RICCARDO Buongiorno, signora Eriksson. Signora Rufo-Eriksson. Sono io, Riccardo. Emily mi ha detto che Lei parla un po' l'italiano, perciò Le dirò perché sua figlia dovrebbe restare a Roma dopo la fine del semestre. Innanzitutto Emily è una studentessa e una coinquilina responsabile.

EMILY E poi?

RICCARDO Perderà peso perché beve solo caffè e non sa cucinare.

EMILY Riccardo!

RICCARDO Puoi tagliare l'ultima parte.

EMILY Lo farò di sicuro. Andiamo a prendere un caffè al bar che ho visto all'angolo?

RICCARDO Come non detto: conserva l'ultima parte.

EMILY Ci sono così tante cose che non abbiamo visto: chiese, fontane, statue, piazze. Dove potremmo andare dopo?

RICCARDO Mi scusi. Come si va in Piazza di Spagna?

CAMERIERE È facile da qui. Allora, si segue questa strada finché si arriva a un semaforo. Poi gira a sinistra, passa un chiosco e continua diritto.

RICCARDO Fammi orientare.

EMILY Questo è l'incrocio in cui dovremmo girare a sinistra.

RICCARDO In questa strada? Sei sicura?

EMILY Qua c'è il semaforo. È questa la strada che dobbiamo prendere.

EMILY Quella è la fontana della Barcaccia. È bellissima.

RICCARDO Nel diciassettesimo secolo, tutta la piazza era territorio spagnolo. Pronti? Via!

EMILY Centotrentotto gradini. Siamo arrivati fino a Trinità dei Monti! Siete tornati amici con Marcella?

RICCARDO Non la vedo da qualche giorno.

EMILY La stai evitando.

RICCARDO Ha parlato con te?

EMILY Di te, no. Parliamo soprattutto dell'Italia.

RICCARDO Ah.

ATTIVITÀ

1 Vero o falso? Decidi se le seguenti affermazioni sono vere o false.

1. La signora Rufo-Eriksson non parla italiano.
2. Emily è una studentessa responsabile.
3. Emily cucina molto bene.
4. Riccardo chiede indicazioni per arrivare al Colosseo.
5. Secondo Riccardo, Lorenzo è testardo.
6. I ragazzi girano a sinistra all'incrocio.
7. Riccardo ha visto Marcella ieri
8. Emily e Marcella parlano molto dell'Italia.
9. Riccardo è affezionato a Marcella.
10. Il cameriere aveva ragione.

Practice more at **vhlcentral.com.**

Riccardo ed Emily vanno a Piazza di Spagna.

RICCARDO Grazie mille.
CAMERIERE Si figuri. Roma è più bella quando si è innamorati, eh? Non state insieme?
EMILY No.
RICCARDO Ma quando mai!
CAMERIERE Davvero? Che peccato.
EMILY Hmm, niente male. Ottantadue. Riccardo?
RICCARDO Cento. Scrivilo. Cento.

RICCARDO Ma quel cameriere è pazzo.
EMILY Che cosa crede? Non siamo mica Lorenzo e Viola.
RICCARDO Quei due non potrebbero mai stare insieme.
EMILY Ma si piacciono o no?
RICCARDO Penso di sì. Ma non staranno mai insieme perché Lorenzo è troppo stupido e Viola è invece troppo testarda.

EMILY Che cosa possiamo fare per farvi fare pace?
RICCARDO Niente. Non mi perdonerà mai.
EMILY Le passerà, vedrai. Sei molto affezionato a lei, vero? Mi dispiace. Non mi piace vederti così triste, Riccardo.

RICCARDO Uh, il cameriere aveva proprio torto.
EMILY Su questo non c'è dubbio!
RICCARDO Puah!
EMILY Puah!
RICCARDO Amici?
EMILY Amici.

Espressioni utili

Giving directions

- **Come si va...?**
  How do you get to . . . ?
- **Si segue questa strada finché si arriva...**
  You follow this street until you get to . . .
- **Questo è l'incrocio in cui dovremmo girare.**
  This is the intersection where we should turn.
- **È questa la strada che dobbiamo prendere.**
  This is the street we should take.

Additional vocabulary

- **quando si è innamorati**
  when you're in love
- **Ma quando mai!**
  No way!
- **Davvero? Che peccato.**
  Really? What a shame.
- **nel diciassettesimo secolo...**
  in the seventeenth century . . .
- **Sono io, Riccardo.**
  It's me, Riccardo.
- **coinquilina**
  roommate
- **perciò**
  so
- **innanzitutto**
  first of all
- **perderà peso**
  she'll lose weight
- **tagliare**
  to cut
- **Lo farò di sicuro.**
  I definitely will.
- **Come non detto.**
  Never mind.
- **Si figuri.**
  You're welcome.
- **niente male**
  not bad
- **testarda**
  stubborn
- **Pronti? Via!**
  Ready? Go!
- **gradini**
  steps
- **La stai evitando.**
  You're avoiding her.
- **Le passerà.**
  She'll come around.
- **Puah!**
  Yuck!

2 **Per parlare un po'** Immaginate che Riccardo sia (*were*) un turista nella vostra città. A coppie, scrivete un paragrafo in cui gli indicate quali sono i tre posti migliori da visitare e in cui gli spiegate come arrivarci partendo dalla vostra scuola.

3 **Approfondimento** Trova su Internet la mappa di una città italiana. Poi scegli un posto interessante (un monumento, un museo, una chiesa, un palazzo ecc.) in questa città e scopri come arrivarci dalla stazione ferroviaria o dall'aeroporto più vicino. Presenta la tua ricerca alla classe.

risorse

SAM
VM: pp. 33–34

vhlcentral.com

ATTIVITÀ

CULTURA

Ci vediamo in piazza!

La piazza è il cuore pulsante° di ogni città e paese d'Italia. Sia i greci che° i romani, fin dai tempi più antichi, hanno attribuito a questo luogo un ruolo fondamentale nella vita delle città: lo stesso che possiamo osservare ancora oggi.

Da un punto di vista° urbanistico° la piazza è un luogo centrale, limitato ma facilmente accessibile. Da un punto di vista sociale la piazza è senza dubbio il luogo della democrazia, dove la popolazione si ritrova° e può esprimersi°. La versatilità di questo spazio è evidente negli eventi religiosi e mondani° che vi hanno luogo°.

Nelle piazze si trovano, in genere, chiese, cattedrali e basiliche, ma anche municipi° e altri edifici amministrativi e politici. Le feste in onore dei santi patroni avvengono° in piazza, così come gli scioperi°. Ed è sempre in questo luogo che i candidati politici presentano i loro comizi° prima delle elezioni.

Grazie alla sua accessibilità, la piazza è anche il luogo ideale per il commercio. Negozi e banche spesso si trovano nelle sue vicinanze° e, ancora adesso, in molte città e paesi, è qui che si svolge° il mercato settimanale. In estate molte piazze si trasformano in arene per eventi offerti al pubblico° di ogni età: concerti, esposizioni d'arte, cinema all'aperto e attività per i bambini.

Non importa se la piazza è grande come quella di San Marco a Venezia o antica come piazza Navona a Roma o piccola e semplice come quella di un paesino di montagna; gli italiani adorano tutte le loro piazze! Qui si incontrano con gli amici per un caffè o un aperitivo, per fare due chiacchiere° e magari° dare due calci° al pallone; infine, per i più vanitosi°, non c'è posto migliore per guardare e farsi guardare°!

pulsante *beating* **Sia... che...** *Both . . . and . . .* **punto di vista** *point of view* **urbanistico** *city-planning* **si ritrova** *gather* **esprimersi** *express themselves* **mondani** *social* **vi hanno luogo** *take place there* **municipi** *city halls* **avvengono** *take place* **scioperi** *strikes* **comizi** *rallies* **nelle sue vicinanze** *nearby* **si svolge** *takes place* **pubblico** *audience* **fare due chiacchiere** *have a chat* **magari** *perhaps* **calci** *kicks* **vanitosi** *vain* **farsi guardare** *let people look at you*

A T T I V I T À

1 **Vero o falso?** Indica se l'affermazione è **vera o falsa**. Correggi le affermazioni false.

1. I greci e i romani non avevano le piazze nelle loro città.
2. Le piazze hanno di solito una posizione centrale.
3. In piazza ci sono solo edifici amministrativi o politici.
4. I candidati politici usano le piazze durante le campagne elettorali.
5. La piazza non è un luogo adatto per il commercio.

6. In molte città il mercato settimanale si svolge in piazza.
7. La piazza è un luogo di divertimento solo per gli adulti.
8. Agli italiani piacciono solo le piazze grandi e importanti.
9. Gli italiani frequentano i bar in piazza.
10. La piazza è anche un luogo per i vanitosi.

Practice more at **vhlcentral.com**.

L'ITALIANO QUOTIDIANO

Camminare in città

l'aiuola	flower bed
il centro storico	downtown
il chiosco per le informazioni	information booth; tourist office
l'isola pedonale	pedestrian area
le mura	city walls
il quartiere	neighborhood
il vicolo	alley
a due passi da	not far from
dietro l'angolo	around the corner

USI E COSTUMI

Un santo per città

La tradizione di venerare° un santo protettore in ogni città e paese in Italia ha origini antiche e pagane. Il santo protettore, o patrono, protegge la città e garantisce salute e benessere ai cittadini che lo celebrano in un giorno particolare. Oltre alle manifestazioni religiose° e alle processioni in onore del Santo, la popolazione in genere festeggia con concerti, parate°, giochi popolari e fuochi d'artificio°. Tra i santi patroni «più famosi» ci sono **San Gennaro** a Napoli, **Sant'Ambrogio** a Milano e **San Pietro** e **San Paolo** a Roma.

Il santo patrono non protegge soltanto le città, ma anche alcune categorie di persone. **San Valentino**, patrono di Terni, ad esempio, è considerato da tutti il santo protettore degli innamorati!

venerare worshiping **manifestazioni religiose** religious events
parate parades **fuochi d'artificio** fireworks

RITRATTO

Urbino: la «città ideale»

Durante il Rinascimento°, con lo studio dei classici latini e greci, in particolare di Platone° e di Aristotele, torna anche il mito° dello «stato ideale» governato saggiamente° da filosofi che abitano in «città ideali». L'architettura della «città ideale» si ispira a figure geometriche assolute unite a figure classiche che creano un'immagine di rigore, equilibrio° e bellezza. Le strade sono rettilinee° e si incrociano° perpendicolarmente. La visione finale deve avere un effetto di prospettiva. Un esempio è la città di **Urbino**, nelle Marche, definita «città ideale del Rinascimento». Qui possiamo ammirare alcuni elementi dell'architettura ideale nel **Palazzo Ducale**, voluto dal Duca Federico di Montefeltro nel XV secolo. Il cortile è rettangolare, circondato° da colonne con capitelli corinzi°. Sopra il colonnato°, in un perfetto equilibrio di forme e colori, ci sono archi e finestre in marmo° bianco che creano un effetto di luce contrastante con il colore rosa delle mura.

Rinascimento Renaissance **Platone** Plato **mito** myth **saggiamente** wisely **equilibrio** balance **rettilinee** rectilinear **si incrociano** they intersect **circondato** surrounded **capitelli corinzi** Corinthian capitals **colonnato** colonnade **marmo** marble

SU INTERNET

Cerca tre foto di edifici realizzati seguendo i principi dell'architettura ideale.

Go to **vhlcentral.com** to find more information related to this **CULTURA**.

---

2 **Completare** Completa le frasi.

1. L'architettura della «città ideale» è caratterizzata da _____.
2. In una «città ideale» la visione finale deve avere un effetto di _____.
3. A Urbino si osservano dei dettagli dell'architettura ideale nel _____.
4. La tradizione del santo protettore ha origini _____.
5. Il _____, o patrono, protegge la città e garantisce salute e benessere ai cittadini.
6. I santi protettori proteggono le città e anche alcune _____.

3 **A voi** A coppie, discutete le seguenti domande.

1. Nella tua città esiste un luogo con le caratteristiche della piazza?
2. Secondo te, quali problemi non esistono in una «città ideale»?
3. Quali sono le caratteristiche dell'architettura ideale che preferisci e perché?

risorse

vhlcentral.com

ATTIVITÀ

STRUTTURE

9A.1 Si impersonale and si passivante

Punto di partenza In Italian, impersonal sentences have an unspecified subject and are used to refer to people in general. In English, this idea is frequently expressed with *one*, *people*, *you*, or *they*.

- In Italian, use the pronoun **si** with the third-person singular form of the verb to express an impersonal meaning. Note that a number of English translations are possible.

Si va spesso in quel paese in estate.	Senza piscina non **si nuota** tanto.
***People** often **go** to that town in the summer.*	*Without a pool, **one** doesn't **swim** much.*
***They** often **go** to that town in the summer.*	*Without a pool, **you** don't **swim** much.*

- The impersonal construction is commonly used to request or give information, instructions, and permission.

Come **si scrive** «striscia»?	Come **si dice** «pedone» in inglese?
*How **do you spell** "striscia"?*	*How **do you say** "pedone" in English?*
—Come **si fa** a scendere le scale?	**Si potrà** entrare nel centro commerciale a mezzogiorno.
—**Si deve** girare a destra.	
—*How **does one** get downstairs?*	***People will be able** to enter the mall at noon.*
—***You have to** turn right.*	

- When a reflexive verb is used impersonally, use the pronoun combination **ci si** to avoid repeating the pronoun **si**.

Ci si divertiva in quel locale notturno.	Qui non **ci si perderebbe** mai.
***People used to have fun** at that nightclub.*	*Here, **one would** never **get lost**.*

- In spoken Italian, the **si** construction is sometimes used to mean **noi**.

Dove **si va** domani?	Stasera non **si esce**?
*Where **are we going** tomorrow?*	*Aren't **we going out** tonight?*

- When the verb used in an impersonal **si** construction has an expressed subject, it is called the **si passivante** and is equivalent to the passive voice. Compare the following.

Compro le riviste al chiosco.	Le riviste **si comprano** al chiosco.
*I **buy the magazines** at the kiosk.*	*The magazines **are bought** at the kiosk.*

PRATICA

1 **Completare** Usa Il si Impersonale per completare ogni frase.

1. Non _____ (capire) quando parli così.
2. Come _____ (rispondere) all'insegnante? In italiano!
3. In biblioteca _____ (studiare) silenziosamente.
4. Con gli occhiali _____ (leggere) meglio.
5. Come _____ (scrivere) velocemente al computer?
6. Oggi _____ (pagare) con la carta di credito.
7. Stasera _____ (cenare) in sala da pranzo.
8. Non _____ (guidare) bene con la neve.

2 **Trasformare** Riscrivi le frasi usando il si passivante.

1. Compro le scarpe.
2. Guarda le statue.
3. Danno un passaggio ai turisti.
4. Aspetta i pedoni.
5. Spediamo le lettere.
6. Attraversano la strada alla rotonda.
7. Cerchiamo il ponte.
8. Prendiamo un caffè.

3 **Creare** Crea un cartello (*sign*) o un annuncio pubblicitario per ogni informazione.

MODELLO attraversare / strada / qui

Si *attraversa la strada qui.*

1. stare / in silenzio / in chiesa
2. andare / diritto / per dieci metri
3. scendere / le scale / a destra
4. usare / strisce pedonali / al semaforo
5. non / buttare (*to throw*) monete / nella fontana
6. scendere / le scale / per andare al centro commerciale
7. non / dare da mangiare / ai piccioni
8. mangiare bene / alla «Melanzana rossa»

Practice more at **vhlcentral.com.**

COMUNICAZIONE

4   In centro A coppie, descrivete cosa fanno le persone in questi posti. Usate il si impersonale e il si passivante.

MODELLO

S1: *Si comprano vestiti nuovi al centro commerciale.*
S2: *Al locale notturno invece, si...*

1. il centro commerciale
2. il chiosco
3. la stazione di polizia
4. le strisce pedonali
5. la cabina telefonica
6. la piscina
7. il locale notturno
8. l'incrocio

5   Chi è? In gruppi di quattro, fate a turno a descrivere e a indovinare diversi oggetti e luoghi del vocabolario della lezione. Usate il si impersonale e il si passivante.

MODELLO

S1: *Spesso si trova in una piazza.*
S2: *È una statua?*
S1: *No...*

6   Direzioni A coppie, scegliete quattro posti della vostra città o del vostro campus. Dite a turno come si arriva in ogni posto da casa vostra o dal vostro dormitorio. Usate il si impersonale e il si passivante.

MODELLO

Io vivo all'angolo di Via Principale e Via Centrale. Per andare in biblioteca si va diritto fino all'angolo di Via Centrale. Si cammina per tre isolati e poi si gira a destra. Si passano tre semafori e....

- Like **si impersonale**, **si passivante** can be translated into English in a variety of ways.

Si costruiranno presto i ponti. *The bridges **will be constructed** soon. **They will construct** the bridges soon.*	**Si vede** ancora quella statua? *Can **one** still **see** that statue? Can that statue still **be seen**?*

- Note that the expressed subject often comes after the **si passivante** construction. If **si passivante** is followed by a plural subject, use the third-person plural form of the verb. Use the third-person singular form with singular subjects.

Là **si vendono** delle belle scarpe. *Some nice shoes **are sold** there. (**They sell** some nice shoes there.)*	A Firenze **si vedranno** molti turisti. *Many tourists **will be seen** in Florence. (**You will see** many tourists in Florence.)*
Si restaurava la chiesa più piccola. *The smallest church **was being restored**. (**They were restoring** the smallest church.)*	**Si mangia** il gelato ogni giorno in estate. *Ice cream **is eaten** every day in the summer. (**People eat** ice cream every day in the summer.)*

- In Italy, **si** constructions are often seen on signs, posted notices, and advertisements. Note that in such uses **si** is often attached to the verb to save space, as seen in the first two photos below.

Provalo!   Scegli l'opzione corretta per completare le seguenti frasi usando il si impersonale e il si passivante.

1. Non (si rivela / si rivelano) mai i segreti degli altri!
2. In questo negozio (si parla / si parlano) italiano.
3. (Si legge / Si leggono) le istruzioni prima di iniziare il progetto.
4. A teatro non (si risponde / si rispondono) al cellulare.
5. In vacanza (ci si alza / si alza) dopo le dieci.
6. La sera (si deve accendere / si devono accendere) le luci.
7. Il fine settimana (ci si rilassa / gli si rilassano) senza lezioni.
8. Dopo molte ore al computer (si legge / si leggono) con più fatica.

STRUTTURE

9A.2 Relative pronouns

Punto di partenza Relative pronouns link two phrases together into a longer, more complex sentence. The second phrase gives additional information about the first phrase. Although relative pronouns are sometimes omitted in English, in Italian they must be used.

Non devi attraversare **al semaforo**.
You mustn't cross at the traffic light.

Il semaforo non funziona.
The traffic light doesn't work.

Non devi attraversare al semaforo **che** non funziona.
You mustn't cross at the traffic light that doesn't work.

• Here are some common Italian relative pronouns.

I pronomi relativi			
che	*who, whom, that, which*	**cui**	*whom, which*
chi	*those who, the one(s) who*	**quello/quel che (ciò che)**	*that which, what*

• **Che** is invariable and can refer to either people or things.

Quando vedremo **la chiesa**?
When will we see the church?

Mi piace **la chiesa**.
I like the church.

Quando vedremo la chiesa **che** mi piace?
When will we see the church that I like?

Ecco la donna **che** ha lavorato al negozio.
Here is the woman who worked at the store.

Ti siedi sulla panchina **che** si trova vicino alla fontana?
Are you sitting on the bench (that is) located near the fountain?

• After a preposition, use **cui**, not **che**.

Dov'è **il poliziotto**?
Where is the police officer?

Mario ha parlato **con il poliziotto**.
Mario spoke with the police officer.

Dov'è il poliziotto **con cui** Mario ha parlato?
Where is the police officer with whom Mario spoke?

• Note that the relative pronoun **che** can never be used after a preposition.

La statua **che** abbiamo studiato è famosa.
The statue (that) we studied is famous.

BUT

Questa è la chiesa **in cui** si trova la statua.
This is the church in which the statue is located.

PRATICA

1 **Associare** Completa le frasi con il pronome relativo appropriato. Usa ogni pronome una volta sola.

che	con cui	la ragione per cui
chi	in cui	quello che

1. Ho letto tutto _____ ha scritto.
2. La macchina _____ sono venuta qui è molto vecchia.
3. La casa _____ vivono è molto elegante.
4. Questa è _____ non voglio mai uscire con te!
5. Il computer _____ usiamo è di mio padre.
6. Roma è la città ideale per _____ ama la storia.

2 **Completare** Completa la seguente conversazione con **che, cui, dove** e **chi**.

ANNA Qual è la chiesa (1) _____ andate di solito?

LISA San Pietro; è la chiesa (2) _____ ti ho fatto vedere ieri. È molto bella e (3) _____ va lì una volta, ci torna sempre!

ANNA San Pietro è di fronte al negozio in (4) _____ ci siamo fermati domenica scorsa, giusto?

LISA Sì, giusto. Ed è accanto al grande magazzino (5) _____ abbiamo comprato il regalo per Giovanna.

ANNA La ragazza con (6) _____ giocavi da piccola?

LISA No, per la mia amica Giovanna, quella (7) _____ hai conosciuto l'altra sera in discoteca.

ANNA Sì, mi ricordo, è molto simpatica. È una persona con (8) _____ mi piacerebbe uscire di nuovo.

3 **Combinare** Usa un pronome relativo per combinare le due frasi.

MODELLO

Questo è un pedone. Ho visto il pedone all'incrocio.
Questo è il pedone che ho visto all'incrocio.

1. Mi piace la libreria nuova. Siamo andati alla libreria stamattina.
2. Ho mangiato un'ottima pesca. Ho comprato la pesca al mercato.
3. Questo è Francesco. Ho studiato con Francesco per l'esame d'italiano.
4. Cristoforo Colombo era un esploratore. Cristoforo Colombo ha scoperto l'America.
5. L'Italia è un paese. In Italia si parla italiano.
6. Questa è una scuola elementare. Io sono andato in questa scuola da piccolo.

🖱️ Practice more at **vhlcentral.com**.

COMUNICAZIONE

4 **Posti** A coppie, fate la lista dei vostri sei posti preferiti: negozi, centri commerciali, ristoranti ecc. Poi scrivete una frase su ogni posto usando diversi pronomi relativi, come nel modello.

MODELLO

S1: *Bar Due è un locale dove vanno tutti gli studenti italiani.*
S2: *Rusty, invece, è una discoteca che è famosa per la musica dal vivo (live music) e dove io e i miei amici andiamo spesso...*

5 **Opinioni** Lavorate a coppie. Date a turno la vostra opinione sulle seguenti cose, attività, persone e posti. Usate i pronomi relativi.

MODELLO primavera

S1: *La primavera è la stagione che preferisco perché mi piacciono molto i fiori.*
S2: *Non mi piace la primavera perché è la stagione in cui ho molte allergie.*

1. colazione
2. navigare su Internet
3. il/la mio/a compagno/a di stanza
4. lunedì
5. la classe d'italiano
6. l'Italia
7. il presidente degli Stati Uniti
8. l'insegnante d'italiano

6 **Memoria a catena** In gruppi di quattro, fate a turno a costruire la frase più lunga che potete. La prima persona crea una frase. La seconda ripete e aggiunge un'altra frase usando un pronome relativo. La terza aggiunge un'altra frase e un pronome relativo. Quando non vi ricordate più tutta la frase, ricominciate da capo!

MODELLO

S1: *Conosco uno studente italiano.*
S2: *Conosco uno studente italiano che vive nel dormitorio Houston.*
S3: *Conosco uno studente italiano che vive nel dormitorio Houston, dove vivo anch'io...*

● Like **che**, **cui** is invariable and can refer either to people or things.

> Parliamo **del** pompiere. Il pompiere **di cui** ti ho parlato si chiama Giorgio.
> *Let's talk **about the** firefighter. The firefighter (**that**) I told you **about** is named Giorgio.*

> Vai **al** centro commerciale? Il centro commerciale **a cui** devi andare è lontano da casa mia.
> *You're going **to** the mall? The mall (**that**) you have to go **to** is far from my house.*

● The phrase **la ragione per cui** is equivalent to *the reason why*. It is often translated simply as *why* in English.

> La Fontana di Trevi è **la ragione per cui** studia la scultura italiana.
> *The Trevi Fountain is (**the reason**) why he studies Italian sculpture.*

> Questa cartina terribile è **la ragione per cui** mi sono persa!
> *This terrible map is (**the reason**) why I got lost!*

● In spoken Italian, **dove** (*where*) is frequently used instead of **in cui** when referring to a place.

> Le è piaciuto il ristorante **dove** (**in cui**) abbiamo mangiato ieri sera?
> *Did you like the restaurant **where** (**in which**) we ate last night?*

> Non è quello il locale **dove** (**in cui**) abbiamo speso troppo?
> *Isn't that the club **where** (**in which**) we spent too much money?*

● In the uses described above, **che** and **cui** refer to a specific noun mentioned earlier in the same sentence. In contrast, **quello che/ ciò che** can refer to an object or concept that has not yet been specified. The forms are invariable, although **quello che** is often shortened to **quel che**.

> **Ciò che** vedi è una fontana.
> ***What** you see is a fountain.*

> Non è **quello che** pensi!
> *It's not **what** you think!*

● As a relative pronoun, **chi** refers only to people and is equivalent to *those who*, *people who*, and *he/she who*, especially in proverbs. Use **chi** with third-person singular verb forms.

> **Chi** dorme non piglia pesci.
> ***Those who** sleep do not catch fish.*

> **Chi** tardi arriva male alloggia.
> ***He who** arrives late lodges badly.*

Provalo! Scegli l'opzione che completa meglio ogni frase.

1. Mi piacciono le persone (che / cui) sono aperte e oneste.
2. Il libro (cui / che) leggiamo in classe è molto interessante.
3. Non capisco (chi / ciò che) dici.
4. Il caffè (chi / che) preferisco è forte e senza zucchero.
5. Franco è l'amico di (cui / chi) ti ho parlato.
6. Per me va bene fare (quello che / quello a cui) vuoi tu.

SINTESI

Ricapitolazione

1 **Dove si trova...?** Lavorate a coppie. Dite a turno dove si trovano le seguenti cose nella vostra città. Usate il si impersonale e il si passivante.

MODELLO

S1: Dove si trova una vecchia chiesa?
S2: Si possono trovare due vecchie chiese nel centro storico...

1. una vecchia chiesa
2. una grande fontana
3. una piscina pubblica
4. una statua famosa
5. un edificio con molte scale
6. un incrocio con strisce pedonali ma senza semaforo

2 **Descrizione di un lavoro** A coppie, scegliete una professione presentata in questa lezione o in una lezione precedente. Poi scrivete una descrizione di questa professione usando il si impersonale e il si passivante.

3 **La ragione** Lavorate a coppie. Dite a turno perché fate certe cose. Usate le azioni della lista e altre di vostra scelta.

MODELLO

S1: Perché vai in classe?
S2: Vado in classe perché si imparano tante cose e si fanno molte attività.

1. andare in classe
2. studiare per un esame
3. uscire con gli amici
4. comprare vestiti nuovi
5. fare un favore a un amico
6. dormire il fine settimana

4 **Definizioni** Lavorate a coppie. Una persona sceglie una parola dal vocabolario della lezione e la definisce, mentre l'altra persona deve indovinarla. Poi scambiate i ruoli. Usate il si impersonale, il si passivante e i pronomi relativi.

MODELLO

S1: È dove si attraversa la strada.
S2: Sono le strisce pedonali?
S1: No. È un posto in cui si incontrano due strade. A volte, si trova un semaforo qui.
S2: È un incrocio!

5 **Un'inchiesta** Usate l'inchiesta seguente per fare domande e trovare almeno un(a) compagno/a di classe per ogni categoria.

MODELLO

S1: Sei una persona che attraversa la strada fuori dalle strisce pedonali?
S2: No! Io attraverso sempre sulle strisce pedonali!

Sei una persona che...	Nome
1. attraversa sempre sulle strisce pedonali?	Pietro
2. beve acqua dalle fontane?	
3. chiede indicazioni agli sconosciuti (strangers)?	
4. si perde facilmente in una città nuova?	
5. dà sempre un passaggio agli amici?	
6. va in bicicletta sul marciapiede?	
7. non ama le piscine pubbliche?	
8. non riporta i video alla videoteca (video rental shop) in tempo?	

6 **Pubblicità** A coppie, create un opuscolo per la vostra città. Usate il si impersonale e il si passivante per descrivere cosa si può fare e cosa si può vedere. Usate i pronomi relativi per combinare frasi e aggiungere più dettagli.

MODELLO

Nella mia città si può visitare il centro dove si trovano molti edifici in stile moderno...

Architettura e natura, una combinazione vincente!

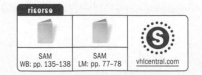

risorse

SAM WB: pp. 135–138	SAM LM: pp. 77–78	vhlcentral.com

Video: TV Clip

Lo Zapping

Le città i mercati

In Italia il mercato è una tradizione secolare°, con le sue bancarelle° e i suoi venditori più o meno vocianti°. È qui che si possono trovare le verdure più fresche e la frutta più saporita, ma anche abbigliamento e casalinghi°. «Chi più ne ha più ne metta°!» È il caso del mercato di Cesena, uno dei più grandi (ben 200 bancarelle!) e più frequentati della Romagna, i cui gli ambulanti° si sono riuniti nel consorzio «Le città i mercati». Gli ambulanti coordinano così gli sforzi° tesi a° valorizzare questo evento bisettimanale. In Emilia Romagna, infatti, la tradizione cooperativistica è radicata°: qui si sa da tempo che l'unione fa la forza!

Gli ambulanti del Consorzio «Le città i mercati», di generazione in generazione°, sono sempre presenti...

Al mercato trovi tutto quello che fa per te°.

Comprensione Rispondi alle domande.

1. Secondo la pubblicità, che cosa si può fare al mercato oltre agli acquisti?
2. In che giorni i venditori ambulanti del consorzio sono presenti al mercato di Cesena?
3. Che cosa si trova al mercato di Cesena?

Discussione Discutete a coppie le seguenti domande.

1. Secondo te, perché nello spot si dice che il mercato di Cesena è un grande salotto?
2. Nel tuo paese esistono mercati come quello di Cesena? Dove? Quando? Quali sono le differenze?

secolare *age-old* bancarelle *stands* vocianti *noisy* casalinghi *household objects*
Chi più ne ha più ne metta *etcetera (lit. If anyone has something to add, go ahead.)*
(venditori) ambulanti *street vendors* sforzi *efforts* tesi a *aimed at* radicata *deep-rooted*
di generazione in generazione *generation after generation* fa per te *is right for you*

Practice more at **vhlcentral.com**.

Lezione
9B

Communicative Goals

You will learn how to:

- talk about errands and banking
- talk about places and businesses in town

Le commissioni

S Vocabulary Tools

Vocabolario

espressioni	*expressions*
chiedere un prestito	*to ask for a loan*
depositare il denaro	*to deposit money*
fare delle commissioni	*to run errands*
firmare	*to sign*
inviare	*to send*
pagare con assegno	*to pay by check*
pagare con carta di credito/debito	*to pay with a credit/debit card*
pagare in contanti	*to pay in cash*
ricevere	*to receive*
riempire un modulo	*to fill out a form*
ritirare dei soldi	*to withdraw money*
la posta	*mail*
la busta	*envelope*
la cartolina	*postcard*
il francobollo	*stamp*
l'indirizzo	*address*
in banca	*at the bank*
il conto bancario	*bank account*
il conto corrente	*checking account*
il conto risparmio	*savings account*
la moneta	*coin; change*
i luoghi	*places*
il comune	*town hall*
il fiorista	*flower shop; florist*
il fotografo	*photo shop; photographer*
la lavanderia	*laundromat*
la profumeria	*perfume/cosmetics shop*
la questura	*police headquarters*
l'ufficio informazioni	*(tourist) information office*
la videoteca	*video store*

la cartoleria

Cartoleria Patti

Internet c@fé
spazio connessione

SALDI

Gioielleria Martino

Posteitaliane

la gioielleria

l'ufficio postale

l'Internet café

il pacco

LETTERE

la cassetta delle lettere

Imbuca una lettera. (imbucare)

l'edicola

la rivista

risorse

SAM
WB: pp. 139–140

SAM
LM: p. 79

S
vhlcentral.com

Pratica

1 **Trova l'intruso** Trova la parola che non appartiene al gruppo.

MODELLO busta, (moneta) cartolina, pacco

1. comprare, pagare con assegno, inviare, pagare in contanti
2. banconota, moneta, sportello automatico, posta
3. fotografo, postino, fiorista, assegno
4. imbucare, edicola, inviare, busta
5. francobollo, gioielleria, videoteca, salone di bellezza
6. chiedere un prestito, conto corrente, comune, depositare il denaro

2 **Associazioni** Di' dove andresti per comprare le seguenti cose.

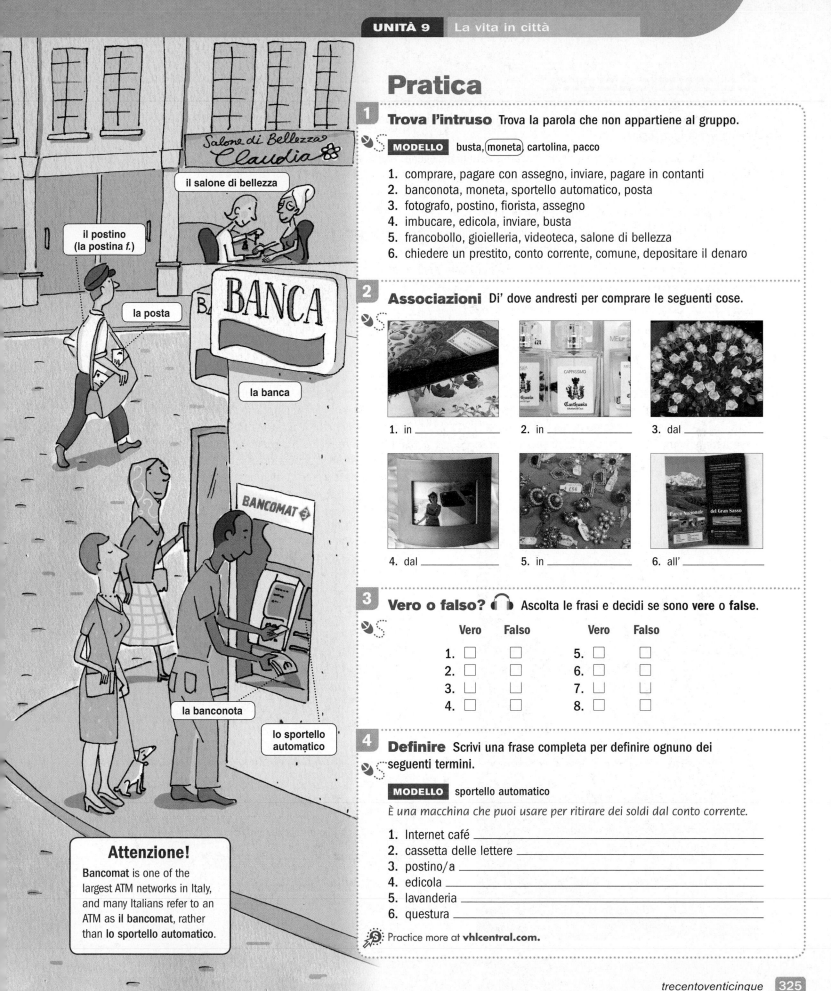

1. in _____
2. in _____
3. dal _____
4. dal _____
5. in _____
6. all' _____

3 **Vero o falso?** 🎧 Ascolta le frasi e decidi se sono **vere** o **false**.

	Vero	Falso		Vero	Falso
1.	☐	☐	5.	☐	☐
2.	☐	☐	6.	☐	☐
3.	☐	☐	7.	☐	☐
4.	☐	☐	8.	☐	☐

4 **Definire** Scrivi una frase completa per definire ognuno dei seguenti termini.

MODELLO sportello automatico

È una macchina che puoi usare per ritirare dei soldi dal conto corrente.

1. Internet café _____
2. cassetta delle lettere _____
3. postino/a _____
4. edicola _____
5. lavanderia _____
6. questura _____

🎧 Practice more at **vhlcentral.com.**

il salone di bellezza

il postino (la postina *f.*)

la posta

BANCA

la banca

BANCOMAT

la banconota

lo sportello automatico

Attenzione!

Bancomat is one of the largest ATM networks in Italy, and many Italians refer to an ATM as **il bancomat**, rather than **lo sportello automatico**.

CONTESTI

Comunicazione

5 **Fare commissioni** A coppie, mettete le seguenti frasi nell'ordine corretto per creare una conversazione logica.

_____ **GIULIA** Sì, devo assolutamente dirti cosa ho visto in gioielleria! Allora, andiamo!

_____ **GIULIA** Posso venire con te all'ufficio postale. Anch'io devo spedire una lettera. Poi voglio passare in banca a ritirare dei soldi, perché non ho contanti.

_____ **SILVIA** Buona idea! Così potremo parlare un po'.

_____ **SILVIA** Devo fare alcune commissioni. Voglio spedire un pacco e delle lettere. Poi devo cercare un regalo di compleanno per mio fratello.

_____ **SILVIA** Se vuoi c'è uno sportello automatico qui vicino. Anch'io ho appena ritirato dei soldi.

_____ **SILVIA** Perfetto, andiamo!

_____ **GIULIA** Ciao, Silvia, che cosa fai di bello in centro?

_____ **GIULIA** Bene, allora andiamo prima allo sportello automatico. Poi, quando abbiamo finito le nostre commissioni, possiamo andare a prendere un caffè insieme!

6 **La giornata di Anna** Lavorate a coppie. L'insegnante vi darà due fogli diversi, ciascuno con metà delle informazioni riguardo ai posti dove Anna deve andare oggi. Descrivete a turno le sue attività e completate i vostri fogli.

MODELLO

Alle dieci Anna va all'ufficio postale a comprare dei francobolli. Poi...

7 **La città perfetta** In gruppi di tre, fate una lista dei 15 posti che dovrebbero essere presenti nella vostra città perfetta. Poi fate un disegno della città in cui li mostrate. Usate il disegno seguente o fatene uno vostro. Preparatevi a mostrare il vostro disegno alla classe e a descrivere i diversi posti che avete incluso.

MODELLO

S1: _Per me la città perfetta deve avere un Internet café._

S2: _Buona idea! Io vorrei anche una buona pasticceria._

S3: _Bah, non è così importante! Quello di cui abbiamo bisogno è..._

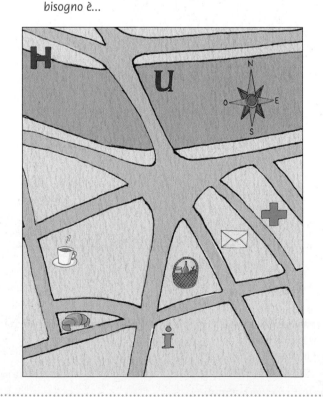

Pronuncia e ortografia 🅢 Audio

🎧 *Parole affini II*

essenziale	**naturale**	**parziale**	**speciale**
essential	*natural*	*partial*	*special*

Italian words ending in **-ale** are often equivalent to English words ending in *-al*.

ciclista	**ottimista**	**pianista**	**specialista**
cyclist	*optimist*	*pianist*	*specialist*

Italian words ending in **-ista** are often equivalent to English words ending in *-ist*.

caratterizzare	**economizzare**	**organizzare**	**simpatizzare**
characterize	*economize*	*organize*	*sympathize*

Italian words ending in **-izzare** are often equivalent to English words ending in *-ize*.

famosa	**geloso**	**generoso**	**nervosa**
famous	*jealous*	*generous*	*nervous*

Italian words ending in **-oso/a** are often equivalent to English words ending in *-ous*.

🅢 Pronunciare Ripeti le parole ad alta voce.

1. delizioso	4. abituale	7. collegiale	10. editoriale
2. finalizzare	5. artificioso	8. specializzare	11. pessimista
3. oculista	6. linguista	9. glorioso	12. invidiosa

🅢 Articolare Ripeti le frasi ad alta voce.

1. L'esame finale sarà difficile.
2. Posso italianizzare questa parola inglese?
3. Vai dal dentista oggi.
4. Questo risotto è delizioso.
5. È famoso questo libro?
6. Perché dovete analizzare tutto?

🅢 Proverbi Ripeti i proverbi ad alta voce.

È meglio pagare
e poco avere che molto
avere e sempre dovere.[2]

A mente curiosa
e sagace il troppo
riposo non piace.[1]

[2] It is better to pay and have little than to have a lot and always owe.

[1] To a curious and wise mind, too much rest is not pleasing.

FOTOROMANZO

Un pomeriggio in centro S Video: *Fotoromanzo*

PERSONAGGI

Lorenzo

Viola

VIOLA (*Al telefono*) Ciao, Massimo, come stai? ...Alla posta. Ho comprato dei francobolli e spedito un pacco a mia madre. ...Beh, ho diverse cose da fare. In banca, in tintoria. Stasera? Ma non devi lavorare? Sì, mi piacerebbe vederti. Alle sette? Ho una lezione domani mattina. Facciamo alle sei? ...Ci vediamo lì. Benissimo. A dopo.

LORENZO Viola.
VIOLA Ciao.
LORENZO Ciao. Che cosa fai qui?
VIOLA Ho un conto corrente in questa banca e dovevo ritirare dei soldi al bancomat. È qui che lavori?
LORENZO Sì. Lavorando guadagno crediti per l'università.
VIOLA Io dovrei andare a...

LORENZO È stato bello l'altro giorno.
VIOLA Che cosa?
LORENZO Il Foro. Noi tutti insieme. Sono stato molto bene.
VIOLA Davvero? Sei sempre così distante da tutti gli altri alla pensione.
LORENZO Lo so. Sono troppo serio a volte.

VIOLA Che c'è, hai qualche problema con lei?
LORENZO Con Emily? No, io non ho problemi con nessuno. Semplicemente, siamo diversi.
VIOLA Altroché!
LORENZO Ti va di fare due passi? Marcella ha detto che abbiamo tutti bisogno di un po' più di cultura.

VIOLA E sto leggendo un libro sulla commedia dell'arte. È molto interessante. Alcune foto dei costumi potrebbero dare delle idee a mia madre per l'abito da sposa di mia sorella.
LORENZO Tua madre farà l'abito di tua sorella?

VIOLA L'ha fatto anche per le altre tre mie sorelle. Un giorno, ne farà uno anche per me.
LORENZO Per quando ti sposerai con Massimo?
VIOLA Perché dici queste cose?
LORENZO Scusa. Dovrei lasciare le battute a Riccardo. Marcella è ancora arrabbiata con lui, vero?
VIOLA Sì.

A T T I V I T À

1 **Rispondere** Rispondi alle seguenti domande.

1. Che cosa ha fatto Viola alla posta?
2. Dove deve ancora andare Viola?
3. Dove lavora Lorenzo?
4. Com'è il caffè?
5. Secondo Marcella, di che cosa hanno bisogno tutti?

6. Che libro legge Viola?
7. Chi farà l'abito da sposa per la sorella di Viola?
8. Con chi è ancora arrabbiata Marcella?
9. Secondo Lorenzo, com'è Riccardo?
10. Con chi ha un appuntamento Viola?

Practice more at **vhlcentral.com**.

Lorenzo e Viola si incontrano in centro.

LORENZO Senti, io ho finito di lavorare per oggi. C'è un buon bar in fondo alla strada. Potremmo provare il loro caffè per Emily. Mi dispiace per quello che è successo con Isabella.

VIOLA Però era divertente.

LORENZO «Chi è Francesca?»

LORENZO Com'è il caffè?

VIOLA Ottimo. Devo dire a Emily di questo bar. Non lo conosce ancora.

LORENZO Vuole davvero andare in tutti i bar di Roma?

VIOLA Penso proprio di sì. Ne ha già visitati tanti.

LORENZO Non avrebbe mai dovuto prendere il suo scooter.

VIOLA Lo so, ma sono diventati ottimi amici.

LORENZO È impossibile essere arrabbiati con lui. Io ci ho provato. È così rozzo, ma è un bravo ragazzo e poi è proprio divertente.

VIOLA Oh, no! Massimo! Che ora è? Devo andare!

(Si baciano.)

VIOLA Devo andare. Massimo mi aspetta. Sono in ritardo. Ciao.

LORENZO Ah, accidenti.

Espressioni utili

Indefinite words

- **tutti gli altri**
  everyone else
- **Sono troppo serio a volte.**
  I'm too serious sometimes.
- **Ne ha già visitati tanti.**
  She's already been to a lot of them.
- **qualche problema**
  some problem
- **alcune foto**
  some photos

Expressing negation

- **Non ho problemi con nessuno.**
  I don't have a problem with anyone.
- **Non avrebbe mai dovuto prendere il suo scooter.**
  He never should have taken her scooter.

Additional vocabulary

- **tintoria**
  dry cleaner
- **Facciamo alle sei?**
  How's six o'clock?
- **È qui che lavori?**
  This is where you work?
- **Lavorando guadagno crediti per l'università.**
  I earn college credits working here.
- **in fondo alla strada**
  down the street
- **Ti va di fare due passi?**
  Do you feel like going for a walk?
- **L'ha fatto anche per le altre tre mie sorelle.**
  She made one for my other three sisters.

- **Altroché!**
  Absolutely!
- **l'abito da sposa**
  wedding dress
- **Io ci ho provato.**
  I've tried.

- **sto leggendo**
  I'm reading
- **lasciare le battute**
  to leave the jokes
- **rozzo**
  crude

2 **Per parlare un po'** A coppie, fate programmi per una giornata in centro. Scrivete un dialogo in italiano di almeno 15 battute (*lines*) in cui decidete dove andare, spiegate il perché delle vostre scelte e anche come intendete arrivarci.

3 **Approfondimento** Fai una ricerca sulla commedia dell'arte e rispondi alle seguenti domande. Quando è nata? Che cosa significa *arte*? Con quali altri nomi veniva chiamata (*was it called*)? Quali sono le tematiche principali della commedia dell'arte? Come si chiamano alcune maschere (*recurring characters*)?

risorse

SAM
VM: pp. 35–36

vhlcentral.com

A T T I V I T À

CULTURA

Contanti o carta di credito?

Qual è il rapporto degli italiani con i soldi? Gli italiani sono per tradizione un popolo di risparmiatori°. Per amministrare il denaro e per pagare alcune spese, la maggior parte degli italiani utilizza i servizi offerti dalle banche o dalle Poste Italiane, come il conto corrente e il conto di risparmio.

Il primo° permette di depositare e prelevare° denaro ed effettuare pagamenti°. Il secondo permette di depositare una somma° che matura interessi° nel tempo. Con l'apertura° di un conto corrente la banca, di solito, offre al cliente un libretto di assegni°, la domiciliazione delle utenze°, carte di credito e, a volte, anche un fido bancario°.

Per gli acquisti giornalieri, come la spesa, il giornale o la colazione al bar, di norma°, si usano i contanti. Gli italiani non usano gli assegni con la stessa frequenza degli americani; li usano solo per pagare grosse somme, come l'affitto mensile della casa oppure le rate dell'automobile. Pagare con la carta di credito o con la carta di debito diventa sempre più comune e tanti negozi e ristoranti sono pronti a ricevere pagamenti di questo tipo.

Cosa comprano gli italiani con la carta di credito? In genere fanno acquisti di un certo valore, come le spese mensili nei centri commerciali e gli acquisti online che, negli ultimi cinque anni, hanno registrato un grosso aumento°. La carta prepagata° è un nuovo tipo di carta molto richiesto. Per ottenerla non è necessario avere un conto corrente; si paga semplicemente la cifra desiderata al momento dell'acquisto della carta. Per questo motivo è molto usata dai giovani e dagli studenti. Comporta, però, spese per l'attivazione e non ha garanzie in caso di smarrimento°.

Cosa comprano gli italiani online?

viaggi	43%
abbigliamento	12%
informatica ed elettronica	11%
assicurazioni	10%
libri, CD, DVD	3%
prodotti alimentari	1%

FONTE: Osservatorio eCommerce B2c del Politecnico di Milano

risparmiatori *savers* **Il primo** *The former* **prelevare** *withdraw* **effettuare pagamenti** *to make payments* **somma** *sum* **matura interessi** *earns interest* **apertura** *opening* **libretto di assegni** *checkbook* **domiciliazione delle utenze** *automatic bill pay* **fido bancario** *line of credit* **di norma** *normally* **grosso aumento** *large increase* **prepagata** *prepaid* **smarrimento** *loss*

ATTIVITÀ

1 **Vero o falso?** Indica se l'affermazione è **vera** o **falsa**. Correggi le affermazioni false.

1. Agli italiani piace risparmiare denaro.
2. Le Poste Italiane e le banche offrono servizi molto diversi.
3. Il conto corrente permette di prelevare denaro.
4. Gli italiani usano gli assegni per pagare grosse somme di denaro.
5. I pagamenti con le carte di credito non sono molto comuni in Italia.
6. Gli italiani usano le carte di credito per le piccole spese di tutti i giorni.
7. La carta di credito è usata per gli acquisti online.
8. Una carta usata particolarmente da giovani e studenti è la carta di debito.
9. Per ottenere la carta prepagata è necessario avere un conto corrente.
10. La carta prepagata richiede spese di attivazione.

Practice more at **vhlcentral.com**.

L'ITALIANO QUOTIDIANO

In banca e all'ufficio postale

il bancomat	*ATM*
l'investimento	*investment*
la posta prioritaria	*priority mail*
la raccomandata	*registered letter*
la rata	*installment; payment*
lo sportello	*window (teller)*
il tasso di interesse	*interest rate*
ẹssere al verde	*to be broke*
fare la coda	*to wait in line*
pagare le bollette	*to pay the bills*

USI E COSTUMI

Edicole e tabaccherie

Le **edicole** e le **tabaccherie** sono due punti vendita° presenti in genere in ogni centro abitato°. L'edicola può essere un negozio o un chiosco per la vendita di quotidiani° e riviste di ogni genere: settimanali o periodici per adulti e bambini e per ogni tipo di hobby. Molte edicole oggi vendono anche cartoline e piccoli articoli da regalo° e di cartoleria. In passato le tabaccherie si chiamavano «Sali e Tabacchi» perché vendevano anche il sale, ma oggigiorno vendono sigari°, sigarette°, biglietti per il trasporto pubblico, francobolli e valori bollati°. Oggi nelle tabaccherie è anche possibile comprare i biglietti per varie lotterie°, pagare le multe, il bollo auto° e il canone annuale° per la televisione.

punti vendita *points of sale* **centro abitato** *community* **quotidiani** *daily papers* **articoli da regalo** *gifts* **sigari** *cigars* **sigarette** *cigarettes* **valori bollati** *revenue stamps* **lotterie** *lotteries* **bollo auto** *vehicle license fee* **canone annuale** *annual subscription fee*

RITRATTO

La famiglia Benetton

Il marchio di abbigliamento United Colors of Benetton è conosciuto in tutto il mondo. L'azienda nasce nel 1965 a Ponzano Veneto, in provincia di Treviso. È fondata dai fratelli **Carlo**, **Gilberto**, **Giuliana** e **Luciano Benetton**.

Il primo negozio in Italia apre a Belluno nello stesso anno. Nel 1969 apre a Parigi il primo negozio all'estero. L'azienda crea il marchio «Jean's West» nei primi anni '70 e poco dopo produce anche il marchio «Sisley». Nel 1980 apre le porte il primo negozio a New York e due anni dopo quello a Tokyo. Il marchio è quotato in Borsa° alla fine degli anni '80 e l'azienda si allarga° anche nei campi dello sport e dell'editoria°. Benetton sponsorizza° auto in Formula Uno e una squadra di pallavolo, e pubblica la rivista Colors, che si vende in oltre° 40 paesi ed è tradotta in quattro lingue.

Il successo Benetton aumenta anche grazie a una campagna pubblicitaria° alternativa realizzata in collaborazione con il fotografo Oliviero Toscani. Oggi l'azienda è presente in 120 paesi.

quotato in Borsa *listed on the stock exchange* **si allarga** *it expands* **editoria** *publishing* **sponsorizza** *sponsors* **oltre** *over* **campagna pubblicitaria** *advertising campaign*

SU INTERNET

Cerca i nomi delle principali banche italiane.

Go to **vhlcentral.com** to find more information related to this **CULTURA**.

---

2 **Completare** Completa le frasi.

1. Il primo negozio Benetton all'estero apre a _____.
2. La rivista *Colors* si vende in _____.
3. Il successo Benetton aumenta grazie a una _____ alternativa.
4. L'edicola è un negozio per la vendita di _____.
5. Il nome delle tabaccherie negli anni passati era _____.
6. Oggi in _____ è possibile pagare le multe, il bollo auto e il canone annuale per la televisione.

3 **A voi** A coppie, rispondete alle seguenti domande.

1. Hai una carta di credito o una carta di debito?
2. Paghi le tue bollette di persona oppure online?
3. Dove compri, di solito, quotidiani e riviste?

risorse

vhlcentral.com

A T T I V I T À

STRUTTURE

9B.1 Indefinite words

Punto di partenza In **Lezione 5A**, you learned to use the indefinite adjectives **alcuni/e** and **qualche** to express the concept of *some* or *any* before a noun. Indefinite pronouns replace nouns representing unspecified people or things. Examples in English include *something* and *anything*.

indefinite adjective	indefinite pronoun
Ieri ho scritto **qualche** lettera.	Hai scritto **qualcosa** anche tu?
*Yesterday I wrote **some** letters.*	*Did you write **something**, too?*

Common indefinite adjectives

alcuni/e	*some, a few*	qualche	*some, a few*
altro/a/i/e	*other*	quanto/a/i/e	*how much, how many*
molto/a/i/e	*many, a lot of*	tanto/a/i/e	*so much, so many*
ogni	*each, every*	troppo/a/i/e	*too much, too many*
poco/a, pochi/e	*little, few*	tutto/a/i/e	*all, the whole*

Quanti bei fiori!	Hai **tante** banconote da un dollaro.
How many beautiful flowers!	*You have **so many** one-dollar bills.*

- Like other adjectives, indefinites generally agree with the noun they modify. However, remember that **alcuni/e** can only be used with plural nouns, and **ogni** (like **qualche**) is invariable and used with singular nouns only.

Ogni cartolina è bella.	Ho comprato **alcuni** francobolli.
***Every** postcard is beautiful.*	*I bought **a few** stamps.*

- Always use the definite article after **tutto/a/i/e**.

Compra **tutti i** francobolli!	**Tutte le** edicole sono chiuse.
*Buy **all (of) the** stamps!*	***All (of) the** newsstands are closed.*

Pronomi indefiniti

- Here are some common indefinite pronouns. Note that many of these are also used as indefinite adjectives, as seen above.

Common indefinite pronouns

alcuni/e	*some, a few*	qualcuno/a	*someone*
altro	*something (anything) else*	qualcosa	*something*
		tanto/a/i/e	*so much, so many*
altri/e	*others*		
molto/a/i/e	*much, many*	troppo/a/i/e	*too much, too many*
ognuno/a	*each one, everyone*		
		tutto	*everything*
poco/a, pochi/e	*little, few*	tutti/e	*everyone*

PRATICA

1 Scegliere Completa le frasi con l'aggettivo indefinito appropriato. Usa ogni aggettivo una volta sola.

alcuni	molti	poche	quanta
altro	ogni	qualche	troppi

1. L'estate scorsa ho letto _____ libri.
2. _____ studente in questa classe parla italiano.
3. Stasera incontrerò _____ amico.
4. _____ persone sanno che ho vissuto in Italia.
5. Non so _____ pasta preparare per la festa.
6. C'è un _____ negozio dove possiamo andare.
7. Per quel lavoro Giuseppe ha guadagnato _____ soldi.
8. Guarda questo armadio... Hai _____ vestiti!

2 Completare Completa ogni frase con un aggettivo o pronome indefinito dalla lista. Fai tutti i cambiamenti necessari.

alcuni	molti	ognuno	qualcuno
altro	ogni	poco	tutto

1. _____ semaforo era rosso!
2. _____ ha dimenticato l'orologio.
3. Questo problema è molto difficile; solo _____ persone l'hanno capito.
4. Non essere egoista. Pensa anche agli _____.
5. Queste riviste in inglese non sono interessanti. Ne voglio leggere _____ in italiano.
6. _____ può prendere solo un regalo.
7. _____ dicono che l'italiano è facile.
8. _____ le statue sono dello stesso artista.

3 Creare Usa gli indizi dati per scrivere frasi complete con aggettivi indefiniti.

1. io / avere / troppo / monete
2. lo sportello automatico / non essere aperto / molto / ore
3. oggi / esserci / poco / persone in lavanderia
4. essere impossibile / avere / troppo / statue nel parco
5. tanto / turisti / perdersi / in questa città
6. io / vedere / molto / polizia in questo centro commerciale

Practice more at **vhlcentral.com**.

COMUNICAZIONE

4 **Troppe, abbastanza o poche?** A coppie, parlate di diverse cose che possedete e dite se ne avete troppe, abbastanza o poche. Usate aggettivi indefiniti e paragonate le vostre opinioni.

MODELLO

S1: Non ho abbastanza soldi, ma ho troppe monete da dieci centesimi (cents).
S2: Io ho abbastanza soldi, ma ho poche banconote da un dollaro.

5 **Qualcuno e tutti** Pensa a te stesso/a, alla tua famiglia e alle persone che conosci. Crea una lista di almeno sei cose che tutti hanno e sei che solo qualcuno ha. Poi, a coppie, paragonate le vostre liste.

MODELLO

S1: Mio padre ha un conto corrente in banca e anche tutti i suoi amici ne hanno uno.
S2: Tutti hanno un conto corrente ma solo alcuni hanno un conto risparmio...

6 **Alla banca** In gruppi di tre, create una conversazione tra un cliente di una banca, che si lamenta di alcuni errori nel suo conto, e una cassiera (bank teller) e il direttore della banca che spiegano che non è possibile. Usate aggettivi e pronomi indefiniti e siate creativi!

MODELLO

S1: Ho troppo pochi soldi nel mio conto in banca!
S2: Non è possibile! Facciamo pochissimi errori e tutti sono attenti...

alcuni	poco	quanto
altro	qualche	tanto
molto	qualcosa	troppo
ognuno	qualcuno	tutto

- Most indefinite pronouns agree in number and gender with the nouns they replace.

Le ragazze? **Ognuna** è a casa sua.
*The girls? **All of them** are at home.*

Le banche? **Alcune** sono aperte il sabato.
*The banks? **Some** are open on Saturdays.*

Devi completare le lettere. **Troppe** sono ancora senza indirizzo.
*You have to finish the letters. **Too many** (of them) still don't have addresses.*

Il mio postino è sempre puntuale, ma **altri** sono spesso in ritardo.
*My mail carrier is always on time, but **others** are often late.*

- Note the difference in meaning between **tutto** (*everything*) and **tutti/e** (*everyone*).

Ha ritirato **tutto**?
*Did you withdraw **everything**?*

Non **tutti** hanno la carta di credito.
*Not **everyone** has a credit card.*

- Use **ognuno/a** and **qualcuno/a** in the singular form only.

Ognuno ha un conto bancario.
Everyone has a bank account.

A **qualcuna** non piace il profumo.
Some (women) don't like perfume.

- **Qualcosa** is singular and invariable. For purposes of agreement, it is treated as masculine. Note that **qualcosa** means *something*, while **qualcuno/a** means *someone*.

È **arrivato qualcosa** per te.
***Something** arrived for you.*

C'è **qualcuno** in casa?
*Is **someone** home?*

- Use **qualcosa di** before adjectives and **qualcosa da** before infinitives. Remember to use the masculine form of an adjective after **qualcosa di**.

Troverò **qualcosa di bello** per mio marito in gioielleria.
*I'll find **something nice** for my husband at the jewelry store.*

Ha **qualcosa da fare** in questura? Che cos'è?
*Does he have **something to do** at police headquarters? What is it?*

Provalo! Scegli l'aggettivo o il pronome indefinito che meglio completa ogni frase.

1. (Quanti / Alcuni) studenti ci sono in classe?
2. Sto male perché ho mangiato (pochi / troppi) biscotti.
3. (Ogni, Qualche) stato ha una capitale.
4. Maria ha (molti / quanti) amici.
5. Il gelato alla banana è buono. Posso mangiarlo (tutto / troppo)?
6. Queste scarpe non mi piacciono. Ne avete (altre / tutte)?
7. Hai sete? Posso offrirti (qualcosa / qualcuna)?
8. Oggi è domenica e (tutto / tanto) è chiuso.
9. Molte macchine qui sono americane, ma (troppe / alcune) sono europee.
10. Molte persone hanno accettato l'invito e solo (poche / tutte) l'hanno rifiutato.

STRUTTURE

9B.2 Negative expressions

Punto di partenza You have already learned how to use some negative expressions. In this lesson you will learn some new expressions to convey a greater variety of negative meanings.

 ATTREZZI
You learned **non... mai**, **non... ancora**, and **non... più** in Lezioni 2B, 4B, and 5B.

Common negative expressions

non... affatto	*not at all*	non... neanche/ nemmeno/neppure	*not even*
non... ancora	*not yet*	non... nessuno	*nobody*
non... mai	*never*	non... niente/nulla	*nothing*
non... né... né	*neither... nor*	non... più	*no longer*

Non hanno **né** carta di credito **né** contanti.
*They have **neither** a credit card **nor** cash.*

Non ho chiesto **neppure** un prestito.
*I did **not even** ask for a loan.*

Stefano **non** lavora **più** in banca.
*Stefano **no longer** works at the bank.*

Non c'era **nessuno** in libreria.
*There wasn't **anyone** at the bookstore.*

- In most negative expressions, use **non** before the verb and the negative word. Object pronouns follow **non** and precede the verb.

Il dottore **non** ha firmato **niente**.
*The doctor did **not** sign **anything**.*

Non le piace **affatto** andare in questura.
*She doesn't like to go to police headquarters **at all**.*

- Note that in Italian, unlike in English, multiple negative words can be used in the same sentence.

Mimmo **non** ha **neanche** una moneta.
*Mimmo doesn't **even** have one coin.*

Sara **non** chiederebbe **mai niente** a **nessuno**.
*Sara would **never** ask **anything** of **anyone**.*

- Remember that **ancora**, **mai**, and **più** are placed between the auxiliary verb and the past participle in compound tenses.

La mamma **non** ha **mai** usato lo sportello automatico.
*Mom has **never** used an ATM.*

Non sei **ancora** andata all'ufficio postale?
*You haven't gone to the post office **yet**?*

PRATICA

1 Associare Associa le frasi negative con il loro corrispondente affermativo.

1. _____ Non ho ancora finito di guardare il film.
2. _____ Non vedo nessuno.
3. _____ Non dormo mai dopo le dieci di mattina.
4. _____ Non ho detto niente ai tuoi amici.
5. _____ Non ho più telefonato a Gina.
6. _____ Da qui non sento nemmeno la televisione.

a. Ho telefonato di nuovo a Gina.
b. Dormo sempre fino a tardi la mattina.
c. Da qui sento anche la televisione.
d. Ho già finito di guardare il film.
e. Ho detto tutto ai tuoi amici.
f. Vedo qualcuno.

2 Completare Completa la seguente conversazione con le espressioni negative date. Usa ogni espressione una volta sola.

affatto	mai	nemmeno	niente
ancora	né... né	nessuno	più

EMMA Ciao, Matteo, come stai?

MATTEO Bene. E tu?

EMMA Bene. Non ti ho (1) _____ sentito da domenica. Hai parlato con la banca per quel prestito?

MATTEO Sì, ma è stato molto difficile, perché non ho (2) _____ chiesto un prestito. Inoltre, dapprima non c'era (3) _____ disponibile con cui parlare, poi ho scoperto di non avere (4) _____ un documento con me e infine non avevo (5) _____ deciso che tipo di prestito chiedere!

EMMA Mamma mia, che brutta esperienza! Ma la persona con cui hai parlato non ti ha aiutato (6) _____?

MATTEO Non mi ha aiutato (7) _____ con dei consigli _____ con degli esempi!

EMMA E allora, cosa farai?

MATTEO Per ora non faccio (8) _____, ma forse la prossima settimana vado in un'altra banca...

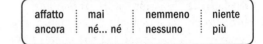 Practice more at **vhlcentral.com**.

COMUNICAZIONE

3 **Trasformare** A coppie, usate le espressioni negative per negare ogni affermazione.

MODELLO La cartoleria vende ancora cartoline. (non... più)

No, la cartoleria non vende più cartoline.

1. La banca dà soldi a tutti. (non... nessuno)
2. Il vigile ha già dato una multa. (non... ancora)
3. Questo semaforo funziona sempre. (non... mai)
4. La polizia ha chiamato anche un testimone. (non... nemmeno)
5. Ho ritirato tutto dal mio conto corrente. (non... niente)
6. È assolutamente vero! (non... affatto)

4 **Mai** A coppie, fate una lista di tre posti, nel vostro campus o nella vostra città, in cui non andate. Spiegate perché non ci andate. Poi, come classe, determinate quali sono i tre posti meno popolari.

MODELLO

S1: Io non vado mai in lavanderia, perché non ho vestiti che devono essere lavati a secco (dry cleaned).

5 **Una storia al negativo** A coppie, create una conversazione tra una vittima di un furto (robbery) a uno sportello automatico e un poliziotto. Il poliziotto fa domande alla vittima, ma la vittima risponde solo con frasi negative! Fate domande e date risposte per ricostruire la storia.

MODELLO

S1: Era dentro la banca?
S2: No, non sono mai stato dentro la banca.
S1: Ha riconosciuto il ladro?
S2: No, non ho riconosciuto nessuno...

● **Nessuno** can mean *not any* in negative sentences when it precedes a noun. In these cases, the form of **nessuno** follows the pattern of the indefinite article **uno** (**nessun, nessun', nessuno, nessuna**). Use **nessuno** with singular nouns only.

Gina **non** ha **nessuna** busta.   **Non** hai visto **nessuno** studente.
*Gina does **not** have **any** envelopes.*   *You did**n't** see **any** students.*

● **Nessuno, niente/nulla,** and **né... né** can precede the verb if they are subjects. In these cases, omit **non.**

Nessuno è venuto in comune.   OR   **Non** è venuto **nessuno** in comune.
Nobody came to the town hall.

Niente è cambiato.   OR   **Non** è cambiato **niente.**
Nothing has changed.

● When **né... né** precedes the verb, use the third-person plural form of the verb.

Né cani **né** gatti possono entrare nel salone di bellezza.   **Né** Gina **né** Mimmo vanno all'Internet café.
Neither dogs **nor** cats can come into the beauty salon.   **Neither** Gina **nor** Mimmo is going to the Internet café.

● You have already learned that **qualcosa** is followed by **di** before adjectives and **da** before infinitives. **Niente** and **nulla** follow the same pattern.

Mi hai portato **qualcosa di nuovo?**   No, **non** ti ho portato **nulla di buono.**
*Did you bring me **something new?***   *No, I did**n't** bring you **anything good.***

Avete **qualcosa da fare** domani?   No, **non** abbiamo **niente da fare.**
*Do you have **something to do** tomorrow?*   *No, we don't have **anything to do.***

Provalo!   Scegli la parola o espressione corretta per completare le seguenti frasi.

1. Non ho (ancora / nessuno) letto l'ultimo libro di Umberto Eco.
2. Non sono (mai / né) andata a trovare Carla in Italia.
3. Non ho mangiato (più / niente) sull'aereo.
4. Non ho parlato con Andrea. Non l'ho (nulla / nemmeno) visto oggi!
5. Da dopo il liceo non ho (affatto / più) contatti con Lucia.
6. È una bugia, questa storia non è (niente / affatto) vera!
7. La pasta è perfetta, né troppo calda (né / mai) troppo fredda.
8. Il semestre è finito e non c'è (né / nessuno) al campus.

SINTESI
Ricapitolazione

1 **Nessuno** In gruppi di quattro, parlate di attività che nessuno fa più perché non sono di moda. Siate specifici il più possibile. Poi paragonate la vostra lista con un altro gruppo e discutete le scelte con loro.

> **MODELLO**
>
> **S1:** *Nessuno va più a ballare al Quest Lounge, neanche gli studenti del primo anno.*
> **S2:** *Nessuno mangia più…*

2 **In cartoleria** A coppie, create una conversazione tra un cliente e una persona che lavora in una cartoleria. Il cliente cerca certi articoli, ma, sfortunatamente, sono esauriti (*sold out*). Siate creativi e usate quante più espressioni negative possibili.

> **MODELLO**
>
> **S1:** *Buongiorno! Avete dei quaderni?*
> **S2:** *No, mi dispiace, non vendiamo più quaderni.*
> **S1:** *Non ne avete neanche uno o due vecchi?*
> **S2:** *No, nessuno…*

3 **Il postino** A coppie, create un rapporto (*report*) che un postino potrebbe scrivere sui clienti a cui porta la posta. Chi non vive più in quella strada? Ci sono case in cui non vive nessuno? Chi non riceve mai posta? Usate le espressioni negative che conoscete e date molti dettagli.

> **MODELLO**
>
> *La prima casa è quella dei signori Lavelli. I signori Lavelli non ricevono mai posta, nemmeno dalla banca. La casa accanto è dei signori Tedesco, ma nessuno…*

4 **Non lo farei mai!** A coppie, parlate di cose che non fareste mai e dite perché. Per esempio, dove non andreste mai? Provate a scrivere almeno sei posti o attività usando le espressioni negative.

> **MODELLO**
>
> **S1:** *Io non userei mai una carta di credito, perché è facile spendere troppi soldi.*
> **S2:** *Io non lavorerei mai in un ufficio postale, perché secondo me è molto noioso.*

5 **In città** Lavorate a coppie. L'insegnante vi darà due fogli per scrivere le preferenze del vostro compagno di classe riguardo a vari posti in città. Chiedete con quale frequenza lui o lei fa ogni cosa.

> **MODELLO**
>
> **S1:** *Cristina, quante volte vai in cartoleria?*
> **S2:** *Non vado affatto in cartoleria, compro tutto al supermercato. E tu, con quale frequenza vai in comune?*
> **S1:** *Non vado in comune nemmeno una volta l'anno!*

foglio di lavoro

		mai	affatto	più	nemmeno	quante volte?
1	la cartoleria		✓			
2	il comune				✓	una volta all'anno
3						
4						

6 **La persona più negativa del mondo!** A coppie, create un'intervista sulla giornata della persona più negativa del mondo: la signora Nero. Siate creativi e usate quante più espressioni negative possibili. Poi scambiate i ruoli e create un'altra intervista.

> **MODELLO**
>
> **S1:** *Buongiorno, signora Nero, come sta oggi?*
> **S2:** *Malissimo! Non sono mai stata peggio!*
> **S1:** *Mi dispiace. Mi dica, cosa ha fatto stamattina?*
> **S2:** *Non ho fatto niente. Non c'è niente di divertente da fare e nessuno…*

7 **Un puzzle logico** Lavorate a coppie per risolvere questo puzzle logico. Poi usate espressioni negative simili per creare un nuovo puzzle da scambiare con un'altra coppia.

Chi è il sindaco?

1. Il sindaco lavorava all'ufficio postale, ma adesso non ci lavora più.

2. Stefano lavora dal fiorista e in lavanderia.

3. Il sindaco non va mai in gioielleria.

4. Marco non va mai in banca il lunedì.

5. Gina non lavora né all'ufficio postale né in gioielleria.

6. Il sindaco non visita mai il fiorista.

7. Laura non conosce nessuno all'ufficio postale e non ha mai conosciuto nessuno che lavora lì.

8. Il sindaco va in banca tutti i giorni, eccetto il martedì.

8 **Inventario** Lavorate a coppie. L'insegnante vi darà due fogli diversi, ciascuno con metà delle informazioni sull'inventario di un grande magazzino. Domandatevi a turno quali articoli sono nel negozio e quali non ci sono, basandovi sulle informazioni del vostro foglio.

MODELLO

S1: *Quanti calzini e cinture abbiamo?*
S2: *Non abbiamo né calzini né cinture.*
Quante sciarpe abbiamo?
S1: *Nessuna!...*

Il mio dizionario

Aggiungi al tuo dizionario personalizzato cinque parole relative alle città, alle banche e alla posta.

il parchimetro

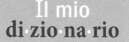

traduzione
parking meter

categoria grammaticale
sostantivo (m.)

uso
Devo mettere più monete nel parchimetro.

sinonimi
/

antonimi
/

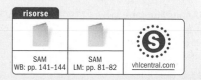

risorse

| SAM WB: pp. 141–144 | SAM LM: pp. 81–82 | vhlcentral.com |

Panorama

S Interactive Map

L'Italia centrale

Marche

La regione in cifre

▶ **Superficie:** *9.694 km²*
▶ **Popolazione:** *1.541.692*
▶ **Città principali:** *Ancona, Pesaro, Macerata*

Marchigiani celebri

▶ **Raffaello Sanzio,** *pittore e architetto (1483–1520)*
▶ **Maria Montessori,** *educatrice (1870–1952)*
▶ **Valentino Rossi,** *motociclista (1979–)*

Umbria

La regione in cifre

▶ **Superficie:** *8.456 km²*
▶ **Popolazione:** *893.142*
▶ **Città principali:** *Perugia, Terni, Foligno*

Umbri celebri

▶ **San Francesco d'Assisi,** *frate°, patrono d'Italia (1181–1226)*
▶ **Aldo Capitini,** *filosofo (1899–1968)*
▶ **Monica Bellucci,** *attrice e modella (1964–)*

Lazio

La regione in cifre

▶ **Superficie:** *17.207 km²*
▶ **Popolazione:** *5.578.916*
▶ **Città principali:** *Roma, Latina, Viterbo*

Laziali celebri

▶ **Vittorio De Sica,** *regista e attore (1901–1974)*
▶ **Anna Magnani,** *attrice (1908–1973)*
▶ **Tiziano Ferro,** *cantautore° (1980–)*

frate *friar* **cantautore** *singer-songwriter* **grotte** *caverns*
lunghezza *length* **pozzi** *wells*

una spiaggia a Sirolo

la basilica di San Francesco in Assisi

i bagni termali ad Ostia Antica

SAN MARINO
Pesaro
Fano
Urbino
Ancona
Sirolo
Grotte di Frasassi
Macerata
MARCHE
Assisi
Perugia
Deruta
Foligno
Monti Sibillini
Ascoli Piceno
Monte Vettore
Monti Volsini
UMBRIA
Monte Gorzano
Lago di Bolsena
Monti Cimini
Terni
Monti della Laga
Viterbo
Rieti
Lago di Vico
Monti Sabatini
Lago di Bracciano
Guidonia
Montecelio
Cerveteri
Tarquinia
Tevere
Roma
CITTÀ DEL VATICANO
LAZIO
Ostia Antica
Frosinone
Latina
MARE ADRIATICO
APPENNINI
Golfo di Gaeta
Isole Ponziane
MAR TIRRENO

| 0 | | 100 miglia |
| 0 | | 100 chilometri |

Incredibile ma vero!

Le grotte° di Frasassi sono state scoperte nel 1948 e sono state aperte al pubblico nel 1974. La lunghezza° totale è di circa 13 chilometri, la stalagmite «Obelisco» è alta 15 metri, alcuni pozzi° sono profondi 25 metri e la «Sala di Ancona» è così grande che può contenere il Duomo di Milano. È uno spettacolo naturale da non perdere!

Le feste

Un festival di cioccolato

Si chiama Euro Chocolate Festival e si svolge° a ottobre nella città di Perugia. Il festival dura dieci giorni. La sua prima edizione si è tenuta nel 1994. Nel 2008 hanno partecipato un milione di persone e 200 aziende che hanno offerto 190 tonnellate° di cioccolato in degustazione°. Oltre ai dolci, durante il festival si tengono convegni, mostre, laboratori° e dibattiti. Particolare attenzione va al dolce di Perugia per eccellenza, il Bacio Perugina. Nel 2003 è stato preparato un Bacio che è entrato nel Guinness dei Primati: largo 7 metri e alto 2, con 3.500 chili di cioccolato e centinaia di migliaia di nocciole°. Peso totale: 5.980 chili!

L'artigianato

Ceramiche famose in tutto il mondo

Le ceramiche di Deruta sono note per la loro qualità e i loro colori. È una tradizione che risale agli Etruschi ed è nata grazie alle risorse naturali presenti nell'area. Deruta è sempre stato il centro principale italiano della produzione della ceramica ed è stato per anni anche un importante centro economico e artistico. I colori tipici dei prodotti sono il verde, il bruno manganese°, l'arancione, il blu e il giallo. I prodotti tipici sono vasi, piatti, piani per tavoli e complementi d'arredo. La maiolica, un tipo di ceramica, è usata anche per i pavimenti delle chiese.

La storia

La civiltà etrusca in Italia

Gli etruschi sono un popolo antico dalle origini molto incerte. Sappiamo che vissero° nel Lazio, in Toscana e in Campania. In alcuni testi greci e romani del VII secolo a.C. troviamo dei riferimenti alla cultura etrusca. Fu° proprio l'ascesa° di Roma a determinare la fine della civiltà etrusca. Di particolare interesse sono le necropoli, aree ricche di tombe etrusche che si trovano presso le città di Tarquinia e Cerveteri. L'interno di questi sepolcri è spesso decorato con pitture a colori raffiguranti danze e banchetti° preparati per rendere felice il morto°. Purtroppo solo poche necropoli sono oggi aperte al pubblico.

L'architettura

Un'acustica perfetta

Lo Sferisterio di Macerata è stato costruito all'inizio dell'Ottocento. A quei tempi era usato per spettacoli sportivi, come il gioco del pallone col bracciale° e gli spettacoli di tauromachia°. Nel 1921 è diventato un teatro di opera lirica. Può ospitare circa 3.000 persone e, secondo molti, è l'arena italiana con la migliore acustica. Grazie al «Musicultura Festival», iniziato negli anni '90, questo teatro ha ospitato gli artisti più grandi nel campo della danza e della musica, tra i quali Nureyev, Pavarotti, Carreras, Caballé, Miles Davis, Joe Venuti, B. B. King, Ray Charles e Sarah Vaughan.

Quanto hai imparato? Completa le frasi.

1. La stalagmite _____ nelle grotte di Frasassi è alta 15 metri.
2. Nelle grotte di Frasassi ci sono pozzi profondi _____.
3. L'Euro Chocolate Festival si svolge a _____ in ottobre.
4. Nel 2003 un enorme _____ è entrato nel Guinness dei Primati.
5. La città di Deruta è famosa per la produzione di _____.
6. I colori tipici delle ceramiche di Deruta sono il verde, _____, l'arancione, il blu e il giallo.
7. La cultura etrusca risale al _____.
8. A Tarquinia e Cerveteri ci sono molte _____ etrusche.
9. Lo Sferisterio di Macerata oggi è un teatro per spettacoli di _____.
10. Nello Sferisterio di Macerata è iniziato, negli anni '90, _____.

Practice more at **vhlcentral.com**.

risorse — SAM WR: pp. 145-146 — vhlcentral.com

SU INTERNET

Go to **vhlcentral.com** to find more cultural information related to this **Panorama**.

1. Cerca informazioni su una delle città menzionate in **La regione in cifre**. Prepara una presentazione per la classe.
2. Gli etruschi sono un popolo affascinante e misterioso. Cerca più informazioni sulla loro storia e l'importanza che hanno avuto nella cultura italiana.
3. In cosa consistevano il gioco del pallone col bracciale e gli spettacoli di tauromachia? Cerca descrizioni dei due eventi e presentale alla classe.

si svolge *it takes place* tonnellate *tons* degustazione *tasting* convegni, mostre, laboratori *meetings, exhibitions, workshops* nocciole *hazelnuts* bruno manganese *a shade of brown* vissero *they lived* Fu *It was* ascesa *rise* banchetti *banquets* per rendere felice il morto *to make the dead happy* bracciale *armband* tauromachia *bullfighting*

Lettura  Audio: Reading

Prima di leggere

Esaminare il testo In questa lettura ci sono due testi diversi. Guardali velocemente. Il loro formato è simile o differente? Quali strategie pensi di poter usare per identificare il genere di questi testi? Paragona le tue idee con quelle di un(a) compagno/a.

Confrontare i due testi

Il primo testo
Analizza il formato del primo testo. C'è un titolo? Ci sono sottotitoli? Ci sono molte sezioni? Com'è organizzato il testo? Adesso guarda il contenuto. Che tipo di vocabolario è usato? Cosa ne pensi?

Il secondo testo
Questo testo è organizzato come il primo? Ci sono titoli, sottotitoli e diverse sezioni? Le informazioni sono simili a quelle del primo testo? E il vocabolario? Cosa pensi del genere del secondo testo? I due testi parlano dello stesso argomento?

Valdilago
un vero angolo di paradiso!

Benvenuti a Valdilago!

Ecco alcune informazioni utili sulla nostra città.

❦ **Negozi:** A Valdilago si trovano tutti i negozi di cui avete bisogno: supermercati, farmacie, negozi di vestiti, negozi di musica, ristoranti etnici e locali, cartolerie, edicole, lavanderie e tanto altro.

❦ **Edifici pubblici:** In centro si trovano un ufficio postale, una biblioteca, la questura, il comune, la polizia, i pompieri, alcune banche (con sportello automatico) e alcune chiese. Per ottenere i numeri di telefono di questi posti chiamate il numero verde° 800-1234567.

❦ **Per divertirvi:** Valdilago ha un Internet café, videoteche e piscine. Ci sono tante opzioni per tutti i gusti e per tutte le età.

❦ **Shopping:** Non dimenticate di fare shopping durante la vostra visita! Comprate qualcosa per voi stessi o per i vostri amici nelle nostre gioiellerie, saloni di bellezza, profumerie e centri commerciali: sarà un regalo indimenticabile!

Per ulteriori informazioni e numeri di telefono, consultate il nostro sito web o il centro informazioni.

Il blog di Pierantonio

9 MAGGIO, 2010

Valdilago

Cari amici, eccomi di nuovo dopo tre giorni di assenza dal mio blog. Oggi voglio parlarvi della mia città, Valdilago. Se venite a visitarla vi divertirete! Una cosa che mi piace di Valdilago è che in centro si trova tutto quello che si desidera: dalla banca alla lavanderia all'ufficio postale. Non si deve guidare per ore, basta solo fare pochi passi e tutte le spese sono fatte! Spesso quando vado in centro mangio alla «Trattoria Roberto», un ottimo ristorante di cucina locale.

Ci sono anche tanti ristoranti etnici, dal cinese al tailandese al messicano; quest'ultimo è uno dei miei preferiti. Dopo pranzo non potete non assaggiare il gelato di Rino: il migliore del mondo! A volte il pomeriggio vado all'Internet café ed è da lì che vi scrivo. Ci sono tanti negozi di vestiti e c'è anche un centro commerciale con opzioni per tutti i prezzi. Io passo anche tanto tempo nel negozio di musica, che si trova vicino all'Internet café—quindi ci vado spesso! Il venerdì sera, di solito, i miei amici e io andiamo in videoteca e noleggiamo uno o due film. Lì si trovano tutti i film moderni e ce n'è sempre una copia disponibile.

Allora, amici miei, venite a trovarmi e a visitare la mia città, che aspettate?

Pierantonio

P.S. Portate anche le vostre ragazze, a loro piaceranno moltissimo i saloni di bellezza e le profumerie!

numero verde *toll-free number*

Dopo la lettura

Vero o falso? Indica se le seguenti frasi sul primo testo sono **vere** o **false**. Correggi le frasi false.

1. A Valdilago ci sono pochi negozi.

2. Valdilago ha un sito Web.

3. La banca ha uno sportello automatico.

4. A Valdilago non c'è niente per divertirsi.

5. Il numero verde è per chiedere informazioni.

6. Per fare shopping c'è solo un centro commerciale.

Dov'è? Di' dove devono andare queste persone per fare quanto indicato.

1. La signora Dadi vuole spedire un pacco a sua figlia.

2. Giovanna vuole comprare un CD per il compleanno di Dante.

3. Sono le dieci di sera e i signori Costa hanno bisogno di soldi.

4. Sabrina vorrebbe una collana.

5. Giulio vuole scrivere un messaggio e-mail alla sua ragazza.

6. I turisti vogliono più informazioni.

E voi? A coppie, parlate di dove andate a fare shopping o a fare spese senza dire il nome del posto. Una persona deve dare una descrizione dettagliata mentre l'altra prova a indovinare di quale posto parla. Poi, scambiate i ruoli.

Practice more at **vhlcentral.com**.

In ascolto  Ⓢ Audio

Using background information

Once you discern the topic of a conversation, take a minute to think about what you already know about the subject. Using this background information will help you guess the meaning of unknown words or linguistic structures.

🎧 To help you practice this strategy, you will listen to a short news report. Jot down the subject of the report, and then use your knowledge of the subject to listen for and write down the main points.

Preparazione

Guarda la fotografia. Quante persone ci sono? Dove sono? Secondo te, di che cosa stanno parlando?

Ascoltiamo 🔊 🎧

Ascolta la conversazione tra Alessandro e Elena. Poi ascoltala di nuovo e scrivi le quattro cose che Alessandro e Elena faranno stamattina. Poi, a coppie, paragonate le vostre risposte.

_____

_____

_____

_____

Comprensione

Vero o falso? Indica se le affermazioni sono **vere** o **false**. Correggi le frasi false.

1. Alessandro vive in città da tre mesi.

_____

2. Alessandro vuole aprire un conto in banca.

_____

3. Lo sportello automatico della Banca Toscana è aperta tutto il giorno.

_____

4. La banca si trova a destra della farmacia.

_____

5. La Libreria Filippi non è lontana dalla banca.

_____

6. Alessandro vuole comprare dei libri per una sua compagna di classe.

_____

7. Alessandro chiede un favore a Elena.

_____

8. Alessandro va in comune per prendere dei documenti.

_____

Nella tua città Alessandro passerà un semestre alla tua scuola. Ti fa le stesse domande che ha fatto a Elena. Scrivigli una breve lettera e spiegagli come andare dall'università alla banca più vicina. Poi spiegagli come andare dalla banca al supermercato dove vanno gli studenti della tua scuola a fare la spesa. Infine chiedi ad Alessandro se può farti un favore mentre fa la spesa e digli cosa fare.

 Practice more at **vhlcentral.com.**

Scrittura

STRATEGIA

Using linking words

You can make your writing more sophisticated by using linking words to connect simple sentences or ideas, in order to create more complex sentences. Consider the following two passages:

Without linking words

Oggi ho fatto molte spese. Sono stato alla posta. Ho fatto la fila per circa mezz'ora. Ho comprato dei francobolli. Ho comprato anche delle buste. Sono andato alla banca. La banca è accanto alla lavanderia. Ieri ho perso la mia carta di credito. Dovevo anche ritirare dei soldi. Sono andato a una pizzeria a mangiare con un amico. Il mio amico si chiama Marco. Sono tornato a casa. Erano le sei. Mia madre tornava dal lavoro.

With linking words

Oggi ho fatto molte spese. Dapprima sono stato alla posta, dove ho fatto la fila per circa mezz'ora. Ho comprato dei francobolli e anche delle buste. Poi sono andato alla banca, che è accanto alla lavanderia, perché ieri ho perso la mia carta di credito e perché dovevo anche ritirare dei soldi. Inoltre sono andato in una pizzeria a mangiare con un amico che si chiama Marco. Alle sei, infine, sono tornato a casa mentre mia madre tornava dal lavoro.

Linking words			
allora	then	o, oppure	or
cioè	that is to say	perché	because
così	so	perciò	that's why
di solito	usually	però	however
dopo che	then, after that	per quanto riguarda	regarding
dapprima	first		
dunque	so	poi	then
finalmente	finally	sempre più	more and more
in effetti	indeed		
inoltre	moreover	sempre meno	less and less
ma	but	spesso	often
mentre	while, as	talvolta	sometimes
nonché	as well as	tuttavia	however

Tema

Descrivere un nuovo negozio

Hai deciso di aprire un negozio con un amico vicino al campus. Vuoi creare un luogo originale che non esiste da nessuna parte e che sarà utile agli studenti, un posto dove gli studenti possono fare diverse cose allo stesso tempo (per esempio: fare il bucato e navigare su Internet). Prepara una descrizione dettagliata della tua idea e dei servizi che vuoi offrire. Usa la tua immaginazione e le domande della lista come guida.

- Che tipo di negozio vuoi aprire?

- Quale sarà il nome del negozio?

- Che prodotti venderai? Saranno costosi o economici? Dai dei dettagli.

- Dove sarà questo posto?

- Come sarà l'interno del negozio (stile, decorazioni ecc.)?

- Quale sarà l'orario di apertura e di chiusura?

- Perché sarà diverso dagli altri? Spiega cosa lo renderà unico e perché gli studenti dovrebbero venire.

Indicazioni

l'angolo	corner
l'incrocio	intersection
l'isolato	block
il marciapiede	sidewalk
il ponte	bridge
la rotonda	traffic circle, rotary
il semaforo	traffic light
la strada	street
le strisce (pedonali)	crosswalk
la via	street
girare	to turn
proseguire	to continue
di fronte a	across from
diritto	straight
fino a	until
lontano da	far from
qui vicino	nearby
verso	toward
vicino a	close to
nord	north
sud	south
est	east
ovest	west

Espressioni

Dove si trova...?	Where is . . . ?
attraversare	to cross (the street)
costruire (-isc-)	to build
dare un passaggio	to give (someone) a ride
orientarsi	to get one's bearings
perdersi	to get lost
salire le scale	to climb stairs
scendere le scale	to go down the stairs

La gente

il pedone	pedestrian
il/la poliziotto/a	police officer
il/la pompiere/a	firefighter
il sindaco	mayor
lo/la spazzino/a	street sweeper; garbage collector

La banca e le finanze

la banca	bank
la banconota	bill (banknote)
lo sportello automatico	ATM
il conto bancario	bank account
il conto corrente	checking account
il conto risparmio	savings account
la moneta	coin; change
chiedere un prestito	to ask for a loan
depositare il denaro	to deposit money
fare delle commissioni	to run errands
firmare	to sign
pagare con assegno	to pay by check
pagare con carta di credito/debito	to pay with a credit/debit card
pagare in contanti	to pay in cash
riempire un modulo	to fill out a form
ritirare dei soldi	to withdraw money

I luoghi

la cartoleria	stationery store
il comune	town hall
l'edicola	newsstand
il fiorista	flower shop; florist
il fotografo	photo shop; photographer
la gioielleria	jewelry store
l'Internet café	Internet café
la lavanderia	laundromat
la profumeria	perfume/cosmetics shop
la questura	police headquarters
il salone di bellezza	beauty salon
l'ufficio informazioni	(tourist) information office
la videoteca	video store

Espressioni utili	See pp. 315 and 329.
Relative pronouns	See p. 320.
Indefinite words	See p. 332.

In centro

la cabina telefonica	phone booth
il centro commerciale	mall; shopping center
la chiesa	church
il chiosco	newsstand; kiosk
la fontana	fountain
il grande magazzino	department store
il locale notturno	nightclub
il negozio	store
il paese	town
la panchina	bench
la piscina	pool
la statua	statue

La posta

la busta	envelope
la cassetta delle lettere	mailbox
la cartolina	postcard
il francobollo	stamp
l'indirizzo	address
il pacco	package
la posta	mail
il/la postino/a	mail carrier
la rivista	magazine
l'ufficio postale	post office
imbucare una lettera	to mail a letter
inviare	to send
ricevere	to receive

Espressioni negative

non... affatto	not at all
non... ancora	not yet
non... mai	never
non... né... né	neither . . . nor
non... neanche/nemmeno/neppure	not even
non... nessuno	nobody
non... niente/nulla	nothing
non... più	no longer

Lo spirito creativo

Per cominciare
- Dove sono i ragazzi, a teatro o al museo?
- Sono attori o fanno parte del pubblico?
- Qualcuno suona uno strumento?
- Quali personaggi portano le maschere?
- Come si chiamano due di questi personaggi della commedia dell'arte?

Lezione

10A

Communicative Goals

You will learn how to:
- talk about the performing arts
- talk about music and musicians

Lo spettacolo

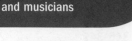 **Vocabulary Tools**

Vocabolario	
espressioni	*expressions*
ẹssere in tour	*to be on tour*
interpretare	*to perform*
mẹttere in scena	*to put on a show*
recitare un ruolo	*to play a role*
allo spettạcolo	*at a show*
l'applauso	*applause*
l'assolo	*solo*
l'atto	*act*
il balletto	*ballet*
la canzone	*song*
il concerto	*concert*
il coro	*chorus*
il debutto	*debut*
il fẹstival	*festival*
la fine	*end*
l'intervallo	*intermission*
l'orchestra	*orchestra*
la proiezione	*screening*
la rappresentazione dal vivo	*live performance*
gli strumenti musicali	*musical instruments*
il clarinetto	*clarinet*
la fisarmọnica	*accordion*
il flauto	*flute*
il sassọfono	*saxophone*
il violino	*violin*
la gente	*people*
il compositore/ la compositrice	*composer*
il/la drammaturgo/a	*playwright*
il personaggio (principale)	*(main) character*
il pụbblico	*public; audience*
il/la regista	*director*

la ballerina

la spettatrice

il ballerino

Applaude. (applaudire)

La danza

il pianista

il chitarrista

il batterista

la cantante

ANTONELLA ROSSI & CO.

il gruppo rock

risorse

SAM
WB: pp. 147–148

SAM
LM: p. 83

vhlcentral.com

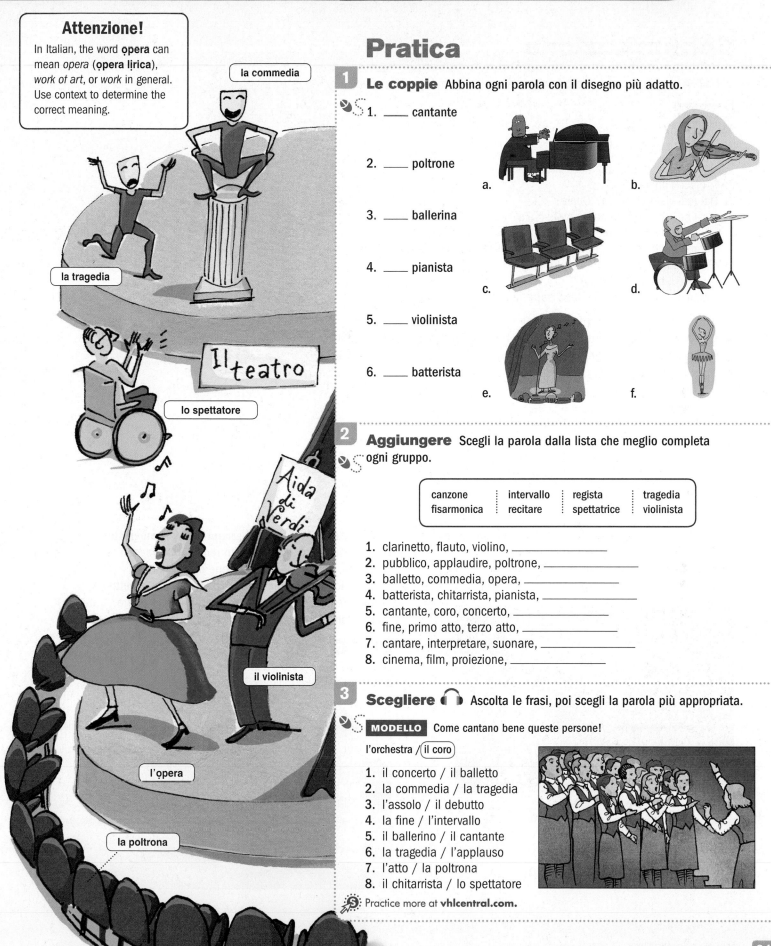

Attenzione!

In Italian, the word **opera** can mean *opera* (**opera lirica**), *work of art*, or *work* in general. Use context to determine the correct meaning.

la commedia

la tragedia

Il teatro

lo spettatore

Aida di Verdi

il violinista

l'opera

la poltrona

Pratica

1 Le coppie Abbina ogni parola con il disegno più adatto.

1. _____ cantante

2. _____ poltrone

3. _____ ballerina

4. _____ pianista

5. _____ violinista

6. _____ batterista

a.   b.

c.   d.

e.   f.

2 Aggiungere Scegli la parola dalla lista che meglio completa ogni gruppo.

canzone	intervallo	regista	tragedia
fisarmonica	recitare	spettatrice	violinista

1. clarinetto, flauto, violino, _____
2. pubblico, applaudire, poltrone, _____
3. balletto, commedia, opera, _____
4. batterista, chitarrista, pianista, _____
5. cantante, coro, concerto, _____
6. fine, primo atto, terzo atto, _____
7. cantare, interpretare, suonare, _____
8. cinema, film, proiezione, _____

3 Scegliere 🎧 Ascolta le frasi, poi scegli la parola più appropriata.

MODELLO Come cantano bene queste persone!

l'orchestra / (il coro)

1. il concerto / il balletto
2. la commedia / la tragedia
3. l'assolo / il debutto
4. la fine / l'intervallo
5. il ballerino / il cantante
6. la tragedia / l'applauso
7. l'atto / la poltrona
8. il chitarrista / lo spettatore

🖱 Practice more at **vhlcentral.com.**

Comunicazione

4 **E tu?** A coppie, fate a turno a farvi le seguenti domande e a rispondere.

MODELLO

S1: *Preferisci le commedie o le tragedie?*
S2: *Preferisco le tragedie. E tu?*

1. Qual è il tuo strumento musicale preferito?
2. Ti piace l'opera lirica?
3. Hai mai visto un'opera? Quale?
4. Qual è il/la tuo/a cantante preferito/a? E il tuo gruppo preferito?
5. Sei mai andato/a a un concerto rock? Dove? Quando?
6. Hai mai recitato un ruolo in una rappresentazione teatrale (*play*)? Se sì, che personaggio hai interpretato?
7. Ti piace il balletto? Perché?
8. Ti piace cantare? Hai mai fatto parte di un coro?

5 **A teatro** A coppie, mettete le seguenti frasi nell'ordine corretto per creare una descrizione logica di una serata a teatro.

1. _____ La rappresentazione finisce.
2. _____ Dopo i primi due atti c'è l'intervallo.
3. _____ Molte persone arrivano a teatro.
4. _____ Il terzo atto inizia dopo venti minuti.
5. _____ Il pubblico si siede.
6. _____ Gli spettatori applaudono.
7. _____ Durante l'intervallo, un pianista suona per il pubblico.
8. _____ L'opera comincia.

6 **Le arti** Lavorate a coppie. L'insegnante vi darà due fogli diversi, ciascuno con un'e-mail che presenta un problema relativo alle arti. A turno, riassumete il problema e chiedetevi consiglio.

7 **Un concerto rock** In gruppi di tre, immaginate di aver visto ieri sera il concerto rock dei tre ragazzi nella foto. Scrivete una descrizione dell'evento, includendo informazioni sui musicisti, sul loro aspetto (*appearance*) e sulle loro azioni. Esprimete le vostre impressioni sulla loro interpretazione.

MODELLO

S1: *Il concerto è stato il debutto di questo gruppo rock.*
S2: *Il pubblico era molto eccitato e i musicisti erano...*

Pronuncia e ortografia (S) Audio

🎧 Elision and the *d eufonica*

all'ultimo	dov'è	quest'anno	un'idea

In Italian, letters are sometimes dropped or left out in order to ease pronunciation. This is called *elision*.

l'albero	l'ho	d'Italia	un'amica

Elision occurs most commonly when a word that ends in a vowel precedes a word that begins with a vowel sound. The elided vowel is often replaced with an apostrophe.

le Alpi	le amiche	le università	le uova

Elision does not occur when the definite article **le** precedes a noun that begins with a vowel sound.

andar bene	farlo	dottor Bianchi	signor Rossi

Often the final **-e** of infinitives and masculine titles is dropped in Italian. When this occurs, the dropped vowel is not replaced by an apostrophe.

ad esempio	ad un amico	ed è	ed io

To make pronunciation clearer, the letter **d** is often added to the Italian words **a** and **e** (and sometimes **o**) when they precede a word beginning with a vowel, especially when that word begins with the same vowel. This added letter is called the **d eufonica**. Note that the **d eufonica** is never added to the verb **è**.

🔊 Pronunciare Ripeti le espressioni ad alta voce.

1. l'aria
2. ed oltre
3. buon'idea
4. com'è
5. le isole
6. aver fatto
7. portarla
8. l'hanno
9. c'è
10. ad Atene
11. dottor Perilli
12. dell'universo

🔊 Articolare Ripeti le frasi ad alta voce.

1. Il signor Ricci è dall'amico.
2. Penso di poter venire con voi domani.
3. Scriviamo un'altra volta ad un esperto.
4. C'è un'automobile blu a casa tua.
5. L'ho visto stasera con Marco ed Alberto.
6. Potrebbe andar bene o potrebbe andar male.

> Chi ben comincia è a metà dell'opera.[2]

🔊 Proverbi Ripeti i proverbi ad alta voce.

> Cambiano i suonatori ma la musica è sempre quella.[1]

[1] The melody's changed, but the song remains the same. (lit. *The musicians change, but the music is always the same.*)

[2] A good start is half the battle. (lit. *He who starts well is halfway through the job.*)

I sogni son desideri  Video: *Fotoromanzo*

PERSONAGGI

**Emily-
Colombina**

**Lorenzo-
Pantalone**

**Massimo
(Innamorato)**

**Riccardo-
Arlecchino**

**Viola
(Innamorata)**

VIOLA Chi è che applaude? È una rappresentazione teatrale? Sto interpretando una parte?
COLOMBINA Il pubblico ti aspetta.
VIOLA Emily? Emily, sei tu?
COLOMBINA Benvenuti, benvenuti. La rappresentazione di stasera è una commedia. Spero.

MASSIMO Ho scritto una poesia. Mia bella Viola.
L'amore è il dono più bello del mondo.
E io voglio farti questo dono.
Il dono più grande.
Il dono dell'amore.
Ah, grande dono d'amore, come ti amo!

COLOMBINA Vi ha annoiato il mio amico con la sua esibizione?
ARLECCHINO Dolce Colombina, ho una cosa per te.
COLOMBINA Un regalo? Per me? Vediamo che cos'è?
ARLECCHINO Un'orchestra!
COLOMBINA Quella è una scatola.
ARLECCHINO Sì, una scatola magica. Ascolta.

ARLECCHINO Lo sente il sassofono?
PANTALONE Lo sento. Lo sento. Oh, è meraviglioso. Devo avere quella scatola.
ARLECCHINO Le piacerebbe averla, vero? Ma è l'unica al mondo. Non posso dargliela gratis.
PANTALONE Ma io non ho soldi. Come posso pagarla?
ARLECCHINO Non ha soldi?

ARLECCHINO Mi prometta due cose. Primo. Non la userà mai per obbligare Viola a separarsi da Massimo.
PANTALONE Non potrei mai farlo. E qual è la seconda promessa?
ARLECCHINO Mi piace tanto quella camicia che indossava l'altro giorno.
PANTALONE Cerca di non sporcarla. (*Ascolta la scatola.*) Adoro il suono della fisarmonica. Ho un'idea.

PANTALONE Mi trovo davanti a un dilemma. Non riesco a decidere tra l'amore e i soldi.
MASSIMO Per Lei, vincono sempre i soldi.
PANTALONE ... La gente pagherebbe un sacco di soldi per sentire la musica che esce da questa scatola, e io diventerei l'uomo più ricco d'Italia. A quel punto Viola si renderebbe conto che mi ama.

A T T I V I T À

1 **Vero o falso?** Decidi se le seguenti affermazioni sono vere o false.

1. Il pubblico aspetta Emily.
2. Massimo ha scritto una poesia per Emily.
3. Arlecchino ha una scatola per Colombina.
4. La scatola di Arlecchino è magica.
5. Arlecchino è il padrone di Pantalone.

6. Pantalone vuole la scatola di Arlecchino.
7. Pantalone ha una camicia che piace ad Arlecchino.
8. Massimo ha un dilemma.
9. Colombina vuole la camicia di Pantalone.
10. La scatola suona in presenza del vero amore.

Practice more at **vhlcentral.com.**

Viola sogna i personaggi della commedia dell'arte.

COLOMBINA Hai detto che c'è un'orchestra dentro questa scatola? Violini? Flauti e clarinetti? Tamburi? C'è anche un cantante d'opera? Ti consiglio di inventare qualcosa di migliore se io sono l'oggetto dei tuoi desideri!

PANTALONE Che cosa stai facendo?
ARLECCHINO Ascolti, padrone. Ora c'è un pianista che suona un concerto.
PANTALONE Ma io non sento niente.
ARLECCHINO Shhh. Silenzio. Ascolti con tutte e due le orecchie.

MASSIMO Mi faccia vedere questa scatola. È vuota. Buffone!
PANTALONE Fermo! Ti prego!
ARLECCHINO Che cosa hai fatto?
MASSIMO La colpa di tutto questo è tua! Era solo un trucco. Ho detto la verità a un uomo anziano.

ARLECCHINO Non hai capito niente.
COLOMBINA Questa scatola non suona nessuna musica.
PANTALONE Ma no, no, no! Ridammi la mia camicia!
ARLECCHINO Ma sì che suona. Suona una musica meravigliosa in presenza del vero amore.
COLOMBINA Ma per chi suona?

Espressioni utili

At the theater

- **Sto interpretando una parte?**
  Am I playing a role?
- **teatrale**
  theatrical
- **esibizione**
  performance
- **tamburi**
  drums

Using infinitive constructions

- **Voglio farti questo dono.**
  I want to give you this gift.
- **Ti consiglio di inventare qualcosa di migliore.**
  I suggest you invent something better.
- **per obbligare Viola a separarsi da Massimo**
  to make Viola leave Massimo
- **Cerca di non sporcarla.**
  Try not to get it dirty.
- **Non riesco a decidere.**
  I can't manage to decide.

Additional vocabulary

- **Spero.**
  I hope.
- **Come ti amo!**
  How I love you!
- **Quella è una scatola.**
  That's a box.
- **Che cosa stai facendo?**
  What are you doing?
- **Mi trovo davanti a un dilemma.**
  I'm facing a dilemma.
- **Era solo un trucco.**
  It was just a trick.
- **Ridammi la mia camicia.**
  Give my shirt back to me.
- **Ma sì che suona.**
  But it does play.
- **padrone**
  master
- **vuoto/a**
  empty
- **la colpa**
  fault
- **buffone**
  fool

2 **Per parlare un po'** In gruppi di tre, scrivete una scena con dei personaggi della commedia dell'arte di circa 40 battute (*lines*). Includete anche una breve poesia. Preparatevi a recitare la vostra commedia di fronte alla classe.

3 **Approfondimento** Fai una ricerca su Internet e trova alcune informazioni sulle tre maschere (*recurring characters*) di questo episodio: Arlecchino, Colombina e Pantalone. Poi spiega quale maschera preferisci e perché. Presenta la tua risposta alla classe.

risorse

SAM
VM: pp. 37-38

vhlcentral.com

A T T I V I T À

CULTURA

Opera e affini°

Quali sono le forme di spettacolo tradizionali in Italia? Gli italiani hanno sempre amato divertirsi. Fin dal° Rinascimento, infatti, i nobili organizzavano spettacoli di musica e teatro nei loro palazzi. Nel Cinquecento° aprirono° i primi teatri pubblici e da allora° la gente comune ha cominciato a frequentarli, influenzando con i suoi gusti lo stile degli spettacoli. È così che nascono l'opera lirica e la commedia dell'arte.

La caratteristica principale della commedia dell'arte è che non c'era un copione° scritto: gli attori conoscevano i personaggi e i rapporti tra di loro, ma improvvisavano le battute°. Inoltre, ogni personaggio aveva un ruolo e un vestito riconoscibile. Era fisso° anche un repertorio di gag e acrobazie° che il pubblico si aspettava di vedere. Questo tipo di spettacolo, molto fisico e non raffinato°, ha avuto successo fino al Settecento, quando fu° poi sorpassato° dalla moda di un teatro più realistico come quello di Carlo Goldoni. Ancora oggi, però, alcune compagnie di «Teatro Vivo» e alcuni autori (il più famoso è Dario Fo, Premio Nobel) si ispirano alla commedia dell'arte e la portano in scena.

Se la commedia dell'arte attrae° il pubblico facendolo ridere°, l'opera lo attrae, invece, con il canto e una scenografia molto ricca. L'opera è amata e rappresentata anche oggi: gli spettacoli più famosi sono quelli dell'Arena romana di Verona. I grandi autori, però, restano quelli del passato, come Rossini, Bellini, Verdi e Puccini.

Così, anche se il cinema rimane il divertimento più popolare, gli italiani amano il teatro, l'opera e i concerti di musica classica e moderna. Molto tempo è passato dal Rinascimento, ma la voglia di uscire e divertirsi è sempre la stessa.

affini *similar things* **Fin dal** *Since the* **Cinquecento** *1500s* **aprirono** *they opened* **da allora** *since then* **copione** *script* **battute** *lines* **fisso** *set* **acrobazie** *acrobatics* **raffinato** *refined* **fu** *it was* **sorpassato** *surpassed* **attrae** *attracts* **facendolo ridere** *by making them laugh* **Prosa** *Play*

Quanto costa divertirsi

	OPERA	DANZA	CONCERTO DI MUSICA CLASSICA	CONCERTO DI MUSICA POP	PROSA°
Teatro di una piccola città	€16–€50	€25	€15–€30	€25–€45	€18–€25
Arena di Verona	€21–€198	n.a.	n.a.	n.a.	n.a.
Teatro lirico (La Fenice – Venezia)	€20–€100 (€10 solo per ascoltare)	€20–€100 (€10 solo per ascoltare)	€15–€50	n.a.	n.a.
Cinema	€7				

FONTI: teatrolafenice.it, vivaticket.it, veronaticket.com, arena.it, comune.rovigo.it

---

ATTIVITÀ

1 **Vero o falso?** Indica se l'affermazione è **vera** o **falsa**. Correggi le affermazioni false.

1. La commedia dell'arte è una forma di spettacolo tradizionale italiano.
2. I nobili nel Rinascimento organizzavano spettacoli pubblici.
3. I primi teatri pubblici furono (*were*) aperti nel Cinquecento.
4. La caratteristica principale dell'opera è l'improvvisazione.
5. Gli attori della commedia dell'arte non conoscevano i personaggi delle loro commedie.

6. Il teatro realistico nasce in Italia nel Settecento.
7. Dario Fo è un grande autore di commedie del Settecento.
8. In un'opera, tradizionalmente, la scenografia è ricca.
9. I più grandi autori di opere sono contemporanei.
10. Il cinema è più popolare dell'opera nell'Italia di oggi.

Practice more at **vhlcentral.com.**

L'ITALIANO QUOTIDIANO

A teatro

l'abbonamento	subscription
la balconata	theater balcony
il biglietto intero	full-price ticket
il biglietto ridotto	discounted ticket
la galleria	gallery
il loggione	theater gallery
il palco	box; stage
la platea	stall; audience
il settore	block of seats; section
la tribuna	stand

USI E COSTUMI

Dove andiamo stasera?

Il modo più facile per ascoltare musica in Italia è andare in un **bar** o in una **birreria**°: basta pagare un piccolo extra all'entrata per ascoltare un cantante o un gruppo musicale locale.

Per un vero concerto, invece, ci sono i **teatri**, i **palazzetti**° o anche **strutture storiche** adattate° per la musica—ascoltare il rock in una villa del '500 è una vera esperienza! Per le rockstars internazionali ci sono gli **stadi**, ma non sempre questa soluzione è praticabile°: ad esempio, nel 1987, Madonna ha annullato° un concerto perché la squadra di calcio proprietaria° non voleva il campo di gioco rovinato° dal pubblico!

Anche i **festival** sono popolari, come quello di Sanremo, di sola musica italiana, l'Umbria Jazz di Perugia e il Festival dei Due Mondi di Spoleto.

birreria pub **palazzetti** indoor stadiums **adattate** adapted **praticabile** practicable **annullato** cancelled **proprietaria** owner **rovinato** ruined

RITRATTO

Io canto... Laura Pausini

Laura Pausini nasce nel 1974. Suo padre è un cantante di pianobar e lei lo accompagna fin da quando ha otto anni. Nel 1991 è concorrente° al Festival di Castrocaro, una manifestazione° per cantanti emergenti°, dove è selezionata per partecipare al Festival di Sanremo, il più famoso evento della canzone italiana. Laura vince il Festival nel 1993, nella sezione «Nuove Proposte°».

Da quel momento la sua carriera decolla. Oggi è la più famosa cantante italiana nel mondo: canta in diverse lingue, partecipa alla serie di concerti Pavarotti & Friends e collabora con Phil Collins, Madonna e molti artisti italiani. Nel 2006 vince anche il Grammy Award per il miglior pop latino—è la prima donna italiana a ricevere questo premio.

Per il suo successo e per il suo impegno° verso i bambini che ha adottato in Brasile, il Presidente della Repubblica l'ha nominata Commendatore, un'onorificenza° molto importante.

concorrente contestant **manifestazione** event **emergenti** emerging **Proposte** Proposals **impegno** care **onorificenza** honor

SU INTERNET

Quali sono i più importanti festival musicali in Italia?

Go to **vhlcentral.com** to find more information related to this **CULTURA**.

---

2 Completare Completa le frasi.

1. Laura Pausini ha cominciato a cantare con _____ quando aveva otto anni.
2. Laura Pausini ha vinto un _____ per il miglior pop latino.
3. Anche _____ e Madonna hanno collaborato con Laura Pausini.
4. A Sanremo si organizza il _____ della musica italiana.
5. Nel 1987, Madonna ha dovuto annullare un concerto in uno _____.
6. Il Festival dei Due Mondi ha sede nella città di _____.

3 A voi A coppie, discutete le seguenti domande.

1. Per una serata con gli amici preferisci il cinema, il teatro o un concerto? Perché?
2. Quali sono i più importanti eventi musicali e teatrali nella tua regione?
3. Sei mai andato/a a teatro per vedere una commedia, un concerto di musica classica o un'opera? E a un concerto di musica moderna? Ti sei divertito/a?

risorse

S

vhlcentral.com

ATTIVITÀ

STRUTTURE

10A.1 Infinitive constructions

Punto di partenza Infinitive constructions consisting of a conjugated verb and an infinitive are common in Italian.

- In two-verb constructions, some conjugated verbs are followed immediately by the infinitive. You have already used several of these verbs with infinitives.

Verbs followed directly by infinitives

amare	to love	piacere	to please
desiderare	to wish; to desire	potere	to be able to
dovere	to have to	preferire	to prefer
fare	to make; to do	sapere	to know how to
lasciare	to allow, to let	volere	to want

Sai suonare il violino?
Do you know how to play the violin?

Non gli **piaceva andare** all'opera.
He didn't like going to the opera.

- In sentences in which one subject compels or allows another to do something, use **fare** + [*infinitive*] or **lasciare** + [*infinitive*], respectively. If an object follows the infinitive, then the person being compelled or allowed to act is expressed as an indirect object.

Mia madre **mi faceva suonare** la fisarmonica.
*My mother **used to make me play** the accordion.*

Il regista **le ha lasciato vedere** il copione.
*The director **let her see** the script.*

- Most two-verb constructions require a preposition between the conjugated verb and the infinitive. You must memorize which preposition is used with each verb. Use the preposition **a** after the following verbs when they precede an infinitive.

Verbs followed by *a* before infinitives

aiutare	to help	obbligare	to force, to compel
andare	to go	pensare	to think (about)
cominciare	to begin	preparare	to prepare
continuare	to continue	provare	to try
divertirsi	to have fun	riuscire	to succeed
imparare	to learn	servire	to be good for/ useful for
insegnare	to teach		
invitare	to invite	venire	to come
mettersi	to start		

Si è messa a ballare nel primo atto.
She started dancing during the first act.

Dai, Massimo, **prova a cantare** con loro!
Go on, Massimo, try to sing with them!

PRATICA

1 Scegliere Scegli la preposizione corretta per completare ogni frase. Attenzione! In alcuni casi la preposizione non è necessaria.

1. Ho imparato _____ suonare il violino l'anno scorso.
2. Preferiscono _____ andare ai concerti rock.
3. Luigi sogna _____ diventare un drammaturgo famoso.
4. Ti consiglio _____ chiedere aiuto a un attore professionista.
5. Sapete _____ recitare?
6. Vi invito tutti _____ venire a vedere lo spettacolo sabato sera.
7. Ti promettiamo _____ presentarti il cantante alla fine del concerto.
8. Puoi _____ usare il cellulare durante l'intervallo.

2 Trasformare Trasforma gli indizi dati per scrivere frasi complete.

MODELLO lo spettatore / pensare / uscire presto
Lo spettatore pensa di uscire presto.

1. gli studenti / divertirsi / girare / un film
2. io / vi / consigliare / ascoltare / l'assolo
3. Anna / sognare / diventare / una stella del cinema
4. l'orchestra / cominciare / suonare / alle 20.00
5. il compositore / dubitare / comporre / un'opera nuova / quest'anno
6. il coro / imparare / interpretare / le canzoni
7. il regista / provare / mettere in scena / una rappresentazione dal vivo
8. Letizia / sperare / essere in tour / l'anno prossimo

3 Creare Usa le parole di ogni colonna per creare frasi complete. Aggiungi dettagli per farle più interessanti.

MODELLO *Io comincio a recitare il ruolo con passione.*

A	B	C
voi	aiutare	andare
tu	amare	applaudire
noi tutti	cominciare	comprare
Elisa	mettersi	mettere in scena
tu e Vittoria	preferire	organizzare
io	promettere	recitare
i gruppi rock	ricordarsi	uscire
la gente	venire	vedere

Practice more at **vhlcentral.com**.

COMUNICAZIONE

4 Un concerto A coppie, descrivete un concerto che non è andato come organizzato. Scrivete un riassunto di cosa è successo secondo voi. Usate gli indizi dati e la vostra immaginazione.

MODELLO

S1: Il pubblico non ha smesso di parlare quando è iniziato il concerto.

S2: Il cantante ha dimenticato di presentare gli altri musicisti...

> Il batterista ha provato a...
> Il chitarrista ha iniziato a...
> Il pubblico ha finito di...
> Il pianista ha cercato di...
> Il cantante ha dimenticato di...
> Il pubblico non ha smesso di...

5 Prima e dopo A coppie, immaginate di mettere in scena uno spettacolo. A turno, usate gli indizi dati per fare domande sulle persone coinvolte (*involved*). Usate le costruzioni con l'infinito nelle vostre risposte.

MODELLO drammaturgo / aiutare

S1: Cosa fa il drammaturgo?

S2: Il drammaturgo aiuta a definire il ruolo di un personaggio.

1. la ballerina / preferire
2. il pianista / iniziare
3. il personaggio / dimenticarsi
4. il pubblico / rendersi conto
5. i chitarristi / essere stanchi
6. i sassofonisti / sperare

6 Progetti A coppie, usate i verbi della lista per parlare dei vostri progetti futuri. A turno, fate domande e rispondete.

MODELLO

S1: Cosa comincerai a fare tra cinque anni?

S2: Comincerò a frequentare più concerti. E tu?

aiutare	dimenticarsi	preparare
cercare	finire	promettere
cominciare	imparare	provare
continuare	pensare	smettere

- Many verbs require the preposition **di** before an infinitive.

Verbs followed by *di* before infinitives

cercare	*to try*	lamentarsi	*to complain*
chiedere	*to ask*	pensare	*to plan*
consigliare	*to advise*	permettere	*to permit*
credere	*to believe*	promettere	*to promise*
decidere	*to decide*	rendersi conto	*to realize*
dimenticare/ dimenticarsi	*to forget*	ricordare/ ricordarsi	*to remember*
dire	*to say, to tell*	smettere	*to stop, to quit*
domandare	*to ask*	sognare	*to dream*
dubitare	*to doubt*	sperare	*to hope*
fingere	*to pretend*	suggerire (-isc-)	*to suggest*
finire	*to finish*	temere	*to fear*

Zeno **sperava di formare** un gruppo rock.
*Zeno **was hoping to form** a rock group.*

Signore, può **smettere di parlare**?
Cerco di ascoltare l'assolo!
*Sir, could you **stop talking**? I'm **trying to hear** the solo!*

- You have already learned many expressions that follow the pattern **avere** + [*noun*] + **di** + [*infinitive*].

Elena **ha paura di ballare** davanti al pubblico.
*Elena **is afraid to dance** in front of an audience.*

Non **avevi intenzione di perdere** il Festival di Sanremo.
***You didn't intend to miss** the Sanremo Festival.*

- The construction **essere** + [*adjective*] + **di** + [*infinitive*] is also common.

È stanco di essere in tour Tiziano?
***Is** Tiziano **tired of being** on tour?*

Sarà felice di arrivare alla fine.
***He'll be happy to get** to the end.*

Provalo! Scegli la preposizione corretta per completare ogni frase. Scegli il trattino (*dash*) se la preposizione non è necessaria.

1. Nino prova (a)/ di) finire il libro prima di cena.
2. Giorgia e Amelia sperano (a / di) vincere il primo premio.
3. Non mi piace (- / a) lavorare dopo cena.
4. I miei genitori devono (di / -) uscire di casa alle sette di mattina.
5. Io dubito (- / di) arrivare in tempo.
6. Tu e Dario vi dimenticate sempre (a / di) telefonare quando arrivate.
7. Noi non vogliamo (- / a) andare in quel ristorante di nuovo.
8. Ti diverti (- / a) disegnare.
9. Finalmente oggi finiamo (a / di) scrivere la proposta per il progetto.
10. Io amo (di / -) cucinare.

STRUTTURE

10A.2 Non-standard noun forms

Punto di partenza As you learned in **Lezione 1A**, nouns that end in **-o** are usually masculine and those that end in **-a** are usually feminine. However, there are a few groups of words that do not follow this rule.

- Many Italian nouns of Greek origin end in **-ma**. These nouns are masculine, and therefore must be used with masculine article and adjective forms.

Nomi maschili in -ma

aroma	aroma; flavoring	problema	problem
clima	climate	programma	program; plan
dilemma	dilemma	schema	scheme, diagram
diploma	diploma, degree	sistema	system
dramma	drama; play	tema	theme; essay
panorama	panorama, landscape	teorema	theorem
poema	poem	trauma	trauma

Guardate quel bel **panorama**!
*Look at that beautiful **landscape**!*

Chi ha scritto questo **poema**?
*Who wrote this **poem**?*

- Form the plural of these nouns with **-mi**.

Ho visto molti **drammi** l'anno scorso.
*I saw a lot of **plays** last year.*

Questo balletto ha dei **problemi**.
*This ballet has some **problems**.*

- As you have seen, adjectives ending in **-ista** have only one singular form, yet they have different masculine and feminine plural endings: **-isti** and **-iste**.

> **ATTREZZI**
> You learned how to use adjectives ending in **-ista** in **Lezione 3B**.

- The same pattern applies to nouns ending in **-ista**, such as **batterista**, **dentista**, **giornalista**, **musicista**, and **violinista**. These nouns are invariable in the singular form, but any adjectives and articles agree with the gender of the person referenced. Remember that two endings are possible in the plural.

Serena è una **chitarrista** bravissima.
*Serena is a very good **guitarist**.*

Quel **musicista** sarà famoso.
*That **musician** is going to be famous.*

Sergio Leone e Federico Fellini sono due **registi** italiani.
*Sergio Leone and Federico Fellini are two Italian **directors**.*

Lena Wertmüller e Sofia Coppola sono brave **registe**.
*Lena Wertmüller and Sofia Coppola are talented **directors**.*

---

1 Mettere etichette Usa le parole dalla presentazione per etichettare ogni foto. Includi l'articolo determinativo.

1. _____ 2. _____ 3. _____

4. _____ 5. _____ 6. _____

2 Completare Completa ogni frase con una parola della lista. Includi l'articolo determinativo se è necessario.

clima	mano	orecchio	poema
dramma	muro	pianista	problema

1. _____ è molto bravo; suona veramente bene.
2. Noi abbiamo molti _____ complicati.
3. _____ del teatro sono così spesse (*thick*) che il suono non passa affatto.
4. _____ è caldo in Italia in questo periodo dell'anno.
5. _____ che sono messi in scena in questo teatro sono piuttosto (*rather*) buoni.
6. Il poeta siciliano ha scritto _____. È molto bello!
7. Gli spettatori avevano _____ ben aperte mentre il pianista suonava.
8. _____ del chitarrista si muovevano velocemente.

3 Rispondere Rispondi a ogni domanda con una frase completa usando una parola dal vocabolario della lezione.

1. Con che cosa si fa il letto?
2. Quale cibo viene dalle galline (*hens*)?
3. Come si chiama la persona che suona la chitarra?
4. Cosa hanno i fiori che profumano (*smell good*)?
5. Che cosa ricevono gli studenti quando finiscono i loro studi?
6. Che cosa risolvi quando studi matematica?

Practice more at **vhlcentral.com**.

COMUNICAZIONE

4 Domande personali A coppie, fatevi a turno le seguenti domande. Alla fine paragonate le vostre risposte con quelle di un'altra coppia.

MODELLO

S1: Quanti poemi hai scritto?
S2: Non ho mai scritto un poema.

1. Quanti diplomi hai?
2. Qual è il tuo clima preferito?
3. Hai mai visto un dramma a teatro?
4. Quante miglia cammini ogni settimana?
5. Mangi spesso le uova? Quante?
6. Hai un aroma preferito?
7. Hai un regista preferito?
8. Scrivi molti temi per le tue classi?

5 Un dialogo A coppie, create una conversazione usando le parole della lista. Siate creativi e siate pronti a interpretarla davanti alla classe.

MODELLO

S1: Professore, ho due problemi.
S2: Dimmi. Qual è il tuo dilemma?

dilemma	schema
diploma	sistema
problema	tema
programma	teorema

6 Un mostro Lavorate in gruppi di quattro. A turno, ciascuno/a descriverà un mostro (*monster*) usando le parole della presentazione. Le altre persone del gruppo disegnano il mostro descritto. Quando tutti avrete descritto il proprio mostro, votate il disegno migliore.

MODELLO **S1:** Il mostro ha tre paia di occhi! Ha…

- Another type of irregular noun is masculine in the singular but feminine in the plural. Many of these nouns refer to body parts. Note that the feminine plural forms end in **-a**, with the exception of **orecchie**.

ATTREZZI
You learned many of these words relating to body parts in **Lezione 6A**.

Nouns whose gender changes in the plural

singular	plural		singular	plural	
il braccio	le braccia	*arms*	il lenzuolo	le lenzuola	*sheets*
il ciglio	le ciglia	*eyelashes*	il miglio	le miglia	*miles*
il dito	le dita	*fingers*	il muro	le mura	*walls*
il ginocchio	le ginocchia	*knees*	il paio	le paia	*pairs*
il labbro	le labbra	*lips*	l'uovo	le uova	*eggs*
l'orecchio	le orecchie	*ears*			
il sopracciglio	le sopracciglia	*eyebrows*			

- Use masculine adjectives with the singular forms and feminine adjectives with the plurals. Remember, even if the plural form ends in **-a**, you must use plural articles and adjectives with it.

Quel ballerino ha **le braccia lunghissime**.
*That dancer has **very long arms**.*

Che disastro! Il chitarrista si è rotto **il dito**.
*What a disaster! The guitarist broke his **finger**.*

- The noun **mano** (*hand*) is irregular because it is feminine, but does not have regular feminine endings. The singular form is **la mano** and the plural is **le mani**.

Scusi, signore, mi potrebbe dare **una mano**?
*Excuse me, sir, could you give me **a hand**?*

Anna ha **le mani piccole**, ma suona molto bene il pianoforte.
*Anna has **small hands**, but she plays piano really well.*

Provalo!   Dai le forme mancanti del nome e dell'articolo determinativo.

	singolare	plurale		singolare	plurale
1.	*il braccio*	le braccia	8.	il paio	_____
2.	il regista	_____	9.	_____	le mura
3.	_____	i problemi	10.	_____	i temi
4.	_____	le mani	11.	il dito	_____
5.	l'uovo	_____	12.	l'aroma	_____
6.	_____	le ginocchia	13.	la musicista	_____
7.	_____	i drammi	14.	_____	le miglia

SINTESI
Ricapitolazione

1 **Frasi** Su dei pezzi di carta scrivi una fine appropriata per ogni combinazione di verbi. Poi, in gruppi di quattro, mescolateli tutti. Prendete a turno un pezzo di carta e inventate la frase più divertente possibile.

> **MODELLO** ...comincia a ballare con il presidente degli Stati Uniti
>
> *Hmmm. Homer Simpson comincia a ballare con il presidente degli Stati Uniti.*

1. preferire suonare
2. cominciare a ballare
3. decidere di sposarsi
4. permettere di andare via
5. provare a nuotare
6. divertirsi a leggere
7. aiutare a vincere
8. volere sapere

2 **Intervista a una persona famosa** A coppie, create una conversazione tra un presentatore e un(a) musicista famoso/a, o un attore o attrice. Usate il vocabolario della lezione e le costruzioni con l'infinito.

> **MODELLO**
>
> **S1:** *Allora, mi dica, quando ha iniziato a recitare?*
> **S2:** *Se ricordo bene ho iniziato a recitare quando avevo cinque anni, in uno spettacolo a scuola...*

3 **Paure** In gruppi di quattro, guardate i disegni e dite se avete paura o no delle attività mostrate. Conoscete qualcuno che ha paura di queste attività? Fate una lista delle vostre risposte, poi discutetele con la classe. Alla fine decidete quali sono le tre attività che fanno più paura.

> **MODELLO**
>
> **S1:** *Hai paura di cantare in pubblico?*
> **S2:** *No, io non ho paura di cantare in pubblico, ma mia cugina sì, perché è molto timida.*

1.

2.

3.

4.

5.

6.

4 **Concentrazione** A coppie, scegliete 12 nomi presentati in **Strutture 10A.2**. Create due set di carte, uno con la forma singolare dei nomi e l'altro con la forma plurale. Poi mescolateli e a turno scopritene due alla volta. Chi trova due carte con lo stesso nome deve dare l'articolo determinativo giusto per entrambe le forme.

> **MODELLO**
>
> **S1:** *trauma e traumi; il trauma e i traumi*

5 **Una storia** A coppie, create una lista di dieci nomi presentati in **Strutture 10A.2**. Scambiate la vostra lista con quella di un'altra coppia di studenti. Usate tutte le parole che ricevete per scrivere una breve storia o un cartone animato. Siate creativi e includete un misto di forme singolari e plurali.

> **MODELLO**
>
> *La casa era sette miglia fuori città. C'erano un paio di persone nel giardino...*

6 **Indovinare** Dividetevi in gruppi di quattro. A turno, scegliete un nome presentato in **Strutture 10A.2** e descrivetelo al gruppo—senza nominare la parola. Gli altri studenti provano a indovinarla. Chi trova la parola giusta sceglie la prossima.

> **MODELLO**
>
> **S1:** *Usi questa cosa quando suoni il piano o la chitarra.*
> **S2:** *Le dita?*
> **S1:** *No, la offri quando conosci qualcuno e dici «piacere»!*
> **S2:** *La mano!*

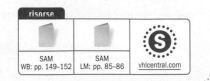

risorse

SAM
WB: pp. 149-152

SAM
LM: pp. 85-86

vhlcentral.com

A piedi nudi sul palco

Un cortometraggio di Andrea Rovetta

Lo Zapping

S Video: Short Film

In **A piedi nudi sul palco** di Andrea Rovetta (2007) la protagonista è un'aspirante attrice che sa parlare inglese, francese, spagnolo, sa fare i versi degli animali, sa ballare... e molto di più! Insomma, un'artista molto versatile e indubbiamente fuori dal comune affronta un regista altrettanto (*equally*) esigente in un provino memorabile. Otterrà il ruolo?

Espressioni utili

- **Mi fa sentire qualcosa?**
  Can I hear something?
- **fare i versi degli animali**
  to make animal noises
- **Vado con la ...?**
  Shall I go with . . . ?
- **Come se la cava?**
  How do you manage?
- **la corda**
  rope
- **l'asino**
  donkey
- **il grillo**
  cricket
- **il/la ventriloquo/a**
  ventriloquist
- **la verticale**
  handstand
- **il palco**
  stage

Per parlare del film

- **fuori dal comune**
  uncommon
- **l'assistente di scena**
  assistant director
- **fare un provino**
  to (go for an) audition
- **il tecnico delle luci**
  lighting technician
- **la battuta**
  line (in a script)
- **il/la contorsionista**
  contortionist
- **muggire (-isc-)**
  to moo
- **nitrire (-isc-)**
  to neigh
- **ragliare**
  to bray
- **frinire (-isc-)**
  to chirp (cricket)
- **cinguettare**
  to chirp (bird)

Preparazione

1 **Chi fa cosa?** Abbina le parole a sinistra alle attività elencate a destra.

1. ____ L'assistente di scena
2. ____ Il regista
3. ____ Il tecnico delle luci
4. ____ La mucca
5. ____ Il grillo
6. ____ Il cavallo
7. ____ L'asino
8. ____ Il ventriloquo

a. nitrisce.
b. raglia.
c. muggisce.
d. parla senza aprire la bocca.
e. frinisce.
f. si occupa delle luci del palco.
g. decide chi supera il provino.
h. aiuta il regista.

2 **Un provino** Immagina di essere un attore/un'attrice: devi affrontare un provino per ottenere il ruolo da protagonista. Che cosa pensi che ti chiederanno di fare? Metti le attività in ordine di probabilità (1: più probabile–10: meno probabile). Poi confronta le tue scelte con quelle di un(a) compagno/a e difendi la tua opinione.

MODELLO

S1: *Mi chiederanno di recitare in francese.*
S2: *Non sono d'accordo, perché...*
S1: *Ma io sarò Cyrano, quindi...*

____ Ballare il tango
____ Cantare
____ Fare la verticale
____ Fare il verso del grillo
____ Fare il/la ventriloquo/a

____ Muovere le orecchie
____ Nitrire
____ Recitare in francese
____ Suonare il piano
____ Volare

SINTESI

Scene: A piedi nudi sul palco

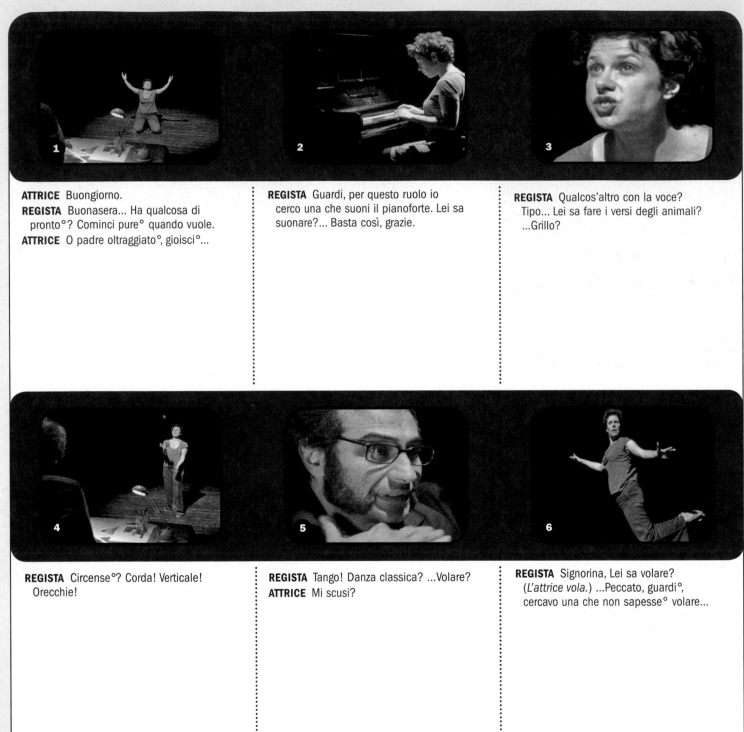

ATTRICE Buongiorno.
REGISTA Buonasera... Ha qualcosa di pronto°? Cominci pure° quando vuole.
ATTRICE O padre oltraggiato°, gioisci°...

REGISTA Guardi, per questo ruolo io cerco una che suoni il pianoforte. Lei sa suonare?... Basta così, grazie.

REGISTA Qualcos'altro con la voce? Tipo... Lei sa fare i versi degli animali? ...Grillo?

REGISTA Circense°? Corda! Verticale! Orecchie!

REGISTA Tango! Danza classica? ...Volare?
ATTRICE Mi scusi?

REGISTA Signorina, Lei sa volare? (*L'attrice vola.*) ...Peccato, guardi°, cercavo una che non sapesse° volare...

qualcosa di pronto *something ready* **Cominci pure** *Go ahead and start* **oltraggiato** *offended*
gioisci *rejoice* **Circense** *Circus performer* **Peccato, guardi** *What a shame, you see*
che non sapesse *who doesn't know how*

Analisi

3 In ordine Ricostruisci la storia mettendo in ordine il dialogo. Ti ricordi la battuta finale? A coppie, paragonate le vostre risposte.

1. _____ —Buongiorno!
2. _____ —Maestro, vado con la quattro?
3. _____ —Numero 43.
4. _____ —Guardi, la mia protagonista è una che conosce le lingue... Lei sa l'inglese?
5. _____ —Lei sa fare la ventriloqua?
6. _____ —La cinque!
7. _____ —Mi scusi?
8. _____ —Buonasera. Caffè. Faccia due passi a destra... Cominci pure quando vuole.
9. _____ —Mi scusi.
10. _____ —Volare?
11. _____ —O padre oltraggiato gioisci!
12. _____ —Peccato, guardi, cercavo una che non sapesse volare... _____

4 A ciascuno la sua battuta In gruppi di quattro, attribuite ogni battuta dall'attività 3 al personaggio appropriato. Vi ricordate altre battute? Ricostruite il copione (*script*), distribuite i ruoli e presentatelo alla classe.

MODELLO Buongiorno!

S1: *Battuta uno. La dice l'attrice.*

5 Emozioni e sentimenti A coppie, osservate le immagini, poi descrivete e discutete i sentimenti e le emozioni che i personaggi esprimono: ci possono aiutare a capire la storia.

MODELLO

S1: *Secondo me, l'attrice ha paura del regista.*
S2: *No, per me l'attrice non ha paura. È molto sicura di sé.*

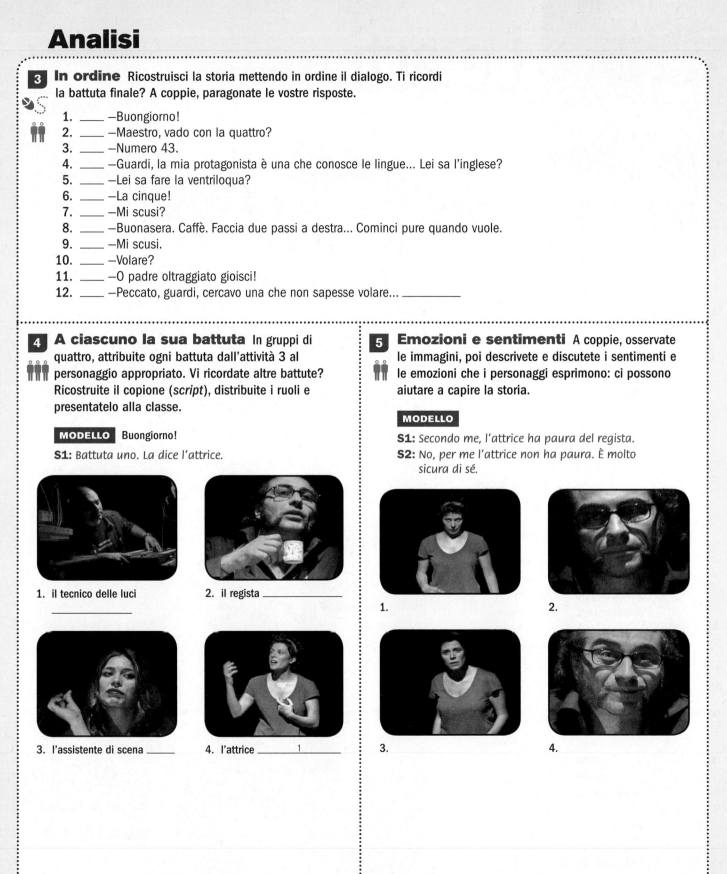

1. il tecnico delle luci _____

2. il regista _____

3. l'assistente di scena _____

4. l'attrice _____ 1 _____

1.

2.

3.

4.

🔧 Practice more at **vhlcentral.com.**

Lezione 10B

Communicative Goals

You will learn how to:
- talk about movies and television
- describe movies and books

Le arti  Vocabulary Tools

Vocabolario

espressioni	*expressions*
girare	*to film, to shoot*
pubblicare	*to publish*
scolpire (-isc-)	*to carve, to sculpt*
visitare una galleria d'arte	*to go to an art gallery*
le belle arti	*fine arts*
il capolavoro	*masterpiece*
la collezione	*collection*
l'esposizione (*f.*)	*exhibit*
la mostra	*show; exhibition*
l'opera (d'arte)	*work (of art)*
i media	*the media*
il cinema	*cinema*
l'editoria	*publishing industry*
la radio	*radio*
la stampa	*press*
la televisione	*television*
i generi	*genres*
il cartone animato	*cartoon*
il cortometraggio	*short film*
il documentario	*documentary*
il dramma psicologico	*psychological drama*
la favola	*fairy tale*
il paesaggio	*landscape*
il racconto	*short story*
il racconto epico	*epic*
il ritratto	*portrait*
scrivere una recensione	*writing a review*
la trama	*plot*
artistico/a	*artistic*
commovente	*touching, moving*
contemporaneo/a	*contemporary*
dotato/a	*gifted; talented*
drammatico/a	*dramatic*
innovativo/a	*innovative*
inquietante	*disturbing*

il film di fantascienza

lo scultore (la scultrice *f.*)

la scultura

l'autrice/ la scrittrice

l'autore/ lo scrittore

il romanzo

Piero Grande, autore di
La piuma incantata

risorse

SAM
WB: pp. 153–154

SAM
LM: p. 87

vhlcentral.com

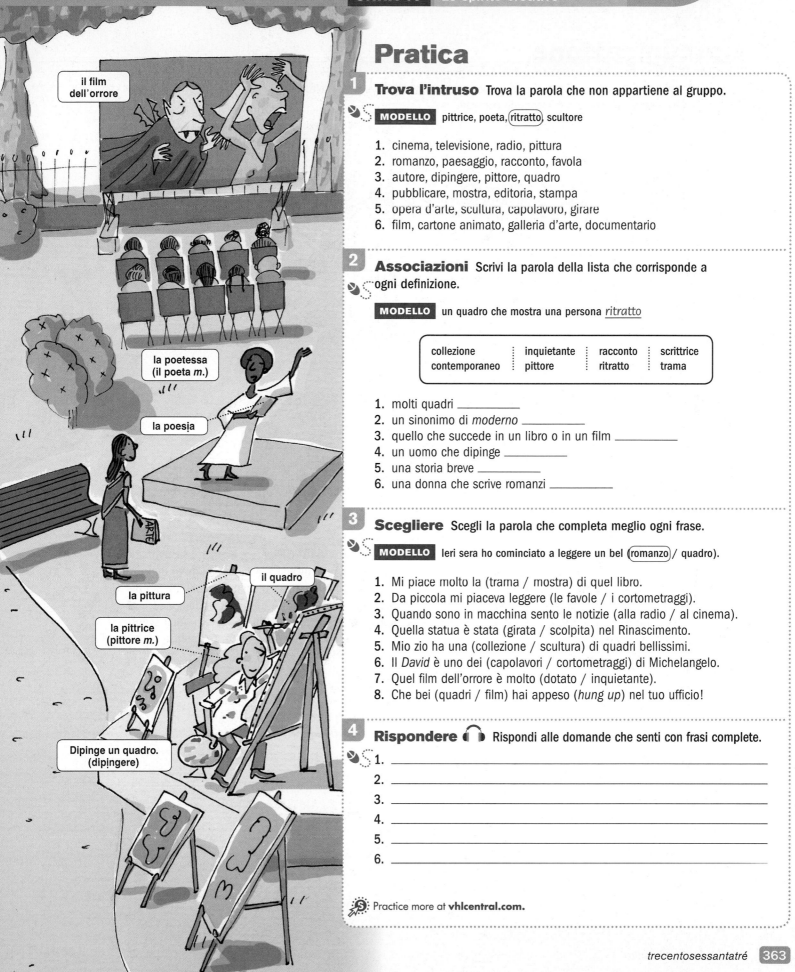

il film dell'orrore

la poetessa (il poeta *m.*)

la poesia

la pittura

il quadro

la pittrice (pittore *m.*)

Dipinge un quadro. (dipingere)

Pratica

1 Trova l'intruso Trova la parola che non appartiene al gruppo.

MODELLO pittrice, poeta, (ritratto), scultore

1. cinema, televisione, radio, pittura
2. romanzo, paesaggio, racconto, favola
3. autore, dipingere, pittore, quadro
4. pubblicare, mostra, editoria, stampa
5. opera d'arte, scultura, capolavoro, girare
6. film, cartone animato, galleria d'arte, documentario

2 Associazioni Scrivi la parola della lista che corrisponde a ogni definizione.

MODELLO un quadro che mostra una persona *ritratto*

| collezione | inquietante | racconto | scrittrice |
| contemporaneo | pittore | ritratto | trama |

1. molti quadri _____
2. un sinonimo di *moderno* _____
3. quello che succede in un libro o in un film _____
4. un uomo che dipinge _____
5. una storia breve _____
6. una donna che scrive romanzi _____

3 Scegliere Scegli la parola che completa meglio ogni frase.

MODELLO Ieri sera ho cominciato a leggere un bel ((romanzo) / quadro).

1. Mi piace molto la (trama / mostra) di quel libro.
2. Da piccola mi piaceva leggere (le favole / i cortometraggi).
3. Quando sono in macchina sento le notizie (alla radio / al cinema).
4. Quella statua è stata (girata / scolpita) nel Rinascimento.
5. Mio zio ha una (collezione / scultura) di quadri bellissimi.
6. Il *David* è uno dei (capolavori / cortometraggi) di Michelangelo.
7. Quel film dell'orrore è molto (dotato / inquietante).
8. Che bei (quadri / film) hai appeso (*hung up*) nel tuo ufficio!

4 Rispondere 🎧 Rispondi alle domande che senti con frasi complete.

1. _____
2. _____
3. _____
4. _____
5. _____
6. _____

Practice more at **vhlcentral.com**.

Comunicazione

5 **Il critico d'arte** A coppie, leggete la recensione del critico d'arte sul giornale. Poi completate le frasi seguenti con la parola corretta.

Milano Domenica scorsa ho visitato la mostra d'arte contemporanea al Castello Sforzesco. I quadri esposti (*on display*) erano di pittori e pittrici italiani e internazionali, mentre le sculture erano solo italiane. L'esposizione ha attratto molta gente. Il pubblico sembrava entusiasta delle opere esposte e di alcune ha apprezzato molto il carattere innovativo.

Non sono mancati tuttavia i commenti negativi di alcune persone. A mio parere (*In my opinion*), anche se tutte le opere esposte riflettono (*reflect*) il grande senso artistico di pittori e scultori, alcuni quadri e alcune sculture sono difficili da capire e a volte anche un po' inquietanti!

1. La mostra al Castello Sforzesco era di arte (commovente / contemporanea).
2. Le sculture esposte erano di artisti (internazionali / italiani).
3. Molte persone hanno visitato la (mostra / recensione).
4. La maggior parte delle persone ha apprezzato il carattere (innovativo / negativo) delle opere.
5. I pittori e gli scultori che hanno esibito le opere hanno un grande senso (drammatico / artistico).
6. Secondo il critico d'arte, alcune opere sono (epiche / inquietanti).

6 **Un film dell'orrore** In gruppi di quattro, discutete quali caratteristiche deve avere un film dell'orrore per avere successo. Poi scrivete un breve paragrafo (almeno otto frasi) spiegando le vostre ragioni. Potete parlare di come devono essere gli attori, la trama, i personaggi ecc.

MODELLO

S1: *Secondo me, gli attori sono importanti.*
S2: *Sono d'accordo! Gli attori devono essere...*

7 **Arti e attività** Lavorate a coppie. L'insegnante vi darà due fogli diversi, ciascuno con metà delle informazioni riguardo ad alcune possibili attività per questo fine settimana. A turno, fatevi domande per completare i vostri fogli. Poi decidete a quali eventi assisterete, basandovi sulle vostre preferenze e sul vostro budget.

MODELLO

S1: *Venerdì sera c'è un concerto di jazz in centro. Costa 12 euro. Cos'altro c'è venerdì?*
S2: *Venerdì c'è anche...*

Pronuncia e ortografia Audio

🎧 Punctuation

Penso di sì.   10.000 $1.000.250,90   23.15

In Italian, **il punto** (**.**) is used, as in English, at the end of a statement and indicates a lengthy pause. In addition, Italian style uses a period instead of a comma in numbers 1,000 and above. A period can also be used to indicate time on the 24-hour clock.

....

Alla fine, ...   **Sì, è quello.**   3,5   €20,27

La virgola (**,**) is used to indicate a shorter pause within a phrase and is used more often in Italian than in English. Commas are also used in the place of a decimal point to indicate fractions.

....

È bello, alto e simpatico.   **Ci vogliono farina, acqua e zucchero.**

In Italian, a comma is not used before the final item of a series.

....

«Certo», ha detto.   **Questo "fatto" è sbagliato.**   **È facile dire «Ciao»?**

In Italian, **le virgolette** may be **basse** (« ») or **alte** (" "). As in English, they are used to indicate direct quotations, to highlight a particular term, or to indicate the idiomatic use of a word. Place ending punctuation and commas outside quotation marks unless they are part of what is being quoted.

....

La ragazza ha chiesto: — È questo il posto?
— Sì, è questo, — ha risposto suo fratello.

Quotation marks can be replaced with **una lineetta** (**—**) in dialogues.

◑⃝ Punteggiatura Riscrivi le frasi con la punteggiatura giusta.

1. Gli studenti hanno chiesto Quali sono i compiti per domani
2. Sì spiega il ragazzo ci sono 25000 persone in lista
3. Metto in valigia un vestito delle scarpe e un libro
4. La camera diventa silenziosa
   Silvia dice Marco ci sei
   Sì Silvia eccomi

Chi ha arte per tutto ha parte.[2]

◑⃝ Articolare Ripeti le frasi con la loro punteggiatura ad alta voce.

1. «No», ha detto, «non li ho visti».
2. Ci vuole una virgola dopo la parola "bello".
3. Il film comincia alle 20.35.
4. —È troppo tardi. —No, arriveremo in tempo.
5. Questo romanzo costa €10,40.
6. Abbiamo già visto il programma «Now».

◑⃝ Proverbi Ripeti i proverbi ad alta voce.

Oggi a te, domani a me.[1]

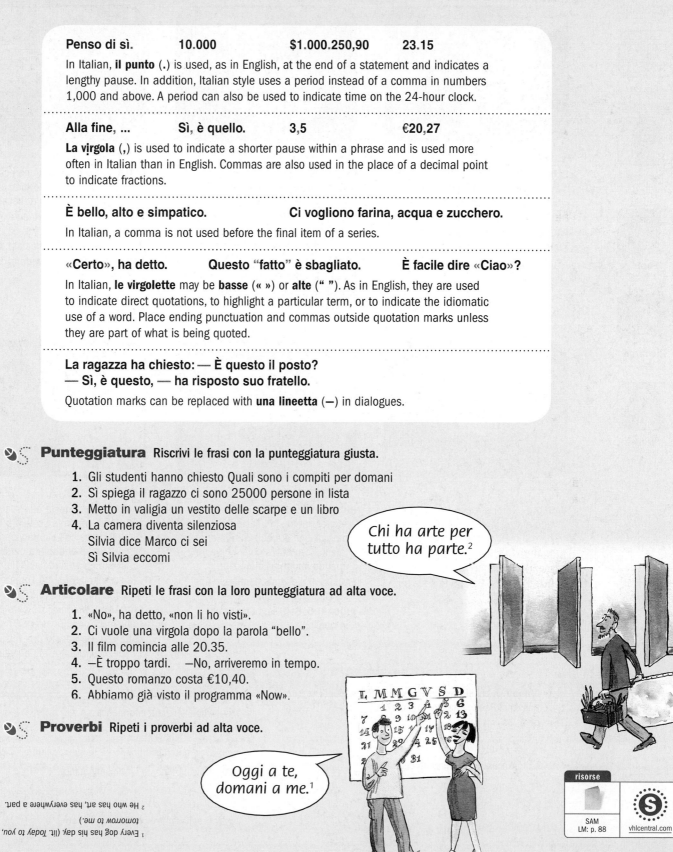

[1] Every dog has his day. (lit. Today to you, tomorrow to me.)
[2] He who has art, has everywhere a part.

FOTOROMANZO

Il mondo di Paolo  Video: *Fotoromanzo*

Emily

Lorenzo

Paolo

Riccardo

Viola

PAOLO Buongiorno a tutti. Grazie per aver accettato di aiutarmi a girare il filmino per l'esercitazione a scuola.
RICCARDO Figurati. È un piacere.
PAOLO Ho finito di scriverlo un'ora fa.
EMILY Scrivere è più difficile di quanto sembri.

RICCARDO Qual è la trama?
PAOLO Un poveraccio possiede una scatola vuota. Finge di sentire della musica quando la apre. Dopo che l'ha venduta, si accorge che suona per davvero. *(Tira fuori le maschere.)*
LORENZO Che succede? Tutto bene?
VIOLA Da dove vengono?
PAOLO Mi sono ricordato che erano sotto il tuo letto.

VIOLA Emily, devo dirti una cosa. Promettimi che non lo dirai a nessuno. Soprattutto a Riccardo.
EMILY Promesso. Nemmeno una parola.
VIOLA Lorenzo mi ha baciata.
EMILY Non ci posso credere! Ma, come è successo?

PAOLO Sei pronta per girare la scena? Vado a svegliare Riccardo mentre Lorenzo ti fa vedere dove devi stare.
RICCARDO Ah, Paolo. Quale scena giriamo per prima?
PAOLO La sesta. E dopo forse la terza.

RICCARDO È buona la tua sceneggiatura. Mi piace. È drammatica e inquietante. Hai del talento. Dovresti studiare cinema quando andrai all'università.
PAOLO Mi piacerebbe, ma alla fine studierò informatica.
RICCARDO Beh, sei bravo anche in quello.

PAOLO Bene. Questa è la scena in cui Riccardo vende la scatola a Lorenzo e si accorge che suona veramente. Emily, tu sei arrabbiata perché lui ha venduto la scatola. Viola, tu vuoi la scatola per te, ma Lorenzo ha intenzione di tenersela. E... azione!
RICCARDO *(Recitando)* Sento della musica. Com'è possibile?
LORENZO Ho pagato una miseria rispetto a quanto vale questa scatola.

1 Chi è? A chi si riferiscono queste affermazioni? Lorenzo, Massimo, Paolo, Riccardo o Viola?

1. Ha scritto un filmino.
2. Ha baciato Viola.
3. Ha incontrato Lorenzo in centro.
4. È uscito a cena con Viola.
5. È arrogante.
6. Paolo va a svegliarlo.
7. Vuole studiare informatica.
8. Compra la scatola.
9. Secondo Riccardo, non è un grande attore.
10. Dovrebbe girare un documentario.

A T T I V I T À

 Practice more at **vhlcentral.com**.

Paolo gira un filmino per la scuola.

VIOLA L'ho incontrato per caso in centro facendo delle commissioni. Abbiamo passato il pomeriggio insieme. È stato molto divertente. E poi, quando ci stavamo salutando, lui...

EMILY E Massimo?

VIOLA Non gli ho detto niente quando l'ho visto per cena.

EMILY La stessa sera?

EMILY Prima hai baciato Lorenzo, poi sei andata a cena con Massimo? Non si fanno queste cose, Viola!

VIOLA Lo so. Shhh.

EMILY Allora, chi ti piace, Lorenzo o Massimo... o tutti e due?

VIOLA Massimo è molto carino. E noioso. Lorenzo è bello e intelligente, ma è così arrogante. Non lo so. Che cosa faresti tu?

EMILY Lorenzo. Basta, per favore!

RICCARDO Non sei un granché come attore, Lorenzo.

LORENZO Senti chi parla!

PAOLO Taglia! Proviamo un'altra volta. Iniziamo dalla battuta di Emily.

EMILY Come hai potuto venderla, hmm? Ora non abbiamo più niente!

VIOLA Se mi aiutate a prendere quella scatola, io... mi prenderò cura di voi.

LORENZO Ha, ha, ha, non ci riuscirete mai!

PAOLO Taglia!

RICCARDO Forse faresti meglio a girare un documentario: «Pensione Paradiso».

Espressioni utili

Actions in progress

- **facendo delle commissioni**
  running errands
- **Ci stavamo salutando...**
  We were saying goodbye . . .

Ordinal numbers

- **la sesta**
  the sixth
- **la terza**
  the third

Additional vocabulary

- **Scrivere è più difficile di quanto sembri.**
  Writing is harder than it seems.
- **Lorenzo ha intenzione di tenersela.**
  Lorenzo wants to keep it for himself.
- **Non sei un granché come attore.**
  You are not such a great actor.
- **l'esercitazione a scuola**
  school project
- **filmino**
  short film
- **Taglia!**
  Cut!
- **poveraccio**
  poor man
- **possiede**
  owns
- **si accorge**
  he realizes
- **tutti e due**
  both of them
- **sceneggiatura**
  screenplay
- **miseria**
  fraction
- **battuta**
  line
- **per davvero**
  for real

---

2 **Per parlare un po'** A coppie, immaginate di essere registi famosi che vogliono girare un nuovo film. Scrivete un paragrafo di circa 300 parole che riassume la trama e menziona anche quali attori avete scelto.

3 **Approfondimento** Scegli un film italiano e fai una ricerca. Di che anno è? Chi sono gli attori principali? Qual è la trama? Perché hai scelto questo film? Preparati a rispondere a queste domande.

risorse

SAM
VM: pp. 39–40

vhlcentral.com

A T T I V I T À

La culla° dell'arte

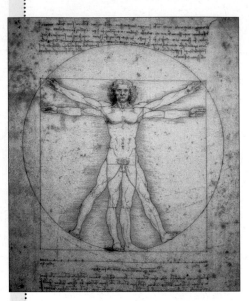

Qual è la prima cosa che viene in mente° quando si pensa all'Italia? Sicuramente l'arte. Gli antichi° romani, gli uomini del Medioevo° e gli artisti moderni hanno lasciato libri, dipinti° e sculture in Italia. Certamente, l'arte italiana più conosciuta nel mondo è quella del Rinascimento.

Il Rinascimento è un movimento culturale che si sviluppa° a Firenze tra il 1400 e il 1500. È ispirato all'Umanesimo, un corrente di pensiero° che apprezza soprattutto l'umanità° e tutte le sue espressioni. In questo clima la cultura, la razionalità e la creatività, cioè tutte le cose che rendono° gli uomini migliori, sono sostenute° e promosse°. L'uomo ideale nel Rinascimento è l'antico romano: equilibrato° e saggio°. Anche l'arte vuole imitare lo spirito antico; per questo le opere vogliono ispirare equilibrio e serenità. Questa idea è simboleggiata° dal famoso *Uomo vitruviano* di Leonardo da Vinci, dove le proporzioni del corpo umano sono progettate° con grande cura.

I più famosi artisti rinascimentali lavorano a Firenze perché la famiglia che governa° la città, i Medici, ama l'arte e finanzia° le opere d'arte per aumentare il suo prestigio. Nascono così i dipinti del Museo degli Uffizi e le opere di Leonardo e Michelangelo.

La tradizione artistica italiana non è comunque solo quella del Rinascimento: anche oggi ci sono artisti italiani conosciuti, come lo scultore Maurizio Cattelan, il poeta Mario Luzi e l'architetto Gae Aulenti—famosa sia per i restauri° di opere del passato, come Palazzo Grassi a Venezia, che° per la progettazione° di nuovi edifici, come il Museo d'Orsay a Parigi.

culla *cradle* **viene in mente** *comes to mind* **antichi** *ancient* **Medioevo** *Middle Ages* **dipinti** *paintings* **si sviluppa** *develops* **corrente di pensiero** *school of thought* **umanità** *mankind* **rendono** *make* **sostenute** *supported* **promosse** *promoted* **equilibrato** *well-balanced* **saggio** *wise* **simboleggiata** *symbolized* **progettate** *designed* **governa** *rules* **finanzia** *finances* **restauri** *restorations* **sia... che** *both . . . and* **progettazione** *designing*

A T T I V I T À

1 Vero o falso? Indica se l'affermazione è **vera** o **falsa**. Correggi le affermazioni false.

1. Il Rinascimento e l'Umanesimo sono la stessa cosa.

2. L'Umanesimo è un movimento culturale che dà grande importanza all'uomo e all'umanità.

3. La cultura del Rinascimento promuove tutte le cose che migliorano l'uomo.

4. L'uomo ideale del Rinascimento è l'antico romano, equilibrato e saggio.

5. L'*Uomo vitruviano* è un esempio del perfetto antico romano.

6. I Medici sono la famiglia che governa Firenze durante il Rinascimento.

7. I Medici finanziano i grandi artisti e le loro opere per aumentare il prestigio della loro famiglia.

8. Michelangelo ha progettato gli Uffizi.

9. Maurizio Cattelan è un famoso poeta.

10. Gae Aulenti ha progettato il Palazzo Grassi.

Practice more at **vhlcentral.com.**

L'ITALIANO QUOTIDIANO

È un'opera in stile...

barocco/a	*Baroque*
bizantino/a	*Byzantine*
(neo)classico/a	*(Neo)classical*
futurista	*Futurist*
gotico/a	*Gothic*
manierista	*Mannerist*
rinascimentale	*Renaissance (adj.)*
romanico/a	*Romanesque*
romantico/a	*Romantic*
verista	*belonging to the Verismo movement*

USI E COSTUMI

Musei e curiosità

L'Italia è ricca di opere d'arte e quasi ogni paese ha un museo. I **musei nazionali, archeologici** o **artistici**, sono di solito nelle grandi città d'arte. Esistono, però, anche **collezioni private**, case di personaggi importanti (come Leonardo da Vinci), **aree archeologiche** (come **Pompei**) e **musei tematici°** (della scienza, per esempio, o del folklore). Ci sono anche **collezioni strane**: musei dedicati al vino, al cioccolato e al prosciutto, musei dedicati ai giocattoli° o a Pinocchio e inquietanti musei di antropologia criminale o dei coltelli.

La maggior parte dei musei ha un giorno di chiusura settimanale° e degli orari di apertura° limitati: è sempre bene cercare informazioni prima di trovare solo una porta chiusa!

tematici *theme* **giocattoli** *toys* **chiusura settimanale** *weekly closing* **orari di apertura** *opening hours*

RITRATTO

L'inventore dell'italiano

Dante Alighieri nasce a Firenze nel 1265 sotto il segno dei Gemelli°. Fa una buona carriera politica, ma vive in un periodo difficile, ossia° durante la guerra civile che divide la città. La fazione nemica° prende il potere e condanna° Dante a morte. Fortunatamente in quell'epoca lui è a Roma e si salva, ma non può più tornare a casa. Da quel momento vive come ospite° di diverse famiglie potenti° del nord Italia, scrivendo la sua *Divina Commedia* e offrendo la sua esperienza politica a chi lo ospita. Muore di malaria nel 1321.

Sin da giovane Dante scrive poesie usando uno stile sperimentale, lo «Stilnovo», creato per essere musicale. Alla base della lingua di Dante ci sono il dialetto toscano, il latino e il siciliano. In esilio°, Dante aggiunge anche i dialetti delle città del nord Italia dove abita. Nasce così l'italiano, lingua dolce perché creata per la poesia, ma con una grammatica complicata, perché include elementi di lingue diverse.

Gemelli *Gemini* **ossia** *that is* **fazione nemica** *enemy faction* **condanna** *sentences* **ospite** *guest* **potenti** *powerful* **esilio** *exile*

SU INTERNET

Cerca i nome e gli orari di apertura di cinque musei italiani.

Go to **vhlcentral.com** to find more information related to this **CULTURA**.

---

2 Completare Completa le frasi.

1. Dante è nato a _____ nel 1265.
2. Una fazione nemica lo _____ a morte.
3. Dante muore nel 1321 a causa della _____.
4. Esistono in Italia musei dedicati al vino, al cioccolato e al _____.
5. Molti musei hanno un giorno di _____ settimanale.
6. Per i bambini ci sono musei dedicati ai _____ e a Pinocchio.

3 A voi A coppie, discutete le seguenti domande.

1. Ti piace visitare i musei? Preferisci quelli storici-artistici o quelli più strani?
2. Guarda la lista degli stili artistici in **L'italiano quotidiano**. Qual è il tuo stile preferito? Perché?
3. Preferisci l'arte antica, rinascimentale o moderna? Perché?

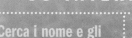

risorse

S

vhlcentral.com

ATTIVITÀ

10B.1 The gerund and progressive tenses

Punto di partenza You have already learned that the present tense in Italian can be used to describe what someone does or is doing. To emphasize that an action is in progress, use the present tense of **stare** and the **gerundio**.

- Form the **gerundio** by replacing the **-are** ending of an infinitive with **-ando**, and the **-ere** and **-ire** endings with **-endo**. This form is equivalent to the English ending *-ing*.

infinitive		gerundio	
girare	▶	girando	*filming*
dipingere		dipingendo	*painting*
scolpire		scolpendo	*sculpting*

- A few verbs that have an irregular stem in the **imperfetto**, such as **bere**, **dire**, **fare**, and **tradurre*** (*to translate*), use the same irregular stem to form the **gerundio**.

imperfetto		gerundio	
bevevo	▶	bevendo	*drinking*
dicevo		dicendo	*saying*
facevo		facendo	*doing*
traducevo		traducendo	*translating*

- Use the present tense of **stare** + [**gerundio**] to express an action that is in progress. This is called the **forma progressiva**.

Il pittore non è nel suo studio. **Sta lavorando** all'aperto.
*The painter isn't in his studio. **He's working** outdoors.*

I bambini non ti sentono. **Stanno ascoltando** la radio.
*The children don't hear you. **They're listening** to the radio.*

Non posso parlare; **sto mangiando**.
*I can't talk; **I'm eating**.*

Che cosa **stai scrivendo**? Una favola?
*What **are you writing**? A fairy tale?*

- Use the **imperfetto** of **stare** + [**gerundio**] to describe actions that were in progress in the past.

Il regista non c'era. **Stava girando** un'altra scena.
*The director wasn't there. **He was shooting** another scene.*

Non ti ho visto. **Stavo cercando** le mie chiavi.
*I didn't see you. **I was looking** for my keys.*

Giacometti **stava scolpendo** quando l'abbiamo conosciuto.
*Giacometti **was sculpting** when we met him.*

Mi dispiace, **stavo dormendo** durante il film.
*I'm sorry, **I was sleeping** during the movie.*

---

1 Completare Completa ogni frase con la forma progressiva presente del verbo indicato.

1. Loro _____ (visitare) la galleria d'arte.
2. La stampa _____ (pubblicare) tutti i dettagli della storia.
3. Io e Giulia _____ (leggere) una bella favola.
4. Quei registi _____ (girare) un nuovo film.
5. Le collezioni _____ (andare) in giro per il mondo.
6. Voi _____ (scolpire) un vero capolavoro!

2 Trasformare Adesso trasforma tutte le frasi dell'attività precedente al passato, usando l'imperfetto di **stare** e il gerundio.

MODELLO

Loro _____ (visitare) la galleria d'arte.
Loro stavano visitando la galleria d'arte.

1. _____
2. _____
3. _____
4. _____
5. _____
6. _____

3 Mettere etichette Per ogni foto scrivi cosa stanno facendo adesso queste persone o cosa stavano facendo ieri. Usa frasi complete.

1. Rosa e Bianca / suonare il violino / ieri
2. Giuseppe / dipingere il garage / adesso
3. Maria e Armando / mangiare al ristorante / adesso

4. gli assistenti / filmare un documentario / ieri
5. gli studenti / scriversi delle e-mail / adesso
6. Marco / guardare la partita / ieri

🔎 Practice more at **vhlcentral.com**.

COMUNICAZIONE

4 **Proprio adesso** A coppie, descrivete che cosa stanno facendo queste persone esattamente in questo momento. Usate la vostra fantasia e le forme progressive.

> **MODELLO** il cuoco
>
> *Il cuoco sta scaldando la pizza nel microonde.*

1. il pittore
2. l'autrice
3. gli scultori
4. la regista di un documentario
5. i bambini
6. i tuoi genitori
7. il presidente
8. tu e io

5 **Quando è andata via la luce** A coppie, preparate una lista di otto persone. Possono essere persone che conoscete o non conoscete. Poi immaginate cosa stavano facendo quando la luce è andata via (*when the power went off*) ieri sera alle 18.00. Scrivete frasi complete per descrivere le loro azioni.

> **MODELLO** mia madre
>
> *Mia madre stava cucinando e guardando la televisione.*

6 **Gli slogan** In gruppi di quattro, immaginate di lavorare in un ospedale. Dovete scrivere degli slogan sul tema della salute e del benessere per la sala d'attesa. Scrivete quanti più slogan possibili in cinque minuti, poi paragonate quello che avete scritto con il resto della classe.

Dormire è la migliore medicina!

Guardare la televisione non è un passatempo!

- Note that the use of the **forma progressiva** is more limited than that of its English equivalent. It is much more common to use the simple present or **imperfetto** to talk about ongoing actions in Italian. Use the **forma progressiva** to emphasize the fact that the action is in progress.

> **ATTREZZI**
> You learned to use the simple present to express ongoing actions in **Lezione 2A** and the imperfect to express ongoing actions in the past in **Lezione 6B**.

Il poeta **scrive** una poesia d'amore.	BUT Il poeta **sta scrivendo** una poesia d'amore.
*The poet **writes/is writing/ does write** a love poem.*	*The poet **is writing** (at this very moment) a love poem.*
La mamma **leggeva** il racconto al figlio.	BUT La mamma **stava leggendo** il racconto al figlio.
*The mother **was reading/used to read** the story to her son.*	*The mother **was reading** (at that very moment) the story to her son.*

- Object and reflexive pronouns either precede the conjugated form of **stare** or are attached to the end of the **gerundio**.

Perché la *Gioconda* **mi sta sorridendo/sta sorridendomi**?	Il quadro sarà bellissimo. **Lo sto finendo/Sto finendolo** adesso.
*Why **is** the Mona Lisa **smiling at me**?*	*The painting will be very beautiful. **I'm finishing it** now.*
Ti stavamo facendo/Stavamo facendoti un capolavoro.	Lo scultore **si stava preparando/ stava preparandosi** per la mostra.
*We **were making** a masterpiece **for you**.*	*The sculptor **was preparing himself** for the show.*

- In cases where an English word ending in *-ing* is used as the subject of a sentence, the infinitive, rather than the **gerundio**, is typically used in Italian.

Andare al cinema è il mio passatempo preferito.	**Pubblicare** un libro è quasi sempre difficile.
***Going** to the movies is my favorite hobby.*	***Publishing** a book is almost always difficult.*

Provalo! **Per ogni frase, scrivi il gerundio del verbo indicato.**

1. Il pittore sta *lavorando* (lavorare).
2. Tu stai _____ (scrivere) al professore.
3. I bambini stavano _____ (ascoltare) la radio.
4. Io e Tiziana stavamo _____ (correre) verso di te.
5. Gabriele sta _____ (stampare) tutti i documenti.
6. Ieri sera alle otto io stavo _____ (cenare).
7. Voi state _____ (cercare) l'ufficio del professor Antichi.
8. Quale film stavano _____ (guardare) i tuoi amici?

STRUTTURE

10B.2 Ordinal numbers and suffixes

Punto di partenza Ordinal numbers, such as *first*, *second*, etc., indicate the order or rank of things relative to others. Suffixes are endings that, added to a word, modify the meaning of the word.

- The Italian ordinal numbers equivalent to *first* through *tenth* do not follow a regular pattern and must be memorized.

Cardinal numbers			Ordinal numbers		
1 uno	*one*		1° primo	*first*	
2 due	*two*		2° secondo	*second*	
3 tre	*three*		3° terzo	*third*	
4 quattro	*four*		4° quarto	*fourth*	
5 cinque	*five*		5° quinto	*fifth*	
6 sei	*six*		6° sesto	*sixth*	
7 sette	*seven*		7° settimo	*seventh*	
8 otto	*eight*		8° ottavo	*eighth*	
9 nove	*nine*		9° nono	*ninth*	
10 dieci	*ten*		10° decimo	*tenth*	

- Form most other ordinal numbers by dropping the final vowel of the cardinal number and adding the suffix **-esimo**. Numbers ending in **-tré** or **-sei** maintain the final vowel, but the accent mark on **-tré** is dropped.

Cardinal	Ordinal	Cardinal	Ordinal
11 undici	11° undicesimo	82 ottantadue	82° ottantaduesimo
20 venti	20° ventesimo	100 cento	100° centesimo
26 ventisei	26° ventiseiesimo	500 cinquecento	500° cinquecentesimo
33 trentatré	33° trentatreesimo	1000 mille	1000° millesimo

- Ordinal numbers are adjectives, and therefore must agree in gender and number with the nouns they modify.

Lo sceicco bianco è stato uno **dei primi film** di Fellini.
The White Sheik *was one of Fellini's* **first movies**.

È **la quarta volta** che vediamo *Il signore degli anelli*.
It's **the fourth time** we've seen The Lord of the Rings.

- Abbreviate ordinal numbers with superscripts **o**, **a**, **i**, or **e**, according to the gender and number of the noun that follows.

La collezione ha vinto il **2° premio**.
The collection won **2nd prize**.

Legga la **10ª poesia**, per favore.
Read the **10th poem**, *please*.

- Use Roman numerals to refer to centuries (**secoli**) or royalty.

XIII (**tredicesimo**) secolo
13th century

Enrico **IV** (**quarto**)
Henry IV

PRATICA

1 Completare Completa le frasi seguenti scrivendo in lettere il numero ordinale dato. Fai attenzione alla concordanza.

1. Questo è il _____ (12°) documentario che vediamo questa settimana!
2. È il _____ (4°) giorno che si dimentica di venire.
3. Gli studenti di quella scuola si sono classificati _____ (2°).
4. Per la _____ (100°) volta: no, non voglio uscire con te!
5. I _____ (1°) computer erano molto grandi e lenti.
6. Complimenti, Lei è il _____ (33°) cliente e vince un certificato regalo di 5 euro!
7. Queste macchine sono _____ (2°) solo alle macchine che hai provato ieri.
8. Non ho ancora visto il _____ (26°) paio di guanti che hai comprato.

2 Associare Associa ogni frase con la parola più adatta.

a. borsetta   e. ragazzaccio
b. minestrone   f. chiacchieroni
c. tempaccio   g. parolacce
d. letterona   h. boccuccia

1. Roberto è un ___. Non fa mai quello che deve fare.
2. Che ___ ha quel bambino, un sorriso dolcissimo!
3. Quei due sono dei ___. Non smettono mai di parlare.
4. Che bella ___, piccola e molto elegante. È perfetta per andare a teatro.
5. Che ___! Piove da una settimana e non smetterà per altri due giorni.
6. Non dire tutte quelle ___; parla educatamente e con rispetto!
7. In inverno mi piace mangiare un bel ___ caldo.
8. Gianna ci ha scritto una ___ di cinque pagine sul suo viaggio.

3 Rispondere Rispondi a ogni domanda con una frase completa.

1. A quale piano vivi?
2. Hai avuto una giornataccia recentemente?
3. Ti piace Topolino (*Mickey Mouse*)?
4. A quale anno di studi sei?
5. Hai fratellini o sorelline?
6. La classe d'italiano è la prima della giornata?

Practice more at **vhlcentral.com**.

COMUNICAZIONE

4 Il grande magazzino A coppie, immaginate un grande magazzino di dodici piani. Descrivete cosa potete trovare a ciascun piano di quell'edificio. Usate i numeri ordinali.

MODELLO

S1: Al primo piano c'è il reparto (*department*) di elettrodomestici, dove ci sono i televisori, le lavastoviglie ecc.
S2: Al secondo piano…

5 Il mimo Lavorate in gruppi di quattro. A turno, mimate alcune delle parole con suffisso che avete imparato in questa lezione. La persona che indovina la parola mimerà la parola successiva.

MODELLO

S1: Sei una nipotina?
S2: No!
S3: Sei un topolino?
S2: Sì!

casetta	chiacchierone	gattino	sorellina
cattivella	filmaccio	librone	topolino

6 Una recensione Lavorate a coppie. Scrivete la recensione di una mostra a una galleria d'arte. Usate quanti più numeri ordinali e parole con suffisso possibili.

MODELLO

ARTE: La formazione dell'immagine di Beppe Devalle
Oggi sono andata alla Galleria Nuova per la decima volta. È una piccola casetta in centro. È la terza mostra su Beppe Devalle organizzata lì e…

Suffixes

In Italian, there are many suffixes that can be added to nouns or adjectives, as well as to proper names.

 ATTREZZI
In **Lezione 3A** you learned to use suffixes to talk about family members with words such as **fratellino** (*little brother*) and **sorellina** (*little sister*).

- To add a suffix, first drop the final vowel of the base word.

fratello + -ino ▶ fratellino
sorella + -ina   sorellina

- The suffixes **-ello/a**, **-etto/a**, **-ino/a**, and **-uccio/a** are often used to indicate smallness or to express affection.

Che belle **casette**! / *What cute **little houses**!*
Ecco la mia **nipotina Mariuccia**. / *Here is my **small niece, little Mary**.*

- The suffix **-one/a** expresses largeness or importance.

Guardate questi **libroni**! / *Look at these **big books**!*
Il nostro gattino è **pigrone**. / *Our kitten is **very lazy**.*

- The suffix **-accio/a** has a disparaging or pejorative connotation.

Non dire **parolacce** a lezione. / *Don't say **swear words** in class.*
Che **filmaccio**! Cambiamo canale! / *What a **bad film**! Let's change the channel!*

- The use of suffixes is idiomatic, and not every suffix can be added to every noun or adjective. Focus on learning words you see or hear rather than trying to add suffixes on your own. Here are some additional commonly used words with suffixes.

Common *nomi alterati*

bellino/a	*cute, pretty*	la giornataccia	*bad day*
caruccio/a	*sweet, very dear*	la letterona	*long letter*
cattivello/a	*a little bit naughty*	la manina	*little hand*
piccolino/a	*very small*	il minestrone	*thick soup*
la boccuccia	*cute little mouth*	il nasino	*little nose*
la borsetta	*small purse*	il ragazzaccio	*bad boy*
il/la chiacchierone/a	*chatterbox*	il tempaccio	*bad weather*
il giornalaccio	*trashy newspaper*	il topolino	*little mouse*

Provalo! Scrivi le parole corrette per esprimere i numeri e le parole elencate. Fai tutti i cambiamenti necessari.

1. 11° <u>undicesimo</u>
2. 87° _____
3. 5° _____
4. 26° _____
5. 100° _____

6. lavoro (+ -accio) _____
7. cugina (+ -etto) _____
8. esame (+ -uccio) _____
9. ville (+ -etto) _____
10. telefono (+ -ino) _____

SINTESI

Ricapitolazione

1 **Il festival delle arti** In gruppi di tre, create una conversazione sul festival delle arti. Siete al festival e commentate quello che stanno facendo le diverse persone. Usate la forma progressiva e il vocabolario della lezione.

MODELLO

S1: *Oh, guarda, c'è quel famoso pittore. Cosa sta facendo?*
S2: *Sta parlando con qualcuno dei suoi quadri.*
S3: *E là, c'è quello scrittore della rivista che ti piace tanto. Sta comprando una scultura…*

2 **Un bel film** A coppie, scegliete un tipo di film e scrivete il nome di sei personaggi che appaiono (*appear*) nella sceneggiatura (*screenplay*). Descriveteli e dite cosa stanno facendo quando inizia il film.

MODELLO

Aldo si sta preparando per l'intervista. Sta pensando a quando diventerà famoso e non sta facendo attenzione a…

3 **Una recensione televisiva** A coppie, assumete il ruolo di due critici della televisione. Scegliete un programma e poi, a turno, descrivete cosa è successo e quali sono state le vostre reazioni. Usate il passato progressivo.

MODELLO

S1: *Secondo me è stato molto commovente quando il personaggio principale stava descrivendo…*
S2: *Sono d'accordo, ma secondo me è stato molto inquietante il momento in cui la polizia è arrivata…*

4 **Una famiglia reale** Lavorate a coppie. L'insegnante vi darà un foglio con un albero genealogico parzialmente completato. Inventate i nomi e le date per completarlo. Usate i numeri ordinali per i titoli e i secoli. Poi, seguendo il modello, fate a turno a parlare di quella famiglia.

MODELLO

Antonio Quattordicesimo è vissuto nel nono secolo. Sua moglie Rosa Maria è vissuta nel nono e nel decimo secolo.

5 **Pettegolezzi** A coppie, immaginate di essere i presentatori (*hosts*) di un famoso programma di pettegolezzi (*gossip*). Usate le parole della lista per creare l'episodio di oggi. Scrivete almeno dieci frasi e siate pronti a presentare l'episodio alla classe.

MODELLO

S1: *Prima, parliamo di Carla Cugino. Che bellina!*
S2: *Sì, è vero! Lei…*

bellino/a	giornalaccio
boccuccia	giornataccia
caruccio/a	manina
casetta	nasino
cattivello/a	piccolino/a
chiacchierone/a	pigrone/a
filmaccio	sorellina

6 **Compleanni** A coppie, parlate di quali sono stati i vostri compleanni preferiti e quali no. Parlate di almeno quattro compleanni e dite perché vi sono piaciuti o no. Usate i numeri ordinali e i punti grammaticali della lezione quando possibile.

MODELLO

Ricordo il mio quinto compleanno. Che giornataccia! Abbiamo fatto una festa, ma ha cominciato a piovere quando ci siamo messi a mangiare il dolce…

7 In vacanza A coppie, guardate il disegno e dite cosa stanno facendo le persone che vedete in questo posto di villeggiatura. Poi immaginate cosa possano star facendo (*might be doing*) al momento cinque altre persone che si trovano nello stesso posto.

MODELLO

S1: *La donna dal costume viola sta guardando uno squalo (shark).*

S2: *I bambini...*

8 Sette differenze Lavorate a coppie. L'insegnante vi darà due fogli diversi, ciascuno con un disegno. I disegni hanno sette differenze. Seguite il modello e, a turno, fate domande per trovare le sette differenze fra i disegni.

MODELLO

S1: *Nel mio disegno l'uomo al primo piano sta scolpendo una statua.*

S2: *Anche nel mio disegno sta scolpendo una statua.*

Il mio di·zio·na·rio

Aggiungi al tuo dizionario personalizzato cinque parole relative alle arti e allo spettacolo.

la controfigura

traduzione
stand-in; stuntman

categoria grammaticale
sostantivo (f.)

uso
Molti attori usano una controfigura per le scene pericolose.

sinonimi
/

antonimi
attore principale

risorse		
SAM WB: pp. 155–158	SAM LM: pp. 89–90	vhlcentral.com

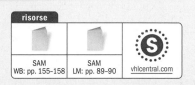

Panorama

Firenze

Ⓢ **Interactive Map**

Palazzo Vecchio

il *David* di Michelangelo

La città in cifre

▶ **Superficie della provincia:** *3.514 km²*

▶ **Superficie della città:** *102 km²*

▶ **Popolazione della provincia:** *987.354*

▶ **Popolazione della città:** *370.092*

Firenze, uno dei posti più visitati dell'Italia, attira milioni di turisti all'anno grazie alla sua reputazione come città d'arte e del Rinascimento. Le sue chiese e i suoi monumenti adornano le due sponde° del fiume Arno, collegate da ponti, tra cui il famoso Ponte Vecchio.

▶ **Da non perdere:** *Palazzo Pitti, Ponte Vecchio, il Duomo, la basilica di Santa Maria Novella, la Galleria degli Uffizi, la Galleria dell'Accademia, Piazza della Signoria, Palazzo Vecchio*

Fiorentini celebri

▶ **Sandro Botticelli,** *pittore (1445–1510)*

▶ **Amerigo Vespucci,** *navigatore ed esploratore (1454–1512)*

▶ **Caterina de' Medici,** *regina di Francia (1519–1589)*

▶ **Eugenia Mantelli,** *cantante d'opera (1860–1926)*

▶ **Guccio Gucci,** *stilista e imprenditore° (1881–1953)*

▶ **Oriana Fallaci,** *scrittrice e giornalista (1929–2006)*

Piazza della Libertà

Fortezza da Basso

VIALE FILIPPO STROZZI

VIALE GIACOMO MATTEOTTI

Piazza della Indipendenza

San Marco

Accademia di Belle Arti

Piazza della Santissima Annunziata

Piazzale Donatello

VIALE ANTONIO GRAMSCI

Palazzo Medici-Riccardi

VIA DELLA COLONNA

VIA DELLA SCALA

Santa Maria Novella

Basilica di San Lorenzo

Teatro Comunale

LUNGARNO

Battistero di San Giovanni

Il Duomo

Campanile di Giotto

Tempio Israelitico

VIA DI MEZZO

Piazza Beccaria

LUNGARNO

Piazza della Repubblica

Ponte alla Carraia

LUNGARNO

Piazza della Signoria

Palazzo di Bargello

VIALE DELLA GIOVINE ITALIA

Piazza del Carmine

Ponte Santa Trinità

Ponte Vecchio

Galleria degli Uffizi

Palazzo Vecchio

Santa Croce

Piazza Piave

Santa Maria del Carmine

Santo Spirito

Ponte alle Grazie

LUNGARNO

Arno

VIA DEI SERRAGLI

Palazzo Pitti

il fiume Arno a Firenze

Giardino di Boboli

Piazzale Michelangelo

San Miniato al Monte

```
0                    0.5 miglio
├─────┬─────┬─────┤
0              0.5 chilometro
```

Incredibile ma vero!

La cupola° del Duomo di Firenze è un simbolo famoso della città. Capolavoro del Rinascimento, costruita da Brunelleschi tra il 1420 e il 1436, è l'opera in muratura° più grande del mondo, larga 45,52 metri e alta 91 metri. La cupola pesa 37.000 tonnellate e ci sono voluti circa quattro milioni di mattoni° per costruirla.

sponde *banks* **imprenditore** *entrepreneur* **cupola** *dome*
muratura *masonry* **mattoni** *bricks*

L'arte

Il Rinascimento

Firenze è considerata la culla° del Rinascimento (metà del XIV secolo-fine del XVI secolo). Alcuni tra i più grandi artisti sono vissuti in quel periodo: Michelangelo, Leonardo, Raffaello, Botticelli e molti altri. Tra i capolavori dell'epoca ci sono il *David* di Donatello e la *Porta del Paradiso* di Ghiberti (1381-1455). Donatello (1386-1466), artista fiorentino che ha studiato con Brunelleschi, ha scolpito il suo *David* intorno al° 1453. La *Porta del Paradiso* (così definita da Michelangelo) del Battistero di Firenze è formata da dieci quadri, che rappresentano scene dell'Antico Testamento°. È stata fatta da Ghiberti tra il 1425 e il 1452.

L'artigianato

Una carta speciale

Una caratteristica dell'artigianato fiorentino è la carta marmorizzata°. La tecnica per crearla era già in uso in Cina nel VIII secolo ed è arrivata in Europa alla fine del Cinquecento. La carta marmorizzata tornò di moda, dopo un lungo periodo di disuso, a metà degli anni '70. Da allora è una caratteristica delle carte da regalo e da rilegatura° della città. Come si fa la carta marmorizzata? Si prepara un liquido con acqua, gelatina e colori. Poi, con vari strumenti, si muovono i colori per formare il motivo°. Infine si appoggia la carta sulla superficie del liquido e la carta è pronta!

La storia

Una famiglia potente

I Medici furono una famiglia potentissima° tra il XIV e il XVIII secolo. Erano banchieri e per molto tempo sono stati la famiglia più ricca d'Europa. Grazie alla loro ricchezza hanno influenzato grandemente la storia di quel periodo: tre papi° erano Medici (Leone X, Clemente VII e Leone XI); diversi artisti del tempo sono stati sponsorizzati da questa famiglia, tra cui Masaccio, Brunelleschi e Leonardo da Vinci; ed è in questo periodo che sono stati costruiti il giardino di Boboli, gli Uffizi, Forte Belvedere, Palazzo Medici-Riccardi e innumerevoli° ville. Molti Medici sono sepolti° nella Basilica di San Lorenzo.

L'architettura

Ponte Vecchio

Ponte Vecchio è stato costruito per la prima volta in epoca romana ed era l'unico ponte della città. Rovinato dall'alluvione° del 1117 e distrutto dall'alluvione del 1333, Ponte Vecchio è stato ricostruito tra il 1333 e il 1345. È stato l'unico ponte della città non distrutto durante la Seconda Guerra Mondiale. Originariamente i negozi sul ponte erano soprattutto macellerie, ma Ferdinando I li ha voluti sostituire tutti con oreficerie°. Nel 1565 è stato costruito il Corridoio Vasariano e da allora l'aspetto del ponte è rimasto pressoché immutato°.

Quanto hai imparato? Completa le frasi.

1. La cupola del Duomo di Firenze è stata costruita da _____.

2. La cupola del Duomo di Firenze è alta _____.

3. Il Rinascimento dura dalla _____ alla _____.

4. La *Porta del Paradiso* è una porta del _____ di Firenze.

5. La tecnica per la carta _____ è arrivata in Europa nel 500.

6. La carta marmorizzata è usata come carta da _____.

7. I Medici hanno dominato la storia italiana dal _____ al _____.

8. I Medici hanno sponsorizzato molti artisti, per esempio _____.

9. Ponte Vecchio è stato l'unico ponte _____ durante la Seconda Guerra Mondiale.

10. Il Corridoio Vasariano è stato costruito nel _____.

Practice more at **vhlcentral.com**.

| risorse |
| SAM WB: pp. 159-160 | vhlcentral.com |

SU INTERNET

Go to **vhlcentral.com** to find more cultural information related to this **Panorama**.

1. Firenze è stata la capitale d'Italia per cinque anni. Cerca informazioni su questo periodo importantissimo per la città.

2. La cucina toscana è una delle più particolari d'Italia. Ricerca informazioni sui piatti tipici e presentane uno o due alla classe.

3. Nel corso della sua storia Firenze ha subito molte devastanti alluvioni. Fai una ricerca su quelle più importanti e sui terribili effetti causati sulla città.

culla *cradle* **intorno al** *around* **Antico Testamento** *Old Testament*
carta marmorizzata *marbled paper* **rilegatura** *book binding*
motivo *pattern* **potentissima** *very powerful* **papi** *Popes*
innumerevoli *countless* **sepolti** *buried* **alluvione** *flood*
oreficerie *goldsmith's shops* **pressoché immutato** *nearly unchanged*

Lettura Audio: Reading

Prima di leggere

Making inferences and recognizing metaphors

For dramatic effect and to achieve a smoother writing style, authors often do not explicitly supply the reader with all the details of a story or a poem. Clues (**Indizi**) in the text can help you infer (**dedurre**) those things the writer chooses not to state in a direct manner. By "reading between the lines", you can fill in the missing information.

Metaphors (**Metafore**) are figures of speech used in literature to make descriptions more vivid. They identify one thing with the attributes and qualities of another, as in *all the world's a stage*.

Esamina il testo

Guarda il testo. È preso da un romanzo? Un racconto? Un poema? Qual è il titolo? Guarda anche l'immagine. Cosa ti dice sul contenuto del testo?

L'autore

Dante Alighieri

Dante Alighieri (Firenze 1265 – Ravenna 1321) è stato uno dei poeti più importanti della letteratura italiana. La sua opera più famosa è la *Commedia*, scritta circa tra il 1302 e il 1321. Nella *Commedia* Dante fa un viaggio attraverso l'Inferno°, il Purgatorio° e il Paradiso°. La guida per l'Inferno e il Purgatorio è il suo maestro Virgilio°, un poeta latino, autore dell'*Eneide*°. La guida per il Paradiso è Beatrice. La *Commedia* è divisa in tre libri (chiamati «cantiche»), ciascuno formato da 33 canti (34 nell'*Inferno* – uno è l'introduzione). Ogni canto è composto da terzine di endecasillabi°. L'aggettivo «divina» è stato aggiunto° nel XVI secolo dall'editore veneziano Ludovico Dolce. Henry Wadsworth Longfellow è stato il primo statunitense a tradurla° in inglese.

Inferno *Hell* **Purgatorio** *Purgatory* **Paradiso** *Heaven* **Virgilio** *Virgil* **Eneide** *Aeneid*
terzine di endecasillabi *eleven-syllable tercets* **aggiunto** *added* **tradurla** *translate it*

INFERNO

Dante e Virgilio

sono all'entrata° dell'Inferno. La scritta° sulla porta dice che da lì si entra nella città del dolore, l'Inferno, dove sono le anime perdute°, e che chi passa la porta deve abbandonare ogni speranza° di tornare indietro. Dante non capisce il significato° di quelle parole (il «colore oscuro») ed è spaventato°, ma Virgilio gli dice di abbandonare le sue paure e i suoi dubbi («sospetto» e «viltà»). Poi Virgilio gli dice che sono arrivati nel luogo di cui gli aveva già parlato e in cui si trovano le persone che non possono più aspirare a Dio (non hanno «il ben dell'intelletto»).

CANTO III

PER ME° SI VA NELLA CITTÀ DOLENTE,
PER ME SI VA NELL' ETTERNO DOLORE,
PER ME SI VA TRA LA PERDUTA GENTE.

GIUSTIZIA MOSSE IL MIO ALTO FATTORE°:
5 FECEMI° LA DIVINA POTESTATE°,
LA SOMMA° SAPIENZA E 'L PRIMO AMORE.

DINANZI A ME NON FUOR° COSE CREATE
SE NON ETTERNE, E IO ETTERNA DURO°.
LASCIATE OGNI SPERANZA, VOI CH' ENTRATE.

10 Queste parole di colore oscuro
vid' io scritte al sommo d'una porta;
per ch' io: 'Maestro, il senso lor m' è duro°.'

Ed elli° a me, come persona accorta°:
'Qui si convien lasciare ogni sospetto;
15 ogni viltà convien che qui sia morta.

Noi siam venuti al loco° ov' io t' ho detto
che tu vedrai le genti dolorose
c' hanno perduto il ben dell' intelletto.'

entrata *door* **scritta** *writing* **anime perdute** *lost souls* **speranza** *hope*
significato *meaning* **spaventato** *frightened* **per me** *through me*
il mio alto fattore *God* **fecemi** *he made me* **potestate** *power* **somma** *highest*
fuor *they were* **duro** *endure* **duro** *hard* **elli** *he* **accorta** *wise* **loco** *place*

Dopo la lettura

Vero o falso? Decidi se ogni affermazione è **vera** o **falsa**. Usa parole dal testo per giustificare la tua risposta.

1. Attraverso la porta, Dante e Virgilio entrano nell'Inferno.

2. Le anime che entrano dalla porta sono felici per l'eternità.

3. Nell'Inferno ci sono anime sante.

4. Quando le anime entrano nell'Inferno, sono piene di speranze.

5. Dante non capisce il significato delle parole.

6. Virgilio è una persona saggia *(wise)*.

7. Dante deve avere dubbi e paure quando entra all'Inferno.

8. Virgilio ha già parlato a Dante di questo posto.

Linguaggio poetico Dante ha scritto il poema *Divina Commedia* usando l'italiano del quattordicesimo secolo. Scegli una terzina (gruppo di tre versi) e riscrivila in italiano moderno con parole tue. In che modo il linguaggio poetico cambia il tono e il significato del passaggio?

La guida Dante sceglie il poeta latino Virgilio come guida al suo fantastico viaggio attraverso l'Inferno perché ammirava molto il poeta classico. Immagina di scrivere una tua storia fantastica. Chi sceglieresti come guida? Perché? Parla della tua scelta con un(a) compagno/a di classe.

Practice more at **vhlcentral.com**.

In ascolto  Ⓢ Audio

STRATEGIA

Guessing the meaning of words through context

When you hear an unfamiliar word, you can often guess its meaning by listening to the words and phrases around it.

🎧 To practice this strategy, you will listen to a paragraph. Jot down the unfamiliar words that you hear. Then listen to the paragraph again and jot down the word or words that are the most useful clues to the meaning of each unfamiliar word.

Preparazione 👥

A coppie, guardate e descrivete la fotografia. Dove sono queste persone? Cosa stanno facendo? Secondo te, che genere di musica suonano?

Ascoltiamo 🎧

Sei in Italia e vuoi invitare un amico ad uscire questo fine settimana. Stai ascoltando la radio e senti un annuncio per uno spettacolo che potrebbe piacere al tuo amico. Scrivi le informazioni più importanti, così puoi parlargliene e decidere quando andarci.

_____

_____

_____

_____

_____

_____

_____

 Practice more at **vhlcentral.com.**

Comprensione

Completare Completa le frasi.

1. Questo festival è per la musica _____.

   a. hip-hop   **b.** classica   **c.** rock

2. Il festival è stato organizzato per celebrare _____.

   a. gli artisti internazionali   **b.** gli artisti italiani
   c. i fan degli artisti

3. Gli artisti italiani si esibiranno _____.

   a. quattro sere   **b.** una sera   **c.** cinque sere

4. Il festival inizia il _____.

   a. 10 giugno   **b.** 29 settembre   **c.** 2 ottobre

5. I biglietti da visita (*business cards*) del pubblico saranno usati per _____.

   a. partecipare a una lotteria   **b.** comprare i biglietti
   c. cantare insieme ai gruppi rock

6. Quattro biglietti gratuiti per un concerto saranno assegnati _____.

   a. alle 21.00 stasera   **b.** la prima serata
   c. alla fine del festival

Invitare un vostro amico 👥 Adesso hai tutte le informazioni di cui hai bisogno per invitare il tuo amico al festival questo fine settimana. Lavorate a coppie per creare la seguente conversazione.

● Invita il tuo amico al festival e digli a che ora vai.

● L'amico ti farà domande per avere più informazioni su questo evento (i gruppi, il motivo per cui hanno organizzato il festival ecc.).

● Dopo il festival, a cui si è divertito molto, il tuo amico suggerirà altre attività che potete fare (cinema, teatro, museo ecc.).

● Discutete le varie possibilità e sceglietene un paio da fare.

Scrittura

Using note cards

Note cards serve as valuable study aids in many different contexts. When you write, note cards can help you organize and sequence the information you wish to present.

For example, if you were going to write a review of an art exhibit you attended, you might jot down notes about each artist on a different note card. Then you could easily arrange them in chronological order, or from best to worst, etc.

Here are some helpful techniques:

● Label the top of each card with a general subject, such as **il museo** or **l'artista**.

● Number the cards in each subject category in the upper right corner to help you organize them.

● Use only the front side of each note card so that you can easily flip through them to find information.

Study this example of a note card used to prepare a review.

LA MOSTRA   1
· Museo: Villa Pisani, Vicenza (Veneto)
· Apertura: 30 maggio
· Orario: lunedì–venerdì 9.00/17.00
  e sabato–domenica 9.30/19.30
· Durata: fino al 30 luglio
· Biglietti: 10,50 euro
· Tipo di arte: moderna
  e contemporanea
· Note: artisti presenti ogni sabato
  dalle 15.00 alle 17.00

⚬S Tema

Scrivi una recensione di un'opera

Scrivi una recensione di un film, uno spettacolo teatrale, un concerto o una mostra a tua scelta. La recensione dovrebbe avere tre parti: un'introduzione, uno sviluppo e una conclusione. Nell'introduzione presenta brevemente l'opera che hai scelto. Nella fase di sviluppo descrivila in dettagli. Nella conclusione dai la tua opinione e spiega perché la raccomanderesti o no. Usa i suggerimenti seguenti come punti di partenza.

INTRODUZIONE

● Menziona il titolo del film o dello spettacolo e il nome dell'artista o artisti.

● Descrivi il soggetto dell'opera e il genere.

● Di' quando e dove si può vedere.

SVILUPPO

● Riassumi brevemente la storia.

● Menziona i nomi dei personaggi e di altre figure importanti.

● Descrivi i personaggi, il set e i costumi.

CONCLUSIONE

● Esprimi la tua opinione sull'opera.

● Spiega perché la raccomanderesti o non la raccomanderesti.

Espressioni

applaudire	to applaud
dipingere	to paint
essere in tour	to be on tour
girare	to film, to shoot
interpretare	to perform
mettere in scena	to put on a show
pubblicare	to publish
recitare un ruolo	to play a role
scolpire (-isc-)	to carve; to sculpt
visitare una galleria d'arte	to visit an art gallery

Allo spettacolo

l'applauso	applause
l'assolo	solo
l'atto	act
il balletto	ballet
la canzone	song
la commedia	comedy
il concerto	concert
il coro	chorus
il debutto	debut
il festival	festival
la fine	end
il gruppo rock	rock band
l'intervallo	intermission
l'opera	opera
l'orchestra	orchestra
la poltrona	seat
la proiezione	screening
la rappresentazione dal vivo	live performance
la tragedia	tragedy

Gli strumenti musicali

il clarinetto	clarinet
la fisarmonica	accordion
il flauto	flute
il sassofono	saxophone
il violino	violin

Scrivere una recensione

la trama	plot
artistico/a	artistic
commovente	touching, moving
contemporaneo/a	contemporary
dotato/a	gifted; talented
drammatico/a	dramatic
innovativo/a	innovative
inquietante	disturbing

I media

il cinema	cinema
l'editoria	publishing industry
la radio	radio
la stampa	press
la televisione	television

I generi

il cartone animato	cartoon
il cortometraggio	short film
il documentario	documentary
il dramma psicologico	psychological drama
la favola	fairy tale
il film (dell'orrore, di fantascienza)	(horror, sci-fi) film
il paesaggio	landscape
la pittura	painting; paint
la poesia	poem; poetry
il racconto	short story
il racconto epico	epic
il ritratto	portrait
il romanzo	novel
la scultura	sculpture

Le belle arti

il capolavoro	masterpiece
la collezione	collection
l'esposizione (f.)	exhibit
la mostra	show
l'opera (d'arte)	work (of art)
il quadro	painting

La gente

l'autore/autrice	author
il/la ballerino/a	(ballet) dancer/ballerina
il/la batterista	drummer
il/la cantante	singer
il/la chitarrista	guitarist
il compositore/la compositrice	composer
il/la drammaturgo/a	playwright
il personaggio (principale)	(main) character
il/la pianista	pianist
il pittore/la pittrice	painter
il poeta/la poetessa	poet
il pubblico	public; audience
il/la regista	director
lo scrittore/la scrittrice	writer
lo scultore/la scultrice	sculptor
lo spettatore/la spettatrice	spectator
il/la violinista	violinist

Espressioni utili	See pp. 351 and 367.
Infinitive constructions	See pp. 354–355.
Non-standard noun forms	See pp. 356–357.
Ordinal numbers and suffixes	See pp. 372–373.

Offerte di lavoro

Per cominciare
- Che cosa sta leggendo?
- Emily sta cercando le chiavi o sta cercando un lavoro?
- Dove vorrebbe lavorare Emily, in un bar o in un ufficio?
- Vorrebbe fare la cameriera o fare la veterinaria?

Lezione

11A

Communicative Goals

You will learn how to:
- talk about professions
- talk about work

Le professioni

(S) **Vocabulary Tools**

la scienziata
(lo scienziato *m.*)

la veterinaria
(il veterinario *m.*)

la camionista
(il camionista *m.*)

la contàbile
(il contàbile *m.*)

il pompiere
(la pompiera *f.*)

il tassista
(la tassista *f.*)

il cuoco
(la cuoca *f.*)

TAXI

$H_2O + C_2...$

PRONTO VET

Vocabolario

espressioni	*expressions*
dare le dimissioni	*to resign*
dirìgere	*to manage*
èssere ben/mal pagato/a	*to be well/poorly paid*
èssere disoccupato/a	*to be unemployed*
fallire (-isc-)	*to fail*
guadagnare	*to earn*
licenziare	*to fire, to dismiss*
prèndere un congedo	*to take leave time*
al lavoro	***at work***
l'assicurazione (sulla vita)	*(life) insurance*
l'aumento	*raise*
il/la consulente	*consultant*
il/la dirigente	*executive; manager*
il livello	*level*
il/la pensionato/a	*retiree*
il/la principale	*boss, head*
la promozione	*promotion*
la riunione	*meeting*
il successo	*success*
il sindacato	*(labor) union*
a tempo parziale	*part-time*
a tempo pieno	*full-time*
esigente	*demanding*
le occupazioni	***occupations***
il/la barista	*bartender*
il/la bidello/a	*caretaker; custodian*
il/la casalingo/a	*househusband/housewife*
il/la docente	*teacher, lecturer*
il/la funzionario/a	*civil servant*
il/la giardiniere/a	*gardener*
il/la giùdice	*judge*
l'operaio/a	*(factory) worker*
il/la portiere/a	*doorman; caretaker*
il/la segretario/a	*secretary*
il/la tècnico	*technician*

risorse

SAM
WB: pp. 161–162

SAM
LM: p. 91

(S) vhlcentral.com

il banchiere
(la banchiera *f.*)

Attenzione!

The phrase fare il/la + [*profession*] is commonly used to talk about a person's profession.

Laura fa la psicologa.
Laura is a psychologist.

l'agente immobiliare

l'agricoltore
(l'agricoltrice *f.*)

l'elettricista

lo psicologo
(la psicologa *f.*)

FREUD

Pratica

1 **Associazioni** Abbina ogni professione con una foto associata.

1. ____ banchiere
2. ____ camionista
3. ____ giardiniere
4. ____ tassista
5. ____ veterinaria
6. ____ pompiere

a.

b.

c.

TRASLOC
SCALELLA

d.

e.
VIGILI DEL FUOCO

f.

2 **Analogie** Scegli la parola o l'espressione dal vocabolario della lezione che completa correttamente ogni analogia.

1. ufficio : segretario :: laboratorio : _____
2. cucina : cuoca :: casa : _____
3. banca : banchiere :: camion : _____
4. classe : docente :: albergo : _____
5. giardino : giardiniere :: taxi : _____
6. tribunale (*court*) : giudice :: locale notturno : _____

3 **Completare** Scegli la parola o l'espressione più adatta a completare ogni frase.

aumento	dimissioni	riunione
consulente	pensionato	sindacato
cuoco	psicologo	tempo pieno

1. Mia sorella lavora a _____.
2. La _____ di oggi è stata molto lunga!
3. Suo nonno è _____; non lavora più.
4. Che bello! Ho ricevuto una promozione e un _____!
5. In quel ristorante si mangia benissimo! Il _____ è italiano.
6. Sua moglie lavora come _____.
7. Mio padre è uno _____; ascolta sempre i miei problemi.
8. Il contabile ha dato le _____ ieri, quindi dobbiamo cercarne uno nuovo.

Practice more at **vhlcentral.com**.

CONTESTI

Comunicazione

4 **Definire** A coppie, scrivete una definizione per ognuna delle seguenti parole o espressioni. Usate frasi complete.

1. agente immobiliare _____
2. portiera _____
3. dare le dimissioni _____
4. contabile _____
5. sindacato _____
6. essere ben pagato _____

5 **In ufficio** 🎧 Ascolta la conversazione tra la dirigente e il segretario. Poi, a coppie, decidete se le seguenti affermazioni sono **vere** o **false**.

	Vero	Falso
1. Questa mattina c'è stata una riunione di segretari.	☐	☐
2. Il reparto (*department*) riceverà meno soldi.	☐	☐
3. Marco riceverà una promozione.	☐	☐
4. Marco deve ancora finire di studiare.	☐	☐
5. Marco guadagnerà di più.	☐	☐
6. Il nuovo principale di Marco è una persona esigente.	☐	☐
7. In questo periodo molte persone sono disoccupate.	☐	☐
8. La conversazione si svolge nell'ufficio di Marco.	☐	☐

6 **Le sette differenze** Lavorate a coppie. L'insegnante vi darà due fogli diversi, ciascuno con un disegno. A turno, fate domande e date risposte per trovare le sette differenze.

> **MODELLO**
> **S1:** C'è un camionista nel tuo disegno?
> **S2:** Sì, e nel tuo?
> **S1:** Nel mio ci sono due camionisti.

7 **Un giorno nella vita di...** In gruppi di tre, scegliete due dei disegni; poi descrivete che cosa è successo oggi a questi personaggi. Cominciate da quando si sono alzati questa mattina e parlate della loro routine mattutina e della loro giornata in ufficio. Potete inventare una storia che include entrambi i disegni oppure due storie diverse.

> **MODELLO**
> **S1:** Questa mattina Laura si è alzata tardi.
> **S2:** Sì, è arrivata tardi al lavoro.
> **S3:** In ufficio, lei...

Pronuncia e ortografia Audio

🎧 Capitalization

---

i ragazzi italiani   gli inglesi   la moda francese   parlano spagnolo

In Italian, a capital letter is not used at the beginning of nouns or adjectives referring to nationalities, languages, or groups of people.

---

novembre   sabato   gli anni Cinquanta   il Settecento

Seasons, months, and days of the week are not capitalized in Italian. However, the initial letter of centuries and decades is capitalized.

---

il presidente   il ministro   le teorie freudiane   la musica vivaldiana

In Italian, job titles and titles of officials are usually not capitalized. In addition, adjectives derived from proper names are not capitalized.

---

il Mar Rosso   il Monte Bianco   il (fiume) Po   il (mare) Mediterraneo

Geographic terms such as **mare**, **monte**, and **fiume** are usually capitalized when referring to a proper name. However, when the inclusion of the geographical term is optional, as is often the case with well-known place names, the term may not be capitalized. The word **oceano** is also rarely capitalized.

---

lo Stato   il Paese   la Democrazia   il Dipartimento

Nouns referring to specific political or business entities and concepts are often capitalized in Italian, especially in documents and articles. The same words may not be capitalized when used in a generic sense.

Correggere Riscrivi ogni parola o frase usando le maiuscole dove necessario.

1. VENERDÌ
2. IL QUATTROCENTO
3. IL TEDESCO
4. LUGLIO
5. MERCOLEDÌ
6. L'OCEANO ATLANTICO

Riscrivere Riscrivi le frasi usando le maiuscole dove necessario.

1. SONO DIRIGENTE DI UNA COMPAGNIA A ROMA.
2. È LO STATO CHE DECIDE.
3. VIENI ALLA FESTA MARTEDÌ?
4. VADO ALLA MIA LEZIONE D'ITALIANO.
5. STUDIA IL PENSIERO DANTESCO.
6. COS'È SUCCESSO NEGLI ANNI SESSANTA?

> *Non manca mai da fare, a chi ben sa lavorare.[2]*

Proverbi Ripeti i proverbi ad alta voce.

> *Chi ama il suo lavoro lo fa bene.[1]*

[2] He who knows how to work well will always have something to do.

[1] He who loves his work does it well.

FOTOROMANZO

Casa e affetti Video: *Fotoromanzo*

PERSONAGGI

Emily

Lorenzo

Marcella

Riccardo

Viola

EMILY Secondo i miei genitori è meglio che io torni a casa quest'estate. Ma io voglio restare. Devo pensare a un modo per convincerli.
(Viola entra in sala da pranzo.)
EMILY Ciao, Viola. Manda un saluto a tutti!
VIOLA Ciao, Chicago.

EMILY Cosa è successo?
VIOLA Ho lasciato Massimo.
EMILY Davvero? Che cosa gli hai detto?
VIOLA Gli ho detto che non siamo fatti l'uno per l'altra.
EMILY Hai fatto bene. Hai parlato con Lorenzo?
VIOLA No, non ancora.

EMILY Vorresti metterti con lui?
VIOLA È meglio che non veda nessuno adesso. Il semestre è quasi finito e devo pensare agli esami.
(Entra Lorenzo.)
LORENZO Ciao, Emily. Viola.
EMILY Scusate, devo studiare. Posso lasciare il computer qui, se volete lasciare un messaggio sul blog.

MARCELLA Lorenzo. Mi dai una mano?
LORENZO Certo.
MARCELLA Grazie. Stai bene?
(Lorenzo scuote la testa.)
MARCELLA Sembra impossibile adesso, ma un giorno vedrai tutto con più serenità.

MARCELLA Un giorno, quando sarai un banchiere di successo, ti ricorderai del tuo semestre a Roma e il pensiero ti metterà allegria.
LORENZO Allegria?
MARCELLA Fidati di me, Lorenzo.
LORENZO Penso che andrò a fare una passeggiata e che mi prenderò un gelato. Ne porto uno anche a te?
MARCELLA Alla stracciatella.

RICCARDO Te lo restituisco. È pulito. L'ho lavato.
MARCELLA Riccardo.
RICCARDO Non so cosa fare per meritare la tua fiducia. Non posso tenerlo. Appartiene a Paolo.
MARCELLA Riccardo, mi dispiace. Non so perché mi sono arrabbiata così tanto con te.

A T T I V I T À

1 Completare Scegli le parole che meglio completano le seguenti frasi.

1. Emily deve trovare un modo per (convincere i suoi genitori / tornare a casa quest'estate).

2. Viola ha detto a Massimo che (non sono fatti l'uno per l'altra / ha fatto bene).

3. Adesso Viola vuole pensare (a Lorenzo / agli esami).

4. (Lorenzo / Marcella) pensa di essere stato troppo impulsivo.

5. Viola vuole (diventare un'insegnante / stare con qualcuno) prima.

6. Marcella chiede a Lorenzo di (consolarla / aiutarla).

7. Lorenzo va a fare una passeggiata (con Marcella / da solo).

8. Marcella considera amiche (tante / poche) persone.

9. Riccardo ha vissuto anche con (sua sorella / sua nonna).

10. Secondo Marcella è impossibile essere (amici / arrabbiati) con Riccardo.

Practice more at **vhlcentral.com.**

Il semestre sta finendo e i ragazzi parlano dei loro sentimenti.

VIOLA Inizia tu.

LORENZO Va bene. Non avrei dovuto baciarti. Mi dispiace. Cioè, no, non volevo dire questo. È che all'inizio non volevo crederci, ma sembra che io mi senta attratto da te. No, no. No, aspetta. Non volevo dire neanche questo. Mi dispiace di essere stato troppo impulsivo. Tu stai con Massimo, è stato un errore.

VIOLA Lorenzo, fermati. Va tutto bene. Io e Massimo ci siamo lasciati. Ma non voglio stare con nessuno per il momento. Voglio studiare e diventare un'insegnante. E dopo potrò pensare all'amore. Possiamo essere amici?

LORENZO Certo.

VIOLA Scusa, devo studiare.

MARCELLA Da quando ho aperto la pensione, ho conosciuto tante persone. Ma solo poche le considero amiche.

RICCARDO Dopo che mia madre e mio padre hanno divorziato, sono andato a vivere con mia nonna. Poi con mio padre, con mia madre, e infine con mia zia. Ho vissuto ovunque a Bari e non mi sono mai sentito a casa in nessun posto. Poi sono venuto qui.

RICCARDO Sono stato egoista a prendere il tuo scooter. Non avrei dovuto farlo. Continuerai a considerarmi un amico?

MARCELLA È impossibile essere arrabbiati con te.

Espressioni utili

Impersonal expressions

- È meglio che io torni a casa quest'estate.
  It's best if I go home this summer.
- È meglio che non veda nessuno.
  It's better if I don't see anybody.
- Sembra che io mi senta attratto da te.
  It seems I'm attracted to you.
- È impossibile essere arrabbiati con te.
  It's impossible to be angry with you.

Relationships

- Non siamo fatti l'uno per l'altra.
  We're not made for each other.
- Vorresti metterti con lui?
  Do you want to start dating him?
- Fidati di me.
  Trust me.
- meritare la tua fiducia
  to earn your trust

Additional vocabulary

- Manda un saluto a tutti!
  Say hi to everybody!
- Lorenzo scuote la testa.
  Lorenzo shakes his head.
- ti metterà allegria
  it will make you happy
- alla stracciatella
  chocolate chip ice cream
- Appartiene a Paolo.
  It belongs to Paolo.
- Ho vissuto ovunque a Bari.
  I lived all over Bari.
- Sono stato egoista a prendere il tuo scooter.
  It was selfish of me to take your scooter.

2 **Per parlare un po'** Emily vuole proprio restare in Italia dopo la fine del semestre. Come può convincere i suoi genitori? A coppie, scrivete un breve paragrafo in italiano in cui presentate una soluzione al problema di Emily.

3 **Approfondimento** Fai una ricerca su Internet e scopri quali sono gli ingredienti base del gelato italiano. Poi fai una lista dei tuoi cinque gusti preferiti. Presenta la tua risposta alla classe.

risorse

SAM
VM: pp. 41–42

vhlcentral.com

IN PRIMO PIANO

Gli italiani e il lavoro

«**L'Italia è una Repubblica democratica, fondata sul lavoro...**»
Così inizia il primo articolo della Costituzione italiana. Il mondo
lavorativo° in Italia è abbastanza particolare e in parte diverso
da quello di molti altri paesi. Cerchiamo, quindi, di capire la realtà
del lavoro in Italia.

Molti lavori sono statali, cioè sono posizioni in enti° e
organizzazioni che lavorano per lo Stato: scuole, università, uffici
pubblici e così via°. Per ottenere un lavoro statale è necessario
vincere un concorso pubblico°. Questo tipo di impiego è a tempo
indeterminato°, cioè chi lo ha non può essere licenziato dopo un
periodo iniziale di prova.

Altri tipi di lavoro sono quelli in aziende° private e quelli autonomi°. Per lavorare in
un'azienda privata è necessario avere i requisiti° voluti dall'azienda e superare un colloquio°; in
questo caso la posizione che si ottiene può essere sia a tempo indeterminato che determinato.

Il lavoro autonomo si riferisce° alle professioni autofinanziate°. Una parte del mercato del
lavoro italiano è rappresentata da piccoli imprenditori°, singole persone o gruppi, che da soli
o con il contributo dello Stato creano e gestiscono° la loro azienda. Ristoratori, negozianti,
albergatori, artigiani e molti ancora, investono il loro tempo e i loro soldi in attività proprie°.
Ci sono poi i liberi professionisti: notai°, avvocati, medici, farmacisti e così via.
Per poter praticare queste professioni occorre° un titolo di studio° appropriato
ed è necessario superare un esame per iscriversi all'albo professionale°.

Infine, un aspetto importante del lavoro in Italia sono i sindacati, che
dalla fine del 1800 assistono e rappresentano i lavoratori. Lo strumento
più comune in Italia per proteggere i diritti dei lavoratori è lo sciopero°. Gli
italiani, qualunque sia° la loro professione, sono coscienti del potere della
collettività per difendere i diritti dei lavoratori.

lavorativo *working* **enti** *agencies; companies* **così via** *so on* **concorso pubblico** *civil service exam* **indeterminato** *indefinite* **aziende** *firms* **autonomi** *self-employed*
requisiti *requirements* **colloquio** *interview* **si riferisce** *refers* **autofinanziate** *self-financed* **imprenditori** *entrepreneurs* **gestiscono** *manage* **proprie** *of their own*
notai *notaries* **occorre** *one must have* **titolo di studio** *degree* **albo professionale** *professional register* **sciopero** *strike* **qualunque sia** *whatever*

A T T I V I T À

1 Vero o falso? Indica se l'affermazione è **vera** o **falsa**. Correggi
le affermazioni false.

1. Ci sono molti lavori statali in Italia.

2. Il lavoro statale finisce dopo pochi anni.

3. Per ottenere un lavoro in un'azienda privata è necessario superare
un concorso pubblico.

4. I dottori devono avere un titolo di studio appropriato.

5. I farmacisti e i notai sono lavoratori statali.

6. Gli avvocati devono essere membri di un albo.

7. I piccoli imprenditori non sono comuni.

8. In Italia i sindacati esistono da due secoli.

9. I sindacati rappresentano varie categorie di lavoratori dipendenti.

10. Lo sciopero è uno strumento usato per proteggere i diritti
dei lavoratori.

Practice more at **vhlcentral.com**.

Il vocabolario del lavoro

i contributi	*contributions; taxes*
le ferie	*vacation time*
l'indennità di disoccupazione	*unemployment compensation*
la liquidazione	*severance pay*
la mensilità	*monthly paycheck; salary*
la pensione	*pension*
lo stipendio	*wage; salary*
la tredicesima	*year-end bonus*
assumere	*to hire*

I diritti dei lavoratori

Lavorare in Italia significa godere° di alcuni diritti°.

Tra i vari benefici° ci sono quattro settimane di **ferie** all'anno, pagate al 100% e obbligatorie° per ogni lavoratore. Quando una lavoratrice aspetta un bambino ha diritto alla **maternità**: due mesi di congedo dal lavoro prima del parto° e tre mesi dopo; tale periodo può aumentare in base alle necessità personali ed è concesso° anche nel caso di adozione.

Per i lavoratori che sono costretti° a una sospensione del lavoro c'è la **cassa integrazione guadagni**, con cui l'azienda paga loro una percentuale dello stipendio per un periodo di tempo che va dai sei mesi ai due anni.

Infine ricordiamo la «**tredicesima**», una mensilità in più a fine d'anno che tutti i lavoratori aspettano con entusiasmo.

godere *to enjoy* **diritti** *rights* **benefici** *benefits* **obbligatorie** *mandatory* **parto** *birth* **concesso** *granted* **costretti** *forced*

Una giornalista impegnata

Ilaria Alpi nasce a Roma nel 1961. Laureatasi° in letteratura italiana, si appassiona alla cultura islamica. Grazie alla sua conoscenza delle lingue (arabo, inglese e francese), comincia a lavorare come giornalista per la TV nazionale italiana in vari paesi arabi.

Nel 1994 viene inviata a Mogadiscio, in Somalia, dove è in corso un'operazione internazionale per riportare la pace nel paese sconvolto° dalla guerra civile. Qui comincia a indagare° sul traffico d'armi e di rifiuti° tossici illegali. Il 20 marzo viene uccisa°, insieme all'operatore video° Miran Hrovatin. Ancora oggi non è stato trovato il colpevole°.

Per ricordare lei e il lavoro dei giornalisti che operano con impegno° e senso etico, la sua famiglia ha creato il Premio Ilaria Alpi, che promuove le inchieste° giornalistiche televisive sui temi della pace e della solidarietà.

Laureatasi *Graduated* **sconvolto** *devastated* **indagare** *investigate* **rifiuti** *waste* **viene uccisa** *she was killed* **operatore video** *cameraman* **colpevole** *culprit* **impegno** *commitment* **inchieste** *inquiries*

Cerca i nomi dei principali sindacati italiani.

Go to **vhlcentral.com** to find more information related to this **CULTURA**.

---

2 **Completare** Completa le frasi.

1. Ilaria Alpi nasce a _____.
2. Ilaria Alpi e Miran Hrovatin sono stati uccisi in _____.
3. Il premio Ilaria Alpi è stato creato dalla _____.
4. Tra i vari benefici per i lavoratori ci sono quattro settimane di _____.
5. Una lavoratrice che aspetta un bambino ha diritto alla _____.
6. La tredicesima è una mensilità in più a _____.

3 **A voi** A coppie, discutete le seguenti domande.

1. Hai mai lavorato?
2. Hai mai fatto un colloquio di lavoro per un'azienda?
3. Conosci dei lavori statali negli Stati Uniti?

risorse

vhlcentral.com

A T T I V I T À

11A.1 Impersonal constructions

Punto di partenza Impersonal expressions are used to make general statements such as *It's good . . .*, or *It's important . . .* In this lesson, you will learn how to use impersonal expressions in sentences where no subject is specified.

Saper fare un buon caffè è importante.

È impossibile essere arrabbiati con te.

- Impersonal expressions in Italian typically consist of a single verb or a verb followed by a noun or adjective.

Common impersonal expressions

basta	*it's enough*	è (in)opportuno	*it's (in)appropriate*
bisogna	*it's necessary*	è interessante	*it's interesting*
è bello	*it's nice*	è male	*it's bad*
è bene	*it's good*	è meglio	*it's better*
è difficile	*it's difficult*	è necessario	*it's necessary*
è facile	*it's easy*	è ora	*it's time*
è giusto	*it's right*	(è un) peccato	*it's a pity*
è importante	*it's important*	è strano	*it's strange*
è (im)possibile	*it's (im)possible*	pare	*it seems*
è (im)probabile	*it's (un)likely*	sembra	*it seems*

È impossibile studiare qui!
It's impossible to study here!

È meglio dormire a casa.
It's better to sleep at home.

- To make a general statement in which no subject is specified, use an infinitive after an impersonal expression.

Bisogna andare alla riunione.
It's necessary to go to the meeting.

È bello ricevere un aumento.
It's nice to get a raise.

PRATICA

1 Associare Associa ciascuna espressione impersonale con la frase che la completa meglio.

1. È ora _____
2. È un peccato _____
3. È interessante _____
4. È impossibile _____
5. È importante _____
6. È meglio _____

a. sentire del tuo nuovo lavoro.
b. essere felici che ricchi.
c. lavorare 24 ore al giorno.
d. di consegnare (*turn in*) l'esame.
e. essere responsabili.
f. sentire che l'ufficio chiuderà.

2 Completare Usa un infinito della lista per completare ciascuna frase.

andare	fare
cenare	lavorare
comportarsi	parlare
essere	spendere

1. Bisogna sempre _____ bene con i colleghi.
2. È importante _____ duramente per avere una promozione.
3. Secondo i dirigenti è meglio _____ mal pagati che disoccupati.
4. È opportuno _____ onestamente con lo psicologo.
5. Se hai problemi basta _____ a parlare con un rappresentante del sindacato.
6. È impossibile _____ il tassista se non ti piace guidare.
7. Sono già le 19.00; è ora di _____!
8. È facile _____ soldi quando li hai!

3 Creare Usa ciascuna espressione impersonale per creare una frase originale.

MODELLO *È bene non lavorare a tempo pieno.*

1. È bene...
2. È bello...
3. È strano...
4. Bisogna...
5. Non è giusto...
6. È improbabile...
7. Basta...
8. Non è facile...

Practice more at **vhlcentral.com.**

COMUNICAZIONE

4 **Professioni** Lavorate in gruppi di tre. A turno, descrivete e indovinate le diverse professioni dal vocabolario della lezione. La persona che descrive deve usare espressioni impersonali.

MODELLO

S1: *In questa professione è importante essere socievoli. È necessario amare le persone e voler lavorare di notte.*
S2: *È un cuoco?*
S1: *No!*
S2: *È un barista?*

5 **Opinioni** Scrivi frasi complete usando le espressioni date. Poi, in gruppi di quattro, fate a turno a leggere le vostre frasi e controllate chi ha le stesse risposte. Infine, come classe, paragonate le vostre frasi. Chi ha le risposte più divertenti?

MODELLO

Secondo me, è male andare in discoteca la sera prima di un esame.

1. Per gli studenti è importante...
2. Qualche volta è necessario...
3. Secondo me, è male...
4. Non sempre è facile...
5. Non è giusto...
6. Per me è difficile...

6 **Un colloquio di lavoro** A coppie, create una conversazione tra un candidato e un datore di lavoro (*employer*). Usate le espressioni impersonali per fare domande e per rispondere. Chiedete del lavoro stesso e dell'ambiente di lavoro (*workplace*).

MODELLO

S1: *Per questa posizione è molto importante lavorare lo stesso numero di ore tutte le settimane?*
S2: *Sì, bisogna avere un orario regolare. È anche necessario...*

È difficile trovare un lavoro a tempo pieno?
Is it difficult to find a full-time job?

È opportuno prendere un congedo durante la gravidanza.
It's appropriate to take time off during pregnancy.

- When an infinitive follows the expression **è ora**, use the preposition **di** before it.

  È ora di chiedere una promozione.   **È ora di andare** al colloquio.
  It's time to ask for a promotion.   *It's time to go to the interview.*

- Sometimes impersonal expressions are placed after the infinitive. In such cases, the infinitive translates as a gerund (*-ing* form) in English.

  È necessario lavorare sodo.   OR   **Lavorare** sodo è **necessario**.
  It's necessary to work hard.   *Working hard is necessary.*

- Both **pare** and **sembra** mean *it seems*. You have already learned the verb **sembrare**; **parere** functions similarly.

  ATTREZZI
  In **Lezione 5B** you learned to use the verb **sembrare** in constructions with indirect object pronouns.

- When adjectives are included in impersonal constructions and they do not refer to any specific individual, always use the masculine plural form.

  Secondo me, **è meglio** essere **felici** che **ricchi**.
  *In my opinion, **it's better** to be **happy** than **rich**.*

  Per diventare pompieri, **è necessario** essere **forti**?
  *To become a firefighter, **is it necessary** to be **strong**?*

Provalo!   Scegli la forma corretta del verbo per completare ogni frase.

1. È opportuno (prendere)/ prende) un congedo.
2. È importante (parlare / parliamo) con un consulente.
3. La segretaria (volere / vuole) un aumento.
4. Mio fratello dice che è difficile (guadagnare / guadagna) molti soldi.
5. È impossibile (trovare / trovi) un lavoro a tempo pieno.
6. Secondo molte persone è bene (essere / sono) ben pagati.

STRUTTURE

11A.2 The present subjunctive: use with impersonal expressions

Punto di partenza With the exception of the imperative and the conditional, the Italian verb forms you have learned have been in the *indicative* mood, which is used for statements of fact and certainty. The *subjunctive* mood (**il congiuntivo**) expresses a person's emotions, opinions, desires, or subjective attitude toward events, as well as actions or states that the person views as uncertain or hypothetical.

• The subjunctive is usually used in complex sentences that consist of a main clause and a subordinate or dependent clause connected by **che**. The main clause contains a verb or expression that triggers the use of the subjunctive in the subordinate clause.

MAIN CLAUSE	che	SUBORDINATE CLAUSE (WITH SUBJUNCTIVE)
È necessario	che	Enrico **sia** puntuale.
It's necessary	*that*	*Enrico **be** on time.*

• Many impersonal expressions trigger the use of the subjunctive. You have already learned to use impersonal expressions with an infinitive when no subject is specified. To refer to a specific subject, however, use **che** + [*subjunctive*] after an impersonal expression that conveys opinion or perception.

È importante lavorare ogni giorno.
It's important to work every day.

È importante che io lavori ogni giorno.
It's important that I work every day.

• To form the present subjunctive of regular verbs, use the same stem that you learned for the present indicative, including forms with **-isc-**, and add the subjunctive endings.

Present subjunctive of regular verbs

	parlare	leggere	dormire	finire
io	parli	legga	dorma	finisca
tu	parli	legga	dorma	finisca
Lei/lui/lei	parli	legga	dorma	finisca
noi	parliamo	leggiamo	dormiamo	finiamo
voi	parliate	leggiate	dormiate	finiate
loro	parlino	leggano	dormano	finiscano

PRATICA

1 Completare Completa ogni frase con la forma corretta del congiuntivo.

1. È importante che io _____ (dormire).
2. È bello che i bambini _____ (giocare) tanto insieme.
3. È ora che tu _____ (cominciare) a cucinare.
4. È giusto che voi _____ (studiare) di più quest'anno.
5. È meglio che io e Serena _____ (smettere) di cantare così forte.
6. Bisogna che lui _____ (guadagnare) di più se vuole comprare una casa nuova.
7. È inopportuno che tu _____ (chiedere) sempre la mia opinione su tutto.
8. È impossibile che Franca _____ (alzarsi) sempre tardi!

2 Trasformare Usa gli indizi dati per creare frasi complete.

1. è giusto che / i ragazzi / lavorare
2. pare che / quella banca / chiudere il mese prossimo
3. è triste che / la storia / finire male
4. è interessante che / tu / cambiare carriera così spesso
5. è incredibile che / voi / guadagnare così poco
6. sembra che / io e Margherita / incontrarsi sempre in centro

3 Creare Usa le parole e le espressioni di ogni colonna per creare frasi complete.

MODELLO

È impossibile che il mio compagno di stanza studi il venerdì sera.

A	B	C
è bello che	i miei amici	cantare
è difficile che	i miei genitori	chiedere
è impossibile che	i professori	fallire
è male che	il mio compagno	guidare
è necessario che	di stanza	lavorare
è probabile che	io	licenziare
pare che	la mia famiglia	studiare
sembra che	tu	
	tu e io	

 Practice more at **vhlcentral.com**.

COMUNICAZIONE

4 Requisiti di lavoro Lavorate a coppie. A turno, descrivete quali sono i requisiti (*requirements*) più importanti da avere per poter fare i seguenti lavori.

MODELLO camionista

È importante che un camionista non si addormenti quando guida di notte.

agente immobiliare	giardiniere/a	segretario/a
camionista	operaio/a	tassista
cuoco/a	psicologo/a	veterinario/a

5 Persone famose In gruppi di tre, create una lista di dieci persone famose. Create a turno una frase per ciascuna persona usando un'espressione impersonale e il congiuntivo. Avete le stesse idee?

MODELLO Lindsay Lohan

Peccato che Lindsay Lohan non si comporti meglio!

è bene	è probabile
è importante	è strano
è impossibile	peccato
è necessario	sembra

6 I miei obiettivi A coppie, discutete i vostri piani per il futuro e dite quali professioni vi piacerebbe fare. Poi usate le espressioni impersonali e il congiuntivo per dire che cosa dovete fare per prepararvi per quel lavoro.

MODELLO

Io voglio essere un contabile. È necessario che io frequenti dei corsi di contabilità. È anche importante che io...

- The three singular forms are identical for each verb. Use subject pronouns when necessary to avoid ambiguity.

  È importante che (**io**) **dorma**.
  *It's important that **I sleep**.*

  Bisogna che (**lei**) **parli** forte.
  *It's necessary that **she speak** loudly.*

- The **loro** form for all verbs can be formed by simply adding **-no** to the singular subjunctive form.

  È giusto che questa ragazza **lavori**.
  *It's right that this girl is **working**.*

  È strano che i ragazzi **non lavorino**.
  *It's strange that the boys **aren't working**.*

  È improbabile che Michela **si diverta**.
  *It's unlikely that Michela **is having fun**.*

  Pare che i pensionati **si divertano** molto.
  *It seems like the retirees **are having a lot of fun**.*

- The **noi** and **voi** endings are the same for all verbs. Note that the **noi** subjunctive and indicative forms are identical.

  È bene che **compriamo** l'assicurazione.
  *It's good that **we're buying** insurance.*

  È ora che la **compriate** anche voi.
  *It's time that **you buy** it, too.*

- Add an **-h-** between the stem and ending of regular verbs ending in **-care** or **-gare** to maintain the stem's hard **c** or **g** sound.

  È interessante che il giudice **giochi** a tennis.
  *It's interesting that the judge **plays** tennis.*

  È meglio che voi **paghiate** il tassista.
  *It's better that **you pay** the taxi driver.*

- Do not double the **i** in verbs ending in **-iare**.

  Bisogna che io **studi** per diventare uno scienziato.
  *It's necessary that **I study** in order to become a scientist.*

  Sembra che gli operai non **mangino** abbastanza.
  *It seems that the workers **don't eat** enough.*

ATTREZZI
English also uses the subjunctive. It used to be very common, but now survives mostly in expressions such as *if I were you* and *be that as it may*. Indicative forms are increasingly more frequent.

Provalo! Scegli la forma corretta del verbo per completare ogni frase.

1. È necessario che Enrico (legga / legge) il libro.
2. È importante che loro (rispondono / rispondano) a quella telefonata.
3. Sembra impossibile che tu (frequenti / frequenta) già il liceo.
4. Peccato che io non (guido / guidi) ancora la macchina.
5. È giusto che i più ricchi (dividono / dividano) quello che hanno con i più poveri.
6. È difficile che Chiara (pulisca / pulisce) la sua stanza tutti i giorni.
7. È strano che loro (comprino / comprano) solo vestiti di marca.
8. È importante che tu (capisci / capisca) bene la situazione.

SINTESI

Ricapitolazione

1 Opinioni Usa le espressioni impersonali per scrivere una reazione a ogni attività della lista. Poi, a coppie, paragonate le vostre reazioni. Siete d'accordo?

> **MODELLO** indossare due scarpe diverse
>
> **S1:** È strano indossare due scarpe diverse!
> **S2:** Secondo me, è divertente indossare due scarpe diverse.

1. indossare due scarpe diverse
2. parlare ad alta voce al cinema durante un film
3. fare i compiti e ascoltare musica allo stesso tempo
4. non andare in classe il giorno di un esame
5. partecipare a un karaoke senza saper cantare
6. imparare una lingua straniera
7. spedire un'e-mail imbarazzante alla persona sbagliata
8. dimenticarsi di un appuntamento importante

2 La riunione In gruppi di quattro, immaginate di essere il principale, il contabile, il rappresentante del sindacato e lo psicologo di un'azienda. Siete a una riunione e ognuno di voi ha le sue idee su cosa è necessario fare per il futuro dell'azienda. Dovete creare una lista di priorità su cui tutti sono d'accordo. Usate le espressioni impersonali per esprimere il vostro punto di vista.

> **MODELLO**
>
> **S1:** Secondo me, è importante che noi guadagniamo abbastanza da poter pagare i dipendenti e offrire l'assicurazione sulla vita.
> **S2:** Sì, ma come rappresentante del sindacato vi dico che è necessario che tutti capiscano…

3 L'ottimista e il pessimista A coppie, create una conversazione tra due impiegati che parlano della loro giornata in ufficio. Uno è un ottimista e l'altro è un pessimista. Usate **È bene** ed **È male** per iniziare le vostre frasi.

> **MODELLO**
>
> **S1:** È bene che oggi il direttore non ci chieda di partecipare a una riunione.
> **S2:** Ma è male che la giornata passi più lentamente senza riunioni…

4 Il consulente A coppie, create una conversazione tra un consulente e una dirigente. Il consulente offre le sue osservazioni e raccomandazioni alla dirigente. La dirigente deve reagire a ogni commento. Usate le espressioni impersonali con il congiuntivo o l'infinito.

> **MODELLO**
>
> **S1:** È importante avere un direttore esigente.
> **S2:** Sì, ed è bene che assumiamo un nuovo direttore molto esigente…

5 Studenti nuovi A coppie, create una lista di almeno otto raccomandazioni per studenti nuovi che vengono alla vostra scuola. Usate espressioni impersonali e il congiuntivo.

> **MODELLO**
>
> **S1:** È necessario che i nuovi studenti vivano in un dormitorio il primo anno, così possono incontrare molte persone.
> **S2:** È anche importante che non mangino alla mensa! Il cibo è terribile…

6 La nuova casa In gruppi di tre, create una conversazione tra un agente immobiliare e una coppia sposata. Il marito è cuoco e la moglie è tecnico informatico. Guardate il disegno e date la vostra opinione usando le espressioni impersonali.

> **MODELLO**
>
> **S1:** Che bella casa! Mi sembra perfetta per voi due.
> **S2:** Sì, ma è un peccato che la cucina sia (*is*) così piccola. A me piace cucinare e per me è importante che…

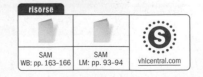

risorse

SAM	SAM	
WB: pp. 163–166	LM: pp. 93–94	vhlcentral.com

lo Zapping

morgana
presenta

Un cortometraggio
riconosciuto di
"Interesse culturale nazionale"
dal Ministero per i Beni
e le Attività Culturali

Ilaria Giorgino
Sergio Romano
Erika Urban
Vania Lai
Inna Hroz

e con la partecipazione
straordinaria di

Carla Cassola

Viola fondente

Prodotto da Francesco Scura e Chiara Bellini
Scritto da Chiara Bellini e Valentina Mogetta
Regia di Fabio Simonelli

S Video: Short Film

Viola fondente è un cortometraggio di Fabio Simonelli; ha vinto numerosi premi, tra cui "Miglior attrice protagonista". Viola è una donna bella, giovane e... grassa. La sua vita è scandita da un lavoro noioso, un marito assente (*absent*) e una routine domestica all'insegna della solitudine (*loneliness*) e dei dolci. La vendetta (*revenge*) però è dietro l'angolo e ha la forma, e il sapore, del cioccolato.

Espressioni utili

- **fare festa**
  to party
- **viziare**
  to spoil; to pamper
- **Che schifo!**
  How disgusting!
- **la serratura**
  lock
- **Se non fosse la moglie del capo...**
  If she weren't the boss's wife
- **Non ti sopporto più!**
  I can't stand you anymore!

- **scivolare**
  to slip
- **il croccante**
  crunchy candy
- **(raf)freddare**
  to cool down
- **incastrato/a**
  stuck

Per parlare del film

- **il cibo spazzatura**
  junk food
- **consolare**
  to console, to comfort
- **curato/a**
  trim, well-groomed

- **le delizie**
  delicacies
- **vendicarsi**
  to take revenge
- **il/la vicino/a**
  neighbor

Preparazione

1 **Completare** Usa le parole e le espressioni per completare le seguenti frasi.

1. Pamela è molto elegante e sempre ben _____.
2. Ti piace _____ il miele sul pane?
3. Questa stanza è un porcile! Che _____!
4. Dopo il furto (*theft*), abbiamo cambiato _____.
5. È importante non _____ troppo i bambini.
6. Il mio _____ della casa accanto si chiama Roberto.
7. Smetto di mangiare _____, perchè cerco di perdere peso.
8. Attenzione a non _____ sul pavimento umido (*wet*)!
9. I pompieri hanno salvato un gatto che era _____ sull'albero (*tree*).
10. La mamma cerca di _____ suo figlio che piange.

2 **Discutere** A coppie, rispondete alle seguenti domande.

1. Quanto è importante per voi essere in forma e mangiare sano?
2. Quanto conta il giudizio (*opinion*) degli altri sul vostro aspetto fisico? È più importante piacersi o piacere agli altri?
3. Per voi l'aspetto fisico/esteriore (essere magri, essere in forma, seguire la moda) può influenzare i rapporti con gli altri?

3 **Proverbi** Leggi questi due proverbi. Sei d'accordo? Perché? Discuti con un(a) compagno/a.

- Chi è svelto (*quick*) a mangiare è svelto a lavorare.
- Dimmi cosa mangi e ti dirò chi sei.

SINTESI

Scene: Viola fondente

CASSIERA Fa festa anche stasera, eh?

VIOLA Una cena fra amiche.

CASSIERA Certo che le vizia proprio queste amiche...

SEGRETERIA TELEFONICA (*messaggio del marito*) Viola? Viola, ci sei? Senti, non torno a cena stasera e... puoi evitare di spalmare il divano di cioccolato? Grazie.

COMMESSA Viola? La signora prende queste tre. Se cortesemente le puoi fare il conto, grazie.

COMMESSA Che schifo! Se non fosse la moglie del capo, lo saprei io...

VICINA Viola! Ma che succede?

VIOLA Ha cambiato la serratura.

VICINA Ma chi?

VIOLA Mio marito.

VICINA (*leggendo*) «Mi lasci i cioccolatini squagliati° nel letto... l'ultima volta che ho fatto la doccia mi hai fatto scivolare col croccante che hai messo a freddare sul marmo della vasca. Viola, io non ti sopporto più.»

VICINA Be' certo, il croccante nella vasca... Va be', non ti devi preoccupare. Purtroppo gli uomini sono così. Ma per adesso puoi stare qui. Puoi dormire sul soppalco°. Io dormo di là.

COMMESSA Che dice? È perfetto.

CLIENTE Ma insomma, stringe° un po', però.

COMMESSA Non mi sembra.

CLIENTE Sì... No, guardi, non sono convinta°.

COMMESSA Non va bene.

CLIENTE Mi dispiace.

COMMESSA Non importa.

squagliati *melted* **soppalco** *loft*
stringe *it's tight* **convinta** *convinced*

Analisi

3 Vero o falso? Indica se le seguenti affermazioni sono **vere** o **false**.

	Vero	Falso
1. Viola ama cucinare piatti sani.	☐	☐
2. Viola sembra infelice della vita con il marito.	☐	☐
3. Viola non mangia mai fuori pasto.	☐	☐
4. Viola ha un bel rapporto con la commessa del negozio del marito.	☐	☐
5. Il marito di Viola ha un negozio di abbigliamento.	☐	☐
6. Il numero nel nome del negozio si riferisce alla taglia ideale.	☐	☐
7. A casa della vicina non c'è il televisore.	☐	☐
8. Viola e il marito cercano in tutti i modi di migliorare (*improve*) la situazione.	☐	☐
9. Viola apre un chiosco di dolci di fronte al negozio del marito.	☐	☐
10. La cliente della scena finale non compra la giacca perché è fuori moda.	☐	☐

4 Professioni Che lavoro fanno questi personaggi? In gruppi di tre descrivete le qualità necessarie per riuscire in queste professioni. Elencate (*List*) i vantaggi e gli svantaggi di ogni attività. Quale lavoro preferite? Perché?

1.

2.

3.

4.

5 Riflettere A coppie, immaginate una conversazione tra Viola e suo marito dopo che lui ha cambiato la serratura e lei torna a casa a prendere le sue cose. Cosa dice il marito? Perché non la sopporta più? E cosa risponde Viola? Presentate la conversazione alla classe.

Practice more at **vhlcentral.com.**

Lezione 11B

Communicative Goals

You will learn how to:

- talk about jobs and qualifications
- talk about job applications and interviews

In ufficio

Ⓢ **Vocabulary Tools**

Vocabolario

espressioni	*expressions*
fare domanda	*to apply*
fare progetti	*to make plans*
fotocopiare	*to photocopy*
lasciare un messaggio	*to leave a message*
ottenere*	*to get, to obtain*
prendere un appuntamento	*to make an appointment*
trovare lavoro	*to find a job*
cercare lavoro	*looking for a job*
il/la candidato/a	*candidate*
il consiglio	*advice*
l'esperienza professionale	*professional experience*
l'istruzione (f.)	*education*
la lettera di referenze	*letter of reference*
le referenze	*references*
il mestiere	*occupation, trade*
il posto	*position; job*
il salario (elevato/basso)	*(high/low) salary*
il settore	*field; sector*
lo/la specialista	*specialist*
lo stage	*internship*
il tirocinio	*professional training*
la cancelleria per ufficio	*office supplies*
la bacheca	*bulletin board*
la cucitrice	*stapler*
la graffetta	*paper clip; staple*
la rubrica	*address book*
al telefono	*on the telephone*
Attenda in linea, per favore.	*Please hold.*
C'è il/la signor(a)...?	*Is Mr./Mrs. . . . there?*
Chi è?/Chi parla?	*Who's calling?*
Da parte di chi?	*On behalf of whom?*

PRONTO!

Riattacca il telefono. (riattaccare)

il numero di telefono

Sì, 00.39.87.29.16

Risponde al telefono. (rispondere)

Resta in attesa. (restare)

il direttore

l'impiegata (l'impiegato *m.*)

risorse

SAM WB: pp. 167–168

SAM LM: p. 95

Ⓢ vhlcentral.com

Pratica

1 Mettere etichette Scegli un'etichetta per ogni oggetto.

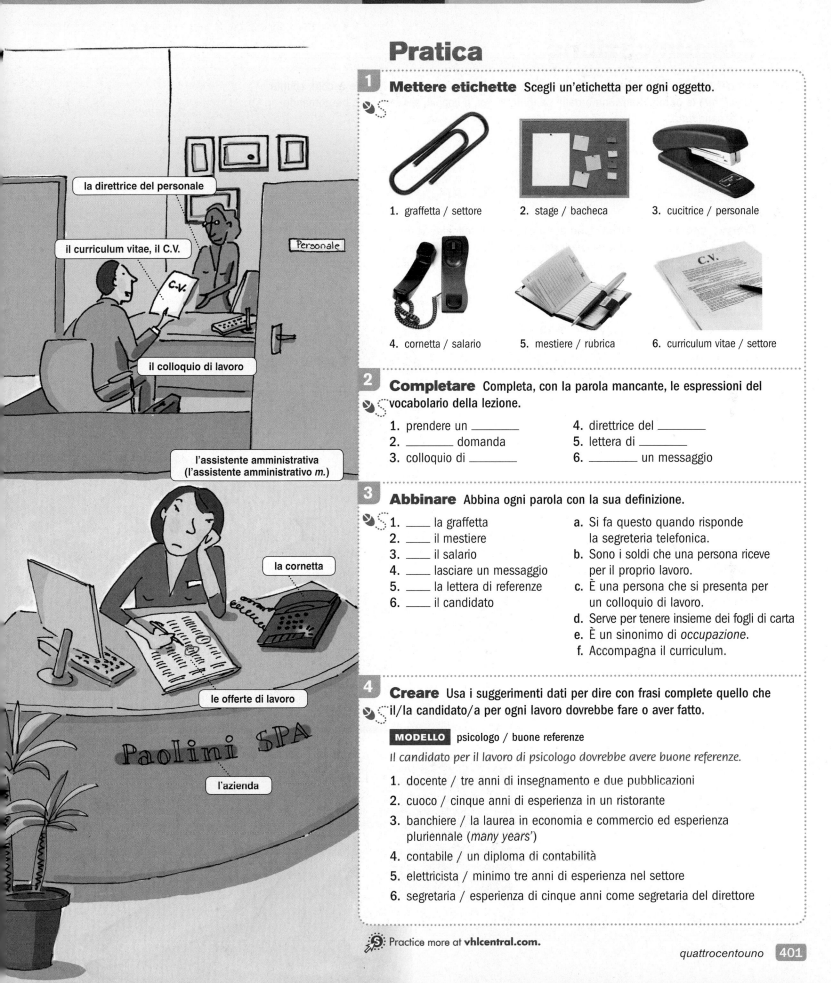

la direttrice del personale

il curriculum vitae, il C.V.

il colloquio di lavoro

l'assistente amministrativa
(l'assistente amministrativo *m.*)

la cornetta

le offerte di lavoro

Paolini SPA

l'azienda

Personale

1. graffetta / settore
2. stage / bacheca
3. cucitrice / personale
4. cornetta / salario
5. mestiere / rubrica
6. curriculum vitae / settore

2 Completare Completa, con la parola mancante, le espressioni del vocabolario della lezione.

1. prendere un _____
2. _____ domanda
3. colloquio di _____
4. direttrice del _____
5. lettera di _____
6. _____ un messaggio

3 Abbinare Abbina ogni parola con la sua definizione.

1. ___ la graffetta
2. ___ il mestiere
3. ___ il salario
4. ___ lasciare un messaggio
5. ___ la lettera di referenze
6. ___ il candidato

a. Si fa questo quando risponde la segreteria telefonica.
b. Sono i soldi che una persona riceve per il proprio lavoro.
c. È una persona che si presenta per un colloquio di lavoro.
d. Serve per tenere insieme dei fogli di carta
e. È un sinonimo di *occupazione*.
f. Accompagna il curriculum.

4 Creare Usa i suggerimenti dati per dire con frasi complete quello che il/la candidato/a per ogni lavoro dovrebbe fare o aver fatto.

MODELLO   psicologo / buone referenze

Il candidato per il lavoro di psicologo dovrebbe avere buone referenze.

1. docente / tre anni di insegnamento e due pubblicazioni
2. cuoco / cinque anni di esperienza in un ristorante
3. banchiere / la laurea in economia e commercio ed esperienza pluriennale (*many years'*)
4. contabile / un diploma di contabilità
5. elettricista / minimo tre anni di esperienza nel settore
6. segretaria / esperienza di cinque anni come segretaria del direttore

Practice more at **vhlcentral.com**.

CONTESTI

Comunicazione

5 **Il colloquio di lavoro** 🎧 Ascolta questo colloquio di lavoro. Mentre ascolti, spunta (*check off*) le parole menzionate dalla candidata. Poi, a coppie, scrivete altre tre domande per la candidata.

1. candidato ☐
2. istruzione ☐
3. mestiere ☐
4. referenze ☐

5. salario ☐
6. settore ☐
7. stage ☐
8. tirocinio ☐

6 **Come cercare lavoro** Lavorate a coppie. L'insegnante vi darà due fogli diversi, ciascuno con metà delle informazioni riguardo ai dieci passi necessari per cercare un lavoro. A turno, fatevi domande per trovare tutti i dieci passi. Poi, insieme, metteteli nell'ordine corretto.

> **MODELLO**
>
> **S1:** *Come prima cosa devo prendere un appuntamento con il capo del personale. Tu, che cos'hai?*
> **S2:** *Io devo selezionare alcune aziende. Devo fare questo prima di prendere un appuntamento.*

7 **Le inserzioni di lavoro** In gruppi di tre, create un annuncio di lavoro (*job ad*) per due delle quattro professioni raffigurate (*depicted*). Accertatevi di (*Be sure to*) includere informazioni sui requisiti, sul salario, sul processo di selezione e su quello che i candidati devono fare per poter fare domanda. Cercate di scrivere delle inserzioni attraenti!

> **MODELLO**
>
> **S1:** *Cercasi veterinario a tempo pieno.*
> **S2:** *Un piccolo studio di veterinari cerca...*

Pronuncia e ortografia 🅢 Audio

🎧 Omitting the final vowel of an infinitive

| pensarci | saperne | scrivergli | trovarlo |

The final **e** of an infinitive is often dropped, especially in spoken Italian. The **e** must be dropped when an object pronoun is added to the infinitive of a verb.

....

| aver fatto | esser venuta | andar bene | sentir dire |

The final **e** of an infinitive is often dropped when followed by a past participle or an adverb. The final **e** may also be dropped when the infinitive is followed by another infinitive, especially when the second infinitive has a similar sound.

....

| far sentire | far bene | far festa | far da mangiare |

The verb **fare** usually drops the final **e** when followed by another infinitive, an adjective, an adverb, a noun, or the preposition **da**.

....

| avere scritto | fare spendere | fare studiare | esser stato |

The final **e** of an infinitive should not be dropped before any word that begins with **s** + [*consonant*], except the past participle **stato**.

⚫🅢 **Pronunciare** Ripeti le parole e le espressioni ad alta voce.

1. aver pensato
2. prenderlo
3. far male
4. fare scordare
5. pensar bene
6. esserci
7. fare spendere
8. regalarglielo
9. star bene
10. esser andato
11. cercarli
12. far sapere

⚫🅢 **Articolare** Ripeti le frasi ad alta voce.

1. Ho deciso di cucinarlo stasera.
2. Cerchiamo di star bene quando andiamo in vacanza.
3. Volete andarci domani?
4. Pensavo di aver finito tutto!
5. Deve sempre andar via presto.
6. Vorrei saperne di più prima di decidere.

⚫🅢 **Proverbi** Ripeti i proverbi ad alta voce.

Il lavoro nobilita l'uomo.[2]

Chi fa da sé, fa per tre.[1]

[1] If you want something done, do it yourself. [lit. He who works by himself does the work of three.]
[2] Work ennobles man.

risorse

SAM
LM: p. 96

🅢 vhlcentral.com

FOTOROMANZO

Pensando al futuro  Video: *Fotoromanzo*

PERSONAGGI

Emily

Lorenzo

Riccardo

Viola

VIOLA Ho ricevuto il tuo messaggio. Tutto bene?
EMILY I miei genitori non vogliono che io stia in Italia quest'estate. Se voglio farlo, devo mantenermi da sola.
VIOLA Hai provato a calcolare quanto costerebbe?

VIOLA Appartamento... cibo... caffè, spese varie... Dovresti trovare un lavoro. Che cosa sai fare?
EMILY Purtroppo non ho nessuna esperienza professionale. Non ho nemmeno un curriculum. Però so fare il caffè.
VIOLA È vero, tu bevi sempre caffè. Dovresti parlare con il gestore e vedere se sta cercando qualcuno.

VIOLA È facile risolvere i problemi degli altri. Poi i nostri sono sempre troppo complicati.
EMILY Ora lascia che io aiuti te. Che cosa succede?
VIOLA Lorenzo.

RICCARDO Si è lasciata con Massimo. Credo che tu le piaccia.
LORENZO Lo pensavo anch'io. Ma per lei, adesso, è più importante studiare.
RICCARDO Quella ragazza non sa cosa vuole. Domani cambierà idea e dirà che è attratta da te. Mi piaceva di più quando faceva la timida.

VIOLA Penso di aver commesso un errore. Non so nemmeno come mi sento.
EMILY Cosa hai detto a Lorenzo?
VIOLA Che penserò all'amore dopo la laurea.
EMILY Ma lui ti piace davvero?
VIOLA Penso di sì. Non lo so.
EMILY O forse ti piace il fatto che tu gli piaccia?

VIOLA Che cosa vuoi dire?
EMILY Insomma, è possibile che l'idea di Lorenzo sia più interessante del vero Lorenzo? Temo che tu sia innamorata dell'amore, Viola.
VIOLA Questo non è vero. No. Non avrei dovuto chiederti consiglio.

A T T I V I T À

1 Rispondere Rispondi alle seguenti domande.

1. Che cosa ha ricevuto Viola?
2. Che cosa sa fare Emily?
3. Che cosa dice Viola dei nostri problemi?
4. Che cosa sta cercando Riccardo?
5. Perché deve andare a Milano Lorenzo?

6. Come piaceva di più Viola a Riccardo?
7. Che cosa ha detto Viola a Lorenzo?
8. Secondo Emily, di che cosa è innamorata Viola?
9. Secondo Riccardo perché Viola è arrabbiata con Emily?
10. Perché le ragazze si comportano in questo modo secondo Riccardo?

Practice more at **vhlcentral.com**.

I ragazzi parlano di lavoro e di sentimenti.

Alla pensione...
RICCARDO Hai visto il mio carica batteria?
LORENZO No. Mi dispiace.
RICCARDO Aaah! Il mio lettore è morto.
LORENZO Tieni, puoi ascoltare la musica con questa.
RICCARDO Questa è buona, Lorenzo.

RICCARDO Che stai facendo?
LORENZO Ho un colloquio di lavoro a Milano. Sto sistemando il curriculum e le mie referenze.
RICCARDO Come va con Viola?
LORENZO A cosa ti riferisci?

RICCARDO Dovresti mettere lo stage qui e parlare della tua istruzione qui.
(Riccardo riceve un messaggio.)
LORENZO Perché ridi?
RICCARDO È Emily. Pare che tu piaccia di nuovo a Viola. Emily non le crede, così lei adesso è arrabbiata con Emily. Te l'avevo detto che sarebbe andata a finire così.

LORENZO Perché le ragazze si comportano in questo modo?
(Riccardo trova il carica batteria.)
RICCARDO Aha! Ti ho trovato!
(A Lorenzo) Lo fanno per attirare la nostra attenzione.

Espressioni utili

Opinions, desires, possibilities, and fears

- **Non vogliono che io stia in Italia.**
  They don't want me to stay in Italy.
- **Lascia che io aiuti te.**
  Let me help you.
- **Credo che tu le piaccia.**
  I think she likes you.
- **Penso di aver commesso un errore.**
  I think I made a mistake.
- **il fatto che tu gli piaccia**
  the fact that he likes you
- **È possibile che l'idea di Lorenzo sia più interessante del vero Lorenzo?**
  Is it possible that the idea of Lorenzo is more interesting than Lorenzo himself?
- **Temo che tu sia innamorata dell'amore.**
  I'm afraid that you're in love with love.
- **Pare che tu piaccia di nuovo a Viola.**
  It seems that Viola likes you again.

Additional vocabulary

- **Devo mantenermi da sola.**
  I have to provide for myself.
- **gestore**
  manager
- **Questa è buona.**
  Good one.
- **Sto sistemando...**
  I'm putting together . . .
- **cambierà idea**
  she'll change her mind
- **quando faceva la timida**
  when she acted shy
- **Perché le ragazze si comportano in questo modo?**
  Why do girls act this way?

2 **Per parlare un po'** Che cosa succederà tra Viola e Lorenzo? In gruppi di tre o quattro, scrivete un breve paragrafo in italiano in cui fate una previsione su come finirà la loro storia. Preparatevi a leggere la vostra previsione alla classe.

3 **Approfondimento** Milano è il capoluogo della Lombardia. Fai una ricerca e scopri alcune attrazioni di questa città. Trova cinque luoghi interessanti da visitare (musei, chiese, monumenti ecc.) e per ognuno indica perché ti piacerebbe visitarlo.

risorse

SAM
VM: pp. 43–44

vhlcentral.com

A T T I V I T À

IN PRIMO PIANO

Dalla scuola al lavoro

Quali sono le prospettive di lavoro per i giovani laureati italiani?
In Italia, negli ultimi anni, il rapporto tra neolaureati° e mondo del lavoro ha mostrato molti cambiamenti°. Un primo nuovo aspetto è l'aumento° del numero dei laureati. Questo è dovuto in gran parte a due fattori° nuovi: l'introduzione delle lauree di tre anni alla fine degli anni '90 e la legge sulla riforma del mercato del lavoro conosciuta come° legge 30/2003.

La laurea triennale ha anticipato molto l'età media° dei laureati italiani, che così possono accedere° al mondo del lavoro prima, rispetto al passato. Con la legge 30/2003 sono stati presentati nuovi tipi di contratti di lavoro; in particolare i contratti a progetto°, che permettono ai giovani di fare una prima esperienza di lavoro, limitata nel tempo, appena dopo la conclusione degli studi universitari.

Per facilitare i contatti tra neolaureati e aziende sono nati molti siti Internet e portali «informagiovani». Molti uffici informagiovani appartengono° alle università; raccolgono° i curriculum vitae dei neolaureati e li mettono a disposizione dei datori di lavoro°, creando un punto di incontro° diretto. Altri uffici informano gli studenti su programmi di scambio° con università straniere, stage e formazione presso le aziende. La formazione e gli stage, conosciuti anche come *internship* o tirocini, rappresentano una fase molto importante per i giovani in cerca di una prima occupazione. Sono una buona opportunità per conoscere in prima persona° il mondo del lavoro con tutti i diritti e i doveri dei lavoratori. Tuttavia, la disoccupazione dei giovani italiani è un grande problema. Secondo dati diffusi in 2014, più del 30% dei giovani con meno di 25 anni sono senza lavoro.

neolaureati *recent graduates* cambiamenti *changes* aumento *increase* fattori *factors* conosciuta come *known as* età media *average age* accedere *access* contratti a progetto *project contracts* appartengono *belong* raccolgono *collect* datori di lavoro *employers* punto di incontro *meeting place* scambio *exchange* in prima persona *firsthand*

ATTIVITÀ

1 Vero o falso? Indica se l'affermazione è **vera** o **falsa**. Correggi le affermazioni false.

1. I laureati in Italia sono in diminuzione negli ultimi anni.
2. Il mondo del lavoro in Italia non è cambiato da 50 anni.
3. La laurea triennale è un nuovo tipo di laurea.
4. La legge 30/2003 è una legge di riforma dell'università.
5. Per avere un contratto a progetto i giovani devono fare uno stage.

6. I siti e portali «informagiovani» aiutano i giovani a contattare le aziende.
7. I siti e portali per il lavoro sono solo per i giovani che cercano un lavoro.
8. Il tirocinio è un periodo di formazione e lavoro dei giovani in un'azienda.
9. Il tirocinio è molto diverso dallo stage e dall'*internship*.
10. Meno del 25% dei giovani sono senza lavoro.

Practice more at **vhlcentral.com.**

L'ITALIANO QUOTIDIANO

Per cercare lavoro

l'agenzia di somministrazione lavoro	*temp agency*
l'annuncio di lavoro	*job ad*
l'assunzione (f.)	*hiring*
la capacità	*skill*
la competenza	*competence; ability*
la formazione	*training*
la prima occupazione	*first job*
la qualifica	*qualification*
le risorse umane	*human resources*
la raccomandazione	*recommendation*
la specializzazione	*specialization*

USI E COSTUMI

I luoghi dove cercare offerte di lavoro

Cercare lavoro può essere frustrante, soprattutto quando uno non sa bene dove guardare. I «luoghi» più comuni sono i **giornali**: le colonne con gli annunci di lavoro nei quotidiani, oppure i giornali specializzati per chi cerca e per chi offre lavoro. Con la tecnologia anche in Italia sono nati molti portali e **siti Internet** che permettono di inserire i dati° del candidato e selezionare° le sue qualifiche, le capacità e le competenze. Molto interessanti sono i portali come Almalaurea o Primolavoro dedicati ai neolaureati o neodiplomati°. Negli ultimi anni sono molto utilizzate anche le **Agenzie di somministrazione lavoro**, conosciute anche come Agenzie di lavoro interinale°, specializzate nei lavori a tempo parziale o a progetto.

dati *information* **selezionare** *select* **neodiplomati** *recent high-school graduates* **interinale** *temporary*

RITRATTO

Musica per celebrare i lavoratori

Il primo maggio in Italia si celebra la Festa dei Lavoratori°. Questa data, che ricorda le conquiste° dei diritti del lavoro, è diventata una festa nazionale alla fine del 1800.

Durante il Ventennio fascista° il regime ha spostato la data al 21 aprile, giorno del Natale di Roma°; ma, dopo la fine della Seconda Guerra Mondiale, il paese è tornato a festeggiare il primo giorno di maggio. In tutta l'Italia ci sono cortei° di lavoratori e comizi° di rappresentanti dei sindacati. La manifestazione più importante e seguita dal 1990 è il **Concerto del Primo Maggio di Roma** in Piazza San Giovanni, organizzato dai tre sindacati principali: CGIL, CISL e UIL.

Per molte ore cantanti italiani e internazionali si esibiscono° per un pubblico numerosissimo. Spesso alla musica si alternano presentazioni di personaggi della politica, ma anche ospiti del mondo del cinema e dello spettacolo.

Festa dei Lavoratori *Labor Day* **conquiste** *victories* **Ventennio fascista** *Fascist period*
Natale di Roma *Foundation of Rome* **cortei** *parades* **comizi** *rallies* **si esibiscono** *perform*

SU INTERNET

Cerca almeno tre offerte di lavoro sui siti Internet italiani.

Go to **vhlcentral.com** to find more information related to this **CULTURA**.

---

2 **Completare** Completa le frasi.

1. Il primo maggio in Italia si celebra la _____.
2. In Italia è diventata una festa nazionale alla fine del _____.
3. Il _____ del Primo Maggio a Roma si svolge in Piazza San Giovanni.
4. Cercare _____ può essere frustrante.
5. Per cercare lavoro in Italia si sono sviluppati molti _____ e siti Internet.
6. *Almalaurea* e *Primo lavoro* sono portali dedicati ai _____.

3 **A voi** A coppie, rispondete alle domande e discutete le vostre risposte.

1. Hai mai inserito il tuo curriculum vitae su un sito Internet?
2. Hai mai partecipato a un tirocinio in un'azienda?
3. Come si celebra la Festa dei Lavoratori nel tuo paese?

A T T I V I T À

STRUTTURE

11B.1 Irregular present subjunctive

Punto di partenza In **Lezione 11A**, you learned how to form the present subjunctive of regular verbs. However, many common verbs are irregular in the subjunctive.

Present subjunctive of common irregular verbs

	avere	dare	essere	sapere	stare
io	abbia	dia	sia	sappia	stia
tu	abbia	dia	sia	sappia	stia
Lei/lui/lei	abbia	dia	sia	sappia	stia
noi	abbiamo	diamo	siamo	sappiamo	stiamo
voi	abbiate	diate	siate	sappiate	stiate
loro	abbiano	diano	siano	sappiano	stiano

- Remember that the **noi** and **voi** forms of all verbs, regular or irregular, follow the same patterns, and that the subjunctive **noi** form is the same as the indicative. Note that the **voi** form resembles the **noi** form, except for the **-te** ending.

  Bisogna che **siamo** puntuali.
  *We must **be** punctual.*

  Non è giusto che **siate** tanto esigenti.
  It's not fair that you're so demanding.

- As with regular verbs, the **loro** form of irregular verbs can be formed by adding **-no** to the singular present subjunctive form.

  Peccato che Pina **non abbia** referenze!
  *It's a pity that Pina **doesn't have** any references!*

  È male che questi candidati **non abbiano** esperienza professionale?
  *Is it bad that these candidates **don't have** professional experience?*

- Although many verbs that are irregular in the present indicative are also irregular in the present subjunctive, many of them follow an identifiable pattern like **andare** below, whose irregular forms can be derived from the first-person singular indicative form.

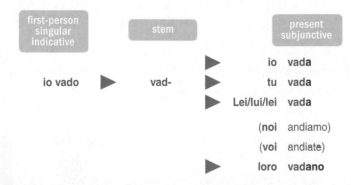

first-person singular indicative	stem	present subjunctive
		io vada
io vado	vad-	tu vada
		Lei/lui/lei vada
		(noi andiamo)
		(voi andiate)
		loro vadano

- Remember that **noi** and **voi** forms always derive from the indicative **noi** form.

PRATICA

1 Scegliere In base al contesto, scegli o l'indicativo o il congiuntivo per completare ogni frase.

1. È incredibile che loro (hanno / abbiano) ancora voglia di giocare.
2. Può darsi che il treno (è / sia) partito in ritardo.
3. È certo che questa sera (piove / piova).
4. È preferibile che tu (scrivi / scriva) la lettera al computer.
5. È chiaro che io (preferisco / preferisca) il nuoto alla ginnastica.
6. È sicuro che voi (venite / veniate) quest'estate.

2 Completare Completa le frasi seguenti con la forma corretta del congiuntivo.

1. Pare che Daniela non _____ (avere) esperienza.
2. È importante che tu _____ (sapere) cosa fare in queste situazioni.
3. È impossibile che a loro _____ (piacere) solo queste verdure.
4. Sembra che noi _____ (uscire) tutti insieme stasera.
5. È possibile che anche voi _____ (andare) in Italia a giugno?
6. Può darsi che anch'io _____ (bere) acqua e non succo a cena.
7. È incredibile che tutti _____ (avere) il raffreddore.
8. È bene che io _____ (venire) in classe tutti i giorni.

3 Trasformare Usa gli indizi dati per creare frasi complete con il congiuntivo.

1. è bello che / Silvana / avere un colloquio
2. è importante che / loro / andare da uno psicologo
3. non è bene che / a Fiorella / non piacere i miei amici
4. è impossibile che / il tassista / non sapere dove andare
5. sembra che / tu / volere davvero questo lavoro
6. è bene che / io / essere pronto alle 17.00 in punto
7. è incredibile che / Rosetta / potere concentrarsi così bene
8. pare che / questo cuoco / fare sempre le stesse cose

Practice more at **vhlcentral.com**.

COMUNICAZIONE

4 La mia lista A coppie, parlate a turno di alcune cose che, per voi, sono importanti da fare. Usate i verbi dati.

MODELLO

S1: È importante che io dica ai miei genitori quali corsi frequento.
S2: È importante che io...

1. andare
2. bere
3. dare
4. dire
5. fare
6. uscire
7. venire
8. sapere

5 Opinioni Lavorate a coppie. Usate le espressioni di ciascuna colonna per scrivere una lista di opinioni e reazioni riguardo alla vita in ufficio.

MODELLO

S1: Può darsi che i migliori candidati trovino sempre lavoro.
S2: È certo che i migliori candidati trovano sempre lavoro.

A	B
è incredibile	i migliori candidati / trovare sempre lavoro
può darsi	la segretaria / non volere parlare al direttore
è preferibile	la riunione / essere troppo lunga
è vero	il dirigente / occuparsi degli impiegati
è certo	il successo / dipendere da te
è sicuro	l'agente immobiliare / sapere tutto della casa
bisogna	il veterinario / conoscere tutti gli animali per nome

6 Il candidato ideale In gruppi di tre, scegliete una professione dalla **Lezione 11A**. Create una lista di criteri per la persona adatta a quella professione. Usate le espressioni impersonali e il congiuntivo dei verbi **avere**, **essere** e **sapere** per dire cosa quella persona dovrebbe fare e sapere e come dovrebbe essere.

MODELLO

S1: Per essere un agente immobiliare è importante che il candidato abbia esperienza professionale.
S2: È necessario che sia una persona estroversa e amichevole.
S3: Ed è preferibile che conosca bene il mercato.

- Use these singular subjunctive forms to derive the full present subjunctive conjugation for the following verbs. Note that **dovere** stems from the alternate first-person indicative form **debbo**.

bere	beva	fare	faccia	uscire	esca
dire	dica	piacere	piaccia	venire	venga
dovere	debba	potere	possa	volere	voglia

- You have already learned many impersonal expressions of opinion or perception that trigger the subjunctive.

È bene che tu **faccia domanda** per il posto.
It's good that you are applying for the position.

Pare che Sara **debba** cercare un nuovo lavoro.
It seems that Sara has to look for a new job.

- It is important to note, however, that not all impersonal expressions trigger the subjunctive. Impersonal expressions that state fact or certainty are followed by the indicative.

È bello che Silvana **abbia** finalmente un colloquio.
It's nice that Silvana finally has an interview.

BUT

È vero che Silvana **ha** finalmente un colloquio.
It's true that Silvana finally has an interview.

- Here are more examples of expressions of both types.

Impersonal expressions that . . .			
trigger the subjunctive		**do not require the subjunctive**	
è incredibile	*it's incredible*	è certo	*it's certain*
può darsi	*it's possible*	è chiaro	*it's clear*
è preferibile	*it's preferable*	è sicuro	*it's definite*

Può darsi che lui **voglia** aiuto.
It's possible that he wants help.

È chiaro che lui **vuole** il mio consiglio.
It's clear that he wants my advice.

- Remember that an infinitive follows the impersonal expression if there is no specific subject.

È preferibile prendere un appuntamento.
It's preferable to make an appointment.

Provalo! Scrivi le forme mancanti del congiuntivo.

	dire	dovere	sapere	uscire
1. io	*dica*	debba	_____	esca
2. tu	dica	_____	sappia	_____
3. Lei/lui/lei	_____	debba	sappia	_____
4. noi	diciamo	_____	_____	usciamo
5. voi	_____	dobbiate	_____	usciate
6. loro	dicano	_____	sappiano	_____

STRUTTURE

11B.2 Verbs that require the subjunctive

Punto di partenza In addition to many impersonal expressions, verbs expressing emotions, attitudes, and doubts also require the subjunctive in a subordinate clause.

- If the clauses have two different subjects and the verb in the main clause expresses emotion, then use the subjunctive in the subordinate clause. Use **che** to connect the two clauses.

MAIN CLAUSE EXPRESSION OF EMOTION	CONJUNCTION	SUBORDINATE CLAUSE VERB IN SUBJUNCTIVE MOOD
La direttrice **è contenta**	**che**	**rispondano** al telefono.
*The manager **is happy***	*that*	*they're answering the phone.*
Non **hai paura**	**che**	il salario **sia** troppo basso?
*Aren't **you afraid***	*that*	*the salary **is** too low?*

- Verbs expressing hope and desire also trigger the subjunctive, as do verbs of will used to influence the actions of others.

Verbs of emotion, desire, hope, and will

avere bisogno	to need	insistere	to demand, insist on
avere paura	to be afraid	piacere	to please
chiedere	to ask, request	preferire	to prefer
desiderare	to desire, wish	sperare	to hope
dispiacere	to be sorry	suggerire	to suggest
essere contento/a	to be happy	temere	to fear
essere triste	to be sad	volere	to want

Mi dispiace che tu **debba** cercare un nuovo lavoro.
I'm sorry *that you **have to** look for a new job.*

Speriamo che **Lei riceva** presto un'offerta di lavoro.
We hope *that **you'll get** a job offer soon.*

- Verbs of opinion, doubt, and uncertainty also require the subjunctive in subordinate clauses.

Verbs of opinion, doubt, and uncertainty

avere l'impressione	to have the impression	immaginare	to imagine
credere	to believe	non essere sicuro	to be uncertain
dubitare	to doubt	pensare	to think

Non crede che il mio consiglio la **aiuti**.
She doesn't believe *that my advice **is helping** her.*

Il candidato **pensa** che il posto **sia** perfetto per lui.
*The candidate **thinks** that the position **is** perfect for him.*

PRATICA

1 Associare Associa le frasi con le conclusioni che le completano meglio.

1. L'uomo telefona tardi e spera _____
2. La segretaria è contenta che tu _____
3. È certo che in quest'ufficio noi _____
4. Non è possibile che le graffette _____
5. È sicuro che il tassista _____
6. Non so nemmeno a quante offerte di lavoro _____

a. abbiamo bisogno di uno specialista.
b. siano già finite!
c. di poter lasciare un messaggio.
d. ho risposto prima di accettare questo posto.
e. arriva puntuale.
f. l'aiuti a preparare i documenti.

2 Completare Completa la conversazione con la forma corretta di ogni verbo.

LAURA Ciao Nicoletta, come stai?

NICOLETTA Non bene. Ho lasciato il mio lavoro e temo che il principale non mi (1) _____ (scrivere) una buona lettera di referenze.

LAURA Mi dispiace che voi (2) _____ (lasciarsi) in cattivi rapporti. Ma sei sicura? Io penso che lui e i tuoi colleghi ti (3) _____ (dare) tutto l'aiuto di cui hai bisogno.

NICOLETTA Non lo so. Giorgio insiste che io (4) _____ (restare) e Anna e Francesco sperano che tu e altri amici mi (5) _____ (fare) cambiare idea. Dubito che qualcuno mi (6) _____ (aiutare) a decidere obiettivamente!

LAURA Ricordati che tu (7) _____ (essere) una professionista e sappi che noi tutti ti (8) _____ (sostenere), qualunque decisione tu prenda!

3 Creare Usa gli indizi per creare frasi complete.

1. la direttrice insistere / l'impiegato fotocopiare le referenze
2. Sofia essere felice / il principale le dare una promozione
3. essere chiaro / a Monica non piacere questo lavoro
4. io sperare / tu chiedere un aumento
5. Gianni non credere / fare l'agricoltore / essere un mestiere difficile
6. il direttore preferire / avere impiegati a tempo pieno

🔊 Practice more at **vhlcentral.com**.

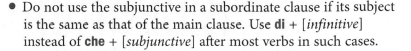

4   **Un giorno difficile** A coppie, create frasi usando gli indizi dati e verbi al congiuntivo.

1. Il contabile ha paura che...
2. Alla segretaria dispiace che...
3. Il direttore del personale è felice che...
4. La direttrice insiste che...
5. Gli impiegati sperano che...
6. Lo specialista dubita che...
7. L'operaio teme che...
8. La psicologa suggerisce che...

5   **Vero o falso?** In gruppi di quattro, fate a turno a dare delle informazioni su voi stessi. Gli altri devono dire se credono o dubitano quello che voi dite. Ogni volta che una persona indovina, quella persona prende un punto. Fate a turno a dare informazioni e a indovinare.

MODELLO

S1: Io ho esperienza professionale come tassista.
S2: Dubito che tu abbia...
S3: Io penso che sia vero che...

6   **Un copione** A coppie, immaginate di dover scrivere un copione (*script*) per un film che si svolge in un ufficio. Descrivete le emozioni e i sentimenti di ogni personaggio usando le espressioni presentate. Fate attenzione a usare il congiuntivo e l'indicativo correttamente.

MODELLO

La dirigente si chiama Laura Vincenzo. Ha paura che gli impiegati non lavorino abbastanza seriamente. Teme anche che il suo salario sia troppo basso. Dubita di ricevere un aumento nel prossimo futuro...

la dirigente

una segretaria

un'impiegata

una consulente

un assistente

un rappresentante del sindacato

• Do not use the subjunctive in a subordinate clause if its subject is the same as that of the main clause. Use **di** + [*infinitive*] instead of **che** + [*subjunctive*] after most verbs in such cases.

Lucrezia **non crede di ottenere** il lavoro.
*Lucrezia **doesn't believe she's getting** the job.*

Il mio amico **pensa di fare domanda**.
*My friend **is thinking about applying**.*

Dubitiamo di poter arrivare in tempo.
***We doubt we can arrive** on time.*

Temo di avere sbagliato numero.
***I'm afraid I dialed the wrong** number.*

• Omit **di** before the infinitive in same-subject sentences with **desiderare**, **preferire**, or **volere** in the main clause.

Preferite fotocopiare il documento?
***Do you prefer to photocopy** the document?*

Quel signore **desidera lasciare** un messaggio.
*That man **wants to leave** a message.*

• Verbs or expressions of fact and certainty are not followed by the subjunctive.

Verbs and expressions that do not trigger the subjunctive

essere certo/a	*to be certain*	ricordare	*to remember*
essere sicuro/a	*to be sure*	sapere	*to know*
riconoscere	*to recognize, acknowledge*	vedere	*to see*

Sono sicuro che il colloquio è domani.
***I'm sure** the interview is tomorrow.*

Non riconosce che la sua esperienza **non c'entra**.
***He doesn't acknowledge** that his experience **isn't relevant**.*

Provalo!   Scegli la forma del verbo che meglio completa ogni frase.

1. Il principale pensa che tu (devi / (debba)) far domanda per il lavoro.
2. Silvano non pensa di (riceva / ricevere) un salario giusto.
3. Claudio preferisce che tu (risponda / rispondi) al telefono.
4. Il posto richiede che noi (viaggiare / viaggiamo) spesso.
5. L'impiegato spera che tu (puoi / possa) scrivere una buona lettera di referenze.
6. La segretaria ti chiede di (resti / restare) in attesa.
7. Il giudice dubita che quell'avvocato (vinca / vince) il caso.
8. Tutti i candidati hanno paura di non (passare / passano) il colloquio di lavoro.
9. Secondo me, questo assistente non (ha / abbia) un buon C.V.
10. Sembra che Nicola non (trovi / trova) la sua rubrica.

SINTESI

Ricapitolazione

1 Frasi a catena In gruppi di quattro, usate le espressioni date per creare una catena di frasi complete. La prima persona completa la prima frase, la seconda ripete la prima frase e ne aggiunge un'altra e così via. Continuate fino a quando la frase è troppo lunga e non la ricordate più.

MODELLO

S1: *È importante che i professori non diano compiti il fine settimana.*

S2: *È importante che i professori non diano compiti il fine settimana e che siano molto pazienti con gli studenti...*

Frasi utili:

1. È importante che i professori...
2. È giusto che gli studenti...
3. È necessario che gli esami...
4. È bene che io...
5. È possibile che la classe...
6. È improbabile che noi...

2 Scritte in ufficio A coppie, immaginate di essere in un ufficio. Fate una breve descrizione del posto e poi create una lista di otto scritte (*signs*) che potreste trovare in un ufficio. Usate espressioni impersonali e il congiuntivo quando necessario.

MODELLO

Siamo da un veterinario. È pieno di animali e c'è molto rumore. La prima scritta dice: È necessario che tutti i clienti tengano buoni i loro animali. La seconda scritta dice...

> È necessario che tutti i clienti tengano buoni i loro animali.

> È proibito dare da mangiare agli animali!

3 Il consulente A coppie, create una conversazione tra uno studente che si sta preparando per un colloquio di lavoro e una consulente che lo aiuta. Prima di iniziare, lo studente deve scrivere cinque domande, usando espressioni impersonali e il congiuntivo. La consulente scrive cinque consigli. Poi create la conversazione.

MODELLO

S1: *È importante che io abbia lettere di referenze prima del colloquio?*

S2: *Sì, è necessario che tu trovi delle persone che ti conoscono e...*

4 Un'inchiesta L'insegnante ti darà un foglio con delle domande per un'inchiesta. Fa' le domande ai tuoi compagni e scrivi le risposte sul foglio usando frasi complete.

MODELLO

S1: *Cosa speri che la famiglia faccia per il tuo compleanno?*

S2: *Io spero che, per il mio compleanno, la famiglia mi regali un nuovo computer portatile.*

5 Cosa voglio A coppie, dite a turno cosa volete che facciano per voi le diverse persone nella vostra vita. Usate la lista seguente o persone di vostra scelta.

MODELLO

S1: *Cosa vuoi che facciano i tuoi amici per te?*

S2: *Voglio che i miei amici mi aiutino a pulire il mio appartamento!*

i tuoi amici	la tua famiglia
i tuoi genitori	i tuoi professori
il tuo compagno di stanza	un perfetto sconosciuto (*stranger*)
la tua migliore amica	il tuo principale

6 Due verità e una bugia Crea una lista di tre fatti su te stesso/a. La lista deve contenere due verità e una bugia (*lie*). Poi, in gruppi di quattro, fate a turno a leggere le vostre frasi. Gli altri devono dire quale frase, secondo loro, è la bugia e quali frasi sono le verità. La persona che legge ottiene un punto ogni volta che un'altra persona non indovina.

MODELLO

S1: *Conosco il cugino di Taylor Swift. Ho nove fratelli e sorelle. Ho sei dita nel piede sinistro.*

S2: *È vero che conosci il cugino di Taylor Swift ed è anche vero che hai nove fratelli e sorelle. Dubito che tu abbia sei dita nel piede sinistro.*

7 **La visita guidata** A coppie, scrivete una storia divertente su una visita guidata in Italia. Create dei nomi per sei personaggi e usate il congiuntivo per descrivere cosa è incluso nella visita e le reazioni dei personaggi. Siate creativi!

MODELLO

Signor Ravello: nervoso, irritabile

Il Signor Ravello è nervoso perché c'è troppa gente e teme che sia difficile vedere il David.

il David

1. Ponte Vecchio

2. il Vaticano

3. il Colosseo

4. il Duomo di Milano

5. un'opera di Shakespeare

6. il Ponte dei Sospiri

8 **Chi fa cosa in ufficio** Lavorate a coppie. L'insegnante vi darà due fogli diversi, ciascuno con metà delle informazioni su un ufficio. Domandatevi a turno cosa ogni persona vuole, crede o desidera che gli altri facciano. Usate le informazioni che ottenete per scrivere frasi complete sulla vita in quest'ufficio.

MODELLO

S1: Cosa vuole la segretaria?
S2: La segretaria vuole che l'assistente amministrativo faccia le fotocopie dei documenti.

Il mio dizionario

Aggiungi al tuo dizionario personalizzato cinque parole relative al mondo del lavoro.

efficiente

traduzione
efficient

categoria grammaticale
aggettivo

uso
I nostri impiegati sono tutti molto efficienti.

sinonimi
produttivo, capace

antonimi
incapace, inefficiente

risorse

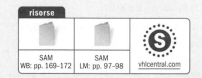

SAM
WB: pp. 169–172

SAM
LM: pp. 97–98

vhlcentral.com

Panorama

Dalle Alpi alla Riviera

Interactive Map

il lago di Como

lo stadio olimpico a Torino

Genova

Valle d'Aosta

La regione in cifre

▶ **Superficie:** *3.263 km²*
▶ **Popolazione:** *128.021*
▶ **Città principali:** *Aosta, Saint-Vincent, Donnas*

Valdostani celebri

▶ **Italo Mus,** *pittore impressionista (1892–1967)*
▶ **Gloriana Pellissier,** *sci alpinista° (1976–)*

Piemonte

La regione in cifre

▶ **Superficie:** *25.400 km²*
▶ **Popolazione:** *4.406.677*
▶ **Città principali:** *Torino, Novara, Alessandria*

Piemontesi celebri

▶ **Cesare Pavese,** *scrittore e poeta (1908–1950)*
▶ **Carla Bruni,** *cantautrice° e modella (1967–)*

Liguria

La regione in cifre

▶ **Superficie:** *5.420 km²*
▶ **Popolazione:** *1.583.223*
▶ **Città principali:** *Genova, La Spezia, Savona*

Liguri celebri

▶ **Giuseppe Mazzini,** *patriota, politico e filosofo (1805–1872)*
▶ **Vanessa Beecroft,** *artista (1969–)*

Lombardia

La regione in cifre

▶ **Superficie:** *23.863 km²*
▶ **Popolazione:** *9.893.008*
▶ **Città principali:** *Milano, Brescia, Monza*

Lombardi celebri

▶ **Veronica Gambara,** *poetessa (1485–1550)*
▶ **Andrea Pirlo,** *calciatore (1979–)*

sci alpinista *ski mountaineer* **cantautrice** *singer-songwriter*
liutai *violin makers* **sono suonati** *they are played*

Incredibile ma vero!

Amati, Guarneri e Stradivari sono tre famosi liutai° di Cremona. I loro violini sono considerati i migliori del mondo. Oggigiorno ci sono circa 50 Stradivari in circolazione e sono suonati° dai migliori musicisti del mondo. Il prezzo più alto pagato per uno Stradivari è di più di 1,3 milioni di euro nel 1998.

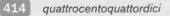

Lo sport

La Valle d'Aosta in inverno

La Valle d'Aosta è una meta°
sciistica da non perdere! In Valle
d'Aosta ci sono quattro delle più
alte montagne europee: il Monte
Bianco (alto più di 4.800 metri),
il Cervino°, il Monte Rosa e il
Gran Paradiso. Qui si trova anche
Courmayeur, una delle località di
montagna più famose in Europa e
nel mondo. Uno sport sempre più
famoso è lo scialpinismo. Come
dice la parola, lo scialpinismo
combina le tecniche dello sci
e quelle dell'alpinismo, per
un'esperienza invernale senza limiti!

La gastronomia

Il pesto alla genovese

Il pesto è una delle salse più
famose del mondo. È nato in
Liguria intorno al Seicento,
ed è fatto con basilico, aglio,
pinoli, parmigiano-reggiano,
pecorino e olio d'oliva. Il pesto
alla genovese è uno dei molti
prodotti europei DOP°. Oggi il
pesto è diffusissimo° anche in
America. Il primo riferimento
scritto in America è apparso
grazie ad Angelo Pellegrini, che ne ha pubblicato una ricetta
nel 1944 sul *New York Times*. Questa salsa, però, è diventata
popolare in Nord America solo negli anni '80 e '90.

La letteratura

Torino, una città di letterati

Capitale d'Italia tra il 1861 e il 1865, Torino è diventata un centro
culturale importante in cui molti artisti e scrittori hanno vissuto e
lavorato. Tra i nomi più importanti ricordiamo Umberto Eco, Edmondo

De Amicis, Antonio Gramsci, Cesare
Pavese e Primo Levi. Torino è anche
la sede di molte case editrici° che
ne hanno fatto un centro culturale
molto importante. L'Einaudi, fondata
nel 1933 da Giulio Einaudi, è una
delle più conosciute, ma molto
note sono anche la Società Editrice
Internazionale (SEI), la Loescher,
la Paravia e la Utet.

L'industria

Fabbrica Italiana Automobili Torino

La Fiat nasce a Torino nel 1899.
La prima macchina è la «3½ HP»
di cui, nel 1899, ne furono
prodotti otto esemplari°. Uno dei
modelli Fiat più famosi è la 500,
che ha avuto molto successo
grazie a una buona combinazione
di dimensioni e prezzo. Negli anni '30 la Fiat ha avuto quasi
il monopolio del mercato e negli anni '50, con le macchine
500 e 600, ha contribuito in modo incredibile al «miracolo
economico» italiano. Oggi la Fiat produce macchine, SUV e
furgoni°, di cui il Ducato è il più venduto in Europa.

Quanto hai imparato? Completa le frasi.

1. Stradivari era un _____ di Cremona.

2. I migliori musicisti del mondo suonano _____ Stradivari originali.

3. Il Monte Bianco, il Cervino, il Monte Rosa e il Gran Paradiso
   sono _____.

4. Lo scialpinismo combina lo sci e _____.

5. Gli ingredienti del pesto alla genovese sono basilico, aglio,
   _____, parmigiano-reggiano, pecorino e olio d'oliva.

6. Angelo Pellegrini ha pubblicato la _____ del pesto per la prima
   volta in America.

7. Umberto Eco e Primo Levi sono due _____ che hanno lavorato
   a Torino.

8. L'Einaudi è una _____ di Torino.

9. La Fiat è nata a _____ nel 1899.

10. Le macchine Fiat 500 e 600 sono state
    create negli anni _____.

Practice more at **vhlcentral.com**.

SU INTERNET

Go to vhlcentral.com to find more cultural information related to this **Panorama**.

1. Che cosa rende i violini Stradivari così unici e ricercati? Dove si trovano oggi alcuni degli
   esemplari originali?

2. Ricerca più notizie sulla città di Torino. Trova informazioni sulla sua storia o su eventi
   particolari. Poi presenta i risultati della ricerca alla classe.

3. Lo sviluppo industriale della Fiat è molto legato agli eventi storici italiani. Trova
   informazioni sul ruolo della Fiat fra le due guerre mondiali.

meta *destination* **Cervino** *Matterhorn* **DOP** *PDO (protected
denomination of origin)* **diffusissimo** *very wide-spread* **case editrici**
publishing companies **ne furono prodotti otto esemplari** *eight of
them were made* **furgoni** *vans*

Lettura Audio: Reading

Prima di leggere

Esamina il testo

Osserva il titolo e l'immagine. Secondo te, di che cosa tratta il testo? Descrivi l'immagine. Cosa ti suggeriscono il titolo e l'immagine?

L'autrice
Grazia Deledda

Grazia Deledda nasce a Nuoro, in Sardegna, nel 1871 in una famiglia piuttosto agiata°. Dopo la quarta elementare° prosegue la sua formazione° da autodidatta° (all'epoca alle ragazze non è consentita un'istruzione superiore°). Nel 1888 vengono pubblicati i suoi primi racconti e nel 1895 esce il suo primo romanzo, *Anime oneste*. La scrittrice si trasferisce a Roma nel 1899 e nel 1900 sposa Palmiro Madesani, un funzionario statale°, da cui ha due figli. Continua la pubblicazione di romanzi, racconti e opere teatrali. Nelle sue opere è centrale la Sardegna, di cui ritrae° cultura, paesaggi, gente e storia. Nel 1926 le viene assegnato° il premio Nobel per la letteratura: è la prima donna italiana a ottenere il prezioso riconoscimento. Malata da tempo, muore nel 1936. Tra i suoi romanzi più importanti ricordiamo *Cenere* (1904) e *Canne al vento* (1913). *I tre fratelli* è un racconto tratto da *Leggende sarde*, libro in cui Deledda raccoglie fiabe° e leggende della natia° Sardegna.

agiata *well-off* quarta elementare *fourth grade* formazione *education* autodidatta *self-educated* istruzione superiore *higher education* funzionario statale *government official* ritrae *portrays* le viene assegnato *she is awarded* fiabe *fables* natia *native*

I TRE FRATELLI
(versione ridotta) Grazia Deledda

N ella catena di monti° che circondano Nurri, c'è una grotta° naturale, dove i contadini e i pastori° si rifugiano° per riposarsi, e talvolta per passarvi la notte. Una volta
5 tre fratelli stanchi di aver raccolto olive tutta la giornata entrarono, verso sera, per riposarsi in questa grotta. Mentre stavano cenando con del pane e del magro companatico°, videro entrare tre donne, che si fermarono dubbiose sull'ingresso, guardandoli con
10 diffidenza. Ma subito essi, da buoni giovani che erano, le invitarono gentilmente ad avanzarsi° ed a prender parte alla loro cena. Le donne accettarono. Finito il pasto, dopo molti inutili ragionamenti, esse chiesero ai tre lavoratori chi fossero° e come si chiamavano.

15   «Siamo tre fratelli orfani», risposero essi con buona grazia, «e lavoriamo per vivere. Siamo tanto poveri che se sapessimo come migliorare la nostra condizione davvero che lo faremmo volentieri.»

Le tre donne che erano tre streghe°, o meglio tre
20 fate°, si consultarono con lo sguardo, prima; poi parvero combinare qualcosa fra loro, con uno strano linguaggio che sembrava piuttosto un miagolio°.

Quindi la più vecchia si levò di tasca una tovaglia e la diede° al maggiore dei fratelli dicendogli:
25 «Buon giovine, prendi questo dono che ti faccio da vera amica. Tutte le volte che vorrai mangiare, tu, i tuoi fratelli e tutta la compagnia, non avrai che da sbattere tre volte questa tovaglia, stendendola poscia° dove tu vorrai. E sopra di essa ti comparirà ogni ben di Dio°».

30   La seconda delle fate si rivolse al secondo fratello e gli offrì un portafogli° dicendogli:
«E tu prendi questo. Tutte le volte che lo aprirai ci troverai denaro a tua volontà».

La più giovine intanto porgeva un piffero° al terzo,
35 con queste parole: «Questo strumento da fiato che io ti do servirà non solo per te, ma per tutti coloro° che lo suoneranno e lo udranno°. Va', caro fanciullo, io non ho

altro di meglio, ma vedrai che questo umile dono ti renderà un servigio° maggiore di quello che renderanno ai tuoi
40 fratelli la tovaglia e il portafogli».

I tre giovani, possessori di quei talismani meravigliosi, non avendo più bisogno di lavorare, presero a viaggiare per le città dell'isola in cerca di avventure e di piaceri. Ma un giorno un prete potente° e strapotente intimò°
45 loro di lasciar l'uso dei loro talismani, pena la scomunica° e il carcere°.

Alle replicate minacce° del prete il più giovane dei fratelli si pose a suonare il piffero, che aveva l'incanto di far ballare con la sua musica tutti coloro che la sentivano, tranne° i tre
50 fratelli. Ed ecco il prete che, contro volontà, si diede a ballare con uno slancio proprio ridicolo e irrefrenabile.

Accorse molta gente; ma a misura che si accostavano e che sentivano distintamente il magico suono, tutti ballavano senza potersi mai fermare.
55 I tre fratelli si diedero alla fuga, ma ben presto furono raggiunti, legati e gettati in fondo ad una torre°.

Perciò il loro processo fu presto sbrigato, e, condannati a morte, furono dopo pochi giorni condotti alla forca°.

Sul punto di morire
60 i tre condannati chiesero ai magistrati presenti di accordar loro una grazia per uno. E siccome ai condannati non viene
65 negata un'ultima grazia, tranne quella della vita, i tre fratelli ebbero ciò che chiedevano.

> **"Sul punto di morire i tre condannati chiesero ai magistrati... di accordar loro una grazia per uno."**

Il primo chiese di offrire un pranzo a tutta la
70 moltitudine, compresi i giudici.

La proposta fu accolta con entusiasmo dalla folla°, e subito il giovine stese la sua tovaglia sul palco. Ogni sorta di pietanze°, di frutta, di dolci e di vini squisiti compariva sulla strana mensa.
75 La gente mangiava e beveva a crepapelle°, ma più se ne consumava più grazia di Dio abbondava sulla tavola. Allora il secondo fratello chiese la grazia di distribuire del denaro. Figuriamoci se fu concessa! Aperto il portafogli incantato, il condannato distribuì enormi somme a quei
80 poveri diavoli di soldati, di contadini e di pastori che mai avevano veduto una simile meraviglia.
Mentre tutti si abbandonavano ad una pazza allegria, il terzo fratello chiese la grazia di suonare. Sperando un altro benefizio, i giudici e la folla accordarono a grandi
85 voci quest'ultima grazia. Il giovine si mise a suonare e immantinente° i giudici, le soldataglie e i carnefici° si diedero ad eseguire una danza furiosa, macabra, spingendosi gli uni sugli altri, pestandosi, urtandosi°, cadendo a terra... E nella terribile confusione i tre
90 condannati poterono svignarsela° e porsi in salvo° coi loro talismani. ∎

catena di monti *chain of mountains* grotta *cave* i contadini e i pastori *peasants and shepherds* si rifugiano *take shelter* companatico *condiments* avanzarsi *come in* fossero *they were* streghe *witches* fate *fairies* miagolio *meow* diede *gave* poscia *thereafter* portafogli *wallet* ben di Dio *all sorts of good things* piffero *penny-whistle* coloro *those* udranno *will hear* servigio *service* prete potente *powerful priest* intimò *intimated* scomunica *excommunication* carcere *prison* minacce *threats* tranne *except* torre *tower* forca *gallows* folla *crowd* pietanze *dishes* mangiava... a crepapelle *ate their fill* immantinente *immediately* carnefici *executioners* urtandosi *bumping into each other* svignarsela *to slip away* in salvo *in safety*

Dopo la lettura

Vero o falso? Determina se queste frasi sono **vere** o **false**. Dove possibile, usa parole dal testo per giustificare la tua risposta.

1. I tre fratelli, dopo una giornata di lavoro, stanno consumando una ricca cena.

   _____

2. Prima di accettare l'invito a cena, le tre donne chiedono ai tre fratelli chi sono e come si chiamano.

   _____

3. Le tre donne si consultano prima con lo sguardo e poi con un linguaggio insolito.

   _____

4. Le tre donne danno un talismano ognuna a ognuno dei tre fratelli: una tovaglia, dei soldi e un piffero.

   _____

5. Grazie ai talismani, i tre fratelli smettono di lavorare, ma un giorno un prete ordina loro di non usarli più.

   _____

6. Di fronte alle minacce del prete, uno dei fratelli gli offre dei soldi.

   _____

7. I tre fratelli cercano di scappare ma vengono presi a condannati a morte.

   _____

8. Prima di morire, i tre chiedono una grazia ognuno ma i magistrati dicono di no.

   _____

9. Il primo fratello offre da mangiare a tutti, il secondo distribuisce soldi e il terzo suona il piffero.

   _____

10. Approfittando della confusione generale i tre fratelli riescono a fuggire ma perdono i loro talismani.

Il narratore Leggi di nuovo il brano. Secondo te, come si pone l'autrice nei confronti dei tre fratelli protagonisti della storia? Simpatizza per loro o piuttosto per le autorità che li condannano a morte? Come lo sai? A coppie, discutete le vostre risposte.

Seguito Scrivi un possibile *sequel* della storia. Cosa fanno i tre fratelli una volta al sicuro? Rimangono in Sardegna? Continuano a usare i talismani ricevuti? Rimangono uniti o nascono dei contrasti tra loro? Specifica più dettagli possibili.

Practice more at **vhlcentral.com**.

In ascolto  (S) Audio

Listening for linguistic clues

You can enhance your listening comprehension by listening for specific linguistic cues. For example, if you listen for the endings of conjugated verbs or for familiar constructions, such as the **passato prossimo**, **avere voglia di** + [*infinitive*], or **avere bisogno di** + [*infinitive*], you can find out whether a person did something in the past, wants to do something, or needs to do something.

To practice listening for linguistic clues, you will listen to four sentences. As you listen, note whether each sentence refers to a past, present, or future action.

Preparazione

Guarda la fotografia. Per quale tipo di lavoro fa domanda l'uomo? Come sta andando il colloquio? Secondo te, l'uomo otterrà il lavoro?

Ascoltiamo

Ascolta la conversazione due volte. Dopo la seconda volta completa gli appunti dell'intervistatrice sul candidato.

Nome: Carmelo Nanni

Posizione: _____

Diploma in: _____

Esperienza professionale:
- _____ presso (*with*) i laboratori della Johnson & Johnson a Roma
- Ricerca su _____
- Lavoro a metà tempo presso _____
- Cerca _____

Comprensione

Rispondere Rispondi alle seguenti domande basate sulla conversazione. Usa frasi complete.

1. Perché Carmelo vuole essere un assistente di laboratorio?
   _____

2. Dove e quando si è laureato Carmelo?
   _____

3. Quanto è durato lo stage presso la Johnson & Johnson?
   _____

4. Dov'era lo stage che ha fatto Carmelo?
   _____

5. A Carmelo piacerebbe viaggiare?
   _____

6. Dove gli piacerebbe viaggiare?
   _____

7. Quali giorni lavora Carmelo?
   _____

8. Carmelo è interessato a un lavoro a tempo parziale?
   _____

Una lettera a un intervistatore Immagina di essere stato/a intervistato/a per un apprendistato (*apprenticeship*) presso una compagnia italiana. L'intervista è andata bene e ora sei ansioso/a di avere notizie dalla compagnia. A coppie, preparate una lettera in cui ringraziate (*you thank*) l'intervistatore per il suo tempo e il suo interesse. Usate questa opportunità per ripetere quali sono le vostre qualifiche per il lavoro. Ricordatevi di usare il **Lei** formale.

Scrittura

STRATEGIA

Writing strong introductions and conclusions

Introductions and conclusions serve a similar purpose: both are intended to focus the reader's attention on the topic being covered. The introduction presents a brief preview of the topic. In addition, it informs your reader of the important points that will be covered in the body of your writing. The conclusion reaffirms those points and concisely sums up the information that has been provided. A compelling fact or statistic, a humorous anecdote, or a question directed to the reader are all interesting ways to begin or end your writing.

For example, if you were writing a cover letter for a job application, you might start by indentifying the job posting to which you are responding. The rest of your introductory paragraph could outline the areas you will cover in the body of your letter, such as your work experience and your reasons for wanting the job. In your conclusion, you might sum up the most important and convincing points of your letter and tie them together in a way that would leave your reader impressed and curious to learn more. You could, for example, use your conclusion to state why your qualifications make you the ideal candidate for the job and convince your reader of your enthusiasm for the position.

Tema

Scrivi una lettera di accompagnamento

Scrivi una lettera di accompagnamento per fare domanda per il lavoro dei tuoi sogni. La lettera dovrebbe avere tre parti: un'introduzione, uno sviluppo e una conclusione. Nell'introduzione, dichiara brevemente lo scopo della lettera. Nello sviluppo, descrivi in dettaglio le tue qualifiche e i tuoi interessi. Nella conclusione, riassumi i vari punti e spiega perché sei un(a) buon candidato/a per quel posto. Usa i seguenti suggerimenti come punti di partenza.

INTRODUZIONE

- Di' qual è il titolo del posto per cui fai domanda.
- Spiega perché fai domanda per questo lavoro.

SVILUPPO

- Riassumi la tua istruzione e le tue esperienze.
- Di' che cosa hai imparato da queste esperienze.
- Spiega perché tali esperienze ti rendono qualificato/a per questo lavoro.
- Descrivi quali attributi particolari puoi apportare alla compagnia.

CONCLUSIONE

- Conferma il tuo entusiasmo e il tuo interesse per il lavoro.
- Spiega perché questo lavoro può aiutare la tua carriera e come puoi beneficiare il datore di lavoro.

Espressioni

dare le dimissioni	to resign
dirigere	to manage
essere ben/mal pagato/a	to be well/poorly paid
essere disoccupato/a	to be unemployed
fallire (-isc-)	to fail
fare domanda	to apply
fare progetti	to make plans
fotocopiare	to photocopy
guadagnare	to earn
licenziare	to fire, to dismiss
ottenere	to get, to obtain
prendere un appuntamento	to make an appointment
prendere un congedo	to take leave time
trovare lavoro	to find a job

Al lavoro

l'assicurazione (sulla vita) (f.)	(life) insurance
l'aumento	raise
il/la consulente	consultant
il/la dirigente	executive; manager
il livello	level
il/la pensionato/a	retiree
il/la principale	boss, head
la promozione	promotion
la riunione	meeting
il successo	success
il sindacato	(labor) union
a tempo parziale	part-time
a tempo pieno	full-time
esigente	demanding

La cancelleria per ufficio

la bacheca	bulletin board
la cucitrice	stapler
la graffetta	paper clip; staple
la rubrica	address book

Le carriere

l'agente immobiliare	real estate agent
l'agricoltore/ agricoltrice	farmer
il/la banchiere/a	banker
il/la barista	bartender
il/la bidello/a	caretaker; custodian
il/la camionista	truck driver
il/la casalingo/a	househusband; housewife
il/la contabile	accountant
il/la cuoco/a	cook, chef
il/la docente	teacher, lecturer
l'elettricista	electrician
il/la funzionario/a	civil servant
il/la giardiniere/a	gardener
il/la giudice	judge
l'operaio/a	(factory) worker
il/la pompiere/a	firefighter
il/la portiere/a	doorman; caretaker
lo/la psicologo/a	psychologist
lo/la scienziato/a	scientist
il/la segretario/a	secretary
il/la tassista	taxi driver
il/la tecnico	technician
il/la veterinario/a	veterinarian

Al telefono

Attenda in linea, per favore.	Please hold.
C'è il/la signor(a)...?	Is Mr./Mrs. . . . there?
Chi è?/Chi parla?	Who's calling?
Da parte di chi?	On behalf of whom?
Pronto?	Hello?
la cornetta	receiver
il numero di telefono	telephone number
lasciare un messaggio	to leave a message
restare in attesa	to be on hold
riattaccare il telefono	to hang up the phone
rispondere al telefono	to answer the phone

Cercare lavoro

l'assistente amministrativo/a	administrative assistant
l'azienda	firm
il/la candidato/a	candidate
il colloquio di lavoro	job interview
il consiglio	advice
il curriculum vitae, il C.V.	résumé
il direttore/ la direttrice	manager
il direttore/ la direttrice del personale	personnel manager
l'esperienza professionale	professional experience
l'istruzione (f.)	education
l'impiegato/a	employee
la lettera di referenze	letter of reference
le referenze	references
il mestiere	occupation, trade
le offerte di lavoro	job openings
il posto	position; job
il salario (elevato/basso)	(high/low) salary
il settore	field; sector
lo/la specialista	specialist
lo stage	internship
il tirocinio	professional training

Espressioni utili	See pp. 389 and 405.
Impersonal expressions	See pp. 392 and 409.
Verbs that trigger the subjunctive	See pp. 409 and 410.
Verbs that do not trigger the subjunctive	See pp. 409 and 411.

risorse

S

vhlcentral.com

L'ambiente naturale

Per cominciare

- Dove sono Paolo, Emily e Marcella?
  a. in un prato   b. in un deserto
  c. in una montagna
- Che cosa stanno facendo?
  a. remano   b. esplorano   c. fanno un picnic
- Cosa c'è dietro di loro?
  a. l'oceano   b. degli alberi   c. la luna

Lezione

12A

Communicative Goals

You will learn how to:
- talk about nature
- talk about outdoor activities

All'aria aperta ⓢ Vocabulary Tools

Vocabolario

la natura	*nature*
l'alba	*dawn; sunrise*
la baita	*cabin (mountain shelter)*
la campagna	*countryside*
il campo	*field*
la cascata	*waterfall*
la costa	*coast*
il deserto	*desert*
la fattoria	*farm*
il fieno	*hay*
il fiore	*flower*
il fiume	*river*
la foresta	*forest*
la montagna	*mountain*
l'oceano	*ocean*
l'orizzonte (*m.*)	*horizon*
la pineta	*pine forest*
il prato	*meadow*
il sentiero	*path*
il sole	*sun*
il tramonto	*sunset*
sorgere*	*to rise (sun)*
tramontare	*to set (sun)*
gli insetti e gli animali	*insects and animals*
l'ape (*f.*)	*bee*
la capra	*goat*
il gabbiano	*seagull*
la pecora	*sheep*
la rondine	*swallow*
il toro	*bull*
l'uccello	*bird*
le attività	*activities*
esplorare	*to explore*
passare	*to pass by; to spend (time)*
remare	*to row*
scalare	*to climb*

il cielo

l'albero

la valle

la pianta

Fanno un picnic.

lo scoiattolo

l'erba

la mucca

risorse

SAM
WB: pp. 175–176

SAM
LM: p. 99

ⓢ
vhlcentral.com

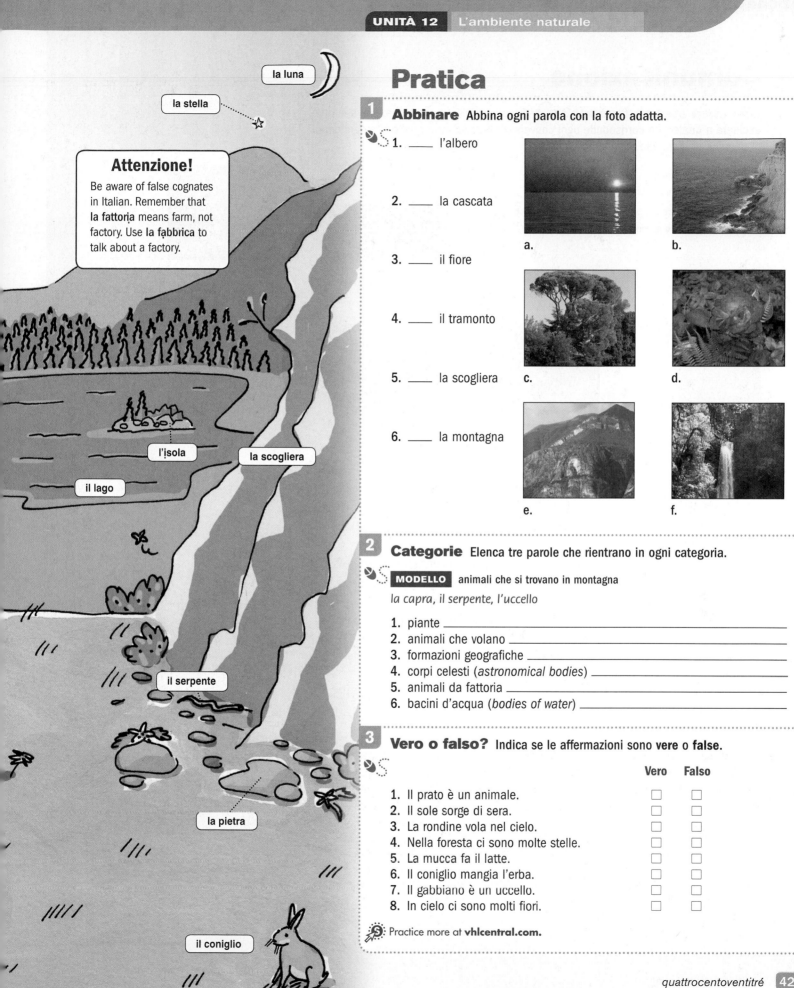

la luna

la stella

Attenzione!

Be aware of false cognates in Italian. Remember that **la fattoria** means farm, not factory. Use **la fabbrica** to talk about a factory.

l'isola

la scogliera

il lago

il serpente

la pietra

il coniglio

Pratica

1 **Abbinare** Abbina ogni parola con la foto adatta.

1. ____ l'albero

2. ____ la cascata

3. ____ il fiore

4. ____ il tramonto

5. ____ la scogliera

6. ____ la montagna

a.

b.

c.

d.

e.

f.

2 **Categorie** Elenca tre parole che rientrano in ogni categoria.

MODELLO animali che si trovano in montagna
la capra, il serpente, l'uccello

1. piante _____
2. animali che volano _____
3. formazioni geografiche _____
4. corpi celesti (*astronomical bodies*) _____
5. animali da fattoria _____
6. bacini d'acqua (*bodies of water*) _____

3 **Vero o falso?** Indica se le affermazioni sono **vere** o **false**.

	Vero	Falso
1. Il prato è un animale.	☐	☐
2. Il sole sorge di sera.	☐	☐
3. La rondine vola nel cielo.	☐	☐
4. Nella foresta ci sono molte stelle.	☐	☐
5. La mucca fa il latte.	☐	☐
6. Il coniglio mangia l'erba.	☐	☐
7. Il gabbiano è un uccello.	☐	☐
8. In cielo ci sono molti fiori.	☐	☐

Practice more at **vhlcentral.com**.

CONTESTI

Comunicazione

4 **Che cosa stanno facendo?** 🎧 Ascolta ogni conversazione. Poi, a coppie, decidete a quale foto corrisponde ogni conversazione e scrivete quello che ogni coppia di persone sta facendo.

> **MODELLO** *You hear:*
>
> —Che bel colore ha il cielo!
> —È vero. Alle sei di sera è così rosso... Sembra di fuoco!
> —È proprio romantico guardarlo insieme!

Conversazione ___1___
Stanno guardando il tramonto.

1. Conversazione ____

2. Conversazione ____

3. Conversazione ____

4. Conversazione ____

5. Conversazione ____

5 **Una bellissima vacanza!** A coppie, mettete in ordine le frasi per creare una conversazione logica.

____ **DAVIDE** Per fortuna nel pomeriggio abbiamo trovato una baita dove rifugiarci dalla pioggia.

____ **DAVIDE** Ti ricordi che bella era la vacanza in montagna della scorsa estate?

____ **SILVIA** Abbiamo anche visto molti animali: mucche, capre, scoiattoli, pecore... Peccato che siamo partiti con il sole, ma poi è arrivato il temporale!

____ **DAVIDE** È vero! Abbiamo camminato molto per valli e sentieri. Abbiamo visto tanti fiumi e tante cascate.

____ **SILVIA** E alla sera è tornato il sereno. Che tramonto incantevole, e che stelle! Penso che sia stata la gita più bella della nostra vita!

____ **SILVIA** Sì, ci siamo divertiti molto. Quella gita che abbiamo fatto è stata stupenda. Ma che fatica!

6 **Le sette differenze** Lavorate a coppie. L'insegnante vi darà due fogli diversi, ciascuno con un disegno. Fatevi domande per trovare le sette differenze fra i disegni.

> **MODELLO**
>
> **S1:** *Quanti fiumi ci sono nel tuo disegno?*
> **S2:** *Ci sono due fiumi. E nel tuo?*
> **S1:** *Ah, nel mio ce n'è uno!*

7 **Un dibattito** In gruppi di quattro, dividetevi in due squadre e discutete qual è la migliore destinazione per le vacanze: la campagna o la città. Ogni squadra presenta una lista di vantaggi e di svantaggi. Poi discutete la questione.

> **MODELLO**
>
> **S1:** *È meglio la città. Ci sono negozi e ristoranti e...*
> **S2:** *Ma la natura è così bella!*

Pronuncia e ortografia  Audio

🎧 Common abbreviations

avv. = avvocato   dott. = dottore   sen. = senatore

Abbreviations (**Abbreviazioni**) are very common in written Italian. Abbreviations never end with a vowel, and double consonants must be maintained. A period indicates where the word has been shortened.

pagg. = pagine   dott.ri = dottori   prof.ssa = professoressa

When making abbreviations plural, double the final consonant of the abbreviation. If an abbreviation already ends in a doubled consonant, add the final part of the word after the period. Final letters are also added for feminine abbreviations.

Fiat = Fabbrica Italiana Automobili Torino   Onu = Organizzazione delle Nazioni Unite

Italians use many acronyms (**acronimi**) in speaking and writing to replace the full names of companies or organizations. **Acronimi** may be written by using all capital letters or capital letters separated with periods. Today, it is common to write **acronimi** with an initial capital letter followed by lowercase letters.

TIM = Telecom Italia Mobile   **APT = Azienda di Promozione Turistica**
say: TIM   *say: a-pi-ti*

Acronimi are usually formed in a manner that can be easily pronounced as a word. When the letters cannot be pronounced as a word, spell out the letters.

Pronunciare Ripeti gli acronimi e abbreviazioni ad alta voce.

1. RAI = Radio Audizioni Italiane
2. C.A.P. = Codice Avviamento Postale
3. IVA = Imposta sul Valore Aggiunto
4. ISTAT = Istituto di Statistica
5. C.V. = Curriculum Vitae
6. S.p.A. = Società per Azioni

Articolare Ripeti le frasi ad alta voce.

1. La dott.ssa Bianchi scrive agli avv.ti Rossi e Giannini.
2. Compro un vestito nuovo alla STANDA.
3. Qual è il C.A.P. della tua città?
4. Aprite il libro a pag. 14.
5. Il prezzo non include l'IVA.
6. La sig.ra Mancini e il sig. Tommasi sono andati in crociera negli Usa.

> *La mala erba cresce in fretta.*[2]

Proverbi Ripeti i proverbi ad alta voce.

> *Il sole che nasce ha più adoratori di quel che tramonta.*[1]

[1] The rising sun has more admirers than the setting one.
[2] Weeds grow quickly.

Picnic d'addio  Video: *Fotoromanzo*

PERSONAGGI

Emily

Lorenzo

Marcella

Paolo

Riccardo

Viola

LORENZO Buongiorno, Marcella.
MARCELLA Come sei elegante, Lorenzo. A che ora parti?
LORENZO Devo prendere il treno dell'una e mezza per Milano. Ho un appuntamento domani mattina.
MARCELLA Che peccato che tu non possa restare per il picnic. Non mi avevi detto che dovevi partire. L'avremmo fatto un altro giorno.

LORENZO È meglio così. Mi mancherà la tua cucina, Marcella.
MARCELLA Spero che tu sia stato bene qua.
LORENZO Molto bene, grazie. Puoi salutare Emily e Viola da parte mia?
MARCELLA Non vuoi farlo tu?
LORENZO Non mi piace...
MARCELLA Lorenzo! Come sei tenero!

EMILY Stai proprio bene, Lorenzo.
LORENZO Grazie. Vado a dare il mio ultimo esame e poi prendo il treno per Milano dell'una e mezza.
EMILY Riccardo mi ha detto del tuo colloquio domani. In bocca al lupo.
LORENZO Crepi. Ci sono state delle divergenze tra di noi, Emily, ma sei un'ottima persona. Spero che troverai il caffè perfetto.

RICCARDO E il bar?
EMILY Non guadagnerei abbastanza per pagare l'affitto di un appartamento.
PAOLO Puoi restare con noi.
MARCELLA Ma Paolo, stanno per arrivare i nuovi ospiti.
EMILY Grazie per l'ospitalità, Paolo. Ma tua madre conduce un'attività. È meglio che io vada a casa.

MARCELLA Ovunque tu vada, Emily, Roma resterà nel tuo cuore.
RICCARDO Eh già, non c'è nessun posto come questo al mondo. Quando torni a Chicago?
EMILY Il mio volo parte il 20.
RICCARDO Allora abbiamo un'altra settimana per esplorare la costa e le montagne. Vero, Viola? Viola?
VIOLA Sì?

RICCARDO Possiamo far vedere a Emily un altro po' d'Italia prima che vada via.
VIOLA Sì, certo.
EMILY Sei ancora arrabbiata con me?
VIOLA No. Ma dov'è Lorenzo?
PAOLO In viaggio per Milano.
RICCARDO No, non ancora.

A T T I V I T À

1 **Vero o falso?** Decidi se le seguenti affermazioni sono vere o false.

1. Lorenzo ha un appuntamento a Milano tra due giorni.
2. Lorenzo è stato bene alla pensione di Marcella.
3. Emily augura (*wishes*) buona fortuna a Lorenzo.
4. Lorenzo pensa di dimenticarsi di Marcella.
5. Fanno un picnic sulla spiaggia.

6. Emily ha deciso di lavorare in un bar.
7. Riccardo propone (*suggests*) di far vedere a Emily un altro po' d'Italia.
8. Viola vuole mandare un messaggio a Riccardo.
9. Emily parte all'una e mezza.
10. Marcella presta il suo scooter a Viola e a Riccardo.

Practice more at **vhlcentral.com.**

I ragazzi fanno un ultimo picnic insieme.

EMILY Abbi cura di te, Lorenzo. E guarda il blog ogni tanto.
LORENZO Lo farò.
EMILY Hai visto Viola?
LORENZO No. (*A Marcella*) Verrò a prendere i bagagli dopo l'esame. Qualunque cosa accada, non mi dimenticherò mai di te.

Al parco...
EMILY Che bel prato!
RICCARDO È il parco più bello che ci sia a Roma, Emily.
MARCELLA Hai deciso che cosa farai?
EMILY I miei genitori non vogliono che io resti a Roma a meno che non trovi un lavoro.

VIOLA Devo parlare con lui.
RICCARDO Sembra che, invece, lui non voglia parlare con te.
VIOLA Avete il suo numero di cellulare? Potrei mandargli un messaggio.
RICCARDO No.
VIOLA Con quale treno parte?
EMILY Quello dell'una e mezza.

VIOLA Marcella, Marcella, puoi prestare il tuo scooter a me e a Riccardo?
MARCELLA Certo.
RICCARDO No, non vado da nessuna parte prima del dolce.
VIOLA Tu sei in debito con me, Riccardo. Andiamo!... Andiamo!
RICCARDO Maledetta gratitudine!

Espressioni utili

More uses of the subjunctive

- **Che peccato che tu non possa restare.**
  It's a shame you can't stay.
- **Spero che tu sia stato bene qui.**
  I hope you enjoyed your time here.
- **qualunque cosa accada**
  whatever happens
- **È il parco più bello che ci sia a Roma.**
  It's the prettiest park there is in Rome.
- **...a meno che non trovi un lavoro**
  . . . unless I get a job
- **ovunque tu vada**   **prima che vada via**
  wherever you go   *before she leaves*

Additional vocabulary

- **Puoi salutare Emily e Viola da parte mia?**
  Will you say good-bye to Emily and Viola for me?
- **Riccardo mi ha detto del tuo colloquio.**
  Riccardo told me about your interview.
- **Stanno per arrivare i nuovi ospiti.**
  The new guests are about to arrive.
- **Tua madre conduce un'attività.**
  Your mother runs a business.
- **Possiamo far vedere a Emily un altro po' d'Italia.**
  We can show Emily a little more of Italy.
- **Non vado da nessuna parte.**
  I'm not going anywhere.
- **Tu sei in debito con me.**
  You owe me.
- **Maledetta gratitudine!**
  Darn gratitude!
- **Come sei tenero!**   **Stai proprio bene.**
  You're so sweet!   *You look good.*
- **divergenze**   **ogni tanto**
  differences   *every so often*
- **Abbi cura di te.**
  Take care of yourself.

---

2 **Per parlare un po'** In gruppi di cinque, organizzate un picnic per il prossimo fine settimana. Dove andrete? A che ora vi troverete? Come ci arriverete? Che cosa porterete da mangiare? Quali altre persone volete invitare? Poi parlate del vostro programma con il resto della classe.

3 **Approfondimento** Emily, Riccardo e Viola hanno una settimana per visitare l'Italia partendo da Roma. Scegli alcuni posti che dovrebbero visitare, poi fai una ricerca su Internet e scopri quali mezzi di trasporto devono prendere e dove possono alloggiare. Presenta il tuo programma alla classe.

risorse
SAM
VM: pp. 45–46
vhlcentral.com

A T T I V I T À

CULTURA

Una gita fuori porta

Quali sono le attività all'aperto che gli italiani amano di più per stare a contatto con la natura? La maggior parte della gente preferisce escursioni, passeggiate e giri in bicicletta. Il tipo di attività praticato dipende molto dalla regione dove una persona abita.

L'escursionismo°, per esempio, è più popolare nelle zone di montagna ed è certamente il tipo di attività meglio organizzato: lungo° tutte le Alpi e gli Appennini esistono sentieri mantenuti° dallo Stato o da volontari. Di solito un'escursione comincia con una salita° su un monte per godersi° il panorama e finisce in un rifugio°, una casa tra i boschi° che offre ospitalità e cibo. Per i più avventurosi ci sono i bivacchi°, piccole capanne° nelle zone più isolate, con dei letti e una scorta di provviste° che, per buona educazione°, bisogna mangiare e rimpiazzare° con un po' del proprio cibo.

L'escursionismo è praticato anche in altre parti d'Italia, soprattutto nelle zone umide, dove è possibile osservare numerose specie di uccelli. Anche andare in bicicletta è popolare e ci sono sempre più piste ciclabili°, specialmente lungo i fiumi del nord e tra i boschi delle colline° del centro e del sud.

Non tutte le attività all'aperto, però, implicano° uno sforzo° fisico; spesso il vero scopo° di un'escursione è mangiare in un rifugio o fare un picnic. La stagione delle escursioni, infatti, si apre con una gita particolare: il picnic di Pasquetta. Il lunedì dopo Pasqua gli italiani vanno in campagna per una colazione sull'erba, la prima dell'anno, per godersi il primo sole e per passeggiare nel verde. Insomma, viva la vita nella natura… ma con qualche comodità°!

Le escursioni degli italiani

	GENNAIO-MARZO	APRILE-GIUGNO	LUGLIO-SETTEMBRE	OTTOBRE-DICEMBRE
Numero di escursionisti	32.488	48.611	60.423	23.147
Destinazioni principali	Campania, Lombardia, Piemonte, Toscana	Campania, Lombardia, Toscana, Sicilia	Campania, Lazio, Lombardia, Toscana	Campania, Lombardia, Toscana, Veneto

FONTE: ISTAT (2007)

escursionismo hiking **lungo** along **mantenuti** maintained **salita** ascent **godersi** enjoy **rifugio** refuge **boschi** woods **bivacchi** bivouacs **capanne** huts **scorta di provviste** supply of provisions **buona educazione** good manners **rimpiazzare** replace **piste ciclabili** cycling paths **colline** hills **implicano** require **sforzo** effort **scopo** purpose **comodità** comfort

---

A T T I V I T À

1 **Vero o falso?** Indica se l'affermazione è **vera** o **falsa**. Correggi le affermazioni false.

1. Fra le attività all'aperto, gli italiani preferiscono passeggiate, escursioni e giri in bicicletta.
2. L'escursionismo è praticato solo in montagna.
3. I sentieri di montagna sono mantenuti dallo Stato e da volontari.
4. I rifugi sono piccole capanne tra i monti con dei letti e una provvista di cibo.

5. In un bivacco è anche possibile dormire.
6. Nelle zone umide puoi osservare numerose specie di uccelli.
7. In Italia non ci sono piste per andare in bicicletta.
8. Le attività all'aperto sono tutte fisiche e implicano uno sforzo.
9. La stagione delle gite si apre con il picnic di Pasquetta.
10. Pasquetta è il nome del sabato prima di Pasqua.

Practice more at **vhlcentral.com**.

L'ITALIANO QUOTIDIANO

Nel bosco

l'abete	*fir*
la bacca	*berry*
il cespuglio	*bush*
il cipresso	*cypress*
la foglia	*leaf*
il muschio	*moss*
la quercia	*oak*
la radice	*root*
la radura	*clearing*
il ramo	*branch*
il ruscello	*stream*
il sasso	*stone*

USI E COSTUMI

Vacanze in campagna

In Italia esiste un turismo a contatto con la natura chiamato l'**agriturismo**. Fare agriturismo significa soggiornare° in un appartamento negli edifici di una fattoria, entrare in un'atmosfera famigliare a contatto con la vita quotidiana dei padroni di casa, assaggiare il cibo prodotto da loro e conoscere l'artigianato, le feste e la cultura rurale. Alcuni agriturismi organizzano anche escursioni a cavallo o corsi di cucina, ma generalmente le loro attrattive sono il relax e i prezzi bassi, adatti per le famiglie.

Questa formula non è solo originale ma anche utile: il turismo, infatti, sostiene i redditi° degli agricoltori e recupera le vecchie case di campagna in rovina°.

soggiornare *stay* **redditi** *earnings* **in rovina** *run-down*

RITRATTO

A favore della natura

Pro Natura, la prima associazione italiana per la protezione della natura, nasce nel 1948 con gli obiettivi° di educare al rispetto dell'ambiente° e di proteggere e conservare° le bellezze naturali per le generazioni future.

L'associazione amministra° alcune zone naturali, chiamate *oasi*, e cerca di recuperare° altre zone inquinate°. Lo scopo° è dimostrare che è possibile gestire° le risorse naturali in armonia con l'uomo. Per questo, ogni oasi è organizzata come un laboratorio, dove tecniche moderne d'ingegneria dell'ambiente sono usate per conservare l'equilibrio naturale e spiegate° ai visitatori. Infatti, l'educazione e l'informazione sono una priorità nell'attività di Pro Natura.

Le oasi mostrano così un'Italia fatta non solo di monumenti antichi o panorami da cartolina, ma anche di una natura viva.

obiettivi *aims* **ambiente** *environment* **conservare** *preserve* **amministra** *manages* **recuperare** *recover* **inquinate** *polluted* **scopo** *goal* **gestire** *to manage* **spiegate** *explained*

SU INTERNET

Cerca tre posti in Italia per fare l'agriturismo.

Go to **vhlcentral.com** to find more information related to this **CULTURA**.

---

2 **Completare** Completa le frasi.

1. Pro Natura nasce nel _____.
2. Pro Natura amministra alcune aree naturalistiche chiamate _____.
3. Tra le priorità di Pro Natura ci sono l'informazione e _____.
4. Fare agriturismo significa soggiornare in un _____.
5. Alcuni agriturismi organizzano escursioni _____ e corsi di cucina.
6. L'agriturismo aiuta anche a sostenere i _____ degli agricoltori.

3 **A voi** A coppie, discutete le seguenti domande.

1. Quali attività fuori porta sono comuni nella tua regione?
2. Quali associazioni per la protezione della natura conosci?
3. Una vacanza in un agriturismo può essere considerata un'esperienza culturale? Perché?

risorse

vhlcentral.com

A T T I V I T À

STRUTTURE

12A.1 The past subjunctive

Punto di partenza You have learned to use the present subjunctive in certain situations to talk about actions and events taking place in the present or future. To express actions that took place in the past in such situations, use the **congiuntivo passato** (*past subjunctive*).

congiuntivo presente	congiuntivo passato
Ernesto pensa che **scalino** la montagna.	Ernesto pensa che **abbiano scalato** la montagna.
Ernesto thinks they**'re climbing** the mountain.	Ernesto thinks they **climbed** the mountain.

- Form the past subjunctive with the present subjunctive of **avere** or **essere** + [*past participle*].

Congiuntivo passato

	parlare	andare
io	abbia parlato	sia andato/a
tu	abbia parlato	sia andato/a
Lei/lui/lei	abbia parlato	sia andato/a
noi	abbiamo parlato	siamo andati/e
voi	abbiate parlato	siate andati/e
loro	abbiano parlato	siano andati/e

- As with the present subjunctive, use the past subjunctive in subordinate clauses when the main clause contains a verb or expression in the present that triggers the subjunctive mood.

indicative	subjunctive
È vero che le rondini **sono tornate**.	**Crede** che le rondini **siano tornate**.
It's **true** that the swallows **have returned**.	He **believes** that the swallows **have returned**.

- Choose the past subjunctive when the action in the subordinate clause takes place *before* the action in the main clause.

MAIN CLAUSE	SUBORDINATE CLAUSE
Present Tense	Present Subjunctive
	che Sara **passa** la settimana qui?
	that Sara **is spending** the week here?
Sei contento	Past Subjunctive
Are you happy	che Sara **abbia passato** la settimana qui?
	that Sara **spent** the week here?

1 Associare Associa la prima parte di ogni frase con la conclusione corretta.

1. Io penso che in classe tu ____
2. Mariuccia non crede che noi ____
3. Tu e Silvestro pensate che io ____
4. Noi dubitiamo che loro ____
5. Tu hai paura che Giuliano ____
6. Nino e Lina sono felici che voi ____

a. abbiamo già finito tutti i compiti.
b. abbiano creduto alla nostra storia.
c. non si sia messo a dieta come promesso.
d. abbia fatto la migliore presentazione.
e. siate arrivati alla festa.
f. non mi sia mai fidata di voi.

2 Completare Completa ogni frase con la forma corretta del congiuntivo passato.

1. È importante che tu _____ (capire) le istruzioni.
2. Questa è la cascata più impressionante che noi _____ (visitare) in questa regione.
3. Ho paura che le vacanze _____ (finire già).
4. È bene che voi _____ (fare) un picnic ieri, perché oggi pioverà.
5. Le api sono gli insetti più pericolosi con cui io _____ (lavorare).
6. Sono contenta che tu e Paolo _____ (scegliere) questo prato; è perfetto per giocare a calcio!
7. È il cielo più stellato che io _____ (vedere mai).
8. Dubito che Giacinta _____ (andare) al concerto ieri sera.

3 Trasformare Usa gli indizi dati per creare frasi complete al congiuntivo passato.

1. non è vero / noi / dormire nel deserto quest'estate
2. penso / la guida turistica / consigliare questa baita per la notte
3. questo albero è il più piccolo / voi / comprare quest'anno
4. è male / noi / arrivare in ritardo
5. dubitiamo / voi / fidanzarsi senza dirlo a nessuno
6. non è possibile / tu / remare per tre ore ieri
7. loro sono contenti / io / venire al lago questa settimana
8. questo è il tramonto / più romantico a cui noi / assistere

Practice more at **vhlcentral.com**.

COMUNICAZIONE

4 **Domande** Di' ai tuoi compagni di classe se pensi o no che abbiano fatto le attività descritte. Quando trovi qualcuno che ha fatto un'attività, scrivi il suo nome.

MODELLO

S1: Penso che tu sia andato in montagna in bicicletta. È vero?
S2: Sì, è vero./No, non è vero.

Attività	Nome
andare in montagna in bicicletta	Alessia
collezionare insetti	
dare da mangiare agli scoiattoli	
esplorare un sentiero nascosto (hidden)	
essere punto (stung) da un'ape	
fare un picnic in inverno	
giocare a football americano	
nuotare nell'oceano	

5 **Un'escursione** A coppie, fate una descrizione di un'escursione (outing) nella natura durante la quale otto studenti fanno cose diverse. Usate il congiuntivo passato con le attività elencate nella lista.

MODELLO nuotare nel lago

È bene che Michele abbia nuotato nel lago.

cercare insetti	guardare il tramonto
esplorare sentieri segreti	passare la giornata sul lago
fare un picnic	remare tutto il giorno
fotografare piante	scalare la montagna

6 **Vero o falso?** Scrivi quattro affermazioni, vere o false, usando il congiuntivo passato e il superlativo. Poi, in gruppi di quattro, leggete le vostre frasi mentre gli altri indovinano se la persona crede veramente o no a ciò che ha letto.

MODELLO

S1: Il lago Erie è il lago più bello che io abbia mai visto.
S2: Penso che tu lo creda davvero.
S3: Non penso che tu lo creda veramente.

- The past subjunctive follows the same rules of agreement as the **passato prossimo**.

È incredibile che loro **abbiano nuotato** fino all'isola.
*It's incredible that they **swam** all the way to the island.*

Spero che **siate riusciti** a trovare la cascata.
*I hope **you were able** to find the waterfall.*

Credi che noi **siamo entrate** nella foresta senza di lui?
*Do you believe that we **went into** the forest without him?*

Peccato che lei non **abbia potuto** vedere le stelle ieri sera.
*It's too bad she **couldn't** see the stars last night.*

- You have already learned to use **di** + [*infinitive*] when the subjects of the main verb and the subordinate verb are the same. Similarly, if such a sentence refers to a past action or event, use **di** + [*past infinitive*]. Form the past infinitive with **avere/essere** + [*past participle*].

Non siamo felici d'**esserci perduti** nella pineta
*We're not happy that we **got lost** in the pine forest.*

Sono contenta di **avervi trovato** così presto!
*I'm glad **I found you** so soon!*

Superlatives and the subjunctive

You have already learned many types of sentences that require the subjunctive. The subjunctive is also used in clauses that follow a relative superlative.

RELATIVE SUPERLATIVE	SUBJUNCTIVE

È il tramonto **più bello** che io **abbia** mai **visto**!
*It's the **most beautiful** sunset I've ever **seen**!*

Questo è il **migliore** picnic che **abbiamo** mai **fatto**.
*This is the **best** picnic **we've** ever **had**.*

Provalo! **Scegli la forma corretta del congiuntivo passato per completare ogni frase.**

1. Giuliana pensa che loro (sia arrivato / siano arrivati) ieri sera.
2. Patrizia e Riccardo sperano che voi (vi siate ricordati / ci siamo ricordati) di portare da bere.
3. Daniela teme che noi (vi siate persi / ci siamo persi).
4. Tu hai paura che loro non (abbiate avuto / abbiano avuto) una buon'idea.
5. È bene che loro (abbia parlato/ abbiano parlato) con il professore.
6. È incredibile che Eleonora (abbia cucinato / abbiamo cucinato) per così tante persone.

STRUTTURE

12A.2 The subjunctive with conjunctions

Punto di partenza Conjunctions are used to connect two words or phrases together in a sentence. Certain conjunctions commonly introduce adverbial clauses, which describe *how, why, when,* or *where* an action takes place.

- You have already learned several conjunctions that are used with the indicative tenses.

Common conjunctions used with the indicative

appena	*as soon as*	mentre	*while*
e	*and*	o/oppure	*or*
ma	*but*	perché	*because*

Faccio una foto **appena** sorge il sole.
*I'll take a photo **as soon as** the sun rises.*

Vorresti fare un picnic **oppure** esplorare la valle?
*Would you like to have a picnic **or** explore the valley?*

- Some conjunctions, however, must be followed by the subjunctive in Italian.

Common conjunctions used with the subjunctive

affinché in modo che perché	*so that*	a condizione che a patto che purché	*provided that*
benché per quanto sebbene	*although*	prima che senza che a meno che... non	*before* *without* *unless*

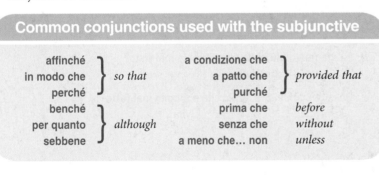

MAIN CLAUSE	conjunction	SUBORDINATE CLAUSE
Andiamo al fiume	**affinché**	i ragazzi **possano** fare il bagno.
Let's go to the river	***so that***	*the boys can go swimming.*
Vado alla fattoria	**a patto che**	tu **venga** con me.
I'll go to the farm	***provided that***	*you come with me.*

- **Perché** can mean either *because*, which is used with the indicative, or *so that*, which requires the subjunctive. Use the context of the sentence to determine which usage is appropriate.

Alle mucche piace quel campo **perché** lì l'erba **è** migliore.
*The cows like that field **because** the grass **is** better there.*

Porto la mucca nel campo **perché possa** mangiare l'erba.
*I'm bringing the cow to the field **so that** it **can** eat the grass.*

PRATICA

1 Scegliere Scegli la forma del verbo che completa meglio ogni frase.

1. Ho letto un intero capitolo mentre tu (finivi / abbia finito) gli esercizi di matematica.

2. Lavo tutti i piatti in modo che la cucina (è / sia) più in ordine.

3. Vengo volentieri al concerto a meno che i bambini non (sono / siano) ancora malati.

4. O finite le verdure oppure non (potete / possiate) mangiare il gelato.

5. Parlate con il direttore per (hanno / avere) più vacanze.

6. È tornato molto tardi ieri sera senza che io (me ne accorgo / me ne sia accorto).

7. Andiamo in piscina perché (fa / fare) molto caldo.

8. Adele e Felice verranno in biblioteca con noi a patto che non (viene / venga) Carlo.

2 Completare Completa la conversazione con la forma corretta di ogni verbo.

DANIELA Mi piace molto andare al lago perché l'alba lì (1) _____ (essere) stupenda.

PIETRO Sono d'accordo. È impossibile (2) _____ (trovare) un posto più bello di quello. Vuoi andarci questo fine settimana?

DANIELA Che bella idea! Va bene, a condizione che tu non (3) _____ (portare) il tuo amico Gino e purché noi (4) _____ (lasciare) i nostri cellulari a casa.

PIETRO Perfetto. Appena tu e Veronica (5) _____ (potere) organizzarvi per andare al cinema un altro giorno, io inizio a organizzare il fine settimana e (6) _____ (comprare) da mangiare e da bere.

DANIELA Prendo un paio di film alla videoteca, sebbene tu non (7) _____ (fidarsi) dei miei gusti...

PIETRO Sì, ma prima di (8) _____ (andare) sappi che non mi piacciono i film troppo romantici!

3 Rispondere Completa ogni frase con una risposta personale.

1. Io vado in campagna affinché...

2. Mi piacciono gli animali a condizione che...

3. Non andrei mai a vivere nel deserto perché...

4. Passerei un mese su un'isola deserta a patto che...

5. Chiamo sempre prima di...

6. Passo del tempo a dormire mentre...

7. Raccolgo (*I pick*) dei fiori per...

8. Esploro la pineta prima che...

Practice more at vhlcentral.com.

COMUNICAZIONE

4 Condizioni Lavorate a coppie. Rispondete a turno alle seguenti domande, usando una congiunzione della lista.

MODELLO

S1: Ti alzi mai prima dell'alba?
S2: Mi alzo prima dell'alba a condizione che tu mi porti il caffè a letto.

a condizione che	per quanto	perché

1. Salti (*Do you skip*) mai una classe?
2. Vai mai in vacanza senza il cellulare?
3. Vorresti passare tutta l'estate alle Hawaii?
4. Lavoreresti in una fattoria?
5. Guardi mai le stelle in cielo la sera?
6. Faresti il bagno in un fiume?

5 Una catena di frasi In gruppi di quattro, create una catena di frasi usando **perché** e il congiuntivo o l'indicativo. La prima persona inizia una frase usando **perché**. La seconda ripete quella frase e ne aggiunge un'altra, anche questa con **perché**. Continuate fino a quando la frase è troppo lunga da ricordare.

MODELLO

S1: Mi piace scalare le montagne perché posso vedere molto lontano.
S2: Mi piace scalare le montagne perché posso vedere molto lontano e perché posso fare esercizio.
S3: Mi piace scalare le montagne perché...

6 Una storia disegnata A coppie, create una pagina da una storia raccontata attraverso disegni. Usate almeno sei disegni. Ogni parte deve finire con la frase **a meno che non** e poi continuare nel pannello successivo.

MODELLO

La mia famiglia sta facendo campeggio. Mio fratello Pietro preparerà la cena a meno che non piova...

- Conjunctions that require the subjunctive generally do so also when the main and subordinate clauses share the same subject.

Dormiamo nella foresta **purché troviamo** la baita.	**Sebbene** il lago **sia** profondo, non ospita molti pesci.
*We will sleep in the forest **provided that we find** the shelter.*	***Although** the lake **is** deep, it is not home to many fish.*

- However, **perché**, **prima che**, and **senza che** take the subjunctive only when there are two different subjects. In same-subject sentences, **per**, **prima di**, and **senza** + [*infinitive*] are used instead.

Le compra una barca **perché impari** a remare.	Giuliana compra una barca **per imparare** a remare.
*He's buying her a boat **so that she can learn** to row.*	*Giuliana is buying a boat **in order to learn** to row.*
Chiudi il cancello **prima che esca** il toro!	Chiudi il cancello **prima di uscire**!
*Close the gate **before** the bull **gets out**!*	*Close the gate **before you go out**!*
Non andate a guardare il tramonto **senza che** lo **sappia** vostro padre.	Non andate a guardare il tramonto **senza chieder**lo a vostro padre.
*Don't go to watch the sunset **without** your father **knowing**.*	*Don't go to watch the sunset **without asking** your father.*

- Note that the order of the main and subordinate clauses may also be reversed. However, the verb immediately following the conjunction must always be in the subjunctive.

Benché non ci **siano** molti fiori, il prato è bellissimo.	Non arriveremo mai **a meno che** tu **non trovi** il sentiero giusto.
***Even though** there **are**n't a lot of flowers, the meadow is very beautiful.*	*We'll never get there **unless** you **find** the right path.*

Provalo! Associa la prima parte delle frasi a sinistra con la seconda parte a destra.

1. Devi studiare di più affinché __f__
2. Andiamo tutti al lago sebbene ____
3. Dovete finire di pulire prima di ____
4. Ti telefono appena ____
5. Non puoi sempre lavorare senza ____
6. Prendiamo la mia macchina purché ____

a. andare a giocare.
b. piova.
c. dormire.
d. arrivo alla baita.
e. facciamo a turno a guidare.
f. i tuoi professori ti diano bei voti.

SINTESI
Ricapitolazione

1 Reazioni In gruppi di tre, leggete a turno le seguenti frasi e reagite usando un'espressione della lista.

MODELLO Abbiamo fatto un picnic proprio qui l'anno scorso.

È bello che abbiate fatto un picnic qui l'anno scorso.

Credo	È male	È triste	Non sono felice
È bello	È necessario	È un peccato	Sono contento/a

1. Hanno aperto un nuovo sentiero l'anno scorso.
2. Le mucche non sono rimaste molto in montagna l'anno scorso.
3. Mio padre ha costruito quella baita.
4. Non ho potuto fotografare quei fiori l'anno scorso.
5. Tu non hai esplorato la foresta l'anno scorso.
6. Abbiamo visto molte stelle in montagna l'anno scorso.
7. Ho trovato alcuni serpenti sul sentiero l'anno scorso.
8. Voi avete remato sul lago per un giorno intero l'anno scorso.

2 Una gita di gruppo A coppie, scegliete sei diverse persone che conoscete tutti e due e immaginate di portarle con voi per una camminata (*walk*) nella natura. Dite che cosa pensano della natura usando il congiuntivo passato.

MODELLO

S1: *Caterina pensa che la camminata non sia stata molto difficile.*
S2: *Enrico pensa che la camminata sia stata molto faticosa.*

3 Un gioco Scrivi su diversi pezzi di carta tre frasi usando il vocabolario della lezione, il passato prossimo e soggetti diversi (io, la mia famiglia, tu e i miei amici ecc.). Poi, in gruppi di quattro, piegate i pezzi di carta e metteteli insieme. Ogni giocatore sceglie un'espressione della lista. Poi prende un pezzo di carta e crea una frase completa usando il congiuntivo passato.

MODELLO

Non ho visto nessuno scoiattolo.

È incredibile che io non abbia visto nessuno scoiattolo!

Basta	È incredibile	È possibile
Bisogna	È interessante	Pare
È improbabile	È meglio	Peccato

4 Regole A coppie, scrivete sei regole che i visitatori devono seguire quando camminano nella foresta. Usate una congiunzione della lista per ogni frase.

MODELLO

Non camminare fuori dal sentiero a meno che non ci sia un'emergenza.

a condizione che	a patto che	per quanto	prima che
a meno che... non	in modo che	perché	senza che

5 Compromessi A coppie, create una conversazione tra due amici, uno che ama la campagna e uno che ama la città. Discutete le vostre idee per il fine settimana e trovate dei compromessi su sei attività. Usate le congiunzioni presentate in questa lezione.

MODELLO

S1: *Facciamo un picnic al lago!*
S2: *Io vengo al picnic a condizione che tu venga al concerto con me stasera.*

6 Il buono e il cattivo A coppie, discutete ogni foto dicendo cosa c'è di buono e cosa c'è di cattivo in ciascuna. Usate **benché** e il congiuntivo.

MODELLO

S1: *Mi piace questo sentiero, benché sia isolato.*
S2: *Sembra un sentiero interessante, benché ci siano molti insetti.*

1.   2.   3.

4.   5.   6.

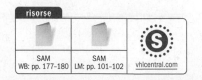

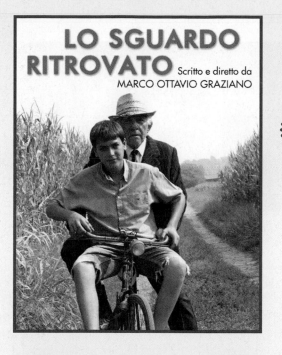

LO SGUARDO RITROVATO
Scritto e diretto da
MARCO OTTAVIO GRAZIANO

lo Zapping

S Video: Short Film

Due generazioni s'incontrano nel cortometraggio filmato da Marco Ottavio Graziano. Il giovane PG va a trovare il nonno, ormai cieco, che vive in campagna. Riparandogli la vecchia bicicletta, rotta e abbandonata nel garage, gli restituirà, anche solo per un giorno, lo sguardo purtroppo perduto su paesaggi cari e mai dimenticati.

Espressioni utili

- **il campanile**
  bell tower
- **cieco/a**
  blind
- **il magazzino**
  shed/warehouse
- **il pollaio**
  hen-house
- **rotto/a**
  broken
- **la meliga/il granturco**
  corn

- **il campo**
  field
- **le galline**
  hens
- **pedalare**
  to pedal
- **la risaia**
  rice field
- **lo sguardo**
  glance

Per parlare del film

- **andare a trovare**
  to visit (someone)
- **burbero/a**
  grumpy
- **la vecchiaia**
  old age

- **il buio**
  darkness
- **la solitudine**
  solitude
- **la vista**
  eyesight

Preparazione

1 In campagna Decidi se le affermazioni sono **vere** o **false**. Correggi quelle false.

1. Le galline fanno le uova (*lay eggs*) nel magazzino.
2. Il granturco si coltiva nella risaia.
3. Per andare in bicicletta è necessario pedalare.
4. La meliga è sinonimo di granturco.
5. Una persona è cieca quando non può sentire.

2 Vecchi e giovani Leggi questi proverbi di origine africana: sei d'accordo? Perché? Discuti con un(a) compagno/a.

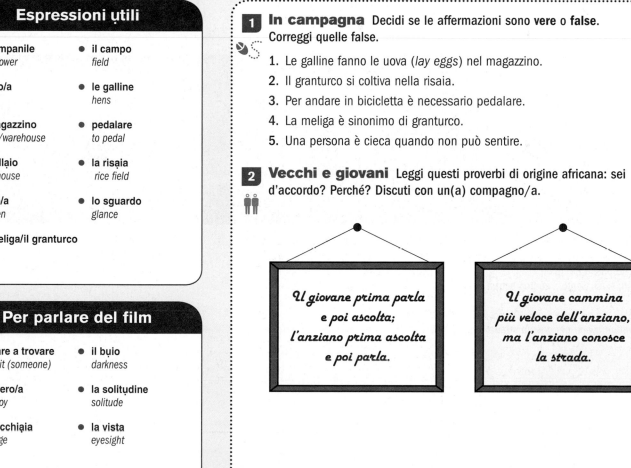

Il giovane prima parla e poi ascolta; l'anziano prima ascolta e poi parla.

Il giovane cammina più veloce dell'anziano, ma l'anziano conosce la strada.

SINTESI

Scene: Lo sguardo ritrovato

PG Nonno, di chi era questa bicicletta?

NONNO Era mia, la mia bicicletta.

PG Ma, nonno... perché è abbandonata lì dentro tutta rotta?

NONNO Che cosa me ne faccio?° Non ci vado da cinquant'anni. Da quando mi s'è spenta la luce°.

PG Nonno, ma con quella bicicletta tutta rotta che c'hai nel magazzino, dove andavi?

NONNO Quando c'andavo, non era mica° tutta rotta. C'andavo in città a lavorare, partivo la mattina e tornavo la sera. Mi ricordo le stradine di campagna, l'inverno con la pioggia, magari° anche la neve, un freddo! Però la domenica, i giorni di festa, non andavo mica vestito così, mi mettevo il mio vestito nuovo...

PG Nonno, la tua bicicletta.

NONNO Eh già...

PG Si può pedalare di nuovo!

NONNO Come?!

NONNO PG, da che parte stiamo?

PG Siamo sulla strada che porta al paese°, quella che passa per i campi.

NONNO Ah, sì, sì. Sento... sento l'acqua del canale. È qui, vero?

PG Bravo! È qui accanto a noi. Nonno, ma vado sempre avanti per questa strada?

NONNO Senti, dimmi cosa vedi.

PG Ci sono tanti tanti campi.

NONNO Il castello?

PG No, la meliga!

NONNO Senti, ma... è già sera?

PG Sì, nonno. Ma c'è ancora luce.

NONNO Ah. Ma fra poco° farà di nuovo buio... PG...

Che cosa me ne faccio? *What can I do with it?* **quando mi s'è spenta la luce** *when the lights went out on me*
non... mica *not . . . at all* **magari** *maybe* **che porta al paese** *that leads to town* **fra poco** *soon*

Analisi

3　Comprensione　Rispondi alle domande.

1. Quante uova voleva il nonno? Perché PG ne ha prese così poche?
   _____

2. Di chi era la vecchia bicicletta che PG trova nel magazzino? Da quanto tempo non è più usata?
   _____

3. Che cosa ha cucinato il nonno per PG? Che ingredienti ha messo?
   _____

4. Perché PG si alza presto la mattina seguente?
   _____

5. Che cosa pensa PG del nonno?
   _____

6. Dove vuole andare il nonno?
   _____

7. Com'è il paesaggio che PG descrive al nonno? Che cosa vede?
   _____

8. Di chi è la macchina che arriva? Perché arriva?
   _____

4　Interpretazione　A coppie, descrivete questi momenti del film inserendoli nella trama. Qual è la possibile importanza? Sono momenti chiave nel film? Perché?

MODELLO

S1: *Penso che questa scena dimostri un aspetto importante del nonno. Ci fa vedere l'importanza della luce.*

1. —Il buio è triste.

2. —Nonno, s'è rotta la lampadina.

3. —Nonno, sei un fenomeno!

4. —Ma così presto?

5　Opinioni　Scegli la foto che meglio esprime, secondo te, il significato del film. Tieni presente anche il dialogo corrispondente. Poi, in gruppi di tre, giustificate la vostra scelta e cercate di convincere i compagni che la vostra scelta è la più appropriata.

1.　　　　　　　　　2.

3.　　　　　　　　　4.

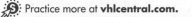 Practice more at **vhlcentral.com.**

Lezione

12B

Communicative Goals

You will learn how to:
- talk about pollution
- talk about environmentalism

CONTESTI

Proteggere il pianeta

Vocabulary Tools

l'energia nucleare

la pioggia acida

il pannello solare

la centrale nucleare

FABBRICA D'AUTOMOBILI

l'inquinamento

lo scappamento

Fanno i pendolari.

Vocabolario

espressioni	*expressions*
migliorare	*to improve*
preservare	*to preserve*
proporre* una soluzione	*to propose a solution*
salvare il pianeta	*to save the planet*
sprecare	*to waste*
sviluppare	*to develop*

l'energia	*energy*
l'energia eolica	*wind power*
l'energia rinnovabile	*renewable energy*
l'energia solare	*solar energy*
l'energia termica	*thermal energy*
la fabbrica	*factory*
i rifiuti tossici	*toxic waste*

i problemi	*problems*
l'alluvione (f.)	*flood*
la catastrofe	*catastrophe*
il degrado	*deterioration*
il disboscamento	*deforestation*
l'effetto serra	*greenhouse effect*
il pericolo	*danger*
il riscaldamento globale	*global warming*
lo smog	*smog*
la sovrappopolazione	*overpopulation*

le soluzioni	*solutions*
l'agricoltura biologica	*organic farming*
l'ambientalismo	*environmentalism*
l'ambiente (m.)	*environment*
la coscienza ambientale	*environmental awareness*
l'ecologia	*ecology*
il governo	*government*
la legge	*law*
la macchina ibrida	*hybrid car*

risorse

SAM
WB: pp. 181–182

SAM
LM: p. 103

vhlcentral.com

il camion della
nettezza urbana

Ricicla.
(riciclare)

il riciclaggio

Vietato buttare
rifiuti.

l'immondizia

Pratica

1 Trova l'intruso Trova la parola che non appartiene al gruppo.

1. alluvione, pioggia acida, legge, effetto serra
2. sprecare, riciclare, preservare, migliorare
3. eolica, solare, acida, nucleare
4. riciclaggio, agricoltura biologica, macchina ibrida, rifiuti tossici
5. coscienza ambientale, degrado, ecologia, ambientalismo
6. pericolo, camion della nettezza urbana, immondizia, rifiuti

2 Mettere etichette Etichetta ogni fotografia con una parola o espressione dal vocabolario della lezione.

1. _____

2. _____

3. _____

4. _____

5. _____

6. _____

3 Scegliere Scegli la risposta che meglio completa ogni frasi.

1. Quando piove troppo può esserci un' (alluvione / ecologia).
2. Il riscaldamento globale è dovuto all' (energia solare / effetto serra).
3. È importante che il governo faccia nuove (spazzature / leggi) per proteggere l'ambiente.
4. Per risolvere il problema dei rifiuti bisogna (sprecare / riciclare) di più.
5. Una soluzione per lo smog sono le (macchine ibride / piogge acide).
6. Se il (disboscamento / pannello solare) continua, presto ci saranno più problemi ambientali.

4 Creare Completa le seguenti frasi in maniera logica.

MODELLO Una buona cosa delle macchine ibride è che...

riducono l'inquinamento in città.

1. Il riciclaggio è importante perché...
2. I vantaggi dell'agricoltura biologica sono...
3. La sovrappopolazione è un problema perché...
4. Alcuni esempi di energia rinnovabile sono...
5. È importante sviluppare nuove fonti (*sources*) di energia perché...
6. Per salvare il nostro pianeta è necessario...

Practice more at **vhlcentral.com.**

CONTESTI

Comunicazione

5 **Un problema ambientale** Leggi l'articolo di giornale. Poi, a coppie, completate le frasi seguenti con le parole mancanti.

Notizie ambientali

La crisi energetica è un problema sempre più serio e deve essere affrontato (*dealt with*) al più presto. Le nostre fabbriche consumano troppo, senza contare che contribuiscono all'inquinamento del pianeta. Anche le nostre automobili consumano troppo e causano un problema serio per le nostre città: lo smog. Le soluzioni per migliorare la situazione della crisi energetica sono molteplici (*many*). Anzitutto, bisogna sviluppare energie alternative, come quella solare o quella eolica. In città possiamo aumentare i mezzi pubblici e usare macchine ibride, così potremmo risolvere anche il problema dello smog. Ma il problema della crisi energetica si risolve anche nelle nostre case. Dobbiamo cercare di consumare meno energia, facendo attenzione al consumo delle nostre apparecchiature (*appliances*) elettriche. Lavoriamo insieme per salvare il pianeta!

1. Le fabbriche contribuiscono all'_____ del pianeta.
2. Un problema serio per le nostre città è lo _____.
3. Due esempi di energia alternativa sono quella _____ e quella _____.
4. Una soluzione per le città sono _____.
5. A casa bisogna consumare meno _____.
6. È necessario lavorare insieme per _____.

6 **Facciamo la nostra parte** 🎧 Ascolta questo annuncio alla radio e completa le seguenti frasi con le informazioni fornite. Poi, a coppie, scrivete un annuncio su un'altra questione ambientale.

Secondo l'annuncio...
1. ...dobbiamo riciclare la _____ e il _____.
2. ...è importante consumare meno _____ e meno _____.
3. ...quando è possibile, è meglio scegliere prodotti _____.
4. ...dobbiamo sviluppare una _____ e salvare il nostro _____.

7 **Intorno al mondo** Lavorate a coppie.
L'insegnante vi darà due fogli diversi, ciascuno con metà delle informazioni su vari problemi ambientali e la loro collocazione geografica. Fatevi domande per aggiungere l'informazione mancante alla vostra mappa. Poi scegliete tre dei problemi elencati e cercate di trovare insieme delle soluzioni possibili.

MODELLO

S1: *Quale paese ha un problema con lo smog nella tua mappa?*
S2: *Il Messico. E nella tua?*
S1: *L'Inghilterra.*

8 **Carriere del futuro** In gruppi di quattro, scrivete tre descrizioni per tre lavori che secondo voi diventeranno importanti nel futuro. Per ognuno, descrivete il tipo di lavoro, la sua importanza attuale e perché pensate che diventerà ancora più importante. Usate l'immaginazione e fornite (*provide*) il maggior numero di dettagli possibile.

MODELLO

S1: *Nel futuro il riscaldamento globale aumenterà.*
S2: *Quindi un buon lavoro sarà quello di occuparsi di...*

Pronuncia e ortografia (S) Audio

🎧 Borrowed words in Italian

| computer | leader | suspense | standard |

English words have become common in the Italian language. In general, these words maintain the original English spelling.

| e-mail | file | Internet | marketing |

In Italian, English words generally maintain their original general pronunciation and syllabication, but the words are often more enunciated. The letter *r* is rolled, and vowels (besides the long English *i*) tend to have an Italian pronunciation.

| il Web | lo sport | la Duke University | una star |

Since English does not give a gender to nouns, English nouns often become masculine in Italian. However, if an English word has a close Italian equivalent, the gender of the Italian equivalent will be used.

| i computer | i film | gli sport | le star |

When used in Italian, English nouns do not add the letter *s* to form the plural. The singular form of the word is maintained, and the plural form is indicated by the preceding article.

| bloggare | chattare | scrollare | stressare |

Some English verbs, especially those referring to business or computer activities, are "Italianized" by altering spellings and/or by adding Italian infinitive endings and conjugations.

Pronunciare Ripeti le parole ad alta voce.

1. il weekend
2. la privacy
3. il film
4. lo smog
5. i jeans
6. il bar
7. il business
8. cliccare
9. i quiz
10. il manager
11. la webcam
12. downlodare

Articolare Ripeti le frasi ad alta voce.

1. Siamo sotto stress in questo periodo.
2. Ho visto il direttore di marketing al bar.
3. C'è un bel film al multiplex.
4. Questo weekend vanno ad un bed and breakfast.
5. Chattiamo quando sono davanti al computer.
6. Fa un Master in ecologia all'università.

Proverbi Ripeti i proverbi ad alta voce.

Una rondine non fa primavera.[2]

Sole dopo tempesta mette gli uomini in festa.[1]

[1] Sunshine after a storm puts people in a festive mood.
[2] One swallow does not make it Spring.

FOTOROMANZO

Arrivederci, Roma! Video: *Fotoromanzo*

PERSONAGGI

Emily

Lorenzo

Lucia

Marcella

Paolo

Riccardo

Viola

PAOLO Pensi che Riccardo e Viola possano arrivare in tempo alla stazione?

MARCELLA Forse sì. Hanno più probabilità se i treni sono in ritardo.

EMILY Spero che ce la facciano.

PAOLO Cosa vuole dire Viola a Lorenzo?

EMILY Non lo so con certezza.

MARCELLA Alla fine lo scopriremo.

RICCARDO Ma, perché lo rincorri?

VIOLA Riccardo, pensa a guidare. Stai attento a non farlo ingolfare.

RICCARDO So guidare uno scooter, grazie mille.

VIOLA Lo pensavo anch'io prima che lo rompessi.

RICCARDO Se avessi un po' di buon senso, non ci troveremmo in questa situazione.

PAOLO Niente immondizia in giro! Sono un ecologista, io.

EMILY Pensavo che ti occupassi solo di film e computer.

PAOLO L'effetto serra è una cosa seria, Emily. Se non facciamo attenzione all'ambiente, rischiamo il riscaldamento globale.

RICCARDO Allora, com'è andata?

VIOLA Non ce l'ho fatta.

RICCARDO Che cosa volevi dirgli?

VIOLA Non capiresti.

RICCARDO Forse potrei.

EMILY Mia madre viene a Roma. Viaggeremo insieme per un mese.

MARCELLA Penso che sia un ottimo compromesso. Spero che tu ce la presenterai quando verrà a Roma.

EMILY Ho promesso che le preparerai gli spaghetti alla carbonara. Nel modo giusto. Non vedo l'ora di dirlo a Riccardo. Riccardo. Mi chiedo come sia andata a finire alla stazione.

VIOLA Volevo chiedergli scusa. Il treno per Milano era già partito.

RICCARDO Potremmo metterlo sul blog quando torniamo alla pensione.

VIOLA Sono una stupida, vero? ...Non sei costretto a rispondermi. Tu mi hai sempre detto quello che pensavi. Grazie.

RICCARDO Emily. (*Scrivendo un SMS*) Siamo arrivati troppo tardi.

A T T I V I T À

1 **Completare** Completa le seguenti frasi.

1. Riccardo e Viola hanno più probabilità di arrivare in tempo alla stazione se i treni sono _____.

2. Se Viola avesse un po' di _____, lei e Riccardo non sarebbero in questa situazione.

3. Secondo Paolo, l'_____ è una cosa seria.

4. Se non si fa attenzione all'ambiente, si rischia il _____.

5. Paolo ha proposto l'impianto di _____.

6. Emily e sua madre viaggeranno per _____.

7. Viola voleva chiedere _____ a Lorenzo.

8. Riccardo pensa che Viola piaccia a Lorenzo perché è il suo _____.

9. Riccardo dice che Viola è sensibile e _____.

10. Viola pensa che Riccardo sia molto _____.

 Practice more at **vhlcentral.com**.

Riccardo e Viola seguono Lorenzo alla stazione.

PAOLO Non mi piacerebbe avere un'amica che non si preoccupa dell'inquinamento e della deforestazione. Io e Caterina abbiamo proposto l'impianto di pannelli solari per la nostra scuola.

EMILY Caterina?

PAOLO È una ragazza che ho conosciuto durante un progetto di ecologia della scuola.

Alla stazione...

LUCIA Mi dispiace, scusa. Sto cercando il treno per Milano. Non ti ho visto.

LORENZO Non c'è di che. Lascia che... lascia che ti aiuti. Anch'io vado a Milano. Io sono Lorenzo.

LUCIA Lucia. Piacere di conoscerti.

LORENZO Dobbiamo sbrigarci se vogliamo prenderlo. Andiamo.

VIOLA Tra me e Lorenzo non avrebbe mai funzionato. Io l'ho sempre saputo. Aveva ragione Emily. Lui mi piaceva perché era attratto da me. Sono una stupida.

RICCARDO Non sei una stupida, Viola. Lorenzo deve ancora superare la storia con Francesca. Penso che tu gli piaccia perché sei il suo opposto.

VIOLA Non raffinata?

RICCARDO Non volevo dire questo. Sei così sensibile a volte. Tu sei molto interessante.

VIOLA Sei davvero molto dolce.

RICCARDO Era ora che te ne accorgessi.

VIOLA Andiamo.

2 **Per parlare un po'** A coppie, immaginate che Viola e Lorenzo si siano incontrati in stazione. Che cosa si sono detti? Scrivete un dialogo in italiano di almeno 15 battute e presentatelo alla classe.

3 **Approfondimento** Cerca una definizione della parola *ambientalismo*. Poi fai un elenco di alcuni problemi di cui si occupano gli ambientalisti e trova il nome di alcune associazioni ambientaliste italiane. Presenta la tua risposta alla classe.

risorse

SAM
VM: pp. 47–48

vhlcentral.com

ATTIVITÀ

CULTURA

Un mondo più pulito

Il principale problema ambientale in Italia è sicuramente lo smog urbano causato dalle molte auto e, d'inverno, dal riscaldamento° delle case.

Le città cercano di prevenire in vari modi il superamento° del livello di gas tossici nell'atmosfera. In primo luogo° c'è la pratica delle targhe alterne°; cioè possono muoversi in città solo le macchine con la targa che finisce con un numero pari° durante i giorni pari del mese, mentre le auto con la targa con un numero dispari° circolano solo nei giorni dispari. Un'altra iniziativa è quella delle domeniche a piedi; cioè le domeniche, di solito in primavera, in cui è proibito usare l'auto in città. In questi giorni, in genere, gli autobus sono gratuiti e in centro sono organizzati eventi come gare° non competitive in bicicletta, bancarelle° gastronomiche e spettacoli in piazza. Lo scopo è quello di vedere la città da una prospettiva diversa e abituare° la gente a usare meno l'auto.

Anche lo Stato cerca di affrontare° il problema, offrendo incentivi economici a chi usa energie alternative. Per esempio, lo Stato paga una parte della spesa effettuata per l'acquisto di un'auto a metano° o l'installazione dei pannelli solari. Esiste anche un programma di sviluppo delle energie alternative, chiamato Libro Bianco, che punta° soprattutto sull'energia idroelettrica e geotermica. Attualmente° gli impianti° non producono molta energia, ma il Ministero dell'ambiente ha un programma per lo sviluppo delle tecnologie ambientali. Considerando che l'Italia è un paese vulcanico e termale e che le sorgenti geotermiche° sono sfruttate° sin dal 1827, l'obiettivo rimane quello di usare al meglio le risorse del paese.

riscaldamento *heating* superamento *surpassing* In primo luogo *In the first place* targhe alterne *alternating license plate numbers*
pari *even* dispari *odd* gare *races* bancarelle *stands* abituare *to accustom* affrontare *to face* acquisto *purchase* a metano *natural gas-powered*
punta *focuses* Attualmente *At the moment* impianti *power plants* sorgenti geotermiche *hot springs* sfruttate *exploited*

---

1 Vero o falso? Indica se l'affermazione è **vera** o **falsa**. Correggi le affermazioni false.

1. Il maggiore problema ambientale in Italia è lo smog.

2. In inverno il problema dello smog è meno grave.

3. A volte, nei mesi pari, circolano solo le auto con targhe pari, mentre nei mesi dispari circolano le auto con targhe dispari.

4. Nelle domeniche a piedi è proibito usare tutti i mezzi di trasporto come auto, biciclette e autobus.

5. Le domeniche a piedi sono organizzate per abituare la gente a usare meno l'auto.

6. Lo Stato offre incentivi a chi usa energie alternative.

7. Se uno decide di installare dei pannelli solari a casa sua, lo Stato paga tutta la spesa.

8. Gli impianti idroelettrici e geotermici in Italia producono molta energia.

9. L'Italia è un paese ricco di acque termali ed energia geotermica.

10. L'energia geotermica è sfruttata in Italia sin dal 1827.

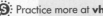 Practice more at **vhlcentral.com.**

L'ITALIANO QUOTIDIANO

L'igiene pubblica

la discarica	*dump*
il/la netturbino/a	*garbage collector*
le scorie	*waste*
buttare via	*to throw away*
conservare	*to preserve*
depurare	*to purify*
gettare	*to throw*
sbarazzarsi di	*to get rid of*
smaltire	*to drain; to dispose of*

USI E COSTUMI

Raccolta differenziata

La raccolta° dei rifiuti in Italia è organizzata diversamente in ogni città. Generalmente i rifiuti sono gettati nei cassonetti° delle strade, i quali vengono svuotati° tutti i giorni nelle grandi città e due o tre volte alla settimana nei centri più piccoli. Per legge, **carta**, **alluminio**, **vetro**, **plastica** e **rifiuti organici** devono essere gettati in cassonetti differenti per poter essere riciclati; i **farmaci scaduti°** e le **batterie esaurite°** devono essere riportati nei negozi che li vendono.

I risultati di questa politica sono incoraggianti°: in alcune zone il 40% dei rifiuti è riciclato, ma resta ancora molto da fare. Per questo lo Stato punta sull'educazione e organizza nelle scuole delle campagne per sensibilizzare° i giovani al problema e creare così un futuro più ecologico.

raccolta *pick-up* **cassonetti** *garbage bins* **svuotati** *emptied*
farmaci scaduti *expired medication* **esaurite** *used*
incoraggianti *encouraging* **sensibilizzare** *to sensitize*

RITRATTO

Slow food

L'associazione Slow food, fondata da **Carlo Petrini**, nasce in Italia nel 1986 e con il suo nome vuole criticare la cultura della velocità tipica della vita moderna. Infatti, l'associazione cerca di promuovere° la qualità del cibo e il piacere di vivere con calma. Le sue attività comprendono l'informazione per una dieta sana, la difesa delle diverse tradizioni alimentari del mondo e la promozione di coltivazioni° rispettose dei ritmi naturali.

L'idea è che dietro un buon piatto ci sono scelte° fatte nei campi, nelle scuole e nella politica. Slow food così è organizzata in «presidi°». Ogni «presidio» è un progetto per la protezione di produzioni alimentari minacciate° dal degrado ambientale o dall'agricoltura massiva. Oltre ai presidi, Slow food pubblica una rivista sulla biodiversità e sui vari temi eco-gastronomici.

I prodotti dei presidi Slow food sono riconoscibili° per il marchio della chiocciola°, animale lento, ma capace per questo di godersi la vita°.

promuovere *promote* **coltivazioni** *farming* **scelte** *choices* **presidi** *defenses*
minacciate *threatened* **riconoscibili** *identifiable* **chiocciola** *snail* **godersi la vita** *to enjoy life*

SU INTERNET

Quali sono i principali presidi Slow food?

Go to **vhlcentral.com** to find more information related to this **CULTURA**.

---

2 **Completare** Completa le frasi.

1. Slow food nasce in Italia nel _____.
2. Slow food pubblica una rivista sulla _____.
3. Il simbolo di Slow food è una _____.
4. In Italia, per legge, carta, alluminio, _____ e rifiuti organici devono essere riciclati.
5. Le batterie _____ e i farmaci _____ devono essere riportati al negozio che li ha venduti.

3 **A voi** A coppie, discutete le seguenti domande.

1. Come viene affrontato nella tua città il problema dello smog?
2. Esiste la raccolta differenziata nella tua città? Com'è organizzata?
3. Esistono programmi per sensibilizzare i giovani ai problemi ambientali negli Stati Uniti?

risorse

S

vhlcentral.com

ATTIVITÀ

STRUTTURE

12B.1 The imperfect and the past perfect subjunctive

Punto di partenza Like the indicative mood, the subjunctive mood has multiple tenses to talk about the past.

- The **congiuntivo imperfetto** (*imperfect subjunctive*) is used in the same situations as the present subjunctive, except that the verb in the main clause is in the past or the conditional.

PRESENT	PRESENT SUBJUNCTIVE	PAST	IMPERFECT SUBJUNCTIVE
È bene che lei non **faccia** la pendolare.		**Era** bene che lei non **facesse** la pendolare.	
It's good that she doesn't commute.		*It was good that she didn't commute.*	

- The pattern of conjugation is identical for verbs ending in **-are**, **-ere**, and **-ire**. Drop the **-re** to form the stem and add the imperfect subjunctive endings. Note that the **io** and **tu** endings are identical.

Congiuntivo imperfetto

	parlare	leggere	dormire
io	parla**ssi**	legge**ssi**	dormi**ssi**
tu	parla**ssi**	legge**ssi**	dormi**ssi**
Lei/lui/lei	parla**sse**	legge**sse**	dormi**sse**
noi	parla**ssimo**	legge**ssimo**	dormi**ssimo**
voi	parla**ste**	legge**ste**	dormi**ste**
loro	parla**ssero**	legge**ssero**	dormi**ssero**

- While all verbs have the same endings, a few common verbs have irregular stems.

Irregular verbs in the *congiuntivo imperfetto*

essere	dare	stare	bere	dire	fare
fossi	dessi	stessi	bevessi	dicessi	facessi
fossi	dessi	stessi	bevessi	dicessi	facessi
fosse	desse	stesse	bevesse	dicesse	facesse
fossimo	dessimo	stessimo	bevessimo	dicessimo	facessimo
foste	deste	steste	beveste	diceste	faceste
fossero	dessero	stessero	bevessero	dicessero	facessero

- Use the imperfect subjunctive when the action in the subordinate clause takes place at the same time as or later than a past-tense or conditional action in the main clause.

Eri stupito che ci **fosse** tanto smog?
Were you amazed that there was so much smog?

Mia moglie **preferirebbe** che io **comprassi** una macchina ibrida.
My wife would prefer that I buy a hybrid car.

PRATICA

1 Completare Scrivi la forma corretta del congiuntivo trapassato per completare le frasi seguenti.

1. Tu avresti voluto che io _____ (essere) più responsabile sul mio lavoro.
2. Sarebbe stato bello se tu _____ (potere) giocare a calcio con loro.
3. Avrei voluto che Daniele _____ (vedere) com'è Carla veramente!
4. I nostri genitori erano stati felici che noi _____ (scrivere) loro ogni settimana.
5. Avremmo potuto accendere il fuoco sulla spiaggia se non _____ (piovere).
6. Sarebbe stata una cosa buona se voi _____ (comprare) una macchina ibrida.

2 Trasformare Usa gli indizi dati per scrivere frasi al passato usando il congiuntivo imperfetto.

MODELLO

i miei amici essere felici / la fabbrica non inquinare il fiume
I miei amici erano felici che la fabbrica non inquinasse il fiume.

1. essere importante / la gente riciclare i rifiuti
2. io essere contento / il governo incoraggiare l'agricoltura biologica
3. sembrare / molte persone comprare macchine ibride
4. essere bene / la legge proteggere l'ecologia
5. tutti essere preoccupati / lo smog aumentare
6. i cittadini sperare / tu trovare una soluzione

3 Creare Usa le espressioni elencate per creare frasi con il congiuntivo imperfetto o il congiuntivo trapassato.

MODELLO l'energia termica
Ero contenta che la fabbrica usasse/avesse usato l'energia termica.

1. il riciclaggio
2. l'impianto nucleare
3. il disboscamento
4. lo smog
5. la coscienza ambientale
6. i rifiuti

Practice more at **vhlcentral.com**.

COMUNICAZIONE

4 Cosa ti piacerebbe? Lavorate a coppie. Fatevi a turno le seguenti domande usando il congiuntivo imperfetto. Non limitate le vostre risposte a «sì» e «no»; dite anche perché.

1. Secondo te, sarebbe più importante che la gente riciclasse la carta o la plastica?

2. Cosa vorresti che le fabbriche facessero per aiutare l'ambiente?

3. Secondo te, sarebbe importante che tutti comprassero macchine ibride?

4. Vorresti che la legge obbligasse i cittadini a fare solo agricoltura biologica?

5. Quale tipo di energia sarebbe bene che la gente non usasse?

6. Secondo te, sarebbe meglio che ci fossero più soluzioni per l'effetto serra?

5 Successi passati A coppie, date la vostra opinione su vari temi che sono accaduti nella vostra città nel passato. Usate la lista e il congiuntivo trapassato.

MODELLO

controllo governativo (*governmental*) sull'inquinamento
Era bene che trenta anni fa ci fosse già stato un controllo governativo sull'inquinamento.

Espressioni	Temi
Era bene	agricoltura biologica
Era impossibile che	leggi sull'ambiente
Era necessario	riciclaggio
Peccato che	buco (*hole*) dell'ozono
Sembrava che	rifiuti tossici
Speravo che	camion della nettezza urbana

6 Rimpianti Scrivi tre cose relative all'ambiente che vorresti vedere diverse. Poi, in gruppi di tre, paragonate a turno i vostri rimpianti (*regrets*). Decidete quali sono i tre rimpianti principali e poi parlatene come classe.

MODELLO

S1: *Vorrei che le persone riciclassero di più.*
S2: *Vorrei che il governo…*

Il congiuntivo trapassato

The **congiuntivo trapassato** (*past perfect subjunctive*) is used in the same situations as the past subjunctive, except that the main clause is in the past or the conditional.

- Form the **congiuntivo trapassato** with the imperfect subjunctive of **essere** or **avere** + [*past participle*].

Congiuntivo trapassato

		parlare	andare
	io	avessi parlato	fossi andato/a
	tu	avessi parlato	fossi andato/a
	Lei/lui/lei	avesse parlato	fosse andato/a
	noi	avessimo parlato	fossimo andati/e
	voi	aveste parlato	foste andati/e
	loro	avessero parlato	fossero andati/e

- Use the past perfect subjunctive when the action in the subordinate clause takes place *before* the action in the main clause.

Aveva paura che i bambini **avessero** già **buttato** i rifiuti nel parco.
*She was afraid that the children **had** already littered in the park.*

Pensavano che l'inquinamento **avesse** già **contribuito** all'effetto serra?
*Did they think that pollution **had** already **contributed** to the greenhouse effect?*

- The past perfect subjunctive functions in a similar way to the past subjunctive. Compare the following examples.

PRESENT	CONGIUNTIVO PASSATO	PAST	CONGIUNTIVO TRAPASSATO
Sei felice che **abbiano usato** l'energia solare?		**Eri** felice che **avessero usato** l'energia solare?	
*Are you happy that **they used** solar energy?*		*Were you happy that **they had used** solar energy?*	

- Remember to use **di** + [*infinitive*] if there is no change of subject.

Avevano bisogno **di riciclare**?
*Did they need **to recycle**?*

Temevo **di avere sprecato** l'acqua.
*I was afraid **I had wasted** water.*

Provalo! Completa la tabella con le forme mancanti del congiuntivo imperfetto.

		giocare	bere	dormire
1.	io	giocassi	*bevessi*	dormissi
2.	tu	_____	bevessi	_____
3.	Lei/lui/lei	_____	bevesse	dormisse
4.	noi	_____	_____	dormissimo
5.	voi	giocaste	_____	_____
6.	loro	giocassero	bevessero	_____

12B.2 Tense correlations with the subjunctive

Punto di partenza You have learned that the tense of the subjunctive depends on the tense of the verb used in the main clause. For any verb tense used in the main clause, the tense of the subordinate clause depends on when the actions take place in relation to one another. Here are some guidelines to help you choose which subjunctive tense to use in each situation.

- These are the possibilities for sentences whose main clauses use the present, future, or (less commonly) imperative form.

MAIN CLAUSE	SUBORDINATE CLAUSE
presente futuro imperativo	**congiuntivo presente** *if concurrent with or after main clause* **congiuntivo passato** *if before main clause*

- If the action of the subordinate clause is concurrent with or happens after that of the main clause, use the **congiuntivo presente**. If the action occurs before that of the main clause, use the **congiuntivo passato**.

MAIN CLAUSE	SUBORDINATE CLAUSE
Penso *I think*	che la legge **migliori** l'ambiente. *that the law **is improving/will improve** the environment.* che la legge **abbia migliorato** l'ambiente. *that the law **has improved** the environment.*

- These are the possibilities for sentences whose main clauses use either a past tense or the conditional.

MAIN CLAUSE	SUBORDINATE CLAUSE
passato prossimo imperfetto trapassato condizionale presente condizionale passato	**congiuntivo imperfetto** *if concurrent with or after main clause* **congiuntivo trapassato** *if before main clause*

- If the action of the subordinate clause is concurrent with or happens after that of the main clause, use the **congiuntivo imperfetto**. If the action occurs before that of the main clause, use the **congiuntivo trapassato**.

MAIN CLAUSE	SUBORDINATE CLAUSE
Pensavo *I thought*	che la legge **migliorasse** l'ambiente. *that the law **improved** the environment.* che la legge **avesse migliorato** l'ambiente. *that the law **had improved** the environment.*

1 Associare Associa la prima parte delle frasi con la conclusione più logica.

1. Non credevo che in inverno il sole ____
2. Potremmo fare una gita sul lago ____
3. Non è possibile che i politici ____
4. Per ridurre l'inquinamento sarebbe bene che noi tutti ____
5. Se oggi c'è il sole ____
6. Credevo che questi uccelli ____
7. Se non avessimo praticato l'agricoltura biologica ____
8. Comprerebbe una macchina ibrida ____

a. i pomodori non sarebbero così saporiti.
b. guidassimo solo macchine ibride.
c. se costasse di meno.
d. non propongano più leggi per l'ambiente.
e. tramontasse così presto.
f. non fossero sopravvissuti al freddo di questa regione.
g. vuoi venire in campagna con noi?
h. se facesse bel tempo.

2 Completare Usa l'indicazione temporale, che spiega quando si svolge l'azione subordinativa relativa all'azione principale, per scegliere la forma corretta del congiuntivo del verbo indicato.

MODELLO

Non credevo che noi *avessimo* (avere) tanta fortuna. [*future*]

1. Spero che Luigi _____ (arrivare) senza problemi. [*past*]
2. Volevo che tu mi _____ (aiutare). [*concurrent*]
3. Sarà divertente benché _____ (piovere). [*future*]
4. Non credi che io _____ (andare) a quella riunione. [*future*]
5. Eri sicuro che i miei amici non _____ (telefonare)? [*past*]
6. Davvero pensava che loro _____ (essere) disonesti? [*concurrent*]
7. L'erba era verde nonostante non _____ (piovere) da un mese. [*past*]
8. Sembrava che i volontari _____ (lavorare) anche il fine settimana. [*concurrent*]

 Practice more at **vhlcentral.com**.

3 Bene e male Lavorate a coppie e create delle frasi che comincino con **(Non) Penso che...** Date la vostra opinione su fatti che aiutano o danneggiano (*harm*) l'ambiente. Usate il congiuntivo presente o il congiuntivo passato nelle vostre risposte a seconda della situazione.

MODELLO

S1: *Penso che più persone usino i mezzi di trasporto pubblico oggi che vent'anni fa.*
S2: *Non penso che molte persone abbiano già comprato macchine ibride.*

4 Nel passato A coppie, completate le frasi seguenti usando o il congiuntivo imperfetto o il congiuntivo trapassato.

MODELLO Abbiamo deciso di usare l'energia solare...

S1: *Abbiamo deciso di usare l'energia solare sebbene costi di più.*
S2: *Abbiamo deciso di usare l'energia solare sebbene il cielo sia stato coperto negli ultimi mesi.*

1. Abbiamo fatto i pendolari per due mesi...
2. Ha proposto una soluzione...
3. Avete combattuto per la situazione ambientale...
4. Hanno buttato i rifiuti nel lago...
5. Hai ignorato il pericolo...
6. Ho denunciato (*reported*) la fabbrica...

5 E se...? Completa queste frasi. Poi, in gruppi di tre, paragonate le vostre risposte per vedere quanto avete in comune.

MODELLO Se io avessi comprato una macchina ibrida...
...non spenderei così tanti soldi in benzina.

Situazioni reali:

1. Se tutti rispetteranno la foresta...
2. Se noi facciamo una passeggiata su quel sentiero...

Situazioni ipotetiche:

3. Se il governo spendesse più soldi per l'ambiente...
4. Se al mercato si vendessero solo prodotti biologici...

Situazioni impossibili:

5. Se le fabbriche avessero costruito camion della nettezza ibridi...
6. Se tutte le famiglie del quartiere avessero usato pannelli solari...

Se and the subjunctive

Use the conjunction **se** (*if*) to create complex sentences. In **Lezione 7A**, you learned to use the future in both the *if*-clause (beginning with **se**) and the independent clause. Use the chart below to determine which verb forms to use with other types of *if*-clauses.

IF-CLAUSE	INDEPENDENT CLAUSE
se + presente	▶ presente, futuro, imperativo
congiuntivo imperfetto congiuntivo trapassato	▶ condizionale presente, condizionale passato

- To describe real or likely situations, use the indicative mood in the *if*-clause and the present or future indicative or the imperative in the independent clause. Note that when the *if*-clause is in the future, the independent clause must also be in the future.

Ci **sarà** una catastrofe se **continuiamo** a inquinare.
*There **will be** a catastrophe if we **continue** to pollute.*

Se **useremo** l'energia solare, **aiuteremo** l'ambiente.
*If **we use** solar energy, **we will help** the environment.*

- To describe a hypothetical situation, use the **congiuntivo imperfetto** in the *if*-clause and the conditional or past conditional in the independent clause.

Se tutti **andassero** in bicicletta, ci **sarebbe** tanto smog?
*If everyone **traveled** by bike, **would** there **be** so much smog?*

Avrebbe comprato i pannelli solari se non **avessero costato** tanto.
*He **would have bought** solar panels if **they didn't cost** so much.*

- To describe impossible or contrary-to-fact situations, use the **congiuntivo trapassato** in the *if*-clause, and the conditional or past conditional in the independent clause.

Se **avessi proposto** una soluzione, non **avremmo** questi problemi.
*If **you had proposed** a solution, **we wouldn't have** these problems.*

Non **avrei sprecato** i soldi per la benzina se **fossi andata** a piedi.
*I **wouldn't have wasted** the money on gas if **I had walked**.*

Provalo! Completa ogni frase con la forma corretta del congiuntivo.

1. È bene che la tua famiglia (iniziasse / (abbia iniziato)) ad usare i pannelli solari.
2. Temevo che lo smog (fosse / sia stato) peggiorato.
3. Ho paura che le fabbriche (inquinino / inquinassero) i fiumi.
4. Pensavo che il problema (sia risolto / fosse stato risolto).
5. Non è possibile che Giorgio (facesse / abbia fatto) il pendolare per dieci anni!
6. Spero veramente che la città (avesse trovato / trovi) presto una soluzione a questo problema.

SINTESI
Ricapitolazione

1 **Persone e ambiente** A coppie, fate a turno a leggere le seguenti frasi. Poi dite qual è stata la reazione di ciascuna persona nella lista. Usate le espressioni della lista e il congiuntivo imperfetto.

> **MODELLO** Si costruiscono nuove case nel deserto.
>
> **S1:** L'agente immobiliare era contento che si costruissero nuove case nel deserto.
> **S2:** L'elettricista era sorpreso che...

agente immobiliare	elettricista	pendolare
agricoltori	famiglie	sindaco
cittadini	governo	volontari

1. Hanno cancellato molti treni venerdì.
2. Le fabbriche hanno prodotto molti rifiuti tossici.
3. Molte persone hanno comprato macchine ibride.
4. I bambini non hanno inquinato la natura.
5. I turisti non hanno riciclato i rifiuti.
6. Hanno aumentato i prezzi dei prodotti biologici.

2 **La città perfetta** A coppie, immaginate una città che ha già risolto tutti i problemi ambientali. Dite cosa pensavano dell'ambiente e dei problemi le persone che vivevano lì già venti anni fa. Usate gli indizi elencati e il congiuntivo trapassato.

> **MODELLO**
>
> I leader politici avevano paura che i problemi ambientali della città fossero aumentati troppo velocemente.

1. Tutti pensavano che...
2. I residenti non credevano che...
3. Il sindaco aveva paura che...
4. Gli ingegneri e gli architetti erano felici che...
5. I proprietari delle fabbriche erano tristi che...
6. I giovani temevano che...

3 **Un'inchiesta** Chiedi ai tuoi compagni di classe di completare una frase dal foglio che ti darà l'insegnante. Scrivi le loro risposte e poi discutile con la classe per scoprire quali sono le opinioni più comuni.

> **MODELLO**
>
> **S1:** Come sarebbe se tutti avessero meno figli?
> **S2:** Se tutti avessero meno figli, non ci sarebbe il problema della sovrappopolazione.

4 **Felice o triste** A coppie, guardate le foto ed esprimete un'opinione positiva o negativa. Usate il congiuntivo passato o il congiuntivo trapassato.

> **MODELLO**
>
> **S1:** Sono contenta che la gente abbia deciso di prendersi cura del lago.
> **S2:** Peccato che non ci siamo mai stati.

 1.　　 2.　　 3.

 4.　　 5.　　 6.

5 **Soluzioni** A coppie, immaginate un gruppo di studenti che vogliono salvare l'ambiente. Completate ogni frase per dire che cosa ha fatto ogni persona per aiutare. Usate il congiuntivo imperfetto o il congiuntivo trapassato.

> **MODELLO** Elena ha piantato molti alberi in modo che...
>
> Elena ha piantato molti alberi in modo che ci fosse più natura in città.

1. Paolo e Gloria hanno parlato del riciclaggio affinché...
2. Loretta ha aiutato a pulire il parco nonostante...
3. Tu pensavi di partecipare alla conferenza sul riscaldamento globale a condizione che...
4. Io e Veronica abbiamo lavorato come volontari alla fattoria senza che...
5. Mario ha proposto un'ottima soluzione a tutti i problemi per quanto...
6. Patrizia ha accettato di studiare la pioggia acida purché...

6 **Nel futuro** In gruppi di tre, scrivete almeno sei risoluzioni su cosa si deve fare nel futuro per aiutare l'ambiente. Usate il futuro e il congiuntivo presente.

> **MODELLO**
>
> Nel futuro insisteremo affinché la mensa ricicli tutta la carta e la plastica che usa.

7 **Se solo...** Fai una lista di cinque cose che avresti voluto fare durante la tua carriera accademica, basandoti sui disegni. Poi, in gruppi di quattro, condividete le vostre frasi. Avete le stesse idee?

MODELLO

S1: *Se avessi studiato invece di giocare avrei preso ottimi voti.*

1.

2.

3.

4.

5.

8 **Ipotesi** Lavorate a coppie. L'insegnante vi darà due fogli diversi, ciascuno con metà delle informazioni su Caterina e la sua mamma. A turno, fatevi domande su Caterina e create ipotesi su cosa farebbe la mamma se Caterina facesse le attività indicate.

MODELLO

S1: *Se Caterina prendesse l'aereo...*
S2: *...la sua mamma vorrebbe che telefonasse dall'aeroporto.*

Il mio di·zio·na·rio

Aggiungi al tuo dizionario personalizzato cinque parole relative alla natura e all'ambiente.

siccità

traduzione
drought

categoria grammaticale
sostantivo (f.)

uso
Non ha piovuto per tre mesi e la siccità sta creando problemi a piante e animali.

sinonimi
aridità

antonimi
piovosità

risorse

| SAM WB: pp. 183–186 | SAM LM: pp. 105–106 | vhlcentral.com |

Panorama

Interactive Map

Il Mezzogiorno

Abruzzo

▶ **Superficie:** *10.795 km²* ▶ **Popolazione:** *1.314.213*

▶ **Città principali:** *Pescara, L'Aquila, Chieti*

▶ **La gente:** **Benedetto Croce**, *filosofo (1866–1952)*

Molise

▶ **Superficie:** *4.438 km²* ▶ **Popolazione:** *312.686*

▶ **Città principali:** *Campobasso, Termoli, Isernia*

▶ **La gente:** **Benito Jacovitti**, *fumettista° (1923–1997)*

Campania

▶ **Superficie:** *13.590 km²* ▶ **Popolazione:** *5.764.485*

▶ **Città principali:** *Napoli, Salerno, Caserta*

▶ **La gente:** **Antonio «Totò» De Curtis**, *attore (1898–1967)*

Puglia

▶ **Superficie:** *19.366 km²* ▶ **Popolazione:** *4.076.546*

▶ **Città principali:** *Bari, Taranto, Foggia*

▶ **La gente:** **Aldo Moro**, *politico (1916–1978)*

Basilicata

▶ **Superficie:** *9.994 km²* ▶ **Popolazione:** *574.801*

▶ **Città principali:** *Potenza, Matera, Pisticci*

▶ **La gente:** **Isabella Morra**, *poetessa (1520–1546)*

Calabria

▶ **Superficie:** *15.080 km²* ▶ **Popolazione:** *1.956.446*

▶ **Città principali:** *Reggio Calabria, Catanzaro, Lamezia Terme*

▶ **La gente:** **Donatella Versace**, *stilista (1955–)*

fumettista *comic book writer* **sepolte** *buried* **ceneri** *ashes*
è avvenuta *occurred* **dormiente** *dormant*

il Duomo di Amalfi

la bellezza naturale di Capri

i limoni

Incredibile ma vero!

Il Vesuvio è un vulcano attivo che si trova a Napoli. L'eruzione nel 79 d.C. ha distrutto completamente le città di Pompei, Ercolano e Stabia. Queste città sono state sepolte° da sei metri di ceneri° e sono state riscoperte molti secoli dopo. L'ultima eruzione è avvenuta° nel 1944 e da allora il vulcano è in fase dormiente°.

La storia

L'influenza greca in Italia

In Basilicata due esempi di influenza greca sono Metaponto e Policoro. Metaponto è stata fondata dai greci nel VII secolo a.C. Oggi è una meta balneare° che attrae molti turisti in estate. L'attrazione maggiore è il tempio di Hera, di cui rimangono ancora in piedi 16 delle 36 enormi colonne doriche°. Anche l'area di Policoro è stata costruita nel VII secolo a.C. da greci provenienti dall'Asia Minore. Da non perdere sono il Parco Archeologico, il Santuario di Demetra e il tempio di Dionisio.

La gente

Il sogno di tutte le donne

Rodolfo Valentino è nato nel 1895 in Puglia ed è vissuto in Italia fino al 1913. A 18 anni parte per l'America, ma solo nel 1919 inizia la sua carriera di attore. Valentino diventa in poco tempo una star del cinema muto° e tantissime donne lo adorano e lo identificano con l'amante ideale. Tra i suoi film più famosi ci sono *I quattro cavalieri dell'Apocalisse°* (1921), *Sangue e arena°* (1922) e *Il figlio dello sceicco°* (1926). Valentino muore nel 1926 a soli 31 anni.

Il lavoro

Un'economia basata sulla pesca

Una parte importante dell'economia del Sud d'Italia è la pesca°. Alcuni piccoli villaggi dipendono completamente dal pesce, in un

rapporto di amore-odio° per il mare e i suoi frutti. I pesci più comuni in questa zona sono pesce spada, tonno, sardine, alici, sgombri, spigole, orate, ostriche e mitili°. Nel passato i pescatori lungo l'Adriatico usavano i «trabocchi», lunghe piattaforme con grosse reti° sorrette° da corde° e carrucole°. Oggi i trabucchi sono considerati vere opere d'arte e attrazioni turistiche.

La gastronomia

Un olio d'oliva davvero speciale

L'Italia è uno dei maggiori produttori di olio in Europa e nel mondo, con più di 460.000 tonnellate° di olio d'oliva l'anno. Puglia, Calabria e Sicilia producono il 90% di tutto l'olio italiano. Inoltre, l'Italia produce oli di altissima qualità. Ci sono 37 oli DOP (denominazione di origine protetta) in Italia e il 40% degli oli DOP nella Comunità Europea sono oli italiani. L'olio, più usato nella cucina del sud che in quella del nord, ha più calorie del burro, ma, al contrario del burro, ha meno grassi saturi e non ha colesterolo.

Quanto hai imparato? Completa le frasi.

1. Nel 79 d.C. il Vesuvio ha distrutto le città di _____.
2. L'ultima eruzione del Vesuvio è stata nel _____.
3. Metaponto e Policoro sono state fondate nel VII secolo a.C. dai _____.
4. A Metaponto si possono ancora vedere 16 _____ del Tempio di Era.
5. Rodolfo Valentino era una star del cinema _____.

6. Nel 1921 Valentino ha fatto il film _____.
7. La _____ è molto importante nell'economia del Sud d'Italia.
8. I _____ erano usati nel passato per pescare.
9. La maggior parte dell'olio italiano è prodotto in _____.
10. In Italia ci sono _____ oli DOP.

Practice more at vhlcentral.com.

risorse

SAM
WB: pp. 187–188

vhlcentral.com

SU INTERNET

Go to **vhlcentral.com** to find more cultural information related to this **Panorama**.

1. Sai perché il Sud d'Italia è chiamato «Il Mezzogiorno»? Cerca una spiegazione su Internet.
2. Cerca informazioni sulla famiglia Versace, la loro casa di moda, le relazioni con l'America e il tipo di vestiti caratteristici delle loro collezioni.
3. La storia del monte Vesuvio è affascinante e allo stesso tempo terribile. Cerca informazioni sulle eruzioni e sul rapporto che gli abitanti della zona hanno con il vulcano.

meta balneare *beach destination* **colonne doriche** *Doric columns* **muto** *silent* **I quattro cavalieri dell'Apocalisse** *The Four Horsemen of the Apocalypse* **Sangue e arena** *Blood and Sand* **Il figlio dello sceicco** *The Son of the Sheik* **pesca** *fishing* **rapporto di amore-odio** *love-hate relationship* **pesce spada, tonno, sardine, alici, sgombri, spigole, orate, ostriche e mitili** *swordfish, tuna, sardines, anchovies, mackerel, bass, sea bream, oysters, and mussels* **reti** *nets* **sorrette** *held* **corde** *ropes* **carrucole** *pulleys* **tonnellate** *tons (one thousand kilograms)*

Lettura  Ⓢ Audio: Reading

Prima di leggere

STRATEGIA

Summarizing a text in your own words

Summarizing a text in your own words can help you understand it better. Before summarizing a text, you may find it helpful to skim it and jot down a few notes about its general meaning. You can then read the text again, writing down the important details. Your notes will help you summarize what you have read. If the text is particularly long, you may want to subdivide it into smaller segments so that you can summarize it more easily.

Esamina il testo

Leggi il titolo di questo brano e guarda velocemente il testo. Leggi la prima frase di ogni paragrafo. Secondo te, di che cosa parla il testo? Quali parole o frasi te lo fanno pensare?

L'autore
Umberto Eco

Umberto Eco è nato ad Alessandria nel 1932. Si è laureato all'Università di Torino in filosofia e da allora è sempre stato molto attivo come consulente editoriale°, professore e scrittore di saggi°, riviste e romanzi. Eco ha ricevuto molti titoli onorifici° da parte delle università di tutto il mondo, dove ha tenuto diversi corsi. Ha collaborato con molte organizzazioni, per esempio l'Unesco e la Fondation Européenne de la Culture, e con molte altre organizzazioni, accademie, e testate editoriali° nazionali e internazionali. Tra i suoi romanzi più famosi ricordiamo *Il nome della rosa* e *Il pendolo di Foucault*, entrambi diventati in breve tempo best-seller internazionali. Il testo che segue, intitolato *Come parlare degli animali*, è preso da una raccolta° di storie brevi dal titolo *Diario minimo*, pubblicato nel 1963.

consulente editoriale *publishing consultant* **saggi** *essays* **titoli onorifici** *honorary degrees*
testate editoriali *newspapers* **raccolta** *collection*

Come parlare degli animali

Se non siete patiti° dell'attualità, questa storia è accaduta a New York qualche tempo fa.

Central Park, giardino zoologico. Alcuni ragazzini giocano vicino alla vasca degli orsi bianchi°. Uno sfida° gli altri a fare un bagno
5 nuotando attorno agli orsi, per obbligare gli amici a tuffarsi° gli nasconde gli abiti, i ragazzi entrano in acqua, sguazzano attorno a un orsacchione placido e sonnacchioso, lo sbertucciano°, quello si secca°, allunga una zampa e si mangia, ovvero si sbocconcella°, due bambini, lasciandone in giro dei pezzi. Accorre la polizia, arriva persino il sindaco,
10 si discute se uccidere l'orso, si riconosce che non era colpa sua, si scrive qualche articolo a effetto. Guarda caso, i bambini avevano dei nomi spagnoli: portoricani, forse di colore, forse arrivati di fresco, in ogni caso usi alla bravata° come accade a tutti i ragazzi che si radunano° in bande nei quartieri poveri.

15 Interpretazioni varie, tutte piuttosto severe. Alquanto diffusa la reazione cinica, almeno a voce: selezione naturale, se erano così stupidi da nuotare accanto a un orso, se lo sono meritato°, io neppure a cinque anni mi sarei buttato° nella vasca. Interpretazione sociale: sacche di povertà, scarsa educazione, ahimè si è sottoproletari anche
20 nell'imprudenza, nella sconsideratezza. Ma quale scarsa° educazione, mi chiedo, se anche il bambino più povero vede la televisione e legge i libri di scuola, dove gli orsi divorano gli uomini e i cacciatori li ammazzano°?

A quel punto mi sono chiesto se i bambini non siano entrati nella
25 vasca proprio perché guardano la televisione e vanno a scuola. Quei bambini sono stati probabilmente vittime della nostra cattiva coscienza interpretata dalla scuola e dai mass media.

Gli esseri umani° sono stati sempre spietati° con gli animali, e quando si sono accorti della propria cattiveria, hanno incominciato, se non ad
30 amarli tutti (perché con molta tranquillità continuano a mangiarne), almeno a parlarne bene. Se poi si pensa che i media, la scuola, gli enti° pubblici, hanno da farsi perdonare tante cose fatte contro gli uomini, diventa tutto sommato remunerativo°, psicologicamente ed eticamente, insistere sulla bontà° degli animali. Si lasciano morire i
35 bambini del Terzo mondo ma si invitano i bambini del Primo a rispettare non solo libellule° e coniglietti, ma anche balene°, coccodrilli, serpenti.

patiti *passionate* **orsi bianchi** *polar bears* **sfida** *challenges* **tuffarsi** *to dive*
lo sbertucciano *they bother him* **si secca** *gets annoyed* **si sbocconcella** *he nibbles*
usi alla bravata *used to bravado* **si radunano** *gather* **se lo sono meritato** *they deserved it*
mi sarei buttato *would have thrown myself* **scarsa** *little* **ammazzano** *kill* **esseri umani** *human*
beings **spietati** *merciless* **enti** *organizations* **remunerativo** *profitable* **bontà** *goodness*
libellule *dragonflies* **balene** *whales*

Si noti che in sé questa azione educativa è corretta. Quello che è eccessivo è la tecnica persuasiva che viene scelta: per rendere gli animali degni° di sopravvivenza essi vengono umanizzati e bamboleggiati°. Non
40 si dice che hanno diritto alla sopravvivenza anche se, secondo i loro costumi, sono selvaggi° e carnivori, ma li si rende rispettabili rendendoli amabili, buffi, bonaccioni°, benevoli, saggi e prudenti.

Nessuno è più sconsiderato di un lemming, più infingardo° di un gatto, più bavoso° di un cane d'agosto, più puzzolente° di un porcello, più
45 isterico di un cavallo, più cretino di una falena°, più viscido° di una lumaca°, più velenoso° di una vipera, meno fantasioso di una formica° e meno musicalmente creativo di un usignolo°. Semplicemente occorre amare—e se proprio non possiamo, almeno rispettare—questi e altri animali per quel che sono. Le leggende di un tempo esageravano con il
50 lupo cattivo, le leggende di oggi esagerano con i lupi buoni. Non bisogna salvare le balene perché sono buone ma bisogna salvarle perché fanno parte dell'arredamento naturale e contribuiscono all'equilibrio ecologico. Invece i nostri bambini sono educati a base di balene parlanti°, lupi che si iscrivono al terz'ordine francescano e, soprattutto, Teddy Bear a
55 non finire°.

La pubblicità, i cartoni animati, i libri illustrati sono pieni di orsi buoni come il pane, ligi° alle leggi, coccoloni e protettivi. È insultante per un orso sentirsi dire che ha diritto di vivere perché — come ci si esprime dalle mie parti — è grande e grosso, ciula e balosso°. Pertanto sospetto
60 che i poveri bambini di Central Park siano morti non per difetto ma per eccesso di educazione. Sono vittime della nostra coscienza infelice.

Per fargli dimenticare quanto gli uomini siano cattivi gli hanno spiegato troppo che gli orsi sono buoni. Invece di dirgli lealmente e che cosa sono gli uomini e che cosa sono gli orsi.

degni *worthy* **bamboleggiati** *treated like stuffed animals* **selvaggi** *wild* **bonaccioni** *good people* **infingardo** *sneaky* **bavoso** *drooling* **puzzolente** *smelly* **falena** *moth* **viscido** *slimy* **lumaca** *snail* **velenoso** *poisonous* **formica** *ant* **usignolo** *nightingale* **parlanti** *talking* **Teddy Bear a non finire** *endless Teddy Bears* **ligi** *obedient* **grande e grosso, ciula e balosso** *he's big and large, foolish and silly*

Dopo la lettura

Rispondere Rispondi alle seguenti domande con frasi complete.

1. Dove si svolge la storia raccontata dall'autore?
   _____

2. Cosa decidono di fare dei bambini?
   _____

3. Perché la polizia non uccide l'orso?
   _____

4. Di quale nazionalità erano i bambini?
   _____

5. Perché i bambini sono entrati nella vasca, secondo l'autore?
   _____

6. Qual è l'immagine degli animali data a scuola e da altre fonti (*sources*) educative?
   _____

7. Quali animali sono elencati come esempi di animali sconsiderati, infingardi, bavosi, puzzolenti, isterici, cretini, viscidi, velenosi, poco fantasiosi e musicalmente non creativi?
   _____

8. Come erano considerati i lupi nelle leggende e come sono considerati oggi?
   _____

9. Quale descrizione può essere insultante per un orso?
   _____

10. Che cosa poteva salvare i bambini allo zoo di Central Park?
   _____

Un riassunto Scrivi un riassunto del brano. Di che cosa parla? Quali problemi affronta l'autore? Come spiega il suo punto di vista? A quali conclusioni arriva?

Gli animali selvatici 👥 L'autore parla, in questo testo, di come i mass media influenzano la percezione umana della natura. L'autore conclude che i media hanno creato una visione distorta degli animali, visione che, alla fine, è pericolosa per le persone. Sei d'accordo? Puoi pensare ad altri esempi di questo tipo? Parla con un compagno di classe e sii pronto a discutere le tue idee con la classe.

Practice more at **vhlcentral.com.**

In ascolto  Ⓢ Audio

Jotting down notes while you listen to a conversation in Italian can help you keep track of the important points or details. It will help you to focus actively on comprehension rather than on remembering what you have heard.

🎧 To practice this strategy, you will listen to a paragraph. Jot down the main points you hear.

Preparazione

Guarda la fotografia. Chi sono queste persone? Cosa stanno facendo? Perché stanno protestando? Secondo te, cosa dicono?

Ascoltiamo 🎧

Ascolta l'organizzatore che parla alla dimostrazione e indica quali dei seguenti argomenti sono menzionati.

1. ____ i rifiuti tossici
2. ____ i problemi ambientali
3. ____ il riciclaggio
4. ____ le macchine ibride
5. ____ il riscaldamento globale
6. ____ le leggi per proteggere l'ambiente
7. ____ le centrali nucleari
8. ____ la protezione dell'ecologia
9. ____ l'effetto serra
10. ____ la coscienza ambientale
11. ____ il degrado del nostro paese
12. ____ il disboscamento

Comprensione

Completare Scegli la risposta che meglio completa ogni frase su quello che hai appena ascoltato.

1. Noi tutti lottiamo (*are fighting*) ____.
   a. per un mondo migliore   b. per avere più lavoro
   c. per produrre più macchine ibride

2. Per combattere i problemi ambientali ci vuole ____.
   a. felicità   b. passione   c. amore

3. Il degrado del paese è causato da ____.
   a. il non riciclaggio   b. l'energia nucleare
   c. la sovrappopolazione   e i pannelli solari

4. I nostri figli hanno diritto a ____.
   a. un parco con molti giochi   b. prodotti sani e biologici
   c. un mondo pulito e verde

5. L'esempio di coscienza ambientale deve partire da ____.
   a. i genitori   b. gli amici   c. i politici

6. Dobbiamo unire le nostre voci e combattere per ____.
   a. una foresta più grande   b. un ambiente più sano
   c. un lago più pulito

Le leggi 👥 Un rappresentante del Congresso verrà alla tua università per discutere i problemi dell'ambiente. In piccoli gruppi, scegliete un problema ecologico che considerate molto importante. Provate a convincere il rappresentante che il governo dovrebbe fare di più su questa questione. Siate pronti a spiegare il problema e a dire quali sono i cambiamenti necessari per rendere le cose migliori. Pensate anche a quali nuove leggi ambientali potreste suggerire al rappresentante.

Scrittura

Considering audience and purpose

Writing always has a purpose. During the planning stages, you must determine to whom you are addressing the piece and what you want to express to your reader. Once you have defined both your audience and your purpose, you will be able to decide which genre, vocabulary, and grammatical structures will best serve your composition.

Let's say you want to share your thoughts on local traffic problems. Your audience can be either the local government or the community. You could choose to write a newspaper article, a letter to the editor, or a letter to the city's governing board. You should first ask yourself these questions:

1. Are you going to comment on traffic problems in general, or are you going to point out several specific problems?

2. Is your intention to register a specific complaint?

3. Is your intention simply to inform others and increase public awareness of the problems?

4. Are you hoping to persuade others to adopt your point of view?

5. Are you hoping to inspire others to take concrete actions?

The answers to these questions will help you establish the purpose of your writing and determine your audience. Of course your writing can have more than one purpose. For example, you may intend for your writing to both inform others of a problem and inspire them to take action.

No matter the topic, choosing a purpose before you begin will make your writing more focused and effective.

Tema

Scrivi una lettera o un articolo

Scrivi su un problema ambientale che, secondo te, è molto importante.

1. Prima scegli il problema su cui vuoi scrivere. È un problema locale (per esempio, il riciclaggio sul campus) o un problema a livello globale (per esempio, la sovrappopolazione)?

2. Decidi chi sarà il tuo pubblico: vuoi scrivere una lettera a un amico, a un membro del governo, a un gruppo all'università ecc.? Preferiresti scrivere un articolo per un giornale o una rivista?

3. Identifica lo scopo della lettera o articolo: vuoi semplicemente informare il tuo pubblico o vuoi anche dare la tua opinione personale?

4. Prepara una breve introduzione, poi presenta il problema che hai scelto in modo logico.

5. Se scegli di dare la tua opinione personale, giustifica la tua posizione e convinci il lettore che hai ragione.

6. Prepara una conclusione per la tua lettera o articolo.

La natura

l'alba	dawn; sunrise
l'albero	tree
la baita	cabin (mountain shelter)
la campagna	countryside
il campo	field
la cascata	waterfall
il cielo	sky
la costa	coast
il deserto	desert
l'erba	grass
la fattoria	farm
il fieno	hay
il fiore	flower
il fiume	river
la foresta	forest
l'isola	island
il lago	lake
la luna	moon
la montagna	mountain
l'oceano	ocean
l'orizzonte (m.)	horizon
la pianta	plant
la pietra	rock
la pineta	pine forest
il prato	meadow
la scogliera	cliff
il sentiero	path
il sole	sun
la stella	star
il tramonto	sunset
la valle	valley

Le soluzioni

l'agricoltura biologica	organic farming
l'ambientalismo	environmentalism
l'ambiente (m.)	environment
il camion della nettezza urbana	garbage truck
la coscienza ambientale	environmental awareness
l'ecologia	ecology
il governo	government
la legge	law
la macchina ibrida	hybrid car
il riciclaggio	recycling

Espressioni

Vietato buttare rifiuti.	No littering.
fare il/la pendolare	to commute
migliorare	to improve
preservare	to preserve
proporre una soluzione	to propose a solution
riciclare	to recycle
salvare il pianeta	to save the planet
sprecare	to waste
sviluppare	to develop

Gli insetti e gli animali

l'ape (f.)	bee
la capra	goat
il coniglio	rabbit
il gabbiano	seagull
la mucca	cow
la pecora	sheep
la rondine	swallow
lo scoiattolo	squirrel
il serpente	snake
il toro	bull
l'uccello	bird

L'energia

la centrale nucleare	nuclear power plant
l'energia eolica	wind power
l'energia nucleare	nuclear energy
l'energia rinnovabile	renewable energy
l'energia solare	solar energy
l'energia termica	thermal energy
la fabbrica	factory
il pannello solare	solar panel
i rifiuti tossici	toxic waste

I problemi

l'alluvione (f.)	flood
la catastrofe	catastrophe
il degrado	deterioration
il disboscamento	deforestation
l'effetto serra	greenhouse effect
l'immondizia	trash
l'inquinamento	pollution
il pericolo	danger
la pioggia acida	acid rain
il riscaldamento globale	global warming
lo scappamento	exhaust (pipe)
lo smog	smog
la sovrappopolazione	overpopulation

Espressioni utili	See pp. 427 and 443.
Conjunctions	See p. 432.

Le attività

esplorare	to explore
fare un picnic	to have a picnic
passare	to pass by; to spend (time)
remare	to row
scalare	to climb
sorgere	to rise (sun)
tramontare	to set (sun)

Il mondo

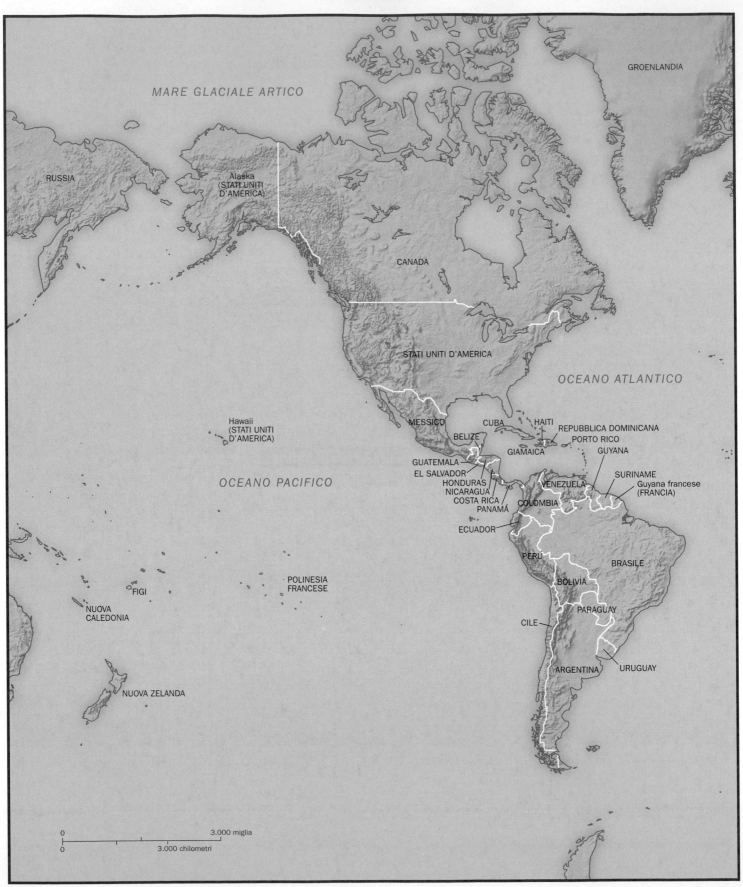

MARE GLACIALE ARTICO

GROENLANDIA

RUSSIA

Alaska
(STATI UNITI
D'AMERICA)

CANADA

STATI UNITI D'AMERICA

OCEANO ATLANTICO

Hawaii
(STATI UNITI
D'AMERICA)

MESSICO

CUBA

HAITI

REPUBBLICA DOMINICANA

PORTO RICO

BELIZE

GIAMAICA

GUYANA

OCEANO PACIFICO

GUATEMALA
EL SALVADOR
HONDURAS
NICARAGUA
COSTA RICA
PANAMÁ

SURINAME

Guyana francese
(FRANCIA)

VENEZUELA

COLOMBIA

ECUADOR

PERÚ

BRASILE

POLINESIA
FRANCESE

BOLIVIA

FIGI

NUOVA
CALEDONIA

PARAGUAY

CILE

NUOVA ZELANDA

ARGENTINA

URUGUAY

```
0                    3.000 miglia
0          3.000 chilometri
```

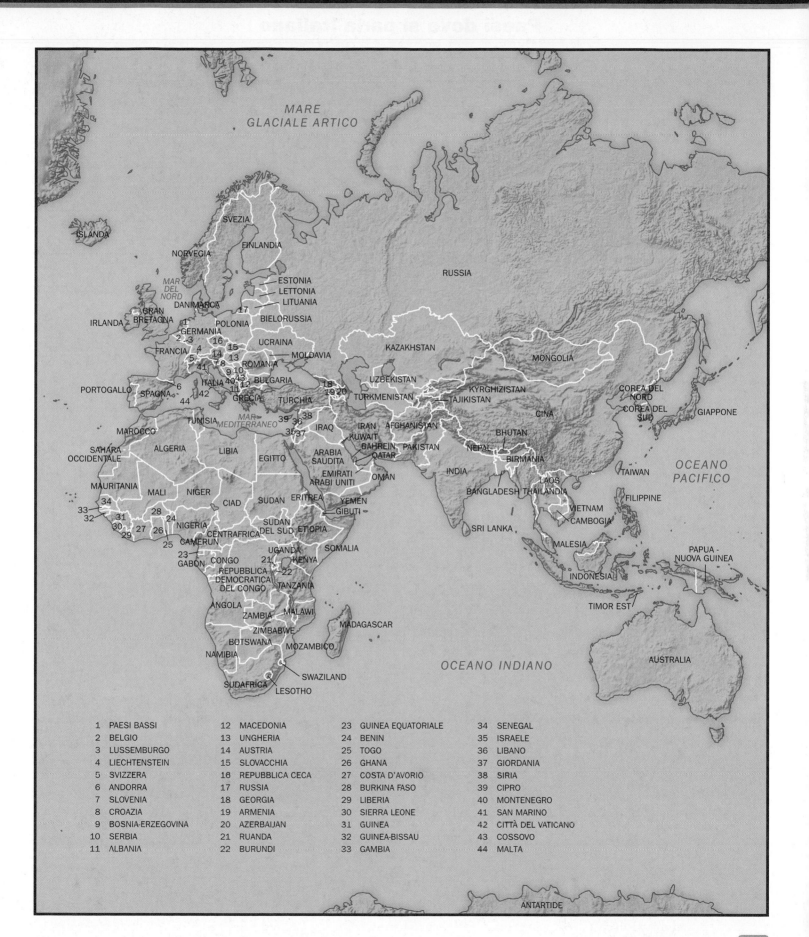

MARE
GLACIALE ARTICO

SVEZIA

ISLANDA

NORVEGIA

FINLANDIA

RUSSIA

MAR
DEL
NORD

ESTONIA
LETTONIA
LITUANIA

DANIMARCA

17

BIELORUSSIA

GRAN
BRETAGNA

IRLANDA

1

GERMANIA

POLONIA

2 3
4
16
UCRAINA
KAZAKHSTAN
MONGOLIA
FRANCIA
14 15
5 13
MOLDAVIA
41 7 8
9 10
ROMANIA
6 ITALIA 40 43
42 11 12 BULGARIA
44
SPAGNA
GRECIA TURCHIA
18
19 20
UZBEKISTAN
KYRGHIZISTAN
COREA DEL
NORD
TURKMENISTAN
TAJIKISTAN
CINA
COREA DEL
SUD
GIAPPONE

PORTOGALLO

TUNISIA
MAR
MEDITERRANEO
39 36 38
35 37
IRAQ
IRAN AFGHANISTAN
BHUTAN
TAIWAN
OCEANO
PACIFICO

MAROCCO

ALGERIA
LIBIA
EGITTO
KUWAIT
BAHREIN
QATAR
PAKISTAN
NEPAL
BIRMANIA

SAHARA
OCCIDENTALE
ARABIA
SAUDITA
EMIRATI
ARABI UNITI
OMAN
INDIA
LAOS

MAURITANIA
MALI
NIGER
CIAD
SUDAN
ERITREA
YEMEN
GIBUTI
BANGLADESH THAILANDIA
FILIPPINE
VIETNAM
CAMBOGIA

34
28 24
33
32 31
30 27 26
29 25
NIGERIA
CENTRAFRICA
SUDAN
DEL SUD
ETIOPIA
SOMALIA
SRI LANKA
MALESIA
PAPUA -
NUOVA GUINEA

CAMERUN
23
GABON CONGO
UGANDA
21 KENYA
22
INDONESIA

REPUBBLICA
DEMOCRATICA
DEL CONGO
BURUNDI
TANZANIA
TIMOR EST

ANGOLA
ZAMBIA
MALAWI
MADAGASCAR

ZIMBABWE
BOTSWANA
MOZAMBICO
OCEANO INDIANO
AUSTRALIA

NAMIBIA

SUDAFRICA LESOTHO
SWAZILAND

1	PAESI BASSI	12	MACEDONIA	23	GUINEA EQUATORIALE	34	SENEGAL
2	BELGIO	13	UNGHERIA	24	BENIN	35	ISRAELE
3	LUSSEMBURGO	14	AUSTRIA	25	TOGO	36	LIBANO
4	LIECHTENSTEIN	15	SLOVACCHIA	26	GHANA	37	GIORDANIA
5	SVIZZERA	16	REPUBBLICA CECA	27	COSTA D'AVORIO	38	SIRIA
6	ANDORRA	17	RUSSIA	28	BURKINA FASO	39	CIPRO
7	SLOVENIA	18	GEORGIA	29	LIBERIA	40	MONTENEGRO
8	CROAZIA	19	ARMENIA	30	SIERRA LEONE	41	SAN MARINO
9	BOSNIA-ERZEGOVINA	20	AZERBAIJAN	31	GUINEA	42	CITTÀ DEL VATICANO
10	SERBIA	21	RUANDA	32	GUINEA-BISSAU	43	COSSOVO
11	ALBANIA	22	BURUNDI	33	GAMBIA	44	MALTA

ANTARTIDE

Paesi dove si parla italiano

Italy
Other regions where Italian is spoken
regional border
provincial border
• provincial capital
◉ regional capital
★ country capital

L'Europa

500 miglia
0   500 chilometri

Paesi dove l'italiano
è una lingua ufficiale

MARE DI
BARENTS

MARE DI
NORVEGIA

ISLANDA
Reykjavik

SVEZIA   FINLANDIA

NORVEGIA   Helsinki   RUSSIA

Oslo   Stoccolma   Tallinn
ESTONIA

MARE   DANIMARCA   Mosca
DEL NORD   Riga   LETTONIA

MARE BALTICO   LITUANIA
Copenaghen   Vilnius   Minsk

Dublino   Berlino   RUSSIA   BIELORUSSIA

IRLANDA   GRAN   PAESI   Varsavia
BRETAGNA   BASSI   Kiev

Amsterdam   POLONIA
Londra   UCRAINA
Bruxelles   GERMANIA
LUSSEMBURGO   BELGIO
OCEANO   Lussemburgo   Praga
ATLANTICO   REPUBBLICA   MOLDAVIA
Parigi   CECA   SLOVACCHIA
                                              Bratislava   Chisinau
LIECHTENSTEIN   Vienna
                        AUSTRIA   Budapest
Berna   Vaduz   UNGHERIA
SVIZZERA   SLOVENIA   ROMANIA
FRANCIA   Lubiana   Zagabria   Bucarest   MARE NERO
                        CROAZIA
ITALIA   BOSNIA-   Belgrado
                    ERZEGOVINA   SERBIA
Monaco   Sarajevo   COSSOVO
            SAN   Città di   Pristina   BULGARIA
ANDORRA la Vella   MARINO   San Marino   MONTENEGRO   Sofia
PORTOGALLO   MONACO   Podgorica   Skopje
            ANDORRA   Roma   Tirana   MACEDONIA
Lisbona   Madrid   Corsica   TURCHIA
            CITTÀ DEL   ALBANIA   Ankara
SPAGNA   VATICANO
            Sardegna   GRECIA
                                          Atene
                Sicilia   Nicosia
Algeri   CIPRO
Tunisi
Rabat   La Valetta   MALTA
ALGERIA   TUNISIA   MARE MEDITERRANEO
MAROCCO

Italian Terms for Direction Lines and Classroom Use

Parole utili	Useful words
l'affermazione (f.)	statement
il/la compagno/a	partner
i compiti	homework
la conversazione	conversation
il disegno	drawing
la domanda	question
l'elenco, la lista	list
la fine	end
la frase completa	complete sentence
il gioco	game
l'inchiesta	survey; investigation
l'indizio	clue; indication
l'inizio	beginning
l'intervista	interview
la lavagna	(black)board
la lettura	reading
il nome	name
l'opuscolo	brochure
il personaggio	character
la prossima prova	next quiz
la pubblicità	ad/advertisement; commercial
il punto di partenza	starting point
il riassunto	summary
le risorse	resources
il saggio	essay, paper
lo scopo, il fine	purpose, goal
il sondaggio	opinion poll
la tabella	chart, table
il tema, l'argomento	topic
per esempio	for example
quello che	what; that which
giusto/a	right
sbagliato/a	wrong
vero/a	true
falso/a	false
a destra	to/on the right
a sinistra	to/on the left
adesso	now
allora	then
dopo	after
(tutti) insieme	(all) together
ogni	each
per primo	first
per ultimo	last
poi	then, later

Verbi utili	Useful verbs
abbinare	to match
aggiungere	to add
aiutare	to help
appartenere	to belong
ascoltare	to listen (to)
categorizzare	to categorize
cercare	to look for
chiacchierare	to chat
collegare	to connect
combinare	to combine
completare	to complete
controllare	to check
correggere	to correct
creare	to create
definire (-isc-)	to define
descrivere	to describe
dire	to say
discutere	to discuss
disegnare	to draw
domandare, chiedere	to ask
etichettare	to label
guardare	to look at
identificare	to identify
includere	to include
indicare	to show, to indicate
indovinare	to guess
lavorare	to work
leggere	to read
mescolare	to mix
paragonare	to compare
presentare	to present
provare	to try
raccontare	to tell
recitare	to role-play
riassumere	to summarize
riempire	to fill in
ripetere	to repeat
rispondere	to answer, to reply
scambiare	to exchange, to switch
scegliere	to choose
scoprire	to find out; to uncover
scrivere	to write
seguire	to follow
sostituire (-isc-)	to substitute
spiegare	to explain
tradurre	to translate
trasformare	to transform
trovare	to find
usare	to use

Espressioni utili *Useful expressions*

A coppie...	*With a partner . . .*
A proposito di...	*Regarding . . .*
A tuo/vostro avviso...	*In your opinion . . .*
A turno...	*Take turns . . .*
ad alta voce	*aloud*
Andate/Vai a pagina 2.	*Go to page 2.*
Aprite/Chiudete i vostri libri.	*Open/Close your books.*
Avete/Hai capito?	*Do you understand?*
Avete/Hai delle domande?	*Do you have any questions?*
Avete/Hai finito?	*Have you finished?*
che completa meglio	*that best completes*
Chi ha vinto?	*Who won?*
Chiedo scusa per il ritardo.	*Excuse me for being late.*
Come si dice _____ in italiano?	*How do you say _____ in Italian?*
Come si scrive _____?	*How do you spell _____ ?*
Comincio io./Cominci tu.	*I'll start./You start.*
Completate/Completa la tabella.	*Fill in the chart.*
Completate/Completa le frasi.	*Complete the sentences.*
Congratulazioni!	*Congratulations!*
Correggete/Correggi le affermazioni false	*Correct the false statements.*
Cosa ne pensate/pensi?	*What do you think?*
Cosa pensate/pensi di...?	*What do you think about . . . ?*
Cosa vuol dire _____?	*What does _____ mean?*
Create/Formate delle frasi.	*Create/Form sentences.*
Descrivete/Descrivi le foto/i disegni.	*Describe the photos/drawings.*
Discutete le seguenti domande.	*Discuss the following questions.*
Dite/Di' se siete/sei d'accordo oppure no.	*Say if you agree or not.*
Dividetevi in gruppi di quattro.	*Get into groups of four.*
Domani non ci sarò.	*I won't be here tomorrow.*
Domani farete...	*Tomorrow you're going to do . . .*
Dopo un secondo ascolto...	*After a second listening . . .*
Etichettate/Etichetta...	*Label . . .*
Fate a turno a....	*Take turns . . .*
Fatevi le seguenti domande.	*Ask each other the following questions.*
Ho vinto!/Abbiamo vinto!	*I won!/We won!*
il/la più appropriato/a	*the most appropriate*
Indicate/Indica chi ha detto...	*Indicate who said . . .*
Indicate/Indica la parola che non appartiene.	*Indicate the word that doesn't belong.*
Leggete/Leggi...	*Read . . .*
Lentamente, per favore.	*Slowly, please.*
Mettete/Metti in ordine...	*Put in order . . .*
Mi presti la matita?	*Could you lend me your pencil?*
Mi scusi, ho dimenticato.	*I'm sorry, I forgot.*
Non capisco./Non ho capito.	*I don't understand.*
Non dirmi la risposta.	*Don't tell me the answer.*
Non ho capito.	*I don't understand. (past form.)*
Non ho/abbiamo ancora finito.	*I/We have not finished yet.*
Non lo so.	*I don't know.*
Per domani, fate...	*For tomorrow, do . . .*
Posso continuare?	*May I continue?*
la prima/seconda persona	*the first/second person*
Pronunciate/Pronuncia (con attenzione).	*Pronounce (carefully).*
Può ripetere per favore?	*Could you repeat please?*
Può spiegare ancora una volta, per favore?	*Could you explain again, please?*
Riempite/Riempi gli spazi bianchi.	*Fill in the blanks.*
Riscrivete/Riscrivi le frasi...	*Rewrite the sentences . . .*
Rispondete/Rispondi alle seguenti domande.	*Answer the following questions.*
Scambiate i ruoli.	*Switch roles.*
Scegliete/Scegli delle parole da ogni colonna.	*Choose words from each column.*
Scegliete/Scegli la forma corretta.	*Choose the correct form.*
Scegliete/Scegli la parola giusta.	*Choose the right word.*
Scrivete/Scrivi una lettera/frase.	*Write a letter/sentence.*
Secondo me/te...	*According to me/you . . .*
Siate creativi!/Sii creativo/a!	*Be creative!*
Siate pronti/Sii pronto/a a...	*Be ready to . . .*
Siete pronti?/Sei pronto/a?	*Are you ready?*
(Non) sono d'accordo.	*I (dis)agree.*
Tocca a...	*It's _____'s turn.*
Tocca a te./Tocca a me.	*It's your/my turn.*
Trovate/Trova la parola che non appartiene al gruppo.	*Find the word that doesn't belong to the group.*
Trovate/Trova l'intruso.	*Choose the item that doesn't belong.*
Unitevi a un altro gruppo.	*Get together with another group.*
Usando...	*Using . . .*
Vero o falso?	*True or false?*
Venite/Vieni alla lavagna.	*Come to the board.*
Vuoi lavorare con me?	*Do you want to work with me?*

Glossary of Grammatical Terms

ADJECTIVE A word that modifies, or describes, a noun or pronoun.

dei libri **interessanti**
*some **interesting** books*

un uomo **alto**
*a **tall** man*

dei **bei** fiori
*some **pretty** flowers*

Tu sei **generosa**.
*You are **generous**.*

Demonstrative adjective An adjective that specifies which noun a speaker is referring to.

questa camicia
***this** shirt*

quest'armadio
***this** closet*

quell'albergo
***that** hotel*

queste scatole
***these** boxes*

Possessive adjective An adjective that indicates ownership or possession.

il **mio** bell'orologio
***my** beautiful watch*

È **sua** cugina.
*It's **his/her** cousin.*

le **tue** matite
***your** pencils*

Sono le **loro** zie.
*They are **their** aunts.*

ADVERB A word that modifies, or describes, a verb, adjective, or another adverb.

Giovanni parla **bene** l'italiano.
*Giovanni speaks Italian **well**.*

Questi bambini sono **veramente** intelligenti.
*These children are **really** smart.*

Lei corre **molto** velocemente.
*She runs **very** fast.*

ARTICLE A word that points out a noun in either a specific or a non-specific way.

Definite article An article that points out a noun in a specific way.

il mercato
***the** market*

la valigia
***the** suitcase*

lo zaino
***the** backpack*

l'amica
***the** friend*

i dizionari
***the** dictionaries*

le parole
***the** words*

Indefinite article An article that points out a noun in a general, non-specific way.

una bicicletta
***a** bike*

un ragazzo
***a** boy*

CLAUSE A group of words that contains both a conjugated verb and a subject, either expressed or implied.

Main (or Independent) clause A clause that can stand alone as a complete sentence.

Ho un cappotto verde.
I have a green overcoat.

Subordinate (or Dependent) clause A clause that does not express a complete thought and therefore cannot stand alone as a sentence.

Lavoro in un ristorante **perché ho bisogno di soldi**.
*I work in a restaurant **because I need money**.*

COMPARATIVE A construction used with an adjective or adverb to express a comparison between two people, places, or things.

Tommaso è **più alto di** Giuseppe.
*Tommaso is **taller than** Giuseppe.*

A Bologna, piove **meno spesso che** a Roma.
*In Bologna, it rains **less often than** in Rome.*

Questa casa ha **tante finestre quante** porte.
*This house has **as many windows as** it does doors.*

CONJUGATION A set of the forms of a verb for a specific tense or mood, or the process by which these verb forms are presented.

Imperfetto conjugation of **cantare:**

io cant**avo**	noi cant**avamo**
tu cant**avi**	voi cant**avate**
Lei/lui/lei cant**ava**	loro cant**avano**

CONJUNCTION A word used to connect words, clauses, or phrases.

Susanna **e** Piero abitano in Svizzera.
*Susanna **and** Piero live in Switzerland.*

Non disegno molto bene, **ma** mi piacciono le lezioni d'arte.
*I don't draw very well, **but** I like art classes.*

CONTRACTION The joining of two words into one. Examples of Italian contractions are **agli, dalla, del,** and **nelle**.

Mia sorella è andata **al** concerto ieri sera.
*My sister went **to the** concert last night.*

Ritiro **dei** soldi **dalla** cassa automatica.
*I withdraw **some** money **from the** ATM.*

Lui parla sempre **della** politica italiana.
*He always talks **about** Italian politics.*

Nel passato, giocavamo a scacchi.
In the past, we used to play chess.

DIRECT OBJECT A noun or pronoun that directly receives the action of the verb.

Pietro legge **un libro**.	L'ho visto ieri.
*Pietro reads **a book**.*	*I saw **him** yesterday.*

GENDER The grammatical categorizing of certain kinds of words, such as nouns, pronouns, and adjectives as masculine or feminine.

Masculine
articles **il, un**
pronouns **lui, lo, questo, quello, gli**
adjective **generoso**

Feminine
articles **la, una**
pronouns **lei, la, questa, quella, le**
adjective **generosa**

IMPERSONAL EXPRESSION A third-person expression with no expressed or specific subject.

Piove.	Qui **si parla** italiano.
It's raining.	*Italian **is spoken** here.*

INDIRECT OBJECT A noun or pronoun that receives the action of the verb indirectly; the object, often a living being, to or for whom an action is performed.

Mario regala un libro **a Linda**.
*Mario gives a book **to Linda**.*

Il professore **mi** ha dato un bel voto.
*The teacher gave **me** a good grade.*

INFINITIVE The basic form of a verb. Most Italian infinitives end in **-are**, **-ere**, or **-ire**.

parlare	**leggere**	**partire**
to speak	*to read*	*to leave*

INTERROGATIVE An adjective or pronoun used to ask a question.

Chi parla?
Who is speaking?

Quanti biscotti hai comprato?
How many cookies did you buy?

Cosa pensi di fare oggi?
What do you plan to do today?

INVERSION Changing the word order of a sentence, often to form a question.

Statement: **Laura ha comprato i fagioli.**

Inversion: **Ha comprato i fagioli Laura?**

MOOD A grammatical distinction of verbs that indicates whether the verb is intended to make a statement or command or to express doubt, emotion, or a condition contrary to fact.

Conditional mood Verb forms used to express what would be done or what would happen under certain circumstances; to make a polite request or soften a demand; to express what someone could or should do; or to state a contrary-to-fact situation.

Farebbe una passeggiata se avesse il tempo.
He would go for a walk if he had the time.

Spegneresti le luci, per favore?
Would you turn off the lights, please?

Avrei dovuto parlare con lei gentilmente.
I should have talked to her nicely.

Imperative mood Verb forms used to make commands or suggestions.

Parla lentamente.	**Venite** con me.
***Speak** slowly.*	***Come** with me.*

Indicative mood Verb forms used to state facts, actions, and states considered to be real.

So che lui **ha** un gatto.
I know that he has a cat.

Subjunctive mood Verb forms used principally in subordinate (dependent) clauses to express wishes, desires, emotions, doubts, and certain conditions, such as contrary-to-fact situations.

È importante che **tu finisca** i compiti.
*It's important that **you finish** your homework.*

Dubito che **Lele abbia** abbastanza soldi.
*I doubt that **Lele has** enough money.*

NOUN A word that identifies people, animals, places, things, and ideas.

uomo	**gatto**
man	*cat*
Belgio	**casa**
Belgium	*house*
amicizia	**libro**
friendship	*book*

NUMBER A grammatical term that refers to singular or plural. Nouns in Italian and English have number. Other parts of a sentence, such as adjectives, articles, and verbs, can also have number.

Singular	Plural
una cosa	**delle** cose
a thing	*some things*
il professore	**i** professori
the professor	*the professors*

NUMBERS Words that represent amounts.

Cardinal numbers Words that indicate specific amounts.

cinque minuti
five minutes

l'anno **duemilaundici**
the year 2011

Ordinal numbers Words that indicate the order of a noun in a series.

il **quarto** giocatore	la **decima** volta
the fourth player	*the tenth time*

PAST PARTICIPLE A past form of the verb used in compound tenses. The past participle may also be used as an adjective, in which case it must agree in number and gender with the word it modifies.

Hanno **camminato** molto.
They have walked a lot.

Non ho **studiato** per l'esame.
I haven't studied for the exam.

C'è una finestra **aperta** nel soggiorno.
There is an open window in the living room.

PERSON The form of the verb or pronoun that indicates the speaker, the one spoken to, or the one spoken about. In Italian, as in English, there are three persons: first, second, and third.

Person	Singular		Plural	
1st	**io**	*I*	**noi**	*we*
2nd	**tu/Lei**	*you*	**voi/Loro**	*you*
3rd	**lui/lei**	*he/she*	**loro**	*they*

PREPOSITION A word or words that describe(s) the relationship, most often in time or space, between two other words.

Anna abita **lontano da** Roma.
Anna lives far from Rome.

La giacca è **nella** macchina.
The jacket is in the car.

Marina si è pettinata **prima di** uscire.
Marina combed her hair before going out.

PRONOUN A word that takes the place of a noun or nouns.

Demonstrative pronoun A pronoun that takes the place of a specific noun.

Voglio **questo**.
I want this one.

Comprerà **quello**?
Will you buy that one?

Andrea preferiva **quelle**.
Andrea preferred those.

Disjunctive pronoun A pronoun used after a preposition or in order to provide emphasis.

Sei sempre arrabbiata con **me**.
You are always angry with me.

Ha scritto il libro da **sé**.
He wrote the book by himself.

Object pronoun A pronoun that functions as a direct or indirect object of the verb.

Lei **gli** dà un regalo.
She gives him a present.

Federica **me l'**ha portato.
Federica brought it to me.

Reflexive pronoun A pronoun that indicates that the action of a verb is performed by the subject on itself. These pronouns are often expressed in English with
-self: *myself, yourself*, etc.

Mi lavo prima di uscire.
*I wash (**myself**) before going out.*

Maria **si** è addormentata alle undici e mezzo.
Maria fell asleep at eleven-thirty.

Relative pronoun A pronoun that connects a subordinate clause to a main clause.

Quando vedremo la chiesa **che** mi piace?
*When will we see the church **that** I like?*

Ecco il poliziotto con **cui** ha parlato Mario.
*There's the police officer with **whom** Mario spoke.*

Subject pronoun A pronoun that replaces the name or title of a person or thing, and acts as the subject of a verb.

Tu parti subito.
***You** are leaving immediately.*

Lui arriva domani.
***He** arrives tomorrow.*

SUBJECT A noun or pronoun that performs the action of a verb and is often implied by the verb.

Alfredo va al supermercato.
***Alfredo** goes to the supermarket.*

(**Loro**) lavorano molto.
***They** work a lot.*

Quei libri sono molto costosi.
***Those books** are very expensive.*

SUPERLATIVE A word or construction used with an adjective, adverb, or a noun to express the highest or lowest degree of a specific quality among three or more people, places, or things.

Il corso d'italiano è **il più interessante** di tutti.
*The Italian class is **the most interesting** of all.*

Silvio corre **meno velocemente** di tutti.
*Silvio runs **the least fast** of all.*

Il suo giardino ha **il maggior numero di alberi**.
*Her garden has **the most trees**.*

TENSE A set of verb forms that indicates the time of an action or state: past, present, or future.

Compound tense A two-word tense made up of an auxiliary verb and a present or past participle. In Italian, there are two auxiliary verbs: **essere** and **avere**.

Il pacco non è ancora **arrivato**.
*The package **has** not **arrived** yet.*

Lei **ha bevuto** un bicchiere d'acqua.
*She **drank** a glass of water.*

Simple tense A tense expressed by a single verb form.

Valentina **gioca** a pallavolo ogni settimana.
*Valentina **plays** volleyball every week.*

Claudia **parlerà** a suo fratello domani.
*Claudia **will speak** with her brother tomorrow.*

VERB A word that expresses actions or states-of-being.

Auxiliary verb A verb used with a present or past participle to form a compound tense. **Avere** is the most commonly used auxiliary verb in Italian.

I bambini **hanno** visto gli elefanti.
*The children **have** seen the elephants.*

Spero che tu **abbia** mangiato.
*I hope you **have** eaten.*

Reflexive verb A verb that describes an action performed by the subject on itself and is always used with a reflexive pronoun.

Io **mi sono comprato** una macchina nuova.
*I **bought myself** a new car.*

Paolo e Letizia **si alzano** molto presto.
*Paolo and Letizia **get (themselves) up** very early.*

Spelling-change verb A verb that undergoes a predictable change in spelling in the various conjugations.

cominciare	(- i)	comincio	→	cominci
mangiare	(- i)	mangiamo	→	mangeremo
cercare	(+ h)	cerco	→	cerchiamo
pagare	(+ h)	pagate	→	pagherete

Verb Conjugation Tables

The list of verbs below and the model verb tables that start on page 473 show you how to conjugate the verbs that appear in **SENTIERI**. Each verb in the list is followed by a model verb conjugated according to the same pattern. The number in parentheses indicates where in the verb tables you can find the conjugated forms of the model verb. For example, if you want to find out how to conjugate the verb **offrire**, look up number 10 to refer to its model verb, **aprire**. The cross symbol (†) after a verb indicates that it is conjugated with **essere** in the **passato prossimo** and

other compound tenses. Note that some verbs take **avere** when they are used transitively and **essere** when they are used intransitively, as noted in the verb list. Reminder: All reflexive verbs use **essere** as their auxiliary verb in compound tenses. Remember, too, that the second-person singular negative imperative form for all verbs is formed by placing **non** in front of the infinitive: **non dimenticare!**

In the tables you will find the infinitive, past participle, gerund, and all the forms of each model verb you have learned.

abbracciarsi like cominciare (16), alzarsi (5) †

abbronzarsi like alzarsi (5) †

abitare like adorare (1)

accedere like credere (2)

accendere like prendere (35)

accomodarsi like alzarsi (5) †

accorgersi like credere (2), alzarsi (5) †, *except* irreg. p. part. **accorto**

addormentarsi like alzarsi (5) †

adorare (1)

affittare like adorare (1)

aggiustare like adorare (1)

aiutare like adorare (1)

aiutarsi like alzarsi (5) †

allacciare like cominciare (16)

alzarsi (5) †

amare like adorare (1)

amarsi like alzarsi (5) †

andare (8) †

annoiarsi like cambiare (13), alzarsi (5) †

annullare like adorare (1)

apparecchiare like cambiare (13)

applaudire like dormire (3)

aprire (10)

arrabbiarsi like cambiare (13), alzarsi (5) †

arrendersi like prendere (35), alzarsi (5) †

arricciare like cominciare (16)

arrivare like adorare (1) †

ascoltare like adorare (1)

aspettare like adorare (1)

assaggiare like mangiare (27)

attendere like prendere (35)

atterrare like adorare (1)

attraversare like adorare (1)

avere (6)

baciare like cominciare (16)

baciarsi like cominciare (16), alzarsi (5) †

ballare like adorare (1)

bastare like adorare (1) †

bere (11)

bucare like cercare (14)

cadere (12) †

cambiare (13) †; **p.p.** with **avere** if transitive

camminare like adorare (1)

cancellare like adorare (1)

cantare like adorare (1)

capire (4)

caricare like dimenticare (19)

cenare like adorare (1)

cercare (14)

chiamare like adorare (1)

chiamarsi like alzarsi (5) †

chiedere (15)

chiudere like credere (2), *except* irreg. p. part. **chiuso**

colpire like capire (4)

cominciare (16) †; **p.p.** with **avere** if transitive

commettere like mettere (28)

comporre like porre (33)

comprare like adorare (1)

condurre like produrre (36)

conoscere like credere (2), *except* irreg. p. part. **conosciuto**

conoscersi like credere (2), alzarsi (5), *except* irreg. p. part. **conosciuto** †

consigliare like cambiare (13)

controllare like adorare (1)

correre like credere (2), *except* irreg. p. part. **corso** †; **p.p.** with **avere** if transitive

costare like adorare (1) †

costruire like capire (4)

credere (2)

curare like adorare (1)

dare (18)

darsi like dare (18), alzarsi (5) †

decidere like credere (2), *except* irreg. p. part. **deciso**

decollare like adorare (1)

depositare like adorare (1)

desiderare like adorare (1)

dimenticare (19)

dimenticarsi like dimenticare (19), alzarsi (5) †

dipingere like credere (2), *except* irreg. p. part. **dipinto**

dire (20)

dispiacere like tacere (46) †

diventare like adorare (1) †

divertirsi like dormire (3),
alzarsi (5) †

domandare like adorare (1)

dormire (3)

dovere (22)

dubitare like adorare (1)

entrare like adorare (1) †

esplorare like adorare (1)

essere (7) †

evitare like adorare (1)

fallire like capire (4)

fare (23)

farsi like fare (23), alzarsi (5) †

fermarsi like alzarsi (5) †

fidarsi like alzarsi (5) †

fingere like credere (2), *except* irreg.
p. part. **finto**

finire like capire (4) †; **p.p.** with
avere if transitive

firmare like adorare (1)

fotocopiare like cambiare (13)

frenare like adorare (1)

frequentare like adorare (1)

friggere like credere (2), *except*
irreg. p. part. **fritto**

funzionare like adorare (1)

giocare (24)

girare like adorare (1)

guadagnare like sognare (43)

guardare like adorare (1)

guardarsi like alzarsi (5) †

guarire like capire (4) †; **p.p.** with
avere if transitive

guidare like adorare (1)

imbucare like cercare (14)

immaginare like adorare (1)

imparare like adorare (1)

incontrare like adorare (1)

incontrarsi like alzarsi (5) †

indossare like adorare (1)

indovinare like adorare (1)

ingolfare like adorare (1)

innamorarsi like alzarsi (5) †

insegnare like sognare (43)

insistere like credere (2), *except*
irreg. p. part. **insistito**

interpretare like adorare (1)

inventare like adorare (1)

inviare (25)

invitare like adorare (1)

lamentarsi like alzarsi (5) †

lasciare like cominciare (16)

lasciarsi like cominciare (16), alzarsi (5) †

laurearsi like alzarsi (5) †

lavare like adorare (1)

lavarsi like alzarsi (5) †

lavorare like adorare (1)

leggere like credere (2), *except* irreg.
p. part. **letto**

macchiare like cambiare (13)

mancare like cercare (14) †; **p.p.**
with **avere** if transitive

mandare like adorare (1)

mangiare (27)

mantenersi like tenere (47),
alzarsi (5) †

meritare like adorare (1)

mettere (28)

mettersi like mettere (28),
alzarsi (5) †

migliorare like adorare (1)

morire (29) †

mostrare like adorare (1)

nascere like credere (2), *except*
irreg. p. part. **nato** †

navigare like litigare (26)

nevicare like dimenticare (19)

noleggiare like mangiare (27)

nuotare like adorare (1)

obbligare like litigare (26)

occuparsi like alzarsi (5) †

odiarsi like inviare (25), alzarsi (5) †

offrire like aprire (10)

ordinare like adorare (1)

orientarsi like alzarsi (5) †

ottenere like tenere (47)

pagare like litigare (26)

parcheggiare like mangiare (27)

parere (32) †

parlare like adorare (1)

parlarsi like alzarsi (5) †

partire like dormire (3) †

passare like adorare (1) †; **p.p.** with
avere if transitive

pensare like adorare (1)

perdere like credere (2), *except* irreg.
p. part. **perso/perduto**

perdersi like credere (2), alzarsi (5),
except irreg. p. part. **perso/perduto** †

permettere like mettere (28)

pescare like cercare (14)

pettinarsi like alzarsi (5) †

piacere like tacere (46) †

piangere like credere (2), *except*
irreg. p. part. **pianto**

piovere like credere (2), *except*
irreg. p. part. **piovuto**

portare like adorare (1)

possedere like sedere (42)

potere (34)

praticare like dimenticare (19)

preferire like capire (4)

prendere (35)

prenotare like adorare (1)

preoccuparsi like alzarsi (5) †

preparare like adorare (1)

prepararsi like alzarsi (5) †

presentare like adorare (1)

preservare like adorare (1)

prestare like adorare (1)

promettere like mettere (28)

proporre like porre (33)

proseguire like dormire (3) †; **p.p.**
with **avere** if transitive

provare like adorare (1)

pubblicare like dimenticare (19)

pulire like capire (4)

raccomandare like adorare (1)

radersi like credere (2), alzarsi (5); *except* irreg. p. part. **raso** †

recitare like adorare (1)

regalare like adorare (1)

registrare like adorare (1)

remare like adorare (1)

rendersi like prendere (35), alzarsi (5) †

restare like adorare (1) †

restituire like capire (4)

riattaccare like cercare (14)

ricevere like credere (2)

riciclare like adorare (1)

riconoscere like credere (2), *except* irreg. p. part. **riconosciuto**

ricordare like adorare (1)

ricordarsi like alzarsi (5) †

ridare like dare (18)

riempire (37)

rimanere (38) †

rincorrere like credere (2), *except* irreg. p. part. **rincorso**

rinviare like inviare (25)

riparare like adorare (1)

ripetere like credere (2)

riposarsi like alzarsi (5) †

risparmiare like cambiare (13)

rispettare like adorare (1)

rispondere (39)

ritirare like adorare (1)

ritornare like adorare (1) †

riuscire like uscire (51) †

rivedere like vedere (53)

rompersi like credere (2), alzarsi (5), *except* irreg. p. part. **rotto** †

rosolare like adorare (1)

salire (40) †; **p.p.** *with* **avere** if transitive

salutarsi like alzarsi (5) †

salvare like adorare (1)

sapere (41)

sbadigliare like cambiare (13)

sbagliarsi like cambiare (13), alzarsi (5) †

sbrigarsi like litigare (26), alzarsi (5) †

scalare like adorare (1)

scaricare like dimenticare (19)

scendere like prendere (35) †; **p.p.** with **avere** if transitive

scherzare like adorare (1)

scolpire like capire (4)

scrivere like credere (2), *except* irreg. p. part. **scritto**

scriversi like credere (2), alzarsi (5), *except* irreg. p. part. **scritto** †

scusare like adorare (1)

sedersi like sedere (42), alzarsi (5) †

seguire like dormire (3) †; **p.p.** with **avere** if transitive

sembrare like adorare (1) †

sentire like dormire (3)

sentirsi like dormire (3), alzarsi (5) †

servire like dormire (3)

significare like dimenticare (19)

sistemare like adorare (1)

smettere like mettere (28)

sognare (43)

sorgere like credere (2), *except* irreg. p. part. **sorto** †

sparecchiare like cambiare (13)

spazzare like adorare (1)

spedire like capire (4)

spegnere (44)

spendere like prendere (35)

sperare like adorare (1)

spiegare like litigare (26)

spogliarsi like cambiare (13) †

spolverare like adorare (1)

sporcare like cercare (14)

sposarsi like alzarsi (5) †

sprecare like cercare (14)

squillare like adorare (1)

stampare like adorare (1)

stare (45) †

starnutire like capire (4)

stirare like adorare (1)

strafare like fare (23)

studiare like cambiare (13)

subaffittare like adorare (1)

succedere like credere (2), *except* irreg. p. part. **successo** †

suggerire like capire (4)

suonare like adorare (1)

superare like adorare (1)

svegliarsi like cambiare (13), alzarsi (5) †

sviluppare like adorare (1)

tagliare like cambiare (13)

telefonare like adorare (1)

telefonarsi like alzarsi (5) †

temere like credere (2)

tenere (47)

toccare like cercare (14)

tornare like adorare (1) †

tossire like capire (4)

tradurre like produrre (36)

tramontare like adorare (1) †

trasferirsi like capire (4), alzarsi (5) †

traslocare like cercare (14)

trattenersi like tenere (47), alzarsi (5) †

trovare like adorare (1)

truccarsi like cercare (14), alzarsi (5) †

usare like adorare (1)

uscire (51) †

vedere (53)

vedersi like vedere (53), alzarsi (5) †

vendere like credere (2)

venire (54) †

vestirsi like dormire (3), alzarsi (5) †

viaggiare like mangiare (27)

vincere (55)

visitare like adorare (1)

vivere (56) †; **p.p.** with **avere** if transitive

volere (57)

Regular verbs

Infinito / Participio passato / Gerundio presente / Infinito passato	INDICATIVO Presente	INDICATIVO Passato prossimo	INDICATIVO Imperfetto	INDICATIVO Futuro	CONDIZIONALE Presente	CONGIUNTIVO Presente	CONGIUNTIVO Imperfetto	IMPERATIVO
1 adorare (*to adore*) — adorato / adorando / avere adorato	adoro	ho adorato	adoravo	adorerò	adorerei	adori	adorassi	
	adori	hai adorato	adoravi	adorerai	adoreresti	adori	adorassi	adora (non adorare)
	adora	ha adorato	adorava	adorerà	adorerebbe	adori	adorasse	adori
	adoriamo	abbiamo adorato	adoravamo	adoreremo	adoreremmo	adoriamo	adorassimo	adoriamo
	adorate	avete adorato	adoravate	adorerete	adorereste	adoriate	adoraste	adorate
	adorano	hanno adorato	adoravano	adoreranno	adorerebbero	adorino	adorassero	adorino
2 credere (*to believe*) — creduto / credendo / avere creduto	credo	ho creduto	credevo	crederò	crederei	creda	credessi	
	credi	hai creduto	credevi	crederai	crederesti	creda	credessi	credi (non credere)
	crede	ha creduto	credeva	crederà	crederebbe	creda	credesse	creda
	crediamo	abbiamo creduto	credevamo	crederemo	crederemmo	crediamo	credessimo	crediamo
	credete	avete creduto	credevate	crederete	credereste	crediate	credeste	credete
	credono	hanno creduto	credevano	crederanno	crederebbero	credano	credessero	credano
3 dormire (*to sleep*) — dormito / dormendo / avere dormito	dormo	ho dormito	dormivo	dormirò	dormirei	dorma	dormissi	
	dormi	hai dormito	dormivi	dormirai	dormiresti	dorma	dormissi	dormi (non dormire)
	dorme	ha dormito	dormiva	dormirà	dormirebbe	dorma	dormisse	dorma
	dormiamo	abbiamo dormito	dormivamo	dormiremo	dormiremmo	dormiamo	dormissimo	dormiamo
	dormite	avete dormito	dormivate	dormirete	dormireste	dormiate	dormiste	dormite
	dormono	hanno dormito	dormivano	dormiranno	dormirebbero	dormano	dormissero	dormano
4 capire (*to understand*) — capito / capendo / avere capito	capisco	ho capito	capivo	capirò	capirei	capisca	capissi	
	capisci	hai capito	capivi	capirai	capiresti	capisca	capissi	capisci (non capire)
	capisce	ha capito	capiva	capirà	capirebbe	capisca	capisse	capisca
	capiamo	abbiamo capito	capivamo	capiremo	capiremmo	capiamo	capissimo	capiamo
	capite	avete capito	capivate	capirete	capireste	capiate	capiste	capite
	capiscono	hanno capito	capivano	capiranno	capirebbero	capiscano	capissero	capiscano

Reflexive (Pronominal)

Infinito	INDICATIVO				CONDIZIONALE	CONGIUNTIVO		IMPERATIVO
Participio passato Gerundio presente Infinito passato	Presente	Passato prossimo	Imperfetto	Futuro	Presente	Presente	Imperfetto	
alzarsi (*to get up*) alzato/a alzandosi essersi alzato/a	mi alzo	mi sono alzato/a	mi alzavo	mi alzerò	mi alzerei	mi alzi	mi alzassi	
	ti alzi	ti sei alzato/a	ti alzavi	ti alzerai	ti alzeresti	ti alzi	ti alzassi	**alzati** (non alzarti/ non ti alzare)
	si alza	si è alzato/a	si alzava	si alzerà	si alzerebbe	si alzi	si alzasse	si alzi
	ci alziamo	ci siamo alzati/e	ci alzavamo	ci alzeremo	ci alzeremmo	ci alziamo	ci alzassimo	alziamoci
	vi alzate	vi siete alzati/e	vi alzavate	vi alzerete	vi alzereste	vi alziate	vi alzaste	alzatevi
	si alzano	si sono alzati/e	si alzavano	si alzeranno	si alzerebbero	si alzino	si alzassero	si alzino

5

Auxiliary verbs: *avere* and *essere*

Infinito	INDICATIVO				CONDIZIONALE	CONGIUNTIVO		IMPERATIVO
Participio passato Gerundio presente Infinito passato	Presente	Passato prossimo	Imperfetto	Futuro	Presente	Presente	Imperfetto	
avere (*to have*) avuto avendo avere avuto	ho	ho avuto	avevo	avrò	avrei	abbia	avessi	
	hai	hai avuto	avevi	avrai	avresti	abbia	avessi	**abbi** (non avere)
	ha	ha avuto	aveva	avrà	avrebbe	abbia	avesse	**abbia**
	abbiamo	abbiamo avuto	avevamo	avremo	avremmo	abbiamo	avessimo	**abbiamo**
	avete	avete avuto	avevate	avrete	avreste	abbiate	aveste	**abbiate**
	hanno	hanno avuto	avevano	avranno	avrebbero	abbiano	avessero	**abbiano**

6

Infinito	INDICATIVO				CONDIZIONALE	CONGIUNTIVO		IMPERATIVO
Participio passato Gerundio presente Infinito passato	Presente	Passato prossimo	Imperfetto	Futuro	Presente	Presente	Imperfetto	
essere (*to be*) stato/a essendo essere stato/a	sono	sono stato/a	ero	sarò	sarei	sia	fossi	
	sei	sei stato/a	eri	sarai	saresti	sia	fossi	**sii** (non essere)
	è	è stato/a	era	sarà	sarebbe	sia	fosse	**sia**
	siamo	siamo stati/e	eravamo	saremo	saremmo	siamo	fossimo	**siamo**
	siete	siete stati/e	eravate	sarete	sareste	siate	foste	**siate**
	sono	sono stati/e	erano	saranno	sarebbero	siano	fossero	**siano**

7

Compound tenses: Perfect tenses

Ausiliare

	INDICATIVO				CONDIZIONALE	CONGIUNTIVO	
	Passato prossimo	Trapassato prossimo	Trapassato remoto	Futuro anteriore	Passato	Passato	Trapassato
avere (*to have*)	ho	avevo	ebbi	avrò	avrei	abbia	avessi
	hai	avevi	avesti	avrai	avresti	abbia	avessi
	ha	aveva	ebbe	avrà	avrebbe	abbia	avesse
	abbiamo	avevamo	avemmo	avremo	avremmo	abbiamo	avessimo
	avete	avevate	aveste	avrete	avreste	abbiate	aveste
	hanno	avevano	ebbero	avranno	avrebbero	abbiano	avessero

(participi: adorato, perduto, dormito, capito)

	INDICATIVO				CONDIZIONALE	CONGIUNTIVO	
	Passato prossimo	Trapassato prossimo	Trapassato remoto	Futuro anteriore	Passato	Passato	Trapassato
essere (*to be*)	sono	ero	fui	sarò	sarei	sia	fossi
	sei	eri	fosti	sarai	saresti	sia	fossi
	è	era	fu	sarà	sarebbe	sia	fosse
	siamo	eravamo	fummo	saremo	saremmo	siamo	fossimo
	siete	eravate	foste	sarete	sareste	siate	foste
	sono	erano	furono	saranno	sarebbero	siano	fossero

(participi: andato/a, andati/e)

Irregular verbs

Infinito / Participio passato / Gerundio presente / Infinito passato	INDICATIVO				CONDIZIONALE	CONGIUNTIVO		IMPERATIVO
	Presente	Passato prossimo	Imperfetto	Futuro	Presente	Presente	Imperfetto	
8 **andare** (*to go*) andato/a andando essere ancato/a	**vado**	sono andato/a	andavo	**andrò**	**andrei**	**vada**	andassi	
	vai	sei andato/a	andavi	**andrai**	**andresti**	**vada**	andassi	**vai, va'** (non andare)
	va	è andato/a	andava	**andrà**	**andrebbe**	**vada**	andasse	**vada**
	andiamo	siamo andat/e	andavamo	**andremo**	**andremmo**	andiamo	andassimo	andiamo
	andate	siete andati/e	andavate	**andrete**	**andreste**	andiate	andaste	andate
	vanno	sono andati/e	andavano	**andranno**	**andrebbero**	**vadano**	andassero	**vadano**
9 **apparire** (*to appear*) **apparso/a** apparendo essere **apparso/a**	**appaio**	sono **apparso/a**	apparivo	apparirò	apparirei	**appaia**	apparissi	
	appari	sei **apparso/a**	apparivi	apparirai	appariresti	**appaia**	apparissi	appari (non apparire)
	appare	è **apparso/a**	appariva	apparirà	apparirebbe	**appaia**	apparisse	**appaia**
	appariamo	siamo **apparsi/e**	apparivamo	appariremo	appariremmo	appariamo	apparissimo	appariamo
	apparite	siete **apparsi/e**	apparivate	apparirete	apparireste	appariate	appariste	apparite
	appaiono	sono **apparsi/e**	apparivano	appariranno	apparirebbero	**appaiano**	apparissero	**appaiano**

10 aprire (to open) — Participio passato: aperto — Gerundio presente: aprendo — Infinito passato: avere aperto

	INDICATIVO				CONDIZIONALE	CONGIUNTIVO		IMPERATIVO
	Presente	Passato prossimo	Imperfetto	Futuro	Presente	Presente	Imperfetto	
	apro	ho aperto	aprivo	aprirò	aprirei	apra	aprissi	
	apri	hai aperto	aprivi	aprirai	apriresti	apra	aprissi	apri (non aprire)
	apre	ha aperto	apriva	aprirà	aprirebbe	apra	aprisse	apra
	apriamo	abbiamo aperto	aprivamo	apriremo	apriremmo	apriamo	aprissimo	apriamo
	aprite	avete aperto	aprivate	aprirete	aprireste	apriate	apriste	aprite
	aprono	hanno aperto	aprivano	apriranno	aprirebbero	aprano	aprissero	aprano

11 bere (to drink) — bevuto — bevendo — avere bevuto

	Presente	Passato prossimo	Imperfetto	Futuro	Presente	Presente	Imperfetto	IMPERATIVO
	bevo	ho bevuto	bevevo	berrò	berrei	beva	bevessi	
	bevi	hai bevuto	bevevi	berrai	berresti	beva	bevessi	bevi (non bere)
	beve	ha bevuto	beveva	berrà	berrebbe	beva	bevesse	beva
	beviamo	abbiamo bevuto	bevevamo	berremo	berremmo	beviamo	bevessimo	beviamo
	bevete	avete bevuto	bevevate	berrete	berreste	beviate	beveste	bevete
	bevono	hanno bevuto	bevevano	berranno	berrebbero	bevano	bevessero	bevano

12 cadere (to fall) — caduto — cadendo — essere caduto/a

	Presente	Passato prossimo	Imperfetto	Futuro	Presente	Presente	Imperfetto	IMPERATIVO
	cado	sono caduto/a	cadevo	cadrò	cadrei	cada	cadessi	
	cadi	sei caduto/a	cadevi	cadrai	cadresti	cada	cadessi	cadi (non cadere)
	cade	è caduto/a	cadeva	cadrà	cadrebbe	cada	cadesse	cada
	cadiamo	siamo caduti/e	cadevamo	cadremo	cadremmo	cadiamo	cadessimo	cadiamo
	cadete	siete caduti/e	cadevate	cadrete	cadreste	cadiate	cadeste	cadete
	cadono	sono caduti/e	cadevano	cadranno	cadrebbero	cadano	cadessero	cadano

13 cambiare (to change) — cambiato — cambiando — avere cambiato

	Presente	Passato prossimo	Imperfetto	Futuro	Presente	Presente	Imperfetto	IMPERATIVO
	cambio	ho cambiato	cambiavo	cambierò	cambierei	cambi	cambiassi	
	cambi	hai cambiato	cambiavi	cambierai	cambieresti	cambi	cambiassi	cambia (non cambiare)
	cambia	ha cambiato	cambiava	cambierà	cambierebbe	cambi	cambiasse	cambi
	cambiamo	abbiamo cambiato	cambiavamo	cambieremo	cambieremmo	cambiamo	cambiassimo	cambiamo
	cambiate	avete cambiato	cambiavate	cambierete	cambiereste	cambiate	cambiaste	cambiate
	cambiano	hanno cambiato	cambiavano	cambieranno	cambierebbero	cambino	cambiassero	cambino

14 cercare (to look for) — cercato — cercando — avere cercato

	Presente	Passato prossimo	Imperfetto	Futuro	Presente	Presente	Imperfetto	IMPERATIVO
	cerco	ho cercato	cercavo	cercherò	cercherei	cerchi	cercassi	
	cerchi	hai cercato	cercavi	cercherai	cercheresti	cerchi	cercassi	cerca (non cercare)
	cerca	ha cercato	cercava	cercherà	cercherebbe	cerchi	cercasse	cerchi
	cerchiamo	abbiamo cercato	cercavamo	cercheremo	cercheremmo	cerchiamo	cercassimo	cerchiamo
	cercate	avete cercato	cercavate	cercherete	cerchereste	cerchiate	cercaste	cercate
	cercano	hanno cercato	cercavano	cercheranno	cercherebbero	cerchino	cercassero	cerchino

15 chiedere (to ask for) — chiesto — chiedendo — avere chiesto

	Presente	Passato prossimo	Imperfetto	Futuro	Presente	Presente	Imperfetto	IMPERATIVO
	chiedo	ho chiesto	chiedevo	chiederò	chiederei	chieda	chiedessi	
	chiedi	hai chiesto	chiedevi	chiederai	chiederesti	chieda	chiedessi	chiedi (non chiedere)
	chiede	ha chiesto	chiedeva	chiederà	chiederebbe	chieda	chiedesse	chieda
	chiediamo	abbiamo chiesto	chiedevamo	chiederemo	chiederemmo	chiediamo	chiedessimo	chiediamo
	chiedete	avete chiesto	chiedevate	chiederete	chiedereste	chiediate	chiedeste	chiedete
	chiedono	hanno chiesto	chiedevano	chiederanno	chiederebbero	chiedano	chiedessero	chiedano

16 cominciare (to begin)
Participio passato: cominciato — Gerundio presente: cominciando — Infinito passato: avere cominciato

	INDICATIVO				CONDIZIONALE	CONGIUNTIVO		IMPERATIVO
	Presente	Passato prossimo	Imperfetto	Futuro	Presente	Presente	Imperfetto	
	comincio	ho cominciato	cominciavo	comincerò	comincerei	cominci	cominciassi	
	cominci	hai cominciato	cominciavi	**comincerai**	**cominceresti**	**cominci**	cominciassi	comincia (non cominciare)
	comincia	ha cominciato	cominciava	**comincerà**	**comincerebbe**	**cominci**	cominciasse	**cominci**
	cominciamo	abbiamo cominciato	cominciavamo	**cominceremo**	**cominceremmo**	**cominciamo**	cominciassimo	**cominciamo**
	cominciate	avete cominciato	cominciavate	**comincerete**	**comincereste**	cominciate	cominciaste	**cominciate**
	cominciano	hanno cominciato	cominciavano	**cominceranno**	**comincerebbero**	**comincino**	cominciassero	**comincino**

17 cuocere (to cook)
Participio passato: **cotto** — Gerundio presente: cuocendo — Infinito passato: avere **cotto**

	INDICATIVO				CONDIZIONALE	CONGIUNTIVO		IMPERATIVO
	Presente	Passato prossimo	Imperfetto	Futuro	Presente	Presente	Imperfetto	
	cuocio	ho **cotto**	cuocevo	cuocerò	cuocerei	cuocia	cuocessi	
	cuoci	hai **cotto**	cuocevi	cuocerai	cuoceresti	**cuocia**	cuocessi	cuoci (non cuocere)
	cuoce	ha **cotto**	cuoceva	cuocerà	cuocerebbe	**cuocia**	cuocesse	cuocia
	cuociamo	abbiamo **cotto**	cuocevamo	cuoceremo	cuoceremmo	cuociamo	cuocessimo	cuociamo
	cuocete	avete **cotto**	cuocevate	cuocerete	cuocereste	cuociate	cuoceste	cuocete
	cuociono	hanno **cotto**	cuocevano	cuoceranno	cuocerebbero	**cuociano**	cuocessero	**cuociano**

18 dare (to give)
Participio passato: dato — Gerundio presente: dando — Infinito passato: avere dato

	INDICATIVO				CONDIZIONALE	CONGIUNTIVO		IMPERATIVO
	Presente	Passato prossimo	Imperfetto	Futuro	Presente	Presente	Imperfetto	
	do, dò	ho dato	davo	**darò**	darei	dia	dessi	
	dai	hai dato	davi	**darai**	**daresti**	dia	**dessi**	**dai, da', dà** (non dare)
	dà	ha dato	dava	**darà**	**darebbe**	dia	desse	**dia**
	diamo	abbiamo dato	davamo	**daremo**	**daremmo**	diamo	**dessimo**	diamo
	date	avete dato	davate	**darete**	**dareste**	diate	**deste**	date
	danno	hanno dato	davano	**daranno**	**darebbero**	diano	**dessero**	**diano**

19 dimenticare (to forget)
Participio passato: dimenticato — Gerundio presente: dimenticando — Infinito passato: avere dimenticato

	INDICATIVO				CONDIZIONALE	CONGIUNTIVO		IMPERATIVO
	Presente	Passato prossimo	Imperfetto	Futuro	Presente	Presente	Imperfetto	
	dimentico	ho dimenticato	dimenticavo	dimenticherò	dimenticherei	dimentichi	dimenticassi	
	dimentichi	hai dimenticato	dimenticavi	dimenticherai	dimenticheresti	dimentichi	dimenticassi	dimentica (non dimenticare)
	dimentica	ha dimenticato	dimenticava	**dimenticherà**	**dimenticherebbe**	**dimentichi**	dimenticasse	**dimentichi**
	dimentichiamo	abbiamo dimenticato	dimenticavamo	**dimenticheremo**	**dimenticheremmo**	**dimentichiamo**	dimenticassimo	**dimentichiamo**
	dimenticate	avete dimenticato	dimenticavate	**dimenticherete**	**dimentichereste**	dimentichiate	dimenticaste	dimenticate
	dimenticano	hanno dimenticato	dimenticavano	**dimenticheranno**	**dimenticherebbero**	dimentichino	dimenticassero	**dimentichino**

20 dire (to say)
Participio passato: **detto** — Gerundio presente: dicendo — Infinito passato: avere **detto**

	INDICATIVO				CONDIZIONALE	CONGIUNTIVO		IMPERATIVO
	Presente	Passato prossimo	Imperfetto	Futuro	Presente	Presente	Imperfetto	
	dico	ho **detto**	**dicevo**	dirò	direi	**dica**	**dicessi**	
	dici	hai **detto**	**dicevi**	dirai	diresti	**dica**	**dicessi**	di', di (non dire)
	dice	ha **detto**	**diceva**	dirà	direbbe	**dica**	**dicesse**	**dica**
	diciamo	abbiamo **detto**	**dicevamo**	diremo	diremmo	**diciamo**	**dicessimo**	diciamo
	dite	avete **detto**	**dicevate**	direte	direste	diciate	**diceste**	dite
	dicono	hanno **detto**	**dicevano**	diranno	direbbero	**dicano**	**dicessero**	**dicano**

21 — dolere (to hurt)

Participio passato: doluto/a · Gerundio presente: dolendo · Infinito passato: essere doluto/a

	INDICATIVO Presente	INDICATIVO Passato prossimo	INDICATIVO Imperfetto	INDICATIVO Futuro	CONDIZIONALE Presente	CONGIUNTIVO Presente	CONGIUNTIVO Imperfetto	IMPERATIVO
	dolgo	sono doluto/a	dolevo	dorrò	dorrei	dolga, doglia	dolessi	
	duoli	sei doluto/a	dolevi	dorrai	dorresti	dolga, doglia	dolessi	duoli (non dolere)
	duole	è doluto/a	doleva	dorrà	dorrebbe	dolga, doglia	dolesse	dolga
	doliamo, dogliamo	siamo doluti/e	dolevamo	dorremo	dorremmo	doliamo, dogliamo	dolessimo	doliamo
	dolete	siete doluti/e	dolevate	dorrete	dorreste	doliate, dogliate	doleste	dolete
	dolgono	sono doluti/e	dolevano	dorranno	dorrebbero	dolgano	dolessero	dolgano

22 — dovere (to have to; to owe)

Participio passato: dovuto · Gerundio presente: dovendo · Infinito passato: avere dovuto

	INDICATIVO Presente	INDICATIVO Passato prossimo	INDICATIVO Imperfetto	INDICATIVO Futuro	CONDIZIONALE Presente	CONGIUNTIVO Presente	CONGIUNTIVO Imperfetto	IMPERATIVO
	devo, debbo	ho dovuto	dovevo	dovrò	dovrei	deva, debba	dovessi	
	devi	hai dovuto	dovevi	dovrai	dovresti	deva, debba	dovessi	This verb is not used in the imperative form.
	deve	ha dovuto	doveva	dovrà	dovrebbe	deva, debba	dovesse	
	dobbiamo	abbiamo dovuto	dovevamo	dovremo	dovremmo	dobbiamo	dovessimo	
	dovete	avete dovuto	dovevate	dovrete	dovreste	dobbiate	doveste	
	devono, debbono	hanno dovuto	dovevano	dovranno	dovrebbero	devano, debbano	dovessero	

23 — fare (to do; to make)

Participio passato: fatto · Gerundio presente: facendo · Infinito passato: avere fatto

	INDICATIVO Presente	INDICATIVO Passato prossimo	INDICATIVO Imperfetto	INDICATIVO Futuro	CONDIZIONALE Presente	CONGIUNTIVO Presente	CONGIUNTIVO Imperfetto	IMPERATIVO
	faccio	ho fatto	facevo	farò	farei	faccia	facessi	
	fai	hai fatto	facevi	farai	faresti	faccia	facessi	fai, fa' (non fare)
	fa	ha fatto	faceva	farà	farebbe	faccia	facesse	faccia
	facciamo	abbiamo fatto	facevamo	faremo	faremmo	facciamo	facessimo	facciamo
	fate	avete fatto	facevate	farete	fareste	facciate	faceste	fate
	fanno	hanno fatto	facevano	faranno	farebbero	facciano	facessero	facciano

24 — giocare (to play)

Participio passato: giocato · Gerundio presente: giocando · Infinito passato: avere giocato

	INDICATIVO Presente	INDICATIVO Passato prossimo	INDICATIVO Imperfetto	INDICATIVO Futuro	CONDIZIONALE Presente	CONGIUNTIVO Presente	CONGIUNTIVO Imperfetto	IMPERATIVO
	gioco	ho giocato	giocavo	giocherò	giocherei	giochi	giocassi	
	giochi	hai giocato	giocavi	giocherai	giocheresti	giochi	giocassi	gioca (non giocare)
	gioca	ha giocato	giocava	giocherà	giocherebbe	giochi	giocasse	giochi
	giochiamo	abbiamo giocato	giocavamo	giocheremo	giocheremmo	giochiamo	giocassimo	giochiamo
	giocate	avete giocato	giocavate	giocherete	giochereste	giochiate	giocaste	giocate
	giocano	hanno giocato	giocavano	giocheranno	giocherebbero	giochino	giocassero	giochino

25 — inviare (to send)

Participio passato: inviato · Gerundio presente: inviando · Infinito passato: avere inviato

	INDICATIVO Presente	INDICATIVO Passato prossimo	INDICATIVO Imperfetto	INDICATIVO Futuro	CONDIZIONALE Presente	CONGIUNTIVO Presente	CONGIUNTIVO Imperfetto	IMPERATIVO
	invio	ho inviato	inviavo	invierò	invierei	invii	inviassi	
	invii	hai inviato	inviavi	invierai	invieresti	invii	inviassi	invia (non inviare)
	invia	ha inviato	inviava	invierà	invierebbe	invii	inviasse	invii
	inviamo	abbiamo inviato	inviavamo	invieremo	invieremmo	inviamo	inviassimo	inviamo
	inviate	avete inviato	inviavate	invierete	inviereste	inviate	inviaste	inviate
	inviano	hanno inviato	inviavano	invieranno	invierebbero	inviino	inviassero	inviino

INDICATIVO / CONDIZIONALE / CONGIUNTIVO / IMPERATIVO

#	Infinito / Participio passato / Gerundio presente / Infinito passato	Presente	Passato prossimo	Imperfetto	Futuro	CONDIZIONALE Presente	CONGIUNTIVO Presente	CONGIUNTIVO Imperfetto	IMPERATIVO
26	**litigare** *(to quarrel)* / litigato / litigando / avere litigato	litigo / **litighi** / litiga / **litighiamo** / litigate / litigano	ho litigato / hai litigato / ha litigato / abbiamo litigato / avete litigato / hanno litigato	litigavo / litigavi / litigava / litigavamo / litigavate / litigavano	**litigherò** / **litigherai** / **litigherà** / **litigheremo** / **litigherete** / **litigheranno**	**litigherei** / **litigheresti** / **litigherebbe** / **litigheremmo** / **litighereste** / **litigherebbero**	**litighi** / **litighi** / **litighi** / **litighiamo** / **litighiate** / **litighino**	litigassi / litigassi / litigasse / litigassimo / litigaste / litigassero	— / litiga (non litigare) / **litighi** / **litighiamo** / litigate / **litighino**
27	**mangiare** *(to eat)* / mangiato / mangiando / avere mangiato	mangio / **mangi** / mangia / **mangiamo** / mangiate / mangiano	ho mangiato / hai mangiato / ha mangiato / abbiamo mangiato / avete mangiato / hanno mangiato	mangiavo / mangiavi / mangiava / mangiavamo / mangiavate / mangiavano	**mangerò** / **mangerai** / **mangerà** / **mangeremo** / **mangerete** / **mangeranno**	**mangerei** / **mangeresti** / **mangerebbe** / **mangeremmo** / **mangereste** / **mangerebbero**	**mangi** / **mangi** / **mangi** / **mangiamo** / **mangiate** / **mangino**	mangiassi / mangiassi / mangiasse / mangiassimo / mangiaste / mangiassero	— / mangia (non mangiare) / **mangi** / **mangiamo** / mangiate / **mangino**
28	**mettere** *(to put)* / **messo** / mettendo / avere **messo**	metto / metti / mette / mettiamo / mettete / **mettono**	ho **messo** / hai **messo** / ha **messo** / abbiamo **messo** / avete **messo** / hanno **messo**	mettevo / mettevi / metteva / mettevamo / mettevate / mettevano	metterò / metterai / metterà / metteremo / metterete / metteranno	metterei / metteresti / metterebbe / metteremmo / mettereste / metterebbero	metta / metta / metta / mettiamo / mettiate / **mettano**	mettessi / mettessi / mettesse / mettessimo / metteste / mettessero	— / metti (non mettere) / metta / mettiamo / mettete / **mettano**
29	**morire** *(to die)* / **morto/a** / morendo / essere **morto/a**	**muoio** / **muori** / **muore** / moriamo / morite / **muoiono**	sono **morto/a** / sei **morto/a** / è **morto/a** / siamo **morti/e** / siete **morti/e** / sono **morti/e**	morivo / morivi / moriva / moriamo / morivate / morivano	morirò, **morrò** / morirai, **morrai** / morirà, **morrà** / moriremo, **morremo** / morirete, **morrete** / moriranno, **morranno**	morirei, **morrei** / moriresti, **morresti** / morirebbe, **morrebbe** / moriremmo, **morremmo** / morireste, **morreste** / morirebbero, **morrebbero**	**muoia** / **muoia** / **muoia** / moriamo / moriate / **muoiano**	morissi / morissi / morisse / morissimo / moriste / morissero	— / **muori** (non morre) / **muoia** / moriamo / morite / **muoiano**
30	**muovere** *(to move)* / **mosso** / muovendo, **movendo** / avere **mosso**	muovo / muovi / muove / muoviamo, **moviamo** / muovete, **movete** / muovono	ho **mosso** / hai **mosso** / ha **mosso** / abbiamo **mosso** / avete **mosso** / hanno **mosso**	muovevo, **movevo** / muovevi, **movevi** / muoveva, **moveva** / muovevamo, **movevamo** / muovevate, **movevate** / muovevano, **movevano**	muoverò, **moverò** / muoverai, **moverai** / muoverà, **moverà** / muoveremo, **moveremo** / muoverete, **moverete** / muoveranno, **moveranno**	muoverei, **moverei** / muoveresti, **moveresti** / muoverebbe, **moverebbe** / muoveremmo, **moveremmo** / muovereste, **movereste** / muoverebbero, **moverebbe**	muova / muova / muova / muoviamo, **moviamo** / muoviate, **moviate** / muovano	muovessi, **movessi** / muovessi, **movessi** / muovesse, **movesse** / muovessimo, **movessimo** / muoveste, **moveste** / muovessero, **movessero**	— / muovi (non muovere) / muova / muoviamo, **moviamo** / muovete, **movete** / muovano

31 — nuocere (to harm)

Participio passato: **nuociuto, nociuto**; Gerundio presente: nuocendo, **nocendo**; Infinito passato: avere **nuociuto, nociuto**

	INDICATIVO				CONDIZIONALE	CONGIUNTIVO		IMPERATIVO
	Presente	Passato prossimo	Imperfetto	Futuro	Presente	Presente	Imperfetto	
	nuoccio, noccio	ho **nuociuto/nociuto**	nuocevo, **nocevo**	nuocerò, **nocerò**	nuocerei, **nocerei**	**nuoccia**	nuocessi, **nocessi**	
	nuoci	hai **nuociuto/nociuto**	nuocevi, **nocevi**	nuocerai, **nocerai**	nuoceresti, **noceresti**	**nuoccia**	nuocessi, **nocessi**	nuoci (non nuocere)
	nuoce	ha **nuociuto/nociuto**	nuoceva, noceva	nuocerà, **nocerà**	nuocerebbe, **nocerebbe**	**nuoccia**	nuocesse, **nocesse**	nuoccia, **noccia**
	nuociamo, nociamo	abbiamo **nuociuto/nociuto**	nuocevamo, **nocevamo**	nuoceremo, **noceremo**	**nuoceremmo, noceremmo**	nuociamo, **nociamo**	nuocessimo, **nocessimo**	nuociamo, **nociamo**
	nuocete, nocete	avete **nuociuto/nociuto**	nuocevate, **nocevate**	nuocerete, **nocerete**	nuocereste, **nocereste**	nuociate, **nociate**	nuoceste, **noceste**	nuocete, **nocete**
	nuocciono, nocciono	hanno **nuociuto/nociuto**	nuocevano, **nocevano**	nuoceranno, **noceranno**	nuocerebbero, **nocerebbe**	**nuocciano**	nuocessero, **nocessero**	**nuocciano**

32 — parere (to seem)

Participio passato: **parso/a**; Infinito passato: essere **parso/a**

	INDICATIVO				CONDIZIONALE	CONGIUNTIVO		IMPERATIVO
	Presente	Passato prossimo	Imperfetto	Futuro	Presente	Presente	Imperfetto	
	paio	sono **parso/a**	parevo	**parrò**	**parrei**	**paia**	paressi	
	pari	sei **parso/a**	parevi	**parrai**	**parresti**	**paia**	paressi	
	pare	è **parso/a**	pareva	**parrà**	**parrebbe**	**paia**	paresse	This verb is not used in the imperative form.
	paiamo	siamo **parsi/e**	parevamo	**parremo**	**parremmo**	**paiamo**	paressimo	
	parete	siete **parsi/e**	parevate	**parrete**	**parreste**	paiate	pareste	
	paiono	sono **parsi/e**	parevano	**parranno**	**parrebbero**	**paiano**	paressero	

33 — porre (to put)

Participio passato: **posto**; Gerundio presente: ponendo; Infinito passato: avere **posto**

	INDICATIVO				CONDIZIONALE	CONGIUNTIVO		IMPERATIVO
	Presente	Passato prossimo	Imperfetto	Futuro	Presente	Presente	Imperfetto	
	pongo	ho **posto**	**ponevo**	**porrò**	**porrei**	ponga	**ponessi**	poni (non porre)
	poni	hai **posto**	**ponevi**	**porrai**	**porresti**	ponga	**ponessi**	ponga
	pone	ha **posto**	**poneva**	**porrà**	**porrebbe**	ponga	**ponesse**	poniamo
	poniamo	abbiamo **posto**	**ponevamo**	**porremo**	**porremmo**	**poniamo**	**ponessimo**	**ponete**
	ponete	avete **posto**	**ponevate**	**porrete**	**porreste**	**poniate**	**poneste**	**pongano**
	pongono	hanno **posto**	**ponevano**	**porranno**	**porrebbero**	**pongano**	**ponessero**	

34 — potere (to be able to)

Participio passato: **potuto**; Gerundio presente: potendo; Infinito passato: avere potuto

	INDICATIVO				CONDIZIONALE	CONGIUNTIVO		IMPERATIVO
	Presente	Passato prossimo	Imperfetto	Futuro	Presente	Presente	Imperfetto	
	posso	ho potuto	potevo	**potrò**	**potrei**	possa	potessi	
	puoi	hai potuto	potevi	**potrai**	**potresti**	possa	potessi	
	può	ha potuto	poteva	**potrà**	**potrebbe**	possa	potesse	This verb is not used in the imperative form.
	possiamo	abbiamo potuto	potevamo	**potremo**	**potremmo**	**possiamo**	potessimo	
	potete	avete potuto	potevate	**potrete**	**potreste**	**possiate**	poteste	
	possono	hanno potuto	potevano	**potranno**	**potrebbero**	**possano**	potessero	

35 — prendere (to take)

Participio passato: **preso**; Gerundio presente: prendendo; Infinito passato: avere **preso**

	INDICATIVO				CONDIZIONALE	CONGIUNTIVO		IMPERATIVO
	Presente	Passato prossimo	Imperfetto	Futuro	Presente	Presente	Imperfetto	
	prendo	ho **preso**	prendevo	prenderò	prenderei	prenda	prendessi	prendi (non prendere)
	prendi	hai **preso**	prendevi	prenderai	prenderesti	prenda	prendessi	prenda
	prende	ha **preso**	prendeva	prenderà	prenderebbe	prenda	prendesse	prendiamo
	prendiamo	abbiamo **preso**	prendevamo	prenderemo	prenderemmo	prendiamo	prendessimo	prendete
	prendete	avete **preso**	prendevate	prenderete	prendereste	prendiate	prendeste	prendano
	prendono	hanno **preso**	prendevano	prenderanno	prenderebbero	prendano	prendessero	

36 produrre (to produce)

Participio passato: prodotto
Gerundio presente: producendo
Infinito passato: avere prodotto

INDICATIVO				CONDIZIONALE	CONGIUNTIVO		IMPERATIVO
Presente	Passato prossimo	Imperfetto	Futuro	Presente	Presente	Imperfetto	
produco	ho prodotto	producevo	produrrò	produrrei	produca	producessi	
produci	hai prodotto	producevi	produrrai	produrresti	produca	producessi	produci (non produrre)
produce	ha prodotto	produceva	produrrà	produrrebbe	produca	producesse	produca
produciamo	abbiamo prodotto	producevamo	produrremo	produrremmo	produciamo	producessimo	produciamo
producete	avete prodotto	producevate	produrrete	produrreste	produciate	produceste	producete
producono	hanno prodotto	producevano	produrranno	produrrebbero	producano	producessero	producano

37 riempire (to fill)

Participio passato: riempito
Gerundio presente: riempiendo
Infinito passato: avere riempito

INDICATIVO				CONDIZIONALE	CONGIUNTIVO		IMPERATIVO
Presente	Passato prossimo	Imperfetto	Futuro	Presente	Presente	Imperfetto	
riempio, riempisco	ho riempito	riempivo	riempirò	riempirei	riempia	riempissi	
riempi, riempisci	hai riempito	riempivi	riempirai	riempiresti	riempia	riempissi	riempi (non riempire)
riempie, riempisce	ha riempito	riempiva	riempirà	riempirebbe	riempia	riempisse	riempia
riempiamo	abbiamo riempito	riempivamo	riempiremo	riempiremmo	riempiamo	riempissimo	riempiamo
riempiete	avete riempito	riempivate	riempirete	riempireste	riempiate	riempiste	riempite
riempiono, riempiscono	hanno riempito	riempivano	riempiranno	riempirebbero	riempiano	riempissero	riempiano

38 rimanere (to stay)

Participio passato: rimasto/a
Gerundio presente: rimanendo
Infinito passato: essere rimasto/a

INDICATIVO				CONDIZIONALE	CONGIUNTIVO		IMPERATIVO
Presente	Passato prossimo	Imperfetto	Futuro	Presente	Presente	Imperfetto	
rimango	sono rimasto/a	rimanevo	rimarrò	rimarrei	rimanga	rimanessi	
rimani	sei rimasto/a	rimanevi	rimarrai	rimarresti	rimanga	rimanessi	rimani (non rimanere)
rimane	è rimasto/a	rimaneva	rimarrà	rimarrebbe	rimanga	rimanesse	rimanga
rimaniamo	siamo rimasti/e	rimanevamo	rimarremo	rimarremmo	rimaniamo	rimanessimo	rimaniamo
rimanete	siete rimasti/e	rimanevate	rimarrete	rimarreste	rimaniate	rimaneste	rimanete
rimangono	sono rimasti/e	rimanevano	rimarranno	rimarrebbero	rimangano	rimanessero	rimangano

39 rispondere (to answer)

Participio passato: risposto
Gerundio presente: rispondendo
Infinito passato: avere risposto

INDICATIVO				CONDIZIONALE	CONGIUNTIVO		IMPERATIVO
Presente	Passato prossimo	Imperfetto	Futuro	Presente	Presente	Imperfetto	
rispondo	ho risposto	rispondevo	risponderò	risponderei	risponda	rispondessi	
rispondi	hai risposto	rispondevi	risponderai	risponderesti	risponda	rispondessi	rispondi (non rispondere)
risponde	ha risposto	rispondeva	risponderà	risponderebbe	risponda	rispondesse	risponda
rispondiamo	abbiamo risposto	rispondevamo	risponderemo	risponderemmo	rispondiamo	rispondessimo	rispondiamo
rispondete	avete risposto	rispondevate	risponderete	rispondereste	rispondiate	rispondeste	rispondete
rispondono	hanno risposto	rispondevano	risponderanno	risponderebbero	rispondano	rispondessero	rispondano

40 salire (to go up)

Participio passato: salito/a
Gerundio presente: salendo
Infinito passato: essere salito/a

INDICATIVO				CONDIZIONALE	CONGIUNTIVO		IMPERATIVO
Presente	Passato prossimo	Imperfetto	Futuro	Presente	Presente	Imperfetto	
salgo	sono salito/a	salivo	salirò	salirei	salga	salissi	
sali	sei salito/a	salivi	salirai	saliresti	salga	salissi	sali (non salire)
sale	è salito/a	saliva	salirà	salirebbe	salga	salisse	salga
saliamo	siamo saliti/e	salivamo	saliremo	saliremmo	saliamo	salissimo	saliamo
salite	siete saliti/e	salivate	salirete	salireste	saliate	saliste	salite
salgono	sono saliti/e	salivano	saliranno	salirebbero	salgano	salissero	salgano

41 sapere *(to know)* — saputo / sapendo / avere saputo

	INDICATIVO				CONDIZIONALE	CONGIUNTIVO		IMPERATIVO
	Presente	Passato prossimo	Imperfetto	Futuro	Presente	Presente	Imperfetto	
	so	ho saputo	sapevo	saprò	saprei	sappia	sapessi	
	sai	hai saputo	sapevi	saprai	sapresti	sappia	sapessi	sappi (non sapere)
	sa	ha saputo	sapeva	saprà	saprebbe	sappia	sapesse	sappia
	sappiamo	abbiamo saputo	sapevamo	sapremo	sapremmo	sappiamo	sapessimo	sappiamo
	sapete	avete saputo	sapevate	saprete	sapreste	sappiate	sapeste	sappiate
	sanno	hanno saputo	sapevano	sapranno	saprebbero	sappiano	sapessero	sappiano

42 sedere *(to sit)* — seduto/a / sedendo / essere seduto/a

	INDICATIVO				CONDIZIONALE	CONGIUNTIVO		IMPERATIVO
	Presente	Passato prossimo	Imperfetto	Futuro	Presente	Presente	Imperfetto	
	siedo, seggo	sono seduto/a	sedevo	sederò, siederò	sederei, siederei	sieda, segga	sedessi	
	siedi	sei seduto/a	sedevi	sederai, siederai	sederesti, siederesti	sieda, segga	sedessi	siedi (non sedere)
	siede	è seduto/a	sedeva	sederà, siederà	sederebbe, siederebbe	sieda, segga	sedesse	sieda, segga
	sediamo	siamo seduti/e	sedevamo	sederemo, siederemo	sederemmo, siederemmo	sediamo	sedessimo	sediamo
	sedete	siete seduti/e	sedevate	sederete, siederete	sedereste, siedereste	sediate	sedeste	sedete
	siedono, seggono	sono seduti/e	sedevano	sederanno, siederanno	sederebbero, siederebbero	siedano, seggano	sedessero	siedano, seggano

43 sognare *(to dream)* — sognato / sognando / avere sognato

	INDICATIVO				CONDIZIONALE	CONGIUNTIVO		IMPERATIVO
	Presente	Passato prossimo	Imperfetto	Futuro	Presente	Presente	Imperfetto	
	sogno	ho sognato	sognavo	sognerò	sognerei	sogni	sognassi	
	sogni	hai sognato	sognavi	sognerai	sogneresti	sogni	sognassi	sogna (non sognare)
	sogna	ha sognato	sognava	sognerà	sognerebbe	sogni	sognasse	sogni
	sogniamo, sogniamo	abbiamo sognato	sognavamo	sogneremo	sogneremmo	sogniamo, sogniamo	sognassimo	sogniamo
	sogniate, sognate	avete sognato	sognavate	sognerete	sognereste	sogniate, sognate	sognaste	sognate
	sognano	hanno sognato	sognavano	sogneranno	sognerebbero	sognino	sognassero	sognino

44 spegnere *(to turn off)* — spento / spegnendo / avere spento

	INDICATIVO				CONDIZIONALE	CONGIUNTIVO		IMPERATIVO
	Presente	Passato prossimo	Imperfetto	Futuro	Presente	Presente	Imperfetto	
	spengo	ho spento	spegnevo	spegnerò	spegnerei	spenga	spegnessi	
	spegni	hai spento	spegnevi	spegnerai	spegneresti	spenga	spegnessi	spegni (non spegnere)
	spegne	ha spento	spegneva	spegnerà	spegnerebbe	spenga	spegnesse	spenga
	spegniamo	abbiamo spento	spegnevamo	spegneremo	spegneremmo	spegniamo	spegnessimo	spegniamo
	spegnete	avete spento	spegnevate	spegnerete	spegnereste	spegniate	spegneste	spegnete
	spengono	hanno spento	spegnevano	spegneranno	spegnerebbero	spengano	spegnessero	spengano

45 stare *(to stay; to be)* — stato/a / stando / essere stato/a

	INDICATIVO				CONDIZIONALE	CONGIUNTIVO		IMPERATIVO
	Presente	Passato prossimo	Imperfetto	Futuro	Presente	Presente	Imperfetto	
	sto	sono stato/a	stavo	starò	starei	stia	stessi	
	stai	sei stato/a	stavi	starai	staresti	stia	stessi	stai, sta' (non stare)
	sta	è stato/a	stava	starà	starebbe	stia	stesse	stia
	stiamo	siamo stati/e	stavamo	staremo	staremmo	stiamo	stessimo	stiamo
	state	siete stati/e	stavate	starete	stareste	stiate	steste	state
	stanno	sono stati/e	stavano	staranno	starebbero	stiano	stessero	stiano

46 — tacere (to be silent)

Participio passato: taciuto · Gerundio presente: tacendo · Infinito passato: avere taciuto

	INDICATIVO Presente	Passato prossimo	Imperfetto	Futuro	CONDIZIONALE Presente	CONGIUNTIVO Presente	Imperfetto	IMPERATIVO
	taccio	ho taciuto	tacevo	tacerò	tacerei	taccia	tacessi	
	taci	hai taciuto	tacevi	tacerai	taceresti	taccia	tacessi	taci (non tacere)
	tace	ha taciuto	taceva	tacerà	tacerebbe	taccia	tacesse	taccia
	tacciamo	abbiamo taciuto	tacevamo	taceremo	taceremmo	tacciamo	tacessimo	tacciamo
	tacete	avete taciuto	tacevate	tacerete	tacereste	tacciate	taceste	tacete
	tacciono	hanno taciuto	tacevano	taceranno	tacerebbero	tacciano	tacessero	tacciano

47 — tenere (to hold)

Participio passato: tenuto · Gerundio presente: tenendo · Infinito passato: avere tenuto

	INDICATIVO Presente	Passato prossimo	Imperfetto	Futuro	CONDIZIONALE Presente	CONGIUNTIVO Presente	Imperfetto	IMPERATIVO
	tengo	ho tenuto	tenevo	terrò	terrei	tenga	tenessi	
	tieni	hai tenuto	tenevi	terrai	terresti	tenga	tenessi	tieni (non tenere)
	tiene	ha tenuto	teneva	terrà	terrebbe	tenga	tenesse	tenga
	teniamo	abbiamo tenuto	tenevamo	terremo	terremmo	teniamo	tenessimo	teniamo
	tenete	avete tenuto	tenevate	terrete	terreste	teniate	teneste	tenete
	tengono	hanno tenuto	tenevano	terranno	terrebbero	tengano	tenessero	tengano

48 — togliere (to remove)

Participio passato: tolto · Gerundio presente: togliendo · Infinito passato: avere tolto

	INDICATIVO Presente	Passato prossimo	Imperfetto	Futuro	CONDIZIONALE Presente	CONGIUNTIVO Presente	Imperfetto	IMPERATIVO
	tolgo	ho tolto	toglievo	toglierò	toglierei	tolga	togliessi	
	togli	hai tolto	toglievi	toglierai	toglieresti	tolga	togliessi	togli (non togliere)
	toglie	ha tolto	toglieva	toglierà	toglierebbe	tolga	togliesse	tolga
	togliamo	abbiamo tolto	toglievamo	toglieremo	toglieremmo	togliamo	togliessimo	togliamo
	togliete	avete tolto	toglievate	toglierete	togliereste	togliate	toglieste	togliete
	tolgono	hanno tolto	toglievano	toglieranno	toglierebbero	tolgano	togliessero	tolgano

49 — trarre (to draw)

Participio passato: tratto · Gerundio presente: traendo · Infinito passato: avere tratto

	INDICATIVO Presente	Passato prossimo	Imperfetto	Futuro	CONDIZIONALE Presente	CONGIUNTIVO Presente	Imperfetto	IMPERATIVO
	traggo	ho tratto	traevo	trarrò	trarrei	tragga	traessi	
	trai	hai tratto	traevi	trarrai	trarresti	tragga	traessi	trai (non trarre)
	trae	ha tratto	traeva	trarrà	trarrebbe	tragga	traesse	tragga
	traiamo	abbiamo tratto	traevamo	trarremo	trarremmo	traiamo	traessimo	traiamo
	traete	avete tratto	traevate	trarrete	trarreste	traiate	traeste	traete
	traggono	hanno tratto	traevano	trarranno	trarrebbero	traggano	traessero	traggano

50 — udire (to hear)

Participio passato: udito · Gerundio presente: udendo · Infinito passato: avere udito

	INDICATIVO Presente	Passato prossimo	Imperfetto	Futuro	CONDIZIONALE Presente	CONGIUNTIVO Presente	Imperfetto	IMPERATIVO
	odo	ho udito	udivo	udirò, udrò	udirei, udrei	oda	udissi	
	odi	hai udito	udivi	udirai, udrai	udiresti, udresti	oda	udissi	odi (non udire)
	ode	ha udito	udiva	udirà, udrà	udirebbe, udrebbe	oda	udisse	oda
	udiamo	abbiamo udito	udivamo	udiremo, udremo	udiremmo, udremmo	udiamo	udissimo	udiamo
	udite	avete udito	udivate	udirete, udrete	udireste, udreste	udiate	udiste	udite
	odono	hanno udito	udivano	udiranno, udranno	udirebbero, udrebbero	odano	udissero	odano

51 — uscire (to go out)

Participio passato: uscito/a · Gerundio presente: uscendo · Infinito passato: essere uscito/a

	INDICATIVO Presente	Passato prossimo	Imperfetto	Futuro	CONDIZIONALE Presente	CONGIUNTIVO Presente	Imperfetto	IMPERATIVO
	esco	sono uscito/a	uscivo	uscirò	uscirei	esca	uscissi	
	esci	sei uscito/a	uscivi	uscirai	usciresti	esca	uscissi	esci (non uscire)
	esce	è uscito/a	usciva	uscirà	uscirebbe	esca	uscisse	esca
	usciamo	siamo usciti/e	uscivamo	usciremo	usciremmo	usciamo	uscissimo	usciamo
	uscite	siete usciti/e	uscivate	uscirete	uscireste	usciate	usciste	uscite
	escono	sono usciti/e	uscivano	usciranno	uscirebbero	escano	uscissero	escano

52 valere (to be worth)

Participio passato: **valso** · Gerundio presente: valendo · Infinito passato: avere **valso**

INDICATIVO Presente	Passato prossimo	Imperfetto	Futuro	CONDIZIONALE Presente	CONGIUNTIVO Presente	Imperfetto	IMPERATIVO
valgo	ho **valso**	valevo	**varrò**	**varrei**	**valga**	valessi	
vali	hai **valso**	valevi	**varrai**	**varresti**	**valga**	valessi	vali (non valere)
vale	ha **valso**	valeva	**varrà**	**varrebbe**	**valga**	valesse	**valga**
valiamo	abbiamo **valso**	valevamo	**varremo**	**varremmo**	valiamo	valessimo	valiamo
valete	avete **valso**	valevate	**varrete**	**varreste**	valiate	valeste	valete
valgono	hanno **valso**	valevano	**varranno**	**varrebbero**	**valgano**	valessero	**valgano**

53 vedere (to see)

Participio passato: **visto**, veduto · Gerundio presente: vedendo · Infinito passato: avere **visto**, veduto

INDICATIVO Presente	Passato prossimo	Imperfetto	Futuro	CONDIZIONALE Presente	CONGIUNTIVO Presente	Imperfetto	IMPERATIVO
vedo	ho **visto**/veduto	vedevo	**vedrò**	**vedrei**	veda	vedessi	
vedi	hai **visto**/veduto	vedevi	**vedrai**	**vedresti**	veda	vedessi	vedi (non vedere)
vede	ha **visto**/veduto	vedeva	**vedrà**	**vedrebbe**	veda	vedesse	veda
vediamo	abbiamo **visto**/veduto	vedevamo	**vedremo**	**vedremmo**	vediamo	vedessimo	vediamo
vedete	avete **visto**/veduto	vedevate	**vedrete**	**vedreste**	vediate	vedeste	vedete
vedono	hanno **visto**/veduto	vedevano	**vedranno**	**vedrebbero**	vedano	vedessero	vedano

54 venire (to come)

Participio passato: venuto/a · Gerundio presente: venendo · Infinito passato: essere venuto/a

INDICATIVO Presente	Passato prossimo	Imperfetto	Futuro	CONDIZIONALE Presente	CONGIUNTIVO Presente	Imperfetto	IMPERATIVO
vengo	sono venuto/a	venivo	**verrò**	**verrei**	**venga**	venissi	
vieni	sei venuto/a	venivi	**verrai**	**verresti**	**venga**	venissi	**vieni** (non venire)
viene	è venuto/a	veniva	**verrà**	**verrebbe**	**venga**	venisse	**venga**
veniamo	siamo venuti/e	venivamo	**verremo**	**verremmo**	veniamo	venissimo	veniamo
venite	siete venuti/e	venivate	**verrete**	**verreste**	veniate	veniste	venite
vengono	sono venuti/e	venivano	**verranno**	**verrebbero**	**vengano**	venissero	**vengano**

55 vincere (to win)

Participio passato: **vinto** · Gerundio presente: vincendo · Infinito passato: avere **vinto**

INDICATIVO Presente	Passato prossimo	Imperfetto	Futuro	CONDIZIONALE Presente	CONGIUNTIVO Presente	Imperfetto	IMPERATIVO
vinco	ho **vinto**	vincevo	vincerò	vincerei	vinca	vincessi	
vinci	hai **vinto**	vincevi	vincerai	vinceresti	vinca	vincessi	vinci (non vincere)
vince	ha **vinto**	vinceva	vincerà	vincerebbe	vinca	vincesse	vinca
vinciamo	abbiamo **vinto**	vincevamo	vinceremo	vinceremmo	vinciamo	vincessimo	vinciamo
vincete	avete **vinto**	vincevate	vincerete	vincereste	vinciate	vinceste	vincete
vincono	hanno **vinto**	vincevano	vinceranno	vincerebbero	vincano	vincessero	vincano

56 vivere (to live)

Participio passato: **vissuto** · Gerundio presente: vivendo · Infinito passato: essere **vissuto**

INDICATIVO Presente	Passato prossimo	Imperfetto	Futuro	CONDIZIONALE Presente	CONGIUNTIVO Presente	Imperfetto	IMPERATIVO
vivo	sono **vissuto/a**	vivevo	**vivrò**	**vivrei**	viva	vivessi	
vivi	sei **vissuto/a**	vivevi	**vivrai**	**vivresti**	viva	vivessi	vivi (non vivere)
vive	è **vissuto/a**	viveva	**vivrà**	**vivrebbe**	viva	vivesse	viva
viviamo	siamo **vissuti/e**	vivevamo	**vivremo**	**vivremmo**	viviamo	vivessimo	viviamo
vivete	siete **vissuti/e**	vivevate	**vivrete**	**vivreste**	viviate	viveste	vivete
vivono	sono **vissuti/e**	vivevano	**vivranno**	**vivrebbero**	vivano	vivessero	vivano

57 volere (to want)

Participio passato: **voluto** · Gerundio presente: volendo · Infinito passato: avere voluto

INDICATIVO Presente	Passato prossimo	Imperfetto	Futuro	CONDIZIONALE Presente	CONGIUNTIVO Presente	Imperfetto	IMPERATIVO
voglio	ho voluto	volevo	**vorrò**	**vorrei**	voglia	volessi	
vuoi	hai voluto	volevi	**vorrai**	**vorresti**	voglia	volessi	**vogli** (non volere)
vuole	ha voluto	voleva	**vorrà**	**vorrebbe**	voglia	volesse	**voglia**
vogliamo	abbiamo voluto	volevamo	**vorremo**	**vorremmo**	vogliamo	volessimo	**vogliamo**
volete	avete voluto	volevate	**vorrete**	**vorreste**	vogliate	voleste	**vogliate**
vogliono	hanno voluto	volevano	**vorranno**	**vorrebbero**	vogliano	volessero	**vogliano**

These verbs follow regular conjugation patterns in all forms but the **participio passato** and the **passato remoto**. (See p. 486 for a brief introduction to the **passato remoto**.) Use this table to study the irregular past participles and first-person **passato remoto** forms, and follow regular cojugation patterns for all other forms. The full conjugation of several high-frequency verbs is presented in the preceding pages for your reference.

Infinito		participio passato	passato remoto
accendere	to turn on	acceso	accesi
accorgersi	to realize	accorto	accorsi
aprire	to open	aperto	apersi
assistere	to assist	assistito	assistetti
attendere	to wait for	atteso	attesi
chiedere	to ask for	chiesto	chiesi
chiudere	to close	chiuso	chiusi
commettere	to commit	commesso	commisi
conoscere	to know	conosciuto	conobbi
correre	to run	corso	corsi
crescere	to grow	cresciuto	crebbi
decidere	to decide	deciso	decisi
dipingere	to paint	dipinto	dipinsi
fingere	to pretend	finto	finsi
friggere	to fry	fritto	frissi
insistere	to insist	insistito	insistetti
leggere	to read	letto	lessi
mettere	to put	messo	misi
nascere	to be born	nato	nacqui
offrire	to offer	offerto	offersi
perdere	to lose	perso, perduto	persi
permettere	to permit	permesso	permisi
piangere	to cry	pianto	piansi
piovere	to rain	piovuto	piovve (3rd person)
porgere	to give	porto	porsi
prendere	to take	preso	presi
promettere	to promise	promesso	promisi
radere	to shave	raso	rasi
rendere	to give back	reso	resi
ridere	to laugh	riso	risi
rispondere	to answer	risposto	risposi
rompere	to break	rotto	ruppi
scendere	to descend	sceso	scesi
scrivere	to write	scritto	scrissi
smettere	to quit	smesso	smisi
sorgere	to rise	sorto	sorsi
spendere	to spend	speso	spesi
spingere	to push	spinto	spinsi
succedere	to happen	successo	successe
vincere	to win	vinto	vinsi

The *passato remoto*

You've learned to use the **passato prossimo** to talk about actions, events, and states of being that began and ended in the past. Italian has another past tense, the **passato remoto**, which is also used to narrate completed past actions. Use the **passato remoto** to refer to events that took place in a completed time period in the past and that have no continuing effect on the present. Compare the following examples.

passato prossimo	passato remoto
Ieri **ho scritto** una poesia per la mia ragazza. *Yesterday I wrote a poem for my girlfriend.*	Dante **scrisse** il suo capolavoro mentre era in esilio. *Dante wrote his masterpiece while he was in exile.*
Sono nati molti bambini quest'anno. *Many children were born this year.*	Leonardo da Vinci **nacque** nel 1452. *Leonardo da Vinci was born in 1452.*

- The use of the **passato remoto** in conversation varies by region. Northern speakers generally use it less frequently (some not at all). Its use in spoken Italian is more common in the South, where speakers may also use it in place of the **passato prossimo** to refer to recent events. As students of Italian, you do not need to use the **passato remoto** for everyday conversation. It is, however used in writing and you should be able to recognize its forms when reading, especially for literature.

- To form the **passato remoto**, drop the **-re** ending of the infinitive for all but the third-person singular form, which drops the characteristic vowel as well; then add the endings. Most **-ere** verbs also have alternate first-person singular and third-person forms.

The *passato remoto*					
parlare		**credere**		**dormire**	
parlai	parlammo	credei (credetti)	credemmo	dormii	dormimmo
parlasti	parlaste	credesti	credeste	dormisti	dormiste
parlò	parlarono	credé (credette)	crederono (credettero)	dormì	dormirono

- Many common verbs are irregular in the **passato remoto**.

essere	bere	dare	dire	fare	stare
fui	bevvi	diedi (detti)	dissi	feci	stetti
fosti	bevesti	desti	dicesti	facesti	stesti
fu	bevve	diede (dette)	disse	fece	stette
fummo	bevemmo	demmo	dicemmo	facemmo	stemmo
foste	beveste	deste	diceste	faceste	steste
furono	bevvero	diedero (dettero)	dissero	fecero	stettero

- Most irregular verbs follow a 1-3-3 pattern: the first-person singular (**io**) and third-person singular and plural (**lui/lei, loro**) forms only are irregular. These forms have a different stem and their endings are **-i, -e**, and **-ero**.

Some irregular *passato remoto* first-person forms							
avere	ebbi	conoscere	conobbi	nascere	nacqui	sapere	seppi
chiedere	chiesi	leggere	lessi	piacere	piacqui	scrivere	scrissi
chiudere	chiusi	mettere	misi	prendere	presi	venire	venni

Guide to Vocabulary

Abbreviations used in this glossary

adj.	adjective	*fam.*	familiar	*p.p.*	past participle
adv.	adverb	*form.*	formal	*pl.*	plural
art.	article	*imp.*	imperative	*poss.*	possessive
comp.	comparative	*indef.*	indefinite	*prep.*	preposition
conj.	conjunction	*interr.*	interrogative	*pron.*	pronoun
dbl.o.	double object	*invar.*	invariable	*refl.*	reflexive
def.	definite	*i.o.*	indirect object	*rel.*	relative
dem.	demonstrative	*m.*	masculine	*sing.*	singular
disj.	disjunctive	*n.*	noun	*sub.*	subject
d.o.	direct object	*obj.*	object	*super.*	superlative
f.	feminine	*part.*	partitive	*v.*	verb

Italiano-Inglese

A

a *prep.* at; in; to 1B
  a casa at home 3A
  a condizione che *conj.* provided that 12A
  a destra *prep.* to the right 7A
  A domani. See you tomorrow. 1A
  A dopo. See you later. 1A
  a due passi da not far from 9A
  a letto in/to bed 3A
  a lezione in class 1B
  a meno che... non *conj.* unless 12A
  a mezzanotte at midnight 3A
  a patto che *conj.* provided that 12A
  a piedi on foot 3A
  A più tardi. See you later. 1A
  A presto. See you soon. 1A
  a righe *adj.* striped 4B
  a scuola at/to school 3A
  a sinistra *prep.* to the left 7A
  a suo agio *adv.* at ease 7B
  a tavola at the table 3A
  a teatro at/to the theater 3A
  a tempo parziale *adj.* part-time 11A
  a tempo pieno *adj.* full-time 11A
  a tinta unita *adj.* solid color 4B
  a volte *adv.* sometimes 6A
  al cinema at/to the movies 3A
  al completo *adj.* full; no vacancies 8B
  al mare at/to the beach 3A
  al solito suo as he/she usually does 8A
  al vapore *adj.* steamed 5A

alla griglia *adj.* grilled 5A
Alla prossima! Until next time! 1A
all'estero *adv.* abroad 8B
all'inizio *adv.* at first 2A
abbastanza *adv.* enough 1A
  Abbastanza bene. Pretty well. 1A
abbigliamento *m.* clothing 4B
abbonamento *m.* subscription; pass 8A
abbracciare *v.* to hug 6A
abbracciarsi *v.* to hug each other 6A
abbronzarsi *v.* to tan 8B
abete *m.* fir 12A
abitare *v.* to live, to reside 2A
  Dove abiti? Where do you live? 7A
abito *m.* dress 4B
accadere *v.* to happen 12A
accanto (a) *prep.* next to 7A
accappatoio *m.* bathrobe 6A
accendere *v.* to turn on 4A
acceso/a (accendere) *p.p., adj.* turned on 4B
Accidenti! Wow! 4B; Darn! 5B
accorgersi *v.* to realize 12B
acido/a *adj.* acidic 12A
  pioggia acida *f.* acid rain 12A
acqua (frizzante, naturale) *f.* (sparkling, still) water 5B
acquisito/a *adj.* acquired 3A
  parenti acquisiti *m., pl.* in-laws 3A
addormentarsi *v.* to fall asleep 6A
adesso *adv.* now 5B
adorare *v.* to adore 2A
adottare *v.* to adopt 3A
aereo *m.* airplane 8B
aeroporto *m.* airport 8B
affatto *adv.* at all; completely 9B
  non... affatto not at all 9B

affinché *conj.* so that 12A
affittare *v.* to rent (*owner*) 7A
  affittasi for rent 7A
affitto *m.* rent 7A
  prendere in affitto *v.* to rent (*tenant*) 7A
affollato/a *adj.* crowded 8A
affumicato/a *adj.* smoked 5A
agenda *f.* planner 1B
agente *m., f.* agent 8B
  agente di viaggio *m., f.* travel agent 8B
  agente immobiliare *m., f.* real estate agent 11A
agenzia *f.* agency 7A
  agenzia di somministrazione lavoro *f.* temp agency 11B
  agenzia immobiliare *f.* real estate agency 7A
aggiustare *v.* to fix 4A
agio *m.* ease 7B
  a suo agio *adv.* at ease 7B
aglio *m.* garlic 5A
agosto *m.* August 2B
agricoltore/agricoltrice *m., f.* farmer 11A
agricoltura *f.* agriculture 12A
  agricoltura biologica *f.* organic farming 12A
agrodolce *adj.* sweet and sour 5A
aiuola *f.* flower bed 9A
aiutare *v.* to help 2A
aiutarsi *v.* to help each other 6A
alba *f.* dawn; sunrise 12A
albergo (a cinque stelle) *m.* (five-star) hotel 8B
albero *m.* tree 12A
alcuni/e *indef. adj., pron.* some, a few 5A
alimentari *m., pl.* foodstuffs 5A
  negozio d'alimentari *m.* grocery store 5A
allacciare *v.* to buckle (*seatbelt*) 8A

allegramente *adv.* cheerfully 5B

allegro/a *adj.* cheerful 3B

allergico/a *adj.* allergic 6B

alloggi *m., pl.* lodgings 8B

allora *adv., adj.* so; then 1A

alluvione *f.* flood 12A

alto/a *adj.* tall 3B

altro *indef. pron.* something/ anything else 9B

altro/a/i/e *indef. adj.* other 9B

  l'altro ieri the day before yesterday 4B

  l'un l'altro/a each other 6A

altri/e *indef. pron.* others

altroché *conj.* absolutely 9B

alunno/a *m., f.* pupil; student 1B

alzarsi *v.* to stand, to get (oneself) up 6A

amare *v.* to love 10A

amaro/a *adj.* bitter 3B

amarsi *v.* to love each other 6A

ambientalismo *m.* environmentalism 12A

ambiente *m.* environment 12A

ambulanza *f.* ambulance 6B

americano/a *adj.* American 1B

amico/a *m., f.* friend 1A

ananas *m.* pineapple 5A

anche *conj.* also; too; as well 1A

  Anch'io. Me, too. 1A

ancora *adv.* still; yet; again 4B

  non… ancora *adv.* not yet 4B

andare *v.* to go 2A

  (non) andare di moda. to be/not be in fashion 4B

  andare a cavallo to go horseback riding 2A

  andare al cinema to go to the movies 2A

  andare dal dottore to go to the doctor 6B

  andare in bicicletta to ride a bicycle 2A

  Come si va… How do you get to . . . ? 9A

  Come va? How are things? 1A

  Va moltissimo ora! It's very trendy now! 4B

andata e ritorno *adj.* round trip 8B

angolo *m.* corner 9A

  dietro l'angolo around the corner 9A

animale *m.* animal 12A

  animale domestico *m.* pet 3A

anno *m.* year 1A

  avere… anni to be . . . years old 2B

annoiarsi *v.* to get/be bored 6A

annullare *v.* to cancel 8B

annuncio *m.* advertisement 11B

  annuncio di lavoro *m.* job ad 11B

antipasto *m.* appetizer; starter 5B

antipatico/a *adj.* unpleasant 1B

ape *f.* bee 12A

aperto/a (aprire) *p.p., adj. (used as past participle)* opened; *(used as adjective)* open 4B

apparecchiare *v.* to set 7B

  apparecchiare la tavola *v.* to set the table 7B

appartamento *m.* apartment 7A

  appartamento arredato *m.* furnished apartment 7A

appena *adv., conj.* just; as soon as 6B

applaudire *v.* to applaud 10A

applauso *m.* applause 10A

appuntamento *m.* appointment; date 11B

  prendere un appuntamento to make an appointment 11B

appunti *m., pl.* notes 1B

aprile *m.* April 2B

aprire *v.* to open 3A

arancia *f.* orange 5A

arancione *adj.* orange *(color)* 4B

arbitro *m.* referee 2A

architetto *m.* architect 3B

armadio *m.* closet 7A

aroma *m.* aroma; flavoring 10A

arrabbiarsi *v.* to get angry 6A

arrabbiato/a *adj.* angry 3B

arrampicata *f.* climbing 2A

arrendersi *v.* to surrender; to give up 2B

arricciare *v.* to curl 6A

arrivare *v.* to arrive 2A

  Arrivo subito. I'll be right there. 1A

ArrivederLa/ci. *(form./ fam.)* Good-bye. 1A

arrivi *m., pl.* arrivals 8B

arrosto *adj., invar.* roasted 5A

arte *f.* art 1A

  belle arti *f., pl.* fine arts 10B

  opera d'arte *f.* work of art 10B

  visitare una galleria d'arte to visit an art gallery 10B

artistico/a *adj.* artistic 10B

ascensore *m.* elevator 8B

asciugacapelli *m., invar.* hair dryer 6A

asciugamano *m.* towel 6A

asciugatrice *f.* clothes dryer 7B

asciutto/a *adj.* dry 5A

  pasta asciutta *f.* pasta

ascoltare *v.* to listen 2A

  ascoltare la musica to listen to music 2A

aspettare *v.* to wait (for) 2A

aspirapolvere *m.* vacuum cleaner 7B

passare l'aspirapolvere to vacuum 7B

aspirina *f.* aspirin 6B

assaggiare *v.* to taste 5B

asse da stiro *f.* ironing board 7B

assegno *m.* check 9B

  pagare con assegno to pay by check 9B

assicurazione (sulla vita) *f.* (life) insurance 11A

assistente amministrativo/a *m., f.* administrative assistant 11B

assolo *m.* solo 10A

assumere *v.* to hire 11A

assunzione *f.* hiring 11B

atletica *f.* track and field 2A

atletico/a *adj.* athletic 3B

attendere *v.* to wait for 11B

  Attenda in linea, per favore. Please hold. 11B

attento/a *adj.* attentive 2A

attenzione *f.* attention 2A

  fare attenzione to pay attention 2A

atterrare *v.* to land 8B

attesa *f.* waiting 11B

  restare in attesa to be on hold 11B

attimo *m.* minute; moment 5A

attività *f.* activity 2A; business 12A

  condurre un'attività to run a business 12A

attivo/a *adj.* active 3B

atto *m.* act 10A

attore/attrice *m., f.* actor/ actress 1A

attraversare *v.* to cross *(street)* 9A

audace *adj.* audacious, bold 3B

aula *f.* lecture hall; classroom 1B

aumento *m.* raise 11A

autista *m., f.* driver 8A

autobus *m.* bus 1A

  in autobus by bus 3A

automobile *f.* car 1A

automobilismo *m.* car racing 2A

autore/autrice *m., f.* author 10B

autostrada *f.* highway 8A

autunno *m.* fall, autumn 2B

avaro/a *adj.* greedy 3B

avere *v.* to have 2B

  avercela con qualcuno to be angry at someone 6A

  avere… anni to be . . . years old 2B

  avere bisogno (di) to need 2B

  avere caldo to feel hot 2B

  avere fame to be hungry 2B

  avere freddo to feel cold 2B

  avere fretta to be in a hurry 2B

  avere il raffreddore to have a cold 6B

avere la febbre to have a fever 6B
avere mal di pancia (schiena, testa) to have a stomachache (backache, headache) 6B
avere paura (di) to be afraid (of) 2B
avere ragione to be right 2B
avere sete to be thirsty 2B
avere sonno to be sleepy 2B
avere torto to be wrong 2B
avere un incidente to have/be in an accident 8A
avere voglia (di) to feel like 2B
avvocato *m.* lawyer 1A
azienda *f.* firm 11B
azzurro/a *adj.* (sky) blue 3B

B

bacca *f.* berry 12A
bacheca *f.* bulletin board 11B
baciare *v.* to kiss 6A
baciarsi *v.* to kiss each other 6A
bagaglio a mano *m.* carry-on baggage 8B
bagno *m.* bath 2A; bathroom 6A
  fare il bagno to take a bath 2A
  vasca da bagno *f.* bathtub 7A
baita *f.* cabin (*mountain shelter*) 12A
balconata *f.* theater balcony; dress circle 10A
balcone *m.* balcony 7A
balia *f.* nanny 7B
ballare *v.* to dance 2A
ballerino/a *m., f.* (ballet) dancer, ballerina 10A
balletto *m.* ballet 10A
balneare *adj.* bathing; beach 8B
  località balneare *f.* ocean resort 8B
bambino/a *m., f.* child; baby 3A
banana *f.* banana 5A
banca *f.* bank 9B
  in banca at/to the bank 3A
bancario/a *adj.* banking 9B
  conto bancario *m.* bank account 9B
banchiere/a *m., f.* banker 11A
banco *m.* desk 1B
bancomat *m.* ATM 9B
banconota *f.* bill (*banknote*) 9B
barba *f.* beard 6A
  farsi la barba to shave (*beard*) 6A
  schiuma da barba *f.* shaving cream 6A
barca *f.* boat 8A
barista *m., f.* bartender 11A
barocco/a *adj.* Baroque 10B
basket *m.* basketball 2A
basso/a *adj.* short (*height*) 3B
  salario basso *m.* low salary 11B

bastare *v.* to be enough 5B
batteria *f.* drums 2A
batterista *m., f.* drummer 10A
baule *m.* trunk 8A
beh *inter.* well 2A
beige *adj., invar.* beige 4B
bellezza *f.* beauty 9B
  salone di belleza *m.* beauty salon 9B
bellino/a *adj.* cute, pretty 10B
bello/a *adj.* beautiful, handsome 1B
  belle arti *f., pl.* fine arts 10B
  È bello. It's nice out. 2B
  Fa bel tempo. The weather is nice. 2B
benché *conj.* although 12A
bene *adj.* well 1A
  Abbastanza bene. Pretty well. 1A
  Sto (molto) bene. I am (very) well. 1A
  Tutto bene? Everything OK? 1A
Benvenuto/a/i/e! Welcome! 1A
benzina *f.* gas 8A
  fare benzina *v.* to get gas 8A
bere *v.* to drink 5A
bernoccolo *m.* bump 6B
biancheria intima *f.* underwear 4B
bianco/a *adj.* white 3B
bibita *f.* drink 5B
biblioteca *f.* library 1B
  in biblioteca at/to the library 3A
bicchiere *m.* glass 5B
bicicletta *f.* bicycle 2A
  in bicicletta by bicycle 3A
bidello/a *m., f.* caretaker; custodian 11A
biglietteria *f.* ticket office/window 8A
biglietto *m.* ticket 8A
  biglietto a fascia chilometrica *m.* kilometric zone ticket 8A
  biglietto intero *m.* full price ticket 10A
  biglietto ridotto *m.* reduced ticket 10A
bilocale *m.* two-room apartment 7A
binario *m.* track; platform 8A
biologia *f.* biology 1A
biologico/a *adj.* biological; organic 12A
  agricoltura biologica *f.* organic farming 12A
biondo/a *adj.* blond(e) 3B
birra *f.* beer 5B
birreria *f.* pub; beer garden 5B
biscotto *m.* cookie 5A
bisnonno/a *m., f.* great grandfather/grandmother 3A
bisogna it's necessary 11A
bizantino/a *adj.* Byzantine 10B

blu *adj., invar.* blue 3B
bocca *f.* mouth 6A
  In bocca al lupo. Good luck. (*lit.* In the mouth of the wolf.) 1B
bocciare *v.* to fail (*exam*) 1B
boccuccia *f.* cute little mouth 10B
bollette *f., pl.* bills 7A
  pagare le bollette to pay the bills 9B
borsa *f.* handbag, purse 4B
borsetta *f.* small purse 10B
bottiglia *f.* bottle 5B
braccio (*pl.* **braccia** *f.*) *m.* arm 6A
bravo/a *adj.* good; skilled 1B
briciola *f.* crumb 7B
brillante *adj.* bright 3B
brillare *v.* to sparkle 6B
brindisi *m.* toast 4A
bruciore di stomaco *m.* heartburn 6B
bruno/a *adj.* dark-haired 3B
brutto/a *adj.* ugly 3B
bucare *v.* to puncture 8A
  bucare una gomma to get a flat tire 8A
bucato *m.* laundry 7B
  fare il bucato to do laundry 7B
buffo/a *adj.* funny 3B
buffone *m.* buffoon 10A
  fare il buffone to act the fool 10A
Buona giornata! Have a nice day! 1A
Buonanotte. Good night. 1A
Buonasera. Good evening. 1A
Buongiorno. Hello.; Good morning. 1A
buono/a *adj.* good 1B
  buon affare *m.* good deal 4B
burro *m.* butter 5A
busta *f.* envelope 9B
buttare via *v.* to throw away 12A
  Vietato buttare rifiuti. No littering. 12A

C

C.V. *m.* résumé 11B
cabina telefonica *f.* phone booth 9A
cadere *v.* to fall 5A
caffè *m.* coffee 1A
caffettiera *f.* coffee maker 7B
cafone/a *m., f.* slob 7B
calciatore/calciatrice *m., f.* soccer player 2A
calcio *m.* soccer 2A
caldo/a *adj.* hot 2B
  avere caldo to feel hot 2B
  ondata di caldo *f.* heat wave 2B
calzino *m.* sock 4B
cambiare *v.* to change 2A
camera *f.* room 7A

camera da letto *f.* bedroom 7A
camera doppia *f.* double room 7A
camera singola *f.* single room 7A
   servizio in camera *m.* room service 8B
cameriere/a *m., f.* waiter 3B
camicetta *f.* blouse 4B
camicia *f.* dress shirt 4B
camion *m.* truck 8A
   camion della nettezza urbana *m.* garbage truck 12A
camionista *m., f.* truck driver 11A
camminare *v.* to walk 2A
campagna *f.* countryside 12A
campeggio *m.* camping 2A
campo *m.* field; court 2A
canadese *adj.* Canadian 1B
canale (televisivo) *m.* (television) channel 4A
canarino *m.* canary 3A
cancellare *v.* to erase 4A
candidato/a *m., f.* candidate 11B
cane *m.* dog 3A
canottiera *f.* tank top 4B
cantante *m., f.* singer 10A
cantare *v.* to sing 2A
canzone *f.* song 10A
capacità *f.* skill 11B
caparra *f.* deposit 7A
capelli *m., pl.* hair 6A
   capelli a spazzola *m., pl.* crew cut 6A
   capelli raccolti *m., pl.* pulled back hair 6A
   capelli sciolti *m., pl.* loose hair 6A
   spuntare i capelli *v.* to trim one's hair 6A
   tagliare i capelli *v.* to cut one's hair 6A
capire *v.* to understand 3A
capodanno *m.* New Year's Day 8B
capolavoro *m.* masterpiece 10B
capolinea *m.* terminus 8A
cappello *m.* hat 4B
cappotto *m.* overcoat 4B
capra *f.* goat 12A
caraffa *f.* carafe 5B
carciofo *m.* artichoke 5A
carica batteria *m.* battery charger 4A
caricare *v.* to charge; to load 4A
carie *f., invar.* cavity 6B
carino/a *adj.* cute 3B
carne *f.* meat 5A
   carne di maiale *f.* pork 5A
   carne di manzo *f.* beef 5A
caro/a *adj.* expensive; dear 4B
carota *f.* carrot 5A
carriera *f.* career 11A

carta *f.* paper; card 2A
   carta di credito/debito *f.* credit/debit card 9B
   carta d'imbarco *f.* boarding pass 8B
   foglio di carta *m.* sheet of paper 1B
carte *f., pl.* playing cards 2A
cartella *f.* folder 4A
cartina *f.* map 1B
cartoleria *f.* stationery store 9B
cartolina *f.* postcard 9B
cartone animato *m.* cartoon 10B
caruccio/a *adj.* sweet, very dear 10B
casa *f.* house 1A
   a casa at home 3A
casalingo/a *m., f.* househusband/housewife 11A
cascata *f.* waterfall 12A
casino *m.* mess 7B
   Che casino! What a mess! 7B
cassetta delle lettere *f.* mailbox 9B
cassettiera *f.* dresser 7A
cassetto *m.* drawer 7A
castano/a *adj.* brown (*hair, eyes*) 3B
catastrofe *f.* catastrophe 12A
cattivello/a *adj.* a little bit naughty 10B
cattivo/a *adj.* bad; naughty 1B
cavallo *m.* horse 2A
   andare a cavallo to go horseback riding 2A
CD *m.* CD 4A
c'è there is 1A
   C'è il temporale. It's stormy. 2B
   C'è il/la signor(a)…? Is Mr./Mrs. . . . there? 11B
   C'è il sole. It's sunny. 2B
   C'è vento. It's windy. 2B
   Che c'è di nuovo? What's new? 1A
   Che cosa c'è? What's wrong? 1B
celibe *adj.* single (*male*) 3A
cellulare *m.* cell phone 4A
cena *f.* supper, dinner 5B
cenare *v.* to have dinner 2A
centesimo/a *adj.* hundreth 10B
cento *m., adj.* one hundred 1A
centomila *m., adj., invar.* one hundred thousand 2B
centrale nucleare *f.* nuclear power plant 12A
centro *m.* center; downtown 3A
   centro commerciale *m.* mall; shopping center 9A
   centro storico *m.* downtown 9A
   in centro in town 3A
cercare *v.* to look for 2A; to try 10A 2A
certo/a *adj.* certain 11B

cespuglio *m.* bush 12A
cestino *m.* wastebasket 1B
che *interr. pron.* what 3B; *rel. pron.* who, whom, that, which 9A
   Che casino! What a mess! 7B
   Che c'è di nuovo? What's new? 1A
   Che conciato/a! What a slob!, How badly dressed he/she is! 4B
   Che cosa c'è? What's wrong? 1B
   Che cos'è? *exp.* What is it? 1B
   Che giorno è oggi? What's the date? 2B
   Che noia! How boring! 1B
   Che ora è/Che ore sono? What time is it? 1B
   Che tempo fa? What is the weather like? 2B
   prima che *conj.* Before 12A
chi *interr. pron.* who, whom 3B; *rel. pron.* those who, the one(s) who 9A
   Chi è? Who is it? 1B
   Chi parla? Who's calling? 11B
   Da parte di chi? On behalf of whom? 11B
chiacchierone/a *m., f.* chatterbox 10B
chiamare *v.* to call 2A
chiamarsi *v.* to be called; to call each other 6A
   Come si/ti chiama/i? *(form./fam.)* What is your name? 1A
   Mi chiamo… My name is . . . 1A
chiaro/a *adj.* light 4B; clear 11B
chiave *f.* key 8B
chic *adj., invar.* chic 3B
chiedere *v.* to ask (for) 2B
   chiedere un prestito to ask for a loan 9B
chiesa *f.* church 9A
chiesto/a (chiedere) *p.p., adj.* asked; requested 4B
chilo *m.* kilo 5A
chiosco *m.* newsstand; kiosk 9A
   chiosco per le informazioni *m.* information booth 9A
chirurgo/a *m., f.* surgeon 6B
chitarra *f.* guitar 2A
chitarrista *m., f.* guitarist 10A
chiudere *v.* to close 2B
chiuso/a (chiudere) *p.p., adj.* closed 4B
ci *d.o. pron., pl.* us 5A; *i.o. pron., pl.* (to, for) us 5B; *adv.* there 6A
   ci sono there are 1A
   Ci sono 18 gradi. It's 18 degrees out. 2B
   Ci vediamo! See you soon! 1A
Ciao. Hi.; Good-bye. 1A
ciascuno *adj., pron.* each (one) 4B
cibo *m.* food 5A

ciclismo *m.* cycling 2A
ciclone *m.* cyclone 2B
cielo *m.* sky 12A
ciglio (*pl.* **ciglia** *f.*) *m.* eyelashes 6A
Cin cin! Cheers! 1A
cinema *m.* cinema 2A
  al cinema at/to the movies 3A
cinese *adj.* Chinese 1B
cinquanta *m., adj., invar.* fifty 1A
cinque *m., adj., invar.* five 1A
cinquecentesimo/a *adj.* five hundreth 10B
cinquecento *m., adj., invar.* five hundred 2B
cinquemila *m., adj., invar.* five thousand 2B
cintura *f.* belt 4B
  cintura di sicurezza *f.* seatbelt 8A
ciò che *rel. pron.* that which, what 9A
cioccolateria *f.* café specializing in chocolate 5B
cipolla *f.* onion 5A
cipresso *m.* cypress 12A
città *f.* city 1A
ciuffo *m.* tuft of hair 6A
civile *adj.* civil 3A
  stato civile *m.* marital status 3A
clarinetto *m.* clarinet 10A
classe *f.* class; classroom 1B
  classe economica *f.* economy class 8B
  classe turistica *f.* tourist class 8B
  prima/seconda classe *f.* first/second class 8A
classico/a *adj.* classical; classic 10B
cliente *m., f.* customer; client 8B
clima *m.* climate 10A
coda *f.* ponytail 6A
cofano *m.* hood 8A
cognato/a *m., f.* brother-/sister-in-law 3A
cognome *m.* last name 3A
coincidenza *f.* connection 8A
coinquilino/a *m., f.* roommate 9A
colazione *f.* breakfast 5B
  fare colazione to have breakfast 2A
collaboratrice domestica f. maid 7B
collana *f.* necklace 4B
collezione *f.* collection 10B
collo *m.* neck 6A
colloquio di lavoro *m.* job interview 11B
colore *m.* color 4B
  Di che colore? What color? 4B
colpire *v.* to hit 8A
coltello *m.* knife 5B
come *adv.* how 3B

Come si va... How do you get to . . . ? 9A
Come si/ti chiama/i? (*form./fam.*) What is your name? 1A
Come sta/stai? (*form./fam.*) How are you? 1A
Come te la passi? How are you getting along? 1A
Come va? How are things? 1A
cominciare *v.* to begin 2A; to start 4A
commedia *f.* comedy 10A
commesso/a *m., f.* salesperson 4B
commettere *v.* to commit 11B
commissioni *f., pl.* errands 9B
  fare delle commissioni to run errands 9B
commovente *adj.* touching, moving 10B
comodino *m.* night table 7A
compact disc *m.* CD 4A
compagno/a di classe *m., f.* classmate 1B
competenza *f.* competence; ability 11B
compiti *m., pl.* homework 1B
compleanno *m.* birthday 2B
  Quando è il tuo compleanno? When is your birthday? 2B
completo *m.* suit; matching outfit 4B
completo/a *adj.* complete 8B
  al completo *adj.* full; no vacancies 8B
comporre *v.* to dial; to compose 4A
compositore/compositrice *m., f.* composer 10A
composto (comporre) *p.p., adj.* composed 4B
comprare *v.* to buy 2A
compressa *f.* tablet 6B
compromesso *m.* compromise 12B
computer (portatile) *m.* (laptop) computer 4A
comune *m.* town hall 9B
comunque *conj., adv.* however 4A
con *prep.* with 3A
concerto *m.* concert 10A
condizione *f.* condition 12A
  a condizione che *conj.* provided that 12A
condurre *v.* to manage, to run 12A
  condurre un'attività to run a business 12A
congedo *m.* leave 11A
  prendere un congedo to take leave time 11A
congelatore *m.* freezer 7B
coniglio *m.* rabbit 12A
connesso/a *adj.* connected 4A
  essere connesso/a to be

connected 4A
conoscere *v.* to know; to meet 4B
  conoscere di vista to know by sight 4B
  conoscere la strada to know the way 4B
  conoscere... a fondo to know something inside and out 4B
  Piacere di conoscerLa/ti. (*form./fam.*) Pleased to meet you. 1A
conoscersi *v.* to meet each other 6A
conservare *v.* to preserve 12A
consigliare *v.* to advise 5B
consiglio *m.* advice 11B
consulente *m., f.* consultant 11A
contabile *m., f.* accountant 11A
contanti *m., pl.* cash 9B
  pagare in contanti to pay in cash 9B
contemporaneo/a *adj.* contemporary; modern 10B
contento/a *adj.* content, happy 1B
continuare *v.* to continue 10A
conto *m.* bill 5A; account 9B
  conto bancario *m.* bank account 9B
  conto corrente *m.* checking account 9B
  conto risparmio *m.* savings account 9B
  rendersi conto (di) to realize, to become aware (of) 6A
contorno *m.* side dish 5B
contratto *m.* contract; lease 7A
contributi *m., pl.* contributions; taxes 11A
controllare *v.* to check 6B
  controllare la linea to watch one's weight 6B
controllo *m.* control 8B
  controllo passaporti *m.* passport control 8B
controllore *m.* ticket collector 8A
convalidare *v.* to validate (*ticket*) 8A
conversazione *f.* conversation 1B
convinto/a *adj.* earnest 3B
coperta *f.* blanket 7B
coperto/a *adj.* overcast 2B
coppia *f.* couple 3A
coraggioso/a *adj.* courageous 3B
cornetta *f.* phone receiver 11B
coro *m.* chorus 10A
corpo *m.* body 6A
corrente *adj.* current 9B
  conto corrente *m.* checking account 9B
correre *v.* to run 2B
corridoio *m.* hallway 7A

corso *m.* course 2A

corso/a (correre) *p.p., adj.* run 4B

cortese *adj.* courteous 3B

cortesia *f.* courtesy 1A

  forme di cortesia polite expressions 1A

cortile *m.* courtyard 7A

corto/a *adj.* short (*length*) 3B

cortometraggio *m.* short film 10B

cosa *interr. pron.* what 3B; *f.* thing 1A

  (Che) cos'è? *exp.* What is it? 1B

  Cosa vuol dire...? What does . . . mean? 4A

  La solita cosa. The usual. 1A

coscienza ambientale *f.* enviornmental awareness 12A

così *adv.* so 8A

  così... come *adv.* as . . . as 8A

  Così così. So-so. 1A

costa *f.* coast 12A

costare *v.* to cost, to be worth 5A

  Quanto costa...? How much is . . . ? 5A

costoso/a *adj.* expensive 4B

costruire *v.* to build 9A

costume da bagno *m.* bathing suit 4B

cotone *m.* cotton 4B

cottura *f.* cooking 7A

  piano cottura *m.* stovetop 7A

cravatta *f.* tie 4B

credenza *f.* cupboard 7A

credere *v.* to believe 10A

credito *m.* credit 9B

  pagare con carta di credito to pay with a credit card 9B

crema *f.* lotion 6A

Crepi. Thanks. (*lit.* May the wolf die.) 1B

cretino/a *m., f.* jerk 7A

crociera *f.* cruise 8B

crostata *f.* pie 5A

crudele *adj.* cruel 3B

cucchiaino *m.* teaspoon 5B

cucchiaio *m.* spoon 5B

cucina *f.* kitchen 7A

cucinare *v.* to cook 5A

cucitrice *f.* stapler 11B

cuffie *f., pl.* headphones 4A

cugino/a *m., f.* cousin 3A

cui *rel. pron.* whom, which 9A

cuoco/a *m., f.* cook, chef 5B

cuore *m.* heart 6A

curare *v.* to heal 6B

curioso/a *adj.* curious 3B

curriculum vitae *m.* résumé 11B

cuscino *m.* pillow 7B

cutaneo/a *adj.* skin 6B

  eruzione cutanea *f.* rash 6B

D

da *prep.* from; at; by; since 1B

  Da parte di chi? On behalf of whom? 11B

  Da quando... Since when 2B

  Da quanto tempo...? For how long . . . ? 2B

  Da questa parte. This way. 1A

danza classica *f.* classical dance 2A

dare *v.* to give 2A

  dare le dimissioni to resign 11A

  dare un passaggio to give (someone) a ride 9A

  dare un'occhiata to take a look 4B

  Ma dai! Oh, come on! 1A

darsi *v.* to give to each other 6A

  può darsi it's possible 11B

data *f.* date 2B

davanti (a) *prep.* in front (of) 7A

davvero *adv., adj.* really 5B

debito *m.* due; debt 9B

  pagare con carta di debito to pay with a debit card 9B

debole *adj.* weak 3B

debutto *m.* debut 10A

decidere *v.* to decide 10A

decimo/a *adj.* tenth 10B

decisione *f.* decision 2B

  prendere una decisione to make a decision 2B

deciso/a (decidere) *p.p., adj.* decided 4B

decollare *v.* to take off 8B

degrado *m.* deterioration 12A

deluso/a *adj.* disappointed 8A

denaro *m.* money 9B

  depositare il denaro to deposit money 9B

dente *m.* tooth 6A

  lavarsi i denti *v.* to brush one's teeth 6A

dentifricio *m.* toothpaste 6A

dentista *m., f.* dentist 6B

dentro *prep.* inside 7A

depositare *v.* to deposit 9B

  depositare il denaro to deposit money 9B

depressione *f.* depression 6B

depurare *v.* to purify 12A

descrizioni personali *f., pl.* personal descriptions 3B

deserto *m.* desert 12A

desiderare *v.* to desire, to want 2A to wish 10A

destra *f.* right 7A

  a destra *prep.* to the right 7A

detto (dire) *p.p., adj.* said 4B

di (d') *prep.* of, from 3A

  dei *part. art., m., pl.* some 5A

degli *part. art., m., pl.* some 5A

del *part. art., m., sing.* some 5A

dell' *part. art., m., f., sing.* some 5A

della *part. art., f., sing.* some 5A

delle *part. art., f., pl.* some 5A

dello *part. art., m., sing.* some 5A

  Di che colore? What color? 4B

  Di dove sei? Where are you from? 1B

  di fronte a *prep.* across from 9A

  di media statura *adj.* of average height 3B

  Di niente. You're welcome. 1A

  di nuovo *adv.* again 3B

  di solito *adv.* usually 5B

  di tanto in tanto off and on 4A

dicembre *m.* December 2B

diciannove *m., adj., invar.* nineteen 1A

diciassette *m., adj., invar.* seventeen 1A

diciottesimo/a *adj.* eighteenth 10B

diciotto *m., adj., invar.* eighteen 1A

dieci *m., adj., invar.* ten 1A

dieta *f.* diet 5B

  essere a dieta to be on a diet 5B

dietro (a) *prep.* behind 7A

  dietro l'angolo around the corner 9A

difficile *adj.* difficult 1B

digitale *adj.* digital

  macchina fotografica digitale *f.* digital camera 4A

dilemma *m.* dilemma, quandary 10A

diluvio *m.* torrential downpour; flood 2B

dimenticare *v.* to forget 2A

dimenticarsi (di) *v.* to forget 10A

dinamico/a *adj.* dynamic 3B

dipingere *v.* to paint 2B, 10A

diploma *m.* diploma; degree 10A

dire *v.* to say; to tell 4A

  Cosa vuol dire...? What does . . . mean? 4A

diretta *f.* live broadcast 7B

  in diretta *adv.* live 7B

direttore/direttrice (del personale) *m., f.* (personnel) manager 11B

dirigente *m., f.* executive; manager 11A

dirigere *v.* to manage 11A

diritto *prep.* straight 9A

disboscamento *m.* deforestation 12A

discarica *f.* dump 12A

disco rigido *m.* hard drive 4A

discreto/a *adj.* discreet 3B

disinvolto/a *adj.* confident 3B

disoccupato/a *adj.* unemployed 11A
  essere disoccupato/a to be unemployed 11A
disonesto/a *adj.* dishonest 1B
dispensa *f.* pantry 7A
dispiacere *v.* to be sorry 5B
disponibile *adj.* helpful; available 3B
  posto disponibile *m.* vacancy 8B
dito (*pl.* **dita** *f.*) *m.* finger 6A
dito *m.* **del piede** (*pl.* **dita** *f.*) toe 6A
divano *m.* couch 7A
diventare *v.* to become 5A
divergenza *f.* difference 12A
divertente *adj.* fun 1B
divertirsi *v.* to have fun 6A
divorziato/a *adj.* divorced 3A
dizionario *m.* dictionary 1B
doccia *f.* shower 2A
  fare la doccia to take a shower 2A
docente *m., f.* teacher, lecturer 11A
documentario *m.* documentary 10B
documento *m.* document 4A; ID 8B
dodici *m., adj., invar.* twelve 1A
dogana *f.* customs 8B
dolce *adj.* sweet 3B; *m.* dessert 5B
dolore *m.* pain 6B
domanda *f.* question 1A
  fare domanda to apply 11B
  fare una domanda to ask a question 2A
domandare *v.* to ask 2B
domani *adv.* tomorrow 2B
  A domani. See you tomorrow. 1A
domenica *f.* Sunday 1B
domestico/a *adj.* domestic 3A
  animale domestico *m.* pet 3A
  collaboratrice domestica *f.* maid 7B
donna *f.* woman 1A
donna d'affari *f.* businesswoman 3B
dono *m.* gift 10A
dopo *prep.* after 4A; *adv.* after, afterwards 5B
  A dopo. See you later. 1A
dopodomani *adv.* the day after tomorrow 7A
dormire *v.* to sleep 3A
dotato/a *adj.* gifted; talented 10B
dottore(ssa) *m., f.* doctor 1A
  andare dal dottore to go to the doctor's 2A
dove *adv.* where 3B
  Di dove sei? Where are you from? 1B

Dove abiti? Where do you live? 7A
dovere *v.* to have to/must; to owe 4A
dramma *m.* drama; play 10A
  dramma psicologico *m.* psychological drama 10B
drammatico/a *adj.* dramatic 10B
drammaturgo/a *m., f.* playwright 10A
dubitare *v.* to doubt 10A
due *m., adj., invar.* two 1A
duecento *m., adj., invar.* two hundred 2B
duemila *m., adj., invar.* two thousand 2B
durante *prep.* during 7B
durare *v.* to last 7B
duro/a *adj.* hard; tough 3B

E

e *conj.* and 1B
  E Lei/tu? (*form./fam.*) And you? 1A
ecco *adv.* here 1A
ecologia *f.* ecology 12A
economia *f.* economics 1B
edicola *f.* newsstand 9B
editoria *f.* publishing industry 10B
effetto *m.* effect 12B
  effetto serra *m.* greenhouse effect 12B
egoista *adj.* selfish 3B
Ehilà! Hey there! 1A
elettricista *m., f.* electrician 11A
elettrodomestico *m.* appliance 7B
elevato/a *adj.* high 11B
  salario elevato *m.* high salary 11B
e-mail *f.* e-mail message 4A
emicrania *f.* migraine 6B
energia *f.* energy 12A
  energia eolica *f.* wind power 12A
  energia nucleare *f.* nuclear energy 12A
  energia rinnovabile *f.* renewable energy 12A
  energia solare *f.* solar energy 12A
  energia termica *f.* thermal energy 12A
energico/a *adj.* energetic 3B
enoteca *f.* store specializing in wine 5B
entrare *v.* to enter 5A
epico/a *adj.* epic 10B
  racconto epico *m.* epic 10B
epifania *f.* Twelfth Night, Epiphany 8B
erba *f.* grass 12A
errore *m.* error 11B

eruzione *f.* eruption 2B
  eruzione cutanea *f.* rash 6B
  eruzione vulcanica *f.* volcanic eruption 2B
esame *m.* exam 1A
escursione *f.* outing 12A
esercitazione a scuola *f.* school project 10B
esercizio *m.* exercise 6B
  fare esercizio to exercise 6B
esibizione *f.* performance 10A
esigente *adj.* demanding 11A
esperienza *f.* experience 11B
  esperienza professionale *f.* professional experience 11B
esplorare *v.* to explore 12A
esposizione *f.* exhibit 10B
espressione *f.* expression 5A
essere *v.* to be 1B
  Che ora è/Che ore sono? What time is it? 1B
  Di dove sei? Where are you from? 1B
  È bello. It's nice out. 2B
  È il 15 agosto. It's August 15th. 2B
  È il 23 marzo. It's March 23rd. 2B
  È un porcile! It's a pigsty! 7B
  essere a dieta to be on a diet 5B
  essere al verde to be broke 9B
  essere allergico (a) to be allergic (to) 6B
  essere ben/mal pagato/a to be well/poorly paid 11A
  essere connesso/a to be connected 4A
  essere disoccupato/a to be unemployed 11A
  essere forte in... to be strong in . . . 1B
  essere in buona salute to be in good health 6B
  essere in linea to be online 4A
  essere in panne to break down 8A
  essere in tour to be on tour 10A
  essere in/fuori forma to be in/out of shape 6B
  essere incinta to be pregnant 6B
  essere nato nel... to be born in . . . 2B
  essere negato/a per to be no good at . . . 1B
est *m.* east 9A
estate *f.* summer 2B
estero *m.* foreign countries 8B
  all'estero *adv.* abroad 8B
etto *m.* 100 grams 5A
evitare (di) *v.* to avoid 6B

F

fa *adv.* ago 4B
  dieci giorni fa ten days ago 4B
  un anno fa a year ago 4B
fabbrica *f.* factory 12A
faccende *f., pl.* chores 7B
  fare le faccende to do
  household chores 7B
faccia *f.* face 6A
facile *adj.* easy 1B
facoltà *f.* faculty; department 1B
fagiolino *m.* green bean 5A
falegname *m.* carpenter 7B
fallire *v.* to fail 11A
fame *f.* hunger 2B
  avere fame to be hungry 2B
famiglia *f.* family 3A
fantascienza *f.* science-fiction 10B
  film di fantascienza *m.* sci-fi
  film 10B
fare *v.* to do; to make 2A
  Che tempo fa? What is the
  weather like? 2B
  Fa bel/brutto tempo. The
  weather is nice/bad. 2B
  Fa caldo/freddo/fresco. It's
  hot/cold/cool. 2B
  Fammi vedere. Let me see. 2B
  far soffriggere to brown, to fry
  lightly 5A
  far tostare to toast 5A
  fare attenzione to pay
  attention 2A
  fare benzina to get gas 8A
  fare colazione to have
  breakfast 2A
  fare delle commissioni to run
  errands 9B
  fare domanda to apply 11B
  fare due passi to take a short
  walk 2A
  fare esercizio to exercise 6B
  fare ginnastica to exercise 6B
  fare i mestieri/le faccende
  to do household chores 7B
  fare il bagno to take a bath 2A
  fare il bucato to do the
  laundry 7B
  fare il buffone to act the
  fool 10A
  fare il letto to make the bed 7B
  fare il pendolare to
  commute 12A
  fare il ponte to take a long
  weekend 8B
  fare la doccia to take a
  shower 2A
  fare la fila to wait in line 9B
  fare la spesa/le spese to buy
  groceries/to shop 2A
  fare la valigia to pack a
  suitcase 8B

fare progetti to make plans 11B
fare spese to go shopping 4B
fare un picnic to have a
  picnic 12A
fare un viaggio to take a trip 2A
fare una domanda to ask a
  question 2A
fare una foto to take a picture 2A
fare una gita to take a field
  trip 2A
fare una passeggiata to take
  a walk 2A
fare una puntura to give
  a shot 6B
  farsi la barba to shave
  (*beard*) 6A
  farsi male to hurt oneself 6A
farmacia *f.* pharmacy 6A
farmacista *m., f.* pharmacist 6B
faro *m.* headlight 8A
fatto/a (fare) *p.p., adj.* done;
  made 4B
  fatto/a in casa *adj.*
  homemade 5B
fattoria *f.* farm 12A
favola *f.* fairy tale 10B
favore *m.* favor 1A
  per favore please 1A
febbraio *m.* February 2B
febbre *f.* fever 6B
  avere la febbre to have
  a fever 6B
fedele *adj.* faithful 3B
felice *adj.* happy 1B
felpa *f.* sweatshirt 4B
femmina *f.* female 3A
femminista *adj.* feminist 3B
ferie *f., pl.* paid vacation 11A
ferita *f.* injury; wound 6B
fermare *v.* to stop 6A
fermarsi *v.* to stop (*oneself*) 6A
fermata *f.* (*bus/train*) stop 8A
  fermata a richiesta *f.* stop
  on request 8A
ferragosto *m.* August 15
  holiday 8B
ferro (da stiro) *m.* iron 7B
festival *m.* festival 10A
festivo *m.* public holiday 8B
fetta *f.* slice 5A
fidanzato/a *adj.* engaged 3A; *m., f.*
  fiancé(e); boyfriend/girlfriend 3A
fidarsi *v.* to trust 11A
fiducia *f.* trust 11A
fieno *m.* hay 12A
figliastro/a *m., f.* stepson/
  stepdaughter 3A
figlio/a *m., f.* son/daughter 3A
  figlio/a unico/a *m., f.* only
  child 3A
fila *f.* line 9B
  fare la fila to wait in line 9B

film (dell'orrore/di fantascienza)
  m. (horror/sci-fi) film 10B
filmino *m.* short film; home
  video 10B
fine *f.* end 10A
finestra *f.* window 1B
fingere *v.* to pretend 10A
finire *v.* to finish 3A
fino a *prep.* until 2B
fiore *m.* flower 7A
fiorista *m.* flower shop; *m., f.*
  florist 9B
firmare *v.* to sign 9B
fisarmonica *f.* accordion 10A
fiume *m.* river 12A
flauto *m.* flute 10A
focacceria *f.* store specializing
  in focaccia 5B
foglia *f.* leaf 12A
foglio di carta *m.* sheet of paper 1B
fondo *m.* bottom 4B
  conoscere... a fondo *to* know
  something inside and out 4B
  in fondo *prep.* at the end;
  bottom 9B
fontana *f.* fountain 9A
football americano *m.* football 2A
forchetta *f.* fork 5B
foresta *f.* forest 12A
forma *f.* shape 6B
  essere in/fuori forma to be
  in/out of shape 6B
  forme di cortesia polite
  expressions 1A
formaggio *m.* cheese 5A
formazione *f.* training 11B
fornelli *m., pl.* stovetop; burners 7B
forno *m.* oven 7B
  (forno a) microonde *m.*
  microwave (oven) 7B
forse *adv.* maybe 3A
forte *adj.* strong 3B
  essere forte in... to be strong
  in . . . 1B
foruncolo *m.* pimple 6B
Forza! Come on! 5B
foschia *f.* mist 2B
foto(grafia) *f.* photo(graph) 1A
  fare una foto to take a
  picture 2A
fotocopiare to photocopy 11B
fotografo *m.* photo shop 9B
fotografo/a *m., f.* photographer 9B
fra *prep.* among, between, in 3A
  fra di loro (*between/among*) *each*
  other 6A
  fra due giorni in two days 7A
  fra poco in a little while 7A
  fra una settimana in a week 7A
fragola *f.* strawberry 5A
francese *adj.* French 1B
francobollo *m.* stamp 9B

frangia *f.* bang 6A

fratellastro *m.* stepbrother; half brother 3A

fratellino *m.* little/younger brother 3A

fratello *m.* brother 3A

frattura *f.* fracture 6B

freccette *f., pl.* darts 2A

freddo/a *adj.* cold 2B
    avere freddo to feel cold 2B

frenare *v.* to brake 8A

freni *m., pl.* brakes 8A

frequentare *v.* to attend 2A
    frequentare la lezione to attend class 1B

frequentemente *adv.* frequently 5B

fresco/a *adj.* cool, fresh 2B

fretta *f.* haste 2B
    avere fretta to be in a hurry 2B

friggere *v.* to fry 5B

frigo(rifero) *m.* fridge, refrigerator 7B

fritto/a *adj.* fried 5A

frizione *f.* clutch 8A

frizzante *adj.* sparkling 5B
    acqua frizzante *f.* sparkling water 5B

fronte *f.* front 9A
    di fronte a *prep.* across from 9A

frutta *f.* fruit 5A

frutti di mare *m., pl.* seafood 5A

fulmine *m.* lightning 2B

fungo *m.* mushroom 5A

funzionare *v.* to work, to function 4A

funzionario/a *m., f.* civil servant 11A

fuori *prep.* outside 7A

furbo/a *adj.* shrewd, sly 3B

futurista *adj.* Futurist 10B

futuro *m.* future 7A
    in futuro in the future 7A

G

gabbiano *m.* seagull 12A

gabinetto *m.* toilet 7A

galleria *f.* gallery 10A
    visitare una galleria d'arte to visit an art gallery 10B

gamba *f.* leg 6A
    in gamba *adj.* smart, sharp 3B

gamberetto *m.* shrimp 5A

garage *m., invar.* garage 7A

gatto *m.* cat 3A

gelateria *f.* ice cream shop 5A

geloso/a *adj.* jealous 3B

gemelli/e *m., f., pl.* twins 3A

genere *m.* kind; genre 10B
    in genere *adv.* generally 3A

genero *m.* son-in-law 3A

generoso/a *adj.* generous 1B

genio/a *m., f.* genius 4A

genitori *m., pl.* parents 3A

gennaio *m.* January 2B

gente *f.* people 1B

gentile *adj.* kind 3B

gestore *m., f.* manager 11B

gettare *v.* to throw 12A

già *inter.* yeah 2A; *adv.* already 4B

giacca *f.* jacket 4B

giallo/a *adj.* yellow 4B

giapponese *adj.* Japanese 1B

giardiniere/a *m., f.* gardener 11A

ginnastica *f.* gymnastics 4B
    fare ginnastica to exercise 6B
    scarpa da ginnastica *f.* running shoe 4B

ginocchio (*pl.* ginocchia *f.*) *m.* knee 6A

giocare *v.* to play 2A

giocatore/giocatrice *m., f.* player 2A

gioielleria *f.* jewelry store 9B

giornalaccio *m.* trashy newspaper 10B

giornale *m.* newspaper 8B

giornalista *m., f.* journalist 3B

giornataccia *f.* bad day 10B

giorno *m.* day 1B
    Che giorno è oggi? What's the date? 2B
    fra due giorni in two days 7A
    giorno festivo *m.* public holiday 8B

giovane *adj.* young 3B

giovedì *m.* Thursday 1B

gioventù *f.* youth 8B
    ostello della gioventù *m.* youth hostel 8B

girare *v.* to turn 9A; to film, to shoot 10B

giro *m.* turn; tour 4B
    in giro around; out and about 4B
    prendere in giro to tease 8B

gita *f.* field trip 2A
    fare una gita to take a field trip 2A

giudice *m., f.* judge 11A

giugno *m.* June 2B

giurisprudenza *f.* law 1B

giusto/a *adj.* right 11A

gli *def. art. m., pl.* the 1A; *i.o. pron., m., sing.* (to, for) him 5B; *i.o. pron., m., f., pl.* (to, for) them 5B

glielo/a/i/e/ne *dbl.o. pron. m., f., sing.* it (to, for) him/her 7A

gola *f.* throat 6A
    mal di gola *m.* sore throat 6B

gomito *m.* elbow 6A

gomma *f.* eraser 1A; tire 8A

gonna *f.* skirt 4B

gotico/a *adj.* Gothic 10B

governo *m.* government 12A

gradinata *f.* tier 10A

gradino *m.* step 9A

grado *m.* degree 2B
    Ci sono 18 gradi. It's 18 degrees out. 2B

graffetta *f.* paper clip; staple 11B

grande *adj.* big 2A

grande magazzino *m.* department store 9A

grandine *f.* hail 2B

grasso/a *adj.* fat 3B

gratis *adj.* free 10A

gratitudine *f.* gratitude 12A

grave *adj.* serious 6B

Grazie. Thank you. 1A
    Grazie mille. Thanks a lot. 1A

greco/a *adj.* Greek 1B

grigio/a *adj.* gray 3B

griglia *f.* grill 5A
    alla griglia *adj.* grilled 5A

gruppo rock *m.* rock band 10A

guadagnare *v.* to earn 11A

guanto *m.* glove 4B

guardare *v.* to look at 6A
    guardare la TV to watch TV 2A

guardarsi *v.* to look at each other 6A

guarire *v.* to get better 6B

guidare *v.* to drive 2A

gusto *m.* flavor, taste 5B

gustoso/a *adj.* tasty 5B

I

i *def. art., m., pl.* the 1A

idea *f.* idea 1A

idraulico *m* plumber 7B

ieri *adv.* yesterday 4B
    ieri sera last night 4B
    l'altro ieri the day before yesterday 4B

il *def. art., m., sing.* the 1A

imbarco *m.* boarding 8B
    carta d'imbarco *f.* boarding pass 8B

imbianchino *m.* painter 7B

imbucare *v.* to mail 9B
    imbucare una lettera to mail a letter 9B

immaginare *v.* to imagine 11B

immobiliare *adj.* building 11A
    agente immobiliare *m., f.* real estate agent 11A
    agenzia immobiliare *f.* real estate agency 7A

immondizia *f.* trash 12A

impanare *v.* to bread 5A

imparare (a) *v.* to learn (to) 2A

impeccabile *adj.* impeccable; perfectly clean 7B

impermeabile *m.* raincoat 2B

impianto *m.* system 4A
  impianto stereo *m.* stereo system 4A
impiegato/a *m., f.* employee 11B
importante *adj.* important 1B
impossibile *adj.* impossible 11A
impressione *f.* impression 11B
improbabile *adj.* unlikely 11A
in *prep.* in; to; at 3A
  in autobus by bus 3A
  in banca at/to the bank 3A
  in biblioteca at/to the library 3A
  in bicicletta by bicycle 3A
  In bocca al lupo. Good luck. (*lit.* In the mouth of the wolf.) 1B
  in centro in town 3A
  in diretta *adv.* live 7B
  in fondo *prep.* at the end; bottom 9B
  in futuro in the future 7A
  in gamba *adj.* smart, sharp 3B
  in genere *adv.* generally 3A
  in giro around; out and about 4B
  in macchina by car 3A
  in modo che *conj.* so that 12A
  in montagna in/to the mountains 3A
  in treno by train 3A
  in umido *adj.* stewed 5A
  in vacanza on vacation 3A
incidente *m.* accident 8A
  avere un incidente to have/be in an accident 8A
incinta *adj.* pregnant 6B
  essere incinta to be pregnant 6B
incominciare *v.* to begin 2A
incontrare *v.* to meet with 2A
incontrarsi *v.* to meet each other 6A
incredibile *adj.* incredible 11B
incrocio *m.* intersection 9A
indicazione *f.* direction 9A
indipendente *adj.* independent 1B
indirizzo *m.* address 9B
indossare *v.* to wear 4B
indovinare *v.* to guess 8A
infermiere/a *m., f.* nurse 6B
infezione *f.* infection 6B
influenza *f.* flu 6B
informatica *f.* computer science 1B
ingegnere *m., f.* engineer 1A
ingenuo/a *adj.* naïve 3B
inglese *adj.* English 1B
ingolfare *v.* to flood 12B
innamorarsi *v.* to fall in love 6A
innanzitutto *adv.* first of all 9A
innovativo/a *adj.* innovative 10B
inopportuno/a *adj.* inappropriate 11A
inquietante *adj.* disturbing 10B
inquilino/a *m., f.* tenant 7A
inquinamento *m.* pollution 12A

insalata *f.* salad 5B
insegnante *m., f.* instructor 1B
insegnare *v.* to teach 2A
insensibile *adj.* insensitive 3B
insetto *m.* insect 12A
insieme *adv.* together 2A
insipido/a *adj.* bland 5B
insistere *v.* to insist 11B
insonnia *f.* insomnia 6B
intasato/a *adj.* crowded; clogged 6B, 8A
intelligente *adj.* intelligent 1B
interessante *adj.* interesting 1B
interesse *m.* interest 9B
  tasso di interesse *m.* interest rate 9B
Internet café *m.* Internet café 9B
interpretare *v.* to perform 10A
intervallo *m.* intermission 10A
invece *adv.* instead; on the other hand 1B
inventare *v.* to invent 10A
inverno *m.* winter 2B
investimento *m.* investment 9B
inviare *v.* to send 9B
invitare *v.* to invite 10A
io *sub. pron.* I 1B
irresponsabile *adj.* irresponsible 3B
isola *f.* island 12A
  isola pedonale *f.* pedestrian area 9A
isolato *m.* block 9A
istantaneo/a *adj.* instantaneous 4A
  messaggio istantaneo *m.* instant message, IM 4A
istruzione *f.* education 11B
italiano/a *adj.* Italian 1B

J

jeans *m., pl.* jeans 4B

L

l' *def. art., m., f., sing.* the 1A
la *def. art., f., sing.* the 1A; *d.o. pron., f., sing.* her/it 5A
La *d.o. pron., sing., form.* you 5A
là *adv.* there 1A
labbro (*pl.* labbra *f.*) *m.* lip 6A
laboratorio *m.* laboratory 5B
  laboratorio di pasta fresca *m.* store specializing in homemade pasta 5B
lagna *f.* whiner 7B
lago *m.* lake 12A
lamentarsi (di) *v.* to complain (about) 6A
lamentoso/a *adj.* whiny 3B
lampada *f.* lamp 7A
lampo *m.* flash of lightning 2B
lampone *m.* raspberry 5A

lana *m.* wool 4B
largo/a *adj.* loose, big 4B
lasciare *v.* to allow, to let; to leave 10A
  Lasciami in pace. Leave me alone. 1A
  lasciare un messaggio to leave a message 11B
lasciarsi *v.* to leave each other, to split up 6A
latte *m.* milk 5B
lattuga *f.* lettuce 5A
laurearsi *v.* to graduate from college 6A
lavagna *f.* (black)board 1B
lavanderia *f.* laundromat 9B
lavare *v.* to wash 7B
  lavare i piatti to wash the dishes 7B
lavarsi *v.* to wash oneself 6A
  lavarsi i denti *v.* to brush one's teeth 6A
lavastoviglie *f.* dishwasher 7B
lavatrice *f.* washing machine 7B
lavavetri *m.* window cleaner 7B
lavello *m.* kitchen sink 7B
lavorare *v.* to work 2A
lavoro *m.* work; job 11B
  agenzia di somministrazione lavoro *f.* temp agency 11B
  annuncio di lavoro *m.* job ad 11B
  offerte di lavoro *f., pl.* job openings 11B
  trovare lavoro *v.* to find a job 11B
le *def. art., f., pl.* the 1A; *d.o. pron., f., pl.* them 5A; *i.o. pron., f., sing.* (to, for) her 5B
Le *i.o. pron., sing., form.* (to, for) you 5B
legge *f.* law 12A
leggere *v.* to read 2A
  leggere la mappa to read a map 8B
leggero/a *adj.* light 5B; slight 6B
legumi *m., pl.* legumes 5A
lei *sub. pron.* she 1B; *disj. pron., f., sing.* her 4A
Lei *sub. pron., sing., form.* you 1B; *disj. pron., sing., form.* you 4A
lentamente *adv.* slowly 5B
lento/a *adj.* slow 3B
lenzuolo (*pl.* lenzuola *f.*) *m.* sheet 7B
lettera *f.* letter 9B
  imbucare una lettera *v.* to mail a letter 9B
  lettera di referenze *f.* letter of reference 11B
letteratura *f.* literature 1A
lettere *f., pl.* arts; humanities 1B

letterona *f.* long letter 10B
letto *m.* bed 7A
  a letto in/to bed 3A
  fare il letto to make the bed 7B
letto/a (leggere) *p.p., adj.* read 4B
lettore *m.* reader 4A
  lettore CD *m.* CD player 4A
  lettore DVD *m.* DVD player 4A
  lettore MP3 *m.* MP3 player 4A
lettura *f.* reading 1B
lezione *f.* lesson 1A
  a lezione in class 1B
  frequentare la lezione
  to attend class 1B
  saltare la lezione to skip class 1B
li *d.o. pron., m., pl.* them 5A
lì *adv.* there 1A
libreria *f.* bookstore 1B
libro *m.* book 1A
licenziare *v.* to fire, to dismiss 11A
liceo *m.* high school 1B
limite di velocità *m.* speed limit 8A
linea *f.* line 4A
  essere in linea to be online 4A
lingue *f., pl.* languages (*subject*) 1B
liquidazione *f.* buyout;
  settlement 11A
liscio/a *adj.* straight (*hair*); smooth;
  plain 3B
livello *m.* level 11A
  passaggio a livello *m.* level
  crossing 8A
livido *m.* bruise 6B
lo *def. art., m., sing.* the 1A; *d.o.*
  pron., m., sing. him/it 5A
locale notturno *m.* nightclub 9A
località *f.* resort 8B
località balneare *f.* ocean
  resort 8B
  località montana *f.* mountain
  resort 8B
loggione *m.* upper circle 10A
lontano/a *adj.* far 9A
  lontano da *prep.* far from 9A
Loro *sub. pron., pl., form.* you 1B
loro *sub. pron.,* **they** 1B; *poss. adj.,*
  m., f. their 3A; *disj. pron., m., f.,*
  pl. themselves 4A; *i.o. pron., m.,*
  f., pl. (to, for) them 5B
  fra di loro (between/among)
  each other 6A
luglio *m.* July 2B
lui *sub. pron.* he 1B; *disj. pron., m.,*
  sing. him 4A
luna *f.* moon 12A
lunedì *m.* Monday 1B
lungo/a *adj.* long 1B
luogo *m.* place 1B
lupo *m.* wolf 1B
  In bocca al lupo. Good luck.
  (*lit.* In the mouth of the wolf.) 1B

M

ma *conj.* but 12A
  Ma dai. Oh, come on. 1A
  Ma quando mai! No way! 9A
macchiare *v.* to stain 6B
macchiato/a *adj.* stained 7B
macchina *f.* car 8A
  in macchina by car 3A
  macchina ibrida *f.* hybrid
  car 12A
  macchina fotografica
  (digitale) *f.* (digital) camera 4A
macellaio/a *m., f.* butcher's
  shop 5A
macelleria *f.* butcher 5A
madre *f.* mother 3A
magazzino *m.* warehouse 9A
  grande magazzino *m.*
  department store 9A
maggio *m.* May 2B
maggiore *adj.* elder 3A; bigger 8A
maglietta (a maniche corte/
  lunghe) *f.* (short-/long-sleeved)
  T-shirt 4B
maglione *m.* sweater 4B
magro/a *adj.* thin 3B
mah *inter.* well 3A
mai *adv.* ever 2B
  Ma quando mai! No way! 9A
  non... mai *adv.* never 2B
maiale *m.* pork 5A
malato/a *adj.* ill 6B
malattia *f.* ailment, sickness 6B
male *m.* evil; pain 6A
  avere mal di pancia (schiena,
  testa) to have a stomachache
  (backache, headache) 6A
  farsi male to hurt oneself 6A
  mal di gola *m.* sore throat 6B
  mal di mare *m.* sea-sickness 6B
  Non c'è male. Not bad. 1A
  Sto male. I am not well. 1A
maledetto/a *adj.* darned 12A
mamma *f.* mom 3A
mancare *v.* to miss 5B
mancia *f.* tip 5B
mandare *v.* to send 2A
mangiare *v.* to eat 2A
manica *f.* sleeve 4B
  maglietta (a maniche corte/
  lunghe) *f.* (short-/long-sleeved)
  T-shirt 4B
manierista *adj.* Mannerist 10B
manina *f.* little hand 10B
mano (*pl.* le mani) *f.* hand 6A
mansarda *f.* attic 7A
mantenersi *v.* to provide for
  oneself 11B
manzo *m.* beef 5A

mappa *f.* map 9A
  leggere la mappa *v.* to read
  a map 8B
marca *f.* brand 4B
marciapiede *m.* sidewalk 9A
mare *m.* sea 8B
  al mare at/to the beach 3A
  frutti di mare *m., pl.* seafood 5A
  mal di mare *m.* sea-sickness 6B
marea *f.* tide 2B
  onda di marea *f.* tidal wave 2B
marito *m.* husband 3A
  primo/secondo marito *m.*
  first/second husband 3A
marmellata *f.* jam 5A
marmo *m.* marble 8B
marocchino/a *adj.* Moroccan 1B
marrone *adj.* brown 3B
martedì *m.* Tuesday 1B
marzo *m.* March 2B
maschio *m.* male 3A
massimo/a *adj.* biggest,
  greatest 8A
matematica *f.* mathematics 1A
materia *f.* subject 1B
matita *f.* pencil 1B
matrigna *f.* stepmother 3A
matrimonio *m.* wedding;
  marriage 3A
mattina *f.* morning 1B
me *disj. pron., sing.* me, myself 4A
meccanico/a *m., f.* mechanic 8A
media *m., pl.* media 10B
medicina *f.* medicine 1B; drug 6B
medico (di famiglia) *m.* (family)
  doctor 6B
medio/a *adj.* average 3B
  di media statura *adj.* of average
  height 3B
Medioevo *m.* Middle Ages 8B
meglio *adv.* better 8A
mela *f.* apple 5A
melanzana *f.* eggplant 5A
melone *m.* melon 5A
meno *prep.* minus 1B; *adv.* less 8A
  a meno che... non *conj.*
  unless 12A
mensa *f.* cafeteria 1B
mensilità *f.* monthly paycheck;
  salary 11A
mentre *conj.* while 6B
menu *m.* menu 5B
mercato *m.* market 5A
mercoledì *m.* Wednesday 1B
merenda *f.* afternoon snack 5B
meritare *v.* to earn 11A
mese *m.* month 2B
  mese scorso last month 4B
messaggio *m.* message 11B
  messaggio (di testo) *m.*
  text message 4A

messicano/a *adj.* Mexican 1B
messo/a (mettere) *p.p., adj.* put, placed 4B
mestiere *m.* occupation, trade 11B
mestieri *m., pl.* chores 7B
  fare i mestieri to do household chores 7B
metro(politana) *f.* subway 8A
mettere *v.* to put 2B
  metterci *v.* to spend (*time*) 7B
  mettere in ordine *v.* to tidy up 7B
  mettere in scena *v.* to put on a show
mettersi *v.* to put on 6A
mezzanotte *f.* midnight 1B
  a mezzanotte at midnight 3A
mezzo/a *m., f.* half; half hour 1B
  mezzo di trasporto *m.* means of transportation 8A
mezzogiorno *m.* noon 1B
mi *d.o. pron., sing.* me 5A; *i.o. pron., sing.* (to, for) me 5B
  Mi chiamo... My name is . . . 1A
  Mi raccomando. Take care of yourself. 1B
microfono *m.* microphone 4A
microonda *f.* microwave 7B
  (forno a) microonde *m.* microwave (oven) 7B
miglio (*pl.* miglia f.) *m.* mile 10A
migliorare *v.* to improve 12A
migliore *adj.* better 8A
milione *m., adj., invar.* million 2B
mille *m., adj., invar.* thousand 2B
  Grazie mille. Thanks a lot. 1A
millesimo/a *adj.* thousandth 10B
minestrone *m.* thick soup 10B
minimo/a *adj.* smallest 8A
minore *adj.* younger 3A; smaller 8A
minuto *m.* minute 7B
mio/a, miei, mie *poss. adj., m., f.* my 3A
  i miei *m., pl.* my parents 3A
miseria *f.* fraction 10B
  Porca miseria! Darn! 8A
mobili *m., pl.* furniture 7A
moda *f.* fashion 4B
  (non) andare di moda to be/ not be in fashion 4B
modesto/a *adj.* modest 3B
modo *m.* way 12A
  in modo che *conj.* so that 12A
modulo *m.* form 9B
  riempire un modulo *v.* to fill out a form 9B
moglie *f.* wife 3A
molto/a/i/e *indef. adj., pron.* many, a lot of; much 5A
  Molto piacere. A real pleasure. 1A

moneta *f.* coin; change 9B
monolocale *m.* studio apartment 7A
montagna *f.* mountain 12A
  in montagna in/to the mountains 3A
montano/a *adj.* mountain 8B
  località montana *f.* mountain resort 8B
morbillo *m.* measles 6B
morire *v.* to die 5A
morso *m.* bit 7A
morto/a (morire) *p.p., adj. (used as past participle)* died; (*used as adjective*) dead 5A
mosso/a *adj.* wavy 3B
mostra *f.* show 10B
mostrare *v.* to show 5B
motore *m.* engine; motor 8A
motorino *m.* scooter 8A
mouse *m.* mouse (*computer*) 4A
mucca *f.* cow 12A
multa *f.* fine 8A
mura *f., pl.* city walls 9A
muratore *m.* bricklayer 7B
muschio *m.* moss 12A
muscoloso/a *adj.* muscular 3B
musica *f.* music 2A
  ascoltare la musica to listen to music 2A
musicale *adj.* musical 10A
  strumento musicale *m.* musical instrument 10A
musicista *m., f.* musician 3B

N

nascere *v.* to be born 5A
nasino *m.* little nose 10B
naso *m.* nose 6A
  naso intasato *m.* stuffy nose 6B
Natale *m.* Christmas 8B
nato/a (nascere) *p.p., adj.* born 5A
  essere nato/a nel... to be born in . . . 2B
naturale *adj.* natural 5B
  acqua naturale *f.* still water 5B
nausea *f.* nausea 6B
nave *f.* ship 8A
navigare *v.* to navigate 4A
  navigare in rete *v.* to surf the Web 4A
ne *pron.* some, any; of it/them 6A
né *conj.* neither; nor 9B
  non... né... né neither . . . nor 9B
neanche *adv.* not even 9B
  non... neanche not even 9B
necessario/a *adj.* necessary 11A

negato/a *adj.* denied 1B
  essere negato/a per to be no good at . . . 1B
negozio *m.* store 9A
  negozio d'alimentari *m.* grocery store 5A
nemmeno *conj.* not even 9B
  non... nemmeno not even 9B
neoclassico/a *adj.* Neoclassical 10B
neppure *conj.* not even 9B
  non... neppure not even 9B
nero/a *adj.* black 3B
nervoso/a *adj.* nervous 1B
nessuno/a *adj., pron. (used as adj.)* no; not; any; (*used as pron.*) nobody; anybody 9B
  non... nessuno *nobody* 9B
netturbino/a *m., pl.* garbage collector 12A
neve *f.* snow 2B
nevicare *v.* to snow 2B
niente *pron.* nothing 9B
  Di niente. You're welcome. 1A
  Niente di nuovo. Nothing new. 1A
  non... niente/nulla nothing 9B
nipote *m., f.* nephew/niece; grandson/granddaughter 3A
no *adv.* no 1B
noi *sub. pron.* we 1B; *disj. pron., m., f., pl.* us; ourselves 4A
noia *f.* boredom 1B
  Che noia! How boring! 1B
noioso/a *adj.* boring 1B
noleggiare *v.* to rent (*car*) 8A
non *adv.* not 1B
  Non c'è male. Not bad. 1A
  Non lo so. I don't know. 1A
  Non vedo l'ora. I can't wait. 5B
  non... affatto *adv.* not at all 9B
  non... ancora *adv.* not yet 4B
  non... mai *adv.* never 2B
  non... né... né neither . . . nor 9B
  non... neanche/nemmeno/ neppure not even 9B
  non... nessuno nobody 9B
  non... niente/nulla nothing 9B
  non... più *adv.* no more, no longer 5B
nonno/a *m., f.* grandfather/ grandmother 3A
nono/a *adj.* ninth 10B
nord *m.* north 9A
nostro/a/i/e *poss. adj. m., f.* our 3A
notte *f.* night 1A
novanta *m., adj., invar.* ninety 1A
nove *m., adj., invar.* nine 1A
novecento *m., adj., invar.* nine hundred 2B

novembre *m.* November 2B
nubile *adj.* single (*female*) 3A
nulla *pron.* nothing 9B
  non… nulla nothing 9B
numero *m.* number 11B
  numero di telefono *m.* phone number 11B
nuora *f.* daughter-in-law 3A
nuotare *v.* to swim 2A
nuoto *m.* swimming 2A
nuovo/a *adj.* new 1A
  Che c'è di nuovo? What's new? 1A
  di nuovo *adv.* again 3B
nuvola *f.* cloud 2B
nuvoloso/a *adj.* cloudy 2B

O

o *conj.* or 12A
obbligare *v.* to force, to compel 10A
occhiali (da sole) *m., pl.* (sun) glasses 4B
occhiata *f.* look 4B
  dare un'occhiata *v.* to take a look 4B
occhio *m.* eye 6A
occuparsi *v.* to be interested in 12B
occupazione *f.* occupation 11B
  prima occupazione *f.* first job 11B
oceano *m.* ocean 12A
odiare *v.* to hate 6A
odiarsi *v.* to hate each other 6A
offerta *f.* offer 11B
  offerte di lavoro *f., pl.* job openings 11B
offerto/a (offrire) *p.p., adj.* offered 4B
offrire *v.* to offer 3A
oggi *adv.* today 1B
  Che giorno è oggi? What's the date? 2B
ogni *adj.* each, every 9B
Ognissanti *m.* All Saints' Day 8B
olio (d'oliva) *m.* (olive) oil 5A
oliva *f.* olive 5A
ombrello *m.* umbrella 2B
onda *f.* wave 2B
  onda di marea *f.* tidal wave 2B
  ondata di caldo *f.* heat wave 2B
onesto/a *adj.* honest 1B
opera *f.* opera 10A; work 10B
  opera d'arte *f.* work of art 10B
operaio/a *m., f.* (factory) worker 11A
opportuno/a *adj.* appropriate 11A
oppure *conj.* or 12A
ora *f.* hour 1B
  A che ora? What time? 1B

Che ora è?/Che ore sono? What time is it? 1B
  è ora it's time 11A
  Non vedo l'ora. I can't wait. 5B
orario *m.* schedule, timetable 8A
orchestra *f.* orchestra 10A
ordinare *v.* to order 5B
ordine *m.* order 7B
  mettere in ordine *v.* to tidy up 7B
orecchio (*pl.* orecchie *f.*) *m.* ear 6A
orientarsi *v.* to get one's bearings 9A
orizzonte *m.* horizon 12A
ormai *adv.* by now; already 2A
orologio *m.* clock; watch 1B
orrore *m.* horror 10B
  film dell'orrore *m.* horror film 10B
orticaria *f.* hives 6B
ospedale *m.* hospital 6B
ostello della gioventù *m.* youth hostel 8B
osteria *f.* small restaurant 5B
ottanta *m., adj., invar.* eighty 1A
ottantaduesimo/a *adj.* eighty-second 10B
ottantun(o) *m., adj.* eighty-one 1A
ottavo/a *adj.* eighth 10B
ottenere *v.* to get; to obtain 11B
ottimista *adj.* optimistic 3B
ottimo/a *adj.* excellent 8A
otto *m., adj., invar.* eight 1A
ottobre *m.* October 2B
ottocento *m. adj., invar.* eight hundred 2B
ovest *m.* west 9A
ovunque *adv.* wherever; all over 11A

P

pacco *m.* package 9B
padre *m.* father 3A
padrone/a di casa *m., f.* landlord/landlady 7A
paesaggio *m.* landscape 10B
paese *m.* town; country 9A
pagare *v.* to pay 2A
  pagare con assegno to pay by check 9B
  pagare con carta di credito/debito to pay with a credit/debit card 9B
  pagare in contanti to pay in cash 9B
  pagare le bollette to pay the bills 9B
pagato/a *adj.* paid 11A
  essere ben/mal pagato/a to be well/poorly paid 11A

paio (*pl.* paia *f.*) *m.* pair 10A
palazzo *m.* apartment building; palace 7A
palco *m.* box; stage 10A
palestra *f.* gymnasium 2A
pallacanestro *f.* basketball 2A
pallavolo *f.* volleyball 2A
pallone *m.* ball; soccer 2A
panchina *f.* bench 9A
pane *m.* bread 5A
panetteria *f.* bakery 5A
paninoteca *f.* sandwich shop 5B
panne *f., invar.* breakdown 8A
  essere in panne to break down 8A
pannello solare *m.* solar panel 12A
panorama *m.* panorama, landscape 10A
pantaloncini *m., pl.* shorts 4B
pantaloni *m., pl.* pants, trousers 4B
pantofole *f., pl.* slippers 6A
papà *m.* dad 3A
parapendio *m.* paragliding 2A
parcheggiare *v.* to park 8A
parenti *m., pl.* relatives 3A
  parenti acquisiti *m., pl.* in-laws 3A
parere *v.* to seem 11A
parete *f.* wall 7A
parlare *v.* to speak 2A
  Chi parla? Who's calling? 11B
parlarsi *v.* to speak to each other 6A
parrucchiere/a *m., f.* hairdresser 3B
parte *f.* part 7A
  Da parte di chi? On behalf of whom? 11B
  Da questa parte. This way. 1A
partenze *f., pl.* departures 8B
partire *v.* to leave, to depart 2A
  partire in vacanza to leave for vacation 8B
partita *f.* game; match 2A
parziale *adj.* partial 11A
  a tempo parziale *adj.* part-time 11A
pasqua *f.* Easter Sunday 8B
pasquetta *f.* Easter Monday 8B
passaggio *m.* passage 8A
  dare un passaggio *v.* to give (someone) a ride 9A
  passaggio a livello *m.* level crossing 8A
passaporto *m.* passport 8B
  controllo passaporti *m.* passport control 8B
passare *v.* to pass by; to spend time 12A
  Come te la passi? How are you getting along? 1A
  passare l'aspirapolvere to vacuum 7B

passeggero *m* passenger 8B

passeggiata *f.* walk 2A
   fare una passeggiata to take a walk 2A

passo *m.* step; pass 2A
   a due passi da not far from 9A
   fare due passi to take a short walk 2A

password *f.* password 4A

pasta (asciutta) *f.* pasta 5A
   laboratorio di pasta fresca *m.* store specializing in homemade pasta 5B

pasticceria *f.* pastry shop 5A

pasto *m.* meal 5B

patata *f.* potato 5A

patente *f.* driver's license 8A

patrigno *m.* stepfather 3A

patto *m.* deal 12A
   a patto che *conj.* provided that 12A

paura *f.* fear 2B
   avere paura (di) to be afraid (of) 2B

pavimento *m.* floor 6B

paziente *adj.* patient 3B; *m., f.* patient 6B

pazzo/a *adj.* crazy 3B

peccato *m.* pity 11A

pecora *f.* sheep 12A

pedone *m.* pedestrian 9A

peggio *adv.* worse 8A

peggiore *adj.* worse, worst 8A

pelle *f.* leather 4B; skin 6A

pendolare *m., f.* commuter 12A
   fare il pendolare to commute 12A

penna *f.* pen 1B

pensare (a/di) *v.* to think (about/of doing) 2A

pensionato/a *m., f.* retiree 11A

pensione *f.* boarding house 8B; pension 11A

pepe *m.* pepper 5B

peperone (rosso, verde) *m.* (red, green) pepper 5A

per *prep.* for, through, in order to 3A
   per favore *please* 1A
   per quanto *conj.* although 12A

percento *m.* percent 2B

pera *f.* pear 5A

perché *conj.* why 3B; so that 12A

perciò *conj.* so 9A

perdere *v.* to lose 2A

perdersi *v.* to get lost 9A

pericolo *m.* danger 12A

pericoloso/a *adj.* dangerous 6B

permettere *v.* to permit 10A

perso/a (perdere) *p.p., adj.* lost 4B

persona *f.* person 1A

personaggio (principale) *m.* (main) character 10A

pesante *adj.* rich, heavy 5B

pesca *f.* peach 5A

pescare *v.* to go fishing 2A

pesce *m.* fish 3A

pescheria *f.* fish/seafood shop 5A

peso *m.* weight 9A

pessimista *adj.* pessimistic 3B

pessimo/a *adj.* very bad, awful 8A
   Il tempo è pessimo. The weather is dreadful. 2B

pettinare *v.* to brush 6A

pettinarsi *v.* to comb/brush one's hair 6A

pettine *m.* comb 6A

petto *m.* chest 6A

piacere *v.* to please 2B
   (Non) mi piace... I (don't) like . . . 2A
   Molto piacere. A real pleasure. 1A
   Piacere di conoscerLa/ti. *(form./fam.)* Pleased to meet you. 1A
   Piacere mio. My pleasure. 1A
   Piacere. Delighted. 1A

piaciuto/a (piacere) *p.p., adj.* liked 5A

pianeta *m.* planet 12A
   salvare il pianeta to save the planet 12A

piangere *v.* to cry 6B

pianista *m., f.* pianist 10A

piano *m.* piano 2A

piano cottura *m.* stovetop 7A

pianta *f.* plant 12A

piatto *m.* plate 5B
   lavare i piatti to wash the dishes 7B
   primo/second piatto *m.* first/second course 5B

piccante *adj.* spicy 5B

piccolino/a *adj.* very small 10B

piccolo *adj.* little, small 4A

picnic *m.* picnic 12A
   fare un picnic to have a picnic 12A

piede *m.* foot 6A
   a piedi on foot 3A

pieno/a *adj.* full 6B
   a tempo pieno *adj.* full-time 11A

pietra *f.* rock 12A

pigiama *m.* pajamas 6A

pigro/a *adj.* lazy 1B

pillola *f.* pill 6B

pineta *f.* pine forest 12A

pioggia *f.* rain 2B
   pioggia acida *f.* acid rain 12A

piovere *v.* to rain 2B

piovoso/a *adj.* rainy 2B

piscina *f.* pool 9A

pittore/pittrice *m., f.* painter 10B

pittura *f.* painting; paint 10B

più *adj., adv.* more; most 1A; *prep.* plus 2B
   A più tardi. See you later. 1A
   non... più *adv.* no more, no longer 5B

pizzeria *f.* pizza shop 5B

pizzico *m.* pinch 5B

platea *f.* stall 10A

poco/a (po') *adj.* little, few 5A, 9B; *adv.* little, few, not much, not very 5B
   fra poco in a little while 7A
   un po' di a little bit of 5A

poema *m.* poem 10A

poesia *f.* poem; poetry 10B

poeta/poetessa *m., f.* poet 10B

poi *adv.* then, later 5B

poliziotto/a *m., f.* police officer 9A

poltrona *f.* armchair 7A; seat 10A

pomeriggio *m.* afternoon 1B

pomodoro *m.* tomato 5A

pompiere/a *m., f.* firefighter 9A

ponte *m.* bridge 9A
   fare il ponte to take a long weekend 8B

Porca miseria! Darn! 8A

porcile *m.* pigsty 7B
   È un porcile! It's a pigsty! 7B

porta *f.* door 1B

portare *v.* to bring 2A; to wear 4B
   portare fuori la spazzatura to take out the trash 7B
   portare un vestito *v.* to wear a suit 4B

portatile *adj.* portable 4A
   (computer) portatile laptop (computer) 4A
   lettore CD portatile *m.* portable CD player 4A

portiera *f.* door (*car*) 8A

portiere/a *m., f.* doorman; caretaker 11A

posizione *f.* position 7A

possedere *v.* to possess; to own 10B

possibile *adj.* possible 11A

posta *f.* mail 9B
   posta prioritaria *f.* priority mail 9B

poster *m.* poster 7A

postino/a *m., f.* mail carrier 9B

posto *m.* room 8B; job, position 11B
   posto disponibile *m.* vacancy 11B

potere *v.* to be able to/can 4A
   può darsi it's possible 11B

poveraccio *m.* poor man 10B

povero/a *adj.* poor 3B

pranzo *m.* lunch 5B
   sala da pranzo *f.* dining room 7A

praticare *v.* to practice, to play 2A
prato *m.* meadow 12A
preferibile *adj.* preferable 11B
preferire *v.* to prefer 3A
preferito/a *adj.* favorite 3B
Prego. You're welcome. 1A
premio *m.* prize 2A
prendere *v.* to take 2B
  prendere in affitto *v.* to rent (*tenant*) 7A
  prendere in giro to tease 8B
  prendere un appuntamento to make an appointment 11B
  prendere un congedo. to take leave time 11A
  prendere una decisione to make a decision 2B
prenotare *v.* to make a reservation 8B
prenotazione *f.* reservation 8A
preoccuparsi (di) *v.* to worry (about) 6A
preoccupato/a *adj.* worried 3B
preparare *v.* to prepare 5B
prepararsi *v.* to get oneself ready 6A
presentare *v.* to present; to introduce 1A
  Le/Ti presento... (*form./fam.*) I would like to introduce [*name*] to you. 1A
presentazione *f.* introduction 1A
preservare *v.* to preserve 12A
preso/a (prendere) *p.p., adj.* taken 4B
prestare *v.* to lend 5B
prestito *m.* loan 9B
presto *adv.* soon quickly 5B
  A presto. See you soon. 1A
prima *prep.* before 4A; *adv.* before, first, beforehand 5B
prima che *conj.* before 12A
primavera *f.* spring 2B
primo *m.* first 2B
primo/a *adj.* first 10B
  prima classe *f.* first class 8A
  prima occupazione *f.* first job 11B
  primo piatto *m.* first course 5B
  primo marito *m.* first husband 3A
primogenito/a *m., f.* first-born 3A
principale *adj.* main 10A; *m., f.* boss; head 11A
  personaggio (principale) *m.* (main) character 10A
prioritario/a *adj.* priority 9B
  posta prioritaria *f.* priority mail 9B
probabile *adj.* likely 11A
problema *m.* problem 10A
prof *m., f.* professor 1B

professionale *adj.* professional 11B
  esperienza professionale *f.* professional experience 11B
professione *f.* profession 3B
professore(ssa) *m., f.* professor, teacher 1A
profumeria *f.* perfume/cosmetics shop 9B
progetto *m.* plan 11B
  fare progetti to make plans 11B
programma *m.* program 4A; plan 10A
proiezione *f.* screening 10A
promettere *v.* to promise 10A
promozione *f.* promotion 11A
pronto/a *adj.* ready 3B
  pronto soccorso *m.* first aid; emergency room 6B
Pronto? Hello? (*on the phone*) 1A, 11B
proporre *v.* to propose 12A
  proporre una soluzione to propose a solution 12A
proprietario/a *m., f.* owner 3B
prosciutto *m.* ham 5A
proseguire *v.* to continue 9A
prossimo/a *adj.* next 7A
  Alla prossima! Until next time! 1A
  settimana prossima next week 7A
proteggere *v.* to protect 12B
provare *v.* to try 10A
psicologico/a *adj.* psychological 10B
  dramma psicologico *m.* psychological drama 10B
psicologo/a *m., f.* psychologist 11A
pubblicare *v.* to publish 10B
pubblico *m.* public; audience 10A
pulire *v.* to clean 3A
pulito/a *adj.* clean 7B
pullman *m.* bus; coach 8A
puntuale *adj.* on time 8B
puntura *f.* shot 6B
  fare una puntura to give a shot 6B
purché *conj.* provided that 12A
pure *adv.* also; even 3B

Q

qua *adv.* here 1A
quaderno *m.* notebook 1A
quadro *m.* painting 7A
qualche *adj.* some, a few 5A, 9B
  qualche volta *adv.* sometimes 5B
quale *adj., pron., adv.* which/what 3B
qualifica *f.* qualification 11B
quando *conj., adv.* when 3B
  Da quando... Since when . . . 2B
  Ma quando mai! No way! 9A

Quando è il tuo compleanno? When is your birthday? 2B
quanti/e *adj.* how many 1A
  Quanti gradi ci sono? What is the temperature? 2B
quanto/a *adj., pron., adv.* how much 3B
  Da quanto tempo...? For how long . . . ? 2B
  Quanto costa...? How much is . . . ? 5A
  tanto... quanto *adv.* as . . . as 8A
quaranta *m., adj., invar.* forty 1A
quarantaseiesimo/a *adj.* forty-sixth 10B
quartiere *m.* neighborhood 9A
quarto *m.* quarter hour 1B
quarto/a *adj.* fourth 10B
quattordici *m., adj., invar.* fourteen 1A
quattro *m., adj., invar.* four 1A
quattrocento *m., adj., invar.* four hundred 2B
quel che *rel. pron.* that which; what 9A
quello *rel. pron.* that which; what 9A
quello/a *adj.* that 3B
quercia *f.* oak 12A
questo/a *adj., pron.* this 3B
  Da questa parte. This way. 1A
  questo weekend this weekend 7A
questura *f.* police headquarters 9B
qui *adv.* here 1A
  qui vicino *prep.* nearby 9A
quindici *m., adj., invar.* fifteen 1A
quinto/a *adj.* fifth 10B

R

raccomandare *v.* to recommend; to urge 1B
  Mi raccomando. Take care of yourself. 1B
raccomandata *f.* registered letter 9B
raccomandazione *f.* recommendation 11B
racconto *m.* short story 10B
  racconto epico *m.* epic 10B
radersi *v.* to shave 6A
radice *f.* root 12A
radura *f.* clearing 12A
raffreddore *m.* cold 6B
  avere il raffreddore to have a cold 6B
rafting *m.* rafting 2A
ragazzaccio *m.* bad boy 10B
ragazzo/a *m., f.* boy/girl 1A; boyfriend/girlfriend 3A
ragione *f.* reason 2B

avere ragione to be right 2B
ramo *m.* branch 12A
rappresentazione dal vivo *f.*
live performance 10A
raramente *adv.* rarely 5B
rasoio *m.* razor 6A
rata *f.* installment; payment 9B
recensione *f.* review 10B
recitare *v.* to recite; to act 10A
   recitare un ruolo to play
   a role 10A
referenze *f., pl.* references 11B
   lettera di referenze *f.* letter of
   reference 11B
regalare *v.* to give (*gift*) 5B
regista *m., f.* director 10A
registrare *v.* to record 4A
registratore DVR *m.* DVR 4A
remare *v.* to row 12A
rendersi *v.* to become 6A
   rendersi conto (di) to realize,
   to become aware (of) 6A
responsabile *adj.* responsible 3B
restare *v.* to stay, to remain 5A
   restare in attesa to be on
   hold 11B
restituire *v.* to give back 5B
rete *f.* network; Internet 4A
   navigare in rete *v.* to surf
   the Internet 4A
riattaccare *v.* to hang up 11B
   riattaccare il telefono *v.* to
   hang up the phone 11B
riccio/a *adj.* curly 3B
ricco/a *adj.* rich 3B
ricetta *f.* prescription; recipe 6B
ricevere *v.* to receive 2B
richiesta *f.* request 8A
   fermata a richiesta *f.* stop
   on request 8A
riciclaggio *m.* recycling 12A
riciclare *v.* to recycle 12A
riconoscere *v.* to recognize 4B;
   to acknowledge 11B
ricordare *v.* to remember 2A
ricordarsi *v.* to remember 10A
ridare *v.* to give back 10A
riempire *v.* to fill 9B
   riempire un modulo *v.* to fill
   out a form 9B
rifiuti *m., pl.* garbage 12A
   rifiuti tossici *m., pl.* toxic
   waste 12A
   Vietato buttare rifiuti.
   No littering. 12A
riga *f.* part; stripe 6A
   a righe *adj.* striped 4B
rigido *adj.* rigid, hard 4A
   disco rigido *m.* hard drive 4B
rimanere *v.* to remain, to stay 5A

rimasto/a (rimanere) *p.p., adj.*
   (*used as past participle*) remained;
   (*used as adjective*) remaining 5A
rimborso *m.* refund 8A
rinascimentale *adj.*
   Renaissance 10B
rincorrere *v.* to chase 12B
riparare *v.* to repair 8A
ripetere *v.* to repeat 2B
riposarsi *v.* to rest 6A
riscaldamento globale *m.* global
   warming 12B
riso *m.* rice 5A
risorse umane *f., pl.* human
   resources 11B
risparmiare *v.* to save 7B
risparmio *m.* saving 9B
   conto risparmio *m.* savings
   account 9B
rispettare *v.* to respect 5B
rispondere *v.* to reply 2B; to
   answer 11B
   risponde al telefono to answer
   the phone 11B
risposto/a (rispondere) *p.p.,*
   adj. answered 4B
ristorante *m.* restaurant 5B
ritardo *m.* delay 8B
ritirare *v.* to withdraw 9B
   ritirare dei soldi *v.* to withdraw
   money 9B
ritornare *v.* to return 2A
ritorno *m.* return 8B
   andata e ritorno *adj.* round-
   trip 8B
ritratto *m.* portrait 10B
riunione *f.* meeting 11A
riuscire *v.* to succeed; to
   manage 4A
rivedere *v.* to recognize 4B
rivista *f.* magazine 9B
rock *m.* rock (*music*) 10A
   gruppo rock *m.* rock band 10A
romanico/a *adj.* Romanesque 10B
romantico/a *adj.* Romantic 10B
romanzo *m.* novel 10B
rompere *v.* to break 6B
   rompersi un braccio *v.* to break
   an arm 6B
rondine *f.* swallow 12A
rosa *adj., invar.* pink 4B
rosolare *v.* to brown 5B
rossetto *m.* lipstick 6A
rosso/a *adj.* red 3B
rotonda *f.* traffic circle, rotary 9A
rozzo/a *adj.* crude 9B
rubrica *f.* address book 11B
ruolo *m.* role 10A
   recitare un ruolo to play
   a role 10A
ruscello *m.* stream 12A

S

sabato *m.* Saturday 1B
sacco *m.* sack 5B
   un sacco di a ton of 5A
sala *f.* room/hall 1A
   sala da pranzo *f.* dining room 7A
salario (elevato/basso) *m.* (high/
   low) salary 11B
salato/a *adj.* salty 5B
saldi *m., pl.* sales 4B
sale *m.* salt 5B
salire *v.* to climb, to go up; to get
   on (*bus, train*) 5A
   salire le scale *v.* to climb
   stairs 9A
salone di belleza *m.* beauty
   salon 9B
saltare *v.* to jump 1B
   saltare la lezione to skip
   class 1B
salumeria *f.* delicatessen 5A
salutare *v.* to greet 6A
salutarsi *v.* to greet each other 6A
salute *f.* health 6B
   essere in buona salute to be
   in good health 6B
saluto *m.* greeting 1A
salvare *v.* to save 4A
   salvare il pianeta to save
   the planet 12A
Salve. Hello. 1A
sangue *m.* blood 6A
sano/a *adj.* healthy 6B
sapere *v.* to know 4B
   Non lo so. I don't know. 1A
sapone *m.* soap 6A
saporito/a *adj.* tasty 5B
sasso *m.* stone 12A
sassofono *m.* saxophone 10A
sbadigliare *v.* to yawn 6A
sbagliarsi *v.* to make a mistake 6A
sbagliato/a *adj.* wrong 6A
sbarazzarsi di *v.* to get rid of 12A
sbrigarsi *v.* to hurry up 4A
scacchi *m., pl.* chess 2A
scaffale *m.* bookshelf 7A
scalare *v.* to climb 12A
scala *f.* staircase 9A
   salire le scale *v.* to climb
   stairs 9A
   scendere le scale *v.* to go down
   the stairs 9A
scappamento *m.* exhaust 12A
scaricare *v.* to download 4A
scarpa (da ginnastica) *f.*
   (running) shoe 4B
scatola *f.* box 10A
scemo/a *adj.* dim-witted 3B
scena *f.* scene 10A
   mettere in scena to put on a
   play 10A

scendere *v.* to go down 5A
  scendere le scale *v.* to go down
  the stairs 9A
sceso/a (scendere) *p.p.,*
  adj. descended 5A
schema *m.* scheme; diagram 10A
schermo *m.* screen 4A
scherzare *v.* to joke 4B
scherzo *m.* joke 8B
scherzoso/a *adj.* playful 3B
schiena *f.* back 6A
schifoso/a *adj.* disgusting 7B
schiuma da barba *f.* shaving
  cream 6A
sci *m.* skiing 2A
sciarpa *f.* scarf 4B
scienze *f., pl.* science 1B
scienziato/a *m., f.* scientist 11A
Sciò! Shoo! 5B
scodella *f.* bowl 5B
scogliera *f.* cliff 12A
scoiattolo *m.* squirrel 12A
scolpire *v.* to carve; to sculpt 10B
scopa *f.* broom 7B
scoria *f.* waste 12A
scorso/a *adj.* last 4B
  mese scorso last month 4B
scortese *adj.* discourteous 3B
scottatura *f.* burn 6B
scritto/a (scrivere) *p.p.,*
  adj. written 4B
scrittore/scrittrice *m., f.* writer 10B
scrivania *f.* desk 7A
scrivere *v.* to write 2B
scriversi *v.* to write to each
  other 6A
scultore/scultrice *m., f.*
  sculptor 10B
scultura *f.* sculpture 10B
scuola *f.* school 3A
  a scuola at/to school 3A
scuro/a *adj.* dark 4B
scusare *v.* to excuse 1A
  Scusi/a. *(form./fam.)*
  Excuse me. 1A
se *conj.* if 12A
sé *disj. pron., m., f., sing.,*
  pl. yourself/himself/herself/itself;
  themselves 4A; *disj. pron., sing.,*
  form. yourself 4A
sebbene *conj.* although 12A
secco/a *adj.* dry 2B
secondo *prep.* according to 4A
secondo/a *adj.* second 10B
  seconda classe *f.* second
  class 8A
  secondo marito *m.* second
  husband 3A
sedersi *v.* to sit down 6A
sedia *f.* chair 1B
sedicesimo/a *adj.* sixteenth 10B
sedici *m., adj., invar.* sixteen 1A

segretario/a *m., f.* secretary 11A
segreteria telefonica *f.*
  voicemail 4A
seguire *v.* to follow; to take
  (*a class*) 3A
sei *m., adj., invar.* six 1A
seicento *m., adj., invar.* six
  hundred 2B
semaforo *m.* traffic light 9A
sembrare *v.* to seem 5B
seminterrato *m.* basement;
  garden-level apartment 7A
sempre *adv.* always 2B
sensibile *adj.* sensitive 3B
senso unico *m.* one way 8A
sentiero *m.* path 12A
sentire *v.* to feel; to hear 3A
sentirsi *v.* to feel 6A
senza *prep.* without 4A
  senza che *conj.* without 12A
separato/a *adj.* separated 3A
sera *f.* evening 1B
  ieri sera last night 4B
serata *f.* evening 3B
serio/a *adj.* serious 1B
serpente *m.* snake 12A
serra *f.* greenhouse 12B
  effetto serra *m.* greenhouse
  effect 12B
servire *v.* to serve 3A
servizio *m.* service 5B
  servizio in camera *m.* room
  service 8B
  stazione di servizio *f.*
  service station 8A
sessanta *m., adj., invar.* sixty 1A
sesto/a *adj.* sixth 10B
seta *f.* silk 4B
sete *f.* thirst 2B
  avere sete to be thirsty 2B
settanta *m., adj., invar.* seventy 1A
sette *m., adj., invar.* seven 1A
settecento *m., adj., invar.* seven
  hundred 2B
settembre *m.* September 2B
settimana *f.* week 1B
  fra una settimana in a week 7A
  settimana bianca *f.* ski
  vacation 8B
  settimana prossima next
  week 7A
  settimana scorsa last week 4B
settimo/a *adj.* seventh 10B
settore *m.* block of seats;
  section 10A; field; sector 11B
shampoo *m., invar.* shampoo 6A
si *ref. pron., m., f., sing., pl.* oneself/
  himself/herself/themselves/
  itself 6A; *pron.* one 9A
  Come si va...? How do you
  get to . . . ? 9A
siccità *f.* drought 2B

sicuro/a *adj.* sure; safe; certain 11B
significare *v.* to mean 3A
signor(a)... *m., f.* Mr./Mrs. . . . 1A
  C'è il/la signor(a)...? Is Mr./
  Mrs. . . . there? 11B
signorina... *f.* Miss . . . 1A
simpatico/a *adj.* nice; likeable 1B
sincero/a *adj.* sincere 1B
sindacato *m.* (labor) union 11A
sindaco *m.* mayor 9A
sinistra *f.* left 7A
  a sinistra *prep.* to the left 7A
sintomo *m.* symptom 6B
sistema *m.* system 10A
sistemare *v.* to put together 11B
sito Internet *m.* Web site 4A
smaltire *v.* to drain; to dispose
  of 12B
smartphone *m.* smartphone 4A
smettere *v.* to stop, to quit 10A
smog *m.* smog 12A
SMS *m.* text message 4A
socievole *adj.* sociable; friendly 3B
socio/a *m., f.* partner 8B
  socio/a d'affari *m., f.* business
  partner 8B
soffriggere *v.* to brown; to fry
  lightly 5A
  far soffriggere to brown;
  to fry lightly 5A
soffitto *m.* ceiling 7A
soggiorno *m.* living room 7A
sognare *v.* to dream 10A
solare *adj.* solar 12A
  pannello solare *m.* solar
  panel 12A
soldi *m., pl.* money 9B
  ritirare dei soldi *v.* to withdraw
  money 9B
sole *m.* sun 12A
  C'è il sole. It's sunny. 2B
soleggiato/a *adj.* sunny 2B
solito/a *adj.* usual 5B
  al solito suo as he/she usually
  does 8A
  di solito *adv.* usually 5B
  La solita cosa. The usual. 1A
soltanto *adv.* only 2A
soluzione *f.* solution 12A
  proporre una soluzione
  to propose a solution 12A
somministrazione *f.*
  administration 11B
  agenzia di somministrazione
  lavoro *f.* temp agency 11B
sonno *m.* sleep 2B
  avere sonno to be sleepy 2B.
sopra *prep.* above, over 7A
sopracciglio (*pl.* sopracciglia *f.*)
  m. eyebrow 6A
sorella *f.* sister 3A

sorellastra *f.* stepsister;
half sister 3A
sorellina *f.* little/younger sister 3A
sorgere *v.* to rise (*sun*) 12A
sottaceto *adj. invar.* pickled 5A
sotto *prep.* under 4A, 7A
sottolio *adj. invar.* in oil 5A
sovrappopolazione *f.*
overpopulation 12A
spagnolo/a *adj.* Spanish 1B
spalla *f.* shoulder 6A
sparecchiare *v.* to clear 7B
  sparecchiare la tavola to clear
the table 7B
spazzacamino *m.* chimney
sweep 7B
spazzare *v.* to sweep 7B
spazzatura *f.* garbage 7B
  portare fuori la spazzatura
to take out the trash 7B
spazzino/a *m., f.* street sweeper;
garbage collector 9A
spazzola *f.* hairbrush 6A
spazzolino (da denti) *m.* tooth
brush 6A
specchio *m.* mirror 6A
specialista *m., f.* specialist 11B
specializzazione *f.*
specialization 11B
spedire *v.* to send 3A
spegnere *v.* to turn off 4A
spendere *v.* to spend (*money*) 2B
spento/a (spegnere) *p.p., adj.*
turned off 4B
sperare *v.* to hope 10A
spesa *f.* expense; purchase 2A
  fare la spesa to buy groceries 2A
  fare le spese to shop 2A
speso/a (spendere) *p.p., adj.*
spent 4B
spesso *adv.* often 2B
spettacolo *m.* show 10A
spettatore/spettatrice *m., f.*
spectator 10A
spiaggia *f.* beach 8B
spiegare *v.* to explain 2A
spiritoso/a *adj.* funny; clever 3B
spogliarsi *v.* to undress 6A
spolverare *v.* to dust 7B
sporcare *v.* to soil 7B
sporco/a *adj.* dirty 7B
sport *m.* sport 1A
  sport estremi *m., pl.* extreme
sports 2A
sportello *m.* window (*teller*) 9B
  sportello automatico
m. ATM 9B
sportivo/a *adj.* active 3D
sposare *v.* to marry 6A
sposarsi *v.* to get married/to
marry each other 6A
sposato/a *adj.* married 3A

sprecare *v.* to waste 12A
spuntare (i capelli) *v.* to trim
(one's hair) 6A
spuntino *m.* snack 5B
squadra *f.* team 2A
squillare *v.* to ring (*telephone*) 4A
squisito/a *adj.* exquisite 2A
stadio *m.* stadium 2A
stage *m.* internship 11B
stagione *f.* season 2B
stagista *m., f.* intern 2A
stamattina *adv.* this morning 6B
stampante *f.* printer 4A
stampare *v.* to print 4A
stanco/a *adj.* tired 3B
stanza *f.* room 7A
stare *v.* to be; to stay 2A
  Come sta/stai? (*form./fam.*)
How are you? 1A
  stare attento/a to pay
attention 2A
  stare zitto/a to be/stay quiet 2A
  Sto (molto) bene. I am (very)
well. 1A
  Sto male. I am not well. 1A
starnutire *v.* to sneeze 6B
stasera *adv.* tonight, this
evening 5B
stato (essere; stare) *p.p.* been 5A
stato civile *m.* marital status 3A
statua *f.* statue 9A
statura *f.* height 3B
  di media statura *adj.* of average
height 3B
stazione *f.* station 1A
  stazione di servizio *f.* service
station 8A
stella *f.* star 12A
stereo/a *adj.* stereo(phonic) 4A
  impianto stereo *m.* stereo
system 4A
stilista *m., f.* designer 4B
stipendio *m.* wage; salary 11A
stirare *v.* to iron 7B
stiro *m.* ironing 7B
  asse da stiro *f.* ironing board 7B
  ferro da stiro *m.* iron 7B
stivale *m.* boot 4B
stomaco *m.* stomach 6A
  bruciore di stomaco
m. heartburn 6B
storia *f.* history; story 1B
strada *f.* street 9A
  conoscere la strada to know
the way 4B
strafare *v.* to overdo things 8A
straniero/a *adj.* foreign 3B
strano/a *adj.* weird, strange 3B
stretto/a *adj.* tight-fitting 4B
strisce (pedonali) *f., pl.*
crosswalk 9A

strumento musicale *m.*
musical instrument 10A
studente(ssa) *m., f.* student 1A
studi *m., pl.* studies 1B
studiare *v.* to study 2A
studio *m.* office; study 7A
studioso/a *adj.* studious 1B
su *prep.* in; on 3A
  su Internet online/on the
Internet 3A
  sul computer on the
computer 3A
  sul giornale in the
newspaper 3A
subaffittare *v.* to sublet 7A
subito *adv.* immediately; right
away 5B
succedere *v.* to happen 6A
successo *m.* success 11A
succo (d'arancia) *m.* (orange)
juice 5B
sud *m.* south 9A
suggerire *v.* to suggest 10A
suo/a, suoi, sue *poss. adj., m.,
f.* his, her, its 3A
suocero/a *m., f.* father-/
mother-in-law 3A
suonare *v.* to play (*instrument*) 2A
superare *v.* to pass (*exam*) 1B; to
overcome 12B
superato/a *adj.* old-fashioned 4B
supermercato *m.* supermarket 5A
supplemento *m.* supplement;
excess fare 8A
svago *m.* relaxation 7A
svedese *adj.* Swedish 1B
sveglia *f.* alarm clock 6A
svegliare *v.* to wake 6A
svegliarsi *v.* to wake up 6A
sviluppare *v.* to develop 12A
svizzero/a *adj.* Swiss 1B

T

tablet *m.* tablet 4A
taglia *f.* clothing size 4B
tagliare *v.* to cut 8B
  tagliare i capelli *v.* to cut one's
hair 6A
tailleur *m.* women's suit 4B
tamburo *m.* drum 10A
tanto/a *adj.* so much, so many 5A;
adv. so much, so many, so 5A
  di tanto in tanto off and on 4A
  tanto… quanto *adv.* as . . . as 8A
tappeto *m.* carpet 7A
tardi *adv.* late 5B
  A più tardi. See you later. 1A
tariffa *f.* fare 8A
tassì *m.* taxi 8A
tassista *m., f.* taxi driver 11A

tasso di interesse *m.* interest rate 9B

tastiera *f.* keyboard 4A

tavola *f.* table 3A

  a tavola *at the table* 3A

  sparecchiare la tavola to clear the table 7B

  tavola calda *f.* snack bar; cafeteria 5B

tavolo *m.* table 1A

taxi *m.* taxi 8A

tazza *f.* cup; mug 5B

te *disj. pron., sing., fam.* you, yourself 4A

tè *m.* tea 5B

teatrale *adj.* theatrical 10A

teatro *m.* theater 3A

  a teatro at/to the theater 3A

tecnico *m., f.* technician 11A

  tecnico del telefono/ televisore/computer *m., f.* telephone/TV/computer repairman/woman 7B

tecnologia *f.* technology 4A

tecnologico/a *adj.* tecnological 4A

tedesco/a *adj.* German 1B

telecomando *m.* remote control 4A

telefonare (a) *v.* to telephone 2A

telefonarsi *v.* to phone each other 6A

telefonico/a *adj.* telephone 4A

  cabina telefonica *f.* phone booth 9A

  segreteria telefonica *f.* answering machine 4A

telefono *m.* telephone 11B

  rispondere al telefono to answer the phone 11B

televisione *f.* television 1A

televisore *m.* TV set 4A

tema *m.* theme; essay 10A

temere *v.* to fear 10A

tempaccio *m.* bad weather 10B

tempo *m.* time; weather 2B

  a tempo parziale *adj.* part-time 11A

  Che tempo fa? What is the weather like? 2B

  Fa bel/brutto tempo. The weather is nice/bad. 2B

  Il tempo è pessimo. The weather is dreadful. 2B

  tempo libero *m.* free time 2A

temporale *m.* storm 2B

  C'è il temporale. It's stormy. 2B

tenace *adj.* tenacious 3B

tenda *f.* curtain 7A

tenere *v.* to keep 10B

tenero/a *adj.* sweet; tender 12A

tennis *m.* tennis 2A

teorema *m.* theorem 10A

tergicristallo *m.* windshield wiper 8A

termine *m.* term 4A

termometro *m.* thermometer 6B

terrazza *f.* terrace 7A

terremoto *m.* earthquake 2B

terzo/a *adj.* third 10B

tesina *f.* essay; term paper 5A

testa *f.* head 6A

  mal di testa *m.* headache 6B

testardo/a *adj.* stubborn 3B

testo *m.* textbook 1B

tetto *m.* roof 7A

ti *d.o. pron., sing., fam.* you 5A; *i.o. pron., sing., fam.* (to, for) you 5B

  Ti amo. I love you. 4A

  Ti piace… ? Do you like …? 2A

  Ti voglio bene. I care for you. 4A

tifare *v.* to root for a team 2A

timido/a *adj.* timid; shy 1B

tinta *f.* dye; color 4B

  a tinta unita *adj.* solid color 4B

tintoria *f.* dry cleaner 9B

tipo *m.* guy 1B

tirocinio *m.* professional training 11B

Tocca a me. My turn. 3A

toccare *v.* to touch 3A

tonno *m.* tuna 5A

tonto/a *adj.* thick; dumb 3B

topolino *m.* little mouse 10B

tormenta *f.* blizzard 2B

tornado *m.* tornado 2B

tornare *v.* to return 2A

toro *m.* bull 12A

torto *m.* fault 2B

  avere torto to be wrong 2B

tosse *f.* cough 6B

tossico/a *adj.* toxic 12A

  rifiuti tossici *m., pl.* toxic waste 12A

tossire *v.* to cough 6B

tostapane *m.* toaster 7B

tostare *v.* to toast 5A

  far tostare to toast 5A

tour *m.* tour 10A

  essere in tour to be on tour 10A

tovaglia *f.* tablecloth 5B

tovagliolo *m.* napkin 5B

tra *prep.* among, between, in 3A

traffico *m.* traffic 8A

tragedia *f.* tragedy 10A

traghetto *m.* ferry 8A

trama *f.* plot 10B

tramontare *v.* to set (*sun*) 12A

tramonto *m.* sunset 12A

tranquillo/a *adj.* tranquil; calm 1B

trasferirsi *v.* to move 7A

traslocare *v.* to move 7A

trasporto *m.* transportation 8A

  mezzo di trasporto *m.* means of transportation 8A

  trasporto pubblico *m.* public transportation 8A

trattenersi *v.* to restrain oneself 6B

trattoria *f.* small restaurant 5B

trauma *m.* trauma 10A

tre *m., adj., invar.* three 1A

treccia *f.* braid 6A

treccine *f., pl.* dreadlocks 6A

trecento *m., adj., invar.* three hundred 2B

tredicesima *f.* year-end bonus 11A

tredici *m., adj., invar.* thirteen 1A

trendy *adj., invar.* trendy 3B

treno *m.* train 8A

  in treno by train 3A

trenta *m., adj., invar.* thirty 1A

trentatreesimo/a *adj.* thirty-third 10B

tribuna *f.* stand 10A

triste *adj.* sad 1B

troppo/a *adj.* too much 5A, 9B; *adv.* too, too much 5B

trovare *v.* to find 2A

  Dove si trova...? Where is . . . ? 9A

  trovare lavoro to find a job 11B

truccarsi *v.* to put on makeup 6A

trucco *m.* makeup 6A

tu *sub. pron., sing., fam.* you 1B

tuo/a, tuoi, tue *poss. adj., m., f.* your 3A

  i tuoi *m., pl.* your parents 3A

tuono *m.* thunder 2B

turistico/a *adj.* tourist 8B

  villaggio turistico *m.* resort 8B

tutto/a *adj., pron.* all 5A

  tutti e due/tre *adj., pron.* both/ all 7A

  Tutto bene? Everything OK? 1A

TV *f.* TV 2A

  guardare la TV to watch TV 2A

U

uccello *m.* bird 12A

ufficio *m.* office 1A

  ufficio informazioni *m.* (*tourist*) information office 9B

  ufficio postale *m.* post office 9B

ultimo/a *adj.* last 5A

umano/a *adj.* human 11B

  risorse umane *f., pl.* human resources 11B

umidità *f.* humidity 2B

umido/a *adj.* humid 2B

  in umido *adj.* stewed 5A

un *indef. art., m., adj.* a; an 1A

  l'un l'altro/a each other 6A

un' *indef. art., f., adj.* a; an 1A
una *indef. art., f., adj.* a; an 1A
undicẹsimo/a *adj.* eleventh 10B
ụndici *m., adj., invar.* eleven 1A
ụnico/a *adj.* only; unique 3A
  figlio/a ụnico/a *m., f.* only child 3A
  senso ụnico *m.* one way 8A
unito/a *adj.* united 4B
  a tinta unita *adj.* solid color 4B
università *f.* university 1B
un(o) *m., adj.* one 1A; *indef. art., m.* a; an 1A
uomo (pl. uọmini) *m.* man 1A
uomo d'affari *m.* businessman 3B
uovo (pl. uova f.) *m.* egg 5A
urbano/a *adj.* urban 8A
  vigile urbano/a *m., f.* traffic officer 8A
usare *v.* to use 2A
uscire *v.* to go out; to leave 4A
uscita *f.* exit 8B
uva *f.* grapes 5A

V

vacanza *f.* vacation 8B
  in vacanza on vacation 3A
  partire in vacanza to go on vacation 8B
valigetta *f.* briefcase 4B
valigia *f.* suitcase 8B
  fare la valigia to pack a suitcase 8B
valle *f.* valley 12A
vapore *m.* steam 5A
  al vapore *adj.* steamed 5A
varicella *f.* chicken pox 6B
vasca da bagno *f.* bathtub 7A
vaso *m.* vase 7A
vecchio/a *adj.* old 3B
vedere *v.* to see 2B
  Ci vediamo! See you soon! 1A
  Fammi vedere. Let me see. 2B
  Non vedo l'ora. I can't wait. 5B
vedersi *v.* to see each other 6A
vẹdovo/a *adj.* widowed 3A
veloce *adj.* fast 3B
velocemente *adv.* quickly 5B
vẹndere *v.* to sell 2B
  vẹndesi for sale 7A
venerdì *m.* Friday 1B
venire *v.* to come 4A
ventẹsimo/a *adj.* twentieth 10B
venti *m., adj., invar.* twenty 1A
venticinque *m., adj., invar.* twenty-five 1A
ventidue *m., adj., invar.* twenty-two 1A

ventinove *m., adj., invar.* twenty-nine 1A
ventiquattro *m., adj., invar.* twenty-four 1A
ventisei *m., adj., invar.* twenty-six 1A
ventisette *m., adj., invar.* twenty-seven 1A
ventitré *m., adj., invar.* twenty-three 1A
vento *m.* wind 2B
  C'è vento. It's windy. 2B
ventoso/a *adj.* windy 2B
ventotto *m., adj., invar.* twenty-eight 1A
ventre *m.* abdomen 6A
ventun(o) *m., adj.* twenty-one 1A
venuto (venire) *p.p., adj.* come 5A
veramente *adv.* truly 5B
verde *adj.* green 3B
  ẹssere al verde to be broke 9B
verdura *f.* vegetable 5A
verista *adj.* belonging to the *Verismo* movement 10B
verso *prep.* toward 9A
vestirsi *v.* to get dressed 6A
vestiti *m., pl.* clothing 4A
vestito *m.* dress; suit 4B
  portare un vestito *v.* to wear a suit 4B
veterinario/a *m., f.* veterinarian 11A
vetrina *f.* shop window 8A
vetro *m.* windshield 8A
vi *d.o. pron., pl., fam., form.* you 5A; *i.o. pron., pl., fam., form.* (to, for) you 5B
vịa *f.* street 9A
viaggiare *v.* to travel 2A
viaggiatore/viaggiatrice *m., f.* traveler 8B
viaggio *m.* trip 2A
  agente di viaggio *m., f.* travel agent 8B
  fare un viaggio to take a trip 2A
vicino/a *adj.* near 9A
  qui vicino *prep.* nearby 9A
  vicino a *prep.* close to 9A
vịcolo *m.* alley 9A
videogioco *m.* videogame 4A
videoteca *f.* video store 9B
Vietato buttare rifiuti. No littering. 12A
vigile urbano/a *m., f.* traffic officer 8A
villa *f.* single-family home; villa 7A
villaggio turịstico *m.* resort 8B
vịncere *v.* to win 2A
vino (bianco, rọsso) *m.* (white, red) wine 5B

vinto/a (vịncere) *p.p., adj.* won 4B
viola *adj., invar.* purple 4B
violinista *m., f.* violinist 10A
violino *m.* violin 10A
visitare *v.* to visit 10B
  visitare una gallerịa d'arte *v.* to visit an art gallery 10B
vissuto (vịvere) *p.p., adj.* lived 5A
vista *f.* sight 4B
  conọscere di vista to know by sight 4B
visto *m.* visa 8B
visto/a (vedere) *p.p., adj.* seen 4B
vita *f.* waist; life 6A
vịvere *v.* to live 2B
vivo/a *adj.* alive 10A
  rappresentazione dal vivo *f.* live performance 10A
voglia *f.* desire 2B
  avere voglia di to feel like 2B
voi *sub. pron., pl., fam.* you 1B; *disj. pron., pl., fam., form.* you, yourselves 4A
volante *m.* steering wheel 8A
volerci *v.* to take (*time*) 7B
volere *v.* to want 4A
  Cosa vuol dire...? What does . . . mean? 4A
  Vorrei... I would like . . . 5B
volo *m.* flight 8B
volta *f.* time; turn 6A
  a volte *adv.* sometimes 6A
  qualche volta *adv.* sometimes 5B
vọngola *f.* clam 5A
vostro/a/i/e *poss. adj. m., f.* your 3A
voto *m.* grade 1B
vulcạnico/a *adj.* volcanic 2B
  eruzione vulcạnica *f.* volcanic eruption 2B
vuoto/a *adj.* empty 10A

W

windsurf *m.* windsurfing 2A

Y

yogurt *m.* yogurt 5A

Z

zaino *m.* backpack 1B
zero *m., adj., invar.* zero 1A
zịo/a *m., f.* uncle/aunt 3A
zitto/a *adj.* quiet 2A
zuppa *f.* soup 5B

Inglese-Italiano

A

a **un** *indef. art., m.* 1A; **un'** *indef. art., m., f.* 1A; **una** *indef. art., f.* 1A; **uno** *indef. art., m.* 1A
abdomen **ventre** *m.* 6A
ability **competenza** *f.* 11B
able: to be able **potere** *v.* 4A
above **sopra** *prep.* 7A
abroad **all'estero** *adv.* 8B
absolutely **altroché** *conj.* 9B; **assolutamente** *adv.* 5B
accident **incidente** *m.* 8A
　　to have/be in an accident **avere un incidente** *v.* 8A
according to **secondo** *prep.* 4A
accordion **fisarmonica** *f.* 10A
account **conto** *m.* 9B
accountant **contabile** *m., f.* 11A
acid rain **pioggia** *f.* **acida** 12A
acknowledge **riconoscere** *v.* 11B
across from **di fronte a** *prep.* 9A
act **atto** *m.* 10A; recitare *v.* 10A
active **attivo/a** *adj.* 3B; **sportivo/a** *adj.* 3B
actor **attore** *m.* 1A
actress **attrice** *f.* 1A
ad: job ad **annuncio** *m.* **di lavoro** 11B
address **indirizzo** *m.* 9B
　　address book **rubrica** *f.* 11B
administrative assistant **assistente** *m., f.* **amministrativo/a** 11B
adopt **adottare** *v.* 3A
adore **adorare** *v.* 2A
advice **consiglio** *m.*
advise **consigliare** *v.* 10A
afraid: to be afraid (of) **avere paura (di)** *v.* 2B
after **dopo** *adv.* 5B
afternoon **pomeriggio** *m.* 1B
afterwards **dopo** *adv.* 5B
again **di nuovo** *adv.* 3B; **ancora** *adv.* 4B
agency **agenzia** *f.* 7A
agent **agente** *m., f.* 8B
ago **fa** *adv.* 4B
　　ten days ago **dieci giorni fa** 4B
　　one year ago **un anno fa** 4B
agriculture **agricoltura** *f.* 12A
ailment **malattia** *f.* 6B
airplane **aereo** *m.* 8B
airport **aeroporto** *m.* 8B
alarm clock **sveglia** *f.* 6A
all **tutto/a** *adj., pron.* 5A
　　all over **ovunque** *adv.* 11A
　　All Saints' Day **Ognissanti** *m.* 8B
　　all three **tutti/e e tre** 7A
allergic: to be allergic (to) **essere allergico (a)** *v.* 6B

alley **vicolo** *m.* 9A
allow **lasciare** *v.* 10A
already **già** *adv.* 4B
　　by now, already **ormai** *adv.* 2A
also **pure** *adv.* 3B; **anche** *conj.* 1A
although **benché** *conj.* 12A; **per quanto** *conj.* 12A; **sebbene** *conj.* 12A
always **sempre** *adv.* 2B
ambulance **ambulanza** *f.* 6B
American **americano/a** *adj.* 1B
among **fra** *prep.* 3A; **tra** *prep.* 3A
an **un** *indef. art.* 1A; **un'** *indef. art.* 1A; **una** *indef. art.* 1A; **uno** *indef. art.* 1A
and **e** *conj.* 1B
　　And you? **E Lei/tu?** *(form./fam.)* 1A
angry **arrabbiato/a** *adj.* 3B
　　to be angry at someone **avercela con qualcuno** *v.* 6A
　　to get angry **arrabbiarsi** *v.* 6A
animal **animale** *m.* 12A
answer **rispondere** *v.* 11B
　　to answer the phone **rispondere al telefono** *v.* 11B
answered **risposto/a (rispondere)** *p.p., adj.* 4B
any **nessun(o)/a** *adj.* 9B
　　some, any; of it/them **ne** *pron.* 6A
anybody **qualcuno** *pron.* 1A; **nessuno/a** *pron.* 9B
apartment **appartamento** *m.* 7A
　　apartment building **palazzo** *m.* 7A
　　studio apartment **monolocale** *m.* 7A
　　two-room apartment **bilocale** *m.* 7A
appetizer **antipasto** *m.* 5B
applaud **applaudire** *v.* 10A
applause **applauso** *m.* 10A
apple **mela** *f.* 5A
appliance **elettrodomestico** *m.* 7B
apply **fare domanda** *v.* 11B
appointment: to make an appointment **prendere un appuntamento** *v.* 11B
appropriate **opportuno/a** *adj.* 11A
April **aprile** *m.* 2B
architect **architetto** *m.* 3B
arm **braccio (pl. braccia f.)** *m.* 6A
armchair **poltrona** *f.* 7A
aroma **aroma** *m.* 10A
around **intorno** *prep.* 9A
　　around the corner **dietro l'angolo** 9A
　　around; out and about **in giro** 4B
arrivals **arrivi** *m., pl.* 8B
arrive **arrivare** *v.* 2A
art **arte** *f.* 1A
artichoke **carciofo** *m.* 5A

artistic **artistico/a** *adj.* 10B
arts (*humanities*) **lettere** *f., pl.* 1B
as . . . as **così... come** *adv.* 8A; **tanto... quanto** *adv.* 8A
as well **anche** *conj.* 1A
ask **domandare** *v.* 2B
　　to ask a question **fare una domanda** *v.* 2A
　　to ask for **chiedere** *v.* 2B
asked **chiesto/a (chiedere)** *p.p., adj.* 4B
aspirin **aspirina** *f.* 6B
at **a** *prep.* 1B; **da** *prep.* 1B; **in** *prep.* 3A
athletic **atletico/a** *adj.* 3B
ATM **bancomat** *m.* 9B; **sportello** *m.* **automatico** 9B
attend **frequentare** *v.* 2A
attention: to pay attention **fare attenzione** *v.* 2A
attentive **attento/a** *adj.*
attic **mansarda** *f.* 7A
audacious **audace** *adj.* 3B
audience **pubblico** *m.* 10A
August **agosto** *m.* 2B
　　It's August 15th. **È il 15 agosto.** 2B
aunt **zia** *f.* 3A
author **autore/autrice** *m., f.* 10B
autumn **autunno** *m.* 2B
average: of average height **di media statura** *adj.* 3B
avoid **evitare (di)** *v.* 6B
aware: to become aware (of) **rendersi conto (di)** *v.* 6A
awareness: evironmental awareness **coscienza** *f.* **ambientale** 12A
awful **pessimo/a** *adj.* 8A

B

baby **bambino/a** *m., f.* 3A
back **schiena** *f.* 6A
backache **mal** *m.* **di schiena** 6B
backpack **zaino** *m.* 1B
bad **cattivo/a** *adj.* 1B
　　bad boy **ragazzaccio** *m.* 10B
　　bad day **giornataccia** *f.* 10B
　　bad weather **tempaccio** *m.* 10B
　　very bad **pessimo/a** *adj.* 8A
bakery **panetteria** *f.* 5A
balcony **balcone** *m.* 7A
ball **pallone** *m.* 2A
ballerina **ballerina** *f.* 10A
ballet **balletto** *m.* 10A
banana **banana** *f.* 5A
band: rock band **gruppo** *m.* **rock** 10A
bang **frangia** *f.* 6A
bank **banca** *f.* 9B
　　bank account **conto** *m.* **bancario** 9B

banker **banchiere/a** *m., f.* 11A
Baroque **barocco/a** *adj.* 10B
bartender **barista** *m., f.* 11A
basement **seminterrato** *m.* 7A
basketball **pallacanestro** *f.* 2A;
  basket *m.* 2A
bath **bagno** *m.* 2A
bathing suit **costume** *m.* **da
  bagno** 4B
bathrobe **accappatoio** *m.* 6A
bathroom **bagno** *m.* 6A
bathtub **vasca** *f.* **da bagno** 7A
battery charger **carica batteria** *m.* 4A
be **essere** *v.* 1B; **stare** *v.* 2A
beach **spiaggia** *f.* 8B
  at/to the beach **al mare** 3A
beard **barba** *f.* 6A
bearings: to get one's bearings
  orientarsi *v.* 9A
beautiful **bello/a** *adj.* 1B
beauty salon **salone** *m.*
  di belleza 9B
become **diventare** *v.* 5A
bed **letto** *m.* 7A
  to make the bed **fare il
  letto** *v.* 7B
bedroom **camera** *f.* **da letto** 7A
bee **ape** *f.* 12A
beef **carne** *f.* **di manzo** 5A
beer **birra** *f.* 5B
beer garden **birreria** *f.* 5B
before **prima** *adv.* 5B; **prima che**
  conj. 12A; **prima** *prep.* 4A
beforehand **prima** *adv.* 5B
begin **(in)cominciare** *v.* 2A
behalf: On behalf of whom?
  Da parte di chi? 11B
behind **dietro (a)** *prep.* 7A
beige **beige** *adj., invar.* 4B
believe **credere** *v.* 10A
below **sotto** *prep.* 7A
belt **cintura** *f.* 4B
bench **panchina** *f.* 9A
berry **bacca** *f.* 12A
best **migliore** *adj.* 8A
better **migliore** *adj.* 8A;
  meglio *adv.* 8A
  to get better **guarire** *v.* 6B
between **fra** *prep.* 3A; **tra** *prep.* 3A
bicycle **bicicletta** *f.* 2A
big **grande** *adj.* 2A
bigger **maggiore** *adj.* 8A
biggest **massimo/a** *adj.* 8A
bill **banconota** (*banknote*) f. 9B;
  conto *m.* 5B
bills **bollette** *f., pl.* 7A
  to pay the bills **pagare
  le bollette** *v.* 9B
biology **biologia** *f.* 1A
bird **uccello** *m.* 12A
birthday **compleanno** *m.* 2B

bite **morso** *m.* 7A
bitter **amaro/a** *adj.* 3B
black **nero/a** *adj.* 3B
blackboard **lavagna** *f.* 1B
bland **insipido/a** *adj.* 5B
blanket **coperta** *f.* 7B
blizzard **tormenta** *f.* 2B
block **isolato** *m.* 9A
  block of seats **settore** *m.* 10A
blond(e) **biondo/a** *adj.* 3B
blood **sangue** *m.* 6A
blouse **camicetta** *f.* 4B
blue **azzurro/a** *adj.* 3B; **blu** *adj.,
  invar.* 3B
boarding house **pensione** *f.* 8B
boarding pass **carta** *f.*
  d'imbarco 8B
boat **barca** *f.* 8A
body **corpo** *m.* 6A
bold **audace** *adj.* 3B
book **libro** *m.* 1A
bookshelf **scaffale** *m.* 7A
bookstore **libreria** *f.* 1B
boot **stivale** *m.* 4B
bored: to get bored **annoiarsi** *v.* 6A
boring **noioso/a** *adj.* 1B
  How boring! **Che noia!** 1B
born **nato/a** *p.p., adj.* 5A
  to be born **nascere** *v.* 5A
boss **principale** *m., f.* 11A
bottle **bottiglia** *f.* 5B
bottom **fondo** *m.* 4B; **in fondo**
  prep. 9B
bowl **scodella** *f.* 5B
box **palco** *m.* 10A; **scatola** *f.* 10A
boy **ragazzo** *m.* 1A
boyfriend **ragazzo** *m.* 3A;
  fidanzato *m.* 3A
braid **treccia** *f.* 6A
brake **frenare** *v.* 8A
brakes **freni** *m., pl.* 8A
branch **ramo** *m.* 12A
brand **marca** *f.* 4B
bread **pane** *m.* 5A; **impanare** *v.* 5A
break **rompere** *v.* 6B
  to break an arm **rompersi un
  braccio** *v.* 6B
break down **essere in panne** *v.* 8A
breakfast **colazione** *f.* 5B
bricklayer **muratore** *m.* 7B
bridge **ponte** *m.* 9A
briefcase **valigetta** *f.* 4B
bright **brillante** *adj.* 3B
bring **portare** *v.* 2A
broke: to be broke **essere
  al verde** *v.* 9B
broom **scopa** *f.* 7B
brother **fratello** *m.* 3A
  little/younger brother **fratellino**
  m. 3A

brother-in-law **cognato** *m.* 3A
brown **rosolare** *v.* 5B; **far
  soffriggere** *v.* 5A
  brown **marrone** *adj.* 3B
  brown (*hair, eyes*) **castano/a**
  adj. 3B
bruise **livido** *m.* 6B
brush **pettinare** *v.* 6A
  to brush one's hair **pettinarsi** *v.* 6A
  to brush one's teeth **lavarsi
  i denti** *v.* 6A
buckle (*seatbelt*) **allacciare** *v.* 8A
build **costruire** *v.* 9A
bull **toro** *m.* 12A
bulletin board **bacheca** *f.* 11B
bump **bernoccolo** *m.* 6B
burn **scottatura** *f.* 6B
burners **fornelli** *m., pl.* 7B
bus **autobus** *m.* 1A; **pullman** *m.* 8A
bush **cespuglio** *m.* 12A
businessman **uomo** *m.* **d'affari** 3B
businesswoman **donna** *f.* **d'affari** 3B
but **ma** *conj.* 12A
butcher **macellaio/a** *m., f.* 5A
butcher's shop **macelleria** *f.* 5A
butter **burro** *m.* 5A
buy **comprare** *v.* 2A
buyout **liquidazione** *f.* 11A
by **da; per** *prep.* 1B
  by now; already **ormai** *adv.* 2A
Byzantine **bizantino/a** *adj.* 10B

C

cabin (*mountain shelter*) **baita** *f.* 12A
café specializing in
  chocolate **cioccolateria** *f.* 5B
cafeteria **mensa** *f.* 1B; **tavola** *f.*
  calda 5B
call **chiamare** *v.* 2A
  to be called/to call each other
  chiamarsi *v.* 6A
calm **tranquillo/a** *adj.* 1B
camera: digital camera **macchina
  f. fotografica digitale** 4A
camping **campeggio** *m.* 2A
can **potere** *v.* 4A
Canadian **canadese** *adj.* 1B
canary **canarino** *m.* 3A
cancel **annullare** *v.* 8B
candidate **candidato** *m.* 11B
car **automobile** *f.* 1A;
  macchina *f.* 8A
car door **portiera** *f.* 8A
car racing **automobilismo** *m.* 2A
carafe **caraffa** *f.* 5B
card **carta** *f.* 2A
  playing cards **carte** *f., pl.* 2A
care: I care for you. **Ti voglio
  bene.** 4A

Take care of yourself. **Mi raccomando.** 1B

career **carriera** f. 11A

caretaker **bidello/a** m., f. 11A; **portiere/a** m., f. 11A

carpenter **falegname** m. 7B

carpet **tappeto** m. 7A

carrot **carota** f. 5A

carry-on baggage **bagaglio** m. **a mano** 8B

cartoon **cartone** m. **animato** 10B

carve **scolpire** v. 10B

cash **contanti** m., pl. 9B
   to pay in cash **pagare in contanti** v. 9B

cat **gatto** m. 3A

catastrophe **catastrofe** f. 12A

cavity **carie** f. invar. 6B

CD **CD/compact disc** m. 4A

CD player **lettore** m. **CD** 4A

ceiling **soffitto** m. 7A

cell phone **cellulare** m. 4A

center **centro** m. 3A

certain **certo/a** adj. 11B; **sicuro** adj. 11B

chair **sedia** f. 1B

chalk **gesso** m. 1B

change **moneta** f. 9B; **cambiare** v. 2A

channel: television channel **canale** m. **(televisivo)** 4A

character: main character **personaggio** m. **principale** 10A

charge **caricare** v. 4A

chase **rincorrere** v. 12B

chatterbox **chiacchierone/a** m., f. 10B

check **assegno** m. 9B; **controllare** v. 6B
   to pay by check **pagare con assegno** v. 9B

checking account **conto** m. **corrente** 9B

cheerful **allegro/a** adj. 3B

cheerfully **allegramente** adv. 5B

Cheers! **Cin, cin!** 1A

cheese **formaggio** m. 5A

chef **cuoco/a** m., f. 5B

chess **scacchi** m., pl. 2A

chest **petto** m. 6A

chic **chic** adj., invar. 3B

chicken-pox **varicella** f. 6B

child **bambino/a** m., f. 3A
   only child **figlio/a** m., f. **unico/a** 3A

chimney sweep **spazzacamino** m. 7B

Chinese **cinese** adj. 1B

chores **faccende** f., pl. 7B; **mestieri** m., pl. 7B

to do household chores **fare i mestieri/le faccende** v. 7B

chorus **coro** m. 10A

Christmas **Natale** m. 8B

church **chiesa** f. 9A

cinema **cinema** m. 10B

city **città** f. 1A

city walls **mura** f., pl. 9A

civil servant **funzionario/a** m., f. 11A

clam **vongola** f. 5A

clarinet **clarinetto** m. 10A

class **classe** f. 1B
   in class **a lezione** 1B

classical; classic **classico/a** adj. 10B

classmate **compagno/a** m., f. **di classe** 1B

classroom **aula** f. 1B; **classe** f. 1B

clean **pulito/a** adj. 7B; **pulire** v. 3A
   perfectly clean **impeccabile** adj. 7B

clear **chiaro/a** adj. 11B
   to clear the table **sparecchiare la tavola** v. 7B

clearing **radura** f. 12A

clever **spiritoso/a** adj. 3B

client **cliente** m., f. 8B

cliff **scogliera** f. 12A

climate **clima** m. 10A

climb **scalare** v. 12A; **salire** v. 5A
   to climb stairs **salire le scale** v. 9A

climbing **arrampicata** f. 2A

clock **orologio** m. 1B

close **chiudere** v. 2B

close (to) **vicino (a)** prep. 9A

closed **chiuso** p.p., adj. 4B

closet **armadio** m. 7A

clothing **abbigliamento** m. 4A

cloud **nuvola** f. 2B

cloudy **nuvoloso/a** adj. 2B

clutch **frizione** f. 8A

coach **pullman** m. 8A

coast **costa** f. 12A

coffee **caffè** m. 1A

coffee maker **caffettiera** f. 7B

coin **moneta** f. 9B

cold **freddo/a** adj. 2B; **raffreddore** m. 6B
   It's cold. **Fa freddo.** 2B
   to feel cold **avere freddo** v. 2B
   to have a cold **avere il raffreddore** v. 6B

collection **collezione** f. 10B

color **colore** m. 4B

comb **pettine** m. 6A
   to comb one's hair **pettinarsi** v. 6A

come **venuto/a** p.p., adj. 5A

come **venire** v. 4A
   Come on! **Forza!** 5B
   Oh, come on. **Ma dai.** 1A

comedy **commedia** f. 10A

commit **commettere** v. 11B

commute **fare il pendolare** v. 12A

compel **obbligare** v. 10A

competence **competenza** f. 11B

complain (about) **lamentarsi (di)** v. 6A

completely **affatto** adv. 9B

compose **comporre** v. 4A

composed **composto/a** p.p., adj. 4B

composer **compositore/ compositrice** m., f. 10A

compromise **compromesso** m. 12B

computer **computer** m. 4A

computer science **informatica** f. 1B

concert **concerto** m. 10A

condition **condizione** f. 12A

confident **disinvolto/a** adj. 3B

connected: to be connected **essere connesso/a** v. 4A

connection **coincidenza** f. 8A

consultant **consulente** m., f. 11A

contemporary **contemporaneo/a** adj. 10B

content **contento/a** adj. 1B

continue **continuare** v. 10A; **proseguire** v. 9A

contract **contratto** m. 7A

contributions **contributi** m., pl. 11A

conversation **conversazione** f. 1B

cook **cuoco/a** m., f. 5B; **cucinare** v. 5A

cookie **biscotto** m. 5A

cool; **fresco/a** adj. 2B
   It's cool. **Fa fresco.** 2B

corner **angolo** m. 9A

cosmetics shop **profumeria** f. 9B

cost **costare** v. 5A

cotton **cotone** m. 4B

couch **divano** m. 7A

cough **tosse** f. 6B; **tossire** v. 6B

countryside **campagna** f. 12A

couple **coppia** f. 3A

courageous **coraggioso/a** adj. 3B

course **piatto** m. 5B; **corso** m. 2A
   first/second course **primo/ secondo piatto** m. 5B

court **campo** m. 2A

courteous **cortese** adj. 3B

courtesy **cortesia** f. 1A

courtyard **cortile** m. 7A

cousin **cugino/a** m., f. 3A

cow **mucca** f. 12A

crazy **pazzo/a** adj. 3B

credit card **carta** f. **di credito** 9B
   to pay with a credit card **pagare con carta di credito** v. 9B

crew cut **capelli** m., pl. **a spazzola** 6A

cross **attraversare** *v.* 9A
crosswalk **strisce** *f., pl.*
(**pedonali**) 9A
crowded **affollato/a** *adj.* 8A;
intasato/a *adj.* 8A
crude **rozzo/a** *adj.* 9B
cruel **crudele** *adj.* 3B
cruise **crociera** *f.* 8B
crumb **briciola** *f.* 7B
cry **piangere** *v.* 6B
cup **tazza** *f.* 5B
cupboard **credenza** *f.* 7A
curious **curioso/a** *adj.* 3B
curl **arricciare** *v.* 6A
curly **riccio/a** *adj.* 3B
curtain **tenda** *f.* 7A
custodian **bidello/a** *m., f.* 11A
customer **cliente** *m., f.* 8B
customs **dogana** *f.* 8B
cut **tagliare** *v.* 8B
to cut one's hair **tagliare
i capelli** *v.* 6A
cute **carino/a** *adj.* 3B;
bellino/a *adj.* 10B
cute little mouth **boccuccia**
f. 10B
cycling **ciclismo** *m.* 2A
cyclone **ciclone** *m.* 2B
cypress **cipresso** *m.* 12A

D

dad **papà** *m.* 3A
dance **ballare** *v.* 2A
classical dance **danza** *f.*
classica 2A
danger **pericolo** *m.* 12A
dangerous **pericoloso/a** *adj.* 6B
dark **scuro/a** *adj.* 4B
dark-haired **bruno/a** *adj.* 3B
Darn! **Accidenti!** 5B; **Porca
miseria!** 8A
darned **maledetto/a** *adj.* 12A
darts **freccette** *f., pl.* 2A
date **data** *f.* 2B;
appuntamento *m.* 11B
daughter **figlia** *f.* 3A
daughter-in-law **nuora** *f.* 3A
dawn **alba** *f.* 12A
day **giorno** *m.* 1B; **giornata** *f.* 1A
dead **morto/a** *p.p., adj.* 5A
deal **affare** *m.* 4B; **patto** *m.* 12A
good deal **buon affare** *m.* 4B
dear **caro/a** *adj.* 4B
very dear, sweet **caruccio/a**
adj. 10B
debit card **carta** *f.* **di debito** *f.* 9B
to pay with a debit card **pagare
con carta di debito** *v.* 9B
debut **debutto** *m.* 10A
December **dicembre** *m.* 2B

decide **decidere** *v.* 10A
decided **deciso/a** *p.p., adj.* 4B
decision: to make a decision
prendere una decisione *v.* 2B
deforestation **disboscamento**
m. 12A
degree **grado** *m.* 2B;
diploma *m.* 10A
It's 18 degrees out. **Ci sono
18 gradi.** 2B
delay **ritardo** *m.* 8B
delicatessen **salumeria** *f.* 5A
Delighted. **Piacere.** 1A
demanding **esigente** *adj.* 11A
dentist **dentista** *m., f.* 6B
depart **partire** *v.* 2A
department **facoltà** *f.* 1B
department store **grande
magazzino** *m.* 9A
departures **partenze** *f., pl.* 8B
deposit **caparra** *f.* 7A
to deposit money **depositare
il denaro** *v.* 9B
depression **depressione** *f.* 6B
desert **deserto** *m.* 12A
designer **stilista** *m., f.* 4B
desire **voglia** *f.* 2B; **desiderare**
v. 2A
desk **banco** *m.* 1B; **scrivania** *f.* 7A
dessert **dolce** *m.* 5B
deterioration **degrado** *m.* 12A
develop **sviluppare** *v.* 12A
diagram **schema** *m.* 10A
dial **comporre** *v.* 4A
dictionary **dizionario** *m.* 1B
die **morire** *v.* 5A
died **morto (morire)** *p.p.* 5A
diet **dieta** *f.* 5B
to be on a diet **essere
a dieta** *v.* 5B
difference **divergenza** *f.* 12A
difficult **difficile** *adj.* 1B
digital camera **macchina** *f.*
fotografica (digitale) 4A
dilemma **dilemma** *m.* 10A
dim-witted **scemo/a** *adj.* 3B
dining room **sala** *f.* **da pranzo** 7A
dinner **cena** *f.* 5B
to have dinner **cenare** *v.* 2A
diploma **diploma** *m.* 10A
direction **indicazione** *f.* 9A
director **regista** *m., f.* 10A
dirty **sporco/a** *adj.* 7B
disappointed **deluso/a** *adj.* 8A
discourteous **scortese** *adj.* 3B
discreet **discreto/a** *adj.* 3B
disgusting **schifoso/a** *adj.* 7B
dishonest **disonesto/a** *adj.* 1B
dishwasher **lavastoviglie** *f.* 7B
dismiss **licenziare** *v.* 12B
dispose of **smaltire** *v.* 11A

disturbing **inquietante** *adj.* 10B
divided by **diviso** *adj.* 2B
divorced **divorziato/a** *adj.* 3A
do **fare** *v.* 2A
doctor **dottore(ssa)** *m., f.* 1A
family doctor **medico** *m.*
di famiglia 6B
to go to the doctor **andare
dal dottore** *v.* 6B
document **documento** *m.* 4A
documentary **documentario** *m.* 10B
dog **cane** *m.* 3A
domestic **domestico/a** *adj.* 3A
done **fatto/a** *p.p., adj.* 4B
door **porta** *f.* 1B; **portiera** *f.* 8A
doorman **portiere/a** *m., f.* 11A
doubt **dubitare** *v.* 10A
download **scaricare** *v.* 4A
downtown **centro** *m.* **storico** 9A
drain **smaltire** *v.* 12B
drama **dramma** *m.* 10A
dramatic **drammatico/a** *adj.* 10B
drawer **cassetto** *m.* 7A
dreadlocks **treccine** *f., pl.* 6A
dream **sognare** *v.* 10A; **sogno**
m. 10A
dress **abito** *m.* 4B; **vestito** *m.* 4B
to get dressed **vestirsi** *v.* 6A
dress circle **balconata** *f.* 10A
dress shirt **camicia** *f.* 4B
dresser **cassettiera** *f.* 7A
drink **bibita** *f.* 5B; **bere** *v.* 5A
drive **guidare** *v.* 2A
driver **autista** *m., f.* 8A
driver's license **patente** *f.* 8A
drought **siccità** *f.* 2B
drug **medicina** *f.* 6B
drum **tamburo** *m.* 10A
drummer **batterista** *m., f.* 10A
drums **batteria** *f.* 2A
dry **secco/a** *adj.* 2B
dry clearner **tintoria** *f.* 9B
dryer (*clothes*) **asciugatrice** *f.* 7B
dumb **tonto/a** *adj.* 3B
dump **discarica** *f.* 12A
during **durante** *prep.* 7B
dust **spolverare** *v.* 7B
DVD player **lettore** *m.* **DVD** 4A
DVR **registratore DVR** *m.* 4A
dynamic **dinamico/a** *adj.* 3B

E

each **ogni** *adj.* 9B
each one **ciascuno/a** *adj.,
pron.* 4B
each other **l'un l'altro/a** 6A; **fra
di loro** 6A
ear **orecchio (pl. orecchie f.)**
m. 6A

earn **guadagnare** *v.* 11A;
  meritare *v.* 11A
earnest **convinto/a** *adj.* 3B
earthquake **terremoto** *m.* 2B
ease: at ease **a suo agio** 7B
east **est** *m.* 9A
Easter Monday **Pasquetta** *f.* 8B
Easter Sunday **Pasqua** *f.* 8B
easy **facile** *adj.* 1B
eat **mangiare** *v.* 2A
ecology **ecologia** *f.* 12A
economics **economia** *f.* 1B
economy class **classe** *f.*
  economica 8B
education **istruzione** *f.* 11B
effect **effetto** *m.* 12B
egg **uovo** (*pl.* **uova** *f.*) *m.* 5A
eggplant **melanzana** *f.* 5A
eight **otto** *m., adj.* 1A
eight hundred **ottocento** *m.,*
  adj. 2B
eighteen **diciotto** *m., adj.* 1A
eighteenth **diciottesimo/a** *adj.* 10B
eighth **ottavo/a** *adj.* 10B
eighty **ottanta** *m., adj.* 1A
eighty-one **ottantun(o)** *m., adj.* 1A
eighty-second **ottantaduesimo/a**
  adj. 10B
elbow **gomito** *m.* 6A
elder **maggiore** *adj.* 3A
electrician **elettricista** *m., f.* 11A
elevator **ascensore** *m.* 8B
eleven **undici** *m., adj., invar.* 1A
eleventh **undicesimo/a** *adj.* 10B
e-mail message **e-mail** *f.* 4A
emergency room **pronto**
  soccorso *m.* 6B
employee **impiegato/a** *m., f.* 11B
empty **vuoto/a** *adj.* 10A
end **fine** *f.* 10A
  at the end, bottom **in fondo**
  prep. 9B
energetic **energico/a** *adj.* 3B
energy **energia** *f.* 12A
engaged **fidanzato/a** *adj.* 3A
engine **motore** *m.* 8A
engineer **ingegnere** *m., f.* 1A
English **inglese** *adj.* 1B
enough **abbastanza** *adv.* 1A
  to be enough **bastare** *v.* 5B
enter **entrare** *v.* 5A
envelope **busta** *f.* 9B
environment **ambiente** *m.* 12A
environmentalism
  ambientalismo *m.* 12A
epic **racconto** *m.* **epico** 10B
equal **uguale** *adj.* 2B
erase **cancellare** *v.* 4A
eraser **gomma** *f.* 1A
errands: to run errands **fare delle**
  commissioni *v.* 9B

error **errore** *m.* 11B
eruption **eruzione** *f.* 2B
essay **tesina** *f.* 5A; **tema** *m.* 10A
even **pure** *adv.* 3B
  not even **non… neanche** *adv.*
  9B; **non… nemmeno** *conj.* 9B;
  non… neppure *conj.* 9B
evening **sera** *f.* 1B, **serata** *f.* 3B
  Good evening. **Buonasera.** 1A
  this evening. **stasera** *adv.* 5A
ever **mai** *adv.* 2B
every **ogni** *adj.* 9B
everything **tutto** *pron.* 9B
  Everything OK? **Tutto bene?** 1A
exam **esame** *m.* 1A
excuse **scusare** *v.* 1A
  Excuse me. **Scusi/a.** (*form./*
  fam.) 1A
executive **dirigente** *m., f.* 11A
exercise **fare esercizio, fare**
  ginnastica *v.* 6B
exhaust **scappamento** *m.* 12A
exhibit **esposizione** *f.* 10B
exit **uscita** *f.* 8B
expensive **caro/a** *adj.* 4B;
  costoso/a *adj.* 4B
experience: professional experience
  esperienza *f.* **professionale** 11B
explain **spiegare** *v.* 2A
explore **esplorare** *v.* 12A
expression **espressione** *f.* 5A
exquisite **squisito/a** *adj.* 2A
extreme sports **sport** *m., pl.*
  estremi 2A
eye **occhio** *m.* 6A
eyebrow **sopracciglio** (*pl.*
  sopracciglia *f.*) *m.* 6A
eyelash **ciglio** (*pl.* **ciglia** *f.*) *m.* 6A

F

face **faccia** *f.* 6A
factory **fabbrica** *f.* 12A
factory worker **operaio/a**
  m., f. 11A
faculty **facoltà** *f.* 1B
fail **fallire** *v.* 11A
  to fail (*exam*) **bocciare** *v.* 1B
fairy tale **favola** *f.* 10B
faithful **fedele** *adj.* 3B
fall **autunno** *m.* 2B; **cadere** *v.* 5A
  to fall asleep **addormentarsi** *v.* 6A
  to fall in love **innamorarsi** *v.* 6A
family **famiglia** *f.* 3A
  family doctor **medico** *m.* **di**
  famiglia 6B
far (from) **lontano/a (da)** *adj.* 9A
  not far from **a due passi da** 9A
fare **tariffa** *f.* 8A
  excess fare **supplemento** *m.* 8A
farm **fattoria** *f.* 12A

farmer **agricoltore/agricoltrice**
  m., f. 11A
fashion **moda** *f.* 4B
  to be/not be in fashion **(non)**
  andare di moda *v.* 4B
fast **veloce** *adj.* 3B
fat **grasso/a** *adj.* 3B
father **padre** *m.* 3A
father-in-law **suocero** *m.* 3A
favorite **preferito/a** *adj.* 3B
fear **paura** *f.* 2B; **temere** *v.* 10A
February **febbraio** *m.* 2B
feel **sentire** *v.* 3A; **sentirsi** *v.* 6A
  to feel like **avere voglia di** *v.* 2B
female **femmina** *f.* 3A
feminist **femminista** *adj.* 3B
ferry **traghetto** *m.* 8A
festival **festival** *m.* 10A
fever **febbre** *f.* 6B
  to have a fever **avere la**
  febbre *v.* 6B
few: a few **alcuni/e** *indef. adj.,*
  pron. 5A, 9B; **qualche** *adj.* 5A,
  9B; **pochi/e** *adj.* 5B, 9B
fiancé **fidanzato** *m.* 3A
fiancée **fidanzata** *f.* 3A
field **campo** *m.* 2A; **settore** *m.* 11B
fifteen **quindici** *m., adj.* 1A
fifth **quinto/a** *adj.* 10B
fifty **cinquanta** *m., adj.* 1A
fill: to fill out a form **riempire**
  un modulo *v.* 9B
film **film** *m.* 10B; **girare** *v.* 10B
  horror/sci-fi film **film** *m.* **di**
  fantascienza/dell'orrore 10B
find **trovare** *v.* 2A
fine **multa** *f.* 8A
fine arts **belle arti** *f., pl.* 10B
finger **dito** (*pl.* **dita** *f.*) *m.* 6A
finish **finire** *v.* 3A
fir **abete** *m.* 12A
fire **licenziare** *v.* 11A
firefighter **pompiere/a** *m., f.* 9A
firm **azienda** *f.* 11B
first **primo** *m.* 2B; **primo/a** *adj.* 10B;
  prima *adv.* 5B
  at first **all'inizio** *adv.* 2A
  first class **prima classe** *f.* 8A
  first of all **innanzitutto** *adv.* 9A
first aid **pronto soccorso** *m.* 6B
first-born **primogenito/a** *m., f.* 3A
fish **pesce** *m.* 3A
  to go fishing **pescare** *v.* 2A
fish shop **pescheria** *f.* 5A
five **cinque** *m., adj.* 1A
five hundred **cinquecento** *m.,*
  adj. 2B
five thousand **cinquemila** *m.,*
  adj. 2B
five-hundredth
  cinquecentesimo/a *adj.* 10B

fix **aggiustare** *v.* 4A
flash of lightning **lampo** *m.* 2B
flat: to get a flat tire **bucare
una gomma** *v.* 8A
flavor **gusto** *m.* 5B
flavoring **aroma** *m.* 10A
flight **volo** *m.* 8B
flood **alluvione** *f.* 12A;
ingolfare *v.* 12B
floor **pavimento** *m.* 6B
florist **fiorista** *m., f.* 9B
flower **fiore** *m.* 7A
flower bed **aiuola** *f.* 9A
flower shop **fiorista** *m.* 9B
flu **influenza** *f.* 6B
flute **flauto** *m.* 10A
folder **cartella** *f.* 4A
follow **seguire** *v.* 3A
food **cibo** *m.* 5A
fool: to act the fool **fare il
buffone** *v.* 10A
foot **piede** *m.* 6A
    on foot **a piedi** 3A
football **football** *m.* **americano** 2A
for **per** *prep.* 3A
    For how long . . .? **Da quanto
    tempo…?** 2B
    for rent **affittasi** 7A
    for sale **vendesi** 7A
force **obbligare** *v.* 10A
foreign **straniero/a** *adj.* 3B
forest **foresta** *f.* 12A
forget **dimenticare** *v.* 2A;
dimenticarsi *v.* 10A
fork **forchetta** *f.* 5B
form **modulo** *m.* 9B
forty **quaranta** *m., adj.* 1A
forty-sixth **quarantaseiesimo/a**
adj. 10B
fountain **fontana** *f.* 9A
four **quattro** *m., adj.* 1A
four hundred **quattrocento** *m.,
adj.* 2B
fourteen **quattordici** *m., adj.* 1A
fourth **quarto/a** *adj.* 10B
fraction **miseria** *f.* 10B
fracture **frattura** *f.* 6B
free **gratis** *adj., invar.* 10A
freezer **congelatore** *m.* 7B
French **francese** *adj.* 1B
frequently **frequentemente** *adv.* 5B
fresh **fresco/a** *adj.* 2B
Friday **venerdì** *m.* 1B
fridge **frigo(rifero)** *m.* 7B
fried **fritto/a** *adj.* 5A
friend **amico/a** *m., f.* 1A
friendly **socievole** *adj.* 3B
from **da** *prep.* 1B; **di (d')** *prep.* 3A
front: in front of **davanti (a)**
prep. 7A
fruit **frutta** *f.* 5A

fry **friggere** *v.* 5B
    to fry lightly **soffriggere** *v.* 5A
full **pieno/a** *adj.* 11A
    full price ticket
    biglietto *m.* **intero** 10A
    full-time **a tempo
    pieno** *adj.* 11A
    no vacancies **al completo** *adj.* 8B
fun **divertente** *adj.* 1B
    to have fun **divertirsi** *v.* 6A
function **funzionare** *v.* 4A
funny **buffo/a** *adj.* 3B; **spiritoso/a**
adj. 3B
furnished apartment
appartamento *m.* **arredato** 7A
furniture **mobili** *m., pl.* 7A
future **futuro** *m.* 7A
Futurist **futurista** *adj.* 10B

G

gallery **galleria** *f.* 10A
game **partita** *f.* 2A
garage **garage** *m., invar.* 7A
garbage **spazzatura** *f.* 7B;
rifiuti *m., pl.* 12A
garbage collector **netturbino/a**
m., f. 12A; **spazzino/a** *m., f.* 9A
garbage truck **camion** *m.* **della
nettezza urbana** 12A
gardener **giardiniere/a** *m., f.* 11A
garden-level apartment
seminterrato *m.* 7A
garlic **aglio** *m.* 5A
gas **benzina** *f.* 8B
    to get gas **fare benzina** *v.* 8B
generally **in genere** *adv.* 3A
generous **generoso/a** *adj.* 1B
genius **genio/a** *m., f.* 4A
genre **genere** *m.* 10B
German **tedesco/a** *adj.* 1B
get **ottenere** *v.* 11B
    get on (*bus, train*) **salire** *v.* 5A
get up **alzarsi** *v.* 6A
gift **dono** *m.* 10A
gifted **dotato/a** *adj.* 10B
girl **ragazza** *f.* 1A
girlfriend **ragazza** *f.* 3A;
fidanzata *f.* 3A
give **dare** *v.* 2A
    to give (*gift*) **regalare** *v.* 5B
    to give back **restituire** *v.* 5B
    to give (someone) a ride **dare
    un passaggio** *v.* 9A
    to give to each other **darsi** *v.* 6A
    to give up **arrendersi** *v.* 2B
glass **bicchiere** *m.* 5B
glasses **occhiali** *m., pl.* 4B
global warming **riscaldamento**
m. **globale** 12A
glove **guanto** *m.* 4B
go **andare** *v.* 2A

to go down (the stairs) **scendere
(le scale)** *v.* 9A
to go out **uscire** *v.* 4A
to go up **salire** *v.* 5A
goat **capra** *f.* 12A
good **buono/a** *adj.* 1B; **bravo/a**
adj. 1B
    good deal **buon affare** *m.* 4B
    Good evening. **Buonasera.** 1A
    Good luck. **In bocca al lupo.**
    (lit. *In the mouth of the wolf.*) 1B
    Good morning. **Buongiorno.** 1A
    Good night. **Buonanotte.** 1A
    to be no good at . . . **essere
    negato/a per...** *v.* 1B
Good-bye. **ArrivederLa/ci.** 1A;
Ciao. 1A
Gothic **gotico/a** *adj.* 10B
government **governo** *m.* 12A
grade **voto** *m.* 1B
graduate: to graduate from college
laurearsi *v.* 6A
granddaughter **nipote** *f.* 3A
grandfather **nonno** *m.* 3A
grandmother **nonna** *f.* 3A
grandson **nipote** *m.* 3A
grapes **uva** *f., sing.* 5A
grass **erba** *f.* 12A
gratitude **gratitudine** *f.* 12A
gray **grigio/a** *adj.* 3B
great grandfather **bisnonno** *m.* 3A
great grandmother **bisnonna** *f.* 3A
greedy **avaro/a** *adj.* 3B
Greek **greco/a** *adj.* 1B
green **verde** *adj.* 3B
green bean **fagiolino** *m.* 5A
greenhouse effect **effetto** *m.*
serra 12B
greet **salutare** *v.* 6A
    to greet each other **salutarsi** *v.* 6A
greeting **saluto** *m.* 1A
grilled **alla griglia** *adj.* 5A
groceries: to buy groceries **fare
la spesa** *v.* 2A
grocery store **negozio** *m.*
d'alimentari 5A
group **gruppo** *m.* 10A
guess **indovinare** *v.* 8A
guitar **chitarra** *f.* 2A
guitarist **chitarrista** *m., f.* 10A
guy **tipo** *m.* 1B
gymnasium **palestra** *f.* 2A
gymnastics **ginnastica** *f.* 4B

H

hail **grandine** *f.* 2B
hair **capelli** *m., pl.* 6A
    to cut one's hair **tagliare
    i capelli** *v.* 6A
hair dryer **asciugacapelli**
m., invar. 6A

hairbrush **spazzola** *f.* 6A

hairdresser **parrucchiere/a** *m.,*
    f. 3B

half brother **fratellastro** *m.* 3A

half hour **mezzo/a** *m., f.* 1B

half sister **sorellastra** *f.* 3A

hall **sala** *f.* 1A

hallway **corridoio** *m.* 7A

ham **prosciutto** *m.* 5A

hand **mano (*pl.* le mani)** *f.* 6A
    little hand **manina** *f.* 10B
    on the other hand **invece** *adv.* 1B

handbag **borsa** *f.* 4B

handsome **bello/a** *adj.* 1B

hang: to hang up the phone
    riattaccare il telefono *v.* 11B

happen **accadere** *v.* 12A;
    succedere *v.* 6A

happy **contento/a** *adj.* 1B;
    felice *adj.* 1B

hard **duro/a** *adj.* 3B

hard drive **disco** *m.* **rigido** 4A

hardly **appena** *adv., conj.* 6B

hardworking **laborioso/a** *adj.* 3B

hat **cappello** *m.* 4B

hate **odiare** *v.* 6A
    to hate each other **odiarsi** *v.* 6A

have **avere** *v.* 2B
    Have a nice day! **Buona
    giornata!** 1A
    to have to **dovere** *v.* 4A

hay **fieno** *m.* 12A

he **lui** *sub. pron.* 1B

head **testa** *f.* 6A; **principale**
    m., f. 11A

headache **mal** *m.* **di testa** 6B

headlight **faro** *m.* 8A

headphones **cuffie** *f., pl.* 4A

heal **curare** *v.* 6B

health **salute** *f.* 6B
    to be in good health **essere
    in buona salute** *v.* 6B

healthy **sano/a** *adj.* 6B

hear **sentire** *v.* 3A

heart **cuore** *m.* 6A

heartburn **bruciore** *m.* **di
    stomaco** 6B

heat wave **ondata** *f.* **di caldo** 2B

heavy **pesante** *adj.* 5B

height: of average height **di media
    statura** *adj.* 3B

Hello. **Salve.** 1A; **Buongiorno.** 1A
    (on the phone) **Pronto?** 1A, 11B

help **aiutare** *v.* 2A
    to help each other **aiutarsi** *v.* 6A

helpful **disponibile** *adj.* 3B

her **la** *d.o. pron., f., sing.* 5A; **lei** *disj.
    pron., f., sing.* 4A; **glielo/a/i/e/ne**
    dbl.o. pron., m., f., sing. 7A; **le**
    i.o. pron., f., pl. 5B; **suo/a, suoi,
    sue** *poss. adj., m., f.* 3A

here **ecco** *adv.* 1A; **qua** *adv.* 1A;
    qui *adv.* 1A

herself **sé** *disj. pron., f., sing.* 4A;
    si *ref. pron. m., f., sing., pl.* 6A

Hey there! **Ehilà!** 1A

Hi. **Ciao.** 1A

high **elevato/a** *adj.* 11B

high school **liceo** *m.* 1B

highway **autostrada** *f.* 8A

him **lo** *d.o. pron., m. sing.* 5A; **lui**
    disj. pron., m., sing. 4A; **glielo/
    a/i/e/ne** *dbl.o. pron., m., f.,
    sing.* 7A; **gli** *i.o. pron., m., sing.* 5B

himself **sé** *disj. pron., m., f., sing., pl.*
    4A; **si** *ref. pron. m., f., sing., pl.* 6A

hire **assumere** *v.* 11A

hiring **assunzione** *f.* 11B

his **suo/a, suoi, sue** *poss. adj., m.,
    f.* 3A

history **storia** *f.* 1B

hit **colpire** *v.* 8A

hives **orticaria** *f.* 6B

hold: to be on hold **restare in
    attesa** *v.* 11B
    Please hold. **Attenda in linea,
    per favore.** 11B

holiday: public holiday **giorno** *m.*
    festivo 8B

home **casa** *f.* 3A
    single-family home **villa** *f.* 7A

homemade **fatto/a in casa** *adj.* 5B

homework **compiti** *m., pl.* 1B

honest **onesto/a** *adj.* 1B

hood **cofano** *m.* 8A

hope **sperare** *v.* 10A

horizon **orizzonte** *m.* 12A

horror film **film** *m.* **dell'orrore**
    10B

horse **cavallo** *m.* 2A
    to go horseback riding **andare
    a cavallo** *v.* 2A

hospital **ospedale** *m.* 6B

hot **caldo/a** *adj.* 2B
    It's hot. **Fa caldo.** 2B
    to feel hot **avere caldo** *v.* 2B

hotel **albergo** *m.* 8B
    five-star hotel **albergo** *m.* **a
    cinque stelle** 8B

hour **ora** *f.* 1B

house **casa** *f.* 1A

househusband **casalingo** *m.* 11A

housewife **casalinga** *f.* 11A

how **come** *adv.* 3B
    For how long . . . ? **Da quanto
    tempo…?** 2B
    How are things? **Come va?** 1A
    How are you getting along?
    Come te la passi? 1A
    How are you? **Come sta/stai?**
    (form./fam.) 1A
    How do you get to . . . ? **Come
    si va…** 9A

how many **quanti/e** *adj.* 1A

how much **quanto/a** *adj., pron.,
    adv.* 3B
    How much is . . . ? **Quanto
    costa…?** 5A

however **comunque** *conj., adv.* 4A

hug **abbracciare** *v.* 6A
    to hug each other **abbracciarsi**
    v. 6A

human resources **risorse** *f., pl.*
    umane 11B

humanities **lettere** *f., pl.* 1B

humid **umido/a** *adj.* 2B

humidity **umidità** *f.* 2B

hunger **fame** *f.* 2B

hungry: to be hungry **avere
    fame** *v.* 2B

hurry: to be in a hurry **avere
    fretta** *v.* 2B
    to hurry up **sbrigarsi** *v.* 4A

hurt: to hurt oneself **farsi male**
    v. 6A

husband **marito** *m.* 3A
    first/second husband **primo/
    secondo marito** *m.* 3A

hybrid car **macchina** *f.* **ibrida** 12A

I

I **io** *sub. pron.* 1B

ice cream **gelato** *m.* 11A

ice cream shop **gelateria** *f.* 5A

ID **documento** *m.* 8B

idea **idea** *f.* 1A

if **se** *conj.* 12A

ill **malato/a** *adj.* 6B

imagine **immaginare** *v.* 11B

impeccable **impeccabile** *adj.* 5B

immediately **subito** *adv.* 5B

important **importante** *adj.* 1B

impossible **impossibile** *adj.* 11A

impression **impressione** *f.* 11B

improve **migliorare** *v.* 12A

in **fra** *prep.* 3A; **tra** *prep.* 3A; **a** *prep.*
    1B; **su** *prep.* 3A; **in** *prep.* 3A
    in order to **per** *prep.* 3A

inappropriate **inopportuno/a**
    adj. 11A

incredible **incredibile** *adj.* 11B

independent **indipendente**
    adj. 1B

infection **infezione** *f.* 6B

information booth **chiosco** *m.*
    per le informazioni 9A

injury **ferita** *f.* 6B

in-laws **parenti** *m., pl.* **acquisiti** 3A

innovative **innovativo/a** *adj.* 10B

insect **insetto** *m.* 12A

insensitive **insensibile** *adj.* 3B

inside **dentro** *prep.* 7A

insist **insistere** *v.* 11B

insomnia **insonnia** *f.* 6B
installment **rata** *f.* 9B
instead **invece** *adv.* 1B
instructor **insegnante** *m., f.* 1B
instrument: musical instrument
　strumento *m.* **musicale** 10A
insurance: life insurance
　assicurazione *f.* **sulla vita** 11A
intelligent **intelligente** *adj.* 1B
interest rate **tasso** *m.*
　di interesse 9B
interested: to be interested
　in **occuparsi** *v.* 12B
interesting **interessante** *adj.*
intermission **intervallo** *m.* 10A
intern **stagista** *m., f.* 2A
Internet: to surf the Internet
　navigare in rete *v.* 4A
Internet café **Internet café** *m.* 9B
internship **stage** *m.* 11B
intersection **incrocio** *m.* 9A
interview: job interview
　colloquio *m.* **di lavoro** 11B
introduce **presentare** *v.* 1A
　I would like to introduce [*name*]
　to you. **Le/Ti presento…**
　(*form./fam.*) 1A
introduction **presentazione** *f.* 1A
invent **inventare** *v.* 10A
investment **investimento** *m.* 9B
invite **invitare** *v.* 10A
iron **ferro** *m.* **da stiro** 7B;
　stirare *v.* 7B
ironing board **asse** *f.* **da stiro** 7A
irresponsible **irresponsabile**
　adj. 3B
island **isola** *f.* 12A
it **la** *d.o. pron., f., sing.* 5A; **lo** *d.o.*
　pron. m., sing., 5A
　some/any of it/them **ne** *pron.* 6A
Italian **italiano/a** *adj.* 1B
its **suo/a, suoi, sue** *poss. adj., m.,*
　f. 3A
itself **sé** *disj. pron., m., f., sing.* 4A;
　si *ref. pron. m., f., sing., pl.* 6A

J

jacket **giacca** *f.* 4B
jam **marmellata** *f.* 5A
January **gennaio** *m.* 2B
Japanese **giapponese** *adj.* 1B
jealous **geloso/a** *adj.* 3B
jeans **jeans** *m., pl.* 4B
jerk **cretino/a** *m., f.* 7A
jewelry store **gioielleria** *f.* 9B
job **lavoro** *m.* 11B; **posto** *m.* 11B
　first job **prima occupazione**
　f. 11B
　to find a job **trovare lavoro**
　v. 11B

joke **scherzo** *m.* 8B; **scherzare**
　v. 4B
journalist **giornalista** *m., f.* 3B
judge **giudice** *m., f.* 11A
juice **succo** *m.* 5B
July **luglio** *m.* 2B
jump **saltare** *v.* 1B
June **giugno** *m.* 2B
just **appena** *adv., conj.* 6B

K

keep **tenere** *v.* 10B
key **chiave** *f.* 8B
keyboard **tastiera** *f.* 4A
kilo **chilo** *m.* 5A
kilometric zone ticket **biglietto**
　m. **a fascia chilometrica** 8A
kind **gentile** *adj.* 3B; **genere** *m.* 10B
kiosk **chiosco** *m.* 9A
kiss **baciare** *v.* 6A
　to kiss each other **baciarsi** *v.* 6A
kitchen **cucina** *f.* 7A
knee **ginocchio (*pl.* ginocchia *f.*)**
　m. 6A
knife **coltello** *m.* 5B
know **sapere** *v.* 4B; **conoscere**
　v. 4B
　I don't know. **Non lo so.** 1A
　to know by sight **conoscere**
　di vista *v.* 4B
　to know something inside and
　out **conoscere… a fondo** *v.* 4B
　to know the way **conoscere la**
　strada *v.* 4B

L

lake **lago** *m.* 12A
lamp **lampada** *f.* 7A
land **atterrare** *v.* 8B
landlady **padrona** *f.* **di casa** 7A
landlord **padrone** *m.* **di casa** 7A
landscape **paesaggio** *m.* 10B;
　panorama *m.* 10A
languages **lingue** *f., pl.* 1B
laptop (computer) **(computer)**
　portatile *m.* 4A
last **scorso/a** *adj.* 4B; **ultimo/a** *adj.*
　5A; **durare** *v.* 7B
　last name **cognome** *m.* 3A
　last night **ieri sera** 4B
late **tardi** *adv.* 5B
later **poi** *adv.* 5B
　See you later. **A dopo.** 1A;
　A più tardi. 1A
laundromat **lavanderia** *f.* 9B
laundry **bucato** *m.* 7B
　to do the laundry **fare**
　il bucato *v.* 7B
law **giurisprudenza** *f.* 1B;
　legge *f.* 12A

lawyer **avvocato** *m.* 1A
lazy **pigro/a** *adj.* 1B
leaf **foglia** *f.* 12A
learn (to) **imparare (a)** *v.* 2A
lease **contratto** *m.* 7A
leather **pelle** *f.* 4B
leave **congedo** *m.* 11A; **lasciare**
　v. 10A; **partire** *v.* 2A;
　uscire *v.* 4A
　Leave me alone. **Lasciami**
　in pace. 1A
　to leave a message **lasciare**
　un messaggio *v.* 11B
　to leave each other, to split up
　lasciarsi *v.* 6A
　to take leave time **prendere**
　un congedo *v.* 11A
lecture hall **aula** *f.* 1B
lecturer **docente** *m., f.* 11A
left **sinistra** *f.* 7A
leg **gamba** *f.* 6A
legumes **legumi** *m., pl.* 5A
lend **prestare** *v.* 5B
less **meno** *adv.* 8A
lesson **lezione** *f.* 1A
let **lasciare** *v.* 10A
　Let me see. **Fammi vedere.** 2B
letter **lettera** *f.* 9B
　letter of reference **lettera** *f.*
　di referenze 11B
　long letter **letterona** *f.* 10B
lettuce **lattuga** *f.* 5A
level **livello** *m.* 11A
level crossing **passaggio** *m.*
　a livello 8A
library **biblioteca** *f.* 1B
light **chiaro/a** *adj.* 4B; **leggero/a**
　adj. 5B
lightning **fulmine** *m.* 2B
like **piacere** *v.* 2B, 5B
　Do you like . . . ? **Ti piace… ?** 2A
　I (don't) like . . . **(Non) mi**
　piace… 2A
　I would like . . . **Vorrei…** 5B
likeable **simpatico/a** *adj.* 1B
liked **piaciuto/a (piacere)** *p.p.,*
　adj. 5A
likely **probabile** *adj.* 11A
line **fila** *f.* 8B; **linea** *f.* 4A
　to wait in line **fare la fila** *v.* 8B
lip **labbro (*pl.* labbra *f.*)** *m.* 6A
lipstick **rossetto** *m.* 6A
listen **ascoltare** *v.* 2A
　to listen to music **ascoltare**
　la musica *v.* 2A
literature **letteratura** *f.* 1A
littering: No littering. **Vietato**
　buttare rifiuti. 12A
little **piccolo/a** *adj.* 4A; **poco/a**
　adj. 5A, 9B
　little (*not much*) (of) **po' (di)**
　adj. 5A

in a little while **fra poco** 7A
little brother **fratellino** *m.* 3A
little sister **sorellina** *f.* 3A
live **in diretta** *adv.* 7B;
  abitare *v.* 2A; **vivere** *v.* 2B
live performance
  rappresentazione *f.* **dal vivo** 10A
  Where do you live? **Dove
  abiti?** 7A
living room **soggiorno** *m.* 7A
load **caricare** *v.* 4A
loan: to ask for a loan **chiedere
  un prestito** *v.* 9B
lodgings **alloggi** *m., pl.* 8B
long **lungo/a** *adj.* 1B
  no longer **non… più** *adv.* 5B
look **occhiata** *f.* 4B
  to take a look **dare un'occhiata**
  v. 4B
look at **guardare** *v.* 6A
  to look at oneself/each
  other **guardarsi** *v.* 6A
look for **cercare** *v.* 2A
loose **largo/a** *adj.* 4B
  loose hair **capelli** *m., pl.* **sciolti** 6A
lose **perdere** *v.* 2A
lost **perso/a** *p.p., adj.* 4B
  to get lost **perdersi** *v.* 9A
lot: a lot of **molto/a** *indef. adj.* 5A;
  molto *adv.* 5B
lotion **crema** *f.* 6A
love **amare** *v.* 10A
  to fall in love **innamorarsi** *v.* 6A
  to love each other **amarsi** *v.* 6A
luck: Good luck. **In bocca al lupo.**
  (lit. *In the mouth of the wolf.*) 1B
lunch **pranzo** *m.* 5B

M

made **fatto/a (fare)** *p.p., adj.* 4B
magazine **rivista** *f.* 9B
maid **collaboratrice** *f.*
  domestica 7B
mail **posta** *f.* 9B
  to mail a letter **imbucare
  una lettera** *v.* 9B
mail carrier **postino/a** *m., f.* 9B
mailbox **cassetta** *f.* **delle lettere** 9B
main **principale** *adj.* 10A
make **fare** *v.* 2A
  to make the bed **fare il letto** *v.* 7B
makeup **trucco** *m.* 6A
  to put on makeup **truccarsi** *v.* 6A
male **maschio** *m.* 3A
mall **centro** *m.* **commerciale** 9A
man **uomo (pl. uomini)** *m.* 1A
manage **dirigere** *v.* 11A; **riuscire**
  v. 4A
manager **gestore** *m., f.* 11B;
  dirigente *m., f.* 11A

Mannerist **manierista** *adj.* 10B
many **molto/a** *adj.* 5A; **molto**
  adv. 5B, 9B
  how many **quanti/e** *adj.* 1A
  so many **tanti/e** *adj.* 5A
map **cartina** *f.* 1B; **mappa** *f.* 9A
marble **marmo** *m.* 8B
March **marzo** *m.* 2B
  It's March 23rd. **È il 23 marzo.** 2B
marital status **stato** *m.* **civile** 3A
market **mercato** *m.* 5A
marriage **matrimonio** *m.* 3A
married **sposato/a** *adj.* 3A
marry **sposare** *v.* 6A
  to get married **sposarsi** *v.* 6A
masterpiece **capolavoro** *m.* 10B
match **partita** *f.* 2A
mathematics **matematica** *f.* 1A
May **maggio** *m.* 2B
maybe **forse** *adv.* 3A
mayor **sindaco** *m.* 9A
me **mi** *d.o. pron., sing.* 5A; **me** *disj.*
  pron., sing. 4A; **mi** *i.o. pron., sing.* 5B
  Me, too. **Anch'io.** 1A
meadow **prato** *m.* 12A
meal **pasto** *m.* 5B
mean **significare** *v.* 3A
  What does… mean? **Cosa
  vuol dire…?** 4A
means of transportation **mezzo** *m.*
  di trasporto 8A
measles **morbillo** *m.* 6B
meat **carne** *f.* 5A
mechanic **meccanico/a** *m., f.* 8A
media **media** *m., pl.* 10B
medicine **medicina** *f.* 1B
meet **conoscere** *v.* 4B
  to meet with **incontrare** *v.* 2A
  to meet each other **incontrarsi**
  v. 6A
  to meet each other **conoscersi**
  v. 6A
meeting **riunione** *f.* 11A
melon **melone** *m.* 5A
menu **menu** *m.* 5B
mess: What a mess! **Che casino!** 7B
message **messaggio** *m.* 11B
Mexican **messicano/a** *adj.* 1B
microphone **microfono** *m.* 4A
microwave (oven) **(forno a)
  microonde** *m.* 7B
Middle Ages **Medioevo** *m.* 8B
midnight **mezzanotte** *f.* 1B
migraine **emicrania** *f.* 6B
mile **miglio (pl. miglia f.)** *m.* 10A
milk **latte** *m.* 5B
minus **meno** *adv.* 1B
minute **minuto** *m.* 7B
  in a minute **fra un
  attimo** 5A
mirror **specchio** *m.* 6A

miss **mancare** *v.* 5B
Miss… **signorina…** *f.* 1A
mist **foschia** *f.* 2B
mistake: to make a mistake
  sbagliarsi *v.* 6A
modern **contemporaneo/a** *adj.* 10B
modest **modesto/a** *adj.* 3B
mom **mamma** *f.* 3A
moment **attimo** *m.* 5A
Monday **lunedì** *m.* 1B
money **denaro** *m.* 9B; **soldi** *m.,*
  pl. 9B
month **mese** *m.* 2B
moon **luna** *f.* 12A
more **più** *adj., adv.* 1A
  no more **non… più** *adv.* 5B
morning **mattina** *f.* 1B
  Good morning. **Buongiorno.** 1A
  this morning **stamattina** *adv.* 6B
Moroccan **marocchino/a** *adj.* 1B
moss **muschio** *m.* 12A
most **più** *adj., adv.* 1A
mother **madre** *f.* 3A
mother-in-law **suocera** *f.* 3A
motor **motore** *m.* 8A
mountain **montagna** *f.* 12A
mouse (computer) **mouse** *m.* 4A
mouse: little mouse **topolino** *m.* 10B
mouth **bocca** *f.* 6A
move **trasferirsi** *v.* 7A; **traslocare**
  v. 7A
movie **film** *m.* 10B
moving **commovente** *adj.* 10B
MP3 player **lettore MP3** *m.* 4A
Mr.… **signor…** *m.* 1A
Mrs.… **signora…** *f.* 1A
much **molto/a/i/e** *indef. adj.,*
  pron. 5A
  how much **quanto** *adj., pron.,*
  adv. 3B
  How much is…? **Quanto
  costa…?** 5A
  not much **poco** *adv.* 5B
  so much **tanto/a** *adj.* 5A; **tanto**
  adv. 5B
  too much **troppo/a** *adj.* 5A;
  troppo *adv.* 5B
mug **tazza** *f.* 5B
muscular **muscoloso/a** *adj.* 3B
mushroom **fungo** *m.* 5A
music **musica** *f.* 2A
musician **musicista** *m., f.* 3B
must **dovere** *v.* 4A
my **mio/a, miei, mie** *poss. adj., m.,*
  f. 3A
myself **me** *disj. pron., sing.* 4A

N

naïve **ingenuo/a** *adj.* 3B
name: My name is… **Mi
  chiamo…** 1A

last name **cognome** *m.* 3A
nanny **balia** *f.* 7B
napkin **tovagliolo** *m.* 5B
natural **naturale** *adj.* 5B
naughty **cattivo/a** *adj.* 1B
  a little bit naughty **cattivello/a** *adj.* 10B
nausea **nausea** *f.* 6B
near **vicino/a** *adj.* 9A
nearby **qui vicino** *prep.* 9A
necessary **necessario/a** *adj.* 11A
neck **collo** *m.* 6A
necklace **collana** *f.* 4B
need **avere bisogno di** *v.* 2B
neighborhood **quartiere** *m.* 9A
neither . . . nor **non... né... né** *conj.* 9B
Neoclassical **neoclassico/a** *adj.* 10B
nephew **nipote** *m.* 3A
nervous **nervoso/a** *adj.* 1B
network **rete** *f.* 4A
never **non... mai** *adv.* 2B
new **nuovo/a** *adj.* 1A
  What's new? **Che c'è di nuovo?** 1A
New Year's Day **capodanno** *m.* 8B
newspaper **giornale** *m.* 8B
  trashy newspaper **giornalaccio** *m.* 10B
newsstand **edicola** *f.* 9B; **chiosco** *m.* 9A
next **prossimo/a** *adj.* 7A
  next to **accanto (a)** *prep.* 7A
  Until next time! **Alla prossima!** 1A
nice **simpatico/a** *adj.* 1B
  Have a nice day **Buona giornata!** 1A
  It's nice out. **È bello.** 2B
niece **nipote** *f.* 3A
night **notte** *f.* 1A
  Good night. **Buonanotte.** 1A
night table **comodino** *m.* 7A
nightclub **locale** *m.* **notturno** 9A
nine **nove** *m., adj.* 1A
nine hundred **novecento** *m., adj.* 2B
nineteen **diciannove** *m., adj.* 1A
ninety **novanta** *m., adj.* 1A
ninth **nono/a** *adj.* 10B
no **nessuno/a** *adj.* 9B; **no** *adv.* 1B
  no more, no longer **non... più** *adv.* 5B
  No way! **Ma quando mai!** 9A
nobody **(non...) nessuno** *pron.* 9B
noon **mezzogiorno** *m.*
nor; neither . . . nor **non... né... né** *conj.* 9B
north **nord** *m.* 9A
nose **naso** *m.* 6A
  little nose **nasino** *m.* 10B
  stuffy nose **naso** *m.* **intasato** 6B

not **nessuno/a** *adj.* 9B; **non** *adv.* 1B
  not at all **non... affatto** *adv.* 9B
  Not bad. **Non c'è male.** 1A
  not even **non... neanche/ nemmeno/neppure** *adv.* 9B
  not far from **a due passi da** 9A
  not yet **non... ancora** *adv.* 4B
notebook **quaderno** *m.* 1A
notes **appunti** *m., pl.* 1B
nothing **niente** *pron.* 9B; **nulla** *pron.* 9B
  Nothing new. **Niente di nuovo.** 1A
novel **romanzo** *m.* 10B
November **novembre** *m.* 2B
now **adesso** *adv.* 5B
nuclear energy **energia** *f.* **nucleare** 12A
nuclear power plant **centrale** *f.* **nucleare** 12A
number **numero** *m.* 11B
nurse **infermiere/a** *m., f.* 6B

O

oak **quercia** *f.* 12A
obtain **ottenere** *v.* 11B
occupation **occupazione** *f.* 11B
ocean **oceano** *m.* 12A
October **ottobre** *m.* 2B
of **di (d')** *prep.* 3A
off: off and on **di tanto in tanto** 4A
offer **offrire** *v.* 3A
offered **offerto/a (offrire)** *p.p., adj.* 4B
office **ufficio** *m.* 1A; **studio** *m.* 7A
often **spesso** *adv.* 2B
oil **olio** *m.* 5A
  in oil **sottolio** *adj., invar.* 5A
old **vecchio/a** *adj.* 3B
  to be . . . years old **avere... anni** *v.* 2B
old-fashioned **superato/a** *adj.* 4B
olive: olive oil **olio d'oliva** *m.* 5A
on **su** *prep.* 3A
one **un(o)** *m., adj.* 1A; **si** *pron.* 9A
  those who, the one(s) who **chi** *rel. pron.* 9A
one hundred **cento** *m., adj.* 1A
one hundred grams **etto** *m.* 5A
one hundred thousand **centomila** *m., adj.* 2B
one million **milione** *m., adj.* 2B
one thousand **mille** *m., adj.* 2B
one way **senso** *m.* **unico** 8A
oneself **si** *ref. pron. m., f., sing., pl.* 6A
one-thousandth **millesimo/a** *adj.* 10B
onion **cipolla** *f.* 5A
online **su Internet** 3A
  to be online **essere in linea** *v.* 4A

only **soltanto** *adv.* 2A
  only child **figlio/a** *m., f.* **unico/a** 3A
on-time **puntuale** *adj.* 8B
open **aperto/a** *adj.* 4B; **aprire** *v.* 3A
opened **aperto** *p.p.* 4B
opening: job openings **offerte** *f., pl.* **di lavoro** 11B
opera **opera** *f.* (**lirica**) 10A
optimistic **ottimista** *adj.* 3B
or **o** *conj.* 12A; **oppure** *conj.* 12A
orange **arancione** *adj.* 4B; **arancia** *f.* 5A
  orange juice **succo** *m.* **d'arancia** 5B
orchestra **orchestra** *f.* 10A
order **ordinare** *v.* 5B
organic farming **agricoltura** *f.* **biologica** 12A
other **altro/a/i/e** *indef. adj.* 9B
others **altri/e** *indef. pron.* 9B
our **nostro/a/i/e** *poss. adj., m., f.* 3A
ourselves **noi** *disj. pron., m., f., pl.* 4A
outfit: matching outfit **completo** *m.* 4B
outing **escursione** *f.* 12A
outside **fuori** *prep.* 7A
oven **forno** *m.* 7B
over **sopra** *prep.* 7A
  to overdo things **strafare** *v.* 8A
overcast **coperto/a** *adj.* 2B
overcoat **cappotto** *m.* 4B
overcome **superare** *v.* 12B
overpopulation **sovrappopolazione** *f.* 12A
owe **dovere** *v.* 4A
own **possedere** *v.* 10B
owner **proprietario/a** *m., f.* 3B

P

pack: to pack a suitcase **fare la valigia** *v.* 8B
package **pacco** *m.* 9B
paid: to be well/poorly paid **essere ben/mal pagato/a** *v.* 11A
pain **male** *m.* 6A; **dolore** *m.* 6B
paint **pittura** *f.* 10B; **dipingere** *v.* 2B
painter **imbianchino** *m.* 7B; **pittore/pittrice** *m., f.* 10B
painting **pittura** *f.* 10B; **quadro** *m.* 7A
pair **paio** (*pl.* **paia** *f.*) *m.* 10A
pajamas **pigiama** *m.* 6A
palace **palazzo** *m.* 7A
panorama **panorama** *m.* 10A
pantry **dispensa** *f.* 7A
pants **pantaloni** *m., pl.* 4B
paper **carta** *f.* 2A
paper clip **graffetta** *f.* 11B
paragliding **parapendio** *m.* 2A

parents **genitori** *m., pl.* 3A
  my parents **i miei** *m., pl.* 3A
  your parents **i tuoi** *m., pl.* 3A
park **parcheggiare** *v.* 8A
part **parte** *f.* 7A; **riga** *f.* 6A
partial **parziale** *adj.* 11A
partner **socio/a** *m.,f.* 8B
  business partner **socio/a** *m., f.* **d'affari** 8B
part-time **a tempo parziale** *adj.* 11A
party **festa** *f.* 8B
pass **passo** *m.* 2A; **abbonamento** *m.* 8A
  to pass (*exam*) **superare** *v.* 1B
  to pass by **passare** *v.* 12A
passenger **passeggero** *m.* 8B
passport control **controllo** *m.* **passaporti** 8B
password **password** *f.* 4A
pasta **pasta (asciutta)** *f.* 5A
pastry shop **pasticceria** *f.* 5A
path **sentiero** *m.* 12A
patient **paziente** *adj.* 3B; **paziente** *m., f.* 6B
pay **pagare** *v.* 2A
  to pay attention **fare attenzione** *v.* 2A
  to pay by check **pagare con assegno** *v.* 9B
  to pay in cash **pagare in contanti** *v.* 9B
  to pay the bills **pagare le bollette** *v.* 9B
  to pay with a credit/debit card **pagare con carta di credito/ debito** *v.* 9B
paycheck: monthly paycheck **mensilità** *f.* 11A
payment **rata** *f.* 9B
peach **pesca** *f.* 5A
pear **pera** *f.* 5A
pedestrian **pedone** *m.* 9A
pen **penna** *f.* 1B
pencil **matita** *f.* 1B
pension **pensione** *f.* 11A
people **gente** *f.* 1B
pepper (*spice*) **pepe** *m.* 5B
  (red, green) pepper **peperone (rosso, verde)** *m.* 5A
percent **percento** *m.* 2B
perform **interpretare** *v.* 10A
performance **esibizione** *f.* 10A
perfume shop **profumeria** *f.* 9B
permit **permettere** *v.* 10A
person **persona** *f.* 1A
personal descriptions **descrizioni** *f., pl.* **personali** 3B
personnel manager **direttore/ direttrice** *m., f.* **del personale** 11B

pessimistic **pessimista** *adj.* 3B
pet **animale** *m.* **domestico** 3A
pharmacist **farmacista** *m., f.* 6B
pharmacy **farmacia** *f.* 6A
phone booth **cabina** *f.* **telefonica** 9A
phone number **numero** *m.* di **telefono** 11B
photo shop **fotografo** *m.* 9B
photo(graph) **foto(grafia)** *f.* 1A
photocopy **fotocopiare** *v.* 11B
photographer **fotografo/a** *m., f.* 9B
pianist **pianista** *m., f.* 10A
piano **piano** *m.* 2A
pickled **sottaceto** *adj., invar.* 5A
picnic: to have a picnic **fare un picnic** *v.* 12A
pie **crostata** *f.* 5A
pigsty: It's a pigsty! **È un porcile!** 7B
pill **pillola** *f.* 6B
pillow **cuscino** *m.* 7B
pimple **foruncolo** *m.* 6B
pinch **pizzico** *m.* 5B
pine forest **pineta** *f.* 12A
pineapple **ananas** *m.* 5A
pink **rosa** *adj., invar.* 4B
pity **peccato (che)** 11A
pizza shop **pizzeria** *f.* 5B
place **luogo** *m.* 1B
plan **programma** *m.* 10A
  to make plans **fare progetti** *v.* 11B
planet **pianeta** *m.* 12A
planner **agenda** *f.* 1B
plant **pianta** *f.* 12A
plate **piatto** *m.* 5B
plus **più** *m.* 2B
play **dramma** *m.* 10A; **giocare, praticare** *v.* 2A
  to play (*instrument*) **suonare** *v.* 2A
  to play a role **recitare un ruolo** *v.* 10A
  to put on a play **mettere in scena** *v.* 10A
player **giocatore/giocatrice** *m., f.* 2A
playful **scherzoso/a** *adj.* 3B
playwright **drammaturgo/a** *m., f.* 10A
please **per favore** *adv.* 1A
pleasure **piacere** *m.* 1A
  A real pleasure. **Molto piacere.** 1A
  My pleasure. **Piacere mio.** 1A
  Pleased to meet you. **Piacere di conoscerLa/ti.** (*form./fam.*) 1A
plot **trama** *f.* 10B
plumber **idraulico** *m.* 7B
poem **poesia** *f.* 10B; **poema** *m.* 10A
poet **poeta/poetessa** *m., f.* 10Bpoetry poesia f. 10B

police headquarters **questura** *f.* 9B
police officer **poliziotto/a** *m., f.* 9A
polite expressions **forme** *f., pl.* **di cortesia** 1A
pollution **inquinamento** *m.* 12A
ponytail **coda** *f.* 6A
pool **piscina** *f.* 9A
poor **povero/a** *adj.* 3B
  poor man **poveraccio** *m.* 10B
pork **carne** *f.* **di maiale** 5A
portable **portatile** *adj.* 4A
portrait **ritratto** *m.* 10B
position **posizione** *f.* 7A
possess **possedere** *v.* 10B
possible **possibile** *adj.* 11A
  it's possible **può darsi** 11B
postcard **cartolina** *f.* 9B
post office **ufficio** *m.* **postale** 9B
poster **poster** *m.* 7A
potato **patata** *f.* 5A
pratice **praticare** *v.* 2A
prefer **preferire** *v.* 3A
preferable **preferibile** *adj.* 11B
pregnant: to be pregnant **essere incinta** *v.* 6B
prepare **preparare** *v.* 5B
prescription **ricetta** *f.* 6B
present **presentare** *v.* 1A
preserve **conservare** *v.* 12A; **preservare** *v.* 12A
pretend **fingere** *v.* 10A
pretty **bellino/a** *adj.* 10B
  Pretty well. **Abbastanza bene.** 1A
print **stampare** *v.* 4A
printer **stampante** *f.* 4A
priority mail **posta** *f.* **prioritaria** 9B
prize **premio** *m.* 2A
problem **problema** *m.* 10A
profession **professione** *f.* 3B; **mestiere** *m.* 11B
professor **prof** *m., f.* 1B; **professore(ssa)** *m., f.* 1A
program **programma** *m.* 4A
promise **promettere** *v.* 10A
promotion **promozione** *f.* 11A
propose (a solution) **proporre (una soluzione)** *v.* 12A
protect **proteggere** *v.* 12B
provide: to provide for oneself **mantenersi** *v.* 11B
provided that **a condizione che, a patto che** *conj.* 12A; **purché** *conj.* 12A
psychological drama **dramma** *m* **psicologico** 10B
psychologist **psicologo/a** *m., f.* 11A
pub **birreria** *f.* 5B
public **pubblico** *m.* 10A
  public transportation **trasporto** *m.* **pubblico** 8A
publish **pubblicare** *v.* 10B

publishing industry **editoria** *f.* 10B
pulled back hair **capelli** *m., pl.*
   raccolti 6A
pupil **alunno/a** *m., f.* 1B
purify **depurare** *v.* 12A
purple **viola** *adj., invar.* 4B
purse **borsa** *f.* 4B
   small purse **borsetta** *f.* 10B
put **messo/a (mettere)** *p.p.,*
   adj. 4B; **mettere** *v.* 2B
   to put on **mettersi** *v.* 6A
   to put on a play **mettere in**
     scena *v.* 10A
   to put together **sistemare** *v.* 11B

Q

qualification **qualifica** *f.* 11B
quandary **dilemma** *m.* 10A
quarter hour **quarto** *m.* 1B
question **domanda** *f.* 1A
   to ask a question **fare una**
     domanda *v.* 2A
quickly **velocemente** *adv.* 5B;
   presto *adv.* 5B
quiet **zitto/a** *adj.* 2A
   to be/stay quiet **stare**
     zitto/a *v.* 2A
quit **smettere** *v.* 10A

R

rabbit **coniglio** *m.* 12A
race **corsa** *f.* 3A
rafting **rafting** *m.* 2A
rain **pioggia** *f.* 2B; **piovere** *v.* 2B
   acid rain **pioggia** *f.* **acida** 12B
raincoat **impermeabile** *m.* 2B
rainy **piovoso/a** *adj.* 2B
raise **aumento** *m.* 11A
rarely **raramente** *adv.* 5B
rash **eruzione** *f.* **cutanea** 6B
raspberry **lampone** *m.* 5A
razor **rasoio** *m.* 6A
read **letto/a** *p.p., adj.* 4B; **leggere**
   v. 2A
   to read a map **leggere la mappa**
     v. 8B
reading **lettura** *f.* 1B
ready **pronto/a** *adj.* 3B
   to get oneself ready **prepararsi**
     v. 6A
real estate agency **agenzia** *f.*
   immobiliare 7A
real estate agent **agente**
   immobiliare *m., f.* 11A
realize **rendersi conto (di)** *v.* 6A,
   accorgersi *v.* 12B
really **davvero** *adv., adj.* 5B
reason **ragione** *f.* 2B
receive **ricevere** *v.* 2B

receiver **cornetta** *f.* 11B
recite **recitare** *v.* 10A
recognize **riconoscere** *v.* 4B;
   rivedere *v.* 4B
recommend **consigliare** *v.* 5B
recommendation
   raccomandazione *f.* 11B
record **registrare** *v.* 4A
recorder **registratore** *m.* 4A
recycle **riciclare** *v.* 12A
recycling **riciclaggio** *m.* 12A
red **rosso/a** *adj.* 3B
reduce: reduced ticket **biglietto**
   m. **ridotto** 10A
referee **arbitro** *m.* 2A
references **referenze** *f., pl.* 11B
refund **rimborso** *m.* 8A
registered letter **raccomandata**
   f. 9B
relatives **parenti** *m., pl.* 3A
relaxation **svago** *m.* 7A
remain **rimanere** *v.* 5A; **restare**
   v. 5A
   remained **rimasto/a** *p.p.* 5A
   remaining **rimasto/a** *adj.* 5A
remember **ricordare** *v.* 2A;
   ricordarsi *v.* 10A
remote control **telecomando** *m.* 4A
Renaissance **rinascimentale**
   adj. 10B
renewable energy **energia** *f.*
   rinnovabile 12A
rent **affitto** *m.* 7A
   for rent **affittasi** 7A
   to rent (car) **noleggiare** *v.* 8A
   to rent (owner) **affittare** *v.* 7A
   to rent (tenant) **prendere in**
     affitto *v.* 7A
repair **riparare** *v.* 8A
repairman: telephone/TV/computer
   repairman/woman **tecnico** *m.,*
   f. **del telefono/televisore/**
   computer 7B
repeat **ripetere** *v.* 2B
reply (to) **rispondere (a)** *v.* 2B
reservation **prenotazione** *f.* 8A
   to make a reservation
     prenotare *v.* 8B
reside **abitare** *v.* 2A
resign **dare le dimissioni** *v.* 11A
resort **villaggio** *m.* **turistico** 8B
   mountain resort **località** *f.*
     montana 8B
   ocean resort **località** *f.*
     balneare 8B
respect **rispettare** *v.* 5B
responsible **responsabile** *adj.* 3B
rest **riposarsi** *v.* 6A
restaurant **ristorante** *m.* 5B
   small restaurant **osteria** *f.* 5B
   small restaurant **trattoria** *f.* 5B

restrain oneself **trattenersi** *v.* 6B
résumé **C.V.** *m.* 11B; **curriculum**
   vitae *m.* 11B
retiree **pensionato/a** *m., f.* 11A
return **ritornare** *v.* 2A; **tornare**
   v. 2A
review **recensione** *f.* 10B
rice **riso** *m.* 5A
rich **ricco/a** *adj.* 3B; **pesante** *adj.* 5B
rid: to get rid of **sbarazzarsi di**
   v. 12A
ride: to ride a bicycle **andare in**
   bicicletta *v.* 2A
   to give (someone) a ride **dare**
     un passaggio *v.* 9A
right **giusto/a** *adj.* 11A; **destra**
   f. 7A
   I'll be right there. **Arrivo**
     subito. 1A
   right away **subito** *adv.* 5B
   to be right **avere ragione** *v.* 2B
ring (telephone) **squillare** *v.* 4A
rise (sun) **sorgere** *v.* 12A
river **fiume** *m.* 12A
roasted **arrosto** *adj., invar.* 5A
rock **pietra** *f.* 12A
role **ruolo** *m.* 10A
Romanesque **romanico/a** *adj.* 10B
Romantic **romantico/a** *adj.* 10B
room **camera** *f.* 7A; **stanza** *f.*
   7A; **sala** *f.* 1A
   single/double room **camera** *f.*
     singola/doppia 7A
roof **tetto** *m.* 7A
room service **servizio** *m.* **in**
   camera 8B
roommate **coinquilino/a** *m., f.* 9A
root **radice** *f.* 12A
   to root for a team **tifare** *v.* 2A
rotary **rotonda** *f.* 9A
round trip **andata e ritorno**
   adj. 8B
row **remare** *v.* 12A
run **condurre** *v.* 12A; **correre** *v.*
   2B; **corsa** *f.* 3B; **corso/a** *p.p.,*
   adj. 4B
running shoe **scarpa** *f.* **da**
   ginnastica 4B

S

sad **triste** *adj.* 1B
said **detto** *p.p., adj.* 4B
salad **insalata** *f.* 5B
salary **mensilità** *f.* 11A; **salario**
   m. 11B; **stipendio** *m.* 11A
   high/low salary **salario elevato/**
     basso *m.* 11B
sale: for sale **vendesi** 7A
sales **saldi** *m., pl.* 4B
salesperson **commesso/a** *m., f.* 4B

salt **sale** *m.* 5B
salty **salato/a** *adj.* 5B
sandwich shop **paninoteca** *f.* 5B
Saturday **sabato** *m.* 1B
save **risparmiare** *v.* 7B; **salvare** *v.* 4A
  to save the planet **salvare il pianeta** *v.* 12A
savings account **conto** *m.* **risparmio** 9B
saxophone **sassofono** *m.* 10A
say **dire** *v.* 4A
scarf **sciarpa** *f.* 4B
scene **scena** *f.* 10A
scheme **schema** *m.* 10A
school **scuola** *f.* 3A
  school project **esercitazione** *f.* **a scuola** 10B
science **scienze** *f., pl.* 1B
scientist **scienziato/a** *m., f.* 11A
sci-fi film **film** *m.* **di fantascienza** 10B
scooter **motorino** *m.* 8A
screen **schermo** *m.* 4A
screening **proiezione** *f.* 10A
sculpt **scolpire** *v.* 10B
sculptor **scultore/scultrice** *m., f.* 10B
sculpture **scultura** *f.* 10B
sea **mare** *m.* 8B
seafood **frutti** *m., pl.* **di mare** 5A
seafood shop **pescheria** *f.* 5A
seagull **gabbiano** *m.* 12A
sea-sickness **mal** *m.* **di mare** 6B
season **stagione** *f.* 2B
seat **poltrona** *f.* 10A
  block of seats **settore** *m.* 10A
seatbelt **cintura** *f.* **di sicurezza** 8A
second **secondo/a** *adj.* 10B
  second class **seconda classe** *f.* 8A
secretary **segretario/a** *m., f.* 11A
sector **settore** *m.* 11B
see **vedere** *v.* 2B
  Let me see. **Fammi vedere.** 2B
  See you later. **A dopo.** 1A; **A più tardi.** 1A
  See you soon! **Ci vediamo!** 1A
  See you soon. **A presto.** 1A
  See you tomorrow. **A domani.** 1A
  to see each other **vedersi** *v.* 6A
seem **parere** *v.* 11A; **sembrare** *v.* 5B
seen **visto/a** *p.p., adj.* 4B
selfish **egoista** *adj.* 3B
sell **vendere** *v.* 2B
send **mandare** *v.* 2A; **spedire** *v.* 3A; **inviare** *v.* 9B
sensitive **sensibile** *adj.* 3B
separated **separato/a** *adj.* 3A

September **settembre** *m.* 2B
serious **grave** *adj.* 6B; **serio/a** *adj.* 1B
serve **servire** *v.* 3A
service **servizio** *m.* 5B
  service station **stazione** *f.* **di servizio** 8A
set (*sun*) **tramontare** *v.* 12A
set: to set the table **apparecchiare la tavola** *v.* 7B
settlement **liquidazione** *f.* 11A
seven **sette** *m., adj.* 1A
seven hundred **settecento** *m., adj.* 2B
seventeen **diciassette** *m., adj.* 1A
seventh **settimo/a** *adj.* 10B
seventy **settanta** *m., adj.* 1A
shampoo **shampoo** *m., invar.* 6A
shape: to be in/out of shape **essere in/fuori forma** *v.* 6B
sharp **in gamba** *adj.* 3B
shave **radersi** *v.* 6A
  to shave (*beard*) **farsi la barba** *v.* 6A
shaving cream **schiuma** *f.* **da barba** 6A
she **lei** *sub. pron.* 1B
sheep **pecora** *f.* 12A
sheet **lenzuolo** (*pl.* **lenzuola** *f.*) *m.* 7B
  sheet of paper **foglio** *m.* **di carta** 1B
ship **nave** *f.* 8A
shoe **scarpa** *f.* 4B
Shoo! **Sciò!** 5B
shoot **girare** *v.* 10B
shop **fare le spese** *v.* 2A
shopping center **centro** *m.* **commerciale** 9A
shopping: to go shopping **fare spese** *v.* 4B
short (*height*) **basso/a** *adj.* 3B
  short (*length*) **corto/a** *adj.* 3B
short film **cortometraggio** *m.* 10B; **filmino** *m.* 10B
short story **racconto** *m.* 10B
shorts **pantaloncini** *m., pl.* 4B
shot: to give a shot **fare una puntura** *v.* 6B
shoulder **spalla** *f.* 6A
show **mostra** *f.* 10B; **spettacolo** *m.* 10A; **mostrare** *v.* 5B
shower **doccia** *f.* 2A
shrewd **furbo/a** *adj.* 3B
shrimp **gamberetto** *m.* 5A
shy **timido/a** *adj.* 1B
side dish **contorno** *m.* 5B
sidewalk **marciapiede** *m.* 9A
sight: to know by sight **conoscere di vista** *v.* 4B
sign **firmare** *v.* 9B

silk **seta** *f.* 4B
since **da** *prep.* 1B
sincere **sincero/a** *adj.* 1B
sing **cantare** *v.* 2A
singer **cantante** *m., f.* 10A
single (*female*) **nubile** *adj., f.* 3A; (*male*) **celibe** *adj., m.* 3A
sink **lavello** *m.* 7B
sister **sorella** *f.* 3A
  little/younger sister **sorellina** *f.* 3A
sister-in-law **cognata** *f.* 3A
sit down **sedersi** *v.* 6A
six **sei** *m., adj.* 1A
six hundred **seicento** *m., adj.* 2B
sixteen **sedici** *m., adj.* 1A
sixteenth **sedicesimo/a** *adj.* 10B
sixth **sesto/a** *adj.* 10B
sixty **sessanta** *m., adj.* 1A
size (*clothing*) **taglia** *f.* 4B
skiing **sci** *m.* 2A
skill **capacità** *f.* 11B
skilled **bravo/a** *adj.* 1B
skin **pelle** *f.* 6A
skip: to skip class **saltare la lezione** *v.* 1B
skirt **gonna** *f.* 4B
sky **cielo** *m.* 12A
sky blue **azzurro/a** *adj.* 3B
sleep **dormire** *v.* 3A
  to be sleepy **avere sonno** *v.* 2B
  to fall asleep **addormentarsi** *v.* 6A
sleeve **manica** *f.* 4B
slice **fetta** *f.* 5A
slight **leggero/a** *adj.* 6B
slippers **pantofole** *f., pl.* 6A
slob **cafone/a** *m., f.* 7B
  What a slob! **Com'è conciato/a!** 4B
slow **lento/a** *adj.* 3B
slowly **lentamente** *adv.* 5B
sly **furbo/a** *adj.* 3B
small **piccolo/a** *m.* 4A
  very small **piccolino/a** *adj.* 10B
smaller **minore** *adj.* 8A
smallest **minimo/a** *adj.* 8A
smart **in gamba** *adj.* 3B
smartphone **smartphone** *m.* 4A
smog **smog** *m.* 12A
smoked **affumicato/a** *adj.* 5A
snack **spuntino** *m.* 5B
  afternoon snack **merenda** *f.* 5B
snack bar **tavola** *f.* **calda** 5B
snake **serpente** *m.* 12A
sneeze **starnutire** *v.* 6B
snow **neve** *f.* 2B; **nevicare** *v.* 2B
so **allora** *adv., adj.* 1A; **perciò** *conj.* 9A; **tanto** *adv.* 5B
  so much, so many **tanto/a** *adj.* 5A; **tanto** *adv.* 5B

so that **affinché** *conj.* 12A; **in modo che** *conj.* 12A; **perché** *conj.* 12A

soap **sapone** *m.* 6A

soccer **calcio** *m.* 2A; **pallone** *m.* 2A

soccer player **calciatore/ calciatrice** *m., f.* 2A

sociable **socievole** *adj.* 3B

sock **calzino** *m.* 4B

soil **sporcare** *v.* 7B

solar energy **energia** *f.* **solare** 12A

solar panel **pannello** *m.* **solare** 12A

solid-color **a tinta unita** *adj.* 4B

solo **assolo** *m.* 10A

solution **soluzione** *f.* 12A

some **qualche** *adj.* 5A; **alcuni/e** *indef. adj., pron.* 5A; **dei** *part. art., m., pl.* 5A; **delle** *part. art., f., pl.* 5A; **della** *part. art., f., sing.* 5A; **dello** *part. art., m., sing.* 5A; **degli** *part. art., m., pl.* 5A; **del** *part. art., m., sing.* 5A; **dell'** *part. art., m., f., sing.* 5A; **ne** *pron.* 6A

something else **altro** *indef. pron.* 9B

sometimes **a volte** *adv.* 6A; **qualche volta** *adv.* 5B

son **figlio** *m.* 3A

song **canzone** *f.* 10A

son-in-law **genero** *m.* 3A

soon **presto** *adv.* 5B

See you soon! **Ci vediamo!** 1A

See you soon. **A presto.** 1A

sorry: to be sorry **dispiacere** *v.* 5B

So-so. **Così, così.** 1A

soup **zuppa** *f.* 5B

thick soup **minestrone** *m.* 10B

south **sud** *m.* 9A

Spanish **spagnolo/a** *adj.* 1B

sparkling water **acqua** *f.* **frizzante** 5B

speak **parlare** *v.* 2A

to speak to each other **parlarsi** *v.* 6A

specialist **specialista** *m., f.* 11B

specialization **specializzazione** *f.* 11B

spectator **spettatore/spettatrice** *m., f.* 10A

speed limit **limite** *m.* **di velocità** 8A

spend (*money*) **spendere** *v.* 2B

to spend (*time*) **metterci** *v.* 7B; **passare** *v.* 12A

spent **speso/a** *p.p., adj.* 4B

spicy **piccante** *adj.* 5B

split up **lasciarsi** *v.* 6A

spoon **cucchiaio** *m.* 5B

sport **sport** *m.* 1A

spring **primavera** *f.* 2B

squirrel **scoiattolo** *m.* 12A

stadium **stadio** *m.* 2A

stain **macchiare** *v.* 6B

stained **macchiato/a** *adj.* 7B

stair **scala** *f.* 9A

to climb/go down stairs **salire/ scendere le scale** *v.* 9A

staircase **scala** *f.* 7A

stall **platea** *f.* 10A

stamp **francobollo** *m.* 9B

stand **tribuna** *f.* 10A

stand up **alzarsi** *v.* 6A

staple **graffetta** *f.* 11B

stapler **cucitrice** *f.* 11B

star **stella** *f.* 12A

start **cominciare** *v.* 4A

starter **antipasto** *m.* 5B

station **stazione** *f.* 1A

stationery store **cartoleria** *f.* 9B

statue **statua** *f.* 9A

stay **stare** *v.* 2A; **rimanere** *v.* 5A; **restare** *v.* 5A

steamed **al vapore** *adj.* 5A

steering wheel **volante** *m.* 8A

step **gradino** *m.* 9A; **passo** *m.* 2A

stepbrother **fratellastro** *m.* 3A

stepdaughter **figliastra** *f.* 3A

stepfather **patrigno** *m.* 3A

stepmother **matrigna** *f.* 3A

stepsister **sorellastra** *f.* 3A

stepson **figliastro** *m.* 3A

stereo system **impianto** *m.* **stereo** 4A

stewed **in umido** *adj.* 5A

still **ancora** *adv.* 4B

still water **acqua** *f.* **naturale** 5B

stomach **stomaco** *m.* 6A

stomachache **mal** *m.* **di pancia** 6B

stone **sasso** *m.* 12A

stop **fermare** *v.* 6A; **smettere** *v.* 10A

bus/train stop **fermata** *f.* 8A

stop on request **fermata** *f.* **a richiesta** 8A

to stop oneself **fermarsi** *v.* 6A

store **negozio** *m.* 9A

store specializing in focaccia **focacceria** *f.* 5B

store specializing in homemade pasta **laboratorio** *m.* **di pasta fresca** 5B

store specializing in wine **enoteca** *f.* 5B

storm **temporale** *m.* 2B

It's stormy. **C'è il temporale.** 2B

stovetop **piano** *m.* **cottura** 7A; **fornelli** *m., pl.* 7B

straight **diritto** *prep.* 9A

straight (*hair*) **liscio/a** *adj.* 3B

strange **strano/a** *adj.* 3B

strawberry **fragola** *f.* 5A

stream **ruscello** *m.* 12A

street **strada** *f.* 9A; **via** *f.* 9A

stripe **riga** *f.* 6A

striped **a righe** *adj.* 4B

strong **forte** *adj.* 3B

to be strong in . . . **essere forte in...** *v.* 1B

stubborn **testardo/a** *adj.* 3B

student **alunno/a** *m., f.* 1B; **studente(ssa)** *m., f.* 1A

studies **studi** *m., pl.* 1B

studio apartment **monolocale** *m.* 7A

studious **studioso/a** *adj.* 1B

study **studio** *m.* 7A; **studiare** *v.* 2A

stuffy nose **naso** *m.* **intasato** 6B

subject **materia** *f.* 1B

sublet **subaffittare** *v.* 7A

subscription **abbonamento** *m.* 10A

subway **metro(politana)** *f.* 8A

succeed **riuscire** *v.* 4A

success **successo** *m.* 11A

suggest **suggerire** *v.* 10A

suit (*man's*) **vestito** *m.* 4B; (*woman's*) **tailleur** *m.* 4B; **completo** *m.* 4B

suitcase **valigia** *f.* 1A

to pack a suitcase **fare la valigia** *v.* 8B

summer **estate** *f.* 2B

sun **sole** *m.* 12A

It's sunny. **C'è il sole. 2B**

Sunday **domenica** *f.* 1B

sunglasses **occhiali** *m., pl.* **da sole** 4B

sunny **soleggiato/a** *adj.* 2B

sunrise **alba** *f.* 12A

sunset **tramonto** *m.* 12A

supermarket **supermercato** *m.* 5A

supper **cena** *f.* 5B

supplement **supplemento** *m.* 8A

surf: to surf the Internet **navigare in rete** *v.* 4A

surgeon **chirurgo/a** *m., f.* 6B

surrender **arrendersi** *v.* 2B

swallow **rondine** *f.* 12A

sweater **maglione** *m.* 4B

sweatshirt **felpa** *f.* 4B

Swedish **svedese** *adj.* 1B

sweep **spazzare** *v.* 7B

street sweeper **spazzino/a** *m., f.* 9A

sweet **dolce** *adj.* 3B; **caruccio/a** *adj.* 10B; **tenero/a** *adj.* 12A

sweet and sour **agrodolce** *adj.* 5A

swim **nuotare** *v.* 2A

swimming **nuoto** *m.* 2A

Swiss **svizzero/a** *adj.* 1B

symptom **sintomo** *m.* 6B

system **sistema** *m.* 10A

T

table **tavola** *f.* 3A; **tavolo** *m.* 1A
   to clear the table **sparecchiare la tavola** *v.* 7B
tablecloth **tovaglia** *f.* 5B
tablet (*electronic*) **tablet** *m.* 4A; **compressa** *f.* 6B
take **prendere** *v.* 2B
   Take care of yourself. **Mi raccomando.** 1B
   to take (*class*) **seguire** *v.* 3A
   to take (*time*) **volerci** *v.* 7B
   to take a bath/shower **fare il bagno/la doccia** *v.* 2A
   to take a field trip **fare una gita** *v.* 2A
   to take a long weekend **fare il ponte** *v.* 8B
   to take a picture **fare una foto** *v.* 2A
   to take a short walk **fare due passi** *v.* 2A
   to take a trip **fare un viaggio** *v.* 2A
   to take a walk **fare una passeggiata** *v.* 2A
   to take off **decollare** *v.* 8B
   to take out the trash **portare fuori la spazzatura** *v.* 7B
taken **preso/a** *p.p., adj.* 4B
talented **dotato/a** *adj.* 10B
tall **alto/a** *adj.* 3B
tan **abbronzarsi** *v.* 8B
tank top **canottiera** *f.* 4B
taste **assaggiare** *v.* 5B; **gusto** *m.* 5B
tasty **gustoso/a** *adj.* 5B; **saporito/a** *adj.* 5B
taxes **contributi** *m., pl.* 11A
taxi **tassì** *m.* 8A; **taxi** *m.* 8A
taxi driver **tassista** *m., f.* 11A
tea **tè** *m.* 5B
teach **insegnare** *v.* 2A
teacher **professor(essa)** *m., f.* 1B; **docente** *m., f.* 11A
team **squadra** *f.* 2A
tease **prendere in giro** *v.* 8B
teaspoon **cucchiaino** *m.* 5B
technician **tecnico** *m., f.* 11A
technology **tecnologia** *f.* 4A
telephone **telefono** *m.* 11B; **telefonare (a)** *v.* 2A
   to answer the phone **rispondere al telefono** *v.* 11B
   to phone each other **telefonarsi** *v.* 6A
television **televisione** *f.* 1A
television set **televisore** *m.* 4A
tell **dire** *v.* 4A
temp agency **agenzia** *f.* **di somministrazione lavoro** 11B

ten **dieci** *m., adj., invar.* 1A
tenacious **tenace** *adj.* 3B
tenant **inquilino/a** *m., f.* 7A
tender **tenero/a** *adj.* 12A
tennis **tennis** *m.* 2A
tenth **decimo/a** *adj.* 10B
term **termine** *m.* 4A
term paper **tesina** *f.* 5A
terminus **capolinea** *m.* 8A
terrace **terrazza** *f.* 7A
text message **SMS** *m.* 4A
textbook **testo** *m.* 1B
Thank you. **Grazie.** 1A
   Thanks a lot. **Grazie mille.** 1A
   Thanks. (*answer to* **In bocca al lupo.**) **Crepi.** (lit. *May the wolf die.*) 1B
that **quello/a** *adj.* 3B; **che** *rel. pron.* 9A
   that which, what **ciò che** *rel. pron.* 9A; **quel che** *rel. pron.* 9A
the **le** *def. art., f., pl.* 1A; **la** *def. art., f., sing.* 1A; **l'** *def. art., m., f., sing.* 1A; **gli** *def. art., m., pl.* 1A; **i** *def. art., m., pl.* 1A; **il** *def. art., m., sing.* 1A; **lo** *def. art., m., sing.* 1A
theater **teatro** *m.* 3A
theatrical **teatrale** *adj.* 10A
their **loro** *poss. adj., m., f.* 3A
them **le** *d.o. pron., f., pl.* 5A; **li** *d.o. pron., m., pl.* 5A; **gli** *i.o. pron. m., f., pl.* 5B; **loro** *i.o. pron., m., f., pl.* 5B; **loro** *disj. pron., m., f., pl.* 4A
   some/any of it/them **ne** *pron.* 6A
theme **tema** *m.* 10A
themselves **loro** *disj. pron., m., f., pl.* 4A; **sé** *disj. pron., m., f., sing., pl.* 4A; **si** *ref. pron. m., f., sing., pl.* 6A
then **poi** *adv.* 5B; **allora** *adv.* 1A
theorem **teorema** *m.* 10A
there **ci** *adv.* 6A; **là** *adv.* 1A; **lì** *adv.* 1A
   I'll be right there **Arrivo subito.** 1A
   Is Mr./Mrs.... There? **C'è il/la signor(a)...?** 11B
   there are **ci sono** 1A
   there is **c'è** 1A
thermal energy **energia** *f.* **termica** 12A
thermometer **termometro** *m.* 6B
they **loro** *sub. pron.* 1B
thick **tonto/a** *adj.* 3B
thin **magro/a** *adj.* 3B
think (about/of doing) **pensare (a/di)** *v.* 2A
third **terzo/a** *adj.* 10B
thirst: to be thirsty **avere sete** *v.* 2B
thirteen **tredici** *m., adj.* 1A
thirty **trenta** *m., adj.* 1A

thirty-third **trentatreesimo/a** *adj.* 10B
this **questo/a** *adj., pron.* 3B
those **quelli/e** *rel. pron.* 9A
three **tre** *m., adj.* 1A
three hundred **trecento** *m., adj.* 2B
throat **gola** *f.* 6A
   sore throat **mal** *m.* **di gola** 6B
through **per** *prep.* 3A
throw **gettare** *v.* 12A
   to throw away **buttare via** *v.* 12A
thunder **tuono** *m.* 2B
Thursday **giovedì** *m.* 1B
ticket **biglietto** *m.* 8A
ticket collector **controllore** *m.* 8A
ticket office/window **biglietteria** *f.* 8A
tidal wave **onda** *f.* **di marea** 2B
tidy: to tidy up **mettere in ordine** *v.* 7B
tie **cravatta** *f.* 4B
tier **gradinata** *f.* 10A
tight-fitting **stretto/a** *adj.* 4B
time **volta** *f.* 6A
   free time **tempo** *m.* **libero** 2A
   What time? **A che ora?** 1B
   What time is it? **Che ora è?/Che ore sono?** 1B
times **per** *adv.* 2B
timetable **orario** *m.* 8A
timid **timido/a** *adj.* 1B
tip **mancia** *f.* 5B
tire **gomma** *f.* 8A
tired **stanco/a** *adj.* 3B
to **in** *prep.* 3A; **a** *prep.* 1B
toast **far tostare** *v.* 5A, **brindisi** *m.* 4A
toaster **tostapane** *m.* 7B
today **oggi** *adv.* 1B
toe **dito** *m.* **del piede** (**pl. dita** *f.*) 6A
together **insieme** *adv.* 2A
toilet **gabinetto** *m.* 7A
tomato **pomodoro** *m.* 5A
tomorrow **domani** *adv.* 1A
   See you tomorrow. **A domani.** 1A
   the day after tomorrow **dopodomani** *adv.* 7A
ton (of) **sacco (di)** *adj.* 5A
tonight **stasera** *adv.* 5A
too **anche** *conj.* 1A; **troppo** *adv.* 5B
   too much **troppo** *adj.* 5A; **troppo** *adv.* 5B
tooth **dente** *m.* 6A
   to brush one's teeth **lavarsi i denti** *v.* 6A
toothbrush **spazzolino (da denti)** *m.* 6A
toothpaste **dentifricio** *m.* 6A
tornado **tornado** *m.* 2B

torrential downpour **diluvio** *m.* 2B
touch **toccare** *v.* 3A
touching **commovente** *adj.* 10B
tough **duro/a** *adj.* 3B
tour **giro** *m.* 4B
    to be on tour **essere in tour**
    v. 10A
tourist: tourist class **classe** *f.*
    turistica 8B
    tourist information office
    ufficio *m.* **informazioni** 9B
toward **verso** *prep.* 9A
towel **asciugamano** *m.* 6A
town **paese** *m.* 9A
    in town **in centro** 3A
town hall **comune** *m.* 9B
toxic waste **rifiuti** *m., pl.* **tossici** 12A
track **binario** *m.* 8A
track and field **atletica** *m.* 2A
traffic **traffico** *m.* 8A
traffic circle **rotonda** *f.* 9A
traffic light **semaforo** *m.* 9A
traffic officer **vigile** *m., f.*
    urbano/a 8A
tragedy **tragedia** *f.* 10A
train **treno** *m.* 8A
training **formazione** *f.* 11B
    professional training **tirocinio**
    m. 11B
tranquil **tranquillo/a** *adj.* 1B
transportation **trasporto** *m.* 8A
trash **immondizia** *f.* 12A
    to take out the trash **portare**
    fuori la spazzatura *v.* 7B
trauma **trauma** *m.* 10A
travel **viaggiare** *v.* 2A
travel agent **agente** *m., f.* **di**
    viaggio 8B
traveler **viaggiatore/**
    viaggiatrice *m., f.* 8B
tree **albero** *m.* 12A
trendy **trendy** *adj., invar.* 3B
    It's very trendy now! **Va**
    moltissimo ora! 4B
trim (one's hair) **spuntare**
    (i capelli) *v.* 6A
trip **viaggio** *m.* 2A
truck **camion** *m.* 8A
truck driver **camionista** *m., f.* 11A
truly **veramente** *adv.* 5B
trunk **baule** *m.* 8A
trust **fiducia** *f.* 11A; **fidarsi** *v.* 11A
try **cercare** *v.* 10A; **provare** *v.* 10A
T-shirt **maglietta** *f.* 4B
    short-/long-sleeved T-shirt
    maglietta *f.* **a maniche corte/**
    lunghe 4B
Tuesday **martedì** *m.* 1B
tuft of hair **ciuffo** *m.* 6A
tuna **tonno** *m.* 5A

turn **volta** *f.* 6A; **giro** *m.* 4B;
    girare *v.* 9A
    My turn. **Tocca a me.** 3A
    to turn off **spegnere** *v.* 4A
    to turn on **accendere** *v.* 4A
    turned off **spento/a** *p.p., adj.* 4B
    turned on **acceso/a** *p.p., adj.* 4B
TV **TV** *f.* 2A
Twelfth Night **epifania** *f.* 8B
twelve **dodici** *m., adj.* 1A
twentieth **ventesimo/a** *adj.* 10B
twenty **venti** *m., adj.* 1A
twenty-eight **ventotto** *m., adj.* 1A
twenty-five **venticinque** *m.,*
    adj. 1A
twenty-four **ventiquattro** *m.,*
    adj. 1A
twenty-nine **ventinove** *m., adj.,* 1A
twenty-one **ventun(o)** *m., adj.* 1A
twenty-seven **ventisette** *m.,*
    adj. 1A
twenty-six **ventisei** *m., adj.* 1A
twenty-three **ventitré** *m., adj.* 1A
twenty-two **ventidue** *m., adj.* 1A
twins **gemelli/e** *m., f., pl.* 3A
two **due** *m., adj.* 1A
two hundred **duecento** *m.,*
    adj., invar. 2B
two thousand **duemila** *m., adj.* 2B

U

ugly **brutto/a** *adj.* 3B
umbrella **ombrello** *m.* 2B
uncle **zio** *m.* 3A
under **sotto** *prep.* 4A
understand **capire** *v.* 3A
underwear **biancheria** *f.* **intima** 4B
undress **spogliarsi** *v.* 6A
unemployed **disoccupato/a**
    adj. 11A
    to be unemployed **essere**
    disoccupato/a *v.* 11A
union **sindacato** *m.* 11A
united **unito/a** *adj.* 4B
university **università** *f.* 1B
unless **a meno che...**
    non *conj.* 12A
unlikely **improbabile** *adj.* 11A
unpleasant **antipatico/a** *adj.* 1B
until **fino a** *prep.* 2B
    Until next time! **Alla**
    prossima! 1A
upper circle **loggione** *m.* 10A
us **ci** *d.o. pron., pl.* 5A; **noi** *disj. pron.,*
    m., f., pl. 4A; **ci** *i.o. pron., pl.* 5B
use **usare** *v.* 2A
usual **solito/a** *adj.* 5B
    as usual **al solito suo** 8A
    The usual. **La solita cosa.** 1A
usually **di solito** *adv.* 5B

V

vacancy **posto** *m.* **disponibile** 8B
    no vacancies **al completo** *adj.* 8B
vacation **vacanza** *f.* 8B
    paid vacation **ferie** *f., pl.* 11A
    ski vacation **settimana** *f.*
    bianca 8B
    to go on vacation **partire in**
    vacanza *v.* 8B
vacuum cleaner **aspirapolvere** *m.*
    7B; **passare l'aspirapolvere**
    v. 7B
validate (*ticket*) **convalidare** *v.* 8A
valley **valle** *f.* 12A
vase **vaso** *m.* 7A
vegetable **verdura** *f.* 5A
Verismo: belonging to the *Verismo*
    movement **verista** *adj.* 10B
veterinarian **veterinario/a** *m.,*
    f. 11A
very **molto** *adv.* 5B
    not very **poco** *adv.* 5B
video game **videogioco** *m.* 4A
villa **villa** *f.* 7A
violin **violino** *m.* 10A
violinist **violinista** *m., f.* 10A
visa **visto** *m.* 8B
visit **visitare** *v.* 10B
    to visit an art gallery **visitare**
    una galleria d'arte *v.* 10B
voicemail **segreteria** *f.*
    telefonica 4A
volcanic eruption **eruzione** *f.*
    vulcanica 2B
volleyball **pallavolo** *f.* 2A

W

wage **stipendio** *m.* 11A
waist **vita** *f.* 6A
wait (for) **aspettare** *v.* 2A;
    attendere *v.* 11B
    I can't wait. **Non vedo l'ora.** 5B
    to wait in line **fare la fila** *v.* 8B
waiter **cameriere/a** *m., f.* 3B
waiting **attesa** *f.* 11B
wake **svegliare** *v.* 6A
    to wake up **svegliarsi** *v.* 6A
walk **passeggiata** *f.* 2A;
    camminare *v.* 2A
wall **parete** *f.* 7A
want **volere** *v.* 4A; **desiderare**
    v. 2A
wash **lavare** *v.* 7B
    to wash oneself **lavarsi** *v.* 6A
    to wash the dishes **lavare i**
    piatti *v.* 7B
washing machine **lavatrice** *f.* 7B
waste **scoria** *f.* 12A; **sprecare**
    v. 12A

wastebasket **cestino** *m.* 1B
watch **orologio** *m.* 1B; **guardare**
v. 2A
  to watch one's weight **controllare**
  la linea *v.* 6B
  to watch TV **guardare**
  la TV *v.* 2A
water **acqua** *f.* 5B
waterfall **cascata** *f.* 12A
wavy **mosso/a** *adj.* 3B
way **modo** *m.* 12A
  No way! **Ma quando mai!** 9A
  This way. **Da questa parte.** 1A
  to know the way **conoscere la**
  strada *v.* 4B
we **noi** *sub. pron.* 1B
weak **debole** *adj.* 3B
wear **portare; indossare** *v.* 4B
  to wear a suit **portare un**
  vestito *v.* 4B
weather **tempo** *m.* 2B
  The weather is dreadful. **Il tempo**
  è pessimo. 2B
  The weather is nice/bad. **Fa bel/**
  brutto tempo. 2B
Web site **sito** *m.* **Internet** 4A
wedding **matrimonio** *m.* 3A
Wednesday **mercoledì** *m.* 1B
week **settimana** *f.* 1B
weekend **fine** *m.* **settimana** 1A;
  weekend *m.* 7A
weight **peso** *m.* 9A
weird **strano/a** *adj.* 3B
Welcome! **Benvenuto!** *1A*
well **bene** *adj.* 1A; **beh** *inter.* 2A;
  mah *inter.* 3A
  I am (very) well. **Sto (molto)**
  bene. 1A
  I am not well. **Sto male.** 1A
  Pretty well. **Abbastanza**
  bene. 1A
west **ovest** *m.* 9A
what **quale** *adj., pron., adv.* 3B; **che**
  interr. pron. 3B; **che cosa** *interr.*
  pron. 3B; **cosa** *interr. pron.* 3B
  that which, what **ciò che** *rel.*
  pron. 9A; that which, what
  quello/quel che *rel. pron.* 9A
  What color? **Di che colore?** 4B
  What does . . . mean? **Cosa vuol**
  dire...? 4A
  What is it? **(Che) cos'è?** 1B
  What is the temperature?
  Quanti gradi ci sono? 2B
  What is the weather like? **Che**
  tempo fa? 2B
  What is your name? **Come si/ti**
  chiama/i? *(form./fam.)* 1A
  What's new? **Che c'è di**
  nuovo? 1A

What's the date? **Che giorno è**
oggi? 2B
  What's wrong? **Che cosa c'è?** 1B
wheel: steering wheel **volante**
  m. 8A
when **quando** *conj., adv.* 3B
  When is your birthday? **Quando**
  è il tuo compleanno? 2B
where **dove** *prep.* 3B
  Where are you from? **Di dove**
  sei? 1B
  Where do you live? **Dove**
  abiti? 7A
  Where is . . . ? **Dove si**
  trova...? 9A
wherever **ovunque** *adv.* 11A
which **quale** *adj., pron., adv.* 3B;
  che *rel. pron.* 9A; **cui** *rel. pron.* 9A
  that which **quello/quel che, ciò**
  che *rel. pron.* 9A
while **mentre** *conj.* 6B
whiner **lagna** *f.* 7B
whiny **lamentoso/a** *adj.* 3B
white **bianco/a** *adj.* 3B
who **chi** *interr. pron.* 3B; **che**
  rel. pron. 9A
  those who, the one(s) who
  chi *rel. pron.* 9A
  Who is it? **Chi è?** 1B
  Who's calling? **Chi parla?** 11B
whom **chi** *interr. pron.* 3B; **che** *rel.*
  pron. 9A; **cui** *rel. pron.* 9A
why **perché** *conj.* 3B
widowed **vedovo/a** *adj.* 3A
wife **moglie** *f.* 3A
win **vincere** *v.* 2A
wind **vento** *m.* 2B
  It's windy. **C'è vento.** 2B
wind power **energia** *f.* **eolica** 12A
window **finestra** *f.* 1B
  shop window **vetrina** *f.* 4B
  window *(teller)* **sportello** *m.* 9B
window cleaner **lavavetri** *m.* 7B
windshield **vetro** *m.* 8A
windshield wiper **tergicristallo**
  m. 8A
windsurfing **windsurf** *m.* 2A
windy **ventoso/a** *adj.* 2B
wine **vino** *m.* 5B
winter **inverno** *m.* 2B
wish **desiderare** *v.* 10A
with **con** *prep.* 3A
withdraw: to withdraw money
  ritirare dei soldi *v.* 9B
without **senza che** *conj.* 12A;
  senza *prep.* 4A
woman **donna** *f.* 1A
won **vinto/a** *p.p., adj.* 4B
wool **lana** *f.* 4B
work **opera** *f.* 10B; **lavoro** *m.* 8B;

lavorare *v.* 2A; **funzionare** *v.* 4A
  work of art **opera** *f.* **d'arte** *f.* 10B
worker **operaio/a** *m., f.* 11A
worried **preoccupato/a** *adj.* 3B
worry **preoccuparsi (di)** *v.* 6A
worse **peggiore** *adj.* 8A; **peggio**
  adv. 8A
worst **peggior(e)** *adj.* 8A
wound **ferita** *f.* 6B
Wow! **Accidenti!** 4B
write **scrivere** *v.* 2B
  to write to each other
  scriversi *v.* 6A
writer **scrittore/scrittrice** *m., f.* 10B
written **scritto/a** *adj.* 4B
wrong **sbagliato/a** *adj.* 6A
  to be wrong **avere torto** *v.* 2B

Y

yawn **sbadigliare** *v.* 6A
year **anno** *m.* 1A
  to be . . . years old **avere...**
  anni *v.* 2B
year-end bonus **tredicesima** *f.* 11A
yellow **giallo/a** *adj.* 4B
yesterday **ieri** *adv.* 4B
  the day before yesterday **l'altro**
  ieri *adv.* 4B
yet **ancora** *adv.* 4B
  not yet **non... ancora** *adv.* 4B
yogurt **yogurt** *m.* 5A
you **vi** *d.o. pron., pl., fam., form.*
  5A; **ti** *d.o. pron., sing., fam.* 5A; **La**
  d.o. pron., sing., form. 5A; **voi** *disj.*
  pron., pl., fam., form. 4A; **te** *disj.*
  pron., sing., fam. 4A; **vi** *i.o. pron.,*
  pl., fam., form. 5B; **ti** *i.o. pron.,*
  sing., fam. 5B; **Le** *i.o. pron., sing.,*
  form. 5B; **voi** *sub. pron., pl., fam.*
  1B; **Loro** *sub. pron., pl., form.* 1B;
  tu *sub. pron., sing., fam.* 1B; **Lei**
  sub. pron., sing., form. 1B; **Lei** *disj.*
  pron., sing., form. 4A
  You're welcome. **Di niente.,**
  Prego. 1A
young **giovane** *adj.* 3B
younger **minore** *adj.* 3A
  younger brother **fratellino** *m.* 3A
  younger sister **sorellina** *f.* 3A
your **tuo/a, tuoi, tue** *poss. adj., m.,*
  f. 3A; **Suo/a, Suoi, Sue** *poss.*
  adj., m., f., sing., form. 3A;
  vostro/a/i/e *poss. adj., m., f.* 3A
yourself **sé** *disj. pron., sing.,*
  form. 4A; **te** *disj. pron., sing.,*
  fam. 4A
yourselves **voi** *disj. pron., pl., fam.,*
  form. 4A
youth hostel **ostello** *m.* **della**
  gioventù 8B

Indice

About the Author

Julia Cozzarelli received her PhD and MA degrees in Italian Language and Literature from Yale University. She is an Associate Professor of Italian Studies and Chair of the Department of Modern Languages and Literatures at Ithaca College, where she teaches courses on Italian language, literature, and culture at all levels and leads a summer study-abroad program in Siena, Italy. She has also taught at Cornell University, Wells College, and the State University of New York at Buffalo. Professor Cozzarelli's prior publications include her contributions to an intermediate-level Italian text and its ancillaries as well as journal articles on the literature of Boccaccio, Ficino, Ariosto, and Tasso. In addition to language pedagogy, her research interests in Italian include Renaissance literature and the modern novel.

Photography Credits

Cover: © Beyond/Corbis; **Frontmatter: iii** © Andresr/Shutterstock.

Unit 1: 1 Rafael Ríos; **4** Rossy Llano; **8** (t) © Robert Fried/Alamy; **8** (b) © Stephen Coburn/Shutterstock; **9** (t) © Jorge Villegas/Age Fotostock; **9** (b) Katie Wade; **11** (t) © Dmitry Kutlayev/iStockphoto; **11** (mtl) José Blanco; **11** (mtm) Ray Levesque; **11** (mtr) Ventus Pictures; **11** (mbl) VHL; **11** (mbm) Martín Bernetti; **11** (mbr) Ray Levesque; **11** (b) Martín Bernetti; **12** (t) Ventus Pictures; **12** (ml) VHL; **12** (mm) Martin Bernetti; **12** (mr) Oscar Artavia Solano; **12** (bl) Katie Wade; **12** (bm) Martin Bernetti; **12** (br) Rafael Ríos; **22** © Vaklav/Shutterstock; **23** (t) © PhotoBliss/Alamy; **23** (m) © Directphoto.org/Alamy; **23** (b) Anne Loubet; **24** (t) Anne Loubet; **24** (ml) Janet Dracksdorf; **24** (mm) Liliana Bobadilla; **24** (mr) José Blanco; **24** (bl) Martín Bernetti; **24** (bm) Martín Bernetti; **24** (br) © Digital Vision/Getty Images; **25** Anne Loubet; **26** (t) Martín Bernetti; **26** (ml) Martín Bernetti; **26** (mm) © Nancy Ney/Digital Vision/Getty Images; **26** (mr) Pascal Pernix; **26** (bl) Martín Bernetti; **26** (bm) Darío Eusse Tobón; **26** (br) Martín Bernetti; **27** (t) © Image Source/Photolibrary; **27** (ml) © Pixtal/Age Fotostock; **27** (mm) Anne Loubet; **27** (mr) Martín Bernetti; **27** (bl) Martín Bernetti; **27** (bm) Martín Bernetti; **27** (br) © Arena Creative/Fotolia; **30** Mauricio Osorio; **31** (left col: tl) © Pixtal/Age Fotostock; **31** (left col: tr) © Aspen Stock/Age Fotostock; **31** (left col: bl)© Marmion/Big Stock Photo; **31** (left col: br) Martín Bernetti; **31** (right col) © Herreneck/Fotolia; **32** (t) © Vaclav Volrab/Shutterstock; **32** (ml) Ana Cabezas Martín; **32** (mr) Nancy Camley; **32** (bottom box: t) © Alexia Bannister/iStockphoto; **32** (bottom box: b) © Peeter Viisimaa/iStockphoto; **33** (tl) Rafael Ríos; **33** (tr) Katie Wade; **33** (bl) Ana Cabezas Martín; **33** (br) © NICOLAS ASFOURI/AFP/Getty Images; **36** Martín Bernetti; **37** © StockLite/Shutterstock.

Unit 2: 39 Rafael Ríos; **46** © Auremar/Fotolia; **47** (l) © Anyka/Shutterstock; **47** (r) © Ezra Shaw/Staff/Getty Images; **50** (t) Martín Bernetti; **50** (ml) Anne Loubet; **50** (mr) Martín Bernetti; **50** (bl) José Blanco; **50** (br) Martín Bernetti; **56** Nancy Camley; **60** © Ekspansio/iStockphoto; **61** (l) © Stefano Oppo/Getty Images; **61** (r) © Gopal Chitrakar/Reuters/Corbis; **62** (bl) Martin Bernetti; **62** (br) Anne Loubet; **63** (l) Pascal Pernix; **63** (r) © Orange Line Media/Shutterstock; **65** (all) Martín Bernetti; **68** (l) Martín Bernetti; **68** (r) © Photos.com/Getty Images; **69** (tl) Martín Bernetti; **69** (tm) Anne Loubet; **69** (tr) Oscar Artavia Solano; **69** (ml) Katie Wade; **69** (mml) Martín Bernetti; **69** (mmr) © Dmitry Kutlayev/iStockphoto; **69** (mr) © NickyBlade/iStockphoto; **69** (b) Katie Wade; **70** (t) Jessica Beets; **70** (ml) Ana Cabezas Martín; **70** (mr) Rafael Ríos; **70** (b) Katie Wade; **71** (tl) © Pictorial Press Ltd/Alamy; **71** (tr) © Ian G Dagnall/Alamy; **71** (bl) Katie Wade; **71** (br) © Terry Smith Images/Alamy; **72** (background) © Anistidesign/Shutterstock; **72** (l) © Clodio/Dreamstime; **72** (ml) © Zocchi2/Dreamstime; **72** (mr) © Forcdan/Dreamstime; **72** (r) © Duncancampbell/Dreamstime; **73** © Clodio/Dreamstime; **74** © David R. Frazier Photolibrary, Inc./Alamy; **75** (t) © Yuri Arcurs/Shutterstock; **75** (b) © Image Source/Age Fotostock.

Unit 3: 77 José Blanco; **80** Martín Bernetti; **84** Pamela Martinoli; **85** (t) © James Leynse/Corbis; **85** (bl) Rachel Distler; **85** (br) Anne Loubet; **86** (t) Martín Bernetti; **86** (ml) Ray Levesque; **86** (mm) Martín Bernetti; **86** (mr) VHL; **86** (bl) Ray Levesque; **86** (bm) Katie Wade; **86** (br) VHL; **96** (tl) José Blanco; **96** (tm) Anne Loubet; **96** (tr) Ana Cabezas Martín; **96** (ml) © Vstock, LLC/Photolibrary; **96** (mml) Martín Bernetti; **96** (mmr) Anne Loubet; **96** (mr) Anne Loubet; **96** (bl) Martín Bernetti; **96** (br) Martín Bernetti; **100** © ImageGap/Alamy; **101** (tl) Oscar Artavia Solano; **101** (tr) © Tony Gentile/Reuters/Corbis; **101** (b) © Corbis; **105** (tl) Ana Cabezas Martín; 105 (tr) Katie Wade; **105** (tml) José Blanco; **105** (tmr) José Blanco; **105** (ml) VHL; **105** (mr) Katie Wade; **105** (bml) Ana Cabezas Martín; **105** (bmr) Ana Cabezas Martín; **105** (bl) Ray Levesque; **105** (br) Vanessa Bertozzi; **108** (tl) María Eugenia Corbo; **108** (tr) Brian Waite; **108** (m) Rachel Distler; **108** (b) © DNY59/iStockphoto; **109** (tl) María Eugenia Corbo; **109** (tr) © Philip Scalia/Alamy; **109** (bl) © Bureau L.A. Collection/Sygma/Corbis; **109** (br) © Dan Bachman/iStockphoto; **110**© Alvaro Calero/iStockphoto; **111** Ana Cabezas Martín; **112** © Thinkstock/Age Fotostock; **113** © Ephraim Ben-Shimon/Corbis.

Unit 4: **115** Rafael Ríos; **117** (tl) © Konstantin Shevtsov/Shutterstock; **117** (tm) © L. Amica/Shutterstock; **117** (tr) Ray Levesque; **117** (bl) Ray Levesque; **117** (bm) Ray Levesque; **117** (br) Robert Lehmann/Fotolia; **122** Ana Cabezas Martín; **123** (t) © Kevin Fleming/Corbis; **123** (b) © Burke/Triolo Productions/Brand X/Getty Images **128** (tl) VHL; **128** (tr) Anne Loubet; **128** (bl) © Index Open/Photolibrary; **128** (br) © Image Source Limited/Index Stock Imagery/Jupiterimages; **131** (tl) Nancy Camley; **131** (tm) Nancy Camley; **131** (tr) Nancy Camley; **131** (bl) Katie Wade; **131** (bm) © Baloncici/Shutterstock; **131** (br) Ray Levesque; **132** (tl) José Blanco; **132** (tm) José Blanco; **132** (tr) Ana Cabezas Martín; **132** (bl) Katie Wade; **132** (bml) Nancy Camley; **132** (bmr) Martín Bernetti; **132** (br) Katie Wade; **136** © Sabine Lubenow/Alamy; **137** (t) © Vittoriano Rastelli/Corbis; **137** (m) © PeskyMonkey/iStockphoto; **137** (b) © Ivanchenko/iStockphoto; **138** (t) VHL; **138** (ml) VHL; **138** (mm) © Terekhov Igor/Shutterstock; **138** (mr) VHL; **138** (bl) VHL; **138** (bm) VHL; **138** (br) VHL; **140** (t) © Simon Podgorsek/iStockphoto; **140** (ml) José Blanco; **140** (mm) Martín Bernetti; **140** (mr) Martín Bernetti; **140** (bl) Martín Bernetti; **140** (bm) © Lise Gagne/iStockphoto; **140** (br) Anne Loubet; **141** Brian Waite; **142** (l) Martín Bernetti; **142** (r) Anne Loubet; **143** (tl) Martín Bernetti; **143** (tr) Ana Cabezas Martín; **143** (bl) Katie Wade; **143** (br) Tom Delano; **144** (t) Nancy Camley; **144** (ml) © Claudio Arnese/iStockphoto; **144** (mr) Andrew Paradise; **144** (b) © Goodshoot/Alamy; **145** (tl) © Chris Moore/Catwalking/Getty Images; **145** (tr) Ray Levesque; **145** (bl) © Vincenzo Lombardo/Getty Images; **145** (br) © Amro/Fotolia; **146** Anne Loubet; **147** Martin Bernetti; **148** © Pumba1/iStockphoto; **149** © PSD photography/Shutterstock.

Unit 5: **151** Katie Wade; **153** Katie Wade; **154** (t) Nancy Camley; **154** (bl) Katie Wade; **154** (bml) José Blanco; **154** (bmr) Anne Loubet; **154** (br) Anne Loubet; **158** (t) Katie Wade; **158** (b) Janet Dracksdorf; **159** (t)Vanessa Bertozzi; **159** (m) Ana Cabezas Martín; **159** (b) Katie Wade; **170** Ventus Pictures; **174** (l) © Adrian Weinbrecht/Getty Images; **174** (r) © Picture Contact BV/Alamy; **175** (t) © Franco pizzochero/Age Fotostock; **175** (m) Rachel Distler; **175** (b) © Stockbroker/Age Fotostock; **176** (t) José Blanco; **176** (ml) Katie Wade; **176** (mm) © Gresei/Shutterstock; **176** (mr) VHL; **176** (bl) Nancy Camley; **176** (bm) Katie Wade; **176** (br) Oscar Artavia Solano; **179** Anne Loubet; **181** (l) Ventus Pictures; **181** (r) Katie Wade; **182** (tl) © N. Miskovic/Shutterstock; **182** (tr) John DeCarli; **182** (m) © NewPhotoService/Shutterstock; **182** (b) © Claudio Zaccherini/Shutterstock; **183** (tl) John DeCarli; **183** (tr) Katie Wade; **183** (bl) © CuboImages srl/Alamy; **183** (br) © Giulio Andreini/Age Fotostock; **184** (background) © Eric Gevaert/Shutterstock; **186** © Doco Dalfiano/Age Fotostock; **187** Anne Loubet.

Unit 6: **189** Katie Wade; **192** (t) © George Dolgikh/Shutterstock; **192** (ml) © Tatiana Popova/Shutterstock; **192** (mml) © Rafa Irusta/Shutterstock; **192** (mmr) © Slon1971/Shutterstock; **192** (mr) © Lusoimages/Shutterstock; **192** (bl) © SGame/Shutterstock; **192** (bml) © HomeStudio/Shutterstock; **192** (bmr) © Ljupco Smokovski/Shutterstock; **192** (br)© Brandon Blinkenberg/Shutterstock; **196** © Yuri Arcurs/Shutterstock; **197** (t) Katie Wade; **197** (b) Ventus Pictures; **200** (l) Martín Bernetti; **200** (r) © Yellowj/Shutterstock; **201** (left col) Martín Bernetti; **201** (right col: l) Paula Díez; **201** (right col: r) © Andresr/Shutterstock; **203** (t) Martín Bernetti; **203** (ml) Nancy Camley; **203** (mm) Martín Bernetti; **203** (mr) Janet Dracksdorf; **203** (bl) Darío Eusse Tobón; **203** (bm) José Blanco; **203** (br) Martín Bernetti; **207** (tl) © Vasiliy Koval/Shutterstock; **207** (tm) © Gabriel Blaj/Fotolia; **207** (tr) © Dmitriy Shironosov/Shutterstock; **207** (bl) © Diana Lundin/Shutterstock; **207** (bm) © Ricardo Verde Costa/Shutterstock; **207** (br) © Moodboard Premium/Fotolia; **212** (l) © Jochen Tack/Alamy; **212** (r) © Filippo Monteforte/AFP/Getty Images; **213** (t) © Catherine Cabrol/Kipa/Corbis; **213** (m) © Jason Stitt/Shutterstock; **213** (b) Ray Levesque; **218** (tl) Rafael Ríos; **218** (tr) Martín Bernetti; **218** (bl) © Visual Ideas/Camilo M/Age Fotostock; **218** (br) © Europhoto/Age Fotostock; **219** (l) © Olive/Age Fotostock; **219** (r) © Olive/Age Fotostock; **220** © Onoky/Fotolia; **221** (tl) Pascal Pernix; **221** (tr) Paula Díez; **221** (b) Martín Bernetti; **222** (t) John DeCarli; **222** (ml) Nancy Camley; **222** (mr) John DeCarli; **222** (b) © Marco Albonico/Age Fotostock; **223** (tl) John DeCarli; **223** (tr) © Gianni Furlan/123RF; **223** (bl) © Vuk8691/Dreamstime; **223** (br) © Vladimir Daragan/Shutterstock; **224** (t) © Kurhan/Shutterstock; **224** (b) © Monkey Business Images/Shutterstock; **225** © Andresr/Shutterstock; **226** © Directphoto Collection/Alamy; **227** Paula Díez.

Unit 7: **229** Katie Wade; **236** (l) © Photoroller/Shutterstock; **236** (r) Rafael Ríos; **237** © Thomas M Perkins/Shutterstock; **239** (t) © Ligak/Shutterstock; **239** (b) © Ivonne Wierink/Shutterstock; **241** Martín Bernetti; **243** © Supertrooper/Shutterstock; **244** (t) Ali Burafi; **244** (bl) VHL; **244** (bm) VHL; **244** (br) Anne Loubet; **252** © Hannamariah/Shutterstock; **253** (t) Katie Wade; **253** (m) © Anna Kaminska/Shutterstock; **253** (b) © Ace Stock Limited/Alamy; **260** © Dean Tomlinson/iStockphoto; **261** (t) Anne Loubet; **261** (bl) Martín Bernetti; **261** (br) Nancy Camley; **262** (t) © Karel Gallas/Shutterstock; **262** (ml) © Gmv/Dreamstime; **262** (mr) © Ollirg/Shutterstock; **262** (b) © MARCELLO PATERNOSTRO/AFP/Getty Images; **263** (tl) © Seraficus/iStockphoto; **263** (tr) © Lucamoi/Dreamstime; **263** (bl) © Cartographer/Fotolia; **263** (br) © Sarah Bossert/Shutterstock; **264** © Hedda Gjerpen/iStockphoto; **265** © Rocco Montoya/iStockphoto; **266** (l) Anne Loubet; **266** (tr) Anne Loubet; **266** (mr) Anne Loubet; **266** (br) Anne Loubet; **267** Anne Loubet.

Unit 8: **269** Katie Wade; **271** (tl) Vanessa Bertozzi; **271** (tm) Katie Wade; **271** (tr) Ray Levesque; **271** (bl) Katie Wade; **271** (bm) Oscar Artavia Solano; **271** (br) Vanessa Bertozzi; **272** Vanessa Bertozzi; **276** (l) Vanessa Bertozzi; **276** (r) Vanessa Bertozzi; **277** (t) © Keystone/Stringer/Getty Images; **277** (m) Nancy Camley; **277** (b) Vanessa Bertozzi; **278** (tl) © Jaimie Duplass/Shutterstock; **278** (tr) Vanessa Bertozzi; **278** (ml) Katie Wade; **278** (mr) Anne Loubet; **278** (bl) © Tom Grill/Corbis; **278** (br) Anne Loubet; **279** (left col: t) Jessica Beets; **279** (left col: b) Jessica Beets; **279** (right col: l) Pascal Pernix; **279** (right col: r) Martín Bernetti; **281** (tl) Katie Wade; **281** (tm) Katie Wade; **281** (tr) José Blanco; **281** (bl) © Pinosub/Shutterstock; **281** (bm) Katie Wade; **281** (br) Vanessa Bertozzi; **283** Rafael Ríos; **284** (tl) Martín Bernetti; **284** (tr) Martín Bernetti; **284** (bl) José Blanco; **284** (br) José Blanco; **292** © Atlantide Phototravel/Corbis; **293** (t) © San Clemente Palace Hotel & Resort/THI Collection-Luxury

Hotels & Resorts; **293** (b) Ana Cabezas Martín; **295** Nancy Camley; **296** (l) © Yuliya Gagina/Fotolia; **296** (r) © Yuliya Gagina/Fotolia; **297** (left col: tl) John DeCarli; **297** (left col: tr) John DeCarli; **297** (left col: bl) Martín Bernetti; **297** (left col: br) María Eugenia Corbo; **297** (right col: l) © Daltonartworks/Big Stock Photo; **297** (right col: r) © Bonniemari (Bonita Cheshier)/Dreamstime; **300** Andrew Paradise; **301** (tl) Nancy Camley; **301** (tm) Ana Cabezas Martín; **301** (tr) Andrew Paradise; **301** (ml) Nancy Camley; **301** (mml) Nancy Camley; **301** (mmr) Andrew Paradise; **301** (mr) Andrew Paradise; **301** (bl) © William Whitehurst/Corbis; **301** (br) Vanessa Bertozzi; **302** (t) © Evgeniapp/Shutterstock; **302** (ml) © Stepen B. Goodwin/Shutterstock; **302** (mr) © Andrei Nekrassov/Shutterstock; **302** (b) © Wildimage/Alamy; **303** (tl) © E.T./Fotolia; **303** (tr) © Luciano Mortula/Shutterstock; **303** (bl) © Carolyn M Carpenter/Shutterstock; **303** (br) © Drazen Vukelic/Shutterstock; **304** Andrew Paradise; **306** Vanessa Bertozzi; **307** Vanessa Bertozzi.

Unit 9: 309 Katie Wade; **311** (tl) Ana Cabezas Martín; **311** (tm) Katie Wade; **311** (tr) Katie Wade; **311** (bl) Ana Cabezas Martín; **311** (bm) John DeCarli; **311** (br) John DeCarli; **316** Katie Wade; **317** (t) © Rolf Richardson/Alamy; **317** (m) Vanessa Bertozzi; **317** (b) Piero della Francesca (c.1420–1492). Italian. View of an Ideal City. Loctation: Galleria Nazionale delle Marche, Urbino, Italy. Photo Credit: © Scala/Art Resource, NY.; **319** (all) Katie Wade; **322** (l) Martín Bernetti; **322** (m) José Blanco; **322** (r) María Eugenia Corbo; **325** (tl) Katie Wade; **325** (tm) © JTB Photo/Age Fotostock; **325** (tr) Janet Dracksdorf; **325** (bl) Martín Bernetti; **325** (bm) Vanessa Bertozzi; **325** (br) VHL; **326** Katie Wade; **330** (l) Katie Wade; **330** (r) Vanessa Bertozzi; **331** (t) © Vittoriano Rastelli/Corbis; **331** (m) Katie Wade; **331** (b) © Giulio Andreini/Age Fotostock; **334** (l) Katie Wade; **334** (r) Ventus Pictures; **335** Katie Wade; **336** Martín Bernetti; **337** (tl) Katie Wade; **337** (tr) Katie Wade; **337** (m) Oscar Artavia Solano; **337** (bl) Katie Wade; **337** (br) © Mario loisellei/iStockphoto; **338** (tl) © Vincenzo Vergelli/iStockphoto; **338** (tr) © Universal Images Group/DeAgostini/Alamy; **338** (m) © Richard Osbourne/Alamy; **338** (b) © Atlantide Phototravel/Corbis; **339** (tl) © Justin Guarigia/Corbis; **339** (tr) Katie Wade; **339** (bl) Interior view of the tomb of the Baron, Tarquinia, Etruscan, 510–500 BCE. Location: Photo Credit: © Scala/Art Resource, NY.; **339** (br) © Jaxpix/Alamy; **340** © Rob Bouwman/iStockphoto; **341** © Bonita Cheshier/Dreamstime; **342** Rossy Llano; **343** © Dmitriy Shironosov/Shutterstock.

Unit 10: 345 Katie Wade; **347** (tl) © Dennis Cox/Shutterstock; **347** (mr) © Dennis Cox/Shutterstock; **348** (l) © Niko Guido/iStockphoto; **348** (r) © Rasmus Rasmussen/iStockphoto; **352** © Siepmann/Age Fotostock; **353** (t) © Marka/Alamy; **353** (b) © Associazione Umbria Jazz; **356** (tl) © Karbunar/Shutterstock; **356** (tm) © Infomages/Shutterstock; **356** (tr) Janet Dracksdorf; **356** (bl) Anne Loubet; **356** (bm) VHL; **356** (br) Martín Bernetti; **358** Martín Bernetti; **359** By permission of PREMIUM FILMS; **364** Martín Bernetti; **368** (l) © Reed/Shutterstock; **368** (r) Rafael Ríos; **369** (t) © Stock Montage/Getty Images; **369** (m) Nancy Camley; **369** (b) Rossy Llano; **370** (tl) Anne Loubet; **370** (tm) © www.imagesource.com; **370** (tr) Martín Bernetti; **370** (bl) Janet Dracksdorf; **370** (bm) Carolina Zapata; **370** (br) Ventus Pictures; **373** Martín Bernetti; **374** (l) VHL; **374** (r) Martín Bernetti; **375** (l) Darío Eusse Tobón; **375** (r) © Corel/Corbis; **376** (tl) © Rafael Ramirez Lee/Shutterstock; **376** (tr) Jessica Beets; **376** (m) © Carlos Muñoz/Shutterstock; **376** (b) © WernerHilpert/Fotolia; **377** (tl) Jessica Beets; **377** (tr) © Shutterstock; **377** (bl) © Art Kowalsky/Alamy; **377** (br) Jessica Beets; **378** Rafael Ríos; **378–379** © Bpk, Berlin/Kupferstichkabinett, Staatliche Museen, Berlin, Germany/Volker-H. Photo credit: Bildarchiv Preussischer Kulturbesitz/Art Resource, NY.; **380** © Michael Ventura/Alamy; **381** © Roberto Benzi/Age Fotostock.

Unit 11: 383 Katie Wade; **385** (tl) Nancy Camley; **385** (tm) Vanessa Bertozzi; **385** (tr) Katie Wade; **385** (bl) Vanessa Bertozzi; **385** (bm) Katie Wade; **385** (br) Katie Wade; **386** Katie Wade; **390** (l) Vanessa Bertozzi; **390** (r) © Paolo Cavalli/Age Fotostock; **391** (t) © Courtesy of Premio Giornalistico Televisivo Ilaria Alpi; **391** (b) © Giulio Paolicchi/Alamy; **392** (l) © Kaarsten/Shutterstock; **392** (r) © Amana Images Inc./Alamy; **393** (tl) © Robert Gebbie Photography/Shutterstock; **393** (tr) © Monkey Business Images/Shutterstock; **393** (b) Anne Loubet; **395** © Damir Karan/iStockphoto; **397** By permission of Morgana Production; **401** (tl) © Ragnarock/Shutterstock; **401** (tm) © MarFot/Shutterstock; **401** (tr) © Dmitry Lavrenyuk/Shutterstock; **401** (bl) © Dusan Bartolovic/Shutterstock; **401** (bm) © Sergey Fedenko/Shutterstock; **401** (br) © Ewa Walicka/Shutterstock; **402** (t) Martín Bernetti; **402** (ml) © Andersen Ross/Blend Images; **402** (ml) © Georgy Markov/Shutterstock; **402** (bl) Martín Bernetti; **402** (br) © Avava/Shutterstock; **406** (l) José Blanco; **406** (r) Katie Wade; **407** (t) © Ettore Ferrari/epa/Corbis; **407** (b) © GeoM/Shutterstock; **411** (tl) Janet Dracksdorf; **411** (tm) VHL; **411** (tr) Janet Dracksdorf; **411** (bl) Martín Bernetti; **411** (bm) Martín Bernetti; **411** (br) Martín Bernetti; **412** Vanessa Bertozzi; **413** (tl) © Rafael Ramirez Lee/Shutterstock; **413** (tm) Jessica Beets; **413** (tr) Ana Cabezas Martín; **413** (ml) Ana Cabezas Martín; **413** (mml) Andrew Paradise; **413** (mmr) Andrew Paradise; **413** (mr) Nancy Camley; **413** (bl) Martín Bernetti; **413** (br) Martín Bernetti; **414** (t) © Giovanni/Shutterstock; **414** (ml) © NewPhotoService/Shutterstock; **414** (mr) © Pool/Getty Images; **414** (b) © Danilo Donadoni/Age Fotostock; **415** (tl) © Johner Images/Alamy; **415** (tr) © Barbara Pheby/Shutterstock; **415** (bl) © Alberto Ramella/Age Fotostock; **415** (br) © Maksim Toome/Shutterstock; **416** © Bettmann/Corbis; **416-417** © Leoks/Shutterstock; **418** © Image Source Pink/Alamy; **419** © Holbox/Shutterstock.

Unit 12: 421 Katie Wade; **423** (tl) John DeCarli; **423** (tr) Andrew Paradise; **423** (ml) Andrew Paradise; **423** (mr) Nancy Camley; **423** (bl) John DeCarli; **423** (br) Janet Dracksdorf; **424** (tl) Vanessa Bertozzi; **424** (tr) © Giovanni Benintende/Shutterstock; **424** (bl) Vanessa Bertozzi; **424** (bml) María Eugenia Corbo; **424** (bmr) Vanessa Bertozzi; **424** (br) VHL; **428** © Roca/Shutterstock; **429** (t) © Katye Famy/Fotolia; **429** (b) © Jakub Pavlinec/Shutterstock; **434** (t) Janet Dracksdorf; **434** (ml) © Brand X Pictures/Alamy; **434** (mm) Janet Dracksdorf; **434** (mr) Ali Burafi; **434** (bl) VHL; **434** (bm) Janet Dracksdorf; **434** (br) © Corel/Corbis; **435** By permission of Davide Rizzi; **439** (tl) © Morton Beebe/Corbis; **439** (tm) Rafael Ríos; **439** (tr)

© Antonio S./Shutterstock; **439** (bl) Anne Loubet; **439** (bm) Katie Wade; **439** (br) © Epsylon_Lyrae/Shutterstock; **440** © Mark Karrass/Corbis; **444** (l) © Franck Guizio/Age Fotostock; **444** (r) © Paolo Bona/Age Fotostock; **445** (t) © Frank Rothe/Alamy; **445** (m) Vanessa Bertozzi; **445** (b) Vanessa Bertozzi; **450** (t) Nancy Camley; **450** (ml) © Tomas Sereda/Shutterstock; **450** (mm) Vanessa Bertozzi; **450** (mr) Katie Wade; **450** (bl) © Royalty-Free/Corbis; **450** (bm) Martín Bernetti; **450** (br) © Index Open/Photolibrary; **451** (l) Vanessa Bertozzi; **451** (r) © Corel/Corbis; **452** (all) Vanessa Bertozzi; **453** (tl) © Vito Arcomano/Age Fotostock; **453** (tr) © The Print Collector/Alamy; **453** (bl) Vanessa Bertozzi; **453** (br) © Inacio Pires/Shutterstock; **454** © Gianni Giansanti/Sygma/Corbis; **455** © Will Parson/Shutterstock; **456** © Vincenzo Pinto/AFP/Getty Images; **457** © Ciro Fusco/Corbis.

Text Credits

454 By permission of RCS Libri S.p.A.

Film Credits

359 By permission of PREMIUM FILMS.
397 By permission of Morgana Production.
435 By permission of Davide Rizzi.

Television Credits

15 By permission of Zanichelli editore.
53 Video courtesy of Seat Pagine Gialle and stv DDB, for limited educational use only. No reuse allowed.
93 By permission of Valle Spluga S.p.A.
129 By permission of Telecom Italia, Santo and Indiana Production.
167 By permission of Sky Italia.
205 By permission of Sky Italia.
245 By permission of Leroy Merlin Italia.
285 By permission of Autoestrade per l'Italia S.p.A.
323 By permission of Consorzio "Le Città i Mercati".